怀特海过程哲学研究

On Whitehead's Process Philosophy

杨富斌　［美］杰伊·麦克丹尼尔（Jay McDaniel）　著

中国人民大学出版社
·北京·

怀特海肖像 薛晓源 画

国家社科基金后期资助项目
出版说明

　　后期资助项目是国家社科基金项目主要类别之一，旨在鼓励广大人文社会科学工作者潜心治学，扎实研究，多出优秀成果，进一步发挥国家社科基金在繁荣发展哲学社会科学中的示范引导作用。后期资助项目主要资助已基本完成且尚未出版的人文社会科学基础研究的优秀学术成果，以资助学术专著为主，也资助少量学术价值较高的资料汇编和学术含量较高的工具书。为扩大后期资助项目的学术影响，促进成果转化，全国哲学社会科学规划办公室按照"统一设计、统一标识、统一版式、形成系列"的总体要求，组织出版国家社科基金后期资助项目成果。

全国哲学社会科学规划办公室
2014 年 7 月

序　言

　　非常遗憾，我不能阅读此书。我撰写此序言的依据，一是基于我与作者的熟悉，他几年前曾来我们过程研究中心做高级访问学者，其在这里学习期间，我们有多次富有成果的交谈；二是基于阅读该书的英文目录。根据这两个方面，我敢肯定地说，这部著作确认了我的期望，即怀特海学术研究的中心正在转向中国。当然，我并不是说这个转向已经完成，而是说各种情形表明，人们可望这种转向已经发生。

　　许多西方人追问为何中国更容易接受怀特海哲学。在我看来，其答案是中国人知道这种哲学重要，而不少西方人则并不知道。

　　这种西方式的无知具有可怕的后果，会导致对其视为理所当然的哲学前提缺乏审视。这种无知的结果是，与启蒙运动有关的各种哲学前提，即使在有关启蒙运动的各种具体观念已陈旧不堪、不再适用之时，依然在现实中发挥着作用。

　　例如，在今天，每个人都知道人类是自然界的一部分，由笛卡尔着重阐述的形而上学二元论显然是错误的。但是，迄今在人类文明研究里起作用的这些假定同在自然科学里起作用的各种假定却仍然大相径庭。在我们的大学里，人们讲授的形而上学仍然是二元论的，尽管有对形而上学的清晰讲授如怀特海的形而上学拒斥二元论。

　　在西方，你若指出这种混乱，就会有人告诉你说，这些哲学问题是无关紧要的。每一个学科都有其自身的方法和主题，只要其自身不去关注任何更广泛或更深刻的问题，它们就会相安无事。这些问题表明，它们已经过时了，但是通用的远比正确的重要。

　　在自然科学里情况同样如此。只要人们具有了行之有效的理论，人们就会把对它们在任何其他方面的质疑视为不可接受的。在相对论中起作用的理论在几何学或量子理论中都是不可接受的，但是人们对这一事实却仍然无动于衷。

人们所承继下来的哲学，其力量是特别巨大的。当然，人们所承继的这种哲学是还原主义的、唯物主义的。这种形而上学意味着我们称之为超心理学的现象，诸如心灵感应，根本不可能存在，尽管有许多证据表明这些现象的确是存在的。但是，这些现象由于同这种假定的（且是尚未得到检验的）哲学不相一致，要么被忽视，要么被拒绝。

　　我发现，颇具讽刺意味的是，科学家批评伽利略时代的天主教会，指责宗教裁判法庭的亚里士多德学派的天文学家拒绝通过望远镜观察天空。他们正确的地方在于指出，拒绝检验证据的科学是糟糕的科学。这些科学家拒绝观察天空的原因是，有人告诉他们，他们将要看到的东西同他们所接受的亚里士多德的哲学相矛盾。但是，今天的科学家同样拒绝观察由研究超心理学的科学工作者为他们所收集的大量材料，原因是这些材料与他们所接受的笛卡尔的哲学相矛盾。可悲的是，这些把自己当作科学家的人仍然不愿使自己的基本信念受到挑战，即使他们仍然以自己对证据保持开放为自豪。

　　中国复制了许多西方思想。中国现今的大学在很大程度上建立在与美国大学相同的方式之上。但是，我期望并相信，中国人对笛卡尔哲学的依附要小于西方人的心理和教育制度对之如此深刻的笃信与坚持。中国人应当不会忘记，马克思主义的思想对文明建设所提供的假定与笛卡尔的思想有所不同。他们知道存在的可能性不止有一种。这样一来，检验我们的各种选择便是有意义的。承认笛卡尔主义的假定有缺陷并非十分困难。所以，中国人更愿意检验这些证据，即使这意味着需要从哲学上进行思考。由于怀特海的思想同这种证据更加融贯一致，因此它便有机会得到更为严肃的考虑。

　　我相信，事实将会证明，检验这些哲学假定的愿望对中国人来说更有优势，并且如果他们不模仿西方的做法而放弃这种愿望的话，他们将会在许多领域里超越西方。我坚信，在揭示笛卡尔主义的失败和局限并指向未来之路方面，怀特海过程哲学将会发挥重要的作用。因此，我认为中国有可能在怀特海思想研究方面走在世界前列。

　　就绝大多数情况而言，中国人对怀特海的兴趣主要在其思想对教育、经济、生态、农业、决策等诸如此类的实践意义之上。但是，中国人有可能比西方人更理解，更为重要的是认真地研究和批判性地思考这种思想体系，因为它提供了一种对笛卡尔思想体系的替代，并在许多领域提供了一种方法，这种方法可成为真正明智的指南。杨富斌教授所从事的研究实质上正是这样一种研究。没有这种研究，中国的怀特海思想研究将会萎缩。我们也许对枝繁叶茂或鲜花盛开最有兴趣，但是，没有根深就没有叶茂，鲜花盛开若失去根基就难以为继。当前进行的这项对怀特海思想之根的研究和批判性的发展，将会是一项中国人特别擅长的任务。诚望他们能如愿以偿！

小约翰·B. 柯布[①]

2013年5月5日于美国加州克莱蒙

[①] 小约翰·B. 柯布（John. B. Cobb, Jr.）系美国人文科学院院士，中美后现代发展研究院院长，过程哲学第三代传人，美国过程研究中心创会主任。他与美国经济学家赫尔曼·E. 达利合著的《为了共同的福祉》获得美国国家图书奖。他长期担任克莱蒙研究生大学资深教授，是西方社会绿色GDP的提出者之一。其代表作还有《是否太晚？》（1971）、《生命的解放》（1981）、《后现代公共政策》（2002）等。

PREFACE TO ON WHITEHEAD'S PROCESS PHILOSOPHY
John B. Cobb, Jr.

Sadly, I cannot read this book. I write based only on my acquaintance with the author who used to come to Claremont as senior visiting scholar at our center for Process Studies last year, during his study here, we had many productive conversations, and on reading the table of contents. On this basis I can say that this book confirms my expectation that the center of Whitehead scholarship is moving to China. I do not say that it has moved, but the circumstances are such that one can expect this to happen.

Many Westerners ask why China has been so much receptive to Whitehead's philosophy that the West. I think the answer is that Chinese know that philosophy matters. The West does not.

This Western ignorance has dire consequences. It leads to the lack of examination of the philosophical assumptions associated with the Enlightenment remain in force even when many of the specific ideas of the Enlightenment are outgrown.

For example, everyone now knows that human beings are part of the natural world. The metaphysical dualism articulated so emphatically by Descartes is clearly mistaken. But the assumptions operative in the studies of human civilization remain radically different from the assumptions operative in the sciences. The metaphysics of our universities remains dualistic while its explicit teaching rejects that dualism.

If, in the West, one points out this confusion, one is told that such philosophical questions are of no importance. Each discipline has its own methods and subject matter and gets along fine without concerning itself with any wider or deeper questions. Questioners show that they are out-of-date. And being current is far more important than being right.

Within the sciences the situation is similar. As long as one has theories that are productive, one regards questioning them in any other respect as not acceptable. The fact that the theories operative in relativity theory are not acceptable in either geometry or quantum theory makes no difference.

The power of the inherited philosophy is enormous. It is, of course, reductionist and materialist. This metaphysics implies that the phenomena we call parapsychological, such as mental telepathy, *cannot* exist. There is, of course, a great deal of evidence that they *do* exist. But because they cannot be reconciled with the assumed (and unexamined) philosophy, they are ignored or rejected.

I find it ironic that scientists criticize the Catholic church of Galileo's day because the Aristotelian astronomers of the papal court refused to look at the skies through a telescope. They are correct that refusal to examine evidence is bad science. The scientists refused to look because what they were told they would see contradicted the Aristotelian philosophy to which they were committed. But scientists today quite similarly refuse to look at piles of data compiled by scientific students of parapsychology because they contradict the Cartesian philosophy to which they are committed. Sadly human beings who understand themselves as scientists remain human beings who do not want to have their fundamental beliefs challenged even when they pride themselves on their openness to evidence.

China has copied much of Western thought. Its universities are largely structured on the same patterns as those of the United States. But it is my hope and belief that Chinese are less attached to the Cartesian philosophy that has so deep a hold on the Western psyche and educational system. Chinese remember that Marxist thought provided somewhat different assumptions on which to build a civilization. They know that more than one set of possibilities exist. It makes sense to examine our options. To acknowledge failures in the Cartesian assumptions is not so difficult. Chinese are, therefore, more willing to examine the evidence even if means thinking philosophically. Since Whitehead's thought is far more compatible with the evidence, it has a chance for being seriously considered.

It is my belief that the willingness to examine philosophical assumptions will prove a great advantage to Chinese, and that if they do not give up this willingness through their imitation of the West, they will surpass the West in many fields. I believe Whitehead can play a major role in exploring the failures and limitations of Cartesianism and pointing the way ahead. Accordingly, I think it likely that China will be the leader in the study of Whitehead.

For the most part, the Chinese interest in Whitehead is in the practical implications of his thought for education, for economics, for ecology, for agriculture, for counseling, and so forth. But Chinese are more likely than Westerners to understand that it is also important to study rigorously and critically the system of thought that offers a replacement of the Cartesian system and a way that offers genuinely wise guidance in many fields. Professor Yang Fubin is engaged in this essential project. Without it, Whiteheadianism in China will wither. We may be most interested in the blades of grass or the blossoms of flowers. But grass and flowers cannot survive without roots. The ongoing study and critical development of the roots of Whiteheadian thought will be a task at which Chinese can excel. May they do so!

May 5, 2013
Claremont, California, USA

目 录

导论 时代精神的精华还是不结果实的花 …………………… 1
  一、过程哲学回答了时代提出的新问题 ………………………… 1
  二、过程哲学阐述了一种新的世界观 …………………………… 9
  三、过程哲学对解决当今世界诸多现实问题有重大启示 ……… 17
  四、过程哲学对丰富和发展马克思主义哲学有重大启示 ……… 20
  五、对过程哲学的总体评价 ……………………………………… 23

第一章 过程哲学概论 ……………………………………………… 28
  一、本书的研究对象和写作目的 ………………………………… 28
  二、过程哲学在当代社会受人关注的原因 ……………………… 46
  三、今日过程哲学之现状 ………………………………………… 51
  四、过程哲学试图避免的谬误 …………………………………… 53
  五、过程哲学被视为建设性后现代主义的原因 ………………… 62
  六、实践过程思想的方法 ………………………………………… 64

第二章 怀特海其人及过程哲学基本特征 ……………………… 72
  一、怀特海其人及其主要著作 …………………………………… 72
  二、过程哲学的基本特征、基本内容和基本观点 ……………… 78
  三、过程哲学的不足和值得进一步研究之处 …………………… 95
  四、过程哲学与实体哲学的比较 ………………………………… 100
  五、过程哲学的广泛影响 ………………………………………… 102
  六、过程哲学对我们的启示 ……………………………………… 106

第三章 过程哲学的哲学观 ……………………………………… 114
  一、哲学是宇宙论 ………………………………………………… 114
  二、哲学是形而上学 ……………………………………………… 119

三、哲学研究的主题是普遍原理 ……………………………… 124
　　四、哲学的成功在于能提供一般观念 …………………………… 128
　　五、哲学的进步性和传统哲学对理性作用的夸大 ……………… 133

第四章　过程哲学的方法论 ……………………………………………… 139
　　一、以过程分析法取代形态分析法 ……………………………… 139
　　二、以关系分析法取代要素分析法 ……………………………… 145
　　三、以思辨方法超越实证方法 …………………………………… 150
　　四、以哲学概括法超越科学概括法 ……………………………… 154

第五章　过程哲学的范畴体系（一） …………………………………… 160
　　一、过程哲学关于"范畴"概念的阐释 ………………………… 160
　　二、过程哲学关于其基本范畴体系的总体说明 ………………… 164
　　三、过程哲学的四个基本概念 …………………………………… 167

第六章　过程哲学的范畴体系（二） …………………………………… 183
　　一、三种终极性范畴 ……………………………………………… 183
　　二、八个存在性范畴 ……………………………………………… 191
　　三、二十七个说明性范畴 ………………………………………… 207
　　四、九个范畴性要求 ……………………………………………… 220
　　五、对四类范畴的初步说明 ……………………………………… 224

第七章　过程哲学的范畴体系（三） …………………………………… 230
　　一、神的原初性质与继生性质 …………………………………… 230
　　二、创造性与欲望 ………………………………………………… 237
　　三、集合秩序与个体秩序 ………………………………………… 239
　　四、生成与广延连续体 …………………………………………… 241
　　五、两极性 ………………………………………………………… 243

第八章　过程原理：存在即生成 ………………………………………… 245
　　一、"过程"概念界说 …………………………………………… 245
　　二、过程原理的含义 ……………………………………………… 259
　　三、坚持过程原理的理论意义和现实意义 ……………………… 262

目 录

第九章　相关性原理：万物内在关联 ……………………………… 270
　一、"相关性"概念界说 ……………………………………………… 270
　二、相关性原理的含义 ……………………………………………… 272
　三、坚持相关性原理的理论意义和现实意义 ……………………… 277

第十章　主体性原理：过程即经验的生成 ………………………… 284
　一、近代哲学"主体性原理"的内涵 ……………………………… 284
　二、主体性原理的含义 ……………………………………………… 291
　三、坚持主体性原理的理论意义和现实意义 ……………………… 294

第十一章　摄入原理：多生成一并由一而长 ……………………… 297
　一、"摄入"概念界说 ……………………………………………… 297
　二、摄入原理的含义 ………………………………………………… 303
　三、坚持摄入原理的理论意义和现实意义 ………………………… 306

第十二章　创造性原理：创造即生成 ……………………………… 312
　一、"创造性"概念界说 …………………………………………… 312
　二、创造性原理的含义 ……………………………………………… 316
　三、坚持创造性原理的理论意义和现实意义 ……………………… 317

第十三章　本体论原理：事物不会无中生有 ……………………… 321
　一、"本体论"概念界说 …………………………………………… 321
　二、本体论原理的含义 ……………………………………………… 322
　三、本体论原理的作用及意义 ……………………………………… 327
　四、六个基本原理的相互关系 ……………………………………… 331

第十四章　过程认识论 ……………………………………………… 334
　一、认识论建立在本体论上才有坚实的基础 ……………………… 334
　二、没有任何事物在本质上不可认识 ……………………………… 336
　三、认识的可能性依赖于事物间的联系 …………………………… 340
　四、理解是对结构、统一性和过程的把握 ………………………… 344
　五、经验是意识产生的基础 ………………………………………… 346
　六、认识活动具有不可重复性和创造性 …………………………… 352

七、主客体关系实质是主体间关系……………………………… 354
　　八、直接表象、因果效应和符号参照知觉方式………………… 358
　　九、符合论、融贯论和实效论及其统一………………………… 367

第十五章　过程价值论……………………………………………… 372
　　一、价值是事件内在固有的实在性……………………………… 372
　　二、作为主体性的内在价值……………………………………… 375
　　三、价值是有限的馈赠…………………………………………… 379
　　四、价值是分等级的……………………………………………… 381
　　五、价值尺度涉及价值强度、对比与平和……………………… 382
　　六、道德价值的功能是提升经验之美…………………………… 386
　　七、工具价值有助于增加经验强度……………………………… 388
　　八、个人如何按道德价值准则生活……………………………… 389

第十六章　过程教育哲学思想……………………………………… 391
　　一、教育的目的是使人具有活跃的智慧………………………… 391
　　二、教育的本质是培养人的责任感和崇高感…………………… 395
　　三、教育的金科玉律是设法唤起学生的学习兴趣……………… 397
　　四、成功的教育是培养全面发展的人…………………………… 401
　　五、怀特海教育哲学思想的启示………………………………… 403

第十七章　过程宗教观……………………………………………… 406
　　一、宗教应以科学和理性为基础………………………………… 406
　　二、宗教是净化人内心的信仰力量……………………………… 409
　　三、宗教实为人幽居独处时的体验……………………………… 415
　　四、对宗教真理的批判性考察…………………………………… 420
　　五、神是世界的诗人：他以真、善、美的洞见
　　　　引导着世界…………………………………………………… 422

第十八章　过程社会历史观………………………………………… 428
　　一、科学技术在社会发展中的重大作用………………………… 428
　　二、社会历史的发展是两大因素交互作用的结果……………… 436
　　三、静止地维持社会和谐与完善是不可能的…………………… 439

四、文明社会有求真、审美、探险、艺术、平和
　　五种品质 …………………………………………… 441

参考文献 ……………………………………………………… 444
索　引 ………………………………………………………… 449
后　记 ………………………………………………………… 463

Contents

Introduction Is Process Philosophy the Elite of Time Spirit or the Unfruitful Flower? ·············· 1
  I. Process Philosophy has Answered the New Problems of Our Times ·············· 1
  II. Process Philosophy has Elaborated a Kind of New World View ·············· 9
  III. Process Philosophy has a Deep Insight on the Problems of Contemporary World ·············· 17
  IV. Process Philosophy has a Big Enlightenment on Promoting the Development of Marxist Philosophy ·············· 20
  V. The Overall Evaluation to Process Philosophy ·············· 23

Chapter One The Outline of Process Philosophy ·············· 28
  I. The Studing Object and the Writing Aim of this Book ·············· 28
  II. Why is Process Philosophy Concerned ·············· 46
  III. The Basic Condition of Process Philosophy in the Present World ·············· 51
  IV. The Fallacies Which Process Philosophy Tries to Avoid ·············· 53
  V. Why do People Regard Process Philosophy as Constructive Postmodernism ·············· 62
  VI. The Ways Practicing Process Thought ·············· 64

Chapter Two Whitehead and the Basic Characteristics of His Process Philosophy ·············· 72
  I. Whitehead and His Works ·············· 72

II. The Basic Characteristics, Content and Viewpoints of
    Process Philosophy ·· 78
III. The Shortcomings of Process Philosophy and What of
    It is Deserved to Continue to Research ················ 95
IV. Comparative Study of Process Philosophy and Substance
    Philosophy ·· 100
V. The Comprehensive Influences of Process Philosophy ········ 102
VI. The Enlightenment Givend by Process Philosophy to Us ··· 106

Chapter Three   The Philosophical Viewpoint of Process Philosophy ··· 114
I. Philosophy is Cosmology ·· 114
II. Philosophy is Metaphysics ·· 119
III. The Theme of Philosophy is Generalities ······················ 124
IV. The Function of Philosophy is to Provide General Ideas ··· 128
V. The Progress of Philosophy and the Exaggeration of
    Rational Function by the Traditional Philosophies ············ 133

Chapter Four   The Methodology of Process Philosophy ················ 139
I. Taking the Method of Process Analysis instead of
    the Method of Morphology Analysis ································ 139
II. Taking the Method of Relationship Analysis
    instead of the Method of Element Analysis ················ 145
III. Taking the Method of Speculative Analysis
    instead of the Method of Positive Analysis ················ 150
IV. Taking the Method of Philosophical Generalization
    instead of Scientific Generalization ································ 154

Chapter Five   The Categoreal System of Process Philosophy (I) ······ 160
I. Interpretation to the Term of "Category" of Process
    Philosophy ·· 160
II. General Explanation to the Categoreal System of Process
    Philosophy ·· 164
III. Four Basic Concepts of Process Philosophy ···················· 167

Chapter Six　The Categoreal System of Process Philosophy (II) ⋯⋯ 183
　I. Three Ultimate Categories ⋯⋯ 183
　II. Eight Existences of Existence ⋯⋯ 191
　III. Twenty Seven Categories of Explanation ⋯⋯ 207
　IV. Nine Categoreal Obligations ⋯⋯ 220
　V. Preliminary Notes to the Four Kinds of Categories ⋯⋯ 224

Chapter Seven　The Categoreal System of Process Philosophy (III) ⋯⋯ 230
　I. Primordial and Consequent Nature of God ⋯⋯ 230
　II. Creativity and Appetition ⋯⋯ 237
　III. Social Order and Personal Order ⋯⋯ 239
　IV. Becoming and Extensive Continuum ⋯⋯ 241
　V. Dipolar ⋯⋯ 243

Chapter Eight　The Principle of Process: Being is Becoming ⋯⋯ 245
　I. Interpretation of the Term "Process" ⋯⋯ 245
　II. Connotation of the Principle of Process ⋯⋯ 259
　III. Theoretical and Practical Significance of Insisting on the Principle of Process ⋯⋯ 262

Chapter Nine　The Principle of Relativity: Everything is Interconnected ⋯⋯ 270
　I. Interpretation to the Term "Relativity" ⋯⋯ 270
　II. Connotation of the Principle of Relativity ⋯⋯ 272
　III. Theoretical and Practical Significance of Insisting on the Principle of Relativity ⋯⋯ 277

Chapter Ten　The Principle of Subjectivity: Process is the Becoming of Experience ⋯⋯ 284
　I. Connotation of "The Principle of Subjectivity" in Modern Philosophies ⋯⋯ 284
　II. Connotation of the Principle of Subjectivity ⋯⋯ 291
　III. Theoretical and Practical Significance of Insisting

on the Principle of Subjectivity …… 294

Chapter Eleven The Principle of Prehension: The Many Becomes One and is Increased by One …… 297
  I. Interpretation of the Term "Prehension" …… 297
  II. Connotation of the Principle of Prehension …… 303
  III. Theoretical and Practical Significance of Insisting on the Principle of Prehension …… 306

Chapter Twelve The Principle of Creativity: Creativity is Becoming …… 312
  I. Interpretation of the Term "Creativity" …… 312
  II. Connotation of the Principle of Creativity …… 316
  III. Theoretical and Practical Significance of Insisting on the Principle of Creativity …… 317

Chapter Thirteen The Principle of Ontology: Nothing can be Created from Nothingness …… 321
  I. Interpretation of the Term "Ontology" …… 321
  II. Connotation of the Principle of Ontology …… 322
  III. Theoretical and Practical Significance of Insisting on the Principle of Ontology …… 327
  IV. Interrelation among the Six Basic Principles …… 331

Chapter Fourteen Process Epistemology …… 334
  I. Epistemology can have a Solid Foundation Only When It has Its Own Ontology …… 334
  II. Nothing is Not Cognitive …… 336
  III. The Possibility of Knowledge Depends on the Interconnectedness of Actual Things …… 340
  IV. Understanding is to Grasp the Structure, Unity and Process …… 344
  V. Experience is the Foundation of Consciousness …… 346

  VI. A Cognitive Action has a Nonrepeatability and
    Creativity ··· 352
  VII. The Relation between Subject and Object is the Relation
    between Subject and Subject ······························ 354
  VIII. The Mode of Presentational Immediacy, the Mode of
    Causal Efficacy, and the Mode of Symbolic Reference ······ 358
  IX. The Theory of Correspondence, the Theory of Coherence,
    and the Theory of Pragmatism and Their Uniformity ········· 367

Chapter Fifteen Process Values ································· 372
  I. Values are the Intrinsic Reality of Event ······················ 372
  II. The Inner Values as Subjectivity ································ 375
  III. Values is the Gift of Finite ····································· 379
  IV. Values is Graduated ··· 381
  V. Value Measure is Concerned with Values Intensity, Contrast,
    and Peace ·· 382
  VI. The Function of Moral Values is to Lift the Beauty of
    Experience ··· 386
  VII. Instrumental Values can Promote the Intensity of
    Experience ··· 388
  VIII. How does a Person Live according to the Rules of
    Moral Values ··· 389

Chapter Sixteen Process Education Philosophy ·············· 391
  I. The Aim of Education is to Make People Have Active
    Wisdom ·· 391
  II. The Essence of Education is to Cultivate People's
    Responsibility Sense and Lofty Sense ······················ 395
  III. The Golden Rule of Education is to Arouse Students'
    Learning Interests ··· 397
  IV. The Successful Education is to Cultivate People to
    Develop in the Whole ····································· 401
  V. The Enlightment of Process Education Philosophy ············ 403

Chapter Seventeen   Process Viewpoints of Religion ·················· 406
   I. Religion should be Based on Science and
      Rationality ·· 406
   II. Religion is the Believing Force of People's Mind of
      Purification ··· 409
   III. Religious is the Experience of People's Solitaries ············ 415
   IV. Critical Consideration of Religious Truths ······················ 420
   V. God is the Poet of World: He Guides the World by
      His Insight on Truth, Good, and Beauty ·························· 422

Chapter Eighteen   Process Viewpoints of Society and History ············ 428
   I. Science and Technology Play an Important Role in
      the Development of Society ··· 428
   II. The Development of Society and History is the Result of
      Two Big Elements ··· 436
   III. It is Impossible to Statically Sustain Social Harmony and
      Completeness ··· 439
   IV. Five Qualities of Civilized Society: Truth, Beauty,
      Adventure, Art and Peace ·· 441

References ·· 444
Index ·· 449
Postscript ·· 463

导论　时代精神的精华还是不结果实的花

任何真正的哲学都是自己时代精神的精华，是文明的活的灵魂。

——马克思

在经由一位哲学大师的思想冲击之后，哲学再也不会回到其原先的状态了。

——怀特海

过程哲学亦称有机哲学，是由英国著名哲学家阿尔弗雷德·诺思·怀特海（Alfred North Whitehead）在20世纪上半叶逐渐发展起来的一种新哲学。导论阐述三个问题：一是我们今天为什么要研究怀特海过程哲学？二是怀特海过程哲学有哪些主要特征、基本内容、基本观点值得我们今天关注和研究？三是研究怀特海过程哲学对当代社会发展和文明进步包括生态文明建设有哪些重大启示？

一、过程哲学回答了时代提出的新问题

首先，怀特海过程哲学试图从哲学上系统地回应相对论和量子力学等现代科学提出的一系列新问题。我们知道，在20世纪初，西方科学领域发生了牛顿以来最伟大的科学革命，产生了爱因斯坦的相对论和玻尔等人的量子力学。[1] 相对论和量子力学推翻了以牛顿《自然哲学的数学原理》为标志的近代经典物理学在整个宇宙中的普遍适用性，最彻底地重建了整个现代物理学体系。这使得一些率先充分认识到这场科学革命所带来的重大哲学

---

[1] 当年，爱因斯坦和玻尔这两位20世纪最伟大的物理学家就量子物理中的随机性即不确定性问题，发生过激烈论战，其中有一段经典对白。爱因斯坦说："玻尔，亲爱的上帝不掷骰子！"玻尔回答说："爱因斯坦，别去指挥上帝应该怎么做！"（曹天元：《量子物理史话》，1页，沈阳，辽宁教育出版社，2008）

变革的科学家和哲学家的哲学世界观发生了"哥白尼式的革命"——从坚信自然界与人类精神截然区分的二元论、机械决定论和以原子论为基础的实体哲学，逐步转向相信自然与精神不可分的一元论、辩证决定论和以过程—关系为基础的过程哲学或有机哲学，转向了相信宇宙的复杂性、不确定性、生成性、关联性的复杂性哲学和系统哲学。怀特海等西方著名科学家和哲学家就是实现了这种哲学世界观转变的主要代表。

然而，遗憾的是，正如怀特海和后来的英国科学家爱丁顿等人所认识到的那样，即使在自然科学家中，不少人虽然已经接受了相对论和量子力学的科学思想，但其自然观和哲学观却仍然停留在以牛顿物理学为代表的所谓"科学唯物主义"阶段，相对论和量子力学所引起的自然观与哲学观的变革，仍然在他们的视域之外。[①] 即使到今天，在我国和世界其他很多地方，坚信机械唯物主义自然观和各种形式的实体哲学观以及实体思维方式的科学家、哲学家仍然不少。这不仅表现在哲学理论研究仍然停留在近代唯物主义水平之上，而且表现在坚持孤立的、静止的和片面的实体思维方式或传统的形而上学思维方式，已经在实践上造成了对我国经济发展和社会进步的负面影响，甚至成为我们实现科技进步、科教兴国，推进社会主义经济建设、政治建设、文化建设、社会建设和生态文明建设的桎梏。正因如此，我国工程院院士钱旭红教授2013年在接受《中国科学报》记者采访时大声疾呼，当今中国要尽快转变思维方式，接受量子力学给我们的思维方式带来的变革。他说："量子思维是一次激动人心的思维革命，而美国和日本抓住了这个机会，在发展中拔得头筹。"量子力学"波粒二象性"理论有三层内涵："'光既是波，也是粒子'，这是第一句话；'光不是波，也不是粒子'，这是第二句话；还有第三句话：光仅仅是光量子。"他认为，牛顿提出的经典力学及其思维方式中所强调的是机械、肯定、精确、定域、因果、被动、计划，而量子力学及其思维方式所带来的则是差异、可能、不准、离域、飘忽、互动、变幻。不同的思维方式将导致完全不同的世界观，进而对经济发展和社会进步产生不同的影响。

根据恩格斯的著名论断，"甚至随着自然科学领域中每一个划时代的发现，唯物主义也必然要改变自己的形式"[②]。如果我们承认相对论和量子力学是20世纪自然科学领域中划时代的发现，那么哲学应当随之改变自己的形式便是不言而喻的事。迄今为止，真正从哲学本体论、认识论、

[①] 参见爱丁顿：《物理科学的哲学》，杨富斌、鲁勤译，34页，北京，商务印书馆，2014。
[②] 《马克思恩格斯选集》，3版，第4卷，234页，北京，人民出版社，2012。

方法论、价值论、伦理学、宗教观、教育观和社会历史观或人类文明观等视域，深刻反思相对论和量子力学所带来的哲学变革的重大意义，并结合人文社会科学的发展成果、人类自身的宗教体验和情感体验等各方面的因素，致力于以此为基础来建构一种综合性的、系统性的哲学理论体系，非怀特海过程哲学莫属。

无疑，诸如拉兹洛创立的系统哲学、弗洛里迪等人创立的信息哲学和当代对复杂性科学的哲学探究等，包括爱丁顿在《物理科学的哲学》中对相对论和量子力学引起的哲学认识论变革之重大意义的研究，都是对相对论和量子力学产生以来的科学发展成果的哲学反思，并且由于他们的研究促使哲学从总体上说取得了巨大进步，从而诚如怀特海所说，在经过一种伟大的哲学理论的冲击之后，哲学再也回不到原来的样子了。但是，无论系统哲学、信息哲学，还是复杂性哲学，包括爱丁顿的科学认识论研究等，都主要停留在自然科学哲学研究的层面，并未进一步综合人文社会科学和人类宗教、艺术、美学体验等因素，概括和形成哲学宇宙论、本体论层面的综合性哲学体系。只有怀特海过程哲学不仅明确地以相对论和量子力学等现代科学成果为基础，而且综合人文科学等诸多因素，系统地建构了一种新的哲学宇宙论体系，试图从本体论层面系统地回答与此相关的形而上学问题、认识论问题、方法论问题、价值论问题、伦理学观点、宗教问题和社会文明问题等。

显然，怀特海过程哲学致力于回答的这些问题，是20世纪以来人类科学思想的发展向现时代提出的重大哲学问题。他在《自然的概念》《科学与现代世界》[①]《过程与实在》《观念的探险》[②]《思维方式》等著作中试图回答的哲学问题，直到今天仍然对反思传统哲学尤其是近代哲学中存在的各种问题、改变实体性思维方式、确立同现代科学思想相一致的过程宇

---

① 该书原名为 Science and The Modern World，何钦先生译之为《科学与近代世界》，国内其他相关书籍中大多也译为《科学与近代世界》。笔者认为，此书译为《科学与现代世界》更为恰当。故我们一律把该书的书名译为《科学与现代世界》，其中涉及的 modern 一词一律改译为"现代"。

② 该书原名为 Adventures of Ideas，周邦宪先生译之为《观念的冒险》，国内其他相关书籍中大多也译为《观念的冒险》。笔者以为，此书译为《观念的探险》更为恰当。一是因为"冒险"在汉语里似有贬义，通常指不顾危险地做某事；二是因为从该书内容看，它所表明的是人类为推进文明发展、防止文明僵化而在观念和精神领域所不断进行的探究与探索，故译为"探险"似乎更符合该书所讲内容的原意。同时，"探险"通常具有到未知领域考察、探究的意思。故我们一律把该书的书名译为《观念的探险》，其中涉及的 adventure 一词一律改译为"探险"。

宙论、过程—关系的思维方式等，具有重要的现实意义和理论启示。当代西方的一些分析哲学大家和现象学哲学大家，都在不同程度上认同怀特海过程哲学的重大理论意义。例如，大体上属于分析哲学家的美国著名哲学家杜威、奎因、罗蒂、莫里斯、刘易斯等不仅认真研究过怀特海过程哲学，撰写了研究怀特海过程哲学的专门论述（如杜威撰写了《怀特海的哲学》、刘易斯撰写了《自然知识的范畴》等），而且对怀特海过程哲学给予很高的评价。存在主义现象学家海德格尔、梅洛-庞蒂等人各自在晚年也都对怀特海过程哲学给予很高的评价，深刻认识到只有像怀特海那样从本体论上对根本的存在问题予以解决，才能为现象学研究奠定坚实的基础。① 马克思主义哲学与怀特海过程哲学更有许多相通和相似之处。无论马克思提出的人类社会的发展是一个自然历史过程的理论、社会有机体理论、人的自我生成理论、从主体方面去研究"对象、现实和感性"的理论、主体客体化和客体主体化理论、人化自然和自然的人化理论、社会生活在本质上是实践的理论、人的本质是社会关系的总和理论等，还是恩格斯明确地概括出来的"世界不是既成**事物**的集合体，而是**过程**的集合体"② 的理论等，都同怀特海过程哲学具有内在的一致性。中国传统哲学中"生生不息""生生之为易"的发展、变易和生成思想，更是怀特海过程哲学所明确承认的与之相接近的思想。

　　在这个意义上说，我们在当代深入研究怀特海过程哲学，主要不是从哲学史意义上来研究的，而是从试图回答现代科学提出的时代性问题意义上来研究的。因此，我们不能把怀特海当作一个历史人物、一个现当代哲学史人物来研究，不能把怀特海的哲学思想当作历史上的思想来研究，而要把他的思想当作我们现时代活的思想、当下的现实问题来研究，以此来促进我们对现代科学提出的哲学问题和现实问题进行思考，并把他坚持的思维方式当作一种新的思维方式来学习和研究，以这种同现代科学相适应的新的思维方式来观察、分析和认识现实世界，转变我们传统的实体哲学思维方式，以过程—关系与有机的思维方式来认识我们的经济和社会发展，推动我国社会主义现代化事业和包括生态文明建设在内的"五位一体"建设的发展。只有从这一高度和视域，才能真正充分地认识到学习、研究怀特海过程哲学的重大现实意义和理论价值。

---

① 参见孟强：《梅洛-庞蒂、怀特海和当代科学论》，载《当代哲学》，2011 (4)。
② 《马克思恩格斯选集》，3版，第4卷，250页。

其次，怀特海过程哲学试图以建立在相对论和量子力学基础之上的过程宇宙论（又称有机宇宙论）为前提，系统地回答了传统哲学所面临的一系列哲学难题。例如，古代哲学家亚里士多德提出的实体概念和简单位置概念，在相对论和量子力学冲击下遇到了挑战，因为根据相对论和量子力学，所谓物质实体似乎已经不是如亚里士多德所说的那样，"其存在除了自身以外不需要任何其他事物"，一个物体并不只是处在一个地方，它同时还存在于其他事物之中。因此，过程哲学试图根据相对论和量子力学来解释"为什么现实存在同时也存在于其他所有事物之中"的问题。

又如，近代哲学家休谟提出的"因果性难题"即所谓休谟问题，不少近代哲学家根据牛顿力学似乎都无法做出自圆其说的解释，最后导致休谟及其不少追随者甚至干脆否定了因果关系的客观性，仅仅把因果关系当作人们的心理联想。怀特海则根据现代科学成果以及过程哲学原理来阐述因果关系问题，坚持因果关系是现实的和客观存在于宇宙之中的关系，它绝非人们纯粹的主观心理联系，而是内在地存在和发生于现实存在的自我创造与相互作用过程之中的现实过程。这种关系不仅是客观的，而且是现实的和内在于现实存在之中的，并非只是诸现实存在之间的关系，关系本身就是现实的。还有，近代认识论只承认直接表象的认识方式，不承认因果效应的认识方式，因而很难从认识论上真正地阐述清楚因果性的客观性问题；怀特海则以明确地提出因果效应的认识方式和符号参照方式等为基础，令人信服地论证了因果关系的直接性及可知性。

再如，近代哲学自笛卡尔以来所坚持的物质和精神截然二分的所谓二元论，虽然在当时具有巨大的积极意义和进步作用，促使当时的人们不再纠缠于宗教界和世俗界对精神、灵魂与物质关系的争论，分别把物质现象和精神现象当作独立存在来研究，从而促进了对这些问题的深入研究，避开了当时在社会上占主导地位的宗教界人士对精神、意识、灵魂现象的独立研究的坚决拒斥，这样，使得自然科学对物质现象的研究和宗教界对灵魂的研究可以并行不悖地进行，因而各自都得到了极大的发展。所有这些问题，实际上直到今天仍然是哲学界、宗教界等相关领域众说纷纭、莫衷一是的问题。怀特海的理论对解决这些问题早已提出许多真知灼见，如果能辩证地吸取其合理思想，一定能推进对这些问题的深入理解和把握。

此外，实体问题、简单位置问题、不确定性问题、决定论与非决定论问题、灵魂是否能独立存在的问题、宇宙是一元的还是多元的问题、文明的发展及其未来走向问题、人的本性及人类的生死存亡问题等，如果不能根据现代科学最新研究成果很好地从哲学本体论上予以解决，那么，与此相关的认识论、方法论、价值论、历史观等根本性的哲学问题，就难以真正地向前推进，而只能停留在古代和近代哲学认识的层面。甚至这些年来在马克思主义哲学研究中出现的把马克思的哲学近代化，抹杀马克思的哲学与近代唯物主义的根本区别的错误倾向，不能说与我们没有真正克服近代唯物主义实体哲学的缺陷没有关系。因为如果把马克思的哲学解释为"一般唯物主义"学说，就不可能看到马克思的"历史唯物主义"和"实践的唯物主义"的划时代意义，就不可能理解为什么马克思在《关于费尔巴哈的提纲》中对从前的一切唯物主义包括费尔巴哈的唯物主义都进行了批判，马克思明确指出："从前的一切唯物主义（包括费尔巴哈的唯物主义）的主要缺点是：对对象、现实、感性，只是从**客体的**或者**直观的**形式去理解，而不是把它们当做**感性的人的活动**，当做**实践**去理解，不是从主体方面去理解。"① 怀特海过程哲学把所有现实存在都视为能动的主体的思想，与马克思在这里所强调的思想无疑不谋而合。

怀特海过程哲学试图在以相对论和量子力学等为基础的过程宇宙论前提下，系统地建构一种综合性的形而上学体系②，并以此种范畴体系为说明框架，试图合乎逻辑地和内在一致地说明人类的科学、艺术、社会、宗教、伦理等各种经验活动，说明古代哲学和近代哲学留给人们的各种哲学难题，因而他提出了许多新的极富启发意义的哲学概念、范畴、观点和命题。"存在就是生成""无物能绝对孤立地存在""无主体能经验两次""多生成一并由一而长""世界的创造性进展""创造性是世界万物的终极原因""任何现实存在都是主体""现实存在之间的关系是主体间关系""寻找原因就是寻找现实存在""没有任何现实存在的产生是空穴来风""没有理由认为混乱不及秩序那样重要"③ 等，这些哲学观点和命题可能并非完全正确，站在不同视域的人们对这些观点和命题可能会有不同的解读，但它们总能给人们以无限的启迪和遐想，促进人们进一步思考现代科学尤其是相对论、量子力学以及当代复杂性科学等给我们带来的困惑和思考、启示和洞见。不管怎样，建立在当代科学技术发展和社会进步之上的哲学，总要超越以前的旧哲学，总要不断前进，有所进步与发展。怀特海对"哲学无用论"

---

① 《马克思恩格斯选集》，3版，第1卷，133页，北京，人民出版社，2012。
② 这里所说的"形而上学"是指传统西方哲学所说的形而上学，不是指与"辩证法"相对立意义上的"形而上学"。对此，在后面讨论怀特海的形而上学思想时有专门论述。
③ 参见怀特海：《思维方式》，刘放桐译，46页，北京，商务印书馆，2004。

的明确批判、对传统基督教尤其是《旧约》中暴力论思想的批评、对人类追求真善美相统一的社会和谐与文明的探索、对教育目的应是培养全面发展的人的探索、对正确的人类信仰的推崇和研究等，无一不对我们今天反思科学技术的积极作用和负面影响、思索人类文明的发展方向和途径、保护生态环境和建设生态文明等具有重要的现实意义和理论价值。

最后，怀特海过程哲学试图以其哲学理论为基础来回答和解释现代社会发展提出的各种社会难题。针对东西方现代社会中普遍存在的信仰危机、生态危机和人类文明的危机，怀特海及其继承者查尔斯·哈茨肖恩、小约翰·柯布和大卫·格里芬等著名美国哲学家，从不同层次、不同视域对这些问题给予了令人信服的回答，这些回答影响着越来越多的思想家、政治家和社会活动家。

以信仰危机为例，如今不仅在我国人们有不同程度的信仰危机，而且在不少欧美国家，传统基督教也面临着不同程度的信仰危机，不少年轻人已不再信奉基督教。有报道说，在法国，有的天主教会为了争夺信徒而到其他教堂用枪杆子威逼他人去自己的教堂，甚至为此发生过一些枪击和流血事件。在欧美一些国家，不少年轻人尤其是青年大学生、研究生，尽管出生和成长在基督教世家，但却已经不再信仰传统基督教。① 因此，在当今科学昌明、技术发达但却物欲横流、极度崇拜物质消费的拜金主义时代，如何重建真正的人类信仰，为人之为人而不是堕落为纯粹的消费主义者和享乐主义者或"单面人"，确实是使不少思想家忧心忡忡的问题。怀特海过程哲学以及在此基础上发展起来的建设性后现代主义思想和过程神学，为人们的信仰重建做了很大努力。其理论解决方案和过程实践的建议，已经实际地影响着欧美和东方国家不少人在重建个人信仰。据柯布讲，在美国已有不少教会在按照过程神学思想做礼拜活动。传统基督教信仰应当随着时代的发展而不断进步，人类应当追求某种美好的信仰，有一定的美好信仰总比没有任何信仰好，这似乎已成为当今时代人们的共识。最可怕的是，人们没有任何向善的信仰，或者坚持了某种邪恶的信仰。因为在怀特海看来，宗教并非必然地为善，它也有可能邪恶之极。这些论断对我们正确认识宗教的社会作用显然具有重要启示。

从生态文明方面看，20世纪以来，人类已逐步认识到环境污染和生

---

① 当然，欧美国家究竟有多少青年不再信仰基督教，在青年中占多大比例，在欧美国家并无确切的官方统计，因为宗教信仰属于私人事务，官方通常并无统计数据。

态破坏所带来的严重生存危机。蕾切尔·卡逊撰写的《寂静的春天》、梭罗撰写的《瓦尔登湖》、罗马俱乐部成员德内拉·梅多斯等人撰写的《增长的极限》等，都以无可辩驳的事实阐述了这样一个真理：人类正在面临着严重的生态危机和人类文明可持续发展的危机。我国改革开放以来，一度片面地追求高GDP的生产方式和高生产、高消费的生活方式，加之忽视环境保护，导致我国的生态环境近年来严重恶化。如今，食品安全、水资源污染、空气污染等已成为影响发达地区和大中城市人民群众日常生活的严重问题。那么，如何解决生态危机所引发的社会问题，如何促进社会文明的可持续发展？党的十八大报告中已明确提出要大力建设我国的生态文明，把生态文明作为与经济建设、政治建设、文化建设和社会建设比肩并列的"五大建设"之一。建设生态文明的哲学基础是什么？仅仅有现实的生态危机还不足以使人们认识到其真正的危害，从而难以真正从哲学高度认识到建设生态文明的重大意义。过程哲学第四代传人格里芬，根据世界银行所提供的数据，经过多年研究证明，如果人类不从根本上改变当前的现代工业文明生产方式，继续按照现代工业文明生产方式持续下去，用不了多久，我们现有的人类文明就会彻底崩溃。这绝非危言耸听！认真阅读和研究众多生态文学家[①]、思想家尤其是建设性后现代思想家给我们提供的文本、数据及其严密的推论，就可以非常清楚地看到这一点。从哲学宇宙论层面系统论述这一思想的第一人正是怀特海，迄今他的严密论述还无人超越。

怀特海主要是从哲学宇宙论、本体论层面，回答了宇宙的进化及其发展，以及建立在宇宙进化基础之上的人类文明的进展问题。他认为，只有追求真善美相统一的和谐文明，才能使人类社会不断地创造性进展。否则，诚如怀特海所说，当我们所处的宇宙以其自身铁的规律惩罚那些违背自然本性的人之时，没有人为他们提起上诉。柯布和格里芬等人，则从建设性后现代思想视域出发，在批判地继承和发展现代工业文明的积极成果的同时，致力于重新建构以过程哲学为思想理论基础、以生态文明为社会基础的新的人类文明社会。

国内有学者说，没有哪一种哲学能为当代的生态文明建设提供道

---

① 如约翰·巴勒斯的《醒来的森林》、亨利·贝斯的《遥远的房屋：在科德角海滩一年的生活经历》、特丽·T. 威廉斯的《心灵的慰藉：一部非同寻常的地域与家族史》、顿西格德·F. 奥尔森的《低吟的荒野》（均为程虹译，北京，三联书店，2013）等。

德支点。我们认为，一方面，马克思主义哲学以联系和发展为特征的辩证宇宙观与唯物史观为生态文明建设提供了一定的哲学基础；另一方面，怀特海过程哲学则进一步以相对论和量子力学等现代科学为基础，从过程宇宙论高度为生态文明建设提供了迄今为止最为系统完整的哲学基础，从而在一定意义上为生态文明建设提供了坚实的道德支点。当然，诸如系统哲学、复杂性哲学等，也可以从各自的角度为生态文明建设提供哲学依据。无疑，过程哲学在当代社会历史条件下仍要进一步发展，进一步综合当代的复杂性科学等最新科学成果，进一步为生态文明建设提供合乎逻辑的和内在一致的哲学基础。社会实践在不断前进，人类为自己的社会实践所进行的哲学论证也会不断地发展。期望哪位哲学家给我们一劳永逸地提供社会实践的哲学基础和道德支点，这只能是空想。

二、过程哲学阐述了一种新的世界观

过程哲学第三代传人之一柯布明确地指出，伟大的哲学通常都会提出一种邀请，鼓励我们以新的世界观来观察世界，而过程哲学就是这样的邀请。作为一种新的世界观，过程哲学主要在如下几个方面提出了自己的新思想：

首先，怀特海过程哲学提出了一种新的哲学宇宙论。怀特海的代表作《过程与实在》一书的副标题就是"宇宙论研究"。他明确地称之为过程宇宙论或有机宇宙论。当然，这是一种哲学的宇宙论研究，不同于宇宙学家、天文学家和物理学家所研究的自然科学意义上的宇宙论。怀特海的哲学宇宙论坚持的主要观点是：我们所在的这个宇宙时期（cosmic epoch，亦译宇宙纪元）有自己特殊的运行和演化规律，这些规律是在四维时空中，在自身内在的创造性推动下，通过其所包含的各种现实存在能动地摄入先前的现实存在和其他多种现实因素以及永恒客体，表现为"多生成一并由一而长"的创造性进展，形成了一种万物内在相关的网状系统和动态的现实世界。在这个网状现实世界系统里，任何现实存在都不是绝对独立的孤岛，都不是"除了自身而不需要其他现实存在就可以独立存在的存在"，现实存在是相互联系、相互作用、相互制约和相互影响的；没有任何现实存在的产生、消逝和转化是真正的空穴来风，而是有诸多现实存在作为其原因的。这便是怀特海所讲的相关性原理和本体论原理等基本原理的基本内涵及内在的"范畴性要求"。

当然，在可能意义上，现实的宇宙不仅仅是我们所面临的这种四维宇宙纪元。它有可能还有其他多维的存在形式，这同霍金等现代宇宙学家所预言的多维宇宙理论不谋而合。因此，有的美国学者明确指出，怀特海的宇宙论与现代宇宙论具有异曲同工之处，因而它为现代宇宙论的发展提供了哲学宇宙论的基础。例如，加州大学利蒙·麦克亨利在其《多元宇宙猜想：怀特海的宇宙时期与当代宇宙论》一文中指出："宇宙论和量子力学最近的发展已经导致一种猜测，即认为我们的宇宙只是众多宇宙中的一个。虽然这一概念即多元宇宙的假设作为合法性科学还会遇到极大的挑战，但作为这一努力的必然结果，它却触动了许多物理学家，促使他们去建构一种最终的和统一的理论。在其代表作《过程与实在》（1929）中，怀特海提出了一种宇宙论，以之作为他关于过程的一般形而上学的一部分。这一部分研究涉及一种宇宙时期理论，这一理论同当前的宇宙论猜想具有明显的相似性。"因此，他在该文中致力于"探究多元宇宙论的基本体系如何已经呈现在怀特海的宇宙论之中，并为寻求一种解释性描述的思辨性进行辩护"[1]。当代著名的系统哲学家拉兹洛在其新著《自我实现的宇宙》中也多次提到怀特海的过程哲学宇宙论对他创立和阐发其新宇宙论的启发。[2]

怀特海研究宇宙论的最终目的，是为其过程哲学的本体论、认识论、方法论、价值论、伦理观、教育观和文明观等提供坚实的宇宙论基础。这也是怀特海过程宇宙论所具有的重大理论意义之所在。正因如此，在为伊萨贝勒·斯唐热的《与怀特海一同思考》一书所撰写的序言中，法国著名的科学哲学家、科学人类学家、STS领域里的重量级学者、巴黎政治学院副院长布鲁诺·拉图尔教授认为，在姓名以W开头的当代西方哲学家中，20世纪最伟大的哲学家并不是大多数有学问的美国人可能回答的维特根斯坦，而是另一位姓名以W开头的哲学家，即怀特海。他虽然具有更大胆的理论勇气，然而不幸的是迄今为止人们对

---

[1] Leemon Mchenry, "The Multiverse Conjecture: Whitehead's Cosmic Epochs and Contemporary Cosmology", *Process Studies* 40.1 (2011).

[2] 参见欧文·拉兹洛：《自我实现的宇宙》，杨富斌译，60页，杭州，浙江人民出版社，2015。

之研究很少。① 斯唐热在《与怀特海一同思考》中则要以怀特海的思想为基础，站在怀特海的视域来思考当代社会面临的一系列哲学问题和社会现实问题。

其次，怀特海过程哲学致力于提出一种新的认识论和一种新的思维方式。怀特海指出，认识论只有建立在本体论基础之上，才有坚实的根基。认识论必须回答世界的可知性、认识的本质、认识的方式、认识的规律、检验认识的真理性的标准、认识的作用等问题。他明确地批判关于现实世界的不可知论和怀疑论观点，坚持世界的可知性观点，明确坚持"任何存在的事物，就其与其余事物的联系的有限性而言，都是可以认识的"②。"没有任何事物在本质上不可认识，因为随着时间的推移，人类可能获得一种洞察自然界其他可能性的想象力。"③ 怀特海还深刻而系统地阐述了人类认识的本质、认识的方式、认识的发展规律、检验认识的真理性的标准等问题，特别是对康德、休谟的不可知论的批判不仅是深刻的，而且以三种认识方式（表象知觉方式、因果效应方式、符号参照方式）相统一的学说，阐述了认识的可能性、因果认识的直接性、检验认识的真理性的方式等，并强调"认识论的第一原理应当是：我们对于自然界的关系的不确定的、易变的方面是自觉地观察的首要论题"④，从而对当代哲学认识论

---

① Isabelle Stengers, *Thinking with Whitehead, A Free and Wild Creation of Concepts*, translated by Michael Chase, Foreword by Bruno Latour, Harvard University Press, 2011, Foreword p. 1. 拉图尔教授曾作客"清华海外名师讲堂"第三十一讲，并做了主题为"If the West has never been Modern, What does it Change to the Dialogue among Cultures?"的演讲。他也曾在北京大学等国内著名大学做过演讲。这里所说的对怀特海哲学人们研究很少，是指到斯唐热撰写《与怀特海一同思考》一书时为止，大多数研究怀特海过程哲学的著作都是介绍性的，即"照着讲"，而且主要局限在怀特海的传人、学生和过程神学等小圈子里，英美主流哲学界除极少数几位哲学家如奎因、杜威、刘易斯等撰写了数篇短文之外，很少有人真正关注和深入研究怀特海过程哲学。直到今天，相对于分析哲学、现象学哲学的研究而言，怀特海过程哲学仍然处于西方主流哲学之外，或者说处于西方哲学研究的边缘地带。只是近年来，才有一些比较深入的研究性著作问世，如《知识与价值：走向建设性后现代认识论》《怀特海与存在主义》等。就过程哲学圈子内部而言，过程哲学的第二代传人哈茨肖恩撰写了很多过程神学的著作，而第三代传人柯布在阐释怀特海过程哲学和过程神学方面，以及在应用怀特海过程哲学解释当代社会的经济、政治、教育等方面，也有许多著述。过程哲学第四代传人格里芬对过程哲学从学理上做了许多深入的阐释，尤其是从建设性后现代视角对过程哲学的阐释颇有建树，对建设性后现代科学、后现代精神、后现代哲学的阐释也有重要贡献。杰伊·麦克丹尼尔、罗伯特·梅斯理、王治河等，也从不同方面阐释和应用了怀特海过程哲学。如梅斯理的《过程—关系哲学》是一本重要的怀特海过程哲学入门书，而王治河和樊美筠等以过程哲学思想为基础而合著的《第二次启蒙》也在国内学术界产生了较大影响。

②③ 怀特海：《思维方式》，刘放桐译，39页。
④ 同上书，28页。

的发展具有重要的推动作用。

关于以过程哲学为基础的新的思维方式，怀特海做了明确的阐述。1932年，在《观念的探险》一书的"前言"中，怀特海明确地指出："我的三本著作——《科学与现代世界》、《过程与实在》以及《观念的探险》——都力图要表达一种理解事物性质的方式，都力图要指出那种方式是如何通过对人类经验种种变化的研究从而得到阐释的。"[①] 后来，怀特海在几个演讲稿的基础上加以修改，编成一部专门探讨思维方式的著作——《思维方式》，以此来系统地阐述他关于思维方式的思考。他在其中明确地指出，哲学与诗相似，两者都力求表达我们称之为文明的最高的理智。科学和学识都只是哲学的辅助工具。哲学家应当是一群善于探险、思辨和寻求新观念的人，哲学的态度应当是坚定不移地试图扩大对进入我们当前思想中的一切概念的应用范围的理解。因此，人类思维方式不应当是建立在实体哲学基础之上的纯粹分析的、静止的、僵化的和解构的思维方式，而应当是建立在相对论、量子力学等现代科学基础和人类复杂的日常生活体验、宗教生活体验、直觉、灵感、冥想、感受、情绪等基础之上的综合的、整合性的、动态的、有机的、关系性的甚至体验性的思维方式。哲学式的、艺术式的、宗教性的思维方式，有些是很难用语言直接表达的。怀特海明确指出："如果谁想把哲学用话语表示出来，那它是神秘的。因为神秘主义就是直接洞察至今没有说出来的深奥的东西。但是哲学的目的是把神秘主义理性化：不是通过解释来取消它，而是引入有新意的、在理性上协调的对其特征的表述。"[②] 我们可以把怀特海对哲学思维方式的变革概括为四个方面：以过程分析法取代形态分析法、以关系分析法取代要素分析法、以思辨方法超越实证方法、以哲学概括法超越科学概括法。这在后面第四章有详细阐述。

再次，怀特海过程哲学提出了一种新的价值论和伦理观。传统哲学尤其是近代哲学一般是从区分事实与价值而开始讨论价值问题的。休谟称之为"是"与"应该"的关系问题。我国哲学界通常称之为事实与价值的关系问题。无论在理论上还是在实践中，这似乎都是一个悬而未决的难题，特别是事实与价值之间根深蒂固的鸿沟，更是给诸如科学探索、伦理评价、行为选择以及决策活动带来了深刻影响。怀特海通过阐述其内在价值

---

① 怀特海：《观念的探险（修订版）》，周邦宪译，"前言"1页，南京，译林出版社，2012。
② 怀特海：《思维方式》，刘放桐译，151~152页。

学说,从本体论视域强调了事实与价值的不可分,事实本身作为现实存在有其内在固有的价值,在此基础上才有可能谈论其为他物所用的工具性价值等,从而在一定程度上解决了这一价值论中的难题。至少在很大程度上推进了哲学价值论研究,纠正了实证主义哲学等把价值与事实根本对立起来的偏颇解释,为正确探讨价值问题提出一个新方向。遗憾的是,怀特海的价值论迄今为止在中西哲学界尚未得到应有的重视和系统的研究,更不用说得到合理的借鉴了。

怀特海关于伦理观或道德哲学的论述,也是另辟蹊径,别有新意。他从过程宇宙论视域,对人们何以必须遵守一定的伦理道德规范提出了一些新主张。虽然他没有写过一篇系统阐述道德哲学的文章,但是认为怀特海对伦理道德问题漠不关心,这一定是非常荒谬的。相反,怀特海不仅非常认真地从宇宙论高度考虑过所谓"道德行为"和"道德判断"之类的问题,而且多年来一直在深入思考和反省真正的道德本质问题,并致力于推进人类的福祉和社会文明的进步。他在《思维方式》一书中明确指出,道德规则与涉及宇宙相关系统特征的那些预先做出的种种假定有关。如果"认为自然界的特殊规律以及特殊的道德规则具有绝对稳定性,这是一种对哲学已产生许多损害的原始幻觉"。在他看来,"道德在于对过程的控制,以便使重要性增加到最大限度"[1];"道德总是要达到和谐、深度和生动性的统一的目的,这种统一包含了这种情境下的重要性的完满性"[2]。怀特海还以十诫为例,指出"我们能不能真正认为安息日是七天一次,而不是六天一次或八天一次,是宇宙的一条终极的道德规律呢?我们能不能真正设想礼拜天不能做任何事情呢?我们能不能真正设想时间之划分为日是一切存在的本性的一个绝对因素呢?诫律显然必须与常识结合。换言之,它们是一些行为准则,在通常情况下,如果没有特殊的理由,最好采用这些准则"[3]。格里芬专门探讨过怀特海的道德哲学,对其给予高度的评价,认为这种道德哲学为当代道德哲学研究开辟了一个崭新的研究方向。

最后,怀特海过程哲学提出了一种新的社会历史观、教育观和宗教观。我们也可称之为新的历史哲学、教育哲学和宗教哲学。怀特海提出,他所撰写的《观念的探险》可以被看成《人类历史》的同义语,因为它涉

---

[1][2] 怀特海:《思维方式》,刘放桐译,14 页。
[3] 同上书,15 页。

及林林总总的人类精神经验。这个标题所表明的是人类自身经历的历史，而人类包罗万象的历史是不可能全部被描述下来的。根据19世纪后期流行的历史学派的理论信条，我们可以得到所谓的纯粹历史。他评论说："历史学家们关于历史的这一概念，据说是为了避免审美的偏见，也无须依赖形而上学的原则和宇宙论的结论。然而，这实则是想象的虚构之物。只有习染了偏见的头脑才会相信这一关于历史的概念。"① 在怀特海看来，人类历史是两大因素交互作用的结果：一是人类有意识地怀抱的种种理想，如基督教精神、自由、民主、法治等；二是所谓无情感的推动力，比如蛮族对罗马帝国的侵犯。无情感的推动力在历史上表现为对人的征服，而理想的力量则化为说服，暗中支配着人类社会历史的发展。

同时，在《观念的探险》中，怀特海明确指出此书研究的是文明的观念，力图要理解的是文明化的人是如何产生的。他自始至终强调的一个观点便是：要提高和保持文明，在观念领域进行探险是很重要的。② 怀特海主要探讨了文明从近东到西欧的转移，其题旨局限于两三个主要观念是如何成熟的；由于人类有效地运用了这两三个观念，文明便得以形成。其整个要点是表现西方文明中的一些因素，认为它们合成了文化史上的新成分。他对文明的讨论涉及文明进入现代高峰后的几个时期。这个时期最多有三千年历史。他认为在这个时期出现了思想家，责任的概念、精神即心灵的概念、理智的概念、道德的概念和批判精神等都已经出现了，尤其是理智的力量，一类表现为普遍观念，一类表现为高度专门化的概念，从而体现为一定的宇宙观，人们在不知不觉中接受了这些，并在各种行为动机上打上了自己的印记。③

关于过程教育哲学，怀特海不仅在《科学与现代世界》等著作中有所论及，而且专门撰写了一本讨论教育哲学的著作，叫作《教育的目的》，对过程哲学的教育哲学思想做了系统阐述。其对过程教育哲学理念的精彩论述，即使在今天，读后仍然会令许多教育工作者有振聋发聩、醍醐灌顶的感受。因为国人多年来饱受升学教育之苦，老师、学生和家长面对升学教育的种种弊端都苦不堪言，然而又一筹莫展。一般地说，似乎谁都明白应该培养孩子全面发展，把青年学生培养成社会需要的栋梁之材。然而，

---

① 怀特海：《观念的探险（修订版）》，周邦宪译，8页。
② 参见上书，"前言"1页。
③ 参见上书，16页。

从幼儿园开始，尤其是从小学开始，孩子们便踏上了为考试和升学而死读书、读死书的不归路，所谓素质教育成为空话，德智体全面发展成为智育优先、唯分数是瞻，能升到重点初中和高中乃至重点大学成为多数学生学习的直接目的。不少人在幼儿园时天真活泼、喜欢提问和思考、充满想象力，但到了高中阶段却被训练得呆若木鸡，不敢提问，不善思考，对学习完全失去了内在兴趣和动力，而到了大学，则开始混日子。在大学里，教授们想采用苏格拉底式的教学方式，想与学生积极互动，几乎已成为不可能的事。怀特海批评当年在英国的大学里有许多青年学生具有呆滞的头脑，而在当今中国的大学里，这种情况尤甚，令人担忧。因此，怀特海在《教育的目的》中指出，教育的最终目的是培养人的智慧、培养全面发展的人、培养具有特殊风格的人才，教育的本质在于它那虔诚的宗教性，而所谓宗教性即对于宇宙的本质、规律、统一性要有正确的理念和敬畏。联系到他所说的提出一种宇宙观相当于提出一种宗教的观点来思考，可以看到怀特海对教育的目的和本质的思考已达到相当高的高度，值得我们结合我国教育的实际进一步深入研究，以解决当前教育领域存在的严重弊端，特别是全国统一高考制度所带来的中小学教育中严重的应试教育弊端，进而解决大学教育中重知识教育、轻智慧教育和创新教育以及全面发展教育的弊端。否则，所谓"钱学森之问"将永远是我国高等教育的无解之谜。当然，解决"钱学森之问"需要教育体制的综合改革，其中，教育的目的是我们首先需要反省的重大问题。在这个意义上说，怀特海的教育哲学思想一定对我们反省这些问题具有重要启发。古往今来，很少有大思想家和大哲学家专门撰写教育哲学的著作。怀特海长期从事高等教育工作，并在英国剑桥大学、伦敦大学和美国哈佛大学等世界名校从事教学与教育管理工作。其《教育的目的》既有过程哲学的理论基础，又有其本人长期教育实践经验的总结，是人类教育史上难得的一部值得我们深入研究的教育哲学著作。怀特海的教育哲学思想仍然值得我们今天认真学习和借鉴。

怀特海的过程神学思想是怀特海对宗教哲学的一大贡献。在他之后，过程哲学第二代传人哈茨肖恩正是以阐述过程神学而著称于世的。一开始，哈茨肖恩从过程神学视域阐述怀特海的过程思想并未被世人广泛接受，因而其理论观点只是在很小的学术范围内传播，甚至在某种程度上成为怀特海过程哲学广泛传播的障碍。在我国，有些报刊编辑不愿刊登有关怀特海神学思想的文章，也是出于宗教方面的考虑，认为其过程神学仍然是"神学"，尽管怀特海反对和批判传统基督教的某些观点，甚至他已明确宣称不再信奉基督教，然而他的过程哲学仍然坚持宇宙中有所谓作为宇宙精神或统一性的"上帝"或"神"的存在，并认为这种"上帝"或"神"的存在对现实存在的生成具有不可或缺的作用等，这种神学观似乎同马克思主义的无神论观点是不一致的。

然而，是金子迟早要发光。随着过程哲学第三代传人柯布、第四代传人格里芬等人对过程哲学和过程神学的深入研究、系统阐述、广泛传播，如今，不仅过程哲学的重大理论价值逐渐被人重新发现和认可，相关研究论著不断问世，如俞懿娴教授撰写的《怀特海自然哲学——机体哲学初探》、但昭明博士撰写的《从实体到机体——怀特海本体论研究》等，而且过程神学的重大理论价值和现实意义，也被越来越多的东西方学者和思想家所接受。我国专门研究过程神学的学者也越来越多，并且出现了研究过程神学的学术专著，如浙江大学黄铭博士撰写的《过程与拯救：怀特海哲学及其宗教文化意蕴》《过程思想及其后现代效应：柯布神学思想研究》等，均作为教育部哲学社会科学创新基地浙江大学基督教与跨文化研究中心的研究成果，由宗教文化出版社分别于2006年和2010年出版。相关的研究论文更是越来越多，甚至有博士论文以过程神学为题进行研究，如北京师范大学哲学社会学院的有关博士论文选题就是这样。近年来，国内学术界对哈茨肖恩过程神学思想的研究，也开始从正面予以系统的梳理。因为人们已逐渐认识到，过程神学并非传统意义上的基督教神学思想的新发展，而是在否定和批判传统基督教神学所包含的种种弊端的基础上，从过程神学视域出发，对宇宙精神和世界的统一性所做的新探讨。过程神学所理解的"神"并非传统宗教尤其是基督教意义上的上帝，而是类似于中国道家所讲的"道"或"天道"。[①] 这种神并非人格意义上的世界万物的创造者，世界万物都是他的创造物；相反，这种过程神学意义上的神与世界万物同在，他也是一种现实存在，并能同世界上的现实存在发生相互作用。正是通过这种相互作用和相互影响，现实存在才不断地生成、消逝和

[①] 盘古有训："纵横六界，诸事皆有缘法。凡人仰观苍天，无明日月潜息，四时更替，幽冥之间，万物皆循因缘，恒大者则为'天道'。"《道德经》第七十七章："天之道，损有余而补不足。"天道的特点是"高者抑之，下者举之；有余者损之，不足者补之"。天道就是减少有余而补充不足。《左传·昭公十八年》："子产曰，天道远，人道迩，非所及也，何以知之？"深入研究怀特海"神"的概念，可以发现他（在本书中，指代"神"时，统一用代词"他"）与中国古代思想家所讲的"天"或"天道"具有极大的相似性。同时，怀特海所讲的"God"，在本书中一律译为"神"而不译为"上帝"，以示与传统基督教所理解的"上帝"相区别。因为怀特海对这种基督教上帝观一直持批判态度，并认为应当重新理解和阐释基督教的上帝观。

再生，从而形成一个万物皆流的现实世界。这种哲学宇宙论意义上的神学探讨对于理解世界的协同性、统一性和过程性，具有重要的理论价值。

综上所述可见，过程哲学提出了一种新的世界观，是一种不同于传统西方哲学尤其是不同于近代西方哲学的新哲学。这种以过程性和关系性为总特征的新哲学，代表了现当代哲学发展的一种新方向，是对西方自古以来特别是近代以来长期占绝对统治地位的以静止的结构和实体（要素）为特征的传统西方哲学的反叛与超越，同时也是对东西方哲学思想中自古以来就一直绵延不断的万物皆流、生生不息和有机联系思想的继承与发展，并结合现代科学的新材料和新成果而做出的创新性哲学理论创造。正如我国著名现代西方哲学专家刘放桐教授所说，只有真正理解西方哲学由近代到现代的变更作为一种哲学思维方式的"现代转型"的意义，才能真正从整体上把握现代西方哲学发展的脉络和走向，更深刻地认识西方哲学的现代转型的重大意义。[①] 过程哲学通过其在近代西方哲学发展过程中所实现的"过程转向"，推动着西方哲学由近代到现代的"现代转型"，无疑成为现代西方哲学诸流派中不容忽视的重要一支。

三、过程哲学对解决当今世界诸多现实问题有重大启示

过程哲学以过程转向为基点推动着西方哲学由近代到现代的"现代转型"，以现代科学等为基础提出了一种新的世界观和方法论，倡导一种新的思维方式，因此，它对解决当今世界诸多现实问题具有重要的理论意义和现实价值。

首先，怀特海过程哲学对解决当今世界普遍存在的信仰危机具有重大理论和现实意义。如上所述，在当今世界，东西方国家在精神领域都存在着严重的信仰危机。在21世纪科学精神和理性精神已深入人心的时代，在相对论、量子力学、复杂性科学等现当代自然科学和人文社会科学已充分揭示现实世界的本性，包括其系统性、协同性、自组织性和自然历史过程性等种种特性之时，仍然坚持《圣经·创世记》中上帝在七天之内创造了世界以及世界万物包括人的学说，坚持"上帝是不动的推动者"这种源自亚里士多德的学说，或坚持中国古代的混天说、女娲式"团土造人"说

---

① 参见刘放桐：《马克思主义哲学与现代西方哲学研究》，28页，北京，北京师范大学出版社，2012。

等人类早期关于宇宙起源、人类起源的各种假说，就很难让年轻一代真正地成为其忠实的信徒，同时也和相对论、量子力学、大爆炸宇宙学、黑洞理论、复杂性科学等所揭示的宇宙真理相冲突，同现代脑科学、生理心理学、认知科学、精神分析学说、哲学认识论等学科对人类心理、精神、意识和灵魂的许多研究结果相矛盾。过程哲学坚持的过程宇宙论、过程神学，则在坚持过程—关系—有机的宇宙论基础上，把世界的统一性或宇宙精神当作世界万事万物存在的目的因，坚持所有现实存在既有物质极也有精神极，物质和精神是同一种现实存在的两个方面，它们密不可分，如同阴阳不可分一样。这些既同现代科学相一致，也同人们的日常经验、个人理性等相一致，从而能够成为当代人类重构理想和信仰的哲学基础。

  无论如何，任何信仰都不应当同真正的科学、人的日常经验和人类理性以及人性相抵触，都不能以违背科学基本原理，否定人的生命、幸福和健康为前提。任何反科学、反理性、反人类、反生命的所谓信仰，都只能作为邪教的歪理邪说被理智的人们予以坚决抛弃。在这个意义上说，怀特海过程哲学对于重建人类对科学和理性作用的正确认知、对生命的尊重和敬畏、对宇宙总体精神及其统一性的敬畏和信仰等，皆有重大的理论意义和现实意义。正如爱因斯坦所说，由于受到科学的影响，他在12岁左右就不再信仰传统的基督教了，因为他"相信，《圣经》的故事有许多不可能是真实的"[①]。并且，爱因斯坦在回答纽约犹太教牧师赫伯特·哥耳德斯坦所提的问题时说："我信仰斯宾诺莎的那个在存在事物的有秩序的和谐中显示出来的上帝，而不是信仰那个同人类的命运和行为有牵累的上帝。"[②] 在爱因斯坦看来，"科学的真理"这个概念给它下一个定义是困难的，他说："'真理'这个词的意义随着我们所讲的究竟是经验事实，是数学命题，还是科学理论，而各不相同。'宗教的真理'，对我来说，是完全莫名其妙的。科学研究能破除迷信，因为它鼓励人们根据因果关系来思考和观察事物。在一切比较高级的科学工作的背后，必定有一种关于世界的合理性或者可理解性的信念，这有点像宗教的感情。同深挚的感情结合在一起的、对经验世界中所显示出来的高超的理性的坚定信仰，这就是我的上帝概念。"[③] 显然，爱因斯坦的信仰是同其科学精神和理性精神相一致

[①] 《爱因斯坦文集》，第1卷，许良英等译，"自述"2页，北京，商务印书馆，2012。
[②] 同上书，365页。
[③] 同上书，364页。

的，当然这也是怀特海所认同的信仰。

其次，怀特海过程哲学对于解决当今世界的生态危机和文明危机问题有重大启示。如前所述，生态危机如今已经到了危及人类文明可持续发展的严重程度。如何在肯定科学技术和现代工业文明的积极成果的基础上，真正克服科学技术和现代工业文明所带来的严重弊端，消除目前日益严重的全球性环境危机、生态危机甚至人类文明的危机，使人类文明能健康可持续地发展，怀特海的过程哲学及其后继者在此基础上所阐发的建设性后现代思想，既从宇宙论和本体论层面做了系统论述，也从具有可操作性的层面提出了许多建设性的思想和对策建议。柯布与达利合著的《为了共同的福祉》、格里芬撰写的《后现代精神》等著作，对这些问题做了系统的阐述。正如格里芬所说：直到最近"现代"一词还几乎总是被用作赞誉之词或"当代"的同义词，但现实已经表明，现代社会还能否存在100年已是个问题。为了超越以17世纪伽利略—笛卡尔—培根—牛顿的科学为基础的世界观，以某些法国激进的后现代主义哲学家福柯、德里达等为代表的思想流派，和以实用主义、物理主义等为代表的后现代主义思潮，以一种反世界观的方法战胜了现代世界观：解构或消除了世界观中不可或缺的部分，如上帝、自我、目的、意义、现实世界以及一致的真理，从而形成了所谓"解构性后现代主义或消除性后现代主义"。由于有时出于拒斥极权主义体系的道德上的考虑，这种类型的后现代思想导致了相对主义甚至虚无主义。它还可以被称作超现代主义，因为它的消除是使现代前提达到其必然结论的结果。

与上述激进性后现代主义不同，格里芬在过程哲学基础上提出的"建设性后现代主义"思想，对现代社会的生态危机和文明危机提出了建设性的解决方案。这种建设性后现代主义试图战胜并超越现代世界观，但不是通过消除上述世界观本身存在的可能性，而是通过对现代性的前提和传统概念的修正来建构一种建设性的后现代世界观。"建设性或修正性的后现代主义是一种科学的、道德的、美学的和宗教的直觉的新体系。它并不反对科学本身，而是反对那种单独允许现代自然科学数据参与建构我们世界观的科学主义。"①

根据格里芬的论述，超越现代世界观将意味着超越现代社会存在的个人主义、人类中心主义、父权制、机械化、经济主义、消费主义、民族主

---

① 格里芬：《后现代精神》，王成兵译，236页，北京，中央编译出版社，1998。

义和军国主义。建设性后现代思想强调，范围广泛的解放一定来自现代性本身，它为我们时代的生态、和平、女权和其他解放运动提供了依据。同时，建设性后现代思想强调，"现代世界已经取得了空前的进步，不能因为反对其消极特点而抛弃这些进步"①。显然，建设性后现代主义比激进性后现代主义或解构性后现代主义技高一筹，它在辩证地否定现代科技及其现代世界观的基础上，提出了自己的建设性主张，从而摆脱了解构性后现代主义明显的"只破不立"、全盘否定现代科学技术的片面性弊端。

格里芬还指出，建设性后现代主义不仅希望保留对现代性至关重要的人类自我观念、历史意义和一致性真理的积极意义，而且希望挽救神性世界、宇宙含义和附魅的自然这样一些前现代概念的积极意义。在格里芬看来，这些观点才是真正属于后现代的。"它没有简单地使现代性的各种前提达到其必然的结论，而是对这些前提进行了批判和修正。由于它重新回到了有机论并接受了非感官感知，它愿意从曾被现代性独断地拒斥的各种形式的前现代思想和实践中恢复真理和价值观。这种建设性的、修正性的后现代主义是现代真理和价值观与前现代真理和价值观的创造性的结合。"② 柯布在谈到"建设性后现代思想"这个概念时，明确地指出美国过程哲学家通常并不愿意也不经常使用"后现代"这一概念。只是为了同解构性后现代主义相区别，并且为了叙述自己主张的方便，他们才不得不使用"建设性后现代"这一概念。在通常情况下，美国过程哲学家更愿意使用"有机哲学""过程哲学""过程思想"这些术语来表达怀特海学派的思想。

不消说，建设性后现代思想家的这些经典论述对我们认识和解决当今时代面临的生态危机和人类文明的危机，推进我国生态文明建设与和谐社会建设，均具有重要的现实意义和理论启示。

四、过程哲学对丰富和发展马克思主义哲学有重大启示

怀特海过程哲学与马克思主义哲学具有很多相通之处。深入研究过程哲学，必将对我们丰富和发展马克思主义哲学有重大启示。

---

①② 格里芬：《后现代精神》，王成兵译，237 页。

首先，研究和借鉴过程哲学的合理思想，有助于我们推进马克思主义哲学的与时俱进，不断发展。马克思和恩格斯都曾以非常高涨的热情欢呼一切科学上的新发现，并注重及时地总结自然科学、社会科学和思维科学发展所揭示的宇宙及其万事万物的奥秘，以不断地充实和发展自己的哲学理论。恩格斯曾明确指出，"在马克思看来，科学是一种在历史上起推动作用的、革命的力量。任何一门理论科学中的每一个新发现——它的实际应用也许还根本无法预见——都使马克思感到衷心喜悦"[①]。我们可以设想，马克思和恩格斯如果知道物理学在相对论和量子力学领域的这些新发现，一定会用这些科学成果来推进和发展自己的哲学理论。当年马克思和恩格斯通过概括、总结自然科学上的三大新发现，即能量守恒与转化定律、细胞学说和达尔文的生物进化论，结合其他历史学、经济学等社会科学成果，极大地向前推进了哲学唯物主义学说的发展，并通过辩证地扬弃黑格尔的辩证法、费尔巴哈的唯物主义学说以及人类其他优秀思想成果，创造性地发展出自己的唯物史观学说或实践的唯物主义学说。怀特海曾经研究过黑格尔的辩证法，并明确指出他的过程哲学在某些方面同黑格尔的辩证法有相似之处。[②] 恩格斯也明确地提出过"世界不是既成**事物**的集合体，而是**过程**的集合体"的重要思想。如果我们把怀特海过程哲学思想同马克思主义哲学的唯物史观相结合，以有机的、过程的、关系的世界观和思维方式来进一步充实与推进马克思主义哲学研究，那么这对于我们在当今社会推进马克思主义哲学的与时俱进，推进马克思主义哲学与当代西方哲学的对话和沟通，无疑具有重要的理论和现实意义。

这些年来，在我国理论界存在的把马克思主义哲学近代化的错误倾向，以及同时把马克思主义哲学同现当代西方哲学对立起来的倾向，特别值得关注和研究。同时，对西方马克思主义研究总体上持否定态度，片面地认为只有我国的马克思主义哲学研究才是正统马克思主义哲学的发展，其他国家包括苏联和东欧其他社会主义国家以及其他资本主义国家的马克思主义哲学研究，都是背离马克思主义哲学的研究，这种夜郎自大式的马克思主义哲学研究显然并不符合当今世界马克思主义研究的实际。可喜的是，国内已有一些有识之士开始关注并正面研究西方马克思主义和现当代

---

① 《马克思恩格斯选集》，3版，第3卷，1003页，北京，人民出版社，2012。
② 参见怀特海：《过程与实在（修订版）》，杨富斌译，215页，北京，中国人民大学出版社，2013。

西方哲学,把它们当作与马克思主义同时代的哲学思想来研究,吸收和借鉴其研究成果中的合理思想,以此来丰富和发展马克思主义。[①] 还有一些中外学者,近年来自觉地把怀特海过程哲学同马克思主义、中国优秀传统文化相结合,创造性地提出了"有机马克思主义"学说,并试图以此来打通"中西马"研究,这也是中外学者借鉴过程哲学的优秀成果丰富和发展马克思主义的重要尝试。国内有学者评价,这是一种马克思主义研究的新范式,值得高度关注和进一步研究。[②]

其次,过程哲学对于我们继续解放思想,实事求是,在实践中检验真理和发展真理,不断拓展智慧,加深对自然、社会和思维等各领域之规律的认识,促进我们的理论创新和制度创新,不断增强中华民族的理论自信和制度自信,建设真正的创新型国家,无疑也具有重要作用。怀特海过程哲学特别强调从现实存在出发,极力反对从抽象的理论和概念出发,并详细分析和批判了所谓"误置具体性之谬误",坚持按现实存在的本来面目去反映现实、探索现实、改造现实。把抽象的理论概括当作具体,譬如把抽象的科学定律当作现实,把抽象的概念当作现实,把从具体事物和人的认识活动中抽象出来的感觉、知觉和表象当作独立的现实,以此来讨论哲学的本体论、认识论和思维方式,必然会陷入这样那样的谬误。怀特海过程哲学就是要致力于回答世界上什么是真正现实的存在,而不是致力于探讨什么是世界的本原、世界是由哪些抽象的原子或基本粒子构成的等抽象的理论问题。他认为,这些探讨是具体科学研究的任务,并且自然科学的物质结构理论、相对论、量子力学等已经并且仍然在继续对这些问题做着实证性的科学回答。

例如,2013年10月8日,瑞典皇家科学院宣布将当年物理学奖授予英国物理学家彼得·希格斯和比利时物理学家弗朗索瓦·恩格勒,以表彰他们对希格斯玻色子(又称"上帝粒子")所做的预测。所谓"上帝粒子",是赋予其他粒子质量的粒子。[③] 这些自然科学的物质结构理论是对

[①] 参见北京师范大学出版社出版的"当代中国名家文库",尤其是俞吾金教授的《重新理解马克思》一书。

[②] "有机马克思主义"的主要成果以人民出版社2015年出版的《有机马克思主义》和《马克思主义与现实》2015年第1期发表的四篇探讨"有机马克思主义"的论文为主要代表。围绕这些有机马克思主义的代表作,国内有关刊物又发表了几十篇研究和评论"有机马克思主义"的相关论文,其中尤以冯颜利教授在《国外社会科学》2016年第1期发表的《为什么要加强有机马克思主义研究》等为代表。

[③] 参见《两名"上帝粒子"预言者分享2013年诺贝尔物理学奖》,http://news.xinhuanet.com/yzyd/world/20131009/c_117626494.htm,2013-10-09。

宇宙最小构成单位的实证性探讨，并且可由科学实验来证实，因此，它们根本不用哲学家们再对之进行自然哲学的思辨。当代哲学的主要任务是研究世界上什么是现实的，哪些现实的存在能够影响、决定我们的行动，我们作为人类应当把哪些现实存在作为我们赖以生存与发展的出发点。如果今天的哲学探究仍然在追问哪些最基本的元素最终构成了世界这类所谓世界本原问题，那是极其幼稚的表现，是现代哲学理论的耻辱。

所以，怀特海在《过程与实在》中明确地指出："如果以'世界是由什么构成的'这样一个天真的问题切入思考，那是幼稚可笑的。理性的任务是探寻事物多方面越来越深的奥秘。对于那些意义深远的问题，我们一定不要指望有简单的答案。不论我们的目光能穿透多远，永远会有一些高峰挡住我们的视线。"[①] 这一方面表明了怀特海对当代哲学的研究对象和内容有独特的观点，同时也表明了当代哲学研究对象和内容的复杂性、不确定性。我们不要指望对这些问题有简单的答案，也不要指望我们在哪一个时代和哪一个哲学体系中能够穷尽对宇宙奥秘的认识。

五、对过程哲学的总体评价

至此，我们可对怀特海过程哲学的性质做一简要评价，并回答以下问题：怀特海过程哲学是"时代精神之精华"，还是如列宁评论唯心主义哲学时所说的那种哲学上"不结果实的花"？

我们认为，如果从西方哲学发展的"现代转型"视域来全面考察怀特海过程哲学，可以说，怀特海过程哲学较为深刻、准确并全面地把握住了人类20世纪的时代主题和时代精神。怀特海通过从哲学上全面概括和系统总结20世纪以来最新的科学成果，如相对论和量子力学等，并通过深刻反思自古希腊哲学以来的尤其是近代哲学中包含的过程哲学思想，通过自己几十年来的认真思考、深刻钻研，通过与剑桥大学、伦敦大学、哈佛大学等师生和学术精英的深入讨论，以及在多所大学的学术演讲等活动，自觉地创造了一种有别于传统西方实体哲学的过程哲学宇宙论理论体系，建构了一种两极相通式的过程本体论、认识论、方法论、价值论、文明论和宗教观，阐述了一种过程—关系的思维方式。因此，怀特海创立的过程

[①] 怀特海：《过程与实在（修订版）》，杨富斌译，435页。

哲学可谓是表征着20世纪时代精神之精华的哲学，它与同时代的分析哲学和现象学哲学（包括存在主义等）共同组成20世纪西方哲学的百花园。具有综合性特征的过程哲学在哲学上的重大贡献，正在随着时间的推移而日益被人们认识和接受，并现实地影响着20世纪和当今21世纪的哲学、科学、教育、经济、法学、心理学和宗教等学科的理论研究，同时也极大地推进着自20世纪70年代以来尤其是21世纪以来日益受到世界各国重视的生态文明建设实践，成为建设性后现代主义者主张生态文明和有机马克思主义的重要理论根据。[1]

我们特别赞同刘放桐教授在《马克思主义哲学与现代西方哲学研究》中提出的基本观点，即我们要从马克思主义哲学在西方哲学史上所实现的革命性变革和现代西方哲学在西方哲学史上所实现的现代转型这两个层面，加强对现代西方哲学流派的研究。马克思主义哲学在哲学上所实现的革命性变革和现代西方哲学在哲学上所实现的现代转型具有共同的背景，面临着同样的问题。马克思主义哲学"不是以实体和本原为基础和出发点，而是以实践为基础和出发点；不是建立一个无所不包的哲学体系，而是超越一切僵固的、封闭的体系，回到人的现实生活世界；不是在理性独断和心物二分的基础上使人片面化和异化，而是回到活生生的、知情意统一的、具体的、完整的人，并为人的自由和创造开辟广阔的道路；这些也许正是马克思主义哲学所体现的新的哲学思维方式超越于近代哲学思维方式的主要所在"[2]。

深入考察现代西方哲学对近代西方哲学的超越，就会发现其并未越出马克思主义哲学所实现的超越范围。这表明马克思主义哲学和怀特海哲学具有很大的相似性，从某种意义上说可谓殊途同归，均属于现代哲学思维方式，具有某种程度的同质关系。同时，它们两者又都具有某种后现代哲学的性质，主要表现在它们都对现代性的弊端进行了批判，并在批判的基础上提出了有别于解构性后现代主义的建设性意见，因而又都具有建设性后现代主义的特征。尤其是怀特海创立的过程哲学，一是它创立于相对论和量子力学等"后现代科学"[3] 出现之后，这样一来相对论

---

[1] 参见菲利普·克莱顿、贾斯廷·海因泽克：《有机马克思主义》，孟宪丽、于桂凤、张丽霞译，"序言"和"前言"，北京，人民出版社，2015。
[2] 刘放桐：《马克思主义哲学与现代西方哲学研究》，240页。
[3] 参见格里芬：《后现代科学——科学魅力的再现》，马季方译，15页，北京，中央编译出版社，1998。

和量子力学对牛顿机械力学的超越，尤其是它们对绝对时空观、孤立实体观的批判，对微观粒子的波粒二象性和不确定性等特征的揭示，对怀特海过程哲学的创立有极大启发；二是怀特海创立过程哲学的时间毕竟比马克思创立其"新唯物主义"或"实践唯物主义"或"唯物史观"的时间晚了一个世纪，马克思主义哲学创立以来哲学、自然科学和社会科学在各方面的巨大进步，深刻地影响了怀特海哲学的创立；三是怀特海作为世界顶级学者的特殊学术经历，他在剑桥大学、伦敦大学、哈佛大学等世界名校长期任教和做研究的实践，包括他在本科学习阶段作为剑桥大学秘密学生组织"使徒学会"成员所经受的特殊训练和体验[1]，他对数学物理学的特殊学术兴趣，他集数学家、哲学家、教育家和历史学家等多种身份于一身的特殊境况，他与著名现代西方哲学家和数学家罗素等顶级学者的密切合作与交往，再加上他的天生聪颖、智慧和善于苦思冥想，以及哈佛大学哲学系在他于伦敦大学退休之后对他及时的盛情邀请和他在讲座教授岗位上的无限任期，这一切客观和主观条件，使得他在20世纪诸多哲学家中脱颖而出，成为20世纪中叶以来西方哲学界少数无人可替代的哲学家之一。尽管他作为哲学家似乎有些大器晚成，不像他的学生和同事罗素那样在年纪轻轻时就大红大紫、名扬海内外，然而，他所创立的过程哲学体系的论证之严密，他的过程思想之深邃，他提出的各种哲学观点之新颖别致，所具有的独创性和全面性，似乎是罗素等同时代哲学家的哲学所无法比肩的。

　　从哲学性质上说，怀特海过程哲学具有明显的综合性特征。我们既可以说它是广义的经验主义哲学，因为它坚持世界万物在相互作用中都能相互"感受"和"体验"，都会对他物产生一定影响和作用，并都会接受他物的影响和作用，这就把经验主义贯彻到底了，把经验特征赋予了世界万物；我们也可以说它是彻底的理性主义哲学，因为它明确地坚持自古希腊以来西方哲学一直秉持的理性主义精神，坚持理论的融贯性和自洽性，反对在理论论证上违背数学与逻辑精神的主观臆断和内在不一致，主张在概念的界定和理论观点与体系的论证上一定要严格地坚持理性主义精神，并最终要同经验相一致，接受经验的最终裁判，否则，需要修改的就不是经验，而是理论。我们可以说它是真正的实在论哲学，也可以说它是唯物主

---

[1] Victor Lowe, *Alfred North Whitehead, The Man and His Work, Volume I : 1861－1910*, The Johns Hopkins University Press, pp. 111－146.

义实在论哲学,因为它承认并坚持世界的客观实在性,赞成康德哲学、笛卡尔哲学和洛克哲学中坚持世界的客观实在性的观点,明确反对各种唯心主义哲学否定世界的客观实在性的主张,并明确批判黑格尔客观唯心主义的绝对观念说。尽管怀特海明确地批判和否定所谓"科学唯物主义",但他主要是批判所谓"科学唯物主义"的孤立实体观、机械的物质观以及其对物质和精神的绝对割裂,批判"科学唯物主义"内在坚持的副现象论(即那种把精神、意识当作第二性的,附属于第一性的身体之上的东西,而其本身没有实在性的学说)和身心二元论,而不是批判"科学唯物主义"所坚持的世界的客观实在性和规律性的主张。尽管他本人似乎一直在批判"唯物主义"的各种主张,但是,他所批判的实际上都是各种旧唯物主义学说,尤其是以牛顿机械力学为根据的近代机械唯物主义学说,而他本人所阐述的基本哲学观点,在我们看来,恰恰是坚持一切从客观实际出发,从"现实存在"出发,把现实存在当作世界最根本的存在,并从过程和关系出发去理解、说明现实存在。因此,尽管怀特海从来不承认自己是"唯物主义者",并且经常批判唯物主义者,但我们仍然可以说,怀特海的过程哲学,从一定意义上说,同马克思主义哲学坚持的"世界不是既成**事物**的集合体,而是**过程**的集合体"的哲学概括完全一致,因而是同马克思主义哲学属于同一个阵营的"实践唯物主义"哲学。我们知道,马克思的著作经常批判旧唯物主义,甚至批判"从前的一切唯物主义,包括费尔巴哈的唯物主义",但这并不妨碍马克思成为新的唯物主义者或实践的唯物主义者。同样,尽管怀特海一直在批判"科学唯物主义",包括各种机械的唯物主义、实体的唯物主义,但如果按恩格斯提出的哲学基本问题理论来划分唯物主义和唯心主义阵营,那么怀特海过程哲学无疑只能被划归于唯物主义阵营,而不能被划归于唯心主义阵营,因为他对历史上各种唯心主义本体论是完全否定的。按照恩格斯所说的唯物主义不过是按照世界的本来面目去反映世界的学说,怀特海过程哲学把我们这个世界不仅视为客观实在的,而且视为过程的和有机的,因此这种哲学的基本倾向无疑是彻底唯物主义的。同时,怀特海也明确否定以笛卡尔为代表的二元论哲学,坚持以"现实存在"为唯一的终极存在物,因此其过程哲学在根本观点上同唯物主义一元论观点是完全一致的,尽管他坚持认为现实存在作为终极存在物是有内在结构的复杂有机体。此外,怀特海过程哲学还明确地反对传统基督教的上帝创世说,根本不承认宇宙中存在着一个能"无中生有"地创造世界万物的"创造者"、一个人格化的无所不能的上帝。在这个意义上说，怀特海是一位无神论者，而不是宗教徒。因此，绝不能罔顾历史事实而简单地给怀特海过程哲学扣上一顶"宗教唯心主义"的大帽子。但是，怀特海确实也承认宇宙的神圣性，把世界的秩序性、协同性和统一性的力量敬称为神。因此，在他看来，这种神同其他现实存在一样也是世界上客观存在的，但是他（大写的"他"）作为世界的秩序性、协同性和统一性的力量是"无所不在的"，但并非"无所不能的"，而只是世界上一种诱导、劝服的力量，如同世界的诗人，以自己真、善、美的洞见引导着这个世界。在这个意义上说，怀特海过程哲学又有明显的神学思想，因而怀特海似乎也是一位有神论者。他的后继者哈茨肖恩的学生柯布在1965年出版的《以怀特海思想为基础的基督教自然神学》，导致"过程神学"运动开始兴起。[①]

不管如何，从社会效果来看，怀特海创立的过程哲学绝非人类哲学思维之树上一朵"不结果实的花"，而是已经开花并结出丰硕成果的哲学，已在许多方面实实在在地影响和推动了20世纪以来人类社会的理论研究和社会实践，尤其是在世界范围内逐渐兴起的生态文明建设、绿色农业建设、绿色GDP运动等。迄今为止，尽管在东西方国家的大学哲学院系里，怀特海过程哲学仍然不是显学，还没有引起世人的足够关注和重视，但是我们相信过程哲学的时代一定会来临。正如怀特海所说，思想的进步总是要慢于现实社会实践的发展。一种新思想要变成现实行动，有时需要几个世纪，有时甚至需要几千年。[②] 在哲学领域，一旦经过一位哲学大师提出的新思想的冲击之后，哲学再也不可能回到从前了。我们相信，过程哲学提出的新思想和新观点已经在并将继续影响当代人类的思想，正在变为指导人类实践活动行之有效的思维方式，因此过程哲学将会在不久的将来成为哲学界具有重要影响的显学之一。我们期待着这一天早日到来。

---

① Victor Lowe, *Alfred North Whitehead, The Man and His Work*, Volume I: 1861–1910, p. 6.

② 参见怀特海：《观念的探险（修订版）》，周邦宪译，66页。

第一章 过程哲学概论

　　学者的作用就是在生活中唤起智慧和美，假如没有学者那神奇的力量，智慧和美还湮没在往日的岁月中。

　　哲学是惊异的产物。力图对周围世界的特征做总的描述是人类思维的遐想。做出正确的陈述看起来非常容易、非常明显，但我们总是做不到。

——怀特海

　　在系统阐述怀特海过程哲学理论体系及其基本观点之前，有必要首先说明本书的研究对象和写作目的，并进而说明过程哲学在当代社会受人关注的原因、今日过程哲学之现状、过程哲学试图避免的谬误、过程哲学被视为建设性后现代主义的原因和实践过程思想的方法。

一、本书的研究对象和写作目的

　　本书的研究对象是怀特海过程哲学。在20世纪思想家的各种哲学理论中，怀特海过程哲学既是最具创新性的哲学理论之一，也是学界公认最难理解的哲学理论之一。早在1948年，怀特海的传记作家维克多·洛就说过，要读懂怀特海过程哲学的代表作《过程与实在》一书，非得折断脊梁骨不可。当代美国著名哲学家、怀特海过程哲学第三代传人柯布也说过，要读懂怀特海的《过程与实在》，通常需要两代人的努力。虽然在怀特海生前，他所创立的过程哲学思想就已经越出了纯粹的哲学领域，广泛地涉及经济学、法学、教育学等社会科学领域，甚至涉及自然科学界，引起了包括爱因斯坦在内的一些大科学家的关注；虽然迄今为止东西方很多哲学家、逻辑学家、教育学家、宗教学家、生态学家、心理学家、管理学家，甚至一些经济学家、法学家和物理学家等，都在不同程度上认同并且高度赞扬怀特海的过程哲学思想,"国际怀特海大会"(International Whitehead Conference)已在美国、奥地利、韩国、印度、中国、日本、波兰等国召开过十一届①,我国早在20世纪上半叶就已有人关注、译介怀特海的著作和过程思想②,以研讨怀特海过程哲学为主题的"中美过程哲学暑期班",迄今为止先后在北京、上海、天津、广西、山西、黑龙江、广州等地的不同高校举办过十期,但是,国内学术界对怀特海过程哲学真正深入系统的理论研究,近些年来还只是刚刚开始。从某种意义上可以说,我国学界已从译介怀特海过程哲学的阶段逐步进入研究阶段。③本书可谓是深入系统地研究和阐释怀特海过程哲学的初步尝试。

写作本书的直接目的或原因是,近几年来,国内越来越多的不同学科的青年学子开始对怀特海过程哲学感兴趣,并且有的硕士和博士论文开始以怀特海过程哲学的某些概念、范畴和思想为主题,或者以怀特海过程哲学中某些基本范畴(如"摄入"范畴)和理念为方法,探讨哲学、教育学、法学、宗教学等方面的论题。④但是,迄今为止,国内已发表或出版的主要是一些关于怀特海过程哲学思想研究的译文和个别研究性译著⑤,还有一些探讨怀特海过程哲学的研究性论文,以怀特海过程哲学思想为主要研究对象的《中国过程研究》出版了四辑,还有一本专门研究怀特海过程哲学演化的专著《怀特海哲学演化概论》以及专门研究怀特海过程哲学本体论、

---

① 尤其是2015年6月初在美国加州洛杉矶市克莱蒙大学城召开的第十届"国际怀特海大会",参会的专家学者近3 000人,会议持续一个星期,在世界上产生了重大影响。我国新华社和人民日报社等重要媒体均及时地对这次盛会予以报道。柯布在2014年和2015年两次受邀来中国讲学,到中共中央编译局、新华社进行正式访问,做专题报告,并接受新华社记者专访。《人民日报》还发表了柯布关于生态文明的希望在中国的学术论文。

② 参见温恒福、杨丽:《过程哲学研究在中国八十年综述》,见李方、温恒福主编:《过程教育研究在中国》,福州,福建教育出版社,2012。

③ 参见王立志:《回到过程哲学的原点》,载《光明日报》,2012-04-10;杨富斌:《过程哲学要义》,载《光明日报》,2012-07-05。

④ 如北京师范大学哲学社会学院毕业的博士王立志和刘益宇,分别从科技哲学和宗教哲学视角,研究了怀特海的科技哲学和宗教哲学思想;哈尔滨师范大学教育科学学院博士杨丽以"摄入"范畴为视角,探讨教育学的有关问题;河北师范大学、河北工业大学的一些硕士论文探讨了怀特海哲学的某些概念和学理问题。

⑤ 在发表国外学者关于过程哲学的研究性论文的译文方面,《求是学刊》功不可没。在该刊上发表的有关过程哲学研究的译文已结集出版,取名叫《世界与中国:世界哲学前沿问题选粹》,由李小娟主编,黑龙江大学出版社2010年出版。关于过程哲学的译著,除怀特海的原著以外,研究怀特海过程哲学的著作在国内以中文出版的并不多见,有影响的主要有日本学者田中裕的《怀特海有机哲学》、美国学者菲利浦·罗斯的《怀特海》等。

自然哲学的专著等。① 以马克思主义哲学为参照系，根据国内外相关的研究成果和我国学者通用的话语体系，系统地介绍和深入探讨怀特海过程哲学的基本内容、理论贡献及需要进一步研究的问题的著作在国内迄今尚未见到，在国内外怀特海过程哲学思想研究中也尚不多见。

因此，本书试图以马克思主义哲学为指导和参照系，通过系统地分析和研究怀特海过程哲学之宇宙论的两个基本特征、六个基本原理以及一系列范畴，通过探讨怀特海过程哲学的宇宙论、认识论、方法论、价值论、宗教观、教育观和社会历史观等，揭示怀特海过程哲学在西方哲学史和思想史上引起的重大变革，揭示它对相对论和量子力学等现代科学所做的哲学概括和总结以及其在物理学领域之外其他领域应用的可能性和意义，揭示它所开创和提倡的过程—关系的思维方式及其方法论意义，揭示它对当前全球性时代的生态文明建设、和谐社会与和谐世界建设、世界的和平与发展以及整个人类社会的可持续发展等当今时代面临的这些重大问题的理论价值和现实意义，此外，也试图揭示它对一般的哲学、伦理学、美学、逻辑学、教育学、经济学、历史学、法学、生态学等相关学科的方法论意义，以满足国内学界对怀特海过程哲学感兴趣的不同学科的读者的需求。②

写作本书的深层原因或最终目的则是要致力于阐明：

第一，怀特海过程哲学是对相对论和量子力学等最新科学成果的概括与总结。如果说马克思主义哲学经典作家之一——恩格斯的著名论断

---

① 王治河、霍桂桓、谢文郁主编：《中国过程研究》，第1辑，北京，中国社会科学出版社，2004。王治河、霍桂桓、任平主编：《中国过程研究》，第2辑，北京，中国社会科学出版社，2007。丁立群、李小娟、王治河主编：《中国过程哲学》，第3辑，哈尔滨，黑龙江大学出版社，2001。赵成、姜德刚、王治河主编：《中国过程研究》，第4辑，北京，中国社会科学出版社，2016。陈奎德：《怀特海哲学演化概念》，上海，上海人民出版社，1988。俞懿娴：《怀特海自然哲学——机体哲学初探》，北京，北京大学出版社，2012。但昭明：《从实体到机体——怀特海本体论研究》，北京，人民出版社，2015。

② 近年来，在一些相关学术会议和研讨班上，不少人询问：国内有哪些介绍怀特海过程哲学思想的著作？能否用简单的几句话概括一下过程哲学的主要观点？过程哲学主要有哪些基本观点和新贡献？每当遇到这些提问时，本书作者都会略显尴尬，不知如何给出简要回答。一是因为自己对怀特海过程哲学思想的理解和研究水平有限，不能用几句话来概括其丰富的思想和独特贡献；二是即使像怀特海那样的哲学大家都未能用简单几句话来概括过程哲学，而是通过几十年持续不断地研究，撰写了一系列著作来阐述过程哲学思想，我们岂能用几句话就概括他所创立和精心构造的过程哲学思想？但是，从这些期望中，作者感到有必要撰写一本系统阐述和研究怀特海过程哲学的著作。当然，本书也是作者十多年来对过程哲学情有独钟、不断思考的结果。这些年来，作者一直被过程哲学新颖的思想和观点所吸引，并试图运用过程思想方法来研究法哲学，深切感到过程哲学是个尚待挖掘和阐发的当代哲学思想宝库。

是正确的，那么，我们在直觉上和基本理论倾向上就无法否认怀特海过程哲学的基本出发点、基本理论取向以及重大的理论价值与现实意义。恩格斯说过，随着自然科学的每一划时代的发现，唯物主义也必然要改变自己的形式。我们不妨套用恩格斯这个著名论断的基本观点：随着自然科学的每一划时代的发现，哲学也必然要改变自己的形式。换言之，任何真正的哲学作为"时代精神的精华"，就必须对自己的时代精神做出回应。19世纪末和20世纪初，"物理学上空的两块乌云"，即爱因斯坦相对论和哥本哈根学派的量子理论的相继问世，导致在科学领域占绝对统治地位近三百年的牛顿机械力学及其蕴含的绝对时空观和实体宇宙观受到了严重挑战。时间与空间是绝对的还是相对的？世界最终是由电子、原子等基本粒子（实体）构成的，还是由引力场、电磁场等构成的？世界万物包括日月星辰、山川河流、虫鱼鸟兽、人类社会现象和精神现象等，其运动、变化和发展（如果承认这种运动、变化和发展的话）的直接动因（动力因）和最终推动力（终极因或目的因）是什么？事物发展的动力因与终极因的关系是什么？自然界本身有没有价值？甚至在人出现之前，自然界有没有价值，宇宙中有没有客观的价值存在？随着现代科学的发展和科学知识的普及，人们不再相信牛顿的所谓"第一推动力"（上帝），不再相信时间和空间是绝对的时候，对传统机械力学影响下的实体哲学便开始产生怀疑。

然而，思想的进步总是要慢于现实社会实践的发展。用怀特海的话说：一种新思想要变成现实行动，有时需要几个世纪，有时甚至需要几千年。[①] 怀特海深切地感受到，在当时那些有教养和受过良好教育的人们中间，占统治地位的思维方式和哲学观点仍然停留在传统的实体主义哲学观上，人们根本没有认识到相对论和量子力学等现代科学成果中蕴含的巨大哲学意义，特别是其对思维方式变革的重大意义。换言之，相对论和量子力学等现代科学引发的哲学观念与思维方式的革命性变革，仍在这些知识分子精英的视域之外，更不要说广大普通民众了。怀特海感到这种状况很悲哀，必须加以改变。他的历史使命就是要把相对论和量子力学等现代科学成果中所蕴含的过程—关系的宇宙观揭示出来，并使之系统化，从而使人类的思维方式发生根本性的转变，从传统的静态的实体—属性的哲学观转变为与相对论和量子力学等现代科学相适应的动态的过程—关系的哲学观。因此，他凭借自身深厚的数学、逻辑学、历史学、

---

① 参见怀特海：《观念的探险（修订版）》，周邦宪译，66页。

心理学、物理学等科学功底,以自己在剑桥大学、伦敦大学、哈佛大学、爱丁堡大学等多所世界名校任教和做学术讲座的机会,充分发挥自身睿智的大脑智慧、高超的驾驭语言和使用抽象概念进行论证的非凡能力[1],并通过与同行和学生在几十年间对这些哲学问题的反复研讨与论辩,以及自己几十年间对这些哲学问题的冥思苦想,最后,通过撰写《自然的概念》《自然知识原理研究》《科学与现代世界》《观念的探险》《过程与实在》《思维方式》《形成中的宗教》《教育的目的》《数学与善》《论不朽》等一系列著作[2],给我们烹制了一道令人具有全新感受且回味无穷的哲学靓汤。尽管从表面上看过程哲学的性质似乎不好定性,人们阅读过程哲学的原著时很难一下子准确地品味出它到底属于"哪个主义"或"哪个思想流派",但是,倘若你能暂时把头脑中固有的实体哲学"先见"悬置起来,直接面向怀特海过程哲学本身,并结合现代科学理念和现代社会生活实践提出的一系列重大现实问题,如环境污染、信仰危机、价值观失衡、战争与暴力事件不断出现、宗教与民族冲突时有发生等,深入思考怀特海过程哲学所要解决的现实问题,他的形而上学宇宙论对这个世界提出了哪些说明和理解[3],他的科学哲学提出了哪些

---

[1] 1923年推荐怀特海去哈佛大学担任科学哲学讲座教授的生物化学家劳伦斯·亨德森教授,就特别提到怀特海是他所知道的少有的用英语写作如此深刻和严谨思想的思想家:"他是用英语写作的最优秀的哲学家。团体内的人都读过并喜欢怀特海的一些著作。他们一致强烈要求,哈佛应得到这样的人才。"早在1920年,哈佛大学哲学系主持系务工作的伍兹教授就写信给哈佛大学校长洛威尔,提出欲聘任怀特海为科学哲学教授,洛威尔校长又委婉地予以拒绝。而1923年亨德森又提议聘用怀特海,并说了上述话语。他所说的"团体"是指"罗伊斯聚餐会",即哈佛大学教授罗伊斯生前组织的一个借聚餐之机讨论科学哲学的小团体。因此,哈佛大学校长于1924年2月6日写信给怀特海,问他是否愿意接受哲学教授一职,任期5年,年薪8 000美元,这是当时哈佛大学的最高薪金。怀特海欣然同意后表达过这样的想法:"……(此事)会给我一个可喜的机会,使我可以系统地发展我对逻辑、科学哲学、形而上学以及一些半是哲理半是实际的学说(诸如教育)的观点。……我无意系统地指导学生对一些哲学家进行批判性研究。……我极愿以一种不那么正规的方法,用讲座的形式将积存在我心里的哲学观点表达出来。"哲学系主任伍兹在邀请函中明确许诺:"我们将竭尽全力使你不受干扰,以便你能发展你的思想。"(怀特海:《观念的探险(修订版)》,周邦宪译,7页)

[2] 怀特海一生可谓著作等身,其英文著作清单可以参照英文版《阿尔弗雷德·诺思·怀特海的哲学》一书的"附录"。另外,可参见陈奎德《怀特海哲学演化概论》一书的"附录",那里把怀特海著作清单的主要著作已译为中文。

[3] 怀特海认为,哲学和科学的任务一样,其目的是要理解和解释这个世界,以高度抽象的一般概念和学说说明这个世界,而不是像实证主义哲学那样,认为科学只应当对事实进行观察,并在此基础上做出预言。科学无疑当做预言,但这不是科学的主要任务。科学的主要任务是通过具体事实去认识世界的某些领域中客观存在的普遍真理。哲学则是通过具体与抽象相结合,去说明普遍,从而提出最为普遍的一般原理,以此来说明具体科学尚未说明和不能说明的更为普遍的原理。用怀特海的话说:"哲学是要说明普遍,而不是说明具体。"

独到的新见解，他的社会哲学、文化哲学、价值哲学、教育哲学和宗教哲学中有哪些值得我们吸取、借鉴和进一步研究之处，那么，你就会逐渐地进入怀特海过程思想体系的深处，发现其中有许多值得我们今天认真学习和研究的思想瑰宝。

可以毫不夸张地说，迄今为止，世界上还没有哪一种哲学像怀特海过程哲学那样，对相对论和量子力学等现代科学成果做出如此系统完整、深入细致的哲学概括。美国当代著名哲学家拉兹洛阐述的"系统哲学"[1]，近些年来新出现的信息哲学、复杂性哲学等，无疑都是对现代最新科技成果的概括和总结，都对人类的哲学百花园贡献了自己的智慧，在很大程度上推进了现代科学哲学的发展；但是，它们都无法与作为一种哲学宇宙论学说、一种"科学的形而上学"的怀特海过程哲学比肩。没有哪一种哲学比怀特海过程哲学更系统、更完整、更全面地讨论了相对论和量子力学等现代科学成果对人类哲学与精神世界的重大影响，尤其是对人类的宗教观念与活动、生态文明建设、教育理念和方法以及经济学研究、历史学研究、法学研究、建设性后现代主义研究、女性主义研究、和谐社会与和谐世界建设等重大社会现象和活动可能产生的积极影响。在人类哲学史上，也很少有一种哲学学说能有几代传人，并如此深刻地影响了同时代和后代的哲学家、思想家，如此广泛地影响了现实的社会生活实践。

迄今为止，怀特海过程哲学可谓有五代传人，第一代即为过程哲学创始人怀特海，他自觉地创立了系统的过程哲学。过程哲学第二代传人以哈茨肖恩为代表，他的主要贡献是从过程神学的视角深入研究和阐发了怀特海过程哲学思想，特别是系统阐发了过程哲学的宗教观、宗教与科学的关系、宗教在社会发展中的作用等。过程哲学第三代传人以柯布为代表，他的主要贡献是在哈茨肖恩所阐发的过程神学基础上，进一步从更大的范围和更广泛的视角阐发过程哲学，从哲学、经济学、教育学、生态文明和过程神学等方面，以过程哲学为指导阐发了怀特海过程哲学思想的真谛及其对解决人类面临的生态灾难等现实问题的指导意义。同时，他对怀特海《过程与实在》等著作的学术解读，例如他为解读《过程与实在》而撰写

---

[1] 顺便提一句，拉兹洛的系统哲学思想也深受怀特海过程哲学思想的影响，他在《系统哲学引论》中对怀特海过程哲学思想给予了高度评价。在其新著《自我实现的宇宙》一书中，拉兹洛也对过程哲学给予高度评价，认为它对其撰写《自我实现的宇宙》以及对宇宙论的探讨具有重大启发。

的《〈过程与实在〉术语解释》一书，为人们深入理解怀特海《过程与实在》等著作提供了极大帮助。过程哲学第四代传人以格里芬为代表，他的主要贡献在于，在其老师柯布解读与阐发怀特海过程哲学和过程神学的基础上，结合最新的自然科学发现即后现代科学成果，深入而系统地阐发怀特海过程哲学思想，并通过提出"建设性后现代主义"理念而创造性地阐发怀特海的哲学思想，着重探讨怀特海过程哲学在批驳解构性后现代主义方面的重大理论价值以及对生态文明建设的重大指导意义。柯布的其他学生，如杰伊·麦克丹尼尔、克拉克·凯文等以及美国当代过程哲学研究专家罗伯特·梅斯理、格里芬的学生王治河等，可谓是过程哲学第五代传人。他们的主要贡献在于传播怀特海过程哲学思想，把它推广应用于美国、中国、韩国、印度、日本、波兰、西班牙和英国等国，特别是王治河博士、樊美筠博士在中美过程哲学学者和马克思主义学者之间搭起了一座桥梁，使中美学者在探讨过程哲学、马克思主义哲学、生态文明等重大学术和理论问题上，逐渐形成共识，并通过在中美两国举办生态文明论坛和各种相关国际学术会议，极大地推进了怀特海过程哲学的研究及应用。

怀特海过程哲学思想也深刻地影响着美国和欧洲、亚洲一些国家的教育学理论研究与实践，出现了所谓过程教育和后现代教育思想流派；影响着这些国家的生态文明建设和现实的宗教观念与活动，影响着这些国家的学术研究和相关社会活动。就世界性的影响而言，由于"国际怀特海大会"已经连续召开了十一届，一般每两年召开一届，参会的有来自多种学科和社会实践部门的专家、学者和实务工作者，这在当代哲学家中是非常罕见的。就其对社会生活的影响而言，除了马克思主义哲学对人类社会生活的广泛而深刻的影响之外[①]，现当代西方哲学中还没有哪一种学说对现

[①] 马克思主义哲学已成为人类共同的思想财富，成为社会主义国家尤其是我国社会主义现代化建设的重要指导思想。在马克思主义影响和指导下，人类历史发生了根本性的变化，它在资本主义世界历史上开辟了一条通向未来共产主义社会的道路。中国等社会主义国家就是在马克思主义指导下取得社会主义革命的成功的，并在马克思主义指导下进行社会主义现代化建设的。中国改革开放以来的实践证明，马克思主义基本原理是社会主义现代化建设的指南。在这个意义上说，马克思主义哲学的社会功能是其他任何学院派哲学都无法比拟的。任何学院派哲学都不能与马克思主义哲学比肩。怀特海过程哲学的社会作用主要体现在当今社会生态文明建设、和谐社会建设（怀特海对文明的和谐性征做了重要论述，参见本书第十八章）、宗教思想改革（过程神学）和信仰危机处理、伦理道德建设、教育理念改革等方面，由他引发的"建设性后现代主义"运动对当今东西方社会进步和发展的巨大积极意义，随着时间的推移，正在世界上逐步显现出来。

实社会和当代世界有如此巨大的积极影响。当然，也有不少现当代西方哲学家根本不屑于"影响"现实社会生活，他们宁愿把自己的哲学研究局限在学术研究和大学校园的象牙塔之内，并自认为这才是纯粹的哲学。怀特海则认为，哲学如果无用，那还研究它干什么？他特别强调哲学的社会作用以及在思维方式上的积极意义。

在此，需要强调的是，我们说怀特海过程哲学是对当代最新科学成果的概括和总结，并非指怀特海是科学主义者。我们绝不能把怀特海过程哲学思想归结为现当代西方哲学中的科学主义思潮；相反，怀特海既反对脱离科学成果的纯粹哲学思辨，也反对极端的科学主义，特别是反对"科学万能论"的主张，他不认为科学能够解决人类的所有问题，而是认为科学只是人类认识世界的一种方式，此外人类认识和把握世界还有哲学的、宗教的、艺术的等多种方式。他毕生致力于阐述的就是要把这些认识和把握世界的不同方式统一起来，以便更加全面地理解这个世界，不要陷入仅仅以某一种认识方式去把握世界，同时排斥其他把握世界的方式的极端片面立场。哲学的、科学的、宗教的、艺术的等把握世界的方式，都是人类认识世界和改造世界所必不可少的。仅仅承认和坚持某一种方式，否认或排斥其他方式，这是极端片面的和非常不足取的思维方式。这些正是怀特海过程哲学给我们的启示之一。

第二，怀特海过程哲学是一种坚持以过程—关系观点看世界的新哲学，是一种全新的宇宙论和世界观。从关于现实世界纵向发展的意义上说，我们可以把这种哲学叫作"过程哲学"；从关于现实世界的形态结构和有机关联的意义上说，我们可以把这种哲学叫作"有机哲学"。因此，在东西方学术界，如今有人喜欢用"过程哲学"来称呼怀特海的哲学，也有人喜欢用"有机哲学"来称呼怀特海的哲学。国内也有人问：到底应当把怀特海的哲学叫作"过程哲学"还是"有机哲学"呢？哪一种表述更为全面地把握住了怀特海哲学的真谛呢？在我们看来，把这两个名称综合起来，譬如称之为"过程—有机哲学"或"过程—关系哲学"，似乎更能全面地反映与揭示怀特海哲学的本质特征和精髓。怀特海在他的《过程与实在》一书中，明确地称自己的哲学为"有机哲学"（the philosophy of organism）[①]。在《过程

[①] 英文的 the philosophy of organism 也译"机体哲学"。如俞懿娴的《怀特海自然哲学——机体哲学初探》和但昭明撰写的《从实体到机体——怀特海本体论研究》，就把怀特海的哲学表述为"机体哲学"。

与实在》这部代表作中，怀特海使用较多的是"有机哲学"。但其嫡传弟子哈茨肖恩、柯布和格里芬等人，似乎更经常地用"过程哲学"一词来表述怀特海的哲学，并认为既然这已经是关于怀特海哲学的一个约定俗成的用语，那么只要正确地理解和把握它所强调的基本观点就可以了，以何种名称来命名已无关紧要。而有些怀特海研究专家，如当代美国学者格林等人，则更喜欢用"有机哲学"来表述怀特海的哲学，我国台湾有些学者也喜欢用"有机哲学"或"机体哲学"来表述怀特海的哲学。根据我们的研究，如上所述，把这两种表述综合起来，更能全面地反映怀特海的思想。但是，为方便起见，也为了与东西方学术界已经约定俗成的用法相一致，我们在本书中兼用"过程哲学"或"有机哲学"来表述怀特海的哲学。

怀特海过程哲学强调以过程—关系为出发点来理解我们这个世界，这便同一切以实体—属性为出发点来理解世界的传统西方哲学区分开来。譬如，西方传统的唯物主义认为原子、分子等物质实体是构成现实世界的基本材料，是建构我们这个宇宙的"宇宙之砖"，而质量、重量、颜色、声音、气味等，不过是这些实体的属性而已。传统的唯心主义则认为精神、观念、理念、心灵等精神实体是第一性的，是真正实在的存在，而一般唯物主义所说的"物质"或"质料"，只不过是实在的理念世界的影子（如柏拉图），或者只是一些"感觉的复合"而已，因此"存在就是被感知"（如贝克莱）。传统的唯物主义甚至所谓"科学唯物主义"，即以牛顿机械力学为基础的近代唯物主义（马克思主义哲学家通常称之为"机械唯物主义"或"形而上学唯物主义"），在相对论和量子力学所揭示的客观事实面前已经站不住脚，因为物质世界的时间和空间不再是绝对的，物质粒子具有"波粒二象性"，粒子和波可以互相转化，物质运动也不再是连续的、平滑的，而是连续性与间断性的统一，宛如心脏的悸动、输液时的点滴式运动，因而传统唯物主义的实在观从根本上受到了挑战。尤其是，根据这种传统的实体唯物主义观点，人的精神是否存在？如果人的精神存在（这似乎不可否认，因为如果否定人的精神的存在，这不仅不能证明精神不存在，反而恰恰证明它是存在的），它与物质如何发生相互作用？精神如何作用于明显属于物质范畴的身体？更有甚者，人是否有灵魂和良心？为何人会有灵魂和良心？它们同身体和物质是什么关系？这些都是西方传统的实体唯物主义甚至唯心主义无法回答的难题。怀特海过程哲学则致力于回答这些难题，虽然其回答未必能令所有人满意，也未必完全正确，甚至肯定不是人类关于这些问题的最终回答,但至少他是在根据科学、哲学、宗教、伦理、美学和日常生活经验等,认真地在解答这些难题,并提出了较为系统和深刻的说明,提出了较为全面和不那么偏激的解答,从而使得我们只要认真对待他的思想和观点,就多多少少能从中得到启发,甚至会使我们对这些问题陷入深思和冥想,不知如何应对他的思考和批评,不知他的说法是否正确、是否真的有道理,但一时又找不到反驳其观点的充分理由。有一个非常奇怪的现象:很多西方哲学家尽管未必赞同甚至明确反对怀特海的哲学观点,但却只是抽象地在一般意义上批评他的观点,很少正面地系统批判或反驳怀特海的哲学。这可能是因为,一方面怀特海一直坚持从基本的科学事实出发,另一方面他又遵循着严格的逻辑论证方法,对其观点提出了充分的理论说明和系统的阐述,他的系统论述似乎无懈可击。人们在既无法从他的科学前提中找出破绽和错误,同时又不能从其论证过程中发现疏漏时,如果只是简单地否定他的结论,那就显得有点突兀、冒失和独断了。值得强调的是,有许多当代西方哲学大家包括美国一些当代著名哲学家,都对怀特海的哲学怀有几分尊重,甚至有人对怀特海的哲学做了专门的深入研究。怀特海在世时,美国出版的"在世哲学家文库"就已经出版了怀特海哲学思想的专集,包括奎因、杜威、刘易斯等在内的许多美国当代哲学名家,都对怀特海哲学思想做了专门研究,并给予其相当高的评价。后来,系统哲学家拉兹洛对怀特海过程哲学也给予了很高的评价。

我们知道,拉兹洛在其《系统哲学引论》中研究的主题是"分析哲学向综合哲学回归的时机和必然性"。在他看来,分析哲学已经完成自己的使命,在今天仍然坚持这种分析方法,只能产生教条式的自我分析。因此,他认为,"哲学需要新鲜的经验信息的不断输入。……坚持逻辑分析只能导致一种荒谬的情形:哲学范围之外的探究往往比哲学更富有哲学味!一朵玫瑰被叫做任何其他的名字仍然是一朵玫瑰;哲学探究被冠之以科学(或任何其他的)名字也仍然是哲学探究"。他说:"由于哲学家担心他们自己被分析出哲学的范围,因此必定会造成向综合的回归:(这种综合)不是一种没有根据的推测,而是对来源于哲学范围之外的信息的一种重要处理。综合能够把各种类型的非哲学研究材料结合起来,成为真正的哲学问题的建设性讨论的途径。"[1] 可悲

---

[1] 欧文·拉兹洛:《系统哲学引论》,钱兆华、熊继宁、刘俊生译,15页,北京,商务印书馆,1998。

的是，如今大多数学院哲学大纲对学生的训练是过量的和有伤灵性的。"用思想史上那些复杂的理论来充塞头脑，那些东西多半与学生的个人经验没有任何意义上的联系。"① 拉兹洛就没有受过系统的哲学训练，而是自学哲学的。他选择的第一个导师是亚里士多德，随后又回到柏拉图。他逐步认识到，他们（这些古代哲学家）为之绞尽脑汁的许多问题，我们有可能从当代科学的发现中获得良好的解答。因此，他开始研究金斯、爱丁顿、爱因斯坦、马赫和巴甫洛夫等。结果，他发现，伟大的哲学家们提出的答案极度精美，科学家们提供的信息极度丰富，可是，他说："我仍然没有得到我心中那些问题的满意的答案，因为哲学的回答缺乏适当的事实根据，而科学的回答又倾向于或者是有局限性的，或者是把一个专门性的观点作了幼稚的一般化。我想，在当前必然会有人能把哲学上的机敏同科学上的渊博结合于一身；终于我发现了怀特海。在他关于'有机体'的哲学中，我相信自己已经找到了值得持续思考的答案。在他的书中有宝贵的材料，它们是从以科学为基础所作的多方面的哲学综合当中得出来的，它们告诉了我想知道的：我降生来到的这个世界的本性是什么，我是什么——如果我不是未经探究的意识的短暂闪现的话。"②

拉兹洛不赞成这样一种哲学上的说法，即"生活就是一个白痴在讲述的故事"，也不认为另一种说法是有道理的，即仅仅依靠对自己的经验进行内省就能发现生活和世界的真谛。因此，拉兹洛认为，他需要对我们目前可以获得的最好的知识进行深思熟虑的思考，并在此基础上进行一种哲学的综合，于是他便着手探寻这样一种综合。最后他形成了一般系统论基础之上的系统哲学。他认为，系统哲学与过程哲学有许多相似之处，例如它们都是一种本体论、认识论、方法论、价值观等。所不同的是，怀特海明确地以相对论和量子力学为基础而进行哲学综合，而拉兹洛是以系统论为基础进行哲学综合的。然而，两种哲学有异曲同工之妙。

第三，过程哲学是一种关于创造性的哲学。当前，我国正致力于建立创新型国家，鼓励思想创新、科技创新、文化创新、制度创新等。创新是一个民族发展的不竭动力——已成为时代的最强音。在历史上和现实中，许多哲学家、思想家也曾深入地探讨过创新和创造性问题。然而，从哲学宇宙论视域和形而上学原理高度，系统地阐述和探讨"创造性"的哲学，

---

① ② 欧文·拉兹洛：《系统哲学引论》，钱兆华、熊继宁、刘俊生译，4页。

迄今为止非怀特海过程哲学莫属。怀特海过程哲学明确提出了"创造性原理",把"创造性"范畴当作过程哲学最根本的范畴,以"创造性"范畴来说明,宇宙中的现实存在在本质上都具有创造性,创造性是现实存在的根本属性和变化发展的根本动力。怀特海还借用中世纪哲学的术语来说,创造性乃是宇宙万物的共相之共相。如果宇宙自身没有这种创造性,就不会有今天千姿百态的大千世界,也不会有人类、人类社会、人的思维和精神等现实存在。

第四,过程哲学是一种真正彻底的主体性哲学。过程哲学明确地提出了经过修正的主体性原理,以此来说明,宇宙中的所有现实存在本质上都是积极能动的主体,而不是消极被动的客体;这些积极能动的主体都有自身一定的主体性形式和主体性目的,正是这种主体性形式和主体性目的的统一,才生成了真正的主体,或者用怀特海的话说,最好称这种主体为"超主体"(super-subject),亦称"超体"。这种超主体并非所谓属性的依赖者,或者除自身以外不需要其他存在的存在者,也不是一种在认识过程之前就已经预先存在的现成主体,而是一种在过程和关系中生成的主体,是现实存在通过摄入先前的现实存在而生成的新的现实存在。因此,任何现实存在与其他现实存在的关系,并不是传统哲学认识论上所讲的那种主体与客体之间的关系,而是本体论意义上的主体与主体之间的关系,怀特海称之为"主体间关系",并且坚持认为这种"主体间性"才真正地体现着现实存在之间的关系性或关联性。这一观点在哲学的本体论、认识论、价值论和历史观等方面,均具有特别重要的意义。如果说古代哲学侧重于探讨世界的本体或客体性问题,近代哲学侧重于探讨世界的主体性问题,特别是康德哲学实现了从主体性视域进行哲学探讨的所谓"哥白尼式的革命",并且,如果说黑格尔哲学第一次从客观唯心主义哲学本体论层面,试图从主客体相统一的视域解决思维与存在的同一性问题,那么,怀特海哲学则第一次从超越唯物主义和唯心主义之对立的过程哲学宇宙论层面,试图从本体论上把世界的客体性与主体性真正地统一起来,重新把主体性回赠给客观世界,认为世界上的所有现实存在本质上都是自我运动、自我创造、自我发展的主体,除其自身不能生成和变化的"永恒客体"之外,一切现实存在都是这种积极能动的主体。这样,怀特海过程哲学便把古代哲学已经提出的"无人能两次跨入同一条河流"的客体流变原理,进一步提升为"无主体能经验两次"的主体性原理。也就是说,现实存在在一个瞬间的经验中生成为一种主体,而在下一个瞬间则因另一种新的经验而生成为另一新的主体，这些作为经验之主体的主体只能经验一次，不可能经验两次。因为在下一个瞬间，它已经生成为新的主体。这样一来，过程哲学便从客体的流变性进一步发展到主体的流变性，使世界万物真正回归主体性本位，使被古代和近代哲学所扭曲的现实存在的主体性本质重新恢复了自己的本来面目。这同马克思在《关于费尔巴哈的提纲》中所讲的"对对象、现实、感性"应当"从主体方面去理解"的实践唯物主义或历史唯物主义观点是完全一致的。过程哲学提出的这种主体性原理，无疑在本体论、认识论、方法论、价值观、历史观和宗教观等方面，均具有巨大的现实意义和理论价值。

第五，过程哲学是一种广义的经验论哲学。怀特海过程哲学特别推崇经验，把经验上升为一般的哲学范畴，认为经验是宇宙中现实存在相互作用、相互影响、相互制约的方式。换言之，在过程哲学中，"经验"并不是狭义的"感觉经验"或"感官经验"，也不单独指人类的经验，而是在其最宽泛的意义上，指所有现实存在（当然也包括人类个体）具有的一种能力和作用方式，主要是表示现实存在所具有的那种能动的、具有审美特性和情调的相互作用方式。

在早期，怀特海甚至用"感受"一词来表达这一意思。在后期，他则主要用"经验"一词来表达这一思想，用以表达同"感受"不同的作用方式。怀特海认为万事万物都能经验，一种现实存在能"感受"或"经验"到另一种现实存在，并且通过这个感受或经验，这个现实存在就同以前不一样了。因此，有些西方哲学家把怀特海的"经验理论"叫作"泛经验论"。我国有些学者也是这样概括怀特海过程哲学经验论的。我们认为，最好把怀特海过程哲学经验论叫作"广义经验论"，因为"泛经验论"在一定意义上具有贬义，不能表达怀特海过程哲学经验论的真正本质，更不能进一步揭示怀特海过程哲学经验论的巨大积极意义和作用。

显然，怀特海的经验论不是要把人类具有的经验能力外推到宇宙中所有的现实存在，而是试图从宇宙论上来说明现实存在是如何相互联系、相互作用、相互影响和相互制约的，并且由此说明，在表面上呈现为分离的诸现实存在何以能相互联系、相互作用、相互影响和相互制约，表现出具有关联性的协同性和整体性，从而使整个宇宙表现为一个协同统一体。这样，怀特海的经验论就不仅为过程哲学的宇宙论提供了某种合理的说明，而且从本体论视域说明了人类经验的来源和产生问题。

如果人类以外的其他存在物没有任何哪怕是非常低级的"经验"能力,只有人类才有经验,那么,这一方面有可能把人类的"经验"神秘化,即似乎只能把人类经验的产生归之于奇迹或"神创",另一方面也可能把人类的"经验"抽象化,从而无法对人类经验予以具体的说明,更无法在此基础上进一步说明经验与其他现实存在何以会相互关联、相互传递"信息",从而构成一定的系统或统一体。

实际上,正如马克思主义经典作家列宁所说的那样,假定一切物质都具有类似于感觉的特性,这是合乎逻辑的。否则,人的感觉和经验以及意识的产生就成为神秘的了。怀特海正是以假定一切物质都具有类似于感觉或经验的特性为出发点,试图说明宇宙中的所有现实存在是如何相互联系、相互作用、相互影响和相互制约的。正是这些最低等的现实存在具有相互"感受"或"经验"的能力,它们才能经过亿万斯年的进化和发展,最后突现出高级的人类经验,并在这些经验的基础上进一步突现出人类意识。与传统观点不同,怀特海坚持,并非先有了人类意识,而后才有人类经验,相反,人类意识只是人类经验世界海洋中一束明亮的闪光。只是从层次和水平上看,意识才高于经验,但在本质属性上,意识同其他现实存在的经验并无本体论意义上的差别。无疑,怀特海阐述的这种广义经验论,对我们深入探讨人类的经验、意识及其相互关系,探讨人类的经验与其他现实存在的经验的关系,并在此基础上揭示万事万物的本质和作用等,均具有特别重要的意义。同时,我们也可以据此理解怀特海缘何特别推崇哲学史上的一切经验论哲学,认为它们都部分地揭示了宇宙的真理;缘何其他经验论者,如美国哲学家奎因、杜威、刘易斯等对怀特海过程哲学部分地认同甚至高度赞扬。

第六,过程哲学是一种两极相通式的一元论哲学。怀特海过程哲学既反对西方传统的实体主义一元论哲学和笛卡尔式的二元论哲学,也不同于传统西方哲学中赫拉克利特式的流变论哲学和黑格尔主义的理念过程论哲学。它所提倡和坚持的是现实存在自我运动、自我创造的过程—关系一元论哲学,并在此基础上坚持和提倡一种两极相通式的思维方式。借用中国哲学的术语,也可称之为"阴阳相通式的思维方式"。我们认为,在本体论上,怀特海过程哲学明确坚持现实存在以及与之不可分离的永恒客体是终极的存在形式;在宇宙论上,怀特海过程哲学明确反对在宇宙间同时并存着多个宇宙,或者历史地会产生多个宇宙,坚持认为只有一个现实的宇宙。这是典型的一元论哲学观点。在历史上和现实中,哲学存在论或本体论上的多元论，或者宇宙学上的多重宇宙论观点，从未绝迹。譬如，英国牛津大学教授戴维·多伊奇在《真实世界的脉络》一书中，明确地坚持和支持的理论是"多重宇宙理论，认为宇宙不止一个，许许多多平行宇宙和我们的宇宙同在，它们一般不和我们的宇宙发生相互作用，只有在非常罕见的情形下和我们的宇宙发生干涉"[①]。因此，在当今社会，学习和研究怀特海过程哲学对于我们坚持一元论宇宙观具有重要意义。在此宇宙论基础上，对于我们坚持两极相通式的辩证思维方式也有重要意义。

第七，过程哲学是一种独特的价值哲学。根据柯布的观点："在怀特海看来，价值在形而上学、伦理学和美学上是中立的。成为现实的，就是成为自在和自为的价值，同时成为为他的价值。"[②] 怀特海明确地反对工具主义价值观，即那种认为事物本身没有意义和价值，只有在能够被人利用时才有意义和价值的观点。根据这种工具主义价值观，现实存在本身无所谓价值，自然界本身无所谓价值，事实本身无所谓价值，它们只有在被人利用或者被他物利用时才表现出自身的价值。从这种工具主义价值观上说，价值不是现实事物本身固有的，而是人投射于其中的。最典型的观点有卡尔·波普在《开放社会及其敌人》中所说："尽管历史本身没有意义，但我们可以赋给它一个意义。"[③] 在讨论人生意义和价值时，经常有一种观点认为，人生没有意义和价值，但我们可以通过我们的行动或选择赋予它意义和价值。这种把意义和价值理解为他物的投射或者人的投射，而现实事物本身没有意义和价值的观点，是怀特海过程哲学明确予以否定的。在怀特海看来，自然事实本身就有意义。一个事物存在，它就具有某种价值和重要性。价值是现实存在内在固有的属性。应当说，这一价值观对于我们批判各种工具主义价值观具有特别重要的意义，对于我们树立正确的价值观极有帮助和启发。譬如，当代著名物理学家斯蒂芬·霍金就错误地认为，人类仅仅是天体物理上可忽略不计的"化学渣滓"，这种观点显然有失偏颇。当代物理学家温伯格也认为，"对宇宙了解得越多，它就显得越没有意义。如果研究成果中没有什么令人安慰的东西，那么研究本身至

---

① 戴维·多伊奇：《真实世界的脉络》，梁焰、黄雄译，"译者序"1页，桂林，广西师范大学出版社，2002。

② 柯布：《怀特海的价值理论》，见王治河、霍桂桓、谢文郁主编：《中国过程研究》，第1辑，195页。

③ 转引自戴维·多伊奇：《真实世界的脉络》，梁焰、黄雄译，295页。

少有些安慰"①。显然，这些观点所蕴含的价值观很成问题，很容易导致悲观厌世的结论，也不符合宇宙本身就有价值的真相。相比之下，怀特海通过揭示个体的意义、宇宙的意义，揭示宇宙万物与自然界本身的创造性力量、内在价值以及它们在宇宙总体及其发展过程中的价值和意义，能够给人以积极向上、无限进取的信心。同时，对于我们正确地理解什么是价值、什么是人生的价值和意义等，怀特海的价值哲学也能给我们提供正确的世界观、方法论和价值观。

第八，过程哲学是一种独特的宗教哲学。怀特海起初信仰基督教，后来明确地放弃了对基督教的信仰，然而他又在自己的著作《宗教的形成》中专门讨论了神的概念，并试图建立一种过程神学，把神作为宇宙中其他现实存在生成和发展必不可少的条件。但是，怀特海所理解的神，既不是传统基督教的上帝，也不是佛教的佛陀或伊斯兰教的真主。他所理解的神相当于现实世界的统一性或宇宙的协同统一体。这种意义上的神类似于中国道家所说的"道"或儒家所说的"天"。在怀特海看来，作为世界的"诗人"和宇宙的统一性，大写的"他"（即神）以自身的真善美理想，引导着其他现实存在不断地生成和创造性地进展。没有这种特殊的现实存在的神，其他现实存在的生成便可能失去最终的依托。他认为，根本不存在传统基督教所说的那种作为"创造者"的上帝，但是却存在作为宇宙之统一性的神。这种神不是无所不能的，但却是无所不在的。在这个意义上，我们既可以说神创造了世界，也可以说世界创造了神。神作为一种特殊的现实存在存在于现实世界之中，世界作为现实存在也存在于神之中。这种宗教观消除了传统宗教特别是基督教面临的许多难题。例如，世界上何以存在"罪恶"的问题，自由与决定论何以统一的问题，人的道德和伦理责任问题，人的良知、灵魂问题等。当然，还有最根本的价值问题。怀特海认为，不以过程哲学宇宙论为基础，就很难自圆其说地解释神以及与之相关的道德、价值和意义等重大问题，而这些问题是人类必须面临和回答的重大问题。当然，正如哈茨肖恩所说，并非只有怀特海才真正理解了神，才真正说明了神的作用，而是说，只有怀特海依据现代科学、人类经验和哲学宇宙论，系统地论述和讨论了这些有关神的问题，并给出了解决这些问题的一些富有启发的研究进路，为随后对相关问题的哲学研究开启了富有成果的道路，提供了有价值的研究方法和思路。

---

① 转引自戴维·多伊奇：《真实世界的脉络》，梁焰、黄雄译，297 页。

怀特海认为，神是"无所不在"（omnipresent）的，但不是"无所不能"（omnipotent）的，神并非现实世界的创造者，尤其不是神从无中创造了世界，因为这是同现代科学的物质不灭和能量守恒定律相背的，并且不符合基本的生活常识。无论如何，宗教不能与科学相矛盾，相反，宗教与科学应当相互促进。在科学昌明的今天，我们既要承认和相信科学所揭示的宇宙真理，也要相信宗教所揭示的人生真谛和智慧，至少不能以科学否定宗教，更不能以宗教否定科学，而要致力于使科学与宗教统一起来。近代以来，不少宗教界人士实际上都在从事这一工作，并卓有成效。怀特海的过程神学观正是使科学与宗教统一起来的有价值的尝试。同时，怀特海认为，现实世界不可能无中生有，任何现实存在都不可能是空穴来风，不可能没有来源和根据，任何现实存在的存在和生成都是有根据的，既有其动力因也有其目的因，既有其"客体性材料"也有其"主体性目的"；否则，对现实存在的解释就会走向神秘主义。这表明他的神学观同传统神学具有重要区别。

怀特海认为，传统基督教的上帝观是一种无所不能的强力上帝观，这种具有强大力量的上帝不仅是冷漠的而且是好战的，经常以惩恶扬善的名义发动战争，这可能是人类历史上许多战争、杀戮的宗教根源。怀特海坚持的过程神学观则认为，神作为"世界的诗人"，只是在引导这个世界，以自己的智慧在劝说这个世界，以真善美的目的在指引世界和人类文明走向最终的和谐。因此，这个意义上的神反对任何形式的战争、暴力事件和恶行，主张以爱的力量来引导万物向善发展。尽管怀特海这种"爱"的宗教在存在阶级和阶级斗争、利益差异和争斗的现实社会中如何实现，可能还有很多问题需要继续研究，甚至可能完全是空想，但其对传统基督教上帝的批判和论证，确实在西方世界影响了不少基督徒。随着哈茨肖恩、柯布、格里芬等人对过程神学的阐述和丰富发展，如今美国已经出现了很多以过程神学思想为教义的教会组织，这说明怀特海的过程神学已经对美国社会的宗教信仰产生了现实影响。美国加州克莱蒙神学院（CST）培养的不少神学专业毕业生，坚信怀特海的过程神学思想和教义，有的毕业后在美国一些教堂做牧师，对推进过程神学的社会化做出了贡献，深刻地影响着美国社会中的教会活动。

第九，过程哲学是一种独特的教育哲学。教育哲学是从哲学层面对教育的本质、目的、过程及规律的思考，这种思考对教育的发展有着重要的作用。在《教育的目的》一书中，怀特海阐述了"一位伟人的观点。他那广博的知识涉及人类各个领域所取得的成就，加上他天赋特有的洞察力，使他的观点具有不同寻常的新意"①。怀特海出身于教育世家，他本人又在剑桥大学、伦敦大学和哈佛大学这些顶级大学里担任过教授、系主任、教务委员会主任、理事会主席等职务，这使他对近代工业文明中教育的理念、制度和实践，特别是其中的弊端，如保守的观念、狭隘的偏见、僵化的体制等，有着切身的体验和深刻的见解。因此，他所提出的各种富有创造性变革意义的后现代教育理论就更有针对性、启示性和可操作性。有学者把怀特海的教育哲学概括为如下四点：（1）超越僵化观念；（2）克服二元对立；（3）注意教育过程；（4）把握教育艺术。②

　　在我们看来，怀特海的教育哲学主要包括如下十大教育理念：（1）我们要造就的是既有文化又掌握专门知识的人才。文化是思想活动，是对美和高尚情感的接受。支离破碎的信息和知识与文化毫不相干。一个人见多识广但却没有文化品位，就可能成为世界上最无用而令人讨厌的人。因此，教育的根本目标是造就既有文化又掌握专门知识的人才。所以，怀特海强调大学的理想与其说是知识，不如说是力量：大学的目标应当是把学生的知识转变为成人的力量。（2）教育相当于有机体吸收食物的过程。必须记住：教育绝不是往行李箱中装物品的过程，而是类似于有机体吸收食物的过程。（3）教育的金科玉律是教育者要设法唤起学生的学习兴趣。大脑不是工具，不需要对它先进行训练，然后再让它接受知识：它本身就是一个智慧的能动接收器和加工器，可以把信息加工为知识。（4）教育的作用在于唤起学生对智慧和美的追求。（5）成功的教师有一秘诀，即清楚地知道学生必须精确地掌握什么，同时对有些知识则不需要精确地掌握。（6）教育是培养学生有能力理解抽象的思维和分析具体的事实。（7）教育是教学生掌握运用知识的艺术。（8）教育者要教育学生关注现在。现在是神圣的境界，因为它包含过去，又孕育未来。（9）学生的自我发展才是有价值的发展。（10）应当让学生尽早学习一门外语，这是学习不同思维方式的必要途径。③

---

　　① 怀特海：《教育的目的》，徐汝舟译，"序言"1～2页，北京，三联书店，2002。
　　② 参见曲跃厚、王治河：《走向一种后现代教育哲学：怀特海的过程教育哲学》，载《哲学研究》，2004（5）。
　　③ 参见杨富斌：《建设性后现代教育的十大理念》，见李方、温恒福主编：《过程教育研究在中国》，72～83页。

第十，过程哲学是一种独特的社会政治哲学，它明确地提出了一种以追求"真善美"为总体目标的和谐社会文明观。在《观念的探险》一书中，怀特海表达了如下精辟见解：首先，"纯历史"是不存在的，历史学家在描述过去时，要依赖自己的判断来判别什么构成了人类生活中的价值这类问题。所以，即使吉朋的《罗马帝国衰亡史》这样知名的历史著作，讲述的也是一个双重的故事。它既讲述了罗马帝国的衰亡过程，又反映了吉朋那个时代的各种普遍观念。其次，历史的发展是两大因素交互作用的结果：一是人类有意识地怀抱的理想，如基督教精神、民主等；二是所谓无情感的推动力，比如蛮族对罗马帝国的侵犯。无情感的推动力在历史上表现为对人的征服，理想的力量则化为了说服。人类的历史就是一个从征服到说服的历史。①

在《观念的探险》最后一部分对"文明"的探索中，怀特海通过考察真、美、探险、艺术、平和及其关系，特别是考察希腊文明和中华文明的发展史，认为在文明发展史上，"探险精神是不可缺少的，所谓探险精神就是对新的完善的追求"②。观念的探险，以及与观念相符的实践的探险，能将另一类完善的理想逐渐提高到精神极，使之成为改革的方案。科学和艺术是人们对真与美的有意追求。人类有限的意识正以科学和艺术的方式在利用无限丰富的自然。在人类精神的这一运动中，发展出了各种各样的制度和职业。宗教、礼仪、寺庙、大学、医学、法律、贸易方法——这些都代表了对文明的追求，凭借这一追求，人类的意识经验保存了为己所用的和谐的源泉。在怀特海看来，一个文明的社会表现出这样一些品质：真、美、探险、艺术、平和。③

二、过程哲学在当代社会受人关注的原因④

在我们看来，怀特海过程哲学所坚持的过程思想是一种致力于建构桥梁的文化和智力运动，其宗旨是在东方与西方、北方与南方、科学与精

---

① 参见怀特海：《观念的探险（修订版）》，周邦宪译，"中译者序" 11～12 页。
② 同上书，303 页。
③ 参见上书，322 页。
④ 本节至本章末，是由杰伊·麦克丹尼尔教授撰写的，由杨富斌译为中文，并在文字上稍作修改和增减。

神、生态学与经济学、教育与创造、事实与价值、人类与自然、传统与现代性之间建构桥梁和纽带。

从总体上说，过程思想是一种仍在进行之中的传统。今天，东西方不少思想家和有识之士，正在致力于创造性地把怀特海的过程思想与其他相关的思想资源相综合，不断给过程思想增添一些新内容，使之不断地丰富和发展。在这个意义上说，过程哲学所倡导的过程思想本身也处在过程之中。

如果说过程哲学是一部未完成的小说，那么这部未完成小说的第一章和基础性的章节已经由怀特海完成。其后续的章节则需要由东西方思想家继续创作，他们的参考框架存在于西方哲学、艺术、科学和宗教之中。迄今为止，这些新的章节一直是由世界不同地方的人们创作的，而他们的参考框架则并非都是西方的。不少思想家运用自己非西方的文化资源，扩展、修正和深化了怀特海的过程思想，并运用怀特海的过程思想来解释他们的传统。因此，形成了今日过程思想的国际化影响和传播局面。

人们之所以关注怀特海过程哲学，从根本上说是因为怀特海的哲学提出了一些动人心弦的新思想和新观念。譬如：

——所有现实存在都处于过程之中，实在是流动的，无物能保持恒久不变。

——所有现实事物都是相互联系着的；无物是一座孤岛；事物是相互存在于对方之中的，即使它们具有自己的自主性。

——自然作为整体具有价值；所有生物都应当得到尊重；人类不是唯一的价值贮存库，或者不是唯一的价值承担者。

——人们只有在与他人分享体验时才能找到幸福，不存在孤立的自我，所有自我都是关系中的自我，人类通过互惠互利而成为整体。

——宇宙的本质是连续的创造，其中所有事物都是这种创造性的表现；在植物和动物、山川和河流、树木和星辰中都有创造性。

——所有存在都在致力于寻求和谐，把和谐作为它们的指导性理想；和谐包含着差异；宇宙的整体是一种和谐之和谐。

——思想和情感不能严格地分开，心灵和肉体不是两种不同的东西，即使思维也是一种感受形式，美的智慧和理性的探究是互为补充的。

——人类体验的每一时刻，不是以向世界投射东西而开始的，也不是通过世界中的活动而开始的，而是通过感受世界的当下存在并受之影响而开始的。

尽管这些观念并非怀特海过程哲学所独有，中国文化学者知道，这类观念在中国自从文明诞生以来就已经存在；甚至有人半开玩笑地说，怀特海的过程思想是一种追随中国思维方式，并给其中增加了科学成分的西方思维方式。但是，无论中国古代思想家还是当今其他过程思想家，都没有像怀特海这样，把科学的、艺术的、宗教的和个人经验的方法相综合，系统地阐述这些观念，并给这些观念建构了一种形而上学的过程宇宙论基础，使之建立在严密的逻辑论证和科学事实之上，同时还可经受经验的严格检验。

可以说，怀特海建构的成熟的过程哲学受到了两种西方资源即科学的和人文的资源的影响。一方面，怀特海深受现代科学的影响，尤其是早期的量子论、生物进化论和相对论的影响。他最早的著作是数学和科学哲学著作。另一方面，他还深受西方思想和美学发展史中多种传统的影响：柏拉图的哲学、威廉·伍兹沃斯的诗学、约翰·洛克和大卫·休谟的经验论、威廉·詹姆士的实用主义和基督教的精神学说，对他均有重大而深远的影响。

怀特海思想的独特特征是，他认为这些思想来源中的每一种都会产生关于宇宙及其中之人的生命智慧。因此，他是一位渊博的跨学科思想家。在其最系统的著作《过程与实在》中，他把来自诸多传统——科学的、艺术的、伦理的和宗教的传统——之中的真知灼见整合为一种综合的世界观。这是把许多思想家吸引到怀特海过程思想视域的原因之一。它通过提供一种有关世界和人类生活的"大图景"而有助于克服知识的片面性或智力的碎片化。

通常，有些西方哲学家、思想家热衷于把怀特海放在西方哲学的独特思想链条上来衡量，追问他是理性主义者还是经验主义者，是实用主义者还是唯心主义者，属于大陆传统还是英美传统。

在我们看来，只要深入了解怀特海过程哲学思想，人们就会发现，很难按照某种传统的哲学学派的划分标准对怀特海过程哲学做合理的归类。人们不知道究竟应当把怀特海过程哲学归入哪种哲学派别，因为影响怀特海生活和思想的那些因素是多种多样的，而他的过程思想又是高度综合性的。有时人们把他归入美国哲学的实用主义传统，有时人们把他归入德国唯心主义中以过程为取向的传统，有时人们又把他归入海德格尔和胡塞尔的现象学传统，有时人们则把他归入更为多元化取向的后现代主义传统。就怀特海本人而言，他感到自己更类似于柏拉图，并且人们也经常提到，他说过"整个西方哲学不过是对柏拉图的一系列注脚而已"。也许困难还在于如下事实：他的多数训练是数学和科学，并且他并未感觉到有必要把自己专门与一种不同的哲学传统相联系。尽管如此，西方人撰写的一些哲学博士论文还是把他的思想与其他许多西方思想家的思想相比较，譬如同柏拉图、亚里士多德、笛卡尔、康德、尼采等人的思想相比较。

根据理性主义和经验主义所讨论的问题，怀特海认为他自己兼具这两种传统。他认真地对待观念领域，认为观念具有某种实在性，这种实在性不能被归于物质性或现实世界。他认为，哲学不仅应当根据它的观念的内在一致性来评价，而且应当（还是极为重要的）根据它对经验的恰当性来评价。有些人把怀特海的哲学理解为关于经验的哲学，并进一步指出，对他来说，经验包括除感官知觉之外的所有种类的经验：睡眠的经验和清醒的经验、焦虑的经验和精神坦然的经验、有意识的经验和无意识的经验、酒醉的经验和神志清醒的经验。实际上，怀特海想要创立的哲学是适合于所有人类经验的哲学，并能有助于人类解释更广大的世界。

怀特海对经验的强调也使他与语言哲学家和分析哲学家关系紧张。他认为命题不能归结为它们的语言表达式，并且命题可以用许多不同的语言来表达，因而他认为许多形式的智慧是难以用语言来表达的。怀特海虽然提出了他自己的语言哲学，但还是认为经验不能归结为语言，除语言之外，哲学中还有许多问题需要讨论。

怀特海希望他创立的哲学宇宙论的"大图景"能够得到评判、批评和修正，并且如果需要的话，可以得到拒斥。他并没有认为它是所有重要问题的最终答案，并且他反对所有形式的过于实用主义或自负的思维。在《过程与实在》"前言"的结尾处，他写道：

> 最后还有一个反思就是，我们试图在事物的性质方面一探究竟，追根溯源，这种努力是多么肤浅无力和不尽完善啊！在哲学讨论中，关于终极性陈述即使对其确定性有丝毫独断式的确信，都是一种愚蠢的表现。[1]

---

[1] 怀特海：《过程与实在（修订版）》，杨富斌译，"前言"5页。

因此，正是根据这种精神，怀特海提出了他的世界图景，或者用更为哲学化的术语说，提出了他的形而上学视域。他清楚地知道，他自己的观点也必将会随着时间的推移而最终被改变。

那么，人们现今为何被怀特海及其过程思想观念所吸引呢？除了他所提供的过程哲学宇宙论世界图景以外，还有如下一些原因：

首先，思考大问题。许多人转向怀特海过程哲学，是因为他们想有助于思考生活中的如下大问题："生命中什么是真正重要的东西？""做人意味着什么？""在自然界这个大背景中，人处于什么地位？""自然界的本性是什么？"……过程哲学对这些问题提供了相当具体而深思熟虑的回答，从科学、经验、道德体验和美感体验中汲取了诸多深刻洞见，从而给现时代提供了某种理性上可信的世界观。

其次，推进学术进步。有些人之所以转向怀特海过程哲学，是因为他们相信，过程思想的某些方面可以在学术生涯中推进不同的探究路线，包括艺术的和科学的探究。譬如，具有科学兴趣的过程思想家用怀特海思想中的观念来帮助解释生物进化论、量子力学、混沌学和相对论的有关问题。对人文社会科学感兴趣的过程思想家，则用过程思想来解释电影、文学、音乐和表演艺术，来解释法律的增长、道德和信仰的危机，来解释经济的增长与人的福祉的关系，等等。

又次，促进跨学科研究。有些人之所以转向怀特海，是因为他们认为怀特海的思想能有助于现代大学中的学者克服学科的碎片化，这种碎片化通常会阻碍他们相互沟通和交流，阻碍他们共同讨论世界更为紧迫的需求。过程思想家认为，学科的专业化是有价值的，但是这种价值也有其局限性。过程思想实际上是对现代生活的跨学科研究，有助于人们重视那些只有通过跨学科方式才能重视的问题。例证之一是生态问题。这些问题不是科学家或政治理论家或经济学家或文化理论家的专属领域，它们要求人们做出更为整体性的回应，在这种整体性的回应中，学者们既能发挥各自的专长，也能在过于专业化的研究方法的"盒子外面思考"。

再次，引领教育和公共政策。有些人发现，怀特海的思想在引领政府、学校和商业组织等机构制定法律、确定课程方案、从事商业实务方面颇有助益。例证之一是过程思想家的著作为教育设计了目标[①]，为经济活

---

① 参见美国学者罗伯特·赖格纳和鲍伯·梅斯理的有关著作。

动提供了政策建议①。

最后，促进文化转变。有些过程思想家例如王治河博士发现，怀特海过程思想的重要性在于，它指出了文化转变的形式和方法，从而为弥漫于现代社会之中的"无根的消费主义"和"僵化的传统主义"之间的两难困境提供了某种具有创造性的、以价值为中心的替代方案。②

当然，以上所述并非现代有识之士被吸引到怀特海过程思想的全部理由。从根本上说，怀特海过程哲学表达了我们所处的这个历史时代的"时代精神的精华"，而不是如历史上的唯心主义哲学一样是"不结果实的花"。因此，它才具有了自己的生命力，不断地被一代又一代的思想家所摄入，"客体化"为当今世界思想现实中的现实存在，发挥着自己独特的现实作用。

三、今日过程哲学之现状

在我们看来，正是由于上述某些理由，怀特海过程哲学经过不同的过程思想家的丰富和发展，已经发展出诸多理论形式。其中主要有如下几个方面：

第一，怀特海过程哲学的形而上学。怀特海的形而上学提出了一种有机的世界观，它把科学、美学和伦理学中的真知灼见整合为一种观察世界的完整方式。这种世界观有助于表明，世界的多种维度如何是一种单一的和具有动力的整体的一部分。它克服了许多二元论观点（这些二元论观点一直以来都是西方哲学中的组成部分），尤其是事实与价值、心灵与肉体、人与自然、思维与感受之间的二元对立。

第二，怀特海的科学哲学。怀特海的科学哲学把过程思想的各个方面应用于量子论、生物进化论、相对论和科学中的其他专业门类，并且应用于有关科学之本质的一般哲学问题。特别是它包含着一种可被称为批判实在论的科学研究方法。这种方法避免了那种认为科学只是给世界投射观念的看法，以及认为科学观念只是实践目的之工具的看法。它也避免了那种

---

① 参见柯布和达利合著的《为了共同的福祉》。此书获得美国国家图书奖。该书中译本的书名改为《21世纪生态经济学》，由中央编译出版社2015年出版。
② 参见王治河、樊美筠：《第二次启蒙》，北京，北京大学出版社，2011。

认为科学只是世界的完全客观的翻译、没有任何解释性的观点。它认为，科学阐述的只是自然界的一些方面，确实存在着一个需要理解的客观世界；但是，人对自然界的研究——包括科学研究——必然是解释性的和负载着理论的。用怀特海的形象比喻来说：如果说科学理论的记载中没有解释，那就无异于让石头自己写传记。[①] 因此，对自然界，根本没有绝对客观的研究，也没有纯粹私人的研究。过程哲学认为，人类是自然界的一部分；人类与自然界的相互作用也是自然界的一部分，而科学自身是这种相互作用的一种形式，自然的各种属性在这种相互作用中得以显现。

第三，怀特海的社会哲学。怀特海的社会哲学为构建可持续发展的共同体提供了思想路线。这些社会哲学中有一些集中于生活的经济维度，发展出一种可被称为经济学的过程研究方法的学问。其他则集中于研究个人道德、法律和政治学的问题。它们都强调对优良共同体图景增加生态考虑的重要性，并且全部都建立在怀特海的价值论基础之上。在美国和其他一些东西方国家，过程社会哲学已经把过程研究方法带进了商业伦理、城市发展、农业发展和管理理论之中。

第四，怀特海的价值理论。怀特海的价值理论强调，所有现实存在一方面具有内在固有的自身价值，它们相互之间具有价值，另一方面对更大的整体来说也有价值。价值可以指每一现实存在的内在价值，也可以指现实存在对其他现实存在和宇宙整体的工具性价值，还可以指鼓励与指导人类行动的理想和目标。可持续共同体的观念就属于最后一种价值。我们可以称之为社会价值。人类对自身的价值是第一种价值。它是一种内在价值。人类对他人——朋友和家庭——的价值则是一种工具性价值。怀特海的价值理论强调所有这些价值。此外，它还高度评价美的价值，把美作为所有生物都为之吸引的终极价值。美是由经验之中的和谐与紧张构成的。

第五，怀特海的教育哲学。怀特海的教育哲学提出了一些有关教育学、课程设置和教育目的的观念，这些观念能为教育改革提供可能性。这些教育哲学的导向不仅指向获得实际技能，而且指向鼓励创造性、原创性和为各个年龄阶段的学生做好服务的意义。其重点是放在作为终生过程的教育之上。在负载着价值的这一过程中，其核心观念是要表明，教育过程

---

① 参见怀特海：《过程与实在（修订版）》，杨富斌译，18页。

包含着浪漫、决策和动力之间的旋律与节奏。浪漫是指一个人第一次遇到新观念并感知到它的多种可能性时所感受的那种兴奋或激动；决策是指对这一观念或技术了解得更多的行动，并进入细节的学习和应用；一般性（或普遍化）则涉及掌握了这一观念或技术，并把它应用于其他主题或领域。

第六，怀特海的文化与日常生活哲学。怀特海的文化与日常生活哲学，探讨的是人在世界上的生活方式——是各行各业的人们都能获得的生活方式，这种生活方式应当是和谐的、具有创造性的和精神上得以满足的。这些文化与日常生活哲学特别强调和谐、创造性，把它们当作世界上有意义的生活方式的指导性理想，把它们理解为美的形式。根据怀特海的主张，人们首先应当求得生存，其次应当生活得幸福，再次应当生活得越来越好。

第七，怀特海的灵性、宗教与宗教内部的对话理论。怀特海的灵性、宗教与宗教内部的对话理论强调的是宗教问题。过程神学的宗教哲学特别地采取一种世界宗教研究方法，认为世界上各种不同的宗教包含着不同种类的真理，每一种都值得确认；并且，这些哲学神学发展出特殊的观点，这些观点有助于推进不同的宗教视域。过程神学就是后者的一个例证。经怀特海的后继者哈茨肖恩、柯布、格里芬等人阐述和丰富发展的过程神学思想，如今被越来越多的西方人所接受，在西方国家发挥着越来越大的社会影响。

四、过程哲学试图避免的谬误

描述过程哲学的特征还有另一条路径，那就是确认传统思维方式中的某些谬误，揭示其哲学认识论根源。从怀特海过程哲学观点看，这些谬误需要在人类生活中加以避免。这也是怀特海哲学引人注目的重要原因之一。

怀特海过程哲学试图避免的谬误，主要有如下几个方面：

第一，误置具体性之谬误。根据怀特海的阐述，所谓误置具体性之谬误是指传统思维方式中把抽象当作具体的错误做法。这是怀特海在《科学与现代世界》第三章中第一次提出的论断。它主要指17世纪的物理学家以及后来有些哲学家，把关于世界的抽象概括错误地当作现实存在本身。

怀特海认为，这类错误会引起极大的混乱。例如，关于实体和属性的概念，本来是对世界万物的存在及其属性的一种抽象和简化描述，但人们却在哲学上把它们当作现实就是如此的实际样态。再如，受这种谬误思想的影响，人们通常把爱因斯坦的质能关系式 $E=mc^2$ 不是看作相对论力学所揭示的科学规律，不是看作一种科学上的抽象，不是看作对客观世界近似正确的反映，不是看作对我们目前观察所及宇宙的一种科学认识，相反，人们通常把它当作客观宇宙本身的实际存在，似乎客观宇宙中存在着这样一条定律。怀特海认为，人们如果坚持这样一种观点，就是犯了误置具体性之谬误。

人类的任何知识，包括科学定律，都是人对现实世界的理论认识，它同客观世界本身是两种不同的存在。即使物理学所描述的宇宙论，譬如大爆炸宇宙学说和黑洞理论，也都是物理学家对物理宇宙的描述，而不是现实的宇宙本身。宇宙本身究竟是什么样子，这正是需要物理科学和天文宇宙学等科学长期探索的事情。把人类在某个历史阶段所达到的科学认识混同于宇宙本身，这就犯了误置具体性之谬误。同理，"人民""正义""平等"等概念，也都是一些描述普遍性的一般概念，它们不同于实际存在于社会生活之中的具体的个人、具体的正义活动等现实。谁如果把这些普遍性、一般概念当作特殊性和具体存在，谁就犯了误置具体性之谬误。这种谬误必然导致实践上的悲剧。

第二，实体思维之谬误。实体思维之谬误表现在两个方面。一是相信，宇宙中真正实在的存在物——不管它们是什么——都是自我封闭的"实体"，这些实体能够完全撇开同其他存在物的联系而独立存在并被界定。因此，它们与其他存在物的关系外在于它们的存在，而不是内在于它们的存在。二是认为，宇宙中真正实在的存在物可以随着时间的推移而保持不变。把这两个方面综合起来，我们就会有这样一种"实体"的印象：这种实体历经时间而保持恒常不变，它们之间的关系外在于它们的存在。怀特海过程哲学整个说来就是为了指出这种实体思维方式的谬误之所在，并提出一种过程—关系的思维方式或者过程和有机的思维方式，以取代这种实体思维方式。

怀特海过程哲学认为，一般地说，存在物的存在或现实存在是一个生成过程，并且这种生成过程通过与其他存在相互作用而出现。非关系的实体观点会把原子、分子、活性细胞和人类等存在看作自我保持的事实，过程观点则把这些存在看作与他物之关系的创造性综合。实体观点会把这些存在描述为脱离了它们之间的相互作用也会存在，过程观点则把这些存在看作只有通过它们之间的相互作用才有它们的存在。用怀特海的话说，根本不存在自我保持的、来自非存在的事实，"现实存在是如何生成的，构成了这个现实存在是什么。现实存在的'存在'是由其'生成'所构成的"①。

第三，主—谓语本体论之谬误。在怀特海看来，这个谬误是实体思维的核心。这是指把主—谓语的语法结构投射到实在本身之中，因而认为宇宙中真正的现实存在正反映着这样一种语法结构。根据这种静止的和无关系的实在观，人们经常把存在的本质与语言的结构相等同，但实际上这种等同是虚假的。具体而言，根据主—谓语本体论之谬误的观点，一个存在物的存在被想象为类似于句子中的语法主语，它有明确界定的主语和谓语。在语法表达方式的主—谓语方式中，即使谓语发生了变化，句子的主语通常也保持不变。譬如，我们可以说"那个女人走进了商场"，然后又说"那个女人去了电影院"，接着又说"那个女人正在与一个男人说话"——在所有这些句子中，我们都假定了即使谓语在变化，那个女人作为句子的主语依然保持不变。从更为静止的视域看，同样的情形也适用于语言之外的世界，即山川、河流、植物、动物和人类等所组成的物质世界。山川、河流、植物、动物和人类似乎是句子的主语，并且即使它们在世界中的活动以及它们与世界的关系发生了变化，它们自身也依然保持不变。

怀特海过程哲学不同意这种观点。怀特海过程哲学认为，当谓语变化时，主语也在变化。也就是说，当谓语所描述的现象发生变化时，作为主语的主体也会发生变化。当然，一定的方式也许会反复出现。在原子发展史或人类发展史中，某些形式或方式将会一再出现。但是，这些存在物本身——原子和人类——在每一瞬间都会有轻微的变化和不同，因为世界在每一瞬间都是不同的，并且它们自身的存在，也在随时间的不断流逝，通过与世界的相互作用而不断浮现。重复一下怀特海的话说："现实存在是如何生成的，构成了这个现实存在是什么。"

我们可以考察一下这个句子："那个女人正在与一个男人说话。"这个句子的主语是"那个女人"，谓语是"正在与一个男人说话"。非过程思想的静止世界观认为，这个女人的存在——她的内在本质——不依赖于同那

---

① 怀特海：《过程与实在（修订版）》，杨富斌译，29页。

个男人说话的行为。这个女人是自我保持的存在物,她被封闭在自己的皮肤里,她是那个说话行为的见证人,且不受那个说话行为的影响。过程哲学则会指出,这个女人的存在已被那个对话轻微地改变了,因此,在结束那个对话时,这个女人已经不完全是说话之前的那个女人了。当然,与那个男人的对话或许对这个女人无关紧要,对她的人格或观点丝毫没有改变。实际上,事后她有可能很快就把那个对话忘得一干二净,转身去忙别的事情了,仿佛那个对话压根儿就没有发生过。即使如此,从过程哲学视域看,那个对话仍会对这个女人产生些微的影响。当她结束那个对话时,她的生命中会包含一定的记忆,而在那个对话之前,这个记忆则不存在。从过程哲学观点看,这个女人的存在不可能完全与她在世界中的行动、与她同他人的相互作用割裂开来。

第四,绝望之谬误。绝望之谬误是指人们在遇到某种不好的情形时,通常会产生绝望心理,认为在这种情形下不会有更好的选择了,只有死路一条。怀特海过程哲学认为,不管在任何情形下,一个人都会发现,在他(或她)面临的情形中,永远有可能会有某种新的回应或创造性的回应。这种新的回应也许不过是对坏事的减轻。譬如,假设一个人即将因癌症而死亡,他的"新的回应"也许不过是勇敢地面对死亡,而不是面对死亡时异常恐惧。假设一个人住进了监狱,他的"新的回应"也许不过是在这种坏的情形下做到最好。

绝望之谬误是这样一种观念,即生活中根本没有新的开始。因为这种观点认为,人的存在完全是由过去已发生的和未来将要发生的事情决定的。根据过程哲学,这种面对现实生活中的困难或困境而感到绝望的观念是错误的,是与过程哲学坚持的生活理念相悖的。过程哲学提出的与此不同的观念,要人们认识到两件事:(1)人的生活或者生命是随着时间而展开的,一个瞬间接着一个瞬间,而在每一瞬间所展现的自我在此之前并不存在;(2)不管我们面临的情形多么困难,创造性地回应当前这种情形的可能性之窗永远敞开着,因此我们完全有可能根据现有的既定情形做出新的选择和创造。在上述那个男子面临癌症濒临死亡的情形下,他的新选择和创造性就是表现出有勇气,坦然自若地面对生死,以此帮助自己度过最后的时光。即使他将要死亡,这种勇气也会使他与满怀恐惧的选择截然不同。总之,在任何情形下,过程哲学都坚持认为,新东西的出现是有可能的。面对任何艰难困苦,总有可能做出更好的选择。否定这种有更好的选择的可能性,就是所谓绝望之谬误。过程哲学致力于克服这种谬误。

有时，诗歌比哲学语言能更好地表达这种建设性的观点。在西方，由沃尔特·惠特曼创作的一首诗，叫作《有一个孩子去了》，非常好地描述了这种建设性观点：

> 有一个孩童每天前行，
> 所见第一物是其过去；
> 它成为那天他的成分，
> 年复一年是其一部分。

接着，这首诗继续描述了这个孩子的父母如何成为这个孩子的一部分，这个孩子的朋友和老师如何成为这个孩子的一部分，以及发生在这个孩子身上的一切好事和坏事如何成为他的一部分。即使在长大成人之后，这个孩子仍在"每天前行"，并且他所经验到的一切，包括他所在城市的街道和周围的环境——"街道上那些匆忙前行的男男女女"和"街道本身、房屋的装饰和橱窗里的商品"——都使他发生着轻微的改变。这首诗最后以这样几行诗句结尾：

> 所有这些经历的往事
> 皆成前行孩童之部分；
> 孩童在过去每天前行，
> 如今仍然在每天前行，
> 将来仍然在每天前行。

最后这几行诗句异常精准地把握了过程哲学理解的人生精髓。诗里的"孩童"象征着我们每一个人。我们"在过去每天前行"，"如今仍然在每天前行"，"将来仍然在每天前行"——这就是过程哲学所揭示的人生真相。作为人类，我们体验到的一切，就是发生在我们身上的一切；我们如何回应发生在我们身上的所有事情，我们就会成为什么样的人。我们的存在就是我们的生成。

当然，"存在就是生成"根本不是西方哲学独有的思想。早在沃尔特·惠特曼之前，孔子的《论语》就表达了类似的观念。孔子在提出学习的过程是终生的过程的建议时，十分明确地阐述了这个思想。在《论语》中，我们可以看到：

> 吾十有五而志于学，三十而立，四十而不惑，五十而知天命，六

十而耳顺，七十而从心所欲，不逾矩。

孔子即使到耄耋之年，尨眉皓发，也不认为自己完全成熟了。因此，他一直在不断地成长。过程思想家赞同沃尔特·惠特曼和孔子的观点。他们认为，生命是一个过程，每时每刻的创造性转变就是与生命有关的一切。生命中经历的一切，都会在生命中留下烙印。人们面对任何逆境，都有更好的可能性选择。

第五，呆滞的和谐之谬误。这种谬误在于认为，如果在生活中取得了某种和谐，譬如，人类之间的稳定关系，那么这种和谐因为是完美的而一定会永远保持不变。人们若成为这种谬误的牺牲品，就会陷入关于美德和完美的虚假观点。他们认为美德像石头一样结实和刚硬，却不知道美德其实像河流一样是有创造性的和适应性的。怀特海过程哲学以更加动态的观点理解和谐，把和谐理解为过程之中的和谐。这种和谐永远对新颖性和创造性转变保持着开放性。所以，怀特海说："要静止地维持完善是不可能的。"①

对于高度理想主义的人来说，避免这种呆滞的和谐之谬误是特别重要的。因为在创造更为公正或更加和平的社会理想中，这些人有可能陷入如下谬见：自己提出的特殊社会图景是绝对的，因此希望的那种实在一旦实现，就会成为永恒不变。人们避免了呆滞的和谐之谬误，就会认识到，他们制订的社会计划、改革方案、理想社会即使是最好的，也会随着社会发展而不断变化。没有这些计划和方案，生活照样继续，社会照样前进。诚如一句广告词所说：没有最好，只有更好。因此，一旦避免了呆滞的和谐之谬误，我们就既要不断地寻求和谐，又要在稳中求变。只有在不断的变化中追求和谐，保持变化中的和谐，才能达到真正的和谐。因为根据过程哲学，和谐本身是不断发展变化的。世界就是在这种创造性进展中保持自身和谐的。进步的艺术乃在于在变化中保持秩序，在秩序中保持变化。

第六，误置创造性之谬误。误置创造性之谬误是指，有些人认为，生命中探险的和创造性的方面可通过服务于自我而得到完全的满足。在当今全球性的市场经济消费主义时代，这种谬误更加显而易见，危害更加严重。在当今片面发展的市场经济条件下，人们衡量自身价值和他人价值的标准是外表、影响力和可销售的商品，并且在这里，驱动市场前行的价值

---

① 怀特海：《观念的探险（修订版）》，周邦宪译，302页。

观例如竞争和个人主义，通常压过了合作与服务等更加社会化的价值观。片面地追求无理性的高消费，成为市场经济下"单面人"的典型特征。人们在陷入这种谬误时，往往把自我仅仅看作自身皮囊里的自我，以自身皮肤为界与世界隔绝，忘掉了自己本是这个社会共同体中的人，不知道自己的幸福依赖于他人的幸福，也可为他人的幸福做出自己的贡献。根据过程哲学，如果我们从过程—关系视域来理解个人的创造性，那么，我们每一个人都会尽力发挥自己的创造性来帮助他人，都会尽自己的绵薄之力，对他人、对所在的共同体、对社会和整个世界，做出自己富有建设性的贡献。如果我们真能自觉地坚持这种信念，即使我们没有把个人幸福当作自己有意识的目标，通常也会比那些自我中心化的人幸福。因为这种幸福是我们帮助他人的副产品，是"送人玫瑰，手留余香"。坚持这种信念的人，一旦自己的基本生存需求得到了满足，就会想帮助他人，就会自觉自愿地建设富有同情心的社会共同体。显然，坚持这种信念的人避免了误置创造性之谬误。

第七，无差异的和谐之谬误。无差异的和谐之谬误包含三方面的含义。（1）由于文化或意识形态的差异，人们不能彼此分担对方的痛苦和相互分享欢乐，因为他们之间的隔阂是不可克服的。（2）如果人们能够相互分担痛苦和分享快乐，那么他们的差异就会因此而消除。（3）如果这些差异仍然存在，那就出现了问题。在过程哲学看来，差异是现实存在内在固有的，无论如何是无法彻底消除的。因此，人们为了避免这种差异，就可能陷入一种寻求无差异的和谐之谬误。

在过程哲学看来，现实存在的某些形式的差异既是客观存在的，有时候也是有必要加以区分的。譬如，当处于战争状态时，交战双方便需要做出区分，这时区分差异不仅是必要的，而且对交战双方的成员来说可能是生死攸关的。我们认识一个事物，实际上就是要把这个事物同其他事物区分开来，把握其自身的独特性。不同的现实存在相区分，各自表现出自身的差异性，正是世界万物千姿百态、形态迥异的根本原因所在。因此，从过程哲学观点看，事物存在形式的差异是非常有价值的，是现实存在必不可少的属性。现实存在之间的和谐并非各种现实存在完全等同、彼此同一，也不是构成现实存在的各种成分的同一。在现实的人类社会生活中，有时人们之间的和谐甚至需要一定程度的紧张，需要保持一定的张力。诚如良友之间，并非一团和气，彼此完全一致。相反，彼此有时意见不一致，兴趣爱好和能力呈互补状态，反倒是和谐关系与真诚友谊不可缺少的组成部分。这种情形同样适用于不同的文化、组织、团体和民族之间的关系。在过程思想看来，和谐包含着健康的竞争。

　　针对这种无差异的和谐之谬误，美国加州克莱蒙研究生大学过程研究中心的王治河博士提出了一种和谐论哲学，以取代这种无差异的和谐之谬误理论。王治河博士强调，和谐论哲学坚持有差异的和谐，其基本精神是承认差异，欢迎差异，坚持在差异中追求和谐。这种和谐论坚持跨文化交流的必要性和正当性，主张不同宗教之间的对话，如基督教与佛教的对话、基督教与伊斯兰教的对话、伊斯兰教与佛教的对话。柯布专门撰写了《佛教与基督教》《超越对话：走向佛教与基督教的相互转化》等著作，探讨不同宗教之间的异同，认为从根本上说，不同宗教的教义和理念其实是相互补充的，它们从不同侧面揭示了宇宙和人生的真谛。无端地把它们对立起来，用一种宗教否定另一种宗教，这是非常错误而可悲的。

　　王治河博士的观点和柯布教授的观点都是由怀特海过程思想中的以下几个观念推动的：

　　一个是怀特海对"想象"的理解。怀特海认为，人们有可能以他人的立场来想象自己。即使人们并不拥有共同的过去，但因为某些感受的潜在性，一旦这些感受具体化在他人身上，那些并不拥有他人之过去的人可以通过自己的想象来体验他人拥有这些感受的状况。这种站在他人立场来想象的能力，在演员中是司空见惯的。怀特海过程哲学指出，普通人也能掌握这个能力，实际上普通人也有这个能力。

　　一个是怀特海的混合"摄入"概念。一个人可以在这种混合感受中"感受到他人的感受"，即使这些感受并不属于他或她。譬如，当一个人进入一个房间时，我们通常能感受到这个人的情绪，即使这个人没有直接与我们沟通他的情绪。我们可以说：有一个人进入房间，"使整个房间的气氛活跃起来"，因为这个人情绪高昂，富有感染力；我们也可以说，有一个人进入了房间，"使整个房间的气氛立刻低落下来"，因为这个人进入房间后，对他人怒气冲冲。这些说法都指向一个共同的现实，即人们会感受到他人的感受，并且会受到这些感受的影响。

　　一个是怀特海的"宇宙的统一性是由其本身的差异性来丰富的"观念。在《为了共同的福祉》一书中，柯布和达利把这种统一性称为神圣的整体。宇宙整体作为可想象的最广大无边和包罗万象的存在，其本身既可以因差异性减少而日益萎缩和枯竭，也可以因差异性增加而不断扩大和丰富。怀特海把这种整体性或统一性叫作神。怀特海所理解的神并不是外在于宇宙整体的存在,而是活的整体宇宙的总体性,差异性在这个整体性中只是给神的生命添砖加瓦。

第八,完美辞典之谬误。这个谬误是指,把人们对宇宙的理解归结为字典中的一组组定义的谬误。首先,这个谬误忽视了如下事实:世界上的每一事件都是对无数关系的创造性综合,因而所有定义都是从这种具体中得出的抽象。其次,它忽视了这样一种事实:辞典中的诸种定义都是历史过程的产物,随着时间的推移,这些词汇的意义在不断地改变。最后,它忽视了如下事实:每一种抽象观念——怀特海称之为命题——都不能归结为它们的语言表达式。

消除这种完美辞典之谬误的可替代方式之一是,承认由语词构成的语言是不精确的,且依赖于上下文的关联。因此,有时小说的语言形式譬如隐喻比更为单纯的抽象语言形式能更好地表达某些观念。另一种解决办法是,承认有时艺术和其他沟通形式比语词语言的方式能更好地表达观念。

在谈到不同哲学流派的分野时,生物学家查尔斯·伯里奇提供了一种绝妙的描述:完美辞典之谬误,正如怀特海所说,把哲学分为两个流派,即批判的流派和思辨的流派。批判的哲学流派把自身定义为在辞典的界限之内进行语词分析;思辨的哲学流派通过探索意义和进一步寻求洞见而扩展辞典,这是面对神秘和未知现象所具有探险态度的意愿。怀特海指出,这两个哲学流派之间的差异是安全与探险之间的不同。

第九,简单位置之谬误。这是一种认为宇宙中的既定事件,例如人的活动、原子事件,仅仅存在于一个地方而不能同时存在于另一个地方的谬误。这种简单位置之谬误所存在的问题,可以从怀特海对经验的分析中看出来。

为了说明的方便,我们可以想象有一位母亲与女儿一起用餐。怀特海感兴趣的问题是:这位母亲现在在哪里?在一定意义上,这位母亲在她所坐的位置上,譬如说在餐桌左边的椅子上。但是,当倾听她女儿说话时,这位母亲的注意力实际上在餐桌的另一边,也就是她女儿坐的那一边。根据现象学的观点,这位母亲在她女儿坐的"那一边",即使这位母亲此时实际上仍然在她坐的"这一边"。正如汉语中所说的,"人在曹营心在汉"。也许,通过追踪从她女儿那里传递到她眼睛和耳朵中的信号,科学家可以确认这一点,然后说整个经验都出现在她的脑子里,似乎是说这些经验"仅仅存在于"她的身体之内。然而,即使她的女儿确实在桌子的另一边,并且信息从女儿传递到母亲这里,也一定会有某些关于女儿的东西——女儿的存在的某些方面——那些曾经是女儿的一部分，现在在这位母亲的脑子里了。我们把这些东西叫作有关女儿的信息。这意味着"那一边"的女儿也在母亲坐的"这一边"。因此，对于"这位母亲现在在哪里？"这个问题，我们必须说："她在她坐的这一边，但她也在另一个地方，尽管后者的直接性要差一些。"我们应当把这位母亲自己的存在看作更像一个场，而不是一个粒子：更像一个意识场，它可能集中于某个区域，但是会延伸到这个区域之外，包容他人，并受到他人的影响。

在过程思想家看来，重要的是出于伦理方面的原因，我们要避免简单位置之谬误。这一谬误提醒我们，我们自身不能假定简单的位置，因为我们的经验和行动在世界上具有波纹效应，有时其结果的延伸远远超出我们的直接视域。这些视域既有空间的，也有时间的。从时间方面看，它们包含着未来。某些过程思想家指出，如果我们在当下希望负责任地行动，我们自身就必须致力于建设性后现代思想家所设想的未来，这对所有人都是健康而有益的，同时还要建立在过去已经发生的最好基础上。

综上，过程哲学认为，这些谬误不仅是逻辑的或智力上的谬误，而且是情绪上和态度上的谬误，并且通常具体表现在人们的实际生活之中，完全脱离了人们有意识的选择。它们是习惯性的意识方式，由文化因素来传播，并能随着时间而与个人和（或）共同体一同发展。心灵和思维的这些习惯阻止了人们成为更好的自我。因此，必须以过程哲学提倡的过程思维方式来揭示它们的荒谬所在，并通过转换思维方式来实际地克服这些谬误。

五、过程哲学被视为建设性后现代主义的原因

对许多人来说，"建设性后现代主义"（constructive postmodernism）还是一个新术语[①]，并且经常被混同于"解构性后现代主义"（deconstructive postmodernism）。对过程思想家来说，这两个术语则是很不相同

[①] 国内有学者建议把"constructive postmodernism"一词译为"建构性后现代主义"。但是，我们认为，一是译为"建设性"更符合汉语中"建设性"的含义，以区别于"批判性"或"否定性"；二是格里芬提出这个概念，更注重的是，在批判现代性的各种弊端时如何着重于建设。他本人不仅主张批判和否定现代性的各种弊端，同时更侧重于如何进行"建设"。他不像那些早期激进的后现代主义者，只是一味地"批判""否定"，对现代性全盘否定，没有看到现代性中包含的合理成分，因而没有提出如何重新建设的建设性意见。因此，我们主张把这一概念译为"建设性后现代主义"，认为这样翻译更为恰当。

的。最早使用和最经常使用"建设性后现代主义"这个术语的思想家是格里芬,他在论述"建设性后现代思想"的系列著作中经常使用这一术语。这套系列丛书是由纽约州立大学出版社出版的。中国和世界其他地方的某些过程思想家在格里芬的这一术语中发现了价值,并不断地丰富和发展这一概念的内涵。当然,也有一些思想家并不认同这一概念。他们尽量避免使用这个概念,其理由通常是:"后现代主义"一词不可避免地与欧洲解构性后现代主义运动相关联。阐述解构性后现代主义思想的思想家主要有J. 德里达、米歇尔·福柯、朱利叶·克里斯蒂娃、J. 拉康、E. 列维纳斯和 J-F. 利奥塔等。应当说,解构性后现代主义思想家强调了许多观点,没有一种简单方法可以把这些观点概括为一段话。他们以各种方式强调了意识形态在人类交往中的作用,强调了人的主观性从语言的信号和符号中解构出来的方法,强调了所有元叙述的同质化性质,强调了文化多元化的价值等。

不消说,在一定程度上和多个方面,所有过程思想家对激进后现代主义者的这些强调都抱有同情心。从怀特海学派的视域看,确定无疑的是,所有语言包括怀特海学派的语言,都有意识形态的意义。语言既能揭示也能遮蔽世界和人类经验的某些方面,它能促进也能挑战主流社会和从经济上划分的各个阶级的利益。从怀特海的视域看,同样确定无疑的是,人的主体性尽管不能归结为语言经验,但在很大程度上是由这种经验形成的。人们在说"我"和"我们"这类词语时,对"我"和"我们"等的理解是受广告、图书和电影中的这类词汇影响的。一个十几岁的孩子,如果深受名人文化的影响,那么他说出来的"我"肯定不同于修道院里一个僧侣说出来的"我",因为他们的经历不相同。

从怀特海过程哲学视域看,同样真实的是,从同一观点看待世界和人类生活的观点,包括过程观点,如果以虚假的同质化透镜来看待不同的和分离的实在物,也能把差异看作同一。当发生这种情况时,就应当着手进行批判。从怀特海过程哲学视域看,人类在生命中有时确实需要新东西,即使这会动摇现存的秩序形式。因此,正是根据对解构性后现代主义运动的价值保持一种欣赏态度的精神,怀特海主义者同时也超越了这种价值。他们认为,解构性后现代主义哲学家走得还不远,因为他们还只是停留在批判现代性和现代社会之上,尚未对如何重建现代社会提出建设性观点。这便给过程哲学留下了有待实践和产生实效的余地。过程哲学并非只对形而上学理论感兴趣,它对减少人类生活的痛苦、帮助人们获得自由和幸福也感兴趣。简言之，过程哲学对人类的共同福祉感兴趣，对为现代社会面临的许多问题提供建设性的可替代方案感兴趣。关于生命的建设性后现代主义研究方法有两个重要特性。首先，它建立在现代化、工业化思维方式中那些最好的方面之上，同时批判这些思维方式中坏的方面。其次，它继承了传统或前现代思维方式中那些最好的方面，同时批判这些思维方式中坏的方面。

当然，"现代"和"前现代"这些术语也需要批判，尤其是鉴于这些术语经常伴随对西方工业化道路的描述，经常在人类发展图景方面起作用，那就更应该对它们认真拷问了。对那些从来不使用除草剂和杀虫剂，而只使用有机肥料的农民来说，从他们的有机视域来看，他们的耕种方法根本没有什么"前现代"和"后现代"之分。但是，对于"现代"农业来说，由于不断地给裸露的表土和地下水增加化学物质，这些"现代"耕作方式确实存在着严重的不可持续发展问题。因此，"前现代""现代""后现代"这类术语，也有可能暗含一些成问题的假定，它们在世界各地已经以有益的方式被使用着，因此我们仍然在使用这些概念。而且，这些概念确实也带来了一些理论分析的方便。

当过程哲学思想家宣称自己坚持"建设性后现代思想"时，他们的心灵是建立在现代性的最好方面之上的，并且避免了其最坏的方面，同时重新倡导了前工业生活方式和更为传统的生活方式的智慧。他们认为，人们可以在最好的现代生活方式中成为"现代的"和"科学的"以及"理性的"人。但是，他们还认为，人们可以欣赏传统，尊重文化差异，感恩共同体在生活中的作用，尊重我们的地球，向宗教智慧的最好部分开放，并且对艺术的智慧和其他形式的美学智慧保持敏感性。

六、实践过程思想的方法

对过程哲学家来说，最重要的问题乃在于如何通过实践来实现过程思想。因为理论若与实践相割裂便毫无价值。人们的观念是通过实践而形成的，而人们的实践则是受观念支配的。根据怀特海过程哲学观点，理论和实践由于两个原因不能割裂：

第一，每一瞬间的人类经验都涉及从其他实在接收影响，并以某种方式影响这些实在。换言之，我们在实践中总是影响着世界，并受到世界的影响。声称我们能依赖纯粹的理论而不影响他人或他物，或者不受他人或他物的影响，这纯粹是幻觉。

第二，现实地看，单从精神方面说，生命总是不完整的，只有由生命的物质方面来补充，生命才是健全的。怀特海把生命的这种精神方面称为经验的"精神极"，把生命的物质方面称为"物质极"，并指出这两个方面以深层的关系共同依存。精神极是我们的生命中用来把世界理论化的方面，物质极则是世界用来形成我们，并以因果效应方式通过经验进入我们的经验之中的那个方面。倘若不存在呈现给经验、人们对之能进行理论概括的世界，就不会有任何可进行理论概括的东西。

因此，怀特海进一步指出，物质极和精神极相互作用的动力学机制存在于整个自然界中，因而人类需要以实践来补充理论，这种要求深深地根植于宇宙的基本动力学之中。甚至怀特海过程哲学中所承认的天或者叫作神，都需要现实世界，以便它能成为现实的。仅仅依赖理论，甚至神都不能生存。在这个意义上说，生命是一个整体。

那么，实践过程思想的方法是什么？以最一般的方式，我们可以说，任何人类活动，只要有助于创造和维持人类在更大的可持续共同体背景中的整体性，就是在从事过程实践。在此，我们想强调如下四点：（1）以过程思想为指导的生活方式；（2）负责任的决策所需要的伦理指导思想；（3）旨在达到个人幸福和精神健康的个体实践；（4）旨在实现可持续共同体的共同仪式。

（一）过程生活方式：过有道德的生活

有一句古老的格言，有助于我们理解有道德的生活方式问题："为了过上健康生活，人们既要有根基，也要有翅膀。""有根基"是隐喻，指人们生活在健康的共同体中，具有和睦的家庭关系，并感到自己的优秀文化传统有根基。此时，他们所喜欢的安全感和平衡感即是这种"根基"。"有翅膀"也是隐喻，指在面对新的经历、知悉新的洞见、邂逅不同的人群而仍然能保持开放态度时，人们享受到的难以言表的幸福。过程思想提倡的生活方式就是既要有根基，也要有翅膀。然而，现代社会面临的问题是，许多人在面对自己不愿进行的两种选择时，感到无所适从：一是无根基的消费主义，这种消费主义令人兴奋，但却缺乏稳定感和安全感；一是无翅膀的传统主义，它关注过去，但代价却是对未来不持开放态度。

无根基的消费主义与健康的消费根本不同。健康的消费提供的享受以环境保护为前提，以环境保护方面的良性方式生产商品、消耗材料、提供服务；这种享受可使人摆脱艰苦的劳作，使生活变得轻松愉快，并可丰富人的身心。健康的消费可导致良好的食物、舒适的居所、漂亮的衣着、高品质的医疗保健和令人身心愉快的娱乐，并使令人满意的工作和高质量的教育成为可能。健康的消费所造就的这些成果，有一些是生存必不可少的，而所有成果都对生活幸福有益。世界上多数人缺乏这些东西是一个悲剧，他们将会承受贫穷、疾病、失业、苦役和绝望之感。

无根基的消费主义是当今社会存在的文化氛围，其原因是社会中充斥着市场驱动的价值观，诸如竞争和先天的不平等，同时，其他更具社会性的价值观如同情心和共享观念则日渐衰落。无根基的消费主义造成了某些不良后果，如炫耀式消费、糟蹋式消费和过度消费等。但是，这些具体的不良后果不过是某种更深层的生活哲学的表征而已，这种生活哲学已对个人占压倒性优势，并弥漫于整个社会。极端的个人主义就是这种生活哲学。它告诉人们，只有通过每年购买越来越多的消费性商品，永远不说"够了"，才能获得满足感或成功感。它教导人们，只有通过从消费驱动的标准看他们多么有吸引力，才能衡量他们的价值；只有通过他们有多少钱，才能衡量他们的价值；只有根据他们拥有多少财富、多高的身价地位，才能衡量他们的价值。无根基的消费主义告诉人们，他们首先是消费者，其次才是公民，因而他们的私人福祉重于公共福祉。它告诉人们，能获得报酬的工作重于他们的家庭，能获得报酬的工作是唯一值得做的工作。它认为，生命是物质上成功的竞赛，一定要分出获胜者和失败者。当市场驱动的这些价值观在社会上占主导地位时，社会实质上已四分五裂、支离破碎了。雄心勃勃变得比善良重要，有吸引力变得比善良重要，物质上的成功变得比善良的父母、邻居和朋友重要。人们对新衣服的兴趣超过对老朋友的兴趣。消费主义的社会代价是高度的空虚感，这种空虚感是过度的个人主义、对家庭和社区的忽视、对金钱的过分看重、身不由己的忙碌生活方式和生命被归结为物质的产物。

无翅膀的传统主义同样是有害的。人们在陷入无翅膀的传统主义时，就会对新事物感到恐惧，对新奇缺乏兴趣，对任何不熟悉的东西感到担忧，因为人们依恋于自己熟悉的东西。通常，人们依附于某种宗教传统、政治意识形态传统或种族传统，并且逐渐附着于这种意识形态之上，久而久之便形成不健康的恐惧感，对自己"团体"之外的任何人均保持警惕。他们不能用更为宽厚和包容的方式来思考。他们成为自己熟悉的舒适生活的奴隶，牺牲了对陌生者的欢迎。有时，他们会诉诸暴力来解决纠纷，放弃了进行坦诚对话的耐心。在无根基的消费主义中有着无根基的翅膀，而在无翅膀的传统主义中有着无翅膀的根基。许多人转向无根基的消费主义，用它来代替唯一可获得的无翅膀的传统主义。他们拒绝自己时代的主流意识形态，把消费当作自己的宗教。在这样做时，他们失去了某些根基，但却获得了某些翅膀。

过程思想给无根基的消费主义和无翅膀的传统主义提出一种创造性的替代物，即创造性和谐。"创造性"一词在此是指一种生活方式，它对新的观念和可能性持开放态度；"和谐"一词是指一种生活感，即富有同情心地与他人相协调，与其他生物相协调，最后，还要与宇宙相协调。创造性和谐的生活方式就是这样一种高度协调的生活方式。

"创造性和谐"，用中国文化术语来说，也可理解为"无为"状态。创造性和谐是一种创造性的后现代无为状态。传统的无为生活是指与深层节奏和宇宙规范相协调的生活方式，这种生活方式产生于这种深层的协调，同以自我为基础或自我中心化的生活态度相抵触。创造性和谐就是这种在实践上和精神上有意义的生活方式。你无论来自哪种文化、从事何种行业，都可以获得这种生活方式。商人和农夫、教师和建筑师、诗人和工程师，全都可以根据创造性和谐的精神，获得自己的生活方式。这种生活方式不是所有人以完全相同的方式行走的路，相反，这条路能容纳许多不同的路径，既是灵活的，又是可调整的，绝不是一成不变和僵化固定的。

凡能把这种生活方式付诸实施的人，都不会感到自己有什么特别和特权。他们不必费尽心思地攀龙附凤，处处争先，竭力把他人落在后面。相反，他们会自愿搭建前进的桥梁，帮助他人一同前行。他们会把生活中探险的一面当作关系属性或生活质量的增长，而不是视为个人的飞黄腾达。他们可能胸怀大志，朝气蓬勃，但不会被自己的雄心壮志蒙住双眼。他们希望挣到够花的钱，过上舒适的生活，能尽享天伦之乐、与朋友相聚之乐、休闲生活之乐，并享受有意义的工作。但是，他们也能关爱大自然，关爱社会也许有时会忽略的那些人：那些处于生命黎明期的人（孩子）、处于生命黄昏期的人（老人）以及处于生命阴影中的人，包括病人和生活拮据之人。因此，他们不会仅仅为自身寻求幸福。他们将要为所有人和所有生物寻求幸福。在伦理层面上，他们尊重和关爱生命的所有共同体，并愿意与其一道生活。在社会层面上，他们寻求帮助建造可持续存在的共同体。在精神层面上，他们将努力与宇宙本身更深层的节律和谐地生活在一起。这种与宇宙深层节律的和谐，他们将其称为"对道的信仰"或"对神的信仰"或"与整体的和谐"。不管用什么术语来称呼，他们努力达到的结果将是相同的。他们所敬仰的神将会富有同情心而不会冷漠无情，将会尊重人而不会高傲自大，将会谦卑祥和而不会高傲急躁，将会乐善好施而不会贪婪吝啬。

（二）负责任的决策需要伦理指导

当然，实践过程思想不能仅仅依赖于美德，还需要给人以伦理上的指导。对大多数过程思想家来说，这些指导不仅仅来自演绎方法。如果不能根据相互关联的背景，仅靠演绎方法是不可能从过程思想中推导出这些伦理指导的。相反，并且也许是最重要的，过程哲学家一致同意，这些伦理指导原则应当通过咨询世界各地的人们而产生出来，因为这些人都一致地期望过程思想所提倡的可持续发展共同体。一般地说，过程哲学所推崇的方法是，重视草根胜过重视自上而下的方法。

在我们的时代，如今存在着一些原则，这些原则是以某种协商方式提出来的，世界各地大多数过程思想家都认同。这些原则发挥着过程思想指出的优秀样板作用，其中每一项都对当今社会面临的重要问题有意义。

（三）个体实践：个人幸福和精神健康

在当今西方社会，对全面的人的概念非常重视。人们期望和寻求做一个全面的个人，也就是说，生活具有内在的新鲜源泉感，这能帮助人们克服紧张状态，在日常生活中赋予自己一种创造感。为实现此目的，某些过程思想家推荐了一些个人的实践方式，可在日常生活中进行，旨在使个人幸福和精神健康。

过程思想家不可能推荐某种单一的实践活动，因为不同的文化和不同的传统可提供不同的选择。在中国，日常生活中的太极拳就是一种日常实践；对于世界不同地方的基督徒和佛教徒，祈祷和冥想就是其日常实践。尽管如此，过程思想家有可能补充的是，关键是要有规则和坚持不懈，因而一个人可在日常生活中发现可使自己宁静和富有创造性的方法。一个人把某些意向带入日常实践之中也是重要的；怀特海把这种意向叫作主体性目的。在世界各地许多人的经验中，这种或那种日常练习都可给人提供归属感和平衡感，它能由此像波纹一样溢出，影响人一整天。

过程思想尤其对日常生活中身体的重要性、个人实践的理解是极有裨益的。根据过程思想，心灵和肉体是紧密相联的，它们相互影响。这意味着一个人对生活的态度、一般的信心和幸福感，可以由锻炼身体和传统的与身体有关的精神训练来加以丰富。这类练习可有助于人们在日常生活中"有主心骨"，给他们以内在的平和与宁静感，使他们更富有创造性、更少有紧迫感、更加放松和能更好地接受一天中情绪的"高涨"与"低落"。

过程思想家还开发出对祈祷的多种理解。在全世界，各种历史传统中有许多祈祷方式。这些祈祷包括感恩祈祷、冥想祈祷、请求祈祷和恕罪祈祷。有时他们使用语言，但也用仪式，譬如在菩萨塑像前烧香。它们也可以是舞蹈或只是感悟，根本不用词语。对许多过程思想家来说，这些活动具有良好的意义，因为实际上有一种和谐之和谐包含在宇宙之中，它既接受祈祷，也能对这些祈祷给予回应。

最后，日常的精神锻炼可以包括单纯的反省式阅读，譬如阅读富有启发性的文学、诗歌或古典文化和精神读物，如《道德经》《圣经》《可兰经》。过程思想家没有指定单独一本可供阅读的真经。和谐之和谐可在一个人的生活中以多种方式发现自身。关键是要有某种日常的练习，寻求向那种和谐持开放态度。

（四）共同仪式：寻求可持续共同体的社会实践

在社会实践层面上，有许多方法可以实施过程思想。在此，可回顾一下上面提出的可持续共同体的定义。正是可持续共同体才是具有创造性的、富有同情心的和公平的，才是生态上明智的、尊重差异的，才是有科学含量的和精神上可以得到满足的——一个人也不能被落下。个人或团体所采用的任何实践方式，只要能促进这类共同体的繁荣，都是实践过程思想的方式。

有时，这些实践与文化习惯难以区分。譬如，在同一张餐桌上享受美味——朋友和家人坐在一起——就是一种过程实践。在这里，我们能看到一个活生生的创造性的例子，即大家在准备和分享食物，并且在分享团体内的关系中分享精神上的满足。一个陌生人被引见，并在餐桌上受到欢迎时，这种实践中的和谐得到了扩大。这里增加了对差异的尊重成分。如果食物碰巧是有益于健康的，那么这种选择本身还将是一种实践生态智慧的方式。

另一种实践的例子是参与团体活动。这里，允许所有人说话和共同商讨，不用担心表达自己的意见有何不妥。譬如在美国，有一种市政厅会议传统，市民在这种会议上以既定的共同体方式聚集在一起，对共同关心的问题发表意见。这就是包含着参与的实践活动。

另一个社会实践的例子是旨在帮助穷人或病人、儿童和老人的志愿工作。志愿主义精神历来是美国人社会生活的重要部分，这种志愿主义精神是这方面的极好例子，它通常是通过基督教教堂、犹太教会堂和清真寺组织的，有时是它们一起组织。譬如，"人类居住地"组织把人们集中起来，为他人建造房屋，并且这些"建造"常常有不同宗教的人士参与。因此，这些信徒在实践着帮助他人——确保无人掉队，同时他们还实践着尊重差异，在这种情况下就是尊重宗教间的差异。

过程思想家还赞赏一种社会实践，这就是对艺术和美的共同欣赏。从过程哲学视域看，这也是生活中精神满足的一部分。对过程思想家来说，生命的目的就是享受和谐与紧张，一言以蔽之，生命的目的就是享受"美"。集体欣赏富有创造性的表演艺术，是人们感受与他人相联系的一种方式。

最后，再举一个例子：绿色自行车运动。这是一种有趣的运动，因为它把可持续共同体的许多特征都整合到一起了：身体健康、与他人的联系和保护地球。骑自行车可能显得有些过时，然而考虑到全球性变暖，骑自行车就不仅仅是从一个地方运动到另一地方的老式运动方式；从有益于健康和有益于环境方面来看，它是一种向前看的、更为现代化的运动方式。如果开车是现代性的，那么骑自行车则是建设性后现代性的。

过程思想寻求以过去为基础，以未来为指向，关爱地球，关爱人类，并给世界增加美。在前面我们把过程思想比作建构桥梁，在这里可以正确地说，人们能骑着自行车跨过这座桥梁。骑自行车本身是一种体育活动，也是多种实践方式的隐喻。过程思想可以用这些方式进行实践。

过程哲学思想最深刻的承诺在于倡导一种新的生活方式，这种生活方式尊重和关爱世界上所有的生命共同体。无疑，在这类尊重和关爱中，确实有一些来自过程思想和理论的帮助，但更多的则来自人们把这些思想和理论付诸实践。骑自行车、志愿帮助他人、鼓励孩子们的创造性、与朋友共同进餐、帮助地球和商业开发、在祈祷或冥想中花费时间、种植花园、针对生物伦理问题做出艰难决策、参与市民讨论、学习一种新语言——所有这些活动，在正确的背景下，都是实践过程思想的方式。所有这些活动都是世界最有希望的一部分。

小结：本章阐述了本书的研究对象是怀特海过程哲学或有机哲学。写作本书的直接目的是，以马克思主义哲学为参照系，系统地介绍与探讨怀特海过程哲学的理论体系和基本原理；写作本书的深层原因则是，致力于阐明怀特海过程哲学是对相对论和量子力学等最新科学成果的概括与总结，是一种坚持以过程—关系观点看世界的新哲学、一种全新的宇宙论和世界观。同时，怀特海过程哲学也给我们提供了一种新的方法论和思维方式。怀特海过程哲学还是一种关于创造性的哲学、一种广义的经验论哲学，它坚持两极相通式的一元论，主张独特的价值论，是一种以坚持过程神学为特征的宗教哲学，还是一种过程教育哲学。它之所以在当代世界受世人关注，从根本上说，是因为它提出了许多新观念、新思想，提出了一种新的世界图景。过程哲学理论体系主要包括过程形而上学、过程宇宙论，怀特海的科学哲学、社会科学、价值论、教育哲学等。怀特海过程哲学第一次概括并警示人们要注意克服一系列认识上的谬误，它们是误置具体性之谬误、实体思维之谬误、主—谓语本体论之谬误、绝望之谬误、呆滞的和谐之谬误、误置创造性之谬误、无差异的和谐之谬误、完美辞典之谬误和简单位置之谬误。过程哲学有时被称为建设性后现代主义，是因为它提出了不同于解构性后现代主义的基本主张。把过程哲学思想付诸实践的方法主要有：以过程思想指导人们过有道德的生活，以过程思想为伦理原则来指导负责任的决策，以过程思想引导个人幸福和精神健康，以过程思想指导人类共同体实现可持续发展。

第二章 怀特海其人及过程哲学基本特征

思辨哲学的目的是要致力于构建一种内在一致的、合乎逻辑的且具有必然性的一般观念体系，根据这一体系，我们经验中的每个要素都能得到解释。

我们试图在事物的性质上一探究竟，追根溯源，这种努力是多么肤浅无力和不尽完善啊！在哲学讨论中，关于终极性陈述即使对其确定性有丝毫独断式的确信，都是一种愚蠢的表现。

——怀特海

要深入了解和全面准确地把握怀特海过程哲学之要义及基本精神，首先应当粗略地了解一下怀特海的生平、著作、思想发展脉络以及过程哲学的基本特征。

一、怀特海其人及其主要著作

怀特海在有生之年，无论作为数学家、逻辑学家，还是作为哲学家、科学史家和教育家等，他都享有盛誉。随着21世纪人类生态文明意识的逐渐加强和中国政府明确提出实现生态文明的战略，怀特海的名字更加引人注目，怀特海过程哲学或有机哲学思想受到越来越多的人的关注。

（一）怀特海其人

在现代西方哲学家中，阿尔弗雷德·诺思·怀特海可谓是位兴趣广泛、思想独特，且在多种学科中颇有建树的大师级人物。这突出地表现在，他把数学家的严密与哲学家的智慧天才地融为一体，同时又在自然科学尤其是理论物理学方面造诣颇深,有资格对爱因斯坦的相对论做出评论,甚至提出不同见解,从而把数学家、逻辑学家、哲学家、半个科学家、科学史家、教育家和社会学家的身份集于一身,这在19世纪后半期至20世纪中叶的现代西方哲学家和思想家中是极为少见的。因此,日本怀特海研究专家田中裕教授赞誉怀特海为"七张面孔的思想家"——数理逻辑学家、理论物理学家、柏拉图主义者、形而上学家、过程神学的创造人、深邃的生态学家和教育家立场的文明批评家。[1] 应当说,这个评价并不为过。

1861年2月15日,怀特海出生于英格兰的一个田园城市——肯特郡萨尼特岛上的兰姆斯格特镇。他的家族是一个教育世家,在当地很有威望。1815年,他的祖父托马斯·怀特海在21岁时便担任当地一所私立学校的校长。1852年,其父亲阿尔弗雷德·怀特海在自己25岁时接任该职务。大约1860年,在怀特海出生前夕,其父亲被委任为英国圣公会教会的牧师,成为当地神职人员中一位很有影响的人物。在这样的一个家庭中长大,对怀特海毕生热衷于文化教育事业和关心人类精神生活具有深远影响。而且,通过观察祖父、父亲、泰特大主教和当地其他有影响的人物,怀特海无意识地看到了英格兰的历史,加之当地那些怀有强烈对立情绪和亲密情感的绅士们的治理,这样一幅社会图景是使怀特海从小对历史产生浓厚兴趣的原因之一。他在这方面受到的另一个影响来自遍布这个地区的美丽的古代文化遗迹。宏伟的坎特伯雷大教堂使怀特海从小就梦怀萦绕,在萨尼特岛内或岛外不远的地方有各种遗迹,包括罗马人修建的里奇勒城堡那高大的城垣,还有撒克逊人和圣奥古斯丁登陆的埃贝斯弗利特海岸,还有不远处敏斯特村的精美修道院大教堂,依然保留着罗马人石造工程的某种特色。圣奥古斯丁就是在这里做了他的第一次布道。

怀特海从10岁开始学习拉丁文,12岁开始学习希腊文,同时十分热爱学习数学和历史等各种相关知识。他喜欢博览群书,善于和同学讨论问题。1875年,怀特海被父母送到当地一所有一千多年历史的著名中学——英格兰南端多塞特郡舍伯恩中学(该校建于公元741年)读书。这里历史文物更加丰富。据说阿尔弗雷德大帝曾是这所学校的学生。在这所

---

[1] 参见田中裕:《怀特海有机哲学》,包国光译,3~18页,石家庄,河北教育出版社,2001。

学校里，怀特海可以使用修道院院长的书房，在那里他阅读了大量他喜爱的书籍。少年时期的这些经历对怀特海以后的学术研究具有深远影响，他的兴趣之广泛和历史知识之渊博，就连博学的著名哲学家和思想家罗素都感到十分吃惊。

1880年，19岁的怀特海进入剑桥大学三一学院学习，专攻纯粹数学和应用数学。他自己认为，在社交能力的培养和知识的训练方面，他得益于剑桥大学，特别是三一学院。他评论说，剑桥大学的正规教学由那些具有一流素质而又风趣的教师承担，他们出色地完成了工作。在剑桥大学学习期间，怀特海除了听课、听讲座等正规学习活动以外，还特别喜欢与朋友、同学或老师交谈和讨论。这种交谈，据他自己讲，一般从傍晚6点或7点正餐时开始，一直持续到大约晚上10点。在这种交谈之后，他通常还要再钻研两三个小时的数学。值得一提的是，他的朋友圈并不以学习科目相同来划分，他们讨论的题目是各式各样的，包括政治、宗教、哲学、文学，特别是对文学有一种偏爱。这使他阅读了各种各样的书籍和报纸杂志。1885年，他在获得理事奖学金时，已经能够背诵康德《纯粹理性批判》的部分章节了。但有意思的是，他从来不读黑格尔的著作。怀特海说，他曾经试着开始读黑格尔有关数学的一些评论，但读后发现黑格尔的那些见解毫不足取。后来，他又认为自己的这些想法可能有点儿愚蠢可笑。怀特海把当时剑桥大学的自由交谈学习法称为"柏拉图式的对话"，把剑桥大学的教学方式称为"仿效柏拉图式的方法"。

1885年秋天，在剑桥大学获得本科学位的怀特海不仅获得了三一学院的理事奖学金，而且还有幸被聘为该学院的讲师。1910年他辞去了在剑桥大学担任的高级讲师职位，迁往伦敦。1890年12月，他和年轻漂亮且充满智慧的女子伊芙琳·韦德结婚。据他自己说，他妻子对他的世界观影响很大，所以他必须提到。他一直生活在英国职业阶层那种狭隘的英国式教育之中。他妻子伊芙琳的背景则与他完全不同，伊芙琳具有军事和外交方面的经历，生活丰富多彩。这使怀特海逐步明白："道德的和美学意义上的美，是生存的目的；善良、爱和艺术上的满足是实现它的形式。逻辑和科学揭示相关的模式，也可以避免不相关的事物。""这种世界观或多或少把通常哲学上强调的重点转向过去。它关注那辉煌的艺术和文学的时代，认为艺术和文学最好地表现了生活的完美价值。人类成就的高峰不等待体系学说的出现，尽管体制在文明的兴起中具有十分重要的作用。它使一种稳定的社会体制逐渐成长发展起来。"①

专攻数学的怀特海，发表的第一部重要学术著作是数学方面的，书名叫《一般代数论》（亦译《泛代数论》，1898）。1903 年，他以这本书当选为英国皇家学会会员。约 30 年后（1931 年），他由于从 1918 年开始哲学研究而取得的成绩当选为英国科学院院士。同年，他与 1903 年已经发表《数学原理》第一卷的伯特兰·罗素开始合作撰写有名的《数学原理》一书，用了八九年时间才得以完成。这部著作被公认为近代符号逻辑领域的第一部奠基之作。罗素起初是怀特海的学生，后来他们成为同事和朋友。像世界其他地方的人们一样，他们分享着各自的智慧。罗素是怀特海在剑桥大学时期生活中极其重要的组成部分。但二人后来发现，他们在哲学和社会学方面的基本观点并不相同，而由于兴趣不同，他们的合作后来就自然地结束了。罗素在其自传中提到，怀特海"总是偏爱康德"，而他本人则对康德"充满了敌意"。事实上，正是怀特海的形而上学诉诸康德的构造原理，他的著作才非常明显地与罗素更为严格的分析方法分道扬镳。怀特海曾这样提到他与罗素的区别："你认为世界就是晴天正午时分看上去的那个样子，而我认为世界是清晨人们刚从睡梦中醒来时看上去的那个样子。"罗素后来（1958 年）在给友人的一封信中反驳道："另外一种表达怀特海和我之间区别的方法是：他认为世界像一个果冻，而我认为它像一堆子弹。二者都不是一种深思熟虑的意见，而只是一幅想象的图画。他晚年的哲学基本上是伯格森哲学。"②

从 1911 年到 1914 年，怀特海在伦敦大学附属学院担任讲师。他的《数学导论》就是在那个时期完成的。从 1914 年到 1924 年，他在附属于伦敦大学的大学学院担任不同教职，后来又在帝国科学技术学院担任教授。在这段时间的后几年里，他担任该大学科学系系主任、教务委员会主任以及校务会成员。在多年的教学和管理工作中，处理伦敦大学中这些问题的体验，改变了他对现代工业文明中高等教育的看法。那时，仍然流行对大学的作用持一种狭隘的观点。有牛津和剑桥的方式，还有德国的方式。人们对其他方式都采取无知的蔑视态度。那些追求知识的工匠们、社会各阶层渴求知识的活跃的青年人，以及由此而带来的各种问题——所有这一切都是当时社会文明中的新因素。但是当时的英国知识界却依然沉

---

① 怀特海：《教育的目的》，徐汝舟译，167 页。
② 转引自菲利浦·罗斯：《怀特海》，李超杰译，4 页，北京，中华书局，2014。

浸于过去。而伦敦大学在当时却是各种不同类型的教育机构的联合体，其目的是解决现代生活中面临的新问题。在那里，许多商人、律师、医生、科学家、文学家，以及行政管理部门的官员，都把自己的全部或部分时间用来研究解决教育中出现的新问题，他们正在实现一种迫切需要的变革。正是这个有利于发挥个人潜能的生活环境和生活方式，这个阶段迫切需要的人们之间的爱、仁慈和鼓励，激发了怀特海的创造热情。在这个时期，还由于受爱因斯坦相对论和量子力学等现代科学发现在物理学领域乃至整个自然科学领域的重大影响，他陆续撰写和发表了科学哲学的三部重要著作——《自然知识原理研究》（1919）、《自然的概念》（1920）和《相对性原理》（1922）。

伦敦大学时期是怀特海一生学术生涯和行政工作中最繁忙的时期。然而，以研究数学和逻辑成名的怀特海，却一直对哲学情有独钟，因而他在伦敦大学时期撰写了大量的哲学学术论文，并与许多哲学家和科学家建立了亲密的个人友谊。这为他后来应聘到美国哈佛大学讲授哲学奠定了基础。据资料显示，如果没有这些朋友的大力地反复推荐，哈佛大学不可能聘任他做哲学讲座教授。因为当年哈佛大学哲学系主持系务工作的伍兹教授为重振哈佛哲学系的雄风，正在广罗人才，当时很有名望的哲学家伯格森、罗素和杜威等都是其欲聘任的对象。1920年3月10日，当伍兹给哈佛大学校长洛威尔提出欲聘怀特海为教授主讲科学哲学时，洛威尔回答说此事务必缓缓进行，尽量不要做过多的许愿。1923年，生物化学家劳伦斯·亨德森再次向校长洛威尔提出聘任怀特海。亨德森教授曾借用伯格森的话这样评价怀特海：他是用英语写作的最优秀的哲学家。专门讨论科学哲学问题的"罗伊斯聚餐会"团体内的人都读过并喜欢怀特海的一些著作。他们一致强烈要求，哈佛应得到这样的人才。

因此，1924年，怀特海在63岁从伦敦大学教授职位退休时，意外地收到来自美国哈佛大学哲学系的邀请函，请他前去主持哲学讲座，工作年限为5年。即将赋闲在家的怀特海毫不犹豫地表示同意应聘。从此，掀开了他学术生涯的光辉一章，也是其一生最具创造力的乐章。他后来写道："我无法用语言来充分表达哈佛大学校方、我的同事、学生以及我的朋友们给予我的鼓励和帮助。他们对我妻子和我关怀备至。我出版的书中疏漏和错误一定不少，这完全由我个人负责。在此我大胆引用一句适合所有哲学著作的评论：哲学试图用有限的语言表述无穷的宇宙。"[①]

[①] 怀特海：《教育的目的》，徐汝舟译，177～178页。

我们知道，怀特海尽管是大名鼎鼎的哲学家、文学家和数学家罗素的老师，也是慧眼识珠，教诲并提携罗素成才、成名的"伯乐"，又与罗素一起撰写了"标志着人类逻辑思维的空前进步，被称为永久性的伟大学术著作"的《数学原理》，但却没有像罗素那样在早年就红得发紫，经久不衰。与罗素形成强烈反差的是，怀特海是名副其实的"大器晚成"，尤其在哲学研究和著述方面，直到63岁到哈佛大学哲学系以后，他才开始系统阐发自己多年来逐渐形成、多次与学生和同行讨论、久已酝酿在胸的独特哲学思想，并且似乎是一发不可收拾，不顾有些人对其讲课风格的冷嘲热讽（例如，有人听了他的过程哲学讲座后，说他是"纯粹的伯格森主义者"，这在当时的美国哲学界无异于骂人，是对他讲课内容的全盘否定），在讲演中把自己深邃的过程哲学思想娓娓道来，并在讲演之后整理成著作出版，从而使人类的哲学思想宝库中有幸多了一份难得的哲学遗产。而且，需要特别提及的是，哈佛大学当初聘任他的目的是请他讲授科学哲学，结果他讲授的主要是与在美国哲学界占主导地位的分析哲学大相径庭的思辨形而上学。一开始听他讲课的人很多，后来越来越少，但哈佛大学一直宽容地让他讲下去。为此，世界哲学界、文化界和一切后辈学人都应该感谢哈佛大学哲学系，以及哈佛大学自由宽容的学术研究氛围，否则，怀特海多年的哲学思考成果可能就失去了适当的面世场合和机遇。

在哈佛大学时期，是怀特海哲学创作最高产的时期。他的主要哲学著作大多是在这一时期完成的。他先是撰写了具有重要影响的科学哲学著作《科学与现代世界》（1925），这是他在哈佛大学分8次讲授的洛威尔讲座的讲义，由麦克米兰出版公司出版；继而，他利用应邀到爱丁堡大学主持吉福德讲座的机会，完成了他的形而上学鸿篇巨制——《过程与实在》，1929年由麦克米兰出版公司出版；接下来，他又把在布林·毛尔学院、哥伦比亚大学、哈佛商学院、美国哲学学会东部分会等地所做的讲演，整理为《观念的探险》一书，1933年由麦克米兰出版公司出版。1934年，他撰写的《自然与生命》一书，由芝加哥大学出版社出版，这是上一年度他在这所大学所做讲演的记录。这些讲演记录后来又被收进《思维方式》（1938）一书。1936年，怀特海向《大西洋月刊》投稿《回忆》《哈佛及其未来》，后来这些著述被收进其《科学与哲学文集》。需要提及的是，在哈佛大学做教授的10多年，由于他妻子的好客以及他本人善于与学生和朋友开展沙龙式的研讨，经常有大批学生、朋友和同事周末到他家做客，与他讨论和争论过程哲学等相关问题。据说，参加讨论的人员最多的一次有近百人。正是这些众多睿智头脑的反复碰撞，使得过程哲学的智慧火花越来越亮。

1937年，怀特海从哈佛大学退休。此后，他仍然笔耕不断，退休后的学术活动成果均收入《科学与哲学文集》，于1947年作为"纽约哲学丛书"之一公开发行。1947年12月30日，怀特海长眠于马萨诸塞州的坎布里奇，享年86岁。

（二）怀特海的主要哲学著作

怀特海一生可谓著作等身，保罗·阿瑟·希尔普主编的《阿尔弗雷德·诺思·怀特海的哲学》一书的"附录"中收入了怀特海1879年至1947年出版的各类学术著作，多达99种。其中，怀特海的主要哲学著作有：《思想的组织》（1917）、《自然知识原理研究》（1919）、《自然的概念》（1920）、《相对性原理》（1922）、《科学与现代世界》（1925）、《宗教的形成》（1926）、《符号论：其意义与效果》（1927）、《理性的功能》（1929）、《过程与实在》（1929）、《教育的目的》（1929）、《观念的探险》（1933）、《自然与生命》（1934）、《思维方式》（1938）、《科学与哲学文集》（1947）等。此外，在其晚年，他还撰写了两篇篇幅不长但却非常重要的学术论文，即《数学与善》（1941）和《论不朽》（1941）。我们撰写本书主要依据的就是这些著作，特别是《自然的概念》《科学与现代世界》《过程与实在》《教育的目的》《观念的探险》《思维方式》等专著，以及《数学与善》和《论不朽》这两篇著名的论文。

特别需要提及的是，在《观念的探险》一书的"序言"中，怀特海对《科学与现代世界》《过程与实在》《观念的探险》三本著作的内容和关系做了评价，指出"每一本著作都可以分开来读，但它们之间则是相互补充、相互生发的"，这三本著作"都力图要表达理解事物性质的某种方式，都力图要指出那种方式是如何通过对人类经验各种变化的研究从而得到阐释的"。

二、过程哲学的基本特征、基本内容和基本观点

关于怀特海过程哲学的基本特征、基本内容和基本观点，我们可以从两个视域进行考察：一是从外部来考察，即从怀特海过程哲学与其他哲学

流派的关系方面来考察；一是从内部来考察，即从怀特海过程哲学本身的理论体系来考察。

（一）从与其他哲学流派的关系看过程哲学的基本特征①

这里，我们先从外部来考察。从怀特海过程哲学与其他哲学流派的关系视域，我们可以说，怀特海过程哲学是一种不同于迄今为止所有西方哲学派别的新的宇宙论和世界观，是西方哲学发展史上的革命性变革。做出这一判断的根据主要有如下几个方面：

1. 过程哲学是一种不同于传统西方哲学诸流派的新哲学

第一，怀特海过程哲学不同于传统西方哲学中的机械唯物主义或形而上学唯物主义。不管不同的形而上学唯物主义者在具体观点上有何不同，他们在世界是由物质实体构成的这一根本观点上都是完全相同的。怀特海过程哲学明确地批判所有本体论或实在论上的实体观，认为世界在本性上或本质上既不能归结为物质实体，也不能归结为精神实体。因为世界在本质上是不断生成的动态过程，世界上的万事万物是不断生成的动态过程，任何存在要成为现实的，就是要成为过程。这样，怀特海过程哲学给我们描述的世界图景，从根本上说，不是实体性的世界，而是不断生成、不断创新的动态过程世界。因此，过程哲学就从哲学本体论上回答了长期困扰西方哲学家乃至科学家（牛顿等人）的"第一推动力"或"不动的推动者"问题。

怀特海明确地批判近代以来在西方哲学界和科学界占统治地位的机械唯物主义观点，认为这种所谓的"科学唯物主义"根本不能真正地说明世界的运动和变化，也不能说明世界上物质的东西与精神的东西的真正关系，更不能科学地说明人类的经验、人类的灵魂何以产生以及如何存在，尤其不能说明人类精神如何与物质的东西相互作用、相互联系、相互影响和相互制约。说明什么是完全现实的和人类经验如何出现，是怀特海哲学的中心任务。我们通常所讲的形而上学唯物主义的机械性、形而上学性和唯心史观三大根本缺陷，从根本上说，都是由于坚持这种实体实在论或本体论所造成的。怀特海对机械唯物主义或形而上学唯物主义的批判，对过程实在论的系统论述，使他的过程哲学与历史上所有这些实体实在论或本

---

① 关于在此讲述的过程哲学的三个基本特征，作者杨富斌曾以《过程哲学要义》为题撰文论述，文章发表在2011年7月5日的《光明日报》上。此处在文字上略有修改和增加。

体论哲学区别开来。

第二，怀特海过程哲学不同于传统西方哲学中的唯心主义哲学。唯心主义在一定意义上也是一种实体实在论，只不过它坚持这种实体是观念或精神。在怀特海过程哲学看来，片面地以观念、精神为本原，或者以观念实体、精神实体为根本实体来解释我们所面对的复杂世界，或者否认观念、精神对物质的依赖性，认为观念、精神可以独立于物质的东西而存在，在根本上是十分错误的。如上所述，这样理解精神实体所遇到的理论困境，如同坚持物质实体论一样，根本无法说明物质的东西与精神的东西的相互作用、相互联系、相互影响和相互制约，而且根本无法说明精神何以产生、何以能反作用于物质世界。在怀特海过程哲学看来，所有现实存在都既有物质极也有精神极。正因如此，宇宙才经过漫长的进化和发展，在一定历史阶段上使地球上产生了"宇宙最美的精神花朵"——人类精神。否则，人类精神的出现就只能归于奇迹了。

第三，过程哲学批判了以笛卡尔为代表人物的二元论哲学，坚持物质和精神并非相互独立的两个实体，而是内在关联的，统一于现实的存在过程之中。我们知道，在多数现代哲学中，物质和精神一直被严格地区分着。笛卡尔教导我们，要对物质和精神进行不同的形而上学思考。在怀特海过程哲学看来，忽视物质和精神的这种本质区别将会在哲学上误入歧途。我们应当把这种区别看作每一现实存在的两个方面，尤其是人类的任何活动中都存在着这两个方面，任何人类创造物也存在着这两个方面。当代西方哲学家波普把人类创造物中蕴含的精神内容称之为"客观知识"或"客观精神"，这与怀特海的观点是完全一致的。在现实的人类活动中，我们根本不能把物质和精神截然分开。因此，把物质和精神当作两种不同的互不相关的实体，这正是西方形而上学哲学二元论的根本缺陷。怀特海坚持，每一现实存在或现实发生都包含着物质性和精神性。尤为重要的是，灵魂、精神、意识虽然不同于物质性的身体，但在过程哲学看来，物质和精神之间根本不存在二元论所说的那种无法逾越的鸿沟。由此可见，怀特海过程哲学对于克服西方哲学中物质和精神的二元对立具有特别重要的意义，并且能够合理地解释我们现实的人类经验和人类创造物的基本特征，与我们通常对物质和精神的感受也是相一致的。

第四，过程哲学不同于现代西方哲学中的分析哲学。怀特海针对现代西方分析哲学的片面性，十分强调人的感觉经验与实在世界之间的内在联系。我们知道，在现代西方哲学中占主导地位的是分析哲学，以至美国哲学家怀特称现代西方哲学时代为"分析的时代"。然而,现代西方分析哲学只是片面地强调对语言、经验、逻辑、精神等进行分析,强调所谓"语言学转向"等,却从根本上忘掉了语言、经验、逻辑、精神等与实在的真实关系。用过程哲学的话说,分析哲学的主要缺陷是只探讨语言的本质,而不探究与之相关的经验的本质,不探讨人类经验与世界的关系。这样,他们在探讨分析哲学的过程中,就走向了忽视生活世界的极端。脱离生活、远离现实世界的哲学肯定是片面的,它不能给我们提供相对合理的世界图景和世界观。哲学作为人类对世界的总体性认识,归根到底要对我们生活于其中的世界有所解释、有所理解,对现实的人类生活和社会实践活动有所指导和启迪。只对世界进行片面的局部分析,把本来由相互联系、相互作用、相互依存的万物构成的整体世界或有机世界分析为互不相关的各种碎片,看不到世界万物之间的相互联系和相互作用,这种哲学一定是片面的,并且因而是错误的,它不能引导人们正确地认识这个世界。怀特海明确地对语言分析哲学进行批判,指出对世界的哲学认识根本不能归结为单纯的语言问题。换言之,对世界的认识绝不可能只是把握世界的语言问题。尽管语言问题在认识世界的过程中具有很重要的作用,但构成世界的万事万物以及其复杂的关系在本质上并不能仅仅归结为语言。语言现象只是复杂世界的一个组成部分而已。可见,怀特海过程哲学对分析哲学的批判,不仅是十分深刻的,而且是极富启发性的,对于我们正确地认识当代西方分析哲学的作用和局限具有重要的启示。

第五,过程哲学不同于现代西方哲学中的现象学。现象学运动是现代西方哲学中颇有影响的另一种哲学运动,在欧洲大陆哲学界具有较大影响。怀特海对以胡塞尔为代表人物的意识现象学的根本理念做了批评,指出其最主要的片面性在于:(意识)现象学家只关注现象,而把其他一切都悬置起来,因而他们至多达到了对现象领域的深刻洞见,而对现象所表现或反映的东西则予以悬置,存而不论,不能对它们达到本质性的认识。换言之,意识现象学的根本缺陷在于否定现象与现象所反映的实在之间的真正联系,使认识仅仅局限在现象层面。并且,意识现象学还把现象理解为纯粹的直接给予的东西,相当于我们通常所说的直接经验,或者直接呈现在意识中的东西。无疑,这些东西确实是现实世界的组成部分,我们的认识离开这些直接经验或直接呈现在意识中的东西,就不会有真正的认识结果。但是,如果把世界仅仅归结为这些直接经验或直接呈现在意识中的东西,不承认这些东西的客观实在性,不承认现象之外还有实在,就很难真正地认识这个世界，也不能给现实的人提供在这个世界生活的知识和真理。怀特海过程哲学在根本上不同于这种意识现象学见解。在《观念的探险》中，怀特海明确地指出，我们正确地根据一种基本的信念在生存，即在显现（或现象）与实在之间有真正的连续性。也就是说，怀特海坚持现象与实在之间具有某种真正的关联。在过程哲学看来，仅仅承认现象，把现象与实在的关系悬置起来，进而把实在抛弃，根本不考察现象与实在的内在联系，这是意识现象学存在的根本问题和缺陷所在。

自然科学和人类经验都告诉我们，现象只是实在的反映和显现，显现与被显现之物既存在着联系，也存在着区别。若把现象当作一切，一切科学研究就都成为多余的了。真正的哲学和科学既要研究现象，也要研究本质和实在，更要研究现象与本质、实在之间的联系。否则，把现象当作一切，这与把感觉经验当作一切的经验主义或感觉论并无本质的区别。即使把现象叫作客观现象，也不能改变问题的本质。

需要补充说明的是，海德格尔和萨特等人的存在主义现象学也被包括在现象学运动之内。根据柯布的说法，"事实上，怀特海的观点对那些真正掌握其观点的人来说具有深刻的存在主义意义"①。对怀特海过程哲学的"现实存在""时间"等概念与海德格尔、萨特等人的"存在""时间"等概念做深入的比较研究，具有重要的学术价值。这是未来深入研究过程哲学与存在主义的关系的重要课题。柯布明确地指出："我们怀特海主义者认识到，我们不仅在许多方面应当向存在主义哲学家学习，而且也应当向受他们影响的神学家学习。我下了很大功夫研究海德格尔的《存在与时间》，并且研究了他的晚期著作，我发现有许多思想与怀特海是相同的。"② "海德格尔、萨特和怀特海是思想史上的巨人。他们的贡献之间的关系仍然是现在和未来的重要问题。"③ 此外，也有学者认为，以怀特海过程哲学为出发点来研究存在主义，以及以存在主义为出发点来研究怀特海过程哲学，也是非常有意义和有价值的。④

2. 过程哲学是一种建立在现代科学基础之上的思辨哲学

与大多数现代西方哲学家尤其是实证主义哲学家拒斥形而上学相反，怀特海明确地、自觉地要建立一种奠基于现代科学之上的形而上学思辨哲

---

①② *Whitehead and Existentialism*, edited by Yasuto Murata, Koyo Shobo, 2008, p. ii.

③ Ibid., p. iv.

④ Ibid., p. vii.

学体系，这在现代西方哲学家中是极为少见的。根据怀特海的论述，可以对思辨形而上学的过程哲学的主要特点做出如下概括：

首先，过程哲学是一种思辨形而上学体系。对此，怀特海不仅明确承认，而且高调宣扬，并以现代科学和科学史为例，说明思辨形而上学的合理性、必要性及其对科学发展的积极意义。在《过程与实在》中，他明确地指出，过程哲学的目的就是要构建一种思辨哲学体系，并首先对"思辨哲学"做出界定，认为它是一种产生重要知识的方法。

我们知道，在现代西方哲学中，如柯布所说，"思辨"一词通常名声不好。在许多情况下，"思辨"是指提出了一些未经恰当证明的观念。显然，怀特海并非提倡这个意义上的思辨。他认为所有思想中都有某种思辨成分，在自然科学中也是如此。如卡尔·波普所言，科学发现的过程就是不断地猜测与反驳的试错过程。任何竭尽全力想摆脱思辨的思想家，最后都不可能成功。幸运的是，科学的思辨最终会被实验所证实，因而人们对科学的思辨没有任何怀疑。然而，由于社会现象的复杂性、社会科学和哲学知识的证明的复杂性，人们对社会科学的思辨和哲学思辨通常抱有怀疑甚至否定态度。怀特海认为，我们应当承认思辨的缺陷，并要小心谨慎地抑制这种形而上学思辨，但不能因此而否定所有形而上学思辨的价值和作用。因为形而上学理论有不同的类型，正如物理学理论有不同的类型一样。我们不能以相对论和量子力学而否定牛顿物理学或伽利略的物理学，同样，我们也不能以近代实体形而上学有弊端而否定所有的形而上学理论。怀特海正是在这个意义上，极力倡导其过程形而上学理论体系的。

在20世纪早期，英语世界中的哲学家发展出种种综合性的思想体系，这是对科学中各种进步的回应。应当说，这种回应是积极的，也是富有成果的。哲学应当对科学有所总结和概括。然而，在20世纪晚期，对科学进步的思辨性综合即哲学反思和概括却走向了反面，出现了相当不可靠而且异类的哲学概括。结果，这种哲学概括被分析的哲学运动取代了。但分析哲学主要致力于澄清分析，没有提出观念的综合，没有对科学揭示的有关世界的观念进行哲学的综合，故而没有形成科学合理的哲学世界观。在欧洲大陆，思辨性综合的最好范例是德国古典哲学家黑格尔的著作。那些反对黑格尔的著作家们通常转向了现象学，把现象学作为仔细描述和分析经验的形式，但没有对经验与客观事物的关系做任何思辨，没有对经验与实在的关系进行正确的思考，结果其哲学也存在着根本的缺陷，不能正确地解释思维与存在的辩证关系。

怀特海明确地指出，在任何情况下，过程哲学的兴趣都在于综合性的探究。他认为，现代物理学（主要是相对论和量子力学）中的新发现所提出的哲学问题，现有的语言和物理学假定以及日常语言，都不能真正地加以解决。因此，有必要对近代哲学提出的假定从根本上进行反思。这种反思要求仔细地分析经验、仔细地使用语言，但是仅仅有这些还不够，还需要发展新的假定，这些假定能依据各个领域中的材料来检验。这些新假定是一些思辨，没有这些思辨，科学就不能前进。怀特海力求在他的过程哲学中采用这种方法。

柯布针对怀特海过程哲学的思辨性特征指出，要把自己的哲学确定为思辨的，就是要着重地声称，这种哲学不是由确定无疑的结论或具有确定性的学说构成的。它是由人们目前能够提供的最好的、最充分地加以检验的假定所构成的。这种检验的一部分是这些假定所共同适合的那种方法。这些假定的内在一致性就像它们能够说明人类经验和知识各个领域中材料的恰当性一样重要。

对怀特海而言，在科学中任何事物都不能一成不变，任何科学结论都会随着科学实践的发展而不断地得到修正。因此，科学中存在着思辨，科学结论并非都是经过实践检验的、确定无疑的结论。在怀特海看来，在哲学中情况也是如此。因此，坚持哲学是思辨的并无不妥。当然，科学中的有些假定随着时间的推移通常可以得到彻底的检验，因而强调这些得到检验的科学具有思辨性在实际上是不重要的。然而，在科学中有些理论假定在面对为它们设计的新实验时通常是有很大争议的，它们显然地和彻头彻尾地是思辨的，但人们也承认这些科学仍然是科学。怀特海认为，在哲学中这种情况也存在。因此，怀特海偶尔会呼吁人们要特别地关注某些假定与其他假定相比没有得到很好的检验这一事实。他认为，所有理论在某种程度上都是思辨的，但是某些理论比其他理论更具有可检验性，而有些理论比其他理论更具有思辨性，意思是指有利于它们的证据远不是最终的或决定性的。正是在这个意义上，怀特海虽然批评近代思辨形而上学体系中的各种错误观点，如笛卡尔、黑格尔等人的形而上学思辨中存在的错误，但并不一概反对和拒斥形而上学，而是认为形而上学也有其不可替代的地位和作用。因此，他要致力于建立一种奠定在现代科学之上的过程形而上学理论体系。

其次，过程哲学是一种建立在数学、逻辑学和现代科学基础之上，由一系列抽象范畴构成的哲学体系。过程哲学建立在数学、逻辑学和现代科学基础之上，自不待言，这些东西已经内化在过程哲学的范畴体系之中。作为数学家和科学家的怀特海，自觉地不妄言、不独断、言必有据，自觉地使自己提出的观点和思想与现代科学相一致。他提出的各种观点在逻辑上自洽，不矛盾，内在一致，且经得起个人直接的生活经验的检验。他完全接受休谟和康德对哲学上诸多独断论的批评，自觉地意识到并努力做到不做独断论式的宣称。以相对论和量子力学为科学基础，自觉地阐述相关性原理和过程原理等，也体现在过程哲学的基本观点上。脱离这些现代科学基础，就无法真正理解过程哲学的真谛，也无法理解过程哲学在哲学史上的贡献，无法理解过程哲学对传统的实体哲学和以牛顿力学为基础的机械唯物主义的批判。

关于过程哲学由一系列抽象范畴构成，在《过程与实在》第一编第二章"范畴体系"中，怀特海有明确的论述。在那里，他明确地提出了过程哲学的四个基本概念，即现实存在、摄入、聚合体、本体论原理；提出了四类范畴：一是终极性范畴，二是存在性范畴，三是说明性范畴，四是范畴性要求；提出了八个存在性范畴，即现实存在、摄入、聚合体、主体性形式、永恒客体、命题、多样性、对比。尤其是通过提出和阐述二十七个说明性范畴（譬如，现实世界是一个过程，任何两个现实存在都不会起源于同一个领域等）和九个范畴性要求，即主体统一性范畴、客体同一性范畴、客体多样性范畴、概念性评价范畴、概念性逆转范畴、转化性范畴、主体性和谐范畴、主体性强度范畴、自由和规定范畴，系统地构建了一个思辨的形而上学哲学体系。过程哲学难以理解，同这些抽象范畴及其构成的体系与以往哲学完全不同有关，同人们心目中通常认为应当拒斥所有形而上学理论有关。

3. 过程哲学是一种与马克思主义实践辩证法和东方哲学相通的有机哲学

首先，过程哲学和马克思主义哲学都坚持以过程观点看世界，认为世界是一个过程。恩格斯曾明确指出，"世界不是既成**事物**的集合体，而是**过程**的集合体"。马克思也明确提到过，他认为人类社会的发展是一个自然历史过程。这与过程哲学的基本观点不谋而合。事实上，马克思和怀特海的哲学都是对现当代科学的哲学反思，都坚持建立在达尔文进化论基础之上的过程和有机思想。马克思的"社会有机体论"与怀特海的"有机体哲学"有诸多契合之处。尽管怀特海侧重探讨的是有机宇宙论，马克思侧重研究的是社会有机体论，但两者都强调现实存在的关系性、有机性和动态性，强调现实事物的相互作用是发展的终极动因，强调事物的自我运动、自我发展,这便从根本上排斥了"外力"或"第一推动力"的机械论动力观,强调了现实事物的"自我运动""自我发展""自我生成"。

当然,如果说怀特海过程哲学与马克思主义哲学有什么区别,可以说,按照传统马克思主义哲学教科书的说法,马克思主义哲学属于辩证唯物主义和历史唯物主义学说,因而从本体论视域看,唯物主义不管采取何种形式,在某种意义上都有实体哲学的一些理论缺陷和不足。在这个意义上讲,两者是有一定区别的。但是,如果按近些年来我国学术界对马克思主义哲学的新理解,把马克思主义哲学理解为"实践的唯物主义",理解为不仅不同于费尔巴哈的人本学唯物主义,而且不同于其他所有以往的唯物主义,包括近代机械唯物主义、形而上学唯物主义,强调其从主体、实践方面去理解和改造世界,从过程性方面把世界理解为过程的集合体而不是事物的集合体,坚持"社会生活在本质上是实践的"观点,人类社会的发展是自然历史过程,那么,过程哲学与马克思主义哲学的相通之处便在本质上多于两者的区别。

其次,过程哲学与东方哲学尤其是中国传统哲学有许多相通之处。怀特海曾明确地讲,他的过程哲学更接近东方哲学的有机联系和变化思想,而不是西方原子论的机械世界观。他说:"就这种一般立场来看,有机哲学似乎更接近于印度或中国的某些思想传统,而不是更接近于西亚或欧洲人的思想传统。前一个方面把过程当作终极的东西,而后一个方面则把事实当作终极的东西。"[①] 譬如,过程哲学坚持世界在本质上是不断生成的过程,事物的存在就是它的生成,因而过程才是真正实在的。这与中国传统哲学中"生生不息"的变易思想息息相通,与中国传统哲学中关于宇宙的演化思想相通。过程哲学坚持任何事物的存在都是关系中的存在,没有任何事物是一座"孤岛",而且万物都有不同程度的"感受"能力等思想,与东方哲学坚持万物皆有灵性的思想相契合。过程哲学坚持创造性演进是宇宙进化之本质的思想,与中国道家哲学所说的道生一、一生二、二生三、三生万物的创生思想相契合。过程哲学所批判的"误置具体性之谬误",与中国传统哲学中坚持具体事物具体分析和实事求是的思想相契合。过程哲学强调现实存在都是能动的主体或超主体,没有纯被动的消极客体,因而现实事物间只有主体间关系等思想,与中国传统哲学中天人合一、主客不分的思想相一致。

[①] 怀特海:《过程与实在(修订版)》,杨富斌译,9页。

如果说怀特海过程哲学与东方哲学尤其是中国传统哲学有哪些区别，可以说，中国传统哲学和其他东方哲学提出与坚持的过程思想，是以天才的直觉和日常生活实践为基础的，而怀特海过程哲学则建立在现代科学成果如相对论和量子力学等基础之上；中国传统哲学和其他东方哲学关于过程思想的论述是以中国和其他东方各国特有的象形文字语言、学术逻辑加以阐述的，相对而言缺乏一定的明晰性和严密的逻辑性，而过程哲学则以现代西方特有的语言和学术逻辑加以阐述，加之怀特海本人是一位著名的数学家和逻辑学家，因此，尽管过程哲学在现代西方哲学诸流派中以语言和概念的抽象晦涩而著称，但只要按照其内在含义和逻辑进入过程哲学，其概念和思想的明晰性、其论证的严密性和内在逻辑性就仍然是无可怀疑的、无懈可击的。

20世纪以来西方主流哲学是分析哲学和现象学，因而过程哲学自创立以来就一直遭到西方主流哲学界的竭力排斥。然而，随着20世纪后期工业文明带来的一系列负面影响，如环境污染、核战争危险、片面重视GDP增长、健康与食品安全等，人与自然的关系日趋紧张，人们开始关注强调关系、有机和过程思想的过程哲学。另外，随着当代美国建设性后现代思想家柯布、格里芬等人的深入研究和大力推动，过程哲学受到越来越多的思想家的关注，其影响已经扩展到经济学、教育学、政治学、法学等诸多领域，并对后现代农业、生态城市建设和环境保护等诸多领域产生重大影响。此外，分析哲学和现象学运动在欧美哲学界渐趋衰落，怀特海过程哲学反而越来越显示出蓬勃的生机。因此，深入研究过程哲学，揭示其合理思想和深刻洞见，剔除其错误观点，对于丰富和发展马克思主义哲学，为中国特色社会主义实践提供更多的理论视域和思想营养，具有重要意义。

（二）从体系内部视域看过程哲学的特征、原理、范畴和观点

如果从过程哲学的内部来考察，可以看到，怀特海过程哲学理论体系是由两个基本特征、六个基本原理、一系列基本范畴和基本观点所组成的完整严密的哲学理论体系。

1. 过程哲学的两个基本特征

怀特海过程哲学的两个基本特征是过程性与关系性。所谓过程性和关系性，也可叫作过程性和联系性①，其含义有两个方面：

---

① 怀特海在原文中表述关系性的术语大体有三个，即 relativity、connectedness、relatedness，它们的意思大体相同，都是表示现实存在内在固有的关系性质。

第一，现实世界是一个过程。任何现实存在要成为现实的，就是要成为过程。现实存在的存在是由它的生成所构成的。简言之，存在就是生成。例如，一棵生长了 30 年的大树，它的存在就是它不断生长的 30 年。一颗恒星存在了 130 亿年，实际就是它自形成之后演化了 130 亿年。这一演化停止之时，就是它消逝之时。

第二，现实世界之中的各种现实存在都不是孤立存在的，而是相互联系的，这种联系性不是外在的，而是内在固有的。所以，怀特海说："联系性是一切事物的本质。"① 因此，任何现实存在本质上都是关系性中的存在，只有在特定的、具体的关系中，它才是其所是。脱离了这个特定的、具体的关系，它就不是本来意义上的它了。正如脱离人体的手不是真正意义上的手一样，在人体之外存在的原子也不同于在人体之内存在的原子。"橘生淮南为橘，淮北为枳"，讲的实际上也是这个道理。英国著名物理学家爱丁顿在《物理科学的哲学》中，在讨论相对论和量子力学引起的科学认识论原理时，指出光的波长取决于观察者与被观察物之间的关系和速率，不同的波长取决于它与观察者的关系，或者一般地说取决于它与外在物体的关系。这正是相对论的本质。从认识论意义上讲，根据相对论原理，"我们只能观察到物理实体之间的关系"②。

综上可见，过程哲学坚持过程性和关系性是所有现实存在的基本特征，任何现实存在从本体论上说都不能脱离具体的生成过程和内在关联。正因如此，我们说怀特海的哲学既可以叫作"过程哲学"，也可叫作"有机哲学"。称其为"过程哲学"，强调的是怀特海哲学的过程总特征；称其为"有机哲学"，强调的是怀特海过程哲学的关系性特征。

2. 过程哲学的六个基本原理

从基本原理上说，怀特海过程哲学主要包括六个基本原理，这就是过程原理、相关性原理、创造性原理、摄入原理、主体性原理和本体论原理。

过程原理是怀特海过程哲学的首要原理，也是其最基本的原理。它所揭示的是，现实世界是一个过程，整个宇宙是面向新颖性的创造性进展过程。没有任何现实存在不处于不断的生成过程之中。整个世界就是动态的过程海洋。存在就是生成，生成就是新事物不断出现，旧事物不断灭亡。

---

① 怀特海：《思维方式》，刘放桐译，10 页。
② 爱丁顿：《物理科学的哲学》，杨富斌、鲁勤译，34 页。

脱离现实的生成过程就意味着死亡：任何事物都是不进则退。这是宇宙间不可逆转的基本规律。

相关性原理是建立在过程原理基础上的基本原理，它所揭示的是，现实世界中的诸多现实存在及其构成要素，无论从活动过程来看，还是从结构关系来看，都是内在相关的、相互联系的。无物是真正的孤岛。万物之所以内在关联，从微观上说，是因为它们是通过当前的现实存在对先前的现实存在的摄入而形成的；从宏观上看，诸多现实存在的合生形成聚合体，万事万物最终形成一个协同体，这便是现实的宇宙。世界的统一性正是由万事万物的协同性造成的。反过来说，世界的统一性是万事万物的协同性的最终目的和现实表现。万事万物只有在这种相关性中，才能真正成为自身。孤立的存在物既不可能真正存在，也无法确证自己的存在。每一现实存在的生成都是整个宇宙共同努力、协同作用的结果。

创造性原理是揭示现实存在不断生成的动力和源泉的基本原理，同时是揭示万事万物内在相关的根本原因的基本原理。创造性原理表明，创造性是现实存在自我生成的根本动因，创造性是所有共相之共相，是宇宙进化和发展的最根本的动力。创造性是所有现实存在具有的普遍属性，也是现实存在的本性之一。宇宙若没有创造性，就不会有今天纷繁复杂而又相互关联的现实世界，也不会有地球上千姿百态的生命有机体，更不会有地球上最美丽的花朵——人类精神。

摄入原理是揭示现实存在的创造性的内在机制的基本原理。它表明，现实存在之所以具有自发的创造性，是因为每一现实存在都会自发地摄入先前的现实存在提供的客体性材料，同时形成自身的主体性目的。这种客体性材料与主体性目的的统一，就是现实存在的实际生成和发展过程。创造性若无摄入性原理做基础，现实存在的生成、创造就会面临"巧妇难为无米之炊"的局面。同时，摄入原理也为主体性原理和本体论原理奠定了基础。

主体性原理是进一步揭示现实存在的创造性的内在根源的基本原理。它表明，任何现实存在都是能动的主体，都有自己的主体性形式，因而也都有自己的主体性目的。从终极范畴意义上说，除永恒客体以外，任何现实存在都不是消极被动的，而是积极主动的存在。它们之所以是其所是，是因为它们具有自己的主体性形式和主体性目的；它们之所以能不断地生成和变化，从"是其所是"逐渐演化为"不是其所是"或者"是其所不是"，是因为它们在生成过程中，被新出现的主体性形式所摄入，按照这种主体性形式的目的而形成新的现实存在。原先的现实存在则成为现在的新的现实存在的客体性材料，被摄入其中，生成为新的现实存在的构成要素。主体性原理强调，现实世界中除永恒客体以外，并没有真正消极被动的客体，一切现实存在都是能动的主体，或者叫"超主体"。因此，现实存在与现实存在之间的关系是主体之间的关系，简称为"主体间关系"或"主体际关系"。

本体论原理是揭示现实存在的存在根据的基本原理。本体论原理认为，任何现实存在都不会是无中生有的，而是具有一定的根据和理由的。一个现实存在的生成既需要通过物质性摄入而吸纳先前的现实存在的客体性材料，又需要通过概念性摄入而创新自己的存在形式。这便给所有现实存在的存在和生成提供了本体论根据。

以上是对怀特海过程哲学六个基本原理的简要说明。在后面第八章至第十三章里，我们还要对这些基本原理展开详细的论证和说明，并揭示其蕴含的重大理论价值和现实意义。

3. 过程哲学的一系列基本范畴和基本观点

怀特海过程哲学包括一系列基本范畴和基本观点。这些基本范畴主要包括现实存在与永恒客体、摄入与聚合、结合与分离、现实与潜能、命题与杂多、自由与决定、共在与合生、存在与过程、恒定与流变、事实与价值等一系列成对范畴。这些基本观点包括"现实世界是一个过程，过程就是各种现实存在的生成""现实存在是诸多潜在性的实在的合生""各种现实存在的聚合就是现实世界""客体化就是一种现实存在的潜在性在另一种现实存在中得以实现的具体方式""现实存在的存在是由它的生成构成的""命题是由某些现实存在所构成的统一体""一种存在只有在对其自身有意义时才是现实的""生成就是把不一致转化为内在一致，这种转化实现之时，便是生成中止之时"等等。

此外，关于怀特海过程哲学，特别需要预先加以说明和澄清的几个基本观点有：

第一，过程哲学强调世界的过程性和事物发展的过程性，坚持存在就是生成，现实存在之存在是由它的生成所构成的，这绝不是否认世界上存在着实体，或者说否认世界上存在着实体性的事物，如高山、河流、植物、动物、人类、房屋、黄金等实体性的存在，而是强调这些实体性的存在本质上都是过程中的存在，都是关系中的存在。脱离这些现实的过程和关系，它们就不会存在，也无法得以理解和说明。从量子力学理论看，这些所谓的实体，实际上是量子的海洋。因此，这些所谓的实体并非如亚里士多德等实体哲学家所坚持的那样，是一些除自身以外不依赖其他任何存在的东西。相反，它们是过程中的存在，是关系中的存在。脱离宇宙总体的协同性和统一性，脱离它们与其他存在的关系，它们就不是现在这个样子。例如，如果把太行山放在太阳上，在那个极度高温环境下，它就绝不是现在在地球上的这个样子。

因此，如果有人批评过程哲学，坚持"过程原理"就会否定事物的客观存在，或者说就无法理解事物的存在，那么这种批评是不符合过程哲学思想的原意的。恰恰相反，过程哲学的宗旨正是合理地理解和说明现实事物如何存在、为何存在，如何理解世界上现实存在的事物包括无数个实体性的事物的本质和本真状态。如果仅仅把现实存在的事物当作实体，看不到它们的过程性和关系性，实际上对它们的认识就只是停留在近代科学所反映的水平上。以相对论和量子力学来看，实体实际上并非真正的实体，而是过程性的、关系性的存在。

所以，正确地理解过程哲学的过程原理，就不必担心坚持过程哲学就会否定马克思主义哲学的物质观，就会只承认过程而不承认物质的客观存在。实际上恰恰相反，只有根据过程原理，才能真正理解世界上客观物质存在的本质，真正理解现实存在都是关系性的存在，而不是静止的实体性存在，以防止用孤立的、静止的和片面的观点看世界的形而上学宇宙观。[①] 同时，只有这样理解，才能真正理解世界的物质统一性，尤其是理解整个世界的协同性和整体性，理解现实存在的物质性与精神性的不可分割和统一性。根据近代实体哲学二元论，甚至某些科学唯物主义学说，精神如何与物质相联系、精神如何反作用于物质、人有无灵魂和精神，都是一直众说纷纭而难以达到统一认识的问题。在我们看来，只有根据过程哲学原理才能真正理解物质与精神及其辩证关系。

第二，过程哲学的过程原理强调现实存在的生成和创造性进展，绝不

---

① 这里的"形而上学"概念，是在黑格尔哲学和马克思主义哲学通常使用的意义上使用的，即指一种与辩证法相对立的宇宙观和方法论，它坚持以孤立的、静止的和片面的观点看世界。所以，恩格斯说："物理学，当心形而上学啊！这是完全正确的，不过，是在另一种意义上。"（《马克思恩格斯选集》，3版，第3卷，899页）这"另一种意义"就是这里所说的意义。我们在本书中讨论怀特海哲学经常使用的"形而上学"概念，则不是在这个意义上使用的。在怀特海过程哲学意义上，"形而上学"是指关于宇宙本性的普遍性原理。它致力于用一般概念、原理来揭示现实世界的本质，揭示宇宙中各种现实存在及其组成的整个宇宙的本性和规律性的东西。

是否定现实存在的相对静止和守恒性。在过程哲学看来，在事物的本质中，具有两个原则，一个是变化的原则，另一个是守恒的原则。任何实在的东西都不可能缺少这两个原则。事物只有变化而没有守恒，便是事物从无到无的过程，最后只剩下一种转瞬即逝的"不存在的存在"。事物若只有守恒而没有变化，也谈不到所谓守恒，因为通常讲的守恒正是从"变化中之不变"的意义上讲的。脱离了运动、变化和发展，讲事物的守恒似乎并没有意义。这是怀特海哲学过程原理的基本观点。[①]

因此，在坚持过程原理的同时不能否定事物的相对静止和守恒，否则，就会陷入赫拉克利特式的流变论的泥淖。这也是怀特海过程哲学不同于或者高于古希腊哲学的流变思想的独特之处，也是我们所理解的过程哲学的创新之处。否则，我们就会认为过程哲学了无新意，不过是古希腊流变思想的系统化而已。其实，这两种流变思想具有本质的区别。

第三，过程哲学强调现实存在的相关性和关联性，强调事物的关系性存在，绝不是否定现实存在相对独立的单独存在。任何现实存在都是相对独立的存在，否则，事物之间就无法区分，千姿百态的大千世界就是不可思议的了。现实世界之所以呈现出千姿百态和丰富多彩的美丽画卷，正是因为各种现实存在各有自己相对独立的规定和存在形态。过程哲学强调现实存在的关系性，强调万事万物的相关性和关联性，主要目的是想表明，世界上的万事万物都不是如实体哲学所坚持的那样是孤立存在的，任何一个现实存在都不是真正独立的孤岛，都不是与其他现实存在没有任何关联的。这样的孤立存在只在抽象的思辨中存在，在现实世界中是不存在的。

因此，如果有人批评过程哲学，坚持"相关性原理"就会否定现实存在的独立存在，就会否定现实存在的独立自主性，那么这完全是对相关性原理的极大误解甚至曲解。根据过程哲学的相关性原理，正是因为各种现实存在是独立存在的，它们之间才有相关性；正是因为各种现实存在是独立自主的，它们之间才相互关联。认为各种现实存在是互不相关的实体，它们除了自身不需要其他现实存在就可以独立存在，这才是对现实存在的本质的片面理解，实际上是对其本真状态的曲解。

第四，过程哲学强调现实存在的生成和发展都是有原因、有条件的，任何事物的生成、变化和创造性进展，都不会是空穴来风、毫无根据的，

[①] 参见怀特海：《科学与现代世界》，何钦译，221页，北京，商务印书馆，2012。

第二章　怀特海其人及过程哲学基本特征

这绝不是不承认事物的生成、变化和发展没有偶然性，绝不是认为一切都是预先安排好的（"先定和谐"），或者说都是由上帝预先决定的，因此一切生成、变化和发展都是必然的。恰恰相反，过程哲学坚持本体论原理，认为任何现实存在的生成、变化和创造性进展都有根据。

首先，这同所谓"神创论"根本不同。"神创论"把一切现实存在都当作"创造物"，把上帝当作创造者，这种理论解释既和近代科学的物质不灭与能量守恒定律相矛盾，也会导致归根到底让上帝为世界上的一切罪恶负责、让作恶之人推卸责任的荒谬结论。因此，过程哲学反对传统基督教的神创论，反对上帝在最初时刻或最终创造世界万物的观点。在这一观点上，过程哲学同佛教是一致的。佛教也明确地反对上帝或神创造万物的观点。[①]

其次，过程哲学的本体论原理同"偶创论"也是不同的。所谓"偶创论"认为，宇宙是在天体演化早期阶段的某个混沌"奇点"上，由各种因素的偶然作用而产生的，故而也会因某个偶然原因而突然毁灭，复归于无。自古至今，反复出现的所谓"宇宙毁灭论"中不同程度地都有这种观念的影子。就连当今在宇宙学中占主导地位的大爆炸宇宙学似乎也有类似的观念。过程哲学的本体论原理同所谓"偶创论"中包含的这种观念是根本对立的。过程哲学坚持客观的因果效应观，认为现实存在的生成、发展和灭亡都是有原因、有条件的，这些原因、条件构成了它们的生成、发展和灭亡的根据。

第五，过程哲学给我们提供的以过程和关系为总特征的世界图景，绝不可能是关于世界的最后图景，它只是怀特海及其后继者根据现时代人类取得的科学成果及达到的认识水平，通过他们的智慧所描绘的一幅不同于传统哲学的世界图景。正如爱因斯坦所说："人们总想以最适合自己的方式画出一幅简单而易于理解的世界图景，并试图以他这个宇宙代替并征服经验世界。这就是画家、诗人、思辨哲学家、自然科学家各按自己的方式去做的事。各人都把宇宙及其构成作为他的感情生活的中枢，由此找到他

[①] *The Teaching of Buddha*, Kokyo, Kosaido Printing Co., Ltd., 1980, pp. 87-88: "In this world there are three wrong viewpoints. ... First, some say that all human experience is based on destiny; second, some hold that everything is created by God and controlled by His will; third, some say that everything happens by chance without having any cause or condition." 译为中文便是："在这个世界上有三种错误观点。……第一，有人说，所有人类经验都建立在命运之上；第二，有人坚持认为，万物都是由神创造并由其意志控制的；第三，有人说，万物都是没有任何原因或条件而偶然发生的。"

在个人经验的狭小范围内所找不到的宁静和安定。"① 怀特海这位思辨哲学家给我们描绘了过程哲学的世界图景之后,1929 年 1 月在哈佛大学给《过程与实在》撰写"前言"时非常谨慎而谦逊地指出:"我们试图在事物的性质上一探究竟,追根溯源,这种努力是多么肤浅无力和不尽完善啊!在哲学讨论中,关于终极性陈述即使对其确定性有丝毫独断式的确信,都是一种愚蠢的表现。"② 因此,我们应当恰当地对待过程哲学的宇宙论,既不能夸大它对哲学世界观的贡献,把它看作人类哲学宇宙论最后的表达;也不能无视或者贬低它对人类哲学宇宙论的新贡献,看不到它对人类哲学宇宙论发展的巨大推进。在今天复杂性科学、系统性科学等最新科学已经极大地发展了相对论和量子力学的观点之后,在"关系宇宙"被系统科学刻画得更清晰之时,怀特海的过程—关系宇宙论仍不失其巨大的学术价值和理论贡献。迄今为止,还无人系统地从思辨哲学视域给我们提供这样一幅清晰的世界图景。马克思主义哲学创始人之一恩格斯是最早试图绘制世界图景的画师之一,因为他明确地指出,正是 19 世纪自然科学的发展给人们呈现出一幅普遍联系的、合乎规律地流转变化的宇宙画面,甚至对于"世界图景"(the picture of the world) 这个概念本身的发明权,如纪树立先生所言,恩格斯也是最有资格的竞争者之一。但是,由于种种历史条件的限制,恩格斯最终没有完成这幅巨画,虽然这并不妨碍他已经为之勾勒了他那个时代最出色的一幅草图。③ 不少后人在继续恩格斯的未竟事业。在一定意义上可以说,怀特海根据相对论和量子力学等现代科学,为我们描绘的过程—关系宇宙论,正是这样一幅世界图景。爱因斯坦等科学巨匠也都试图为我们的宇宙描绘一幅世界图景。但是,科学家也许只能提供一些描绘世界图景的科学材料,至多能提供一些从哲学视域描绘这幅世界图景的背景草图。最终这些草图还有待于哲学家描绘得更加轮廓清晰、色彩分明。怀特海正是凭借自己把数学家、逻辑学家、哲学家、半个科学家、科学史家、教育家和社会学家等身份集于一身的独特优势,用抽象的形而上学范畴、严密的逻辑推理和高超的驾驭语言的能力,为我们清晰地描绘了一幅迄今为止相对完整的过程—关系的世界图景。

---

① 转引自瓦尔特尔·霍利切尔:《科学世界图景中的自然界》,孙小礼等译,"纪树立序言" 1 页,上海,上海世纪出版集团,2006。
② 怀特海:《过程与实在(修订版)》,杨富斌译,"前言" 4 页。
③ 参见瓦尔特尔·霍利切尔:《科学世界图景中的自然界》,孙小礼等译,"纪树立序言" 2 页。

三、过程哲学的不足和值得进一步研究之处

综上，我们阐述的都是过程哲学的创新和贡献。那么，怀特海过程哲学有哪些不足以及值得进一步研究之处呢？

（一）过程哲学表述方式上存在的不足

第一，过程哲学的基本概念和范畴体系过于抽象、晦涩，令人费解。怀特海在建构、阐述其过程哲学的形而上学原理和宇宙论基本观点时，专门使用了一些特殊的哲学概念，比如"现实发生""摄入""感受""经验""一""多""永恒客体""诱导""情调""满足""命题""对比""合生""共生""聚合体""集合体""共相""殊相"等，并且经常在与传统西方哲学非常不同的意义上使用这些哲学概念，这便使得学习和研究怀特海过程哲学的读者，一开始如坠五里云雾之中，不知他在说什么，不知他在探讨什么问题，难以明确地抓住过程哲学的核心思想和基本观点。当然，这同怀特海过程哲学与其他现当代西方哲学有完全不同的进路有关，也同怀特海过程哲学试图表达对世界的新体验和新理解有关。美国怀特海过程哲学研究专家菲利浦·罗斯在其《怀特海》一书中说："部分由于所讨论材料上的困难，但主要问题与怀特海很多主张的新颖性相关。新的观念常常需要新的语言用法，而这一点在怀特海的著作中比比皆是。例如，《过程与实在》就是一部在难度上可与康德的《纯粹理性批判》相媲美的著作。无论是难度极大的材料，还是新颖的思维方式，都需要给予持久的关注。正是把不懈的努力和新颖的思想结合起来的苛求，才使得这本书如此难以理解，从而如此少地被人问津。然而，除此之外，怀特海的著作所具有的时而简练、时而复杂的文风，也常常使人集中于那些简约的、可引述的陈述，而忽略其观点中更为难于理解和更具挑战性的方面。我之所以说这些，只是为了提请读者注意解读怀特海的困难所在。"[1]

因此，如果怀特海能用更为明确的概念和范畴来表达其过程哲学思想，可能会更有助于其过程哲学思想被人们尽快地理解和把握，更有利于过程哲学思想的传播和转变为现实的实践活动。事实上，在怀特海晚年，

---

[1] 菲利浦·罗斯：《怀特海》，李超杰译，1～2页。

当《怀特海传》的作者维克多·洛与他讨论过程哲学的表述问题时，怀特海也承认他的表述方式不甚理想，并说如果有时间重新撰写和阐述《过程与实在》的基本思想，他可能会选择更为理想的概念，并且会把第三部分和第四部分内容的叙述顺序做一些调整。①

有意思的是，美国学者唐纳德·W. 舍伯恩可能受此启发，编辑出版了一本《怀特海的〈过程与实在〉入门》。他的方法是，调整《过程与实在》原来的叙述顺序和逻辑，按照编者自己的理解重新编辑。书中只是对编排的顺序和理由稍加说明，完全用怀特海原来的语句来阐述。结果，这本书使读者很容易把握《过程与实在》的概念体系。他在这本书中是按照如下章节重新编辑《过程与实在》的：现实存在（第一章）、形式要素（第二章）、合生的阶段（第三章）、聚合体与宏观世界（第四章）、知觉（第五章）、怀特海与其他哲学家（第六章）、神与世界（第七章）。

由于怀特海的《过程与实在》一书特别难以理解，于是在怀特海之后，有些怀特海研究专家撰写了一些研究过程哲学的二手著作来解读过程哲学。梅斯理撰写了《过程—关系哲学》一书，通俗地阐述怀特海的过程哲学。柯布对这本小册子评价很高，认为它是进入过程哲学的重要入门书。柯布也在深入研究《过程与实在》的基础上，专门针对怀特海的代表作《过程与实在》撰写了《〈过程与实在〉术语解释》②，以帮助读者尽快进入和正确理解怀特海的《过程与实在》，同时防止人们对过程哲学宇宙论做各种各样的歪曲理解。

本书是研究和阐释怀特海过程哲学的极其粗浅的成果。特别是从中国学人的视角，并试图根据马克思主义哲学的基本观点，结合前人的部分研究成果和阐释，进一步以尽量通俗的语言来解读过程哲学。坦率地说，笔者才疏学浅，西方哲学功底有限，对怀特海过程哲学著作中极其丰富的新观点和深刻见解，对方东美先生等前辈对怀特海过程哲学的研究成果，对西方学者近年来出版的研究怀特海过程哲学的专著，尚待进一步研读和消化。因此，本书至多是研究怀特海过程哲学的入门性著作或导论性

---

① Victor Lowe, *Alfred North Whitehead, The Man and His Work*, Volume II: 1910 - 1947, The Johns Hopkins University Press, p. 260.

② 这本书的汉译本，作为附录，附在2013年中国人民大学出版社出版的《过程与实在（修订版）》中。柯布对此做法表示很欣赏，认为这样有助于读者理解《过程与实在》。一些《过程与实在》的中文读者也与笔者说，这个术语解释对于理解《过程与实在》确实很有帮助。

著作。怀特海过程哲学的丰富内容，需要有许多部专题研究著作来完成。

可喜的是，一些西方学者已经开始对怀特海过程哲学进行专题研究。迄今为止，笔者看到的此类专题研究著作有：刘易斯·S.福特撰写的《怀特海形而上学的兴起，1925—1929》、约翰逊撰写的《怀特海的实在论》《怀特海的文明论》、弗里德里克·弗雷撰写的《存在与价值：走向建设性后现代形而上学》《认识与价值：走向建设性后现代认识论》和斯唐热撰写的《与怀特海一同思考》等。

第二，过程哲学在阐述其基本观点时使用了大量比喻，包括明喻和隐喻。这种表达方式也妨碍了人们对过程哲学思想的明确理解和精确把握。譬如，怀特海指出："许多世代以来，人们试图把我们的终极见识解释为仅仅能说明感性印象的东西。的确，这个思想派别可以直接追索到伊壁鸠鲁。它可以援引柏拉图的某些词句。我认为这种哲学理解的基础类似一种阐述完全是由公路上的交通信号灯衍化过来的现代文明的社会学的努力。车辆的行驶是由这些信号灯调度的。但是这些信号灯不是交通的原因。常识证实了这一结论。因此这种说明绝大多数是没有必要的。"① 再如，怀特海指出："思维是兴奋的一种巧妙的方式。它像一块石头投入水池一样激起我们整个存在的波澜。不过这个比喻不恰当。因为我们应当把波澜看作是投石入水引起的东西。波澜引起思维，而思维扩大和歪曲了波澜。为了理解思维的本质，我们必须研究思维与思维在其中发生的波澜的关系。"② 再如，怀特海说："人类的心灵是语言给予人类的礼物。"③ 怀特海认为这样说，一点也不是夸大。当然，隐喻式的表达方式也有其优点，它可促使人们冥想和体验，然而对于哲学这样高度理性化的学问，用更为简洁明晰的语言和概念来表达，可能更有利于人们的理解和掌握。

第三，过程哲学对有些观点的阐述过于简略，这给一般读者的理解增加了许多困难。而且，怀特海通常对于问题的背景并无详细的阐述，这给处于不同文化背景和时代的读者，尤其是中国读者，阅读过程哲学的原著增加了许多困难。

正是由于这一原因，许多研究怀特海过程哲学的第二手著作便有了特

---

① 怀特海：《思维方式》，刘放桐译，29页。
② 同上书，33~34页。
③ 同上书，38页。

殊意义。它们可以帮助读者进入和理解怀特海过程哲学。但是，要真正地理解怀特海，还必须阅读怀特海的著作，这是任何第二手著作都代替不了的。本书只是我们解读和阐释怀特海过程哲学的一种尝试，以帮助对过程哲学感兴趣的读者进一步学习和研究怀特海过程哲学。本书对怀特海过程哲学的解读是否符合怀特海过程哲学的原意，各位专家学者在阅读和研究怀特海的著作后，才能加以辨识和做出自己的判断。

（二）过程哲学的基本原理和基本观点存在的值得进一步研究之处

第一，过程哲学在对现实存在的自我生成和创造性进展的描述中，引入了作为特殊现实存在的"神"的概念，认为若没有这种作为诱导因素和劝导力量的神，现实存在的自我生成和创造性进展便缺乏最终的依托与根据。这种观点值得商榷。特别是对于无神论者来说，为什么非要在过程哲学的宇宙论中假定这样的神学概念，为什么不能用一个更为中性的一般哲学术语，如世界的统一性来表达同样的哲学原理？这无疑是需要进一步探讨的问题。

第二，过程哲学对社会历史观的论述似乎不太系统和完整，只是从某些方面，如社会文明的发展、观念的探险、宗教进步和科学发展等，展开了深入探讨，而对社会的基本结构、社会进步的基本动力和社会发展规律等问题，则语焉不详。这些方面的研究，有待后人在过程哲学思想的基础上，根据过程哲学的基本方法进一步丰富和发展。

第三，对于如何通过社会实践具体地实现过程哲学的思想和观念，怀特海过程哲学着墨不多，论述不详。从某种意义上说，由格里芬等人阐述和发展的建设性后现代思想，就是在过程哲学基础上，为现实地实现过程哲学的思想理念而进行的探索。本书第一章第六节"实践过程思想的方法"，也是对实践过程思想所做的探索。真可谓"纸上得来终觉浅，绝知此事要躬行"。真正理解和把握过程哲学思想，最重要的是要在理解其思想和观点的基础上，积极投身于创造性的社会活动。

第四，正如有些批评家所说，在所有有关实体哲学的争论点上，怀特海虽然都提出了问题，并试图以过程哲学原理为基础解决这些问题，但是他最后并没有完全成功。因此，他的思想只具有过渡性质。譬如，他批判机械唯物论将自然分解成静态的事物和变化的特征，但他自己却又将自然分解成相反的形态：动态的事物（发生、事件、过程）和静态的特征（永恒客体）。那么，永恒客体作为静态的存在如何与动态的现实存在或事件相结合，它如何"分有"到每一现实事件之中？对此，怀特海并没有给出令人信服的说明。还有，他坚持现实存在是最终的实在，但同时又承认神是最终的创造者，而其他一切都是创造物。他坚持过程才是实在，成为现实的就是成为过程的，但同时又承认永恒客体也是实在。其理论体系中这些相互矛盾的"坚持"还有很多。

第五，尚需指出的是，怀特海一方面批判一切旧唯物论的实体观点，另一方面又不得不使用"客观实在"概念，尽管他把这个概念重新界定为"现实存在"或"现实发生"。因为对黑格尔哲学缺乏深入系统的研究，他没有对黑格尔学派关于事物的"自我运动""自我发展"思想予以批判地继承和借鉴。另外，对马克思主义哲学的普遍联系和永恒发展思想也没有给予关注，因此，对马克思和恩格斯通过引进科学的实践观而在哲学上所实现的革命性变革，马克思强调的"社会生活的本质是实践的""问题在于改变世界"等思想均缺乏合理的评论和借鉴。特别是，马克思和恩格斯在改造黑格尔哲学的基础上所论述的"世界不是既成**事物**的集合体，而是**过程**的集合体"等广义的过程哲学思想，根本没有进入他的视域。

在我们看来，怀特海过程哲学存在这些问题，可能与其长期作为数学家在身上烙下了太深的理性主义理想和习惯有关。他虽然锐意重建西方哲学，努力使西方哲学实现"过程转向"，从近代实体哲学转向现代过程哲学，但却难以彻底摆脱西方哲学传统的理性主义静态逻辑观点的束缚。同时，他由于深受静态逻辑思想的束缚，所以对自黑格尔以来直到马克思和恩格斯所继承发展的辩证逻辑也难以认同。这样，他在试图借助静态逻辑去重建动态实在时，就一定会遇到不可克服的理论困难。所以，美国学者巴姆批评怀特海说："有机哲学的极性不够，不够层次论，不够辩证法，因而不够有机性。从'感受'、'摄入'、'想象'的意义来看，有机论哲学也过于观念论，这些术语都采自经验的心理方面，偏重于表达存在界的极限特征。"[①] 还有的批判者说，怀特海"本可以继续发挥一种妥协的方法以自己的术语去处理过程，而以其自己的术语研究过程就会意味着试图在过程之中发现一种功能结构，而不是在过程之外去发现一种永恒绝对的'实在'"[②]。这种批评的另一种说法是，他虽然反对自亚里士多德以来的

---

① 阿尔奇·J. 巴姆：《有机哲学和世界哲学》，江苏省社会科学院哲学研究所巴姆比较哲学研究室编译，342 页，成都，四川人民出版社，1998。

② 转引上书，338 页。

逻辑中所镶嵌的主—谓语观念，然而，他在论述他的哲学时，却仍然不得不运用主—谓语式的语言。这样，他通过其过程形而上学体系的论述，在他所反对的前提下，让这种主—谓语的思维方式盘踞得更加顽强。因此，在他的著作中所贯穿的基本思想，不是借助过程思想使逻辑动态化，而是借助永恒客体使逻辑静态化，这类似于从亚里士多德的哲学回到了柏拉图的哲学，所以怀特海坚持"欧洲哲学传统最可信赖的一般特征在于，它是由对柏拉图的一系列注脚所构成的"[1]。

此外，根据巴姆的看法，怀特海过程哲学中还存在一种双重还原主义倾向，就是说，他将现实发生的存在还原成转瞬即逝的流变，又把现实发生的本性还原成永恒客体。其实，现实发生只要达到有机状态，就会作为一种功能结构状态持续地发挥作用，而现实发生的本性也不是一成不变的永恒客体，而是不断生成和变易的存在物。

四、过程哲学与实体哲学的比较

比较过程哲学与实体哲学，可进一步加深对过程哲学创新之处的理解和把握。

传统的实体哲学并非一无是处，并非没有相对的真理性。相反，如果从静态的角度来看现实世界，如果以常识和近代科学为基础来观察现实世界，那么实体哲学仍然有许多合理之处。甚至在过程哲学提出之后，在日常生活领域，应用实体哲学仍然会得到许多智慧。因此，我们在坚持过程哲学基本观点的同时，要充分承认实体哲学的合理性及其与过程哲学的辩证关系。正如马克思和恩格斯虽然尖锐地批判与辩证法相对立的形而上学思维方式的各种局限性，明确主张坚持唯物辩证法的思维方式，但却仍然承认形而上学在一定范围内一定意义上的合理性，尤其是在日常生活范围内甚至某些自然科学研究领域内的合理性。因为在日常生活和某些自然科学研究领域内，不把有关研究对象孤立起来就无法进行研究。同样，在日常生活范围内，不承认大量日常物品是实体，似乎也无法正常生活。例如，我们必须承认我们所住的房子是实体，它们在一定的时间和地点通常不会发生变化。在日常生活甚至法律范围内，坚持这些观点并无大碍。

---

[1] 怀特海：《过程与实在（修订版）》，杨富斌译，50页。

因此，在我们看来，实体哲学与过程哲学并非冰炭同炉，水火不容；相反，在中外哲学发展史上，这两种学说其实一直是同时存在、相互促进的，有时甚至能很好地结合在同一个哲学体系之中，譬如在赫拉克利特哲学、莱布尼茨哲学、黑格尔哲学和马克思主义哲学中。只有到怀特海过程哲学，真正彻底和独立的过程哲学体系才得以形成与建造起来，传统实体哲学的基本观点被以辩证否定的形式包含在其中，这充分体现了人类哲学思想发展的否定之否定情形，使人类的哲学思想和理论发展的水平达到了更高的历史阶段。即使从今天的眼光看，实体哲学的基本观点也并非全错，并非没有任何科学理论作为自己的基础，其在实际社会生活中并非毫无用处。

归纳起来，实体哲学的合理性主要表现在如下几个方面：

首先，实体哲学符合人们的日常生活经验和常识。人们在日常生活中，每天与之打交道的现象多是实体现象。日、月、星辰、山、川、河流、花、草、树、木、桌、椅、板凳等，多是传统实体哲学所讲的有形实体存在，日常生活中的油、盐、酱、醋、茶和衣物、汽车等，也多是有形的实体存在。因此，处理好这些日常生活中常见的现象和物体，是生活之需。把这些东西当作实体，把它们的属性当作实体的属性，似乎对日常生活并无妨碍。

其次，实体哲学有牛顿力学等近代科学成果作为自己的科学基础。不仅日常生活经验认同这些实体性的存在，而且牛顿力学等近代科学也在讨论和研究这些实体性的存在。也就是说，实体哲学也有自己的科学基础，只不过是以牛顿力学等为代表的近代科学为基础的，而不是像过程哲学那样，是以现代科学中的相对论和量子力学等为基础的。

最后，实体哲学在日常生活和工作中仍然有很大的指导意义，对我们认识和改造宏观自然界，它仍然是非常有效的哲学学说；另外，还可以指导人们的日常认识活动和正常的社会生活。

只有承认和坚持以上观点，才能合理地解释和理解，为何迄今为止实体哲学仍然在哲学界占主导地位，仍然是主流哲学思想。无论古代三大世界哲学传统，即西方哲学、中国哲学和印度哲学，还是当今世界存在的三大哲学潮流，即分析哲学、现象学和马克思主义哲学，在基本哲学取向上，都是以实体哲学为主导的。过程哲学思想虽然从古至今一直同实体哲学思想相伴随，并不时地闪现出耀眼的思想火花，如"万物皆流""无人能两次跨入同一条河流""太阳每天都是新的""世界是过程的集合体"等，对人们认识世界有很大的启发，但却一直没有处于主导地位。即使现当代西方哲学中的分析哲学和现象学，实际上也是以实体哲学本体论为前提的。

然而，尽管如此，与相对论和量子力学等现代科学相一致，在现当代我们仍然应当坚持过程哲学思想，应当克服实体哲学的各种弊端和错误观念。正如在马克思主义辩证法意义上，辩证法超越了形而上学一样，从过程哲学视域看，过程哲学已经超越了实体哲学，已经把实体哲学的研究对象和范围包含在自己的理论范围之内。这样一来，实体哲学能够说明的一切现象和过程，过程哲学如今不仅都能予以说明和解释，而且说明和解释得更加彻底、更加全面，从而超越了实体哲学存在的各种弊端。然而，过程哲学能够说明的宇宙的现实过程及关系性，实体哲学则不能给予合理的说明。因此，我们理所当然地应当坚持过程哲学，抛弃传统的实体哲学，起码要抛弃根据过程哲学已经认识到的实体哲学的种种错误主张。

五、过程哲学的广泛影响

时光荏苒，日月如梭。怀特海过程哲学问世迄今已有 80 多年了。由于 20 世纪以来分析哲学和各种形式的实证主义公开宣扬"拒斥形而上学"的巨大影响，由于怀特海在《过程与实在》等著作中使用了大量晦涩难懂的新概念和新范畴来表述其新思想，怀特海过程哲学在现代西方哲学百花园里似乎有点儿受人冷落，被认为与现代西方主流哲学有些格格不入，因而一直处于哲学的边缘。但是，随着分析哲学的式微及其与人本主义哲学相融合的趋势，怀特海过程哲学受到越来越多的东西方有识之士的青睐。

首先，早在怀特海在世之时的 1941 年，美国出版的"在世哲学家文库"第 3 卷就收录了研究怀特海哲学的专题论文，以《阿尔弗雷德·诺思·怀特海的哲学》为名予以出版。该书的主要内容如下：怀特海传记作家美国雪域大学哲学系维克多·洛教授撰写了《怀特海哲学的发展》一文，阐述怀特海哲学的发展历程；当代美国著名哲学家、哈佛大学哲学系威拉德·V. 奎因教授撰写了《怀特海与现代逻辑的兴起》一文，阐述怀特海对现代逻辑的贡献；耶鲁大学哲学系菲尔墨·S. C. 诺思罗普教授撰写了《怀特海的科学哲学》一文，探讨怀特海在科学哲学方面的独特贡献；威斯康星大学哲学系伊万德·布拉德雷·麦吉利夫雷教授撰写了《时空、简单位置和摄入》一文，探讨怀特海的时空观及摄入理论；英国剑桥大学约瑟夫·尼达姆教授撰写了《生物学家眼中的怀特海哲学》，从生物学视域探讨怀特海哲学的贡献；里海大学哲学系珀西·修斯撰写了《怀特海的心理学是恰当的吗?》一文，探讨怀特海在心理学上的贡献和缺失；耶鲁大学哲学系教授威尔伯·M. 乌尔班撰写了《怀特海的语言哲学及其与他的形而上学的关系》一文，探讨怀特海的语言哲学及其对他的形而上学的影响；英格兰曼彻斯特大学 A. D. 里奇教授撰写了《怀特海对思辨理性的辩护》一文，探讨怀特海思辨哲学的性质、作用及其对思辨理性合理性的辩护；伊利诺伊大学哲学系亚瑟·E. 墨菲教授撰写了《怀特海和思辨哲学的方法》一文，探讨怀特海关于思辨哲学方法的独特理解和贡献；哈佛大学哲学系威廉·E. 霍金教授撰写了《怀特海论心灵和自然》一文，探讨怀特海关于心灵与自然的关系理论；密歇根大学哲学系罗伊·伍德·塞拉斯教授撰写了《有机哲学和物理实在论》一文，探讨怀特海的有机哲学与物理实在论的关系；约翰·戈欣教授撰写了《怀特海的价值理论》一文，探讨怀特海对价值哲学的特殊贡献；西北大学哲学系伯特伦·莫里斯教授撰写了《怀特海哲学中的艺术过程和审美事实》一文，探讨怀特海过程哲学对艺术哲学和美学的独特贡献；马萨诸塞州剑桥哈佛神学院朱利斯·西利·比克斯勒教授撰写了《怀特海的宗教哲学》一文，探讨怀特海对宗教哲学的贡献；西北大学哲学系保罗·阿瑟·希尔普教授撰写了关于怀特海道德哲学的文章，探讨怀特海的伦理和道德哲学观念；哈佛大学研究生教育学院亨利·W. 霍尔姆斯撰写了《怀特海的教育哲学》一文，专门探讨怀特海的教育哲学思想，这些思想对后现代教育理念具有重要影响；大名鼎鼎的当代美国哲学家约翰·杜威撰写了《怀特海的哲学》一文，对怀特海的哲学给予高度评价[1]；另一位著名美国哲学家 C. I. 刘易斯撰写了《自然知识的范畴》一文，探讨怀特海《自然知识原理研究》《自然的概念》《相对性原理》等著作中关于自然知识的理解，评述了他在这方面的独特贡献。除怀特海的嫡传弟子以外，有这么多知名大学的著名哲学家专门撰文研讨怀特海哲学，足以表明怀特海哲学在当时美国哲学界

---

[1] 在全面评述了怀特海哲学以后，在近结尾处，杜威写道："有一件事我是非常确定的。他（指怀特海——引者注）为随后的哲学发展开启了极为富有成果的新道路，而完成这一任务需要把可观察的物理经验事实与可观察的人类经验事实相结合。其结果可为所有研究话题提供几乎无与伦比的启示——只要心灵对新的源泉的启示不采取封闭态度。"（*The Philosophy of Alfred North Whitehead*, edited by Paul Arthur Schilpp, p. 659）

的分量。① ——这是怀特海过程哲学思想对美国哲学界的直接影响。同时,怀特海的著作也对罗素、凯恩斯、奎因等思想家产生了直接或间接的影响。罗素深受怀特海的影响,这自不待言,他在不同场合公开承认这种影响。和罗素一样,凯恩斯也是怀特海的学生,他的《概率论》受到了怀特海著作的强烈影响。奎因也曾师从怀特海,他关于意义的整体主义方法似乎不可能未受到怀特海的影响。② 著名系统哲学家拉兹洛在其《系统哲学引论》和《自我实现的宇宙》等著作中,也明确承认他的系统哲学和新的宇宙论思想受到了怀特海过程哲学的极大启发。

其次,自《过程与实在》《观念的探险》《思维方式》等过程哲学著作问世以来,在80多年间,围绕这些著作探讨的问题,已经"生成"许多二手的研究性和阐释性著作。这些著作既是对怀特海过程哲学的阐述和解读,从某种意义上也是对怀特海过程哲学的继承、丰富和发展,并且衍生出一个如今非常响亮的名称——"建设性后现代主义"。尤其是在格里芬和王治河等人的推动下,建设性后现代主义如今已经成为世界性的思想,成为被越来越多的中国有识之士认可的思想,甚至有的专家认为它是近年来最有价值的新思想。③

又次,怀特海过程哲学自问世以来,在哈茨肖恩、柯布、格里芬等人

---

① 在"在世哲学家文库"中,由美国西北大学和南伊利诺伊大学保罗·阿瑟·希尔普教授发起并主编的共有14卷,分别是:《约翰·杜威的哲学》(1939,1989)、《乔治·桑塔亚那的哲学》(1940,1951)、《阿尔弗雷德·诺思·怀特海的哲学》(1941,1951)、《G.E.莫尔的哲学》(1942,1971)、《恩斯特·卡西尔的哲学》(1949)、《爱尔伯特·爱因斯坦:哲学家—科学家》(1949,1970)、《S.拉达克里希南的哲学》(1952)、《卡尔·雅斯贝尔斯的哲学》(1957,1981)、《C.D.布劳德的哲学》(1959)、《鲁道夫·卡尔纳普的哲学》(1963)、《C.I.刘易斯的哲学》(1968)、《卡尔·波普的哲学》(1974)、《布兰德·布兰夏的哲学》(1980)、《让-保罗·萨特的哲学》(1981)。后来,希尔普教授与莫里斯·曼里德曼共同主编了《马丁·布伯的哲学》(1967),希尔普教授与刘易斯·埃德温·汉恩共同主编了《加布里埃尔·马塞尔的哲学》(1984)、《W.V.奎因的哲学》(1986)、《乔治·亨利克·冯·怀特的哲学》(1989),最后刘易斯·埃德温·汉恩教授单独主编了《查尔斯·哈茨肖恩的哲学》(1991),此时他正在准备出版的还有《A.J.迈耶尔的哲学》和《保罗·利科的哲学》。从上可知,怀特海哲学在他在世时就已在欧美哲学界有了相当大的影响。分析哲学和现象学运动在欧美哲学界占据主导地位,使得怀特海过程哲学一直处在西方哲学的边缘,但在美国有些大学里,如在柯布和格里芬曾执教的加州克莱蒙研究生大学等大学里,一些教授一直在研究和讲授怀特海哲学,并给学生授予这一研究主题的硕士或博士学位。柯布和格里芬的不少学生,如今活跃在世界各地,研究、讲授、传播过程哲学和建设性后现代思想,从新的视角和方面致力于推进人类文化与文明建设,并已取得很多成果,产生较大的社会影响。随着"有机马克思主义"概念的提出,怀特海过程哲学必将受到更大的重视和关注。
② 参见菲利浦·罗斯:《怀特海》,李超杰译,6页。
③ 参见王治河、樊美筠:《第二次启蒙》。

的推动下，在美国已经逐渐"生成"过程哲学学派。并且，美国成立了专门的研究机构——"过程研究中心"，设在美国加州克莱蒙研究生大学克莱蒙神学院，还出版了学术研究专刊——《过程研究》。这本季刊已经编辑和出版了40多卷，该刊的宗旨是主要研究怀特海的哲学以及怀特海的学术助手哈茨肖恩的哲学思想，致力于探讨过程思想及其在相关哲学和神学领域中的问题，并把怀特海过程哲学的概念和思想应用于美学、生物学、宇宙学、经济学、伦理学、宗教史学、文学批评、数学、政治思想研究、心理学、物理学、社会科学和社会学等学科之中。[①] 有志于深入了解过程哲学思想研究最新成果的读者，不能不读这本关于过程哲学思想研究的最权威的国际学术刊物。

再次，过程哲学已经产生了广泛的国际影响，深深地影响着当今全球的社会实践。特别是随着环境问题和生态问题的日益突出，以及宗教哲学研究在当代西方世界越来越热，怀特海的过程思想更加被人们重视，从而成为现当代西方哲学中的热门话题之一。"国际怀特海大会"已召开十一届，一般每两年召开一届。前几届在美国等国召开，第五届在韩国首尔召开，第六届在奥地利萨尔茨堡召开，第七届在印度班加罗尔召开，第八届于2011年10月在日本东京召开，第九届于2013年9月在波兰召开，第十届于2015年6月在美国洛杉矶召开。世界上许多国家包括美、英、日、韩等成立了过程思想研究会，我国在不同大学成立了二十几个"过程思维研究中心"，并在筹备建立中国过程学会。过程哲学有哈茨肖恩、柯布、格里芬、杰伊·麦克丹尼尔和王治河等几代在当代美国学术界颇有影响的传人，这在现当代西方哲学学派中是非常少见的。还有，在过程哲学影响下，哈茨肖恩、柯布、格里芬等人发展出建设性后现代主义和过程神学，并且美国出现了几十个接受过程神学的教会组织；在过程哲学影响下出现的后现代教育理念和实践，深刻地影响着美国的教育改革；在过程哲学影响下出现的生态文明活动、女权主义活动，深刻地影响着美国的生态文明和环境保护运动；甚至过程哲学还影响着美国的法律运动，出现了过程法学学派。[②]如今，过程哲学深刻地影响着美国社会的许多方面和领域。

最后，过程哲学对其他学科尤其是教育学、经济学、法学、文学、美

[①] 参见《过程研究》扉页。该刊的国际刊号是ISSN 0360—6503，网址是：www.processthought.info/publications/PSS。

[②] 参见杨富斌：《美国过程法学述评》，载《中国人民大学复印报刊资料·法理学和法史学》，2011（4）。

学和宗教学等的研究，具有越来越重要的影响；对生态学、环境保护、生态文明、儿童智慧教育和博雅教育等，具有越来越重要的影响。因为20世纪以来，人类面临的巨大生态问题、环境伦理问题、战争与和平问题以及可持续发展问题，都可以从过程哲学中找到解决问题的哲学理念和思维方式，找到解决问题的思想材料和某些智慧启迪。传统的实体主义哲学，或者如怀特海所说的所谓"科学唯物主义"哲学，都不能满足当今时代、当今世界各种社会现实问题对哲学和形而上学所提出的迫切需要。建立在人类传统思想中的过程思想和有机思想之上，建立在相对论和量子力学等现代科学之上的过程—关系哲学，有可能代表着人类哲学发展的新趋向。随着相对论、量子力学以及后来出现的系统科学、信息科学、协同论、混沌科学等复杂性科学的出现，哲学必然要改变自己的形式。过程哲学、信息哲学、系统哲学等新哲学形态，无疑都是人类哲学百花园中新添的鲜艳夺目的奇葩。需要特别指出的是，怀特海过程哲学或有机哲学影响了整整一代系统哲学家。系统哲学家拉兹洛写有一篇《怀特海的形而上学》的文章，他认为怀特海是用"从有机体研究中得来的概念去解释从物理学到心理学的其他一切东西"[①]。拉兹洛甚至认为，怀特海的有机哲学就是系统哲学，只不过用词不同而已。

六、过程哲学对我们的启示

　　作为一种新的宇宙论和世界观，怀特海过程哲学对我们的重要启示至少有如下几点：

　　第一，哲学应当随着科学的发展和社会实践的进步而不断进步。这虽是老生常谈，似无新意，但要真正做到却并非易事。甚至，哲学理论是否可以随着社会实践的发展而不断进步，在哲学界仍有不同观点，迄今仍难统一。怀特海认为，哲学从总体上说一直在不断进步，不断地朝向反映宇宙的普遍真理的方向前进，哲学的真理性认识一直在不断扩大。在这一点上，哲学同科学的发展进路并无本质性的区别。用怀特海的话说，人类文明的进步突出地表现在哲学的不断进步上。

　　因此，我们不要在哲学观点上拘泥于所谓的"主义"之争，关键要看

---

　　① 拉兹洛：《系统哲学讲演集》，刘家胤等译，2页，北京，中国社会科学出版社，1991。

一种哲学是否揭示了宇宙的某些真理；是揭示了宇宙的某一方面的真理，还是从总体上揭示了宇宙的某些方面的真理。我们不能认为不同时代的不同哲学体系的先后取代，表现的是哲学理论实质上没有进步和发展，似乎每一种哲学都是"从头再来"，哲学史似乎成为"狗熊掰棒子式的"发展史，只有最后一个哲学体系是暂时成立的，以前的哲学体系都被彻底推翻了，而最后一个哲学体系早晚也要被推翻。怀特海不同意这种看法。在他看来，尽管每一个具体的哲学体系都会遭受被推翻和被取代的命运，但是哲学从总体上说却一直在进步，总体上一直朝向揭示宇宙普遍真理的方向前进。在这个方面，哲学和科学的发展进路是一样的。天文学上的"日心说"代替"地心说"、化学上的"氧化说"代替"燃素说"、地质学上的"大陆漂移说"代替"灾变说"、物理学上的相对论和量子力学代替牛顿的机械力学，并不表明科学发展史是波普所说的那种"狗熊掰棒子式的"发展史，而是表明科学在不断进步和发展。同理，哲学上不同哲学体系的先后取代也是如此。不能因为旧的哲学体系不断被新的哲学体系取代，就否定哲学总体上的进步和发展。怀特海深刻地指出，一种哲学新观念通常会引入一种新选择。经由一位哲学大师的思想冲击之后，哲学再也不会回到其原先的状态。在这个意义上说，从柏拉图、亚里士多德、托马斯·阿奎那、笛卡尔、斯宾诺莎、莱布尼茨、洛克、贝克莱、休谟，一直到康德、黑格尔、马克思，他们的哲学前后相继，再到现代西方哲学各流派和怀特海过程哲学的出现，这表明新的哲学观念一直在不断出现，表明哲学一直在不断进步。

第二，哲学应当保持自身的高度思辨性和普遍性品格，不能把自己混同于具体的实证科学。哲学既不应当在科学的光环面前失去自我，盲目地追捧科学，从而在科学面前失去清醒的判断力和批判的思维力；也不应当使自身加入狭义的科学之列，追求所谓"实证的"哲学，或者不加限定和说明的所谓"科学的哲学"。马克思主义创始人马克思和恩格斯高度重视科学的社会作用与功能，为了把他们自己创立的"社会主义"理论与当时流行的"空想社会主义"理念相区分，给自己的理论冠之以"科学社会主义"的名称，但他们在命名自己创立的新哲学时，却没有使用"科学"或"科学的"概念，而是把"唯物主义历史观"或"唯物史观"当作自己在哲学上的独特贡献。马克思只使用了"实践的唯物主义"或"新唯物主义"的概念。显然，在他们看来，哲学与严格意义上的科学在性质上是根本不同的。怀特海高度重视现代科学，但又清醒地认识到，哲学认识与科学认识具有本质的区别，不能把哲学与科学混为一谈，因此他特别地批评了以牛顿力学为基础的所谓"科学唯物主义"的观点。在他看来，虽然哲学与科学相互关联、相互影响，哲学应当借鉴和应用具体科学的成果，哲学概括不应当同科学所揭示的事实和真理相矛盾，但是，哲学又不能局限于科学所揭示的事实和真理，而要保持自身的独立性，并超越具体科学的成果，把具体科学所揭示的事实和真理应用于具体科学成果所适用的范围之外，探讨它们在这些领域是否具有普遍性和适用性。这正是哲学作为"形而上学"的主要意义之所在，即哲学作为形而上学正是要在科学的成果之上，进一步揭示其中可能蕴含的超越于具体科学结论的普遍原理。正因如此，怀特海虽然批评近代各种形而上学体系的弊端，但并不一般地否定形而上学思辨的重要作用。

当然，哲学原理的思辨性和普遍性一定要接受科学、实践和经验的严格检验，并随着科学和社会实践的发展而不断证伪与修正自己的思辨结果、普遍性概括。

从上述意义上说，我们认为，最好不要再把哲学当作科学看待了，也不要像有些教科书那样，把马克思主义哲学说成"科学的哲学"，而其他哲学都不是"科学的哲学"。哲学不是科学，正如科学不是哲学一样。它们各有自己独特的研究对象和研究方法，因此，也各有自己不同的研究结果和社会功能。哲学不是科学，正如艺术不是科学、宗教不是科学，这并非哲学自身的缺陷和不足，毋宁说，这正是哲学对自身性质和地位的清醒认识，也是哲学之所以具有自身特殊的价值和功能的根据之所在。

诚然，如果我们把"科学"定义为一门系统的知识，哲学无疑具有这种意义上的"科学"的品格；在这个意义上，说"哲学是一门科学"无可厚非。但是，科学学（Science of Sciences）研究启示我们，根据不同的研究对象和研究方法，把哲学与自然科学、人文社会科学和思维科学以及数学区分开来，对于正确理解哲学、各门具体科学和数学的性质、地位、社会作用，具有重要意义。正如哲学不等于社会科学，数学也不等于自然科学，这已经成为科学学中的常识。我们不必为了强调哲学的"科学性"而把哲学称为科学。哲学具有自身独特的研究对象和研究方法，哲学具有其他学科不可取代的地位和作用。正如叶秀山教授所说："哲学是要署名的。"[①] 它虽然研究的是最一般、最普遍的东西，但又像艺术品一样是个

[①] 叶秀山：《哲学要义》，142页，北京，世界图书出版公司，2006。

人的作品。它同自然科学显然是不一样的。

第三，哲学不要盲目效仿数学。数学方法如今被科学界和社会各界普遍认可。在古希腊时期，哲学家们就已非常重视数学对哲学研究的重要价值和作用。因此，在柏拉图学园门口写有"不懂数学者莫入"。马克思也曾高度评价数学的作用，认为一门科学只有达到能够运用数学的时候，才是真正的科学。但是，作为数学家出身的怀特海却明确地指出，哲学曾深受数学之害。在怀特海看来，"欧洲哲学的兴起在很大程度上就是由数学发展为一门抽象的普遍性科学所推动的。但是在哲学后来的发展中，哲学的方法也深受这种数学典范之害"。因为"数学的主要方法是演绎法，而哲学的主要方法则是描述性的概括。在数学的影响下，演绎法作为标准的方法被强加给哲学，而不是把这种方法的真正作用当作检验这些普遍性原理适用范围的基本的辅助性证实手段。这种对哲学方法的误解掩盖了哲学在提供一般观念方面的巨大成功，而这种一般观念可以使我们对经验事实的理解更加清晰"①。这一论断使我们想起毛泽东的一段有类似观点的话："感觉到了的东西，我们不能立刻理解它，只有理解了的东西才更深刻地感觉它。"② 怀特海认为，哲学提供的一般观念能使我们对经验事实的理解更加清晰，讲的正是这个意思。

因此，正如我们不能把哲学混同于科学，我们也不能使哲学完全追随数学的演绎方法，因为哲学所要追求的现实存在的普遍性，同数学所要追求的现实存在的形式的普遍性，从性质上说是两种不同的普遍性。哲学既要研究现实存在的形式普遍性，也要研究现实存在的内容普遍性，毋宁说，哲学是从现实存在的内容和形式相统一的视域，研究现实存在的普遍性的，因而哲学从研究对象和研究方法上应当有别于数学。怀特海过程哲学之所以有独创性，之所以开创了一种以"过程哲学"命名的新哲学，正在于他自觉地超越了他自己最熟悉和最擅长的数学方法，用哲学特有的想象性理性思维方法和智慧来思考哲学问题。因此，如果有人把怀特海过程哲学的思维方法归结为数学方法，这一定是对怀特海思维方法的极大误解和曲解。他在《过程与实在》和《思维方式》等著作中，着力论述的正是要超越和摆脱数学样板之害，以消除误置具体性之谬误，真正从过程—关

---

① 怀特海：《过程与实在（修订版）》，杨富斌译，13页。
② 毛泽东：《实践论》，见《毛泽东选集》，2版，第1卷，286页，北京，人民出版社，1991。

系视域来观察、分析现实存在和宇宙的创造性进展。

第四，哲学应当保持追求智慧的本性。哲学是智慧之学，或者说哲学是追求智慧的学问，这是自古以来哲学家们的共识。今天，我们学习和研究哲学，包括那些科学大师研究哲学问题，显然，绝不是为了在科学知识之外，再学习和增加一些新知识。毋宁说，我们学习和研究哲学，归根到底是为了增加我们的智慧，提高我们智慧地理解和把握现实世界的能力，提高我们智慧地提出问题和解决问题的能力。对于哲学如何追求智慧，何谓真正的智慧，人们通常众说纷纭。在怀特海看来，只有综合运用人类的所有经验、知识和智能，才能真正地形成智慧。这就是说，人的经验、知识和智能还不等于智慧。人工智能更不是也不能等同于人的智慧。其他动物具有一定的心理活动能力，也可能具有一定的智能，计算机也具有一定的智能，这是不容置疑的。但是，迄今为止，我们知道只有人类才是有智慧的生物。在怀特海看来，人的经验、智能属于本能的范畴，不学自通；而人类的智慧尽管具有先天的禀赋，但更主要的则是通过后天学习和修炼获得的。一个满腹经纶的学究可能会有许多知识，但他可能缺少智慧，面对现实困境一筹莫展。这是怀特海给我们的重要启示。

第五，哲学要有自己独特的方法。怀特海指出，近代以来，西方的科学抛弃了形而上学，接着有些从事哲学研究的形而上学家也学习和效仿科学家的做法——抛弃形而上学。这些所谓的哲学家根本不懂哲学的特殊性质、地位和作用，不知道哲学应有自身特殊的研究方法。尽管这些人自认为在从事哲学研究，但实际上如有识之士指出的那样，他们只是"似乎是"在从事哲学研究，而不是真正在从事哲学研究。这正是近代以来，在科学的巨大成功影响下，哲学的危机表现之一："哲学常常在做着非哲学的事情。"这些人使用着哲学名词，运用着哲学概念和范畴，非常像哲学，但实际上却不是哲学，而是所谓的"准哲学"①。怀特海运用自己独特的哲学方法，即综合方法（实体与过程相结合、动态与结构相结合、定性与定量相结合等）、中庸方法（不走极端：从每种方法中看到合理性和片面性）、两极性方法、有机方法等，创立了一种新哲学，提出了许多新观念，使西方哲学发展到一个新阶段。从总体上说，过程哲学对世界的解释力超过了以往的一切哲学。

---

① 叶秀山：《哲学要义》，4页。

不管我们是否同意或者是否完全同意怀特海过程哲学的基本思想和观点，我们都必须首先看到和承认，过程哲学是怀特海对真实世界的构造所提出的一种新的解释方式。尽管这种解释方式不是最终的和绝对的，怀特海明确反对把任何解释方式看作最终的和绝对的，但必须承认，这是现代西方哲学家提出的一种新的解释方式。这种解释方式明显不同于传统西方哲学的解释方式，尤其不同于近代实体哲学的解释方式。总体上说，以往的西方哲学家都是以某种实体为出发点去考察世界，因而要么把这种实体归结于某种物质实体，要么归结于某种精神实体。近些年来，又有人以"场"和"系统"等为视域来解释世界。如果把"场"和"系统"理解为动态的过程，这同过程哲学是一致的。但是，如果把"场"和"系统"理解为封闭的实体，这同样是实体性的思维方式。过程哲学完全是一种新的世界观。它要求我们从过程—关系视域来看世界，坚持过程就是实在，实在就是过程。凡是要成为现实的东西，都必须成为过程的。由此看来，从物质实体和精神实体出发去解释世界，本质上都是静态的形态学分析，这种分析的结果很难与活生生的现实世界和我们对这个现实世界的直接经验相符合。相反，若从过程角度来观看，一切存在物都不是静止不动的，也不是一成不变的，而是处于永不停息的生成和发展过程之中的，这种过程性就是它们的本真状态。显然，这种过程实在论同传统的实体实在论具有明显的和本质的区别，它所蕴含的生成和发展理念，同传统的实体实在论所蕴含的静止不变理念是针锋相对的。

可能有人会说，在西方哲学史上，许多具有辩证思维的哲学家，不是早就指出了事物是不断发展变化的吗？古希腊哲学家赫拉克利特就已经明确指出"无人能两次跨入同一条河流"，其他哲学家也强调过事物的发展变化和变动不居的思想，尤其是德国古典哲学大师黑格尔集西方哲学辩证法之大成，系统论述了世界是发展过程的基本思想，马克思主义经典作家恩格斯更是明确地讲"世界不是既成**事物**的集合体，而是**过程**的集合体"，等等。

但是，西方哲学史上的辩证法大师也好，马克思主义经典作家也好，他们似乎都不是从本体论上谈论真实世界或实在世界的过程性的。众所周知，德国古典哲学家黑格尔所讲的是绝对观念自我运动、自我发展的过程，自然、社会、思维的运动、变化和发展过程只不过是这个绝对观念的外化。恩格斯所讲的"世界……是**过程**的集合体"的思想，也是在坚持"世界的物质统一性"的前提下，在坚持"世界的真正的统一性是在于它的物质性"这个本体论前提下,谈论物质的运动、变化和发展的。反过来说,恩格斯并不是在本体论意义上谈论世界的过程实在性,这同怀特海过程哲学的基本出发点是不一样的。我们不管是否同意怀特海的这种"过程即实在"的基本观点,都必须首先承认和弄清其过程哲学的这种基本理论取向。

所以,我们认为,怀特海自觉地建立这样一个以过程为实在的形而上学体系,并自觉地以这个体系为概念图式或理论范式,批判一切其他与此相悖的哲学观点,包括在西方哲学史上长期占主导地位的预成论观点、主客二元对立观点等,并试图以过程—关系为基点建立一种新哲学,这是一种全新的尝试。正是在这个意义上,我们说,过程哲学是超越传统西方哲学中的实体实在论和主客二元对立的思维方式的新尝试,从而有可能成为现代西方哲学的重要生长点。怀特海把古希腊时期提出的"无人能两次跨入同一条河流"的思想扩展了或者引申了,扩展为"无思想者能思考再次",而且更为一般地说,"无主体能经验两次"。这样,他便把古代哲学家提出的客体流变思想扩展到主体流变思想,世界从整体上看都是流变的,都是不断生成的过程。而且,在怀特海看来,除了这些现实的能动主体的生成之外,世界上根本不存在其他任何现实的东西。存在之外不可能有存在,因为非存在是没有界限的。

小结:怀特海把数学家、逻辑学家、哲学家、半个科学家、科学史家、教育家和社会学家的身份集于一身,是20世纪英语世界中最伟大的哲学家、20世纪最伟大的西方哲学家之一。他集一生智慧和思考,以相对论和量子力学等现代科学为基础,自觉建构了一种不同于传统西方实体哲学的过程哲学或有机哲学。这种哲学是一种与东方哲学相通的新哲学,是同马克思主义哲学精髓相一致的新哲学。它具有过程性和关系性两个基本特征,并综合性地概括出过程原理、相关性原理、创造性原理、摄入原理、主体性原理和本体论原理等多个原理,在这些原理的基础上阐述了现实存在与永恒客体、摄入与聚合、结合与分离、现实与潜能、命题与杂多、自由与决定、共在与合生、存在与过程、恒定与流变、事实与价值等一系列成对范畴。过程哲学的不足之处表现在它所使用的基本概念和建构的范畴体系过于抽象难懂,使用了大量比喻、想象、推演等方法,妨碍了读者清晰地理解与把握其观点和原理。过程哲学对神的概念的引入、对历史观论述的薄弱、对实体哲学的批判不尽系统等，是其存在的不足和值得研究、商榷的方面。过程哲学与实体哲学的区别和联系，与其他哲学的家族相似，尤其是与分析哲学和现象学运动的关系，同存在主义哲学的关系，都是有待人们进一步深入研究的重要课题。

第三章　过程哲学的哲学观[*]

> 它（哲学）便是一切知识活动中最富有成效的一种。它在工人还没搬来一块石头以前就盖好了教堂，在自然因素还没有使它的拱门颓废时就毁掉了整个的结构。它是精神建筑物的工程师和分解因素。物质未曾来，精神就已经先到了。哲学的功用是缓慢的。思想往往要潜伏好几个世纪，然后人类几乎是在突然间发现它们已经在习惯中体现出来了。
>
> 每一种哲学都会依次遭受被其他哲学所取代的命运。但是，各种哲学体系综合起来则可表达关于宇宙的普遍真理。
>
> ——怀特海

纵观东西方哲学史，不同哲学家尤其是哲学大家，之所以能创立与众不同的新哲学，归根结底是因为他们有独特的哲学观和方法论。怀特海创立的过程哲学之所以能在现当代西方哲学百花园中独树一帜，甚至从某种意义上说，他所创立的新哲学引起了西方哲学自牛顿以来三百年间从实体哲学到过程—关系哲学的革命性变革，从近代哲学到现代哲学的"过程转向"，盖源于怀特海具有独特的哲学观和方法论。只有深刻理解和全面把握怀特海过程哲学的哲学观和方法论，才能真正理解怀特海过程哲学的独创性贡献。本章重点考察怀特海过程哲学的哲学观，对其方法论将在下一章论述。

一、哲学是宇宙论

（一）哲学是宇宙论

哲学是宇宙论，这是怀特海关于何谓哲学即哲学性质的基本观点，也

---

* 本章主要内容，笔者杨富斌曾以《论怀特海的过程哲学观》为题，发表于《求是学刊》2013年第5期。

是他致力于建构和阐述的哲学理论体系。用他在其代表作《过程与实在》"前言"中的话说:"这些演讲的目的是要阐述一种严密的宇宙论观念,通过探讨各种经验论题来揭示这些宇宙论观念的意义,最后建立一种适当的宇宙论,使所有特殊论题都能根据这种宇宙论获得自身的内在联系。"①《过程与实在》的副标题就是"宇宙论研究",意在表明他所要阐述的就是一种哲学的宇宙论。当然,他所理解的哲学宇宙论与哲学史上其他的哲学宇宙论具有明显的差异。

一般地说,宇宙论是研究宇宙的起源、结构、永恒性、有机性或机械性、规律、空间、因果性等的理论。这个意义上的宇宙论,我们可称之为自然科学意义上的宇宙论,它通常是指研究宇宙的大尺度结构和演化的学科,如天体演化论、大爆炸宇宙学说等。除此以外,自古代西方哲学产生以来,还有一种哲学意义上的宇宙论,它通常是指传统意义上的形而上学理论的一部分,致力于探讨宇宙的本性,世界的偶然性、必然性、永恒性、在时空中的限制,世界在变化中之形式的规律,以及人类的自由和恶的起源等。

从概念上说,"宇宙论"一词在哲学意义上最早是由德国哲学家沃尔夫使用的。他把哲学分为实践和理论两部分,实践部分包括伦理学、家政学、国家学,而理论部分则包括本体论、宇宙论、心理学、神学。他认为,本体论以存在为研究对象,宇宙论以宇宙为研究对象。相对于神学与心理学,宇宙论是研究作为整体的宇宙的起源和结构等问题的学问。到18世纪,西方人已开始普遍地运用沃尔夫关于宇宙论的提法来分析哲学史问题。康德把托马斯·阿奎那关于上帝存在的证明叫作宇宙论证明,并在《纯粹理性批判》中提出了宇宙论的四个二律背反,即总结了以前哲学中各种宇宙论的对立观点。黑格尔认为,宇宙论的研究应包括世界的偶然性、必然性、永恒性、有限性、规律性、人的自由和恶的起源等问题。马克思主义哲学则从唯物主义出发,认为宇宙论的问题均由哲学世界观所决定,没有单独的宇宙论。有一些传统西方哲学家则认为,哲学宇宙论仍然有存在的价值,而且宇宙论与本体论有区别,两者的不同在于:宇宙论探求这个世界上什么是真实的,而本体论则探求对任何世界都有效的关系与原则。②

---

① 怀特海:《过程与实在(修订版)》,杨富斌译,"前言"2页。
② 参见冯契主编:《外国哲学大辞典》,21页,上海,上海辞书出版社,2008。

怀特海正是在探求世界上什么是真实的（real）意义上使用"宇宙论"概念的。整个《过程与实在》就是根据相对论和量子力学等现代科学理论所揭示的宇宙万物的本性及存在的真相，试图阐明世界上各种现实存在的生成过程是最实在的。简言之，只有"过程"才是"实在"的。这也是怀特海把其代表作叫作《过程与实在》的本意。

在汉语中，"真实的"和"实在的"是两个词，但在英语中它们实际上是同一个概念，即 real。怀特海的《过程与实在》，其中"实在"的英文就是 reality，即 real 的名词化形式。因此，整部《过程与实在》的核心思想就是，宇宙是由各种现实存在相互作用、相互影响、相互摄入而不断生成的现实过程。任何现实存在，不管以实体性形式存在的东西如山川、日月、星辰、树木等，还是以非实体形式存在的东西如信息、波、场、精神、意识、思维等，只有处于不断生成的现实过程之中，才是真正的、实在的存在。倘若脱离了不断生成的现实过程，它们就成为非实在、非真实的存在。这正是怀特海所揭示的过程原理要表明的宇宙真理："一个现实存在是如何生成的，构成了这个现实存在是什么；因而现实存在的这两种描述方式并不是互不相干的。现实存在的'存在'是由其'生成'所构成的。这就是'过程原理'。"①

（二）过程哲学宇宙论的研究目的、研究范围和研究方法

第一，怀特海的过程哲学宇宙论研究是以重新发现从笛卡尔开始到休谟为止这个阶段的哲学思想为基础的。怀特海强调，他的宇宙论研究的目的是要强调柏拉图、亚里士多德等古希腊哲学大师和从笛卡尔到休谟这些近代哲学大师的著作中被后来创造体系的哲学家们所抛弃的内容，即有关过程和关系的思想。

第二，在《过程与实在》第一编里，怀特海解释了过程哲学宇宙论使用的方法，并概括地阐述了构成其过程哲学宇宙论的观念体系。② 在《过程与实在》第二编里，怀特海致力于揭示这个观念体系可以恰当地解释那些构成西方文明思想之复杂结构的观念和问题。他指出，建构一个观念体系，这个观念体系能把各种审美的、道德的和宗教的旨趣同产生于自然科学的那些关于世界的概念相联系，这一定是完美的宇宙论的目标之一。他

---

① 怀特海：《过程与实在（修订版）》，杨富斌译，29 页。
② 关于怀特海过程哲学的研究方法和观念体系，参见本书后面有关章节。

所要做的，正是朝着这一目标努力。

第三，怀特海指出，哲学史揭示了在不同历史时期支配着欧洲思想的两种宇宙论，这就是柏拉图《蒂迈欧篇》表达的宇宙论和17世纪的宇宙论，后者的主要代表人物有伽利略、笛卡尔、牛顿和洛克。前者的缺陷在于其包含过程思想的宇宙论缺乏自然科学做基础，而后者的缺陷则在于以牛顿力学为基础，坚持了机械的宇宙观，忽略了宇宙的有机联系和发展。怀特海要发展的过程宇宙论则遵循了一种综合的研究路径，他说："也许真正的解决办法在于把先前这两种宇宙论体系结合起来，并根据自洽性和知识进步的要求作一些修正。"他认为他要阐明的宇宙论，正是按照这种方式依靠哲学传统的肯定价值而构成的。并且他强调，"检验这个体系是否成功的标准就是要看它是否能对各种各样的经验给予恰当的理解"①。

（三）怀特海致力于把过程哲学描述为一种宇宙论的主要目的

第一，他要以一种新的方式认识世界。换言之，他要给我们描绘一幅新的世界图景，从而为我们提供一种观察世界的新方式。在他看来，"一种新观念通常会引入一种新选择"②。对此，柯布评论说："伟大的哲学家通常会要求我们以一种不同的方式观察世界。《过程与实在》就是这样一种要求。"③ 伟大的科学家爱因斯坦也明确地说过，画家、诗人、思辨哲学家和自然科学家，实际上都是在以自己最适当的方式来描绘一幅关于经验世界的简化的和易领悟的世界图像，以此来指引人们的活动。④ 怀特海给我们描绘的是一幅动态生成的和有机联系的世界图景。不过，正是试图勾勒实在本身的必要条件的努力，使怀特海的宇宙论不同于他的形而上学。因为怀特海提出的宇宙论所处理的不是实在本身的必要条件，而是偶发"事物"的偶然条件。⑤ 也就是说，在怀特海哲学中，他的形而上学主要关注实在本身的必然条件，因而他提出一系列原理来说明这些问题。他的宇宙论则主要关注偶发事物的偶然条件，因而论述了自然、社会和精神现象的各种限制性条件。

---

① 怀特海：《过程与实在（修订版）》，杨富斌译，5页。
② 同上书，13页。
③ 转引上书，494页。
④ 参见《爱因斯坦文集》，第1卷，许良英等译，171页。
⑤ 参见菲利浦·罗斯：《怀特海》，李超杰译，12页。

第二，他要对世界做综合性的总体性研究。这种综合性研究致力于阐明西方哲学中许多以往含糊不清的问题，把许多在近代世界中被分割为碎片的东西重新整合起来。从方法论上说，最主要的是他要以发生学方法代替传统的结构分析方法，以过程—关系视域为出发点来探索世界，以便重新把现实世界解释为动态生成的有机整体，以创造性作为解释世界万物不断生成的根本动因。这样，怀特海过程哲学便成为与所有近代的西方实体哲学、现代西方的分析哲学和现象学等哲学流派均有根本区别的新哲学派别。正所谓"横看成岭侧成峰，远近高低各不同"。从过程—关系视域来看待整个宇宙及其存在状态，与从实体和结构角度来看待整个宇宙及其存在状态，所得出的哲学结论一定会迥然不同。

第三，他的宇宙论研究是为了同近现代西方的认识论哲学区分开来。近代西方哲学发生了康德哲学引起的所谓"哥白尼式的革命"，使西方主流哲学家认为可以将所有哲学问题归结为认识论问题，认为哲学就是认识论，认为传统形而上学中的宇宙论和本体论研究是根本不能被证实的思辨哲学或形而上学问题而将其抛在一边。由于坚持这种认识论哲学的基本立场，近代哲学进一步强化了自然与文化、主体与客体、心灵与世界、事实与价值、第一性质与第二性质的区分和对立。为克服这种割裂世界整体性和有机性的二元对立的严重弊端，怀特海明确地反对把哲学仅仅归结为认识论的错误倾向，认为哲学在本质上首先是宇宙论研究，在这种宇宙论和本体论前提下，才有可能真正地探讨认识论问题。他认为，近代哲学把全部哲学归结为认识论问题，其本身就是坚持主客二分的产物。因为倘若不设定认知主体与对象的二元性，认识论就不成其为认识论。因此，怀特海明确地要把康德在近代哲学中实现的所谓"哥白尼式的革命"重新颠倒过来，以彻底消除作为近现代西方哲学中主导性范式的二元对立思维方式，以有机整体的思维方式重新审视现实世界。所以，他明确地指出："有机哲学是对康德哲学的颠倒。《纯粹理性批判》描述了主体性材料进入客体世界的现象之中的过程。有机哲学则试图描述客体性材料如何进入主体性满足之中，以及客体性材料中的秩序如何提供主体性满足中的强度。在康德看来，世界产生于主体；而在有机哲学看来，主体产生于世界——世界是一个'超体'，而不是'主体'。"[1] 也就是说，世界是能动的有机整体，而非纯粹被动、受动的客体。人与世界的关系是部分与整体的有机联系和

---

[1] 怀特海：《过程与实在（修订版）》，杨富斌译，113页。

能动关系，而不是作为征服者的人类主体和纯粹被动的自然客体之间的关系。人与人、人与世界万物之间的关系毋宁说是一种主体间关系。因此，只有在首先弄清宇宙论的基础上，才有可能给认识论研究奠定坚实的本体论基础。

二、哲学是形而上学

怀特海在其后期哲学中经常明确地把他的过程哲学叫作思辨哲学或形而上学。根据刘易斯·S.福特在《怀特海形而上学的兴起，1925—1929》一书中的考察，怀特海的形而上学主要是在 1925 年至 1929 年创立的。[1] 这在现当代西方主流哲学明确拒斥思辨哲学或形而上学的大背景下，别具一格。正是因为这个原因，他在哈佛大学的讲座被某些人称为"纯粹的伯格森主义"。英美主流哲学界难以接受他的过程哲学，长期把过程哲学边缘化，其主要原因大概也在这里。

"形而上学"（metaphysics）本来是亚里士多德一部著作的名称，意为"物理学之后"。从 13 世纪开始，"形而上学"被作为哲学概念使用，用以指称研究超经验的东西的学问，或者用作哲学的别称，其意一般多指建立一个观念体系，以对实在的性质做出判断，或以一种方法去把握所知的实在的性质。怀特海致力于构建的过程形而上学理论与历史上形形色色的形而上学理论既有某些相通之处，又有明显的区别。

第一，怀特海不仅明确地把其阐述的过程哲学叫作思辨哲学或形而上学，并且认为形而上学是一种形成重要知识的方法。在怀特海看来，思辨哲学与形而上学是同义的。《过程与实在》第一编的标题为"思辨体系"，其第一章的标题为"思辨哲学"。他开宗明义地指出："这些演讲的宗旨是要对思辨哲学进行探讨，其首要任务便是对'思辨哲学'做出界定，并为其作为一种形成重要知识的方法做辩护。"[2] 可见，在怀特海看来，思辨哲学不仅是形成"知识"的方法，而且是形成"重要知识"的方法。这同近现代西方某些实证主义哲学家把哲学归结为纯粹思辨，不会形成真正的

---

[1] Lewis S. Ford, *The Emergence of Whitehead's Metaphysics, 1925–1929*, Albany, State University of New York Press, 1984.
[2] 怀特海：《过程与实在（修订版）》，杨富斌译，3 页。

知识的观点，显然是针锋相对、大相径庭的。

第二，怀特海认为，他要建立的"形而上学不过是对适合于全部实践细节的普遍原理所做的描述而已"①。在他看来，"凡是可以在'实践'中发现的东西，都一定在形而上学的描述范围之内。如果这种描述不能包含这种'实践'，这种形而上学就是不充分的，需要做修正。只要我们满足于我们的形而上学学说，我们就不要诉诸实践去补充形而上学"②。因此，他强调"思辨哲学的目的是要致力于阐述一种内在一致的、合乎逻辑的且具有必然性的一般观念体系，根据这一体系，我们经验中的每个要素都能得到解释"③。他还具体地说明，这里的"解释"是指，我们所意识到的一切，我们欣赏的、知觉到的、渴望的、想到的所有东西，都是这种一般体系中的具体实例。因此，这种体系应当是内在一致的、合乎逻辑的，并且就其解释力而言，还应当是适用的、恰当的。这里"适用的"是指某些经验是可以这样来解释的，而"适当的"则是指任何一项经验都能这样来解释。这里"内在一致的"，是指这一体系赖以发展起来的那些基本观念都是互为前提的，因而它们在孤立状态下便是毫无意义的。怀特海强调，思辨哲学的理想就是它的基本概念似乎不能彼此分离。换言之，思辨哲学假定，不可能设想任何存在能够完全脱离宇宙系统，思辨哲学的任务就是揭示这一真理。这一特征就是思辨哲学的内在一致性。这里"合乎逻辑的"，则指这种观念体系自身逻辑的自洽性或无矛盾性。

当然，怀特海也明确地认识到："任何形而上学体系都不能完全地期望满足这些实效性的检验。这样一种体系充其量是对所寻求的那些普遍真理的逼近。特别是，不存在任何精确陈述的、可作为出发点的公理式的确定性，甚至根本不存在用来构成它们的语言。唯一可能的方法是以词语表达方式作为出发点，而若以这些词语表达方式的现行意义本身来看，它们则是定义不明和含糊不清的。"④ 因此，除非通过进一步的说明，否则，这些表达方式就不是可以直接进行推理的前提。因为词语力求陈述的是一些一般原理，而这些一般原理则必须通过经验事实来说明。而且，对于词语的意义，"只有对宇宙给这些意义提供的形而上学背景相应地有精确的

---

① 怀特海：《过程与实在（修订版）》，杨富斌译，16 页。
② 同上书，15 页。
③ 同上书，3 页。
④ 同上书，16 页。

理解时，人们对这类意义才可能有精确的理解。但是，任何语言都不过是省略性的，它需要人们运用想象力的飞跃来理解其与直接经验相联系时所具有的意义。只有牢记任何语言陈述都不能充分地表达命题，才能理解形而上学在文化发展中的地位"[1]。在怀特海看来，形而上学在提供一般观念方面具有巨大的功绩。[2]

怀特海还进一步说明，"一种历史悠久的形而上学体系通常会获得某种充分精确的虚假印象，这是由于它的词汇和术语已经进入了现行的文献。这样，它的语言所表达的命题就更容易与我们稍纵即逝的直觉相联系而形成形而上学的真理"[3]。这表明，那些在一定历史时代占主导地位的形而上学，它们之所以被人们所接受，并不是因为它们的哲学体系完美无缺，也不是因为它们概括的原理都正确无误，而是因为它们的词汇和术语成了人们熟悉的概念与范畴，进入了当时的文献。这样一来，这种占主导地位的形而上学所表达的命题，就很容易与人们的直觉相联系，从而表现为形而上学的真理的外观。但是，在怀特海看来，这实际是虚假的印象。一旦我们相信了这种占主导地位的形而上学语言陈述，并用它们来论证，仿佛它们对意义做了充分的分析，我们就会陷入困境，即否定实践中的预设。这些形而上学原理的缺陷在于，每当要充分表达真实的命题时，它们所表达出来的命题却失去了自身的基本特性。怀特海所举的例子是"草是绿的"和"鲸鱼是大的"这类命题。这类主—谓陈述形式似乎非常简单，直接同自古代到近代的形而上学第一原理相通，但实际上在这些命题中却隐藏着复杂而多样的意义。怀特海分析，这类主—谓陈述形式的表达式实际上暗含着自亚里士多德以来的实体形而上学的哲学观："草"是主体或者实体，"绿的"只是这种实体的属性。这样一来，久而久之，人们便会形成"皮之不存，毛将焉附"的观念，并且这种观念会逐渐成为占主导地位的思维方式。然而，从过程哲学来看，这种实体属性观是根本错误的，因为它割裂了属性与实体的内在关联，把属性这种抽象的东西具体为独立的存在。实际上，"绿的"属性与"草"这个实体（用传统哲学的语言来说，是"实体"；用过程哲学的语言来说，应当是"主体"）是内在地联系在一起的，组成一个不可分割的有机整体。如果没有"绿

---

[1] 怀特海：《过程与实在（修订版）》，杨富斌译，16页。
[2] 参见上书，13页。
[3] 同上书，16页。

的""芳香的""有质量的""有一定形式的"等属性,这棵草是根本不存在的。

因此,在怀特海看来,形而上学的实用目标之一便是精确地分析命题。不仅要分析形而上学命题,而且要分析"今天的宴会有牛肉"和"苏格拉底是会死的"这类极为普通的命题。在此,怀特海批评了逻辑学家的一些不正确的观念,他说:把语词当作对命题的恰当陈述,这简直太轻率了。人类使用语词来概括一定的命题,这绝不限于判断命题在语词上的"真或假",而是要看命题是否对世界上某个事实有所断定。

第三,怀特海指出,他的思辨形而上学既有理性的一面,也有经验的一面。其理性的一面是由"内在一致的"和"合乎逻辑的"这些术语来表达的。其经验的一面是由"适用的"和"适当的"这些术语来表达的。也就是说,根据怀特海的理解,思辨形而上学并非只是纯粹的理性思辨,与经验没有任何关联。相反,他认为他要创立的思辨形而上学有经验的一面,与经验有关联。这种关联性表现在,这种思辨形而上学体系对每一项经验都具有适当性,全部经验的基本结构都会表现出同这种思辨哲学体系相一致,因而这种关联性是普遍的、必然的。思辨哲学体系对全部经验具有必然的普遍性,这意味着过程哲学宇宙论所理解的宇宙具有一种本质,这种本质禁止其自身之外的关系。思辨哲学的目的就是寻求宇宙这种普遍联系的本质。

第四,怀特海还强调指出,"哲学家们决不要奢望最终构成这些形而上学的第一原理。人在洞察力方面的弱点和语言自身的缺陷会无情地妨碍这一目标的实现。各种词汇和短语必定会在其一般意义上被加以引申,使其超越通常的用法。然而,不管这些语言要素如何被固定化为专门术语,它们仍然是一些隐喻,需要暗中借助于富有想象性的跳跃来补充"[1]。这就是说,任何哲学家包括怀特海本人,都不可能最终构成这些形而上学的第一原理。一是因为人的洞察力有限,二是因为人的语言总有难以克服的缺陷,它们两者都会妨碍最终完成形而上学的第一原理。因此,他特别提醒人们注意:"我们试图在事物的性质上一探究竟,追根溯源,这种努力是多么肤浅无力和不尽完善啊!在哲学讨论中,关于终极性

---

[1] 怀特海:《过程与实在(修订版)》,杨富斌译,5页。

陈述即使对其确定性有丝毫独断式的确信,都是一种愚蠢的表现。"① 怀特海研究专家菲利浦·罗斯对此评论说:"理解怀特海著作的一把绝对钥匙,就是其形而上学体系的可错性和可修正性。怀特海发展一种形而上学体系的努力,不应被视为关于事物本质的一种最终陈述,而是一个更大的正在进行中的历史方案的一部分。"②

但是,怀特海也认为,形而上学的第一原理绝不是不可知的、不能为人的洞察力所把握的。这便同一切实证主义关于形而上学原理不可知的观点区别开来。当然,坚持形而上学第一原理是可知的,是指人们"只能逐步地接近某种原理体系",而不能最终完成这种体系。这与物理科学不可能穷尽物理世界的一切规律是一样的。造成这种状况的原因有二:一是语言本身有缺陷和想象力有限;二是我们的经验材料有限,我们难以对所有的直接经验进行任何清晰完整的分析。

怀特海还认为,"形而上学的第一原理绝不能没有具体的实例"③。相反,它们总是通过一个一个的具体实例体现出来的。然而,通过严格的经验主义方法发现一般原理的做法已经破产,而且这种破产不仅仅局限于形而上学。在自然科学中严格坚持归纳法,也将使自然科学停滞不前。因此,在构建形而上学第一原理和所有科学发现中,必须充分发挥自由想象的作用。他批评培根忽略了自由想象的作用,指出"这种自由想象是由内在一致性和合乎逻辑性的要求支配的。真正的发现方法宛如飞机的航行;它从特殊的观察基地起飞,继而在有想象力的普遍性的稀薄空气中飞行,最后降落在由理性的解释使之更为敏锐的新的观察基地上"④。

怀特海还强调,要想通过自由想象来成功地建构理论,就必须严格遵守两个条件:首先,这种建构必须源于对特殊科学成果的概括,例如对物理学、生物学、心理学、美学、伦理学、社会学和语言学等学科的成果进行概括。这是理论建构的首要保证。因为理论建构是否成功,"永远要通过它应用于产生它的范围之外的结果来进行。如果没有这种扩大的应用,那么一种例如说从物理学中做出的概括,就不过是仅可应用于物理学的概念的另一种表述而已。而一种部分地获得成功的哲学概括,即使其起源于物理学,也可应用于物理学以外的经验领域。这将会为那些遥远领域中的

---

① 怀特海:《过程与实在(修订版)》,杨富斌译,"前言"5页。
② 菲利浦·罗斯:《怀特海》,李超杰译,12页。
③ 怀特海:《过程与实在(修订版)》,杨富斌译,5页。
④ 同上书,6页。

观察提供启迪"。"要检验这种方法是否成功,就是要把它应用到直接起源以外的地方。换言之,就是要获得某种概括的想象力。"① 其次,必须坚定地追求两种理性主义理想,即逻辑的完满性和内在一致性。数学在自然科学的有限领域内所发挥的作用已经为逻辑的完满性提供了重要的例证。思想史的一个显著特征是,由纯粹想象力产生并控制的各个数学分支最终都获得了重要的应用。对内在一致性的要求则是维护健全的理性主义精神的重要因素。否则,如果缺乏内在一致性,就会割裂形而上学的第一原理。在此,怀特海批评了笛卡尔哲学假设物质实体和精神实体同时并存的不一致性,即笛卡尔没有给出任何理由来说明为什么不能存在只有一种实体的世界。斯宾诺莎则坚持一种实体,从而修正了笛卡尔的理论,达到了更大的一致性。与斯宾诺莎哲学相比,有机哲学又进了一步,"有机哲学排除了'实体—属性'概念,并且以动力学的过程描述取代了形态学的描述。……这样一来,世界的明显的协同性就会得到合理的说明"②。"就这种一般立场来看,有机哲学似乎更接近于印度或中国的某些思想传统,而不是更接近于西亚或欧洲人的思想传统。前一个方面把过程当作终极的东西,而后一个方面则把事实当作终极的东西。"③

综上,怀特海阐述的过程形而上学思想,既承认思辨哲学是一种产生重要知识的方法,也表明哲学同具体科学的重要区别就在于哲学的形而上研究具有重要意义,它对人类文化发展和语言意义的确定都有重要作用,因为哲学研究的主题是宇宙的普遍原理。

三、哲学研究的主题是普遍原理

怀特海把哲学看作宇宙论和形而上学,与他对哲学研究主题的认识是分不开的。

第一,哲学应当对一切经验现象有普遍意识。在怀特海看来,哲学在只是沉溺于卓越的说明技巧时,会使自己的有用性丧失殆尽。这样一来,它就是在用错误的工具侵蚀特殊科学的疆域。他说:"哲学的终极

---

① 怀特海:《过程与实在(修订版)》,杨富斌译,6页。引文有改动。
② 同上书,8页。
③ 同上书,9页。

诉求应当是对我们在实践中所经验到的一切具有普遍意识。无论是何种预设思路，只要其能表现贯穿于理性社会各个时代的社会表达方式的特征，都必定会在哲学理论中找到其用武之地。"① 这就是说，具体科学的目的和意义在于对具体事实的说明，而哲学则是对这些具体说明和解释中所贯穿的普遍原理的揭示与说明。如果哲学不是致力于揭示这种普遍原理，而是致力于说明具体的经验事实，那么这便是哲学对特殊科学研究领域的僭越。自从近代科学从古代自然哲学中独立出来以后，任何企图把哲学理解为"科学之科学"的观点，都已经站不住脚了。

第二，哲学研究既要有抽象的理性概括，又要使这些概括能经受住逻辑和事实的检验。也就是说，在面对具体现实时，哲学既要有大胆的抽象概括和探险性的理性思辨，又必须在逻辑和事实面前保持全然的谦卑态度。"当哲学既不大胆也不谦逊，而仅仅反映异常人格的情绪性预设时，这便是哲学的病态。"② 也就是说，如果一种哲学理论既没有对具体现实存在的抽象概括和理性思辨，没有达到普遍原理的层次，又没有遵循严格的逻辑方法，不是直接面对客观事实进行概括，而是哲学家纯粹按照自己的抽象思维和主观想象提出一些情绪性的预设，那么这种哲学理论便是错误的。

第三，哲学的任务是说明如何从具体事物中做出抽象概括。怀特海指出，哲学的这种说明性意图经常被人误解。如果要追问如何从普遍的东西构成具体的特殊事实，那就完全错了。对这个问题的回答是："完全不可能。""真正的哲学是：具体事实如何体现从其本身抽象出来而又分有其自身性质的那些存在？""换言之，哲学是对抽象概括的说明，不是对具体的说明。"③ 所以，怀特海认为，各种类型的柏拉图学派的哲学，由于天才地掌握了这一终极真理，尽管与任意的幻想和返祖的神秘主义有许多联系，但至今依然保持着持续的魅力，因为它们所寻求的是事实中的形式。然而，在怀特海看来，"每一种事实都不只是自己的形式，而每一种形式却都'分有'着整个事实世界"④。这样一来，怀特海过程哲学便同各种柏拉图学派的哲学区分开来。正是基于这种认识，我们可以做出结论说，

---

① 怀特海：《过程与实在（修订版）》，杨富斌译，20～21页。
② 同上书，21页。
③ 同上书，25页。
④ 同上书，12页。

根据怀特海的观点，哲学的研究对象就是贯穿于自然、社会和人类思维之中的普遍规律或普遍原理。

第四，哲学从有限与无限的关系中突破有限、认识无限。在怀特海看来，哲学和科学研究的最终目的都是从已知走向未知，通过有限认识无限。但是，科学是致力于从有限中认识无限，因而科学总是侧重于在有限的现实世界中寻求因果关系；而哲学则是从有限与无限的关系中认识无限，因而哲学总是要突破现实世界的有限性，在有限之外去寻找无限。它要在科学研究的范围之外去寻求和射杀"猎物"。综观怀特海的著述，似乎他并没有对"哲学是什么"的问题直接给出明确的回答，但是，他确实曾经认真地思考过"什么东西使一种理论成为哲学理论"①，他的回答是："哲学是心灵对于无知地接受的理论的一种态度。所谓'无知地接受'，我的意思是说，没有就一种理论牵涉到的无限多的情况来理解这种理论的全部意义。"② 他解释说，哲学的态度就是坚定不移地试图扩大对进入我们当前思想中的一切概念的应用范围的理解。也就是说，哲学并不满足于人们已经用文字表达出来的概念、思想和思维，不满足于已经进入我们当前思想中的一切概念的应用范围。如果人们满足于这些已有概念、命题的应用范围，那他们就不是哲学家。没有一个哲学家会满足于与人们的通常看法相一致，不管这些人是他的同事还是他先前的自我。哲学家"总是在突破有限性的界限"③，致力于扩大已有知识、概念、思想和思维的应用范围。譬如，哲学家总是试图扩大物理学已经达到的知识的应用范围，把它们应用于物理学尚未研究也无法研究的宇宙其他领域，如心理领域、精神领域、道德领域、价值领域和其他未知领域。当然，在做这种扩大应用时，哲学家一定要小心谨慎，切不要以为这种应用一定会成功。当然，这种思辨性的应用一旦获得成功，就是哲学家的洞见获得了成功。否则，就要修改这种思辨性的假定。

怀特海认为，正是在这个意义上，哲学家与科学家区分开来。当然，诚如怀特海所说，"科学家也致力于扩大知识"④。然而，科学家致力于扩大的是科学知识本身。科学家从确定他的科学范围的一组原始观念以及这些观念之间的原始关系着手，例如牛顿动力学肯定了欧几里得空间、重物质、运动、张力与压力以及更为一般的力的概念。科学就是在假定这些观

---

① ② 怀特海：《思维方式》，刘放桐译，149页。
③ ④ 同上书，150页。

念适用的条件下演绎出结论。哲学家则不同。哲学家面对科学研究的结论时，并非仅仅局限于这些结论的作用和效果，而是致力于探究这些结论是否在其适用条件之外仍然继续适用和有效。因此，怀特海认为，哲学家总是要突破科学知识所揭示的有限性的界限，试图从有限中探索无限、从暂时中探索永久、从个别中探索一般；否则，就不叫哲学探究。

进一步讲，与科学家探究知识不同的是，哲学家致力于探究的是各种观念的意义。怀特海举例说，在对待牛顿动力学问题上，哲学家与科学家的态度和方法是相悖的。"科学家要探究结论，并力图考察这些结论在宇宙中的实现。哲学家则要根据那些充斥于世的混乱的特征来探究这些观念的意义。"① 我们知道，并非只有哲学才能给人们提供新观念，各门科学和人类日常经验都会不断地给人们提供一些新观念。然而，这些日常观念尤其是科学观念有什么意义？尤其在应用范围扩大的意义上有什么意义？这一思考正是哲学思维所独有的。因此，怀特海认为，"科学家和哲学家显然可以相互帮助"②。因为科学家往往需要新观念，而哲学家通过研究科学结论而得到的各种意义通常对科学家有启发。

当然，哲学探索的是普遍原理，而且是不断更新的普遍原理，所以通常很难用语言明确地将之表达出来。因此，怀特海说："如果谁想把哲学用话语表示出来，那它是神秘的。因为神秘主义就是直接洞察至今没有说出来的深奥的东西。但是哲学的目的是把神秘主义理性化：不是通过解释来取消它，而是引入有新意的、在理性上协调的对其特征的表述。"③ 可见，怀特海一方面认为，哲学不可能用语言清楚明白地表达出来，在很大程度上它需要人们冥思苦想，通过意念来把握；另一方面又认为，哲学又必须用理性的语言来表述人们对世界的冥想和体验，不然就要陷入神秘主义。把神秘主义理性化，这就是怀特海所理解的哲学的目的。

正是在这个前提下，怀特海提出了一个著名论断："哲学类似于诗。"④ 也就是说，哲学和诗一样，力图表达我们关于文明的终极的良知，所涉及的是形成字句的直接意义以外的东西。两者有所不同的是，"诗与韵律联姻，哲学则与数学结盟"⑤。

---

①② 怀特海：《思维方式》，刘放桐译，150页。
③　同上书，151~152页。
④⑤　同上书，152页。

四、哲学的成功在于能提供一般观念

哲学的作用是什么？哲学的成功表现在哪里？古往今来，对于哲学的作用，哲学家们可谓仁者见仁、智者见智。怀特海通过比较哲学与科学的主题、哲学与数学的关系、哲学与语言的关系和哲学与文明的关系，详细阐述了哲学的作用。

首先，哲学是通向更大的普遍性的航行。怀特海认为，一门具体科学的领域通常只限于某一类事实，其意思是指，它所做的任何陈述都与这个事实之外的事实无关。任何一门具体的科学都是针对一组特定的事实而产生的，正是这个状况保证了这类事实之间具有各种确定的关系，人们似乎都能意识到这些关系，并且能用语言来充分地加以描述。因此，在怀特海看来，"具体科学探讨的主题通常易于探究，而且易于用语词来表达"①。

但哲学探究的主题则与之不同。"哲学研究宛如通向更大的普遍性的航行。正是由于这个原因，在科学的幼年时期，人们的注意力主要是放在发现可有益地应用于相关主题的最一般的观念上，哲学与科学还没有严格地区分开来。……在科学发展的晚期阶段，除了偶然的干扰以外，大多数科学都毫无疑问地接受了它们赖以发展的一般概念，其主要的关注点是如何协调和直接证实那些更加具体的陈述。"②

因此，在怀特海看来，"哲学的目标之一便是向构成科学的第一原理的那些似是而非的陈述提出挑战。知识的系统化不能在封闭状态下进行，所有的普遍真理都是互为条件的，并且如果它们脱离了与更大的普遍性原理的相互关联，也不能恰当地界定它们的应用范围"③。要批判这些原理，首先必须弄清楚我们赋予各门科学的这些基本概念的恰当意义，并且要通过它们相互之间的地位和关系来考察这些概念。也就是说，必须达到哲学的普遍性层次，从哲学的普遍原理上来考察它们的意义。正是在这个意义上，怀特海提出了一个著名论断："欧洲哲学的兴趣在很大程度上就是由数学发展为一门抽象的普遍性科学所推动的。但是在哲学后来的发展中，哲学的方法也深受这种数学典范之害。"因为"数学的主要方法是演绎法，哲学的主要方法则是描述性的归纳法。在数学的影响下，演绎法作为标准

---

① ② ③ 怀特海：《过程与实在（修订版）》，杨富斌译，12页。

的方法强加给哲学，而不是把这种方法的真正作用当作检验这些普遍性原理适用范围的基本的辅助性证实手段。这种对哲学方法的误解掩盖了哲学在提供一般观念方面的巨大成功，而这种一般观念可以使我们对经验事实的理解更加清晰"①。怀特海认为，哲学提供的一般观念能使我们对经验事实的理解更加清晰，讲的正是这个意思。怀特海还强调，"一种新观念通常会引入一种新选择。……在经由一位哲学大师的思想冲击之后，哲学再也不会回到其原先的状态了"②。

其次，怀特海还从哲学与语言的关系上考察了哲学的作用。怀特海指出，每一门科学都必定会设计自己的工具，而哲学所需要的工具则是语言。毫无疑问的是，人类对经验事实的普遍认同可用语言给予很好的表达。但是，恰恰在以清晰明白的形式表达更大的普遍原理时，文学语言不能奏效了。但"形而上学所要力求表达的正是这些普遍原理"③。问题在于，每一命题所指称的论域都展示着某种一般系统的形而上学特征。如果没有这种一般系统为背景，各个零散的存在以及这一命题便没有确定的特征。因为每一种确定的存在都要求有一种系统的领域为其提供必要的位置。世界上根本不存在不依赖其他存在而可自我维持的事实，即漂浮在虚空中的事实。不可能把一个命题从现实世界的系统中割裂出来。

再次，怀特海强调，"哲学的有用性功能就是促进文明思想最普遍的系统化。专门知识与常识总是相互作用的：专门科学的作用是修正常识，而哲学的作用则是把想象力与常识相融合，从而形成对专家的制约，同时也扩大他们的想象力。通过提供一般概念，哲学应当使人们更易于理解那些孕育在自然母腹中尚未成为现实的无限多样的特殊情况"④。因为如果没有这些一般概念，就不可能形成科学的理论体系，经验性的认识就上升不到科学的层面。有识之士认为，中国古代科学后来之所以停滞不前，没有形成化学、物理学等现代科学理论的形态，从某种意义上说，就是因为我们的古人没有形成一般概念。怀特海认为，在哲学史上，思辨哲学因为过于野心勃勃而一直遭人反对。因为它要建立和阐述关于宇宙的普遍原理，而这些普遍原理并非那么直接明显，也并非那么容易被发现。那些被哲学史上的哲学家们宣布为普遍原理的东西，后来被证明并非如此。因此，这给人们造成一种印象，似乎思辨哲学家都是一些空谈家，都是一些

---

① ② ③ 怀特海：《过程与实在（修订版）》，杨富斌译，13页。
④ 同上书，21页。

不切实际的理想主义者。但是，有意思的是，"人们承认理性主义是具体科学在自己的有限范围内获得进步的方法"①。承认理性主义的积极作用，却不承认以理性主义为基本工具的哲学或者形而上学，怀特海认为这是自相矛盾的。

在怀特海看来，这种观点实际上在暗中把过去的独断论检验标准强加给了哲学。怀特海说："如果用同样的标准来强行检验科学，科学也是不成功的。"② 因为从科学史来看，一门具体科学的发展也是不断地由新理论替代旧理论的历史，如化学上从"燃素说"到后来的"氧化说"、天文学上从托勒密的"地心说"发展到后来哥白尼的"日心说"、物理学上从牛顿力学发展到爱因斯坦相对论和哥本哈根学派的量子力学等。如果以同样的标准来衡量这些自然科学，那么这些自然科学也是不成功的。为什么坚持理性主义精神的人们对自然科学的理论不断更替采取如此宽容的态度，但对哲学理论的不断更替却采取如此教条或独断的态度呢？如果从继承性上来看，"我们对十七世纪笛卡尔哲学的继承就远甚于继承那个世纪的物理学"③。

因此，怀特海认为，无论历史上的哲学还是历史上的科学，在一定意义上，它们都表达了关于宇宙的某些重要的真理。但是，在教条主义或独断论占统治地位的时期，无论笛卡尔的哲学概念还是自然科学的概念，它们的有效性都遭到了误解。在此，怀特海提出一个重要观点："人类从来不明白自己到底要追寻什么。当我们考察思想史以及同样的实践发展史时，我们会发现人们尝试过一个又一个理念，限定了这些理念的范围，阐发过这些理念的真理性内核。"④ 对于每个时代的人们进行的理性探险，怀特海指出，奥古斯丁的一个说法包含着一定的真理性："世界的判决是可靠的。"这就是说，人们的理性追求，人们构建的任何理论体系，包括形而上学体系和自然科学的理论体系，最终都要接受现实世界的检验。一个理论是否正确，最终要检验其是否符合现实世界的本真状态。因此，现实世界的判决是最可靠的。人们所做的每一个具体的哲学概括和科学概括不可能完全符合现实世界，或者完全符合宇宙的整体状态，但人们至少已经尽其所能在努力地进行体系化和系统化的解释，并且在怀特海看来，人

---

① ② 怀特海：《过程与实在（修订版）》，杨富斌译，17页。
③ 同上书，18页。
④ 同上书，17页。

们最终毕竟也有所得。在这里，不能要求某一个时代的人获得关于宇宙的最终的和全部的认识。因此，怀特海指出："对这些努力的恰当检验不是要检验其最终的结果，而是要检验其是否取得了进步。"不管哲学认识也好，科学认识也罢，总是认识过程中的一个环节。一个具体的认识，只要从历史上看进步了，就是有价值的；不能奢望某一个时代、某一个人能够揭示宇宙的全部真理。正如恩格斯所说，我们如果非要把全人类世世代代才能完成的认识宇宙总体的历史任务，归结到某一个时代、某一个人或某一些人身上，那注定是要失望的，也是不公正的。

最后，怀特海还对哲学无用论做了明确的批判。他说，对哲学思辨的主要反对意见是其无用性，即认为哲学没有任何用处。[①] 这种"哲学无用论"起源于16世纪，最终是由弗兰西斯·培根表达出来的。这一哲学无用论的观点认为，我们应当描述具体的事实，并从中概括出具有普遍性的规律。这种普遍性应当严格限制在所描述的那些细节的系统化方面。而普遍性解释则被认为对这一方法没有任何意义。因此，有人认为，任何普遍性的解释体系，不管其真假如何，本质上都是空洞无用的。怀特海不赞同这种哲学无用论观点及其论证方式。他指出："不幸的是，对这种反对意见来说，除非把事实解释为系统中的一个要素，否则根本不存在任何能够理解的自足的原初事实。无论何时我们试图表达直接的经验问题，我们都会发现，对这一问题的理解都会引导我们超越经验自身，超越其现在、过去和未来，并达到据以展示其确定性的普遍。"[②] 这就是说，我们只有把一个原初事实理解为一个有机系统中的要素，才能真正理解这个原初事实在整个有机系统中的地位及作用。如果仅仅把一个原初事实理解为孤立的、与系统中其他要素没有联系的独立事实，那么这个事实就不能得到真正的理解。无论何时，我们只要试图全面而深入地说明一个经验事实，就必须超出这一事实，把这一事实放在它所处的系统之中，并且超越其现在、过去和未来，这样才能真正地对这一事实做出普遍而必然的系统说明。系统论也充分揭示了这一原理：非加和性原理告诉我们，系统的整体功能不等于各个组成要素的简单相加。反过来说，系统中的各个要素的功能，只有在系统的整体功能中才能得以发挥和理解。离开这个系统，要素本身的性质就无法确定，其自身的功能就无法正常发挥，因此对它的理解也难以达到本真状态。正如脱离人体的手已不是本来意义上的手一样，脱离系统整体的任何单个要素，都无法确定

[①②] 怀特海：《过程与实在（修订版）》，杨富斌译，17页。

地判定其性质、功能和作用，当然也无法正确地对它加以理解和说明。

进一步而言，任何普遍性的说明，只因其具有普遍性的本性，往往需要以各种确定性来具体地体现其他事实的潜在性，否则这种普遍性便不会得到人们的认可。因此，怀特海强调指出："要理解直接的原初事实，就要求把它作为与这个世界有系统关系的一个事项，以此来获得其形而上学的解释。"① 这就是说，如果要理解一个直接的原初事实，就必须把它放在这个现实世界系统之中，把它作为这个系统中的一个要素来理解。只有这样，才能对它获得一种系统的普遍性解释，即一种形而上学的解释。在这个意义上，怀特海指出，一旦思想出场时，就会发现这些解释都是实践的问题。这就是说，思想对任何原初事实的理解，归根到底都是一个实践问题。正如马克思在《关于费尔巴哈的提纲》中所说，理论的现实性本质上是一个实践的问题，而不是纯粹的理论问题。在怀特海看来，哲学的目的和作用并不是要启动对于事实的解释。哲学寻求建立一个理性的体系，不过是对我们必然要做出的解释寻求更充分的批判，进行更充分的说明。因为在我们的习惯经验中，通常交织着解释时的成功与失败。在此，怀特海提出一个著名论断："如果我们期望记录未经解释过的经验，我们就只能让石头自己写自传了。"② 显然，石头不会自己写自传，只有对事物和事件具有一定理解与解释力的人，才会写自传，因为自传并非只是机械式地记录自己的"历史"，而是对自己历史的一种解读，而解读一定充满着解释。因此，怀特海指出："每一篇科学备忘录对'事实'的记载自始至终充满着解释。"③

那么，哲学如何能使自身摆脱无用性的缺陷呢？怀特海提出的办法之一是："哲学由于同宗教、自然科学和社会科学的密切联系使自身摆脱了无用的坏名声。哲学由于将宗教和科学融为一种合乎理性的思想体系而使自身获得了主要的意义。"④ 在怀特海看来，宗教能把哲学理性的普遍性与特定社会、特定时代中产生的并以特定前因为条件的诸情感和目的结合起来。宗教把一般观念转化成特殊的思想、情感和目的，其目标指向是扩展个体的利益，使之超越有违其初衷的特殊性。哲学应当与宗教建立密切联系，应当向宗教学习。因为宗教能把一般观念、终极关怀变成特殊的思想、情感和目的，因而能打动人心，能使个体获得直接利益。宗教作为一种终极的渴望，能把主要属于概念思想的非现世的普遍原理注入持续的特殊情感之中。在高级机体中，只有实现了这种注入，才会

---

①②③④　怀特海：《过程与实在（修订版）》，杨富斌译，18页。

消除纯粹情感和概念经验之间的节奏感造成的终生厌烦。机体的情感和概念这两个方面要求协调一致,宗教在这种协调过程中发挥了重要作用。在怀特海看来,对纯粹经验进行理智性证明的要求长期以来也是推动欧洲科学发展的动力。"从这个意义上说,科学的旨趣不过是不同形式的宗教旨趣而已。任何对科学献身于'真理'这一理想的探究都将会确认这一陈述。"[①] 由此不难理解,为什么近代科学的先驱大多是宗教徒,如近代天文学家哥白尼、生物学家孟德尔等。科学与宗教同源,科学的兴趣只是宗教兴趣的一种变化——这并非天方夜谭,而是不争的事实。

当然,就宗教与科学所关注的个体经验的各个阶段而言,两者仍有重大差异。宗教关心的是理性思维与感官反应之间的和谐,而科学关注的则是理性思维与知觉材料之间的和谐。科学在探讨情感问题时,所讨论的情感是知觉材料,而不是直接的情感冲动,也就是说,科学探讨的是他人的情感,而不是研究者自己的情感;科学探讨的至多是研究者记忆中的情感,而不是自己的直接情感。用怀特海的话说:"宗教探讨的是经验主体的形成过程,科学探讨的则是客体,这些客体是构成这种经验的初级阶段的材料。"[②] 经验主体源于既定的条件,并处于这些条件之中;科学把思想与这种原初事实相调和,而宗教则把这一过程中包含的思想与这一过程中涉及的感官反应相调和。这个过程不过是正在经验的主体自身而已。在这一说明中,怀特海假定了经验主体是对现实世界的感官反应的一种现实发生,一种生成的存在。在此,怀特海关于科学与宗教的关系做了一个非常深刻的论断:"科学在其知觉材料中可以发现宗教的经验,而宗教则可以在与特殊感官反应相融合的概念经验中发现科学的概念。"[③]

五、哲学的进步性和传统哲学对理性作用的夸大

(一)哲学自柏拉图以来一直在不断进步

怀特海既不同意哲学史"是一堆哲学僵尸的战场"的观点,也不同意哲学的发展"是狗熊掰棒子式的历史"的观点。也就是说,他并不认同以

[①] 怀特海:《过程与实在(修订版)》,杨富斌译,18页。
[②][③] 同上书,20页。

下这种流行的观点：每一种新的哲学体系总是把先前的哲学体系推倒重来，因此，哲学自产生以来似乎没有什么真正的进步；哲学史只是各不相同的哲学体系相互替代的历史而已。

在怀特海看来，尽管从历史上看，每一种具体的哲学体系都免不了被其他哲学体系所替代的命运，因而哲学史似乎表现为各种不同的哲学体系相互攻讦和更替的历史，但是从总体上看，哲学则一直在不断前进。哲学同其他任何科学一样，其内容一直在不断更新，其观点一直在不断发展，逐渐地接近对宇宙本性和总体的正确把握。正如今天的物理学不同于古代和近代的物理学一样，今天的哲学也不同于古代和近代的哲学。因此，哲学和科学一样，在总体上是不断进步的学科，其内容是不断更新和增加的。我们不能因为物理学理论不断地被新的物理发现所更新而否定物理学的进步，同理，我们也不能因为哲学理论不断地被新的哲学发现所更新而否定哲学的进步。因此，怀特海明确地指出："从这个意义上说，哲学自柏拉图以来一直在不断向前发展。"[1] 虽然"每一种哲学都会依次遭受被其他哲学所取代的命运。但是，各种哲学体系综合起来则可表达关于宇宙的普遍真理"[2]。无疑在这里怀特海表达了一个非常重要的哲学观：各种哲学体系所构成的总体可以表达关于宇宙的一般真理。

在我们看来，怀特海关于哲学自柏拉图以来一直在不断进步的观点，非常正确地概括了西方哲学自古希腊以来的实际发展状况，并且对于我们正确认识哲学和科学的关系、哲学的社会作用和功能，具有特别重要的意义。长期以来，各种科学主义哲学思潮和"哲学无用论"的重要依据之一就是，同科学进步相比，哲学没有自己进步的历史，似乎自产生以来一直在原地踏步不前，这与科学自产生以来的不断进步形成鲜明的对照。怀特海则认为，其实同17世纪的物理学等具体科学相比较而言，人们可能会更重视17世纪的哲学研究成果。如果说今天的人类不坚持17世纪的哲学，那么今天的物理科学更不会坚持17世纪的物理学。尽管自近代以来，哲学从根本上说总是以自然科学等为根据来发展自己的理论，但并不能因此而否定哲学的独立价值和作用；哲学对整个世界的反思和一般原理的概括，始终是人类认识世界必不可少的一个方面，甚至是更为重要的方面。

有人可能会说，不正是怀特海明确地提出了"整个西方哲学不过是柏拉图哲学的注脚"这个命题的吗？确实，正是在《过程与实在》第二编第

---

[1][2] 怀特海：《过程与实在（修订版）》，杨富斌译，20页。

一章"事实与形式"中，怀特海明确地指出："欧洲哲学传统最可信赖的一般特征在于，它是由对柏拉图的一系列注脚构成的。"① 这个论点被后人演绎为"整个西方哲学不过是柏拉图哲学的注脚"，现已成为哲学界的一个著名论点，经常被人引用。

但是，怀特海在说欧洲哲学的一般特征表现为它是由柏拉图哲学的一系列注脚构成的时候，并不是指柏拉图哲学的整个思想体系，而是指散见于柏拉图哲学著作中的、由一般观念所构成的思想财富。由于柏拉图的个人天赋，由于柏拉图在他生活的那个伟大的文明时代有各种机会进行广泛的体验，他的那些尚未由过分的系统化所僵化的思想火花和文化遗产，使得他的著作成为永不枯竭的思想源泉。因此，在某种意义上，当怀特海声称他演讲中的一系列思想都是柏拉图的时，他"只不过是要表达这样一种希望：这一系列思想都没有超出欧洲的思想传统。……如果由于两千年来人类在社会组织、美学成就、科学和宗教方面的经验而使得我们必须使柏拉图的一般观点有一点变化，那么我们就必须着手建构一种有机哲学"②。

因此，说欧洲哲学的一般特征表现为它由柏拉图哲学的一系列注脚构成，并不是指哲学没有进步和发展，恰恰相反，这正是在强调哲学发展的继承性。在这个意义上，怀特海过程哲学的创立和发展，并不是对柏拉图的流变思想和赫拉克利特的流变哲学的简单继承，而是在新的科学基础上的创新和发展，甚至是对人类以往哲学史、科学史上关于变化和发展的全部思想的系统总结。只有基于这种哲学观，才能真正理解怀特海过程哲学在西方哲学史上的革命性变革——彻底推翻了自牛顿以来逐步形成与发展起来的实体哲学和二元论哲学，使哲学迈向以过程—关系为根本特征的有机哲学的发展阶段。而且，即使对流变、过程思想的理解，怀特海过程哲学也把古代的过程思想引申了，譬如把赫拉克利特所谓"无人能两次跨入同一条河流"中的客体流变性思想，扩展为"无主体能经验两次"，即扩展到主体也是不断生成的。

（二）传统哲学的主要错误是夸大了理性概括的作用

哲学对具体事实做出一定的理性概括，从目的上看是合理的，但是传统哲学对这种概括所取得的成功的估计却被过分夸大了。这种夸大主要有两种形式。一种是所谓"误置具体性之谬误"。这种谬误表现在，把对现

---

① ② 怀特海：《过程与实在（修订版）》，杨富斌译，50页。

实存在的某种抽象当作具体，似乎这种抽象可以脱离现实存在而独立存在。这就把具体放错了地方，故怀特海称之为"误置具体性之谬误"。譬如，引力是牛顿物理学对各种现实存在尤其是天体之间存在的一种力的抽象，这种引力依赖于这些具体的天体，没有这些天体的存在，就不会有引力。但有些人却认为，引力是一种独立存在，即使没有这些天体，引力照样会独立存在。这便犯了怀特海所说的误置具体性之谬误。

另一种是在确定性和前提方面对逻辑方法做了错误的估计。在怀特海看来，"哲学一直受到一种不幸观念的困扰，这就是认为哲学方法可以独断地表示那些各自清晰、明确和确定的前提，并可在这些前提之上建立起一种思想演绎体系"①，他认为，精确地表达终极的一般原理是进行哲学讨论的目标，而不是其起因。长期以来，哲学一直被数学的样板所误导。即使在数学中，对终极的逻辑原理的陈述也被各种困难所困扰，迄今为止这些困难也未能克服。因为对一种理性体系的确证，应当检验其第一原理是否取得了普遍的成功，而不是看其是否有特别的确定性，或者是否有原初的清晰性。怀特海特别强调，在这方面，必须要特别注意防止归谬法的滥用，许多哲学原理深受其害。在推理过程中，当一系列推理出现矛盾时，人们通常会得出的唯一结论便是，这种推理的各种前提中至少有一个是假的。人们通常不再进一步质疑，便轻率地断定这个错误的前提可以立刻被确定。在数学中，这种假定通常可以被证明为正确的。哲学家们由此而受到误导，认为在哲学中也是这样。其实，在哲学论证中，当存在的范畴还没有得到很好的定义时，哲学论证的每一个前提都是可以存疑的。怀特海指出："如果我们把任何一种哲学范畴体系都看作一种复合的断定，并且把逻辑学家或真或假的选择应用于这种体系，那么答案必定是，这种范畴体系是错的。对于现已阐明的任何科学原理的类似问题，必定都可以给予同样的回答。"②

在这个意义上说，形而上学范畴不是对明显事理的独断性陈述，而是对各种终极的一般原理的试探性表达。任何哲学体系都会有一些尚未详细阐述的条件、例外和局限，并且根据更为一般的概念可以做出新的解释。迄今为止，我们还不知道如何把一种哲学体系或形而上学体系打造为一种合乎逻辑的真理。但是，并不能由此否定哲学的积极作用。在怀特海看

---

① 怀特海：《过程与实在（修订版）》，杨富斌译，9页。
② 同上书，10页。

来,哲学体系是一个母体,从中可以衍生出适用于各种具体环境的真命题。目前我们只能信任我们受过训练的天赋,让我们的天赋来帮助我们区分这种哲学体系可以适用的各种具体情况。

怀特海认为,使用哲学这样一个母体,就是要我们根据严密的逻辑,大胆地以之为根据来论证。因此,应当以最精确和最确定的方式来阐述这种哲学体系,以便使这种论证得以进行。这种论证的结果还应当由此而能面对其应当适用的各种具体情况。

这样做的主要好处在于,人们会经常根据这种哲学来拷问经验,并使自己的观察获得更强大的穿透力。采用这一方法的结果有三种:一是其结论与观察事实相一致;二是其结论与观察事实大体一致,只是在细节上不尽相同;三是其结论与观察事实完全相反。

在第一种情况下,观察事实得到了更充分的认识,并且说明这种哲学体系适用于现实世界。在第二种情况下,对事实的观察和这个哲学体系的细节都需要进行批判和反思。在第三种情况下,需要对理论进行根本的重建,要么将其限制于某个特殊的领域,要么抛弃其主要的思想范畴。

在这里,怀特海提出一个非常重要的论断:"自从人类以文明语言奠定了理性生活的最初根基以来,全部富有成效的思想进步,要么是通过艺术家富有诗性的洞察力来实现的,要么是通过思想家富有想象力地来阐述可用作逻辑前提的思想体系而实现的。从某种程度上说,进步永远是对那些明显的东西的超越。"[①] 这表明,诗性的洞察力和理性的观念探险是人类思想进步的主要动力。理性主义在人类的思想探险活动中一直占据主导地位。在怀特海看来,"理性主义是一种思想澄清过程的探险,这种探险不断进步,永无止境。然而,这种探险即使部分地取得成功,也具有重要意义"[②]。

小结: 本章阐述了怀特海过程哲学的哲学观。在怀特海看来,过程哲学首先是一种宇宙论,其目的是对世界做综合性的总体性研究,给人们提供一种新的世界观;其次是一种思辨形而上学,侧重探讨关于世界的实在性的普遍必然性。在这种形而上学体系中,实在是根据关系得以规定的。这个关系世界之中的"事物"是由它们的各种关系构成的。一切存在物都是关系性存在物。这种思辨形而上学既有理性的一面,也有经验的一面,

---

[①][②] 怀特海:《过程与实在(修订版)》,杨富斌译,11页。

因而是可错的和可修正的，由此同以往一切形而上学体系区别开来。怀特海的思辨形而上学坚持形而上学的第一原理绝不是不可知的，也绝不能没有具体的实例。相反，形而上学原理的建构要取得成功，一是必须源于对特殊科学成果的概括和总结，二是要在其理论来源之外的更大范围内加以检验，为更为遥远的领域中的观察提供启迪。在这个意义上说，哲学研究的主题是普遍原理，哲学的任务是说明如何从具体事物中做出具有普遍意义的抽象概括，即从有限走向无限、从相对推出绝对、从暂时走向永久、从特殊走向普遍。哲学的成功在于能给人们提供一般观念，促进文明思想最普遍的系统化。哲学史表明，"哲学无用论"是错误的，哲学研究一直是一种发现重要知识的方法，而且哲学自柏拉图以来一直在不断进步，其内容一直在不断更新，其观点一直在不断发展。衡量一种哲学理论是否进步，主要是看其是否能对更多和更广的经验事实予以合理的说明。哲学的进步永远是对那些明显的东西的超越。哲学诗性的洞察力和理性的观念探险，是人类思想进步的主要动力。传统哲学所犯的主要错误是夸大了理性概括的作用，一是表现为"误置具体性之谬误"，二是在确定性和前提方面对逻辑方法做了错误的估计。

第四章　过程哲学的方法论[*]

真正的发现方法宛如飞机的航行。它从特殊的观察基地起飞，继而在想象性概括的稀薄空气中翱翔，最后降落在由理性的解释使之更为敏锐的新的观察基地上。

有机哲学抛弃了思想的主词—谓词形式……排除了"实体—属性"概念……以动力学过程描述取代了（斯宾诺莎的实体哲学的）形态学的描述。

"关系"支配着"性质"。所有关系在各种现实的关系中都有自己的基础。

——怀特海

众所周知，有什么样的宇宙观，就有什么样的方法论。怀特海过程哲学由于明确地坚持过程哲学的动态宇宙观，因此在方法论上提出了过程—关系的方法论。在《过程与实在》"前言"中，怀特海明确指出，该书"第一编解释了有机哲学使用的方法"。但实际上整个《过程与实在》中都有关于过程哲学方法论的论述。在《思维方式》中，怀特海更是具体阐述了他的反实体思维方式，倡导过程思维方式。

一、以过程分析法取代形态分析法

（一）以"动态学过程描述"取代实体哲学的"形态描述"

过程哲学方法论试图以发生学的动态过程分析法取代传统实体哲学的

---

[*] 本章主要内容笔者杨富斌曾以《论过程哲学的方法论》为题，发表于《求是学刊》2015年第2期。其核心观点笔者杨富斌曾以《过程哲学方法论探析》为题，发表于《光明日报》2015年1月21日"理论版"。

形态学的静态结构分析法。这是过程哲学的过程宇宙论在方法论上的必然体现,也是过程哲学方法论的最大特点。

怀特海指出,哲学研究方法至少涉及两个方面:一是哲学研究必须建立一定的体系。因为这种"体系是重要的,它对于讨论、利用以及批判充塞于我们经验中的那些思想都是必要的"。在他看来,哲学的"体系化是用从科学的专门化得出的方法对一般性的批判。它以一组封闭的原始观念为前提"①,构造出合乎逻辑的和内在一致的理论体系。二是哲学研究必须对范围广泛和适当的一般性概念予以思考。怀特海强调,对一般性概念进行思考"这种精神习惯就是文明的本质。它就是文明。独居的鸫和夜莺能发出极为优美的声音。但它们不是有文明的生物。它们缺乏关于自己的行为及周围世界的适当的一般性的观念。高等动物无疑具有概念、希望和恐惧。由于它们的精神机能的一般性不充分,它们还缺乏文明。……文明生物是那些运用某些范围广泛的关于理解的一般性来考察世界的生物"②。哲学则是人类最高级的文明形式。

根据怀特海的理解,"一切体系化的思想都必须从一些预先作出的假定出发"③。但是,他认为,在做建立体系的工作以前,先要完成一项任务。这就是要先进行收集和强调少数几个范围广泛的概念,同时注意其他各种不同的观念。在西方文献资料中,有四位伟大的思想家,他们对文明思想的贡献就在于他们在哲学收集上取得的成就,他们每个人都对哲学体系的构造做出了重要贡献。这四人是柏拉图、亚里士多德、莱布尼茨和威廉·詹姆士。

怀特海致力于通过收集、整合人类迄今所创立的基本概念和各种不同观念,结合科学发展的最新成就及其所揭示的宇宙真相,综合人类的日常经验、宗教体验、审美体验和其他相关知识,建构一种有机哲学的宇宙论或形而上学思辨理论体系。为此,他必须从世界上存在的现实的万事万物中预先做出一些抽象假定,然后从这些预先做出的假定出发,并从预先假定的一些最基本的范畴开始建构其理论体系。

从方法论上说,这种建构理论体系的方法,类似于马克思在《资本论》中使用的方法。我们知道,马克思在分析资本主义经济活动时,从资

---

① 怀特海:《思维方式》,刘放桐译,4~5页。
② 同上书,5页。
③ 同上书,3页。

本主义经济的多种现实中抽象出最基本的"商品"范畴,这个最基本的范畴不能再分析为更小的单位,但却包含着以后各种现实存在的实现形式的萌芽。然后,马克思通过系统地分析"商品—货币—资本"的现实运行和发展过程,从理论上抽象地再现了整个资本主义的现实。这就是马克思所概括的"从抽象上升到具体的方法"。其中,"抽象"即是马克思对资本主义诸多现实所做的抽象假定,而"具体"则是对资本主义现实的理论再现。

那么,怀特海在建构其形而上学理论体系时是从哪个最基本的范畴开始的呢?对此,怀特海有明确的说明。他说:"'现实存在'——亦称'现实发生'——是构成世界的最终的实在事物。在这些现实存在背后再也找不到任何更为实在的事物了。"① 他的有机哲学就是关于现实的最小构成单位的理论。对这种最小构成单位,当然既可以从发生学方面进行考察,也可以从形态学方面进行考察。《过程与实在》第三编即是对现实存在进行发生学理论的考察,第四编则以现实存在的广延性分析为题,对之进行形态学理论的考察。② 传统实体哲学的缺陷并不在于从形态学方面对现实存在进行考察,而在于它仅仅从形态学角度进行,没有看到或者不懂得甚至否认从发生学方面对之进行考察,因而陷入孤立的、静止的、片面的方法论泥淖。③ 在这种孤立的、静止的、片面的方法论视域中,根本看不到现实存在之间的相互联系、相互作用、相互影响、相互制约,更看不到现实存在本身中存在着关系性的属性,即内在关系性,因此,传统的实体哲学通常只承认外在的关系,不承认或看不到现实存在本身固有的关系性质。

过程哲学方法论超越了传统实体哲学方法论的这些局限。这种超越主要表现在,过程哲学不仅特别注重对现实存在进行发生学考察,而且注重对其进行形态学考察。这样,它便克服了传统实体哲学方法论的弊端,把哲学研究推向一个新阶段,深化了人类对现实存在有机性、关系性和过程性等本来面目的认识与把握。

在这个意义上说,过程哲学与实体哲学的关系,类似于相对论和量子

---

① 怀特海:《过程与实在(修订版)》,杨富斌译,23页。
② 参见上书,279页。
③ 黑格尔学派和马克思主义哲学家曾把这种以孤立的、静止的和片面的分析事物的方法叫作与辩证法相对立的形而上学思维方法。当然,这种意义上的形而上学与怀特海在此所运用的"形而上学"概念并非一回事。后者是亚里士多德所理解的形而上学。

力学与牛顿机械力学的关系。相对论和量子力学并非完全否定或者说推翻了牛顿力学，而是把它的应用范围限制在宇宙中的宏观低速领域。牛顿力学在这一宏观低速领域仍然是有效的。但是，在宇观和高速领域，牛顿力学原理则失效了，相对论和量子力学的原理在这些领域则是有效的。从某种意义上说，牛顿力学是相对论和量子力学在宏观低速领域的特殊表现形式。

与此相似，过程哲学方法论与实体哲学方法论之间的关系，类似于相对论和量子力学方法论与机械力学方法论之间的关系。如果说实体哲学方法论概括与总结了以牛顿力学为代表的近代科学方法论，那么过程哲学则概括与总结了以相对论和量子力学为代表的现代科学方法论。过程哲学方法论并非完全否定和推翻了实体哲学方法论，而只是把它们限制在一定的适用范围内，因为实体哲学方法论在一定范围内还是非常有效的。

（二）近代实体哲学方法论的弊端与过程哲学方法论的优点

在怀特海看来，在近代哲学中，笛卡尔哲学的两种实体观表现出明显的不一致。也就是说，笛卡尔并没有给出任何理由，说明为什么不能存在只有一种实体的世界：或者是单一物质实体的世界，或者是单一精神实体的世界。因为根据笛卡尔的观点，一种实体性个体"自身就能存在，无需其他任何东西"。因此，完全有可能存在只有物质实体的世界，或者只有精神实体的世界。然而，笛卡尔哲学坚持的基本前提却是世界上存在着物质实体和精神实体这两种基本实体。这便表明，笛卡尔的哲学体系具有内在的不一致性。笛卡尔对此并未做出任何说明。他似乎根本没有意识到他的二元论哲学以之为前提的这种概括有何不一致。正是因为怀特海看到了笛卡尔哲学的两种实体说具有这种内在的不一致性，所以他的过程哲学要致力于克服二元论哲学的这种不一致性。

进而，怀特海又考察了斯宾诺莎的实体哲学。他认为，斯宾诺莎哲学的魅力及贡献在于，修正了笛卡尔哲学的两种实体观，从而使其哲学达到了更大的一致性。斯宾诺莎实体哲学坚持认为世界上只有一种实体，并以一种实体为出发点，考察了实体的本质属性及其个体化方式。然而，怀特海认为，斯宾诺莎哲学体系的缺陷在于任意地引入了所谓的"方式"。在怀特海看来，"有机哲学与斯宾诺莎的思想体系具有密切的联系，但与之不同的是，有机哲学抛弃了思想的主词—谓词形式，因为斯宾诺莎的哲学假定这种形式是对事实的最终特征的直接体现。其结果便是有机哲学排除

第四章　过程哲学的方法论

了'实体—属性'概念，并且以动力学的过程描述取代了（斯宾诺莎的实体哲学的）形态学的描述"①。怀特海坚持的过程"哲学体系所要寻求保持的内在一致性正是要发现，任何一种现实存在的过程或者合生都将会涉及其自身组成成分之中的其他现实存在。这样一来，世界的明显的协同性就会得到合理的说明"②。

显然，怀特海过程哲学追求的是以动力学的过程描述方法来取代传统实体哲学的形态学描述方法，以发生学方法来取代传统实体哲学的形态学方法。这样一来，"横看成岭侧成峰，远近高低各不同"，过程哲学以发生学方法为视域来考察现实存在及其构成的现实世界和整个宇宙，同实体哲学坚持以形态学方法来考察现实世界和整个宇宙，所得出的认识结果一定会有根本的不同，它们视域中的现实世界和整个宇宙是不同的。

此外，怀特海通过具体阐述过程哲学如何分析现实存在，通过比较笛卡尔哲学和洛克哲学的不同分析方法，说明了过程哲学是如何用发生学方法来分析现实存在的。在怀特海看来，"每一种现实存在都可以用无数的不同方式来分析。……把现实存在分析为'摄入'，就是要揭示现实存在的性质中最具体的要素的分析方式"③。就此而论，过程哲学同笛卡尔哲学的"实体"概念和洛克哲学的"能力"概念有相似之处，但是，过程哲学把笛卡尔哲学的"实体"概念转化为"现实存在"的概念，把洛克哲学的"能力"概念转化为这样一个原理："事物存在的理由总是能在确定的现实存在的复合性质中找到……这种本体论原理可以概括为：没有现实存在，就没有任何理由。"④

进而，怀特海阐述道："现实存在由于彼此摄入而相互关涉"⑤，所以世界上没有一种现实存在是真正孤立的存在，相反，任何现实存在都是与其他现实存在相互联系在一起的。因此，哲学对现实存在的探究和说明，就是要致力于说明现实存在之间的这种普遍联系。这种普遍联系表面上看是抽象的存在，因为传统哲学通常把普遍的东西当作抽象的东西，但是在过程哲学看来，这些普遍联系实际上是现实的存在。"哲学的任务就是要说明如何从比较具体的事物产生比较抽象的事物……真正的哲学问题是：具体事实如何体现从其本身抽象出来而又分有其自身性质的那些存在。"⑥

----

①② 怀特海：《过程与实在（修订版）》，杨富斌译，8页。括号内容系引者所加。
③④ 同上书，23页。
⑤ 同上书，24页。
⑥ 同上书，24~25页。

所以，怀特海强调，哲学的这种说明性目的经常被人误解。不少人认为，哲学是从普遍的东西出发构成具体的特殊事实。怀特海说，这样理解哲学的功能是完全错误的。在怀特海看来，"哲学是对抽象的说明，不是对具体的说明"[①]。说明具体的现实存在，这是具体科学的任务。实际上，具体科学譬如物理学对具体物质现象的研究，也是抛开每个具体的物质形态的细节内容，抓住其共有的方式、结构或关系来进行概括，并尽可能用数学公式等形式化的工具来表述。譬如，数学物理这样的科学研究，就是用现代数学方法对物理现象所做的研究。如果现代物理学只研究具体物质现象和细节，而不能以此为基础上升到抽象的物理规律的高度，那就谈不上真正的现代物理科学研究。因为具体科学都是对现实存在的本质和规律性的研究。只是相对于哲学研究更大的普遍性而言，具体科学的研究要较为具体而已。哲学研究总是对普遍性或普遍原理的说明，人们通常认为这些普遍原理相对于具体事物而言是抽象的。因此，怀特海概括说，哲学是对抽象的说明。这里的"抽象"是指通过概括具体规律和事实而得出的共性的东西，即古代哲学所说的共相。柏拉图哲学由于本能地抓住了这一终极真理，因而至今仍然对哲学家保持着持续的魅力。从过程哲学看，正是对理念这一共相的说明，使柏拉图哲学至今对思想家仍具有持久的魅力。对具体事实的说明是具体科学的任务，哲学不能代替具体科学的研究。所以，怀特海特别强调："哲学家应当力戒侵犯专门研究。它的职责是指出供研究的领域。有些领域多少世纪以来没有人研究过。"[②] 这就是说，哲学不能越俎代庖，代替具体科学的研究，甚至也不能指导具体科学的研究。从科学史来看，哲学至多对科学家从事科学研究在思维方式和方法上有重大启发。没有哪位科学家是在哲学家指导下做出重大科学发现的。即使个别科学家事后明确承认他的科学发现受到了某种哲学的启发，如爱因斯坦承认他发现相对论受到马赫哲学的启发，日本诺贝尔物理学奖获得者坂田昌一说他的科学探究受到唯物辩证法的启发，也不能由此概括出一个普遍性判断：哲学可以指导自然科学的研究。纯哲学家更不要自命不凡，否则，就要遭到科学家的嘲笑。

怀特海还以过程方法为视域批评了实体哲学方法对物质的抽象。他说："过程有一种节奏，创造活动由此引起了自然的搏动，每一搏动形成

---

① 怀特海：《过程与实在（修订版）》，杨富斌译，25页。
② 怀特海：《思维方式》，刘放桐译，21页。

了历史事实的一个自然单位。通过这种方法我们就能够在相联系的宇宙的无限性中辨认出有限的事实单位。如果过程是现实事物的基本的东西,那每一个终极的个别事实都一定可以描述为过程。牛顿对物质的描述把物质从时间中抽出来了。这种描述是在'瞬间'设想物质。笛卡尔的描述也是这样。如果过程是基本的东西,那这种抽象就是错误的。"[1] 爱因斯坦的相对论以物质与运动不可分、物质运动与时间不可分为基本前提,从而更加接近物质世界的运动和时间的本性。过程哲学以接受相对论的时空观为前提,坚持物质与运动和时间不可分,从而超越了近代实体哲学的时空观,和坚持物质运动与时空不可分的马克思主义哲学等各派哲学不谋而合,体现着现代哲学对近代哲学的超越。

二、以关系分析法取代要素分析法

根据怀特海的过程哲学,全部现实存在所构成的宇宙是一个有机整体,万物内在相关,相互关联,无任何现实存在是真正孤立存在的。

(一) 关系支配着性质

怀特海指出,过程哲学"涉及生成、存在和各种'现实存在'的联系。'现实存在'就是笛卡尔意义上的'客观实在'。它是笛卡尔意义上的实体,而不是亚里士多德意义上的'第一实体'。但是,笛卡尔在他的形而上学理论中仍然坚持亚里士多德主义关于'性质'范畴支配着'关系'范畴的观点。而根据本书这些演讲中的观点,'关系'支配着'性质'。所有关系在各种现实的关系中都有自己的基础,而且这种关系完全关涉到活的东西占有死的东西——也就是说,关涉到'客体永恒性',因此,凡是剥夺了其自身活的直接性的东西,都成为其他生成的活的直接性的实在成分。这就是关于世界的创造性进展是共同构成不可改变的事实的那些事物的生成、消逝和客体永恒性的学说"[2]。

因此,在方法论上,过程哲学认为,应当从关系着手来分析现实存在,而不是相反。因为任何现实存在只有在一定的现实关系中,才成为其

---

[1] 怀特海:《思维方式》,刘放桐译,79 页。
[2] 怀特海:《过程与实在(修订版)》,杨富斌译,4 页。

自身。进入另一种关系，它就成为另一种不同性质的存在。譬如，一个萝卜生长在地里时与被人吃掉后，其自身状态和性质是非常不同的，因为它与同其自身发生关系的其他现实存在或者说外部环境都已经发生了很大变化。每一现实存在，不管多么微小如基本粒子，也不管多么宏大如地球、太阳、银河系等，都有自己的存在环境，并且只有在适合自身存在的这种环境中，因为同其他现实存在具有这样那样的直接联系和相互作用、相互影响，它们才成为"是其所是"的那个样子。如果脱离了特定的具体环境和关系，它们就会成为另外的样子，其性质也会随之改变。

正是在这个意义上，怀特海强调"思辨哲学假定，不可能设想任何存在能够完全地脱离宇宙系统，思辨哲学的任务就是要揭示这一真理"[1]。这就是说，从宇宙系统来看，每一现实存在都是这个整体宇宙的组成部分。"这种哲学体系对全部经验具有必然的普遍性的学说意味着宇宙具有一种本质，这种本质禁止其自身之外的关系，因为这些关系违背这种本质自身的合理性。思辨哲学就是要寻求这种本质。"[2]

（二）关系性是一切类型的一切事物的内在本质

在怀特海过程哲学中，关系性与联系性是同义的。怀特海在《思维方式》一书中明确指出："联系性是属于一切类型的一切事物的本质。它之成为类型的本质，是因为类型都是相联系的。"[3] 这一观点非常重要，它揭示了关系性是宇宙中所有现实事物内在固有的一种本质。也就是说，任何关系从本质上说都是宇宙自身内部各种现实存在和现实事物的内在关系。就每一具体的现实存在来说，关系正是其自身固有的，而不是其他外在的现实存在强加于它的。宇宙的总体性和协同性本质决定了宇宙中的所有关系都是宇宙中的现实关系。它存在于每一现实存在之中。正是因为现实存在具有内在的关系性，它才能同其他现实存在具有真正的联系。否则，它与其他现实存在的现实关系就无法理解，或者至多被理解为外在的关系。传统实体哲学对关系的理解和解释正是如此。我们对现实存在的认识，实际上正是要认识现实存在的内在关系。一切认识本质上都是对现实存在的关系性的认识。脱离现实的关系，我们就不可能认识现实存在及其相互之间的关系，甚至最终有可能否认这种关系的现实性。休谟等近代哲

---

[1][2]　怀特海：《过程与实在（修订版）》，杨富斌译，4 页。
[3]　怀特海：《思维方式》，刘放桐译，10 页。

学家否认因果关系的客观性,其认识论根源正在于此。

因此,怀特海强调,如果抽掉关系性,必将会抹杀所考虑的客观事实中的一个本质性因素。根据过程哲学,"关于单纯事实的概念是抽象理智的成果。……任何一个事实都不仅仅是它本身"①。因为它是整个有机宇宙的组成部分,它必定会有自己的具体环境,而这个具体环境又是在一个更大的环境之中的,"其大无外",永无止境。其最大的环境即整个宇宙。只要我们记住了我们是在无限的宇宙中去认识有限的事实的,我们这样去认识具体的事物就是无可指责的,而且是唯一可能的认识方式。

正是在这个意义上,怀特海指出,对单个事实的任何考虑,都会在暗中预先假定这个事实的存在所必不可少的同格环境。对这一事实来说,这一同格环境乃是它的视域中的整个宇宙。但是,视域按不同关系有不同等级,这就是说,它的重要性是有等级的。在每一事实的构成中,无限的细节会产生无数的结果。人的感受是把宇宙归结为相对于事实的视域的动因。也就是说,视域是感受的产物。有限的理智就是用这种方式来研究无限的事实的。这似乎是一个神话。然而,事实上我们正是以这样的方式来认识无限的宇宙的。也就是说,我们总是通过有限来认识无限,通过相对来认识绝对,通过个别来认识一般。只要我们清楚我们认识的辩证本性,这种做法就无可指责。相反,"科学一旦忽视了这种局限性,它总要犯错误"②。怀特海认为,无论在科学中还是在逻辑中,人们要做的如果只是充分提出自己的论证,那么他们迟早要陷于矛盾,不管这是论证内部的矛盾还是论证所关联的事实外部的矛盾。

在这里,怀特海从分析"关系性"概念涉及"视域"概念,他认为每一现实事物都有自己具体的视域。从方法论上说,任何关于现实事物的认识,实际上都是在认识者自己的视域中去观察具体的现实事物。这个作为认识对象的现实事物也有自己的视域。只有这两个视域的相交区域,才有可能进入认识者的现实认识。视域中其他尚未进入这个相交区域的部分,则是认识者的盲区。

进而,怀特海分析说,视域和重要性这两个概念是密切地交织在一起的。当我们认为世界上某个事实重要时,实际上我们是在某个视域中感受到了它的重要性。离开这个视域,它可能就不重要了。

---

① 怀特海:《思维方式》,刘放桐译,10页。
② 同上书,11页。

因此，自然界的特殊规律以及特殊的道德规则，都只有在一定的视域内才是稳定的。超出这个视域，它们就不是稳定的了。所以，怀特海说："认为自然界的特殊规律以及特殊的道德规则具有绝对稳定性，这是一种对哲学已产生许多损害的原始幻觉。"①

在自然科学的影响下，人们越来越关注对事实的叙述。自然科学知识的理想就是把注意力完全放在事实上。但是，事实像汪洋大海。科学知识所把握的事实只是其中的一小部分，是科学家运用特殊科学方法所把握的一小部分，因此这一小部分事实完全是科学研究的一种抽象。"正因为如此，完善的科学就退化为微分方程的研究。具体的世界从科学的网眼中漏过去了。"② 但是，由于自然科学把客观的事实抬到了首位，这样就给关于这种事实的知识赋予一种与世隔绝的品格，这种品格忽略了事实之间的本质联系，忽略了宇宙对个人经验的影响。

同时，怀特海认为，自然科学对事实的研究从这种孤立的、静止的、非关系性的视域来进行，往往就看不到这种事实在宇宙中的价值，所以，它才坚持事实是事实，价值是价值，事实本身没有价值。某个事实是否有价值，取决于它对人是否有用，因此，事实的价值是人赋予的。在过程哲学看来，世界是事物相互调整好的一种现实状态，是万事万物相互联系、相互作用和相互影响而形成的协同统一体，因此世界本身是有价值的，因而每一事物本身也是有价值的。世界和各种事物正是在这种相互联系、不断生成的过程中，产生了自身的价值、相互的价值以及在世界整体中的价值。宗教通常也是坚持这种价值观的。怀特海批评说："这一点正是科学所总是忘记的。"③

此外，从关系性视域意义上，怀特海还讨论了重要性的含义。在怀特海看来，重要性是由表达设定的。就重要性与宇宙的关系来说，它主要是一个一元概念。重要性如果局限于有限的个体情境，它就不再重要。"从某种意义上说，重要性是从有限的东西中的无限性的内蕴中推导出来的。"④ 也就是说，只有从有限的事物中推导出无限的东西，它才是有意义的，从而具有重要性。仅仅在一个局部、一个有限的事物或环境中来认

---

① 怀特海：《思维方式》，刘放桐译，14页。
② 同上书，18页。
③ 怀特海：《宗教的形成/符号的意义及效果（修订版）》，周邦宪译，72页，南京，译林出版社，2012。
④ 怀特海：《思维方式》，刘放桐译，20页。

识某个现实事物,它的重要性一定会大打折扣,甚至成为无关紧要的。正因如此,我们才强调,一个人只有把自己有限的生命投入无限的人类社会活动、为他人服务的社会活动,其生命才具有重要的意义。否则,抽掉同他人的现实联系,抽掉同无限发展的人类社会的联系,单纯个人的生命存在就是无意义的。正是在这个意义上,过程哲学特别强调个人同集体的联系、个人同社会共同体的联系,强调只有在共同体生活中,个人才能找到自己的位置和幸福以及人生的现实意义。这同马克思主义的集体主义价值观是完全一致的。

但是,在怀特海看来,表达是以有限的情境为基础的。它是有限性将自身印记于其环境之上的那种活动。因此,它起源于有限的东西;它还将有限的东西的内蕴体现于自身之外的众多同类者之中。这两者(即重要性和表达)一起,既是宇宙一元性特征的见证,也是其多元特征的见证。所以,怀特海说:"重要性由作为一的世界通向作为多的世界,表达则是由作为多的世界给予作为一的世界的礼物。"[1]

在怀特海看来,"事实上,外部世界非常紧密地与我们自己的本性相交错……人就是身体与心灵的复合的统一体。但是,身体是与它连在一起的外部世界的组成部分。事实上,它正像任何别的东西(一条河、一座山、一朵云)一样是自然界的组成部分。而且,如果我们做到可以吹毛求疵的精确,那我们就不能确定身体始于何处,外部世界终于何处"[2]。正是在这个意义上,怀特海说:"我现在认为,在我们的整个经验构成中包含了我们与其他事物的关系及由行将产生的事物构成的新关系。现在继承了过去,建构了未来。"[3] 反过来说,假定每一种事物离开与其他任何事物的关系仍是可以理解的,那么这个预先做出的假定就是错误的。任何现实存在,不管属于何种类型,在本质上都包含了它自身与宇宙的其他事物的联系。这个联系就是这个存在的视域。没有这个视域,这个现实存在就不可认识。[4] 世界上存在着纯粹的真理,即不与其他事物有关的真理,这是独断论者得意的幻想,不管他们是神学家、科学家还是人文主义者。[5]

综上,怀特海明确地批评脱离关系性,仅仅从事实出发来分析现实存

---

[1] 怀特海:《思维方式》,刘放桐译,20页。
[2] 同上书,21页。
[3] 参见上书,29页。
[4] 参见上书,60页。
[5] 参见上书,62页。

在的方法论错误。即使分析一个现实事物内部的各种要素，如果不从关系性着手，仅仅把它们当作孤立的和静止的要素来看待，也会在认识上犯错误。当然，在关系性思想支配下，在分析要素的时候考虑到它们的关系性，在分析关系性的时候考虑到涉及哪些因素，把这两个方面有机地结合起来，这才是真正符合过程哲学基本思想的方法论。

三、以思辨方法超越实证方法

我们知道，现代西方哲学家自孔德开始，把自然科学的实证方法引进哲学，开创了现代西方哲学中的实证主义传统。实证方法强调哲学知识应当是实证知识，即应当是明确的、确定的、有效的，而不应当是模糊不清的、歧义丛生的、不能确证的。之后，逻辑实证主义者通过对分析命题、综合命题和形而上学命题的区分，强调形而上学命题既不能证实也不能证伪，因而是无意义的命题，明确提出"拒斥形而上学"的口号，使得传统的形而上学理论及其思辨方法在现代西方哲学家中成为"人人喊打的过街老鼠"，威信扫地，无人问津，很少有人再明确地坚持形而上学的思辨方法。只有个别的现当代西方哲学家如卡尔·波普等，明确地坚持形而上学及其思辨方法的进步意义。

怀特海过程哲学不仅明确坚持要建立一个形而上学的哲学体系，而且特别高调地宣扬思辨形而上学的合理性、必要性及其对科学发展的积极意义。他明确地在《过程与实在》中指出，其过程哲学的"宗旨是要对思辨哲学进行探讨，其首要任务便是对'思辨哲学'做出界定，并为其作为一种形成重要知识的方法做辩护"。因为在他看来，"思辨哲学的任务就是要致力于构建一种内在一致的、合乎逻辑的且具有必然性的一般观念体系，根据这一体系，我们经验中的每个要素都能得到解释"[①]。

（一）思辨方法是一种形成重要知识的方法

与现代西方哲学中大多数分析哲学家不同，怀特海并不认为只有实证知识才是重要的知识，而思辨得来的知识就不是重要的知识。因为诸如数学、逻辑之类的非实证知识，无疑也是人类知识的重要组成部分。同样，

[①] 怀特海：《过程与实在（修订版）》，杨富斌译，3页。

哲学知识也是人类知识体系中重要的组成部分。如果我们认同怀特海以及许多伟大的哲学家关于哲学是爱智慧的学问，是对普遍性、绝对性、无限性的探求，那么哲学的思辨方法无疑是获得这类重要知识的方法。实际上，自然科学脱离思辨方法也寸步难行。因为从有限的事实、观察中概括出具有普遍性的科学定律，一定需要科学实证方法之外的思辨方法；数学和逻辑知识的发展一定需要数学家和逻辑学家的思辨。由于自然科学、数学和逻辑知识可以得到较好的证实，所以人们通常并不怀疑或者否定科学家、数学家和逻辑学家所进行的思辨，而唯独经常诟病哲学的思辨方法。显然，这是没有道理的，也是不公平的。同样的思辨方法，为什么科学家、数学家和逻辑学家使用就是合法的，而形而上学家使用就是非法的，这样的思维逻辑实际上并不成立。

因此，作为数学家、逻辑学家和半个科学家的怀特海，旗帜鲜明地高扬形而上学的思辨方法。他在《过程与实在》等著作中，就是运用这种思辨方法建构了一个自黑格尔哲学体系以来，最为系统完整的过程哲学理论体系。他尽管认识到"事实上也不曾有过任何确切的、完全的哲学思想体系"①，任何哲学体系都不是自足的，但仍然要致力于建立这样一种哲学体系，以给人们提供一种哲学宇宙论的世界图景。这是哲学家所能贡献给人类的知识形式和世界图景，正如科学家、诗人、画家等都可以用自己特有的方式给人类提供自己心目中的世界图景一样。对此，爱因斯坦也有明确的论述。他说："人们总想以最适当的方式来画出一幅简化的和易领悟的世界图像；于是他就试图用他的这种世界体系来代替经验的世界，并来征服它。这就是画家、诗人、思辨哲学家和自然科学家所做的，他们都是按自己的方式去做。"②

（二）真正的发现方法宛如飞机的航行

在《过程与实在》中，怀特海非常形象地对其方法做了这样一个比方。他说："真正的发现方法宛如飞机的航行。它从特殊的观察基地起飞，继而在想象性概括的稀薄空气中翱翔，最后降落在由理性的解释使之更为敏锐的新观察基地上。"③ 我们认为，这是怀特海对其方法论的著名概括

---

① 怀特海：《宗教的形成/符号的意义及效果（修订版）》，周邦宪译，72页。
② 《爱因斯坦文集》，第1卷，许良英等译，171页。
③ 怀特海：《过程与实在（修订版）》，杨富斌译，6页。引文有改动。

和阐述。其包含的主要方法论观点是：

第一，真正的发现方法必须从特殊的或者具体的经验事实出发。这就犹如飞机的航行，必须从坚实的大地起飞。没有坚实的大地做跑道，飞机是无法飞上蓝天的。这是强调无论哲学研究还是科学研究，其目的都是揭示研究对象的本质和规律。哲学要发现宇宙的普遍本质和规律，揭示关于我们生活于其中的宇宙的普遍真理，就必须建立在可靠的基础之上，这种可靠的基础在怀特海看来就是经验事实。因此，就哲学而言，真正的发现方法必须以全部人类经验，包括科学、宗教、艺术等各门学科所揭示的客观事实为基础。否则，哲学所做出的普遍性概括便是不可靠的，便是没有坚实依据的。这便是"从特殊的观察基地起飞"的丰富内涵。马克思主义哲学强调一切从实际出发、实事求是，所坚持的是同样的认识论路线和方法论进路。

第二，要在观察和经验事实基础上通过想象与思辨来进行理性的抽象及概括。用怀特海的话说："首要的要求便是通过概括的方法来进行。"[1] 其中想象和思辨是必不可少的。否则，如马克思所说，没有从客观具体到抽象思维的理性加工过程，便不可能从具体上升到抽象。没有这一抽象概括的飞跃，只是停留于具体经验事实和材料上，便不能达到对经验材料的理性认识，不能从具体进到一般、从事实上升到理论。任何哲学认识，如恩格斯所言，都必须致力于从经验材料中做出一定的概括，从个别中看到一般，从暂时中看到永久，从相对中看到绝对，从有限中看到无限，这才是理性认识的价值，也是思辨哲学的价值所在。否则，就事论事，就材料论材料，任何科学研究都不可能进行。正如爱因斯坦所说："物理学是从概念上掌握实在的一种努力，至于实在是否被观察，则被认为是无关的。"[2]

第三，在做出初步的抽象概括之后，还需要进一步对抽象的概念、范畴和命题进行理论的深度演绎，逐步形成系统的、内在一致的理论体系。这是从抽象（概念和范畴）上升到具体（理论）的过程。这正是任何科学的理论体系包括科学的哲学理论体系应当具有的基本特征，也是理论能够回到实践、接受实践经验检验的基本前提。若没有在抽象的思辨空间中进行的逻辑演绎，便不能构成具体的理论体系。现代物理学等经验科学都已

---

[1] 怀特海：《过程与实在（修订版）》，杨富斌译，6页。引文有改动。
[2] 《爱因斯坦文集》，第1卷，许良英等译，40页。

经在用严密的数学公式和符号来演绎与表达了。牛顿的《自然哲学的数学原理》是这样,爱因斯坦的相对论是这样,量子力学理论和以霍金为代表人物的黑洞理论等也是这样,马克思的《资本论》也自觉地运用了从抽象到具体的逻辑方法。怀特海的《过程与实在》所运用的也是这种从抽象到具体的逻辑方法。这就是怀特海所说的"在想象性概括的稀薄空气中翱翔"的基本含义。

第四,通过想象性的思辨和逻辑的理论推演所得到的结论,必须回到坚实的经验大地上接受实践经验的检验。一切科学的和哲学的最终结论,都要经得起实践经验的反复检验。作为科学家出身的哲学家,怀特海最忌讳理论家没有经验和事实根据的纯粹空想;作为经验论者,怀特海始终坚持理论思辨最终要接受经验的检验。没有经验的最终检验,一切抽象的理论思辨都是应当存疑的。经受住了经验的反复检验,这种理论思辨才具有一定程度的可靠性。而且,还要在更大的经验范围内检验这种思辨性。用他的话说:"这种想象性实验是否成功,永远要通过在其发源地之外来检验其结果是否有适用性。没有这类扩展性应用,一种概括,譬如说从物理学中所做的概括,就只不过是一种仅可适用于物理学的概念表达而已。而一种部分地获得成功的哲学概括,即使其起源于物理学,也可适用于物理学以外的经验领域。它将会在那些遥远的领域中为观察提供启迪,因而能在说明这些观察的过程中领悟到一般原理,而当没有这种富有想象力的概括时,这些一般原理通常会被连续不断的实例所遮蔽。"[1] 他特别强调:"要检验这种方法是否成功,就要在其当下的发源地之外去应用它。"[2] 这里,怀特海不仅强调了实践经验是检验理论正确性与否的最终标准,而且特别强调说明了哲学要超越具体科学的应用范围,把具体科学概括的普遍原理运用到以其为基础的具体科学之外的更广大的领域,这对我们理解哲学的性质和功能及方法论,无疑具有极其重要的启发作用。

综上,怀特海坚持从具体的经验事实出发进行思辨,以逻辑、数学方法为基础,注重思辨的合乎逻辑性,且坚持思辨必须要能经受住具体经验的检验,这是对实证方法的部分认可和坚持;同时,他又不局限于纯粹的实证方法,而强调在具体经验材料基础上做想象性的思辨和演绎,从而形成具有普遍意义的理论体系。这便超越了实证方法的局限,使思维和认识从有限进到了无限、从具体进到了普遍、从暂时进到了永久,因而在一定

---

[1][2] 怀特海:《过程与实在(修订版)》,杨富斌译,6页。

意义上超越了实证方法。

四、以哲学概括法超越科学概括法

首先，怀特海认为，"整个说来，(对理解加以理解) 这是一项无法完成的任务。我们可以阐明理智的片断方面。但是，总是有一种理解不能为我们所领悟。其理由是：脱离被理解的事物的纯抽象的理智概念是一种神话。因为全面的理解乃是完全掌握整个宇宙，我们是有限的存在，我们不可能有这种掌握"①。

当然，"这不是说，有一些事物的有限方面在本质上不可能纳入人类认识范围之内。任何存在的事物，就其与其余事物的联系的有限性而言，都是可以认识的。换句话说，我们可以根据任何事物的某种视域来认识任何事物。但是，整个视域则包含了有限的认识之外的无限性。例如，我们可以根据'绿'色的某种视域来认识绿色。但是，在宇宙的其他时代，当其他的自然规律起作用时，绿可能是什么，则是我们所想象不到的。不过没有任何事物在本质上不可认识，因为随着时间的推移，人类有可能获得一种洞察自然界其他可能性的想象力，从而获得对于其他想象的时代的绿的可能性的理解"②。

显然，怀特海在这里阐述了人类认识有限性和无限性的辩证关系以及认识的可能性问题。他虽然没有使用"辩证的"概念，但却非常深刻地阐述了宇宙的无限性和有限性的辩证关系以及人类认识有限性和无限性的辩证关系。同时，怀特海非常明确地否定了认识论上的不可知论和怀疑论观点。

其次，从过程方法出发，怀特海强调"理解从来不是一种完全静止的精神状态，它总是带有不完全的和局部的渗透过程的特征"。理解的这两个方面都涉及我们的思维方式，怀特海的论点是："当我们在渗透过程中来体认自己时，我们所具有的自我认识比我们对理智工作的一种完成感受到的要更为充分。"③ 而且，即使某种局部的认识完成也预先假定了与某种特定的未确定的环境的关系，它置于一种视域之上，并有待探索。也就

---

① ② 怀特海：《思维方式》，刘放桐译，39页。
③ 同上书，40页。

是说，任何一种具体的知识都会"受到世界在现时代的视域的限制。它与一种确定的、未探索的广泛性相关。而这种广泛性本身只能由它与其他广泛性的关联来理解"①。

因此，在世界的创造性进展过程中，"理解受到其有限性的限制。另外，在无限的有限事物中，没有任何有限的东西实质上是否定无限性的。这样的无知是偶然的，而认识的可能性揭示了它与已知事物的未探索的方面的关联性。任何有限的东西的认识总是包含了对无限性的一种关联"②。

然而，怀特海指出，文明的思想发展所必要的专门化，导致"随着科学的发展，人们理解的宽度变窄了。十九世纪是一个取得了伟大成就的时期……但它未能产生对于各种各样的兴趣、各种各样的潜在的东西都有敏锐认识的学者"③。

再次，怀特海以过程思想为基础阐述了理解的本质。什么是理解？怀特海认为，理解总是包含了结构概念。理解结构总是有两种方式：一种是内在的理解，即按照构成事物的因素来理解事物；一种是外在的理解，即把事物理解为一个统一体，或者理解为一个过程。当然，这两种方式是相通的，并且是互为前提的。"诚然，只要与过程的关系未弄清楚，任何事物最后都未被理解。"④ 因为"由于过程，宇宙摆脱了有限者的局限性。过程是有限之中的无限的内蕴。由于它，一切界限都打破了，一切不相容性都消融了。任何特殊的有限性都不是加于宇宙之上的最高限制。在过程中，宇宙的有限的可能性通向它们的实现的无限性"⑤。科学的进步正是通过有限的抽象而获得的。纯数学是依靠这种严格的抽象而获得成功的主要例证。现代科学的产生也依靠有限的人类理解的某些适当的抽象以及这种抽象中思维的发展。但是，哲学的进步则是通过超越这种有限的抽象而思考无限所取得的。

怀特海还特别强调："理解主要不是以推理为基础。理解是自明的。"⑥ "理解的推进方式有两种。一种是把细节集合于既定方式之内，一种是发现强调新细节的新方式。在联系方式上，人类理解被独断论弄得停步不前

---

① 怀特海：《思维方式》，刘放桐译，40页。
② 同上书，40~41页。
③ 同上书，41页。
④ 同上书，42页。
⑤ 同上书，50页。
⑥ 同上书，45页。

了。宗教思想、美学思想、对社会结构的见解、对观察的科学分析,同样被这种致命的毒害弄得不成样子了。"①

从宇宙的统一性和杂多性的关系视域,怀特海指出:"我们需要理解宇宙的统一性怎样需要宇宙的杂多性。我们需要理解无限性怎样需要有限的东西。我们需要理解每一直接当下的存在怎样需要它的过去的存在、先于它本身的存在,也要求作为它本身之中的一个极其重要的因素的未来。这样在直接存在内部有三个因素,即:过去、现在、未来。按照这种方式,就不允许从有限存在的直接性中取去作为它的视域的外延的无限性。"② 就对每一具体的事实本身的认识而言,怀特海指出:"每一充分实现了的事实在历史世界中以及在形式领域中,即在宇宙的视域中,都有无限多的关系。我们只能从对这些关系中选择极少数关系来对之加以思考。为了充分理解这些被如此抽象过的关系,我们需要从中抽象出这些关系的无限性。我们经验的东西比我们能够分析的东西要多。因为我们经验着宇宙,而我们在我们的意识中分析的只是从宇宙的细节中选出的一小部分。"③ 而且,每一事实中的材料都不是静止的和孤立的。材料是由现在已有的、过去可能有的和现在可能有的东西构成的。因为"现实事物的任何一次搏动的材料,都是由相对于这一搏动的杂多性来思考的这个宇宙。这些杂多的东西是一些先行的搏动;在事物的本性中,还隐藏着各种不同的形式,它们或者是作为实现了的形式,或者是作为有待实现的潜在的形式"④。因此,即使对"任何一个历史事实,不论是个人的还是社会的,在我们还没有认识到它避开了什么以及这种避开的狭隘性时,都没有被理解"⑤。怀特海还举例说,人们如果不联系到西班牙人19世纪对加利福尼亚的统治和16世纪对英格兰的统治都遭到了失败,就不能完全理解欧洲人在北美的历史。

总之,由于"任何现实性都不是一个静止的事实。宇宙的历史特征是它的本质所在",因此,任何"完成的事实只有处于形成未来的那种活动材料之中,才能得到理解"⑥。所以,怀特海说,当我们把过程看作一个完成了的过程时,我们就已经在分析一种其他创造物的活动的材料。"宇宙不

---

① 怀特海:《思维方式》,刘放桐译,53页。
② 同上书,74页。
③ 同上书,79页。
④⑤ 同上书,80页。
⑥ 同上书,81页。

是一个用玻璃箱装着标本的博物馆。宇宙也不是一支训练有素、步伐整齐地行进的队伍。这样一些想法属于近代科学的虚构。"① 因为"存在的直接性处于流变之中，生命的生动性寓于转化之中……按其本质来说，现实事物的目标是自我形成"。因此，怀特海坚持的理论观点是："不能把存在从'过程'中抽象出来。'过程'和'存在'这两个概念是互为前提的。从这个论题得出一个推理：关于过程的'点'这个概念是谬误的。"② 在这个意义上说，存在着没有个别事物的过程和没有过程的个别事物，都是错误的观念。

所以，怀特海坚持"过程与个体性相辅相成。在分离中，一切意义都消散了。过程的形式从所包含的个别事物中取得自己的特征，而个别事物也只有根据它们所包含于其中的过程才能被理解"③。因为"每一个别事物都影响将它们包含在内的任何过程。因此任何过程都不能撇开所包含的特殊事物来考察。反过来说也是这样"④。在这个意义上说，逻辑的和数学上的绝对普遍性就被消除了。归纳法也失去了任何保障，因为在另外的条件下会有另外的结果。

最后，在做出以上说明之后，怀特海特别解释了"哲学性的概括"这一术语在其过程哲学方法论中的含义。他明确地指出，哲学性的概括是指"用适用于一组有限事实的特殊概念，来推测适用于全部事实的一般概念"⑤。并且，怀特海还比较了哲学与自然科学在应用这种概括性方法时的主要区别。

怀特海指出，自然科学在应用这种概括性方法时，表现出理性主义与非理性主义的奇特混合。在其研究领域内，自然科学一直顽强地坚持理性主义精神，但在其研究领域之外，自然科学却表现出独断的非理性主义色彩。在实践中，这种态度非常容易成为教条式的否定，即否定世界上的任何因素如果不经过进一步概括就不能用其自身的基本概念来充分地表达。怀特海认为，"这种否定是对思想本身的否定"⑥。怀特海认为，理论的建构要取得成功需要一个条件，这便是坚定地追求两种理性主义理想，即内在一致性和逻辑上的完满性。

对于逻辑上的完满性，怀特海认为没有必要做任何详细的解释。数学在自然科学的有限领域内所发挥的作用已经证明了其重要性。数学史已经

---

① 怀特海：《思维方式》，刘放桐译，81页。
② 同上书，86页。
③④ 同上书，87页。
⑤⑥ 同上书，8页。

展示了那些在具体事例中所观察到的特殊概念是如何一般化的。在数学的任何分支领域里,这些概念都是互为前提的。思想史的显著特征是,由纯粹想象所产生并受之控制的各个数学分支,最终都获得了重要的应用。这些应用或许要假以时日。怀特海举例说,锥线论的应用不得不等待了1800年。在更近的年代里,概率论、张量理论和矩阵理论也是这方面的典型例子。

对于内在一致性的要求,怀特海认为,这是维护健全理性主义精神的重要因素。哪一派哲学如果否定这种内在一致性,它的观点通常就不能得到认可。怀特海认为,在哲学史上,争论者们往往要求对方保持内在一致性,但他们自己却似乎拥有不一致的特权。当某些显而易见的经验要素不能包含在一个哲学体系的理论领域之中时,它便会粗暴地否认这些事实。此外,当一个哲学体系仍然保持着一定的创新魅力时,它便会恣意地放纵自己没有一致性。但是,一个哲学体系一旦获得正统性,并被作为权威观点来讲授,它便会受到更加尖锐的批判。人们一旦发现一个哲学体系对事实的否认及其不一致性达到了令人难以容忍的地步,便开始反击它。

因此,怀特海提出一个重要论断:"在任何具体阶段,对概括加以遏制都是没有正当理由的。"[①] 也就是说,做出发现的任何具体阶段都需要一定的概括。同时,做出概括的每一阶段都展示着其自身特有的简单性,每一种概括都不可能完整无缺地概括出具体对象的所有特性。在这个意义上说,每一种概括都是一种简化。只有这样,我们才能对这种对象有所认识。譬如,对一根钢条的运动的概括,就有一定的简化性。我们必须把它同宇宙中的其他运动区分开来,并且把这一钢条的运动从组成它的诸多分子的运动中区分开来。否则,我们便无法认识这一钢条的运动。人的行为也是如此。我们必须把一个人或者一个由许多人组成的群体的行为同人类其他个体或者群体的行为区分开来,同宇宙中其他事件和事物的行为区分开来,譬如与行星的运行、其他动物的行为、阳光和空气的运行等区分开来,把它简化,才能对它有所认识。同样,日常行为世界中的现实事物也同普遍原理具有联系。我们在思考这些普遍原理时,如果把注意力集中于某一具体而琐碎的方面,就会影响我们对普遍原理的认识。"这些普遍真理,即关于事物诸活动的每一特殊概念的意义中所关涉到的普遍真理,正是思辨哲学所要研究的主题。"[②]

[①] 怀特海:《思维方式》,刘放桐译,28页。
[②] 同上书,28~29页。

第四章 过程哲学的方法论

怀特海对哲学的理性方法做了概括。他说:"理性主义的方法就是讨论类似。理性主义的局限性在于有不可避免的歧异性。文明思想的发展可以描述为在歧异性中发现同一性。……对世界的整个理解在于根据所包含的个别事物的同一性和歧异性来分析过程。"① 个别事物的特点反映在作为它们的相互联系的共同过程的特点之中。我们可以从过程出发理解个别事物,也可以从个别事物出发理解过程。

小结:本章阐述了过程哲学的方法论,认为怀特海过程哲学方法论的首要特点是,以动力学过程描述取代了实体哲学的形态学描述,即以发生学的动态过程分析法代替了传统实体哲学的形态学的静态结构分析法,这是过程哲学方法论的最大特点。其次,以关系分析法代替要素分析法,坚持关系支配着性质,关系性是一切类型的一切事物的内在本质,批评脱离关系性,仅仅从事实出发分析现实存在的方法论错误。再次,以思辨方法超越实证方法,坚持认为思辨方法是一种形成重要知识的方法,并认为真正的发现方法必须从特殊的经验事实出发,在此基础上再通过想象和思辨进行理性的抽象与概括,"首要的要求便是通过概括的方法来进行",然后再进一步通过对抽象的概念、范畴和命题进行逻辑推演,其中想象、冥想、类比、比较、猜测、直觉、灵感等思辨因素是必不可少的,最后还必须把通过想象性思辨和逻辑推演得出的结论放回到坚实的经验大地上,使其接受反复的检验。没有经验的最终检验,一切抽象的思辨都是应当存疑的。要检验这种富有想象力的概括和思辨方法是否成功,就要在其发源地之外去应用它。最后,以哲学概括方法超越科学概括方法。所谓哲学概括法,是指用适用于一组有限事实的特殊概念来推测适用于全部事实的一般概念。这里,要坚持两种理性主义理想,即内在一致性和逻辑上的完满性。自然科学在自身的研究领域内一直顽强地坚持理性主义精神,这是正确的,但是在其研究领域之外,它却表现出独断的非理性主义色彩,即否定其他学科包括哲学所进行的概括。实际上在任何阶段,对概括加以遏制都是没有正当理由的。可以将文明思想的发展描述为在歧异性中发现同一性,对世界的整个理解在于根据所包含的个别事物的同一性和歧异性来分析世界的过程性。我们可以从过程观点出发来理解个别事物,也可以从个别事物出发来理解过程。哲学通过普遍的概括方法所追求的正是对世界的普遍原理的认识。

---

① 怀特海:《思维方式》,刘放桐译,88 页。

第五章 过程哲学的范畴体系（一）

有机哲学的……普遍概念是我们在反思经验时不可避免地要作为前提的——虽然以这些普遍概念为前提，它们却很少得到清楚明确的表达。

哲学的任务就是要说明如何从比较具体的事物产生比较抽象的事物。……哲学是对抽象的说明，不是对具体的说明。

宇宙既是各种客观实在的多样性存在，同时也是各种客观实在的协同统一体。

——怀特海

根据从抽象到具体的方法，在《过程与实在》第一编第二章"范畴体系"中，怀特海通过对过程哲学的基本概念进行概述，系统地阐述了其哲学的范畴体系。随后他在这部著作中所进行的全部讨论，都是为了使这一概述成为可理解的，并且要表明全部讨论就是要把他所阐述的一般概念具体化，而这些一般概念是我们在反思经验时不可避免地要加以预设的。在怀特海看来，这些预设概念在反思经验时虽然是一直存在并发挥作用的，但却很少被人明晰地表述出来。因此，怀特海所要进行的工作就是明晰地阐述这些预设概念。

在具体讨论怀特海过程哲学的范畴体系之前，有必要先对怀特海关于"范畴"概念本身的理解做一说明。

一、过程哲学关于"范畴"概念的阐释

怀特海过程哲学所理解的"范畴"概念，不同于我们通常所理解的"范畴"概念。根据马克思主义哲学，范畴是反映事物本质和关系的基本概念。各门科学都有自己的范畴，它们是统一的物质世界某一方面、某一

领域的事物的本质和关系的反映。哲学范畴则是自然、社会、思维的普遍本质和普遍联系的反映。马克思主义哲学认为,范畴是在人类社会实践基础上、在人类认识的历史发展过程中产生和形成的,并随着人类实践和认识的发展而发展。范畴是主观和客观的辩证统一,作为人类理性思维的形式,范畴是主观的,但作为事物本质和关系的反映,范畴的内容则是客观的。诸范畴之间存在着内在联系,对立的范畴既相互区别又相互联系和转化。统一的物质世界所具有的普遍的关系结构,通过人类亿万次的认识和实践,内化、积淀为人的思维的稳定的范畴结构,形成范畴体系,成为人们在更深的层次上把握世界的中介环节。列宁曾把客观世界比作复杂的自然现象之网,而在实践基础上产生的范畴,则是"认识世界的过程中的梯级,是帮助我们认识和掌握自然现象之网的网上纽结"[①]。

怀特海所理解的"范畴"概念,既与马克思主义哲学的"范畴"概念有所不同,也与康德哲学的"范畴"概念不同。康德在使用"范畴"这个概念时,他的意思是指所有可能的经验都会适用的模型。并且,康德把"范畴"看成先验的,仅仅是主体的规定。此外,怀特海对"范畴"概念的使用,也不同于(譬如)亚历山大教授,尽管同其他现代西方哲学家相比,在许多方面怀特海更接近亚历山大教授对"范畴"概念的用法。在亚历山大教授看来,"范畴"具有时间和空间的包罗万象的特征。怀特海所使用的"范畴"概念更接近亚里士多德的用法,即对事物进行分类的不同方式,或者对实在进行划分的不同种类。

在《过程与实在》中,怀特海列举了四类范畴,即终极性范畴、存在性范畴、说明性范畴和范畴性要求,并指出"每一种存在都应当是某一种存在性范畴的特例,每一种说明都应当是说明性范畴的特例,而每一种要求则应当是范畴性要求的特例。终极性范畴表达的则是作为这三种比较特殊的范畴的预设前提的普遍原理"[②]。

对于怀特海所阐述的这四类范畴,尤其是这四类范畴的内容,怀特海过程哲学的学习者和研究者都感到难以理解,而且难以有统一的理解。例如,怀特海过程哲学研究者多萝西·玛丽·埃米特曾经在谈到怀特海的存在性范畴时指出:"非常难以理解的是,诸如摄入、聚合体、命题、多样性和对比这些范畴,缘何可以归入'存在性范畴'。毋宁说,这些概念的

[①] 《列宁全集》,中文2版,第55卷,78页,北京,人民出版社,1990。
[②] 怀特海:《过程与实在(修订版)》,杨富斌译,25~26页。

确是现实存在和永恒客体可以共处于一起的方式。"① 怀特海所讲的"说明性范畴"更加令人迷惑不解。根据怀特海的解释，这些说明性范畴是对存在性范畴的说明。他说，对存在性范畴可以有无限多的说明性范畴。但是，人们弄不明白怀特海为何只阐述了二十七个说明性范畴，并且声称要成为现实存在，都应当根据这些说明性范畴来说明其可能的含义。无论如何，这些说明性范畴都不是相互独立的，而是相互联系的。它们的重要作用就在于能阐述关于现实存在的概念，并且《过程与实在》中的其他讨论和应用都必须以这些定义为指导。范畴性要求相对而言则比较清楚，它们是指所有可能的经验都必须与之相一致的条件。如果不符合这些范畴性要求，它们就不是现实的经验或感受。反过来说，只有符合这些范畴性要求，它们才是现实的。

除了这些较为具体的范畴以外，怀特海还提出了三个"终极性范畴"。这一类范畴不同于其他三类范畴，它们是隐藏在每一种存在之中的终极性事物。这就是说，终极性范畴是关于最完全的、一般性的终极性概念，过程哲学的形而上学体系必须与这些终极性概念相一致，并且对这些终极性概念来说，不能超越它们而再进一步给出其他理由或说明。因此，可以说，这些终极性范畴是只能作为"给予"的终极性非理性范畴而被接受的东西。怀特海坚持认为，每一形而上学体系最终都必然会达到某种终极的非理性范畴。但是，这并不仅仅意味着回归到最终极之处，因而能推进理性说明的过程。他认为，这里的麻烦在于，历史上的形而上学体系从来没有真正地回归得足够远，因而未能发现其"终极性范畴"在某些方面缺乏完全的一般性。真正系统的和完全的形而上学体系，都应当有这样一类终极性范畴。怀特海举例说，在那些较古老的形而上学体系中，其终极性范畴是"实体"概念；在亚历山大的形而上学体系中，其终极性范畴是"时空"概念。在怀特海过程哲学看来，这个终极性范畴则是"创造性"（creativity）。也就是说，在怀特海创立的过程哲学形而上学体系中，最终极的范畴是创造性。

怀特海解释说，他用"创造性"这个概念是表示"成为任何东西的那种可能性的纯粹一般概念"。他说，"创造性"这个概念涉及概念"一"和概念"多"。这里的"一"和"多"并非具体的数学概念，而是指纯粹的"单一性"（oneness）概念以及与之相关联的"多样性"概念。关于宇宙，我们所能说的基本概念就是"一"和"多"这两个概念，当然这是非常古老的哲学

---

① Dorothy Mary Emmet, *Whitehead's Philosophy of Organism*, London, Macmillan & Co., LTD, p. 70.

概念。但是，怀特海强调，这里所讲的是"一"和"多"，而不是"一"或"多"。因为把"一"和"多"并列起来，认为它们是互不相关的两个存在，这个困惑是由古希腊数学家们提出来的。然而，每一个形而上学家要么以多元论为归依，坚持多元论，排斥一元论；要么以一元论为归依，坚持一元论，排斥多元论，因而都不能公正地对待另一方面。过程哲学则是公正地对待这两者的一种尝试，即试图把"一"和"多"在现实存在的生成过程中统一为有机的整体。所以，怀特海强调，根据过程哲学，"多生成一并由一而长。就其本性而言，各种存在在走向呈现联合状态的统一体过程中都是呈分离状态的'多'"①。宇宙既表现为各种客观实在的多样性，又表现为各种客观实在的协同性。但是，"每一种创造性的工作都是一种集合性的努力，使用是整个宇宙"②。也就是说，"多"和"一"是不可分离的，在每一种现实存在的生成过程中，都体现着多生成一并由一而长的基本原理。世界既表现为多样性，又表现为万物在生成过程中的协同性，这样一来，整个宇宙就表现为这样一个多中有一、一中有多，多生成一并由一而长的创造性进展过程。

在这个意义上，我们可以说，过程哲学是一种试图描述每一种创造性的新特征如何既展示为宇宙的统一性又展示为多样性的方式。创造性的每一个新特征都是新的创造物，都给世界增加了某种分离的多样性；但是，通过新的创造物的感受活动，它又客体化为世界的其他部分，进入其自我形成过程之中，成为世界的新的统一性，从而成为宇宙作为"一"的新方式。这一创造过程因此而成为有节律的；它是打破"一"而进入"多"，并且在新的"多"进入"一"的统一性中再次一同成长的永恒过程。③ 这一创进过程有些类似于黑格尔式的发展圆圈，但是，黑格尔是客观唯心主义者，他所讲的发展是绝对观念的自我发展，而怀特海作为实在论者，讲的是现实存在的自我生成和发展。

在埃米特看来，"有机哲学"这个名称还有另一层含义，即在这一名称下蕴含着一种基本的确信，这就是它唯一地同"现实存在的生成、存在和关系性"有关；这种关系性永远"在现实性的关系性中具有自己的根基"，并且"完全同生者对死者的占有有关"。这意味着过程哲学在本质上试图展示宇宙中作为具体实在物的客观事实。它所反对的是近代科学和传统哲学中所存在的那种把抽象看作不只是某种抽象物的倾向，即把抽象看

---

① 怀特海：《过程与实在（修订版）》，杨富斌译，27 页。
② 同上书，284 页。
③ Dorothy Mary Emmet, *Whitehead's Philosophy of Organism*, pp. 73-74.

作某种实际存在的东西，仿佛能把它们看作分别具有其自身的权利似的。怀特海把近代科学和传统哲学中所存在的这种错误倾向叫作"误置具体性之谬误"，并认为这种谬误导致哲学家们谈论感觉、意识以及诸如此类的概念时，仿佛这些概念并非某些具体的现实存在的活动，而是某些独立存在的事物。所以，哲学由于从抽象的共相出发，然后再追问具体事实如何能以它们为基础而建构起来；或者从对于个别的具体事实的"直觉"出发，然后又说不出它是如何具体地体现共相的，从而给自己造成了各种各样的难题。相反，在过程哲学看来，这个问题应当陈述为：具体事实是如何展示为各种特征的，并且可以把这些特征看作从自身中产生的抽象，可以用某种符号来描述它们？

二、过程哲学关于其基本范畴体系的总体说明

根据怀特海的论述，过程哲学的基本范畴体系是由四个基本概念、八个存在性范畴、二十七个说明性范畴、九个范畴性要求构成的。

在怀特海看来，在具体展开阐述其他范畴之前，首先有必要对他精心选择的四个基本概念进行阐述和讨论，因为这四个基本概念涉及同以往哲学思想的某些分歧。也正是通过这四个基本概念，过程哲学与其他哲学区分开来了。这四个基本概念就是"现实存在"、"摄入"、"聚合体"和"本体论原理"。

怀特海指出，哲学思想由于专门使用非常抽象的概念进行探讨，因而给自身造成了诸多困难。譬如，传统哲学使用了纯粹意识、纯粹私人感觉、纯粹情感、纯粹目的、纯粹表象和纯粹因果性等概念。在怀特海看来，这些概念都是陈腐的"官能"之幽灵，在心理学中已经被驱逐出去了。然而不幸的是，到怀特海所处的那个时代，这些幽灵却仍然徘徊在哲学的形而上学之中。怀特海强调指出，根本不可能存在这些抽象的"纯粹的"共在。也就是说，这些抽象的概念离开它们所描述的对象或主体，其自身不可能单独地存在。如果承认它们可以单独地存在，这就犯了怀特海所说的"误置具体性之谬误"。

所谓"误置具体性之谬误"，是怀特海在《科学与现代世界》第三章中第一次明确提出的论断。在那里，怀特海论述，17世纪的物理学家们在回答古代伊奥尼亚学派所提出的"世界是由什么构成的？"这一古老

问题时，他们"所作的答复是：世界是物质瞬时位形的连续"①。或者说，质料瞬时位形的简单位置是自然界的基本事实，基本的自然元素便是这种质料。像引力这类巨大的自然力量，则完全取决于质量的位形。因此，位形便可以决定它本身的变化，那时科学界的思想也跟着它完全封闭起来。怀特海指出，"这就是著名的自然机械论，自从本世纪以来它就一直占据着统治地位。这是物理学的正统信条。这些信条经过实用的考验找到了根据，说明它可以行得通，于是物理学家对于哲学便不再感兴趣了"②。怀特海论证说，这些物理学家强调了历史革命中的反理性主义，"但这种唯物机械论的缺点不久就显露出来了。18—19世纪的思想史有一桩主导的事实，即当时世界上的人得到了一个普遍的概念，没有它便活不下去，但有了它也活不下去"。因为"质料瞬时位形的简单位置作为自然界的具体基本事实，以及它与时间的关系都是伯格森所反对的。他认为这是由于理智上将事物空间化而把自然歪曲了"③。在这方面，怀特海同意伯格森的反对意见，但是怀特海却不同意说"如果从理智上来理解自然，这种歪曲就一定是一个缺点"④。怀特海在该书随后几章中试图说明，"这种空间化是把具体的事实，在非常抽象的逻辑结构中表现出来了。这里面有一个错误。但这仅是把抽象误认为具体的偶然错误而已。这就是我们说的'误置具体性之谬误'中的例子。这种谬论在哲学中引起了很大的混乱"⑤。

可见，"把抽象误认为具体"，这就是所谓"误置具体性之谬误"。怀特海解释说，无论在科学中还是在哲学中，这类错误都会引起极大的混乱。譬如，很显然，简单位置的观念，对归纳法来说，将会产生极大的困难。因为根据归纳法，我们根本不可能从简单位置概括出自然界的连续性来。"因此我们对任何定律，如引力定律等的信念，便都不能在自然界中找到根据。换句话说，自然的秩序不能单凭对自然的观察来确定。因为目前事物中，并没有固定的东西可以联系到过去和未来。因此，记忆和归纳法在自然界本身似乎都无法找到根据了。"这便是"误置具体性之谬误"所导致的恶果。

在那里，怀特海还谈到了"误置具体性之谬误"的另一个例证，这就

---

① ② 怀特海：《科学与现代世界》，何钦译，58页。
③ 同上书，58~59页。
④ ⑤ 同上书，59页。

是关于实体与属性的假设。由于传统哲学的影响，实体与属性的概念已被人们接受，以至对人类来说，这些概念是再自然不过的了，已经成为我们惯常的思维方式。没有这些思维方式，我们日常生活中的概念就没法安排了。但在怀特海看来，实体与属性的概念实际上是现实事物的简化状态。"当我们验证这些简化状态的基本要素时，就会发现它们只能作为精心推论的和高度抽象的逻辑结构才能存在。"① 也就是说，它们并不是现实的存在，而是抽象的存在。如果把它们当作现实存在，这就犯了"误置具体性之谬误"。17世纪典型的科学哲学最终达到的成果就是把自然界区分为实体与属性的组合，并提出了第一属性和第二属性的概念，认为第一属性是实体的基本属性，这些实体的时—空关系组成了自然界，而这些关系的秩序性就组成了自然的秩序。第二属性则是人类主观创造的，"这些性质并不属于它们本身，而纯粹是心灵的创造物。如玫瑰花的香气、夜莺的歌声、太阳的光芒等都是这样。诗人们把事情看错了。他们的抒情诗应当不对着自然写，而要对着自己写。他们应当把这些诗变成对人类超绝的心灵的歌颂。自然界是枯燥无味的，既没有声音，也没有香气，也没有颜色，只有质料在毫无意义地和永远不停地互相碰击着。——不管表面形式怎样变化，17世纪的典型科学哲学最终达到的成果实际上就是上面这些说法"②。

然而，在怀特海看来，这些说法是完全不能令人相信的。"这种宇宙概念肯定是通过高度抽象的概念构成的。只有当我们把自己的抽象概念误认为具体实在时才会产生这种谬论。"③ 怀特海在《过程与实在》中指出，哲学深受数学这个样板之害。因为在怀特海看来，"数学家的最大特色是他们具有处理抽象概念，并从这种抽象概念中演绎出一系列清晰的推理论证的才能。……科学抽象概念的巨大成就一方面提出了物质和物质在时间与空间中的简单位置，另一方面又提出了能感觉、感受和推理，但不干涉外界的精神。这样就不知不觉地迫使哲学承认它们是事实的最具体的说明"④。怀特海还具体分析了近代哲学曾以极其复杂的方式在三个极端之间摇摆不定。一是二元论，它认为物质与精神具有同等的地位。"另外两个都是一元论，其中一种把精神置于物质之内，另一种则把物质置于精神之内"⑤。这实际上是指，一个是唯物论，它把精神置于物质之内，认为

---

① 怀特海：《科学与现代世界》，何钦译，60页。
② 同上书，63页。
③④ 同上书，64页。
⑤ 同上书，65页。

精神是一种特殊物质——人脑的属性和机能；另一个是唯心主义，它把物质置于精神之内，认为精神第一性、物质第二性，现实的物质世界只不过是实在的理念世界的影子或投射（柏拉图）或者外化（黑格尔），或者物质世界不外是各种感觉的复合，存在就是被感知（贝克莱）。但是，怀特海尖锐地指出："这样玩弄抽象概念并不能克服 17 世纪科学思想方法中'误置具体性'所引起的混乱。"① 那么，如何从哲学上真正地克服这些混乱呢？怀特海认为，只有从过程哲学的基本观点出发，把现实存在看作活生生的具体，把科学抽象、理论抽象、认识抽象等看作概念抽象，真正把具体的存在与抽象的概念区别开来，才能真正地认识客观存在的明显事实，把握现实世界的本质及其统一性和过程，进而才能在时间、空间、实体、属性等认识方面达到客观真理性的认识，才不至于把时间和空间当作脱离现实存在的独立存在，不至于把属性当作脱离实体的独立存在。

在《过程与实在》中，怀特海通过现实存在、摄入、聚合体和本体论原理这四个基本概念，试图将过程哲学思想建立在我们经验中最具体的要素之上，从而既可以克服近代哲学中的"误置具体性之谬误"，同时又可以使过程哲学的概念体系建立在坚实的经验基础之上。

三、过程哲学的四个基本概念

过程哲学的四个基本概念是现实存在、摄入、聚合体和本体论原理。

（一）现实存在

在怀特海的哲学体系中，"现实存在"（actual entity）② 概念是核心概

---

① 怀特海：《科学与现代世界》，何钦译，65 页。
② 有学者把怀特海特别提出的 actual entity 这一概念译为"现实实有"，有学者译为"动在"。笔者在 2003 年于中国城市出版社出版怀特海《过程与实在》译本时，把这一概念译为"实际存在物"。在 2013 年于中国人民大学出版社该书修订版时，改译为"现实存在"。主要考虑是 entity 本来就有"存在"的意思，而且怀特海使用 actual entity 一词，一是为了区别于潜在的存在"永恒客体"（eternal object），二是为了与其他实体哲学的终极范畴做比较，因为过程哲学与这些不同形式的实体哲学主要是在认定何为"现实存在"方面有根本差异。过程哲学理解的现实存在是有机体，原子论哲学认为"原子"是现实存在，而唯物主义认为现实存在是"物质"，唯心主义认为现实存在是"精神"或"意识"或"观念"。怀特海特意用（actual）entity，而没有用其他词（如 existence），意在强调 entity 是含有物质极和精神极的实际存在物，这同其本体论原理是一致的。因为 existence 通常有"实存"或"实体性存在"的含义，而 being 一词只是表示"在"或"有"的意思。

念。怀特海的哲学理论体系是原子论的——也就是说，像古希腊原子论哲学家德谟克利特一样，怀特海把世界视为由大量的微观存在（他称之为"现实存在"）所构成的。但是，由于德谟克利特是实体唯物主义者，因而他把原子看作微小的惰性物质材料，而怀特海致力于建构的哲学体系是有机哲学，他所理解的构成世界的最小微粒不是那种具有不可入性的"原子"，而是叫作"现实存在"的微小有机体。根据他的理解和解释，每一种这样的现实存在，作为能量的中心，都是一个有机体，它会自我生长、成熟和衰亡。整个《过程与实在》就是要致力于描述这些现实存在的特征以及这些现实存在之间的相互关联。① 在这个意义上说，过程哲学或有机哲学特别重视现实存在的生成过程及其相互关联，实际上强调的是个体生成及其相互联系。由此看来，有学者认为怀特海过程哲学不重视个体的生成，这并不符合过程哲学的实际。

根据怀特海在《过程与实在》中的界定和说明，"'现实存在'——亦称'现实发生'——是构成世界的最终实在事物。在这些现实存在背后再也找不到任何更为实在的事物了"②。这种现实存在乃是怀特海构造其过程形而上学体系的逻辑起点，也是其过程哲学的最基本范畴。

这里需要特别加以说明的是，在《过程与实在》中随后阐述过程哲学的具体内容时，以及在《观念的探险》等著作中，怀特海也经常把"现实存在"叫作"现实发生"。"现实发生"（actual occasion）这个概念是怀特海过程哲学的独创概念，也是汉语界翻译过程哲学基本概念时遇到的最困难的术语之一。汉语界有的译者把它译为"现实事态"，有的译为"现实场合"，有的则译为"现实机缘"或"现实缘现"或"现实契合"。日本学界有人把它译为"动在"。王治河博士等人近年来也把这一概念译为"动在"。笔者认为，怀特海使用 actual occasion 一词的本意，一是要表达世界上那些微观的、最小的构成世界万物的现实存在自我生成、自我涌现或自我突现的意思，在这种微观存在背后再没有其他更深一层的存在了，它们是自我突现出来的，好像是从先前的现实存在中突然地"生发"出来一样；二是说明"现实存在"与"现实发生"并不完全相同。例如，根据怀特海，神也是一种现实存在，但不是一种"现实发生"，因为神不是通过与

---

① *A Key to Whitehead's Process and Reality*, edited by Donald W. Sherburne, the University of Chicago Press, 1981.

② 怀特海：《过程与实在（修订版）》，杨富斌译，31页。

其他现实存在的相互作用而"生发"出来的。神的原初性质是预先存在的。因此，笔者借用中国古诗中"好雨知时节，当春乃发生"中的"发生"之意，在2013年出版《过程与实在》修订版中，把这一概念一律译为"现实发生"。这样，既可区别于其他静态的实体哲学的粒子概念，也可区别于过程哲学的其他基本概念，意在表示它是一个新产生的"事件"，而不是一个实体性的粒子。这似乎非常契合怀特海所要表达的原意。

在过程哲学中，"现实发生"的概念大体上类似于量子力学中所讲的"基本粒子"概念。其实"粒子"概念仍然有实体哲学思想的影子。因为根据量子力学，这种基本粒子同时也是波，具有波粒二象性。这些表面上看似荒谬的事实——"波是粒子，粒子是波"，正是"波/粒子"不同于所谓具有不可入性的原子的根本区别。[①] 它们不是由其他东西派生出来的东西，而是作为最基本、最终极的存在自我生发出来的。当然，这种自我发生并非真正的"无中生有"，而是通过摄入先前的存在和其他相关因素而自我生成的。由此可见，怀特海过程哲学是以量子力学关于物质结构的基本理论为基础，把"现实发生"当作其哲学体系中构成世界万物的最小构成单位，以此作为其形而上学体系中的最基本范畴。

同时，这里仍须注意的是，这种"现实存在"或者叫"现实发生"，是从微观层次上对现实世界进行分析所得出的基本概念。它是怀特海过程哲学的特有范畴，具有其特定的含义。我们不能把它简单地理解为传统哲学中所讲的现实事物或者我们日常生活中所讲的现实事物，更不能把它简单地等同于唯物主义者所讲的物质或客观实在性。毋宁说，它是我们通常所讲的物质实体的微观构成元素。通常所谓现实事物，即我们在宏观上可以观察到的现实事物，在怀特海过程哲学中叫作"聚合体"或"集合体"。桌椅、树木、山川、太阳等宏观物体，在怀特海哲学体系中一律叫作"聚合体"，如果这种聚合体是有秩序的聚合体，则可以叫作"集合体"。这些聚合体或集合体是由"现实存在"或"现实发生"构成的，但它们本身并不能简单地同"现实存在"或"现实发生"相等同。例如，我们不能在怀特海过程哲学意义上简单地把桌椅、汽车等宏观存在物叫作"现实存在"或"现实发生"。

从这里可以看出，怀特海过程哲学所坚持的思维方式，依然是西方哲

---

① 参见罗杰·彭罗斯：《通向实在之路：宇宙法则的完全指南》，王文浩译，365页，长沙，湖南科学技术出版社，2008。

学源远流长的原子论的致思方式。他依然试图从最基本、最终极的范畴出发，来构建自己的过程哲学的形而上学体系。当然，他所理解的"原子论"是过程哲学视域中的原子论，因而他所理解的"原子"不是具有不可入性和"没有窗口"的"单子"，而是处于动态过程之中的复杂有机体。这样一来，过程哲学的"原子论"便同把"原子"当作不可分的最小微粒的古代原子论哲学区别开来了。

第一，在怀特海看来，不同的哲学对于何谓"现实存在"实际上有不同的回答。在《过程与实在》中，怀特海明确地指出哲学追问的方式应当改变：科学和哲学发展到今天，我们不能再追问"世界是由什么构成的？"这类幼稚的和头脑简单的问题了[1]，因为世界上的物质是由什么构成的问题，已经由物理学上的物质结构理论深入研究并给予明确的解释了。而且，如前所述，对这些具体事实的说明并非哲学的任务，而是具体科学的使命。在怀特海看来，哲学是对抽象原理的说明，不是对具体事实的说明，否则，哲学就是侵入了具体科学的领地。同时，我们也不能再追问"世界是从哪里来的？"这样的问题了，因为宇宙归根到底是从哪里来的，这已经独立成为当代宇宙学专门研究的课题，并且大爆炸宇宙论、黑洞理论等宇宙学理论已经给出并正在继续给出具体的实证说明和解释。至于我们这个宇宙之外是否还有其他无数个宇宙，过程哲学家认为，这也是个具体科学的问题，过程哲学不同意我们有无数个宇宙的观点，只承认我们有一个宇宙，即我们生活于其中的宇宙。[2] 当然，这并不是否定哲学宇宙论存在的必要和可能，而是说不要用哲学的宇宙论代替或取消科学的宇宙论。同时，也不能以科学的宇宙论来代替哲学的宇宙论。在科学的宇宙论基础上，进一步扩大、概括出哲学的宇宙论学说，这正是怀特海致力于追求和实现的目标。所以，《过程与实在》的副标题才叫作"宇宙论研究"。有学者认为，当今科学的宇宙学已经给我们提供了世界观或宇宙观，因而哲学不能或不必要再为我们提供世界观或宇宙观，这种取消哲学世界观或宇宙观的观点是值得商榷的。

在怀特海看来，我们今天应当进行的哲学追问是：世界上什么是终极

---

[1] 在《过程与实在》中，怀特海明确地指出，以"世界是由什么构成的？"这样头脑简单的问题进入思想是非常幼稚的。

[2] 2010年圣诞节之后，本书作者之一杨富斌教授在克莱蒙研究生大学过程研究中心做访问学者时，曾在朝圣地（Pilgrim Place）养老院专门就这一问题请教柯布教授，他明确地回答说：过程哲学只承认一个宇宙，不承认在我们生活于其中的宇宙之外还有无数个宇宙。

第五章 过程哲学的范畴体系（一）

的现实存在？我们如何以这种现实存在为出发点和根据，在哲学宇宙论上重构我们生活于其中的现实世界，从而对我们的所有经验都能予以解释？换言之，如何以这种终极的现实存在为根据，来深刻而全面地认识我们所面对的纷繁复杂的经验世界或现实世界？怀特海指出，理性的任务是探测事物诸多方面越来越新、越来越复杂的层次。要做到这一点，就必须从具体的现实存在出发，通过理性的抽象，把诸现实存在的特性上升到具有普遍性的一般原理。要建立这种一般原理的体系，就必须从这种确定的、有经验基础的现实存在出发，而不能从想象出发，不能从一般的原则出发。对这种确定的、有经验基础的现实存在，怀特海称之为"现实发生"，把它视为构成现实世界的最终实在事物（这有量子力学等具体科学为基础），同时也把它作为过程哲学的范畴体系出发点的范畴——这表明过程哲学的出发点是以量子力学等具体科学的成果为基础的，而不是依靠纯粹凭空的断定或思辨性的猜测。

显然，过程哲学对构成现实世界的终极实在这个问题的回答，既不同于哲学史上以某种物质实体或质料为出发点的古代唯物主义哲学和近代机械的、形而上学的唯物主义哲学或者怀特海所说的以牛顿力学为基础的"科学唯物主义"的回答，也不同于各类以某种精神、理念、绝对观念或者心灵为出发点的唯心主义哲学的回答，同时也不同于以物质实体和精神实体两者为出发点的二元论哲学的回答。过程哲学对构成世界的终极实在的哲学回答是以过程为实在、以现实发生为出发点的独特进路。不同的哲学进路会导致不同的哲学范畴、哲学观点、哲学原理和关于现实世界的不同哲学图景。过程哲学不同于传统的唯物主义、唯心主义和二元论哲学等所有实体哲学，从根本上说，原因正在于此。怀特海之所以说他的过程哲学更加接近中国哲学和印度哲学而不是西方哲学，也是由于他所说的过程哲学的终极范畴"现实存在"或"现实发生"，更加类似于（例如）中国道家哲学的终极范畴"道"。

当然，在怀特海看来，各种各样的现实存在是复杂的有机体，因而彼此并不完全相同：遥远虚空中一丝最微小的存在也是一种现实存在，甚至作为宇宙之统一性的神[1]也是宇宙中的一种现实存在。各种现实存在的重要性或意义有不同等级，其功能也各不相同。然而，就它们的现实性所体

---

[1] 怀特海理解和界定的"神"是指现实宇宙万物的统一性，它非常不同于传统基督教所理解的上帝。这在本书第十七章有详细分析。

现的原理而言，这些形态各异、重要性等级不同的现实存在都是处在同一层面的。怀特海强调，"终极事实就是这些现实存在，除此以外什么也没有"①。这些现实存在是能动的存在，它们能够活动，能够感受和体验自身以及其他现实存在。换言之，它们具有自身的感受和经验。在这个意义上也可以说，这些现实存在就是一些瞬间经验或者点滴经验。用怀特海的话说："这些现实存在就是点滴的经验，它们既错综复杂又相互依赖。"②这里须注意：怀特海过程哲学中所使用的"经验""感受"等概念，并非认识论意义上的概念，而是本体论意义上的概念。这里的"经验"或"感受"是指现实存在或现实发生本身固有的能动作用，它既能给其他现实存在施加影响——怀特海称之为对其他现实存在的"客体化"，也能接受其他现实存在对它自身的影响——怀特海称之为它对其他现实存在的"摄入"。在这个意义上说，现实存在或现实发生既是作为主体的施动者，也是可以被其他现实存在摄入的受动者。在这个意义上，现实存在或现实发生又具有客体不朽性。

第二，怀特海指出，就过程哲学不断重复强调"现实存在"概念来看，它是彻头彻尾的笛卡尔主义哲学。因为"没有现实存在，就没有任何理由"③。人们只有在而且总是能够在确定的现实存在的复合本性中找到事物存在的原因：在神的本性中可以找到最高绝对的理由，在确定的时间性现实存在的性质中可找到某一特殊环境的理由。怀特海把这种原理叫作"本体论原理"，认为"这种本体论原理可以概括为：没有现实存在，就没有任何理由"④。这表明，怀特海反复强调"现实存在"这一概念，是想说明他的过程哲学就是要给宇宙中每一现实事物寻找理由，每一现实事物存在的理由就是它是由现实存在构成的，是由现实存在生成的。没有任何现实事物的存在和发展是凭空产生的。这里强调的基本哲学精神，无疑同马克思主义哲学强调的现实世界的客观现实性是完全一致的。国内学界有人在讨论有机马克思主义学说时，指责有机马克思主义的哲学基础之一——怀特海过程哲学是"唯心主义"，显然是没有根据的，是对怀特海过程哲学的宇宙论和本体论了解不够的表现。

第三，怀特海指出，每一种现实存在都可以用无数种方式来分析。因

---

① 怀特海：《过程与实在（修订版）》，杨富斌译，23页。
② 同上。引文有改动。
③④ 同上。

此，有人把怀特海视为分析哲学家。实际上，怀特海过程哲学中所讲的分析，与英美分析哲学家的哲学前提、分析方法以及分析方法与综合方法的内在关系，均有很大不同。在怀特海看来，把现实存在分析为各种各样的"摄入"，这种分析方式是展现现实存在的性质中最具体的要素的分析方式。他说，可以将这种分析方式叫作对现实存在的"区分"。每一种现实存在都可用无数的方法来"区分"，每一种区分方法都会产生其确定份额的摄入。摄入能在其自身内部繁衍出现实存在的普遍特征：它是同外部世界有关的。在这个意义上，可以说它具有某种"矢量性"，即它是有方向性的，关涉情感、目的、评价和因果关系。这里情感、目的、评价和因果关系，都不是传统哲学认识论意义上的概念，而是怀特海过程哲学本体论意义上特有的概念，具有特定的本体论含义，尽管他使用了这些拟人化的概念。

第四，为了建立有机论的哲学宇宙论，怀特海从笛卡尔的精神"沉思"和洛克的"观念"中创造性地概括出"摄入"概念，以便表达适用于每一级别的个体现实的最具体的分析方式。在怀特海看来，笛卡尔和洛克都坚持了一种具有两种实体的本体论，只不过笛卡尔是明确表述出来的，洛克则是在其表述中暗含了这一思想。作为数学物理学家，笛卡尔着重说明的是物质实体；作为医师和社会学家的洛克，则仅仅解释了精神实体。怀特海的过程哲学则在坚持只有一种现实存在的体系中采取了如下观点：洛克对精神实体的说明，较之于笛卡尔对物质实体的说明，以非常特殊的形式，具体地表达了更为深刻的哲学描述。不过，笛卡尔的说明对过程哲学也有一定影响。从总体上说，这是从莱布尼茨的单子论哲学中汲取的教训。莱布尼茨的单子论充其量是对当时关于精神观念的哲学概括，而当时关于物质实体的概念只是其哲学的从属和派生部分。"有机哲学则力求使物质与精神之间的这种平衡更加稳定，但它的确发轫于对洛克关于精神活动的说明所作的概括。"[1] 也就是说，怀特海批判地继承了笛卡尔和洛克的学说，力求综合地说明物质和精神之间不可分割的有机整体性及相互关系。在怀特海看来，物质性和精神性是同一种现实存在的两个不可分割的方面，一个是现实存在的物质极，一个是现实存在的精神极，它们共存于现实存在之中，相互交融在一起，难解难分，正如中国道家哲学所讲的一体两面、阴阳共存于一体之中的概念一样。倘若像西方传统二元论哲学那

---

[1] 怀特海：《过程与实在（修订版）》，杨富斌译，24页。

样把它们截然分开，然后再设法论证这两种实体如何相互作用和相互关联，这无疑是一个难以解开的世界之"死结"（格里芬语）。过程哲学则以现实存在是既包含物质极又包含精神极的统一整体为预设，为辩证地说明物质和精神的内在统一性奠定了坚实的本体论基础。

第五，怀特海强调指出，"现实存在由于彼此摄入而相互关涉"①。这表明，表面上似乎相互分离的各种现实存在之所以相互关联，是因为它们之间存在着摄入关系。摄入表明了作为摄入者的现实存在与被摄入的客体性材料（先前的现实存在和其他同时并存的现实存在）之间具有内在的关联。现实宇宙中没有任何现实存在是绝对孤立的。由此，便造成作为诸现实存在之共在的实在的个体事实，这些个体事实是实在的、单个的和具体的，如同现实存在和摄入活动是实在的、个别的和具体的一样，但是它们又是内在关联的。怀特海把现实存在中任何这种共在的具体事实叫作"聚合体"。在他看来，"当下的现实经验的终极事实就是这些现实存在、摄入和聚合体，而其他一切对我们的经验来说都是派生的抽象物"②。也就是说，具有直接经验的终极事实即是这些现实存在、摄入和聚合体。因此，怀特海把它们列入八个存在性范畴。

由此，从分析现实存在便进入对与之密切相关的"摄入"概念的分析。

这里补充说明一个问题：在怀特海看来，与现实存在或现实发生相关，作为过程哲学中的一个特殊概念，"现实世界"是现实地由任何现实发生所给予的世界。现实世界完全是由过去的现实发生或经验发生构成的，并且包含着所有现实发生。在这个意义上讲，任何两个现实发生的现实世界都是不同的。没有任何两个现实发生具有同样的现实世界。这就如同两个现实的人，虽然表面上看似乎都生活在同一个世界，但实际上任何两个人所面临的现实世界都是不同的。因此，对过程哲学的"现实世界"概念，我们要按照过程哲学的界定来理解，不能简单地把"现实世界"等同于我们通常所说的"物质世界"。这里特别强调，过程哲学提出和使用的许多哲学概念都有自身独特的含义，不能想当然地理解，或者按照传统哲学尤其是近代实体哲学的观点去理解，否则，就难免会曲解它们的真实含义，也无法真正理解过程哲学要表达的观念及其对世界的理解。

---

① ② 怀特海：《过程与实在（修订版）》，杨富斌译，24页。

（二）摄入

在怀特海看来，现实存在实际上是由其摄入构成的。对现实存在的首要分析是进入其最具体的要素。这样一来，我们就会发现，现实存在实际上是由各种摄入构成的合生，这些摄入产生于该现实存在的生成过程之中。对现实存在的所有进一步的分析就是要分析这些摄入。

那么，如何分析"摄入"呢？怀特海说，我们对"摄入"概念的分析应当以"材料"和"主体性形式"为中心来进行，因为任何摄入都包含着所要摄入的材料和摄入所要采取的主体性形式。

具体而言，每一种摄入都由三个因素构成：（1）摄入的"主体"，即摄入在其中是具体要素的现实存在；（2）摄入的"材料"；（3）"主体性形式"，即该主体是如何摄入该材料的。

国内外怀特海研究专家都认为，"摄入"概念或许是怀特海过程哲学中最具特色、最重要和最有原创性的概念，也是怀特海别出心裁地创造的新概念。传统西方哲学中并没有这样一个概念，英语世界中也很少有人使用这一词。对"摄入"概念，可从以下几个方面来理解：

第一，从内涵上说，摄入是指存在于那里的某物成为这里的某物的方式。也可以说，摄入是两个现实发生之间相联系的纽带，由此，过去的发生共在于新发生的构成之中。从这个视域看，摄入就是存在于那里的某物成为这里的某物。从因果关系上说，摄入乃是过去的发生对新的发生产生的因果效应。若从新的发生的视域看，摄入乃是这种新发生把过去的发生吸收到自身之中的活动。由此可见，摄入乃是过去的发生对当下的发生产生的因果效应，或者当下的发生之中产生的对过去的"占有"或"分有"活动；或者说，摄入是"生者"对"死者"的占有。

在怀特海看来，"摄入"不仅存在于现实存在的主体性形式之中，而且存在于被摄入的现实存在的客体性材料之中。那些客体性材料正是所要摄入的东西。所谓主体性形式则是指现实存在是如何摄入的，或者说摄入是怎样进行的。在最简单的物质性摄入情形下，对单一的现实发生可仅仅有一个摄入，因而其客体性材料就是那个发生之中被摄入的方面。但是，大多数发生的客体性材料是某种聚合体，即不只是单一的现实存在。譬如，在人的有意识的经验活动中，一个有意识的人摄入了一块石头的影像，此时，他不是仅仅摄入了其中的单个分子（如果存在的话），更不是摄入了其中的单个量子，而是摄入了那块石头的整体外观影像。因此，作为摄入对象的这种整体性发生的客体性材料永远是聚合体，而不是单个的发生。怀特海把这种作为整体的聚合体叫作（某个）发生的现实世界。

第二，从关系视域来看，摄入是一种内在关系。也就是说，就摄入的发生来说，摄入是内在的；但就被摄入的发生来说，摄入则是外在的。摄入并未改变所摄入之物，但是摄入的主体却成为通过其摄入而生成之物，即这种摄入的主体是在摄入过程中生成的。它并不是预先存在的实体或主体，然后通过自己的活动去进行现实的摄入——实体哲学的缺陷正是假设实体或主体是预先存在的，然后它才能进行各种活动。在过程哲学看来，正是现实的摄入活动造就了现实的摄入主体。同被摄入的现实发生相比，两者的关系是不对称的。也就是说，后面的新的发生（譬如 B）进行摄入，因而它部分地通过摄入过去的发生（譬如 A）的某些材料而构成自己，而前面的发生（A）作为过去并不进行摄入，因而它并不受后来的发生（B）影响，更不可能由后面的发生（B）构成。虽然怀特海经常谈到事物之间的相互关系，但是，当他讨论的事物是集合体时，从过程的视域看，通常严格地说正是这样一种单向摄入关系。例如，在植物和吃掉这些植物的动物之间存在着广泛的相互关系，但从摄入视域看，"吃"与"被吃"的关系是一种单向摄入关系，而不是双向摄入关系。正如哈茨肖恩所说的那样，任何两个发生在相互关联方面都是不对称的。通常，一个发生处于另一发生的过去。当下的发生与过去的发生之间的关系从来都不是对称的。过去的发生对当下的发生施加了因果效应。当下的发生摄入了过去的发生。柯布强调，这一观点正是怀特海摄入理论坚持的观点，但是怀特海使用的语言有时模糊了这种关系性的非对称性。对此，我们在阅读和理解怀特海的摄入理论时，要予以特别注意。

为有助于理解过程哲学的摄入范畴，可看下面图示：

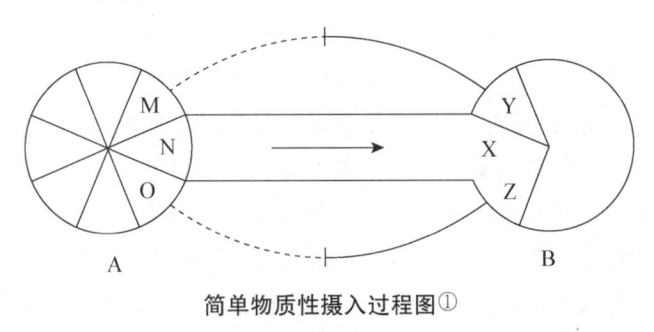

简单物质性摄入过程图[①]

[①] *A Key to Whitehead's Process and Reality*, edited by Donald W. Sherburne, p. 10.

如图所示，两个圆圈分别表示现实存在 A 和 B。其中，B 表示正在生成的现实存在，或正处于合生之中的存在。A 表示是 B 的直接过去，是被 B 摄入的现实存在。X 是 B 的各种摄入之一，这种摄入"延伸出去"，从而使 B 包含了 A。X 是一个矢量，它表明自己在空间中有固定的方向，即从 A 到达 B，这样，它便携带着 A 的一些属性进入 B 之中。M、N 和 O 是构成 A 的一些摄入。N 是 A 中被 B 选中的具体摄入，它表征着 A，并把 A 客体化在 B 的合生之中。A 中的所有其他摄入都被 B 否定地摄入了；Y 和 Z 表征的是这些否定性摄入，它们消除了 A 的构成中与 B 的摄入有关联的某些方面。简单性摄入是这样，其他复杂性摄入也是这样。

虽然怀特海对主体的发生加以特别的强调，但是他明白，仅仅使用这一词是有危险的。它给人的印象是，发生是对过去之摄入活动中唯一能动的活动者。许多过程哲学的解释者受到这一引导，把过去的发生当作新的主体由之构成自身的被动性材料。实际上，过去的发生对新的发生也有一定的因果关系上的能动性。

为强调先前发生的因果能动性，怀特海使用了另一术语。他指出，所谓发生也是其自身摄入的"超主体"。它的摄入使其超越自身而进入新的存在。从新的存在角度看，它并不是先作为主体而存在，然后再去摄入过去，而是它的存在就是由对过去的摄入构成的。就大部分而言，它是过去的发生在其自身之中产生的东西。这样，新的发生与旧的发生之间便通过摄入活动而内在地关联起来。怀特海说，每一种现实存在的主体，实际上都是"超主体"，当我们说到"主体"时，实际上都是"主体—超体"的缩写，讲的就是这个意思。在从 A 到 B 的生成过程中，其中的"摄入者"对 A 而言是超主体，对 B 而言则是主体，而 B 中的摄入者对其后面的 C 而言则是超主体。

第三，被摄入的东西有许多，与之相应，摄入也分为很多种。怀特海对各种摄入做了详细分析，这在后面讨论摄入原理时再详细阐述。这里，最重要的是要掌握"摄入"概念。由于这个概念不是西方哲学史上一直不断得到发展的概念，因此，我们必须从怀特海赋予它的意义上来理解。根据怀特海的说明，摄入事实上是所有现实存在的生成活动中存在的客观现象。当然，在人关于现实存在的经验中，也存在着这种摄入活动。

为了清楚地理解怀特海所说的"摄入"概念的含义，柯布建议我们考察自己的经验。譬如，我们可以听到一段音乐的和音。但是，为什么我们能听到一段音乐的和音呢？这是我们通过有意识地回顾过去的经验而听到的吗？显然并非如此。除非前面听到的乐调——用怀特海的话说，这种先前的乐调作为一种经验的发生——还在当下起作用，否则，我们听到的就只是一连串不连续的声音。这些声音作为我们刚刚过去的瞬间经验流变到当下。但是，它们并不构成当下的经验发生的总体中的内容，因为必定会有后面的乐调补充进来，以形成最后的和音。但是，这种刚刚过去的声音在当下仍然是存在的，因而仍然是活的。而且，我们还可以经验到刚刚过去的那种先前和音的存在。柯布认为，这种经验就是通过现在正在生成的经验而摄入过去经验的一个例证。在这个例子中，过去的经验成为当下的经验，它正是我们通过当下的经验摄入过去的经验而生成的。

　　第四，摄入可以为因果关系和直接的记忆提供解释。怀特海认为，摄入不仅提供了理解我们自己与我们自己的直接过去的关系的方法，而且提供了理解我们自己与我们自己的身体的关系的方法。譬如，我们知道我们用我们的眼睛在看，用我们的耳朵在听。我们还知道，当我们牙疼时，我们感受到的疼痛来自牙齿的疼痛。如果把我们所知道的生理学基本知识与摄入观念相结合，我们就能提出一套理论，以此来说明，我们实际上是通过大脑中的神经元来摄入大脑中各部位的现实发生的，并且通过它们而摄入身体其他部位所发生的事件。当摄入到眼睛捕捉到的信息时，我们就能看见东西；当摄入到耳朵传来的信息时，我们就能听到声音。如果大脑和身体其他各部位没有这些摄入的综合，那么我们实际上就看不到任何东西，听不到任何声音。上面所说的我们能听到一段音乐的和音，道理同样如此。

　　因此，在怀特海看来，人的身体对于人的感知和认识极其重要。传统哲学对有意识的经验所起的作用的解释，经常对我们有误导，因为传统哲学认为，有意识的经验总是把注意力的焦点放在外部环境与我们的关系上，而没有关注我们身体内部的环境与我们自己的关系。根据进化论的概念来看，传统哲学这样解释经验的作用是很容易理解的。人们为了生存，至关重要的是关注外部环境中的食物和危险，而不是关注内在的身体状况。我们倾向于我们看到的东西，而不是关注眼睛本身的感受。但是，没有眼睛的摄入，就没有对外部世界的视觉经验；没有身体其他器官包括大脑的摄入，就形不成视觉经验。因此，把外部世界存在的一堆颜色看作人的经验的原初材料，这样解释是错误的。就一个人的经验而言，其原初材料首先是这个人的过去经验和神经元的经验，其次是其他身体器官的经验，外部世界提供的材料处于第三位。尽管如此，我们还是要认识到，我们确实在摄入那个外部世界，而且不只是摄入关于外部现实世界的一堆堆颜色，而且摄入构成那个外部世界的各种现实发生。因此，我们用肉眼观看明亮的太阳，阳光中的紫外线可能会灼伤我们的眼睛；我们闻到刺鼻的臭味或毒气，可能会使我们中毒；我们听到巨响，可能会把我们的耳朵震聋。这些显然是外部的现实存在"进入"我们身体之中了，或者说被我们的身体"摄入"了。

第五，怀特海的摄入观念也能很好地说明量子事件。显然，量子理论既是当代科学中非常复杂的理论，也是尚未最终完成的理论，它迄今仍在发展。2013年诺贝尔物理学奖所涉及的玻色子，即所谓"上帝粒子"，仍然是关于基本粒子方面的最新发现。据颁奖委员会介绍，这种"上帝粒子"被认为是能给其他基本粒子提供能量的粒子，故获得"上帝粒子"之美称，尽管这种"上帝粒子"不可能是构成世界万物的最小单位，它仍然是一种有机体。然而，我们可以假定，发生在一个量子事件中的一切在很大程度上决定于在其他量子事件中发生的事件。实际上它的能量起源于过去，并被传递给未来。摄入观念适合有关量子的这种客观知识。过去进入当下，然后变成传递给未来的那种过去的一部分。此时，量子作为它对其他量子之摄入的统一性而成为现实存在。

（三）聚合体

在怀特海过程哲学中，"聚合体"概念也是一个专门用语。在存在性范畴中，怀特海把"主体性形式"与"聚合体"视为一对范畴。所谓主体性形式是一种现实发生感受过去的方式，相对于聚合体而言，它属于"事实的隐秘事务或私人事实"，因为它是微观的、不可被直接观察到的事实。怀特海称聚合体为"事实的公共事务"或"公共事实"，因为它是宏观的，可以被所有其他现实存在感受到的。

首先，根据怀特海的界说，聚合体是由多种汇聚在一起的现实发生构成的。一张桌子是一个分子性的发生构成的聚合体，或者是能量子的聚合体。所以，怀特海明确地指出："任何现实存在所组成的现实世界都是一个聚合体，这个聚合体的客体化使得现实存在的物质性感受的客体性材料达到了完全的统一。"[①]

[①] 怀特海：《过程与实在（修订版）》，杨富斌译，293～294页。

在这个意义上说，所有日常的经验对象都是聚合体：木棍与石头、行星与恒星、山川与树木、人类与其他动物等都是聚合体。我们通常所说的事件也是聚合体。但是，这一术语的内涵可延伸得更远。我们所在房间中的空气和围绕整个地球的大气层都是聚合体。在物理学的所谓"真空"中汇聚的各类发生也是聚合体。世界上存在着一种包括所有发生的聚合体，这个聚合体构成了任何发生之过去的整体性，也就是，构成了它的现实世界。这个包含所有发生的整体乃是整个宇宙，或者说乃是宇宙总体。

那么，世界上哪些东西不是聚合体呢？根据柯布的解释，把"聚合体"这一术语的应用做一下引申，扩展到其不适用的范围，从"它不是什么"的意义上，可能会使我们更容易理解什么是聚合体。(1)单独一个发生不是聚合体。聚合体是许多现实发生通过其内在联系而凝聚在一起的存在物。(2)一组性质完全相同的现实发生，譬如一组全部是红色的客体，如一组狮子狗，不是怀特海所理解的聚合体。他所理解和界定的聚合体，是由性质不同的现实存在构成的共同体。

"聚合体"概念对于理解怀特海过程哲学与大多数其他哲学体系之间的关系极为重要。许多其他哲学家称作"现实存在"或"客观事物"的东西，怀特海则称之为"聚合体"。这对那些与日常语言保持密切联系和把日常经验的对象看作现实存在的哲学来说，是最为明显的。同时，这对大多数其他过程思想家来说也是如此，因为这些哲学都把"事件"看作原初的。在怀特海看来，大多数被这样看待的事件都是聚合体，也就是说，它们是由多重现实发生构成的。

其次，聚合体以两种方式发挥作用，因而也以两种方式存在于世界。怀特海称这两种方式为"客体性的"和"形式的"存在。作为客体性的存在，聚合体为观察者而存在。桌椅对人来说是客体性的聚合体，我们在日常语言中谈论的大多数东西都是这类客体。

但是，聚合体是由个体的现实发生构成的，它们并非仅仅为观察者而存在。它们自身也会形式地作为吸纳过去并因而构成它们自身的过程而存在。因此，对聚合体也可根据其形式构成而进行讨论。

最后，怀特海指出，每一种聚合体都是由各种成分组成的聚合体，它首先在现实存在之合生的某个后期阶段完成，而此后便作为不可改变的事实在现实世界中保持其地位，在与其自身相联系的现实世界中有其时间和位置。如果在聚合体中有已经实现了的诸普遍性之对比，那么，这种对比就位于它所属的现实存在之中，作为其整体性感受中最初产生的对比而存在。

在此基础上，怀特海概括了"聚合体"概念的两种用法。（1）他指出，正如"作为一的感受"不能脱离其主体一样，"作为一的材料"也不能脱离感受着它的每一种感受。根据本体论原理，完全的聚合体是神的后继本性中的客体性材料；因为它事实上要存在于某个地方，但却不是由于其自身的性质之必需，它就要被包含于现实世界的任何确定的现实存在的感受之中。这个聚合体涉及在某个地方的实现。这是"聚合体"概念的第一种用法。① （2）一种复合感受的原初材料仅仅就其作为材料而言是"多"，虽然它们在某种方式的客体统一性中被感受为"一"。因此，聚合体是一种已经实现了的原初材料的方式，虽然这一方式只是与表现很多材料的那些因素的感受相关。由于这些因素，这些材料才能在感受中获得其统一性。这便是"聚合体"概念的第二种用法。

总之，在怀特海看来："现实存在由于彼此摄入而相互关涉。因此，便有了作为共在的现实存在的实在的个体事实。这些事实是实在的、个体的和特殊的，同样，现实存在和摄入也是实在的、个体的和特殊的。现实存在中任何这种共在的特殊事实都可称作'聚合体'。当下现实经验的终极事实就是这些现实存在、摄入和聚合体，而其他一切对我们的经验来说都是派生的抽象物。"② 过程哲学的任务就是说明这些现实存在、摄入和聚合体，揭示它们在宇宙生成过程中的真实地位和作用。

（四）本体论原理

在《过程与实在》第一编第二章"范畴体系"第一节中，怀特海虽然明确指出了其选择的第四个基本概念是"本体论原理"，但在这里他并未展开对这一概念的讨论。他只是在阐述了"聚合体"概念之后，明确指出"每一种事实都不只是自己的形式，而每一种形式却都'分有'着整个事实世界。事实的确定性取决于自己的形式，但是个体事实却是一种创造物，而且创造性是所有形式背后的终极原因"③。由此对"本体论原理"概念一带而过。对这一原理的详细分析是在后面第三编"摄入理论"第三章"感受的传递"等处。我们在此也不详细讨论"本体论原理"概念，而

---

① 参见怀特海：《过程与实在（修订版）》，杨富斌译，294～295页。
② 同上书，24页。
③ 同上书，25页。

在后面第十三章再予以阐述。

这里需要指出的是，怀特海对"本体论"概念的理解和使用有其特别之处，不同于传统哲学中"本体论"的通常含义，因此，他提出的"本体论原理"也有特殊的含义和目的，其主要目的是说明只有现实存在才是真正实在的事物，只有现实存在才是世界上所发生的一切事件的理由。

小结： 本章阐述了过程哲学的"范畴"概念以及过程哲学的四个基本概念。怀特海使用的"范畴"概念，类似于亚里士多德的用法，即指对事物进行分类的不同方式，或者是对实在进行划分的不同种类。依据这一理解，怀特海把他理解的实在划分为四类范畴，即终极性范畴、存在性范畴、说明性范畴和范畴性要求，并认为过程哲学的基本范畴体系是由四个基本概念、八个存在性范畴、二十七个说明性范畴和九个范畴性要求构成的。本章侧重阐释过程哲学的四个基本概念，指出"现实存在"亦叫"现实发生"是过程哲学的核心概念。不同哲学家对何谓"现实存在"有不同的理解和回答，由此区分出不同的哲学流派。就过程哲学不断强调"现实存在"而言，它类似于笛卡尔哲学。每一种现实存在都可以用无数种方式来分析，因而怀特海也被人称为分析哲学家。怀特海创造性地提出"摄入"概念，用它来指谓存在于那里的某物成为这里的某物的方式，坚持现实存在的生成是通过摄入先前的现实存在而形成的，因而诸现实存在由于彼此摄入而相互关涉，这使所有现实存在之间表现出一种内在关联。多种现实存在汇聚在一起，就会构成宏观的聚合体和集合体，我们能在日常生活中直接看到的物体都是这类宏观物体。世界上每一种事实都不仅仅是自己的形式，它们同时还"分有"着整个事实世界，由此体现着世界的本体论原理，即每一现实存在的生成在宇宙中都是有原因、有根据的。

第六章 过程哲学的范畴体系（二）

存在的基本类型是现实存在和永恒客体，而其他类型的存在则只是表达了所有这两种基本类型的存在在现实世界中是如何彼此共处于一个共同体之中的。

"创造性"是表征终极事实的普遍之普遍。……"创造性"是新生事物的本原。

多生成一并由一而长。

——怀特海

在《过程与实在》第一编"思辨体系"第二章"范畴体系"中，怀特海分析了过程哲学提出的四类范畴，即终极性范畴、存在性范畴、说明性范畴和范畴性要求。怀特海认为，终极性范畴有三个，存在性范畴有八个，说明性范畴有二十七个，范畴性要求有九个，并对其做了详细的说明。深入理解这些范畴，是掌握过程哲学的关键。不理解这些范畴的含义，就不能理解怀特海在《过程与实在》后几部分中所做的应用性分析和阐释。

一、三个终极性范畴

怀特海指出，"创造性""多""一"是包含在"事物""在"[①]"实存"

[①] 这里的"在"，英语原文是 being，以区别于"存在"（entity）。"实存"的英文则是 existence。怀特海在《过程与实在》中主要讨论的是现实存在（actual entity）的生成、消亡及其关系性，而对 being 的哲学本体论意义则没有直接从传统西方本体论意义上予以详细讨论。因此，怀特海过程哲学的本体论并不同于传统西方哲学中专门以讨论 being 为研究对象的本体论（或者如有的学者所译的"是论"。根据怀特海过程哲学，所谓现实存在的 being（"在"或"存在"）实际上就是它的 becoming（"生成"）。若现实存在不再生成，它就不"存在"了；现实存在一旦达到"满足"，实现了"是其所是"，它就一定在这一瞬间"在其所在"，而在下一瞬间则会由于连续的生成而导致其"是其所不是"，或者"不是其所是"，即就会消亡，进而被新的现实存在摄入，从而开始了新的生成过程。这样，它也就"不在其所在"了。

这些同义术语的意义中的终极概念。这三个概念构成了过程哲学体系中的终极性范畴，它们是该体系中所有其他更为具体的范畴所依据的先决条件。过程哲学探讨这三个终极性范畴的目的是揭示在这三个范畴中所预设的普遍原理。

（一）创造性

根据怀特海过程哲学，"创造性"是表征终极事实的普遍之普遍或者叫共相之共相的范畴。正是通过这一终极本原，"多"，即呈现为分离状态的宇宙或者多种现实存在，生成为"一"，即呈现为联合状态的宇宙或者由多种现实存在构成的统一体。这种创造性并不是现实的宇宙之外、现实存在之外的某种"第一推动力"，或者如传统实体哲学所说的"不动的推动者"，而是存在于各个现实存在之中的东西。正是由于这种创造性，世界上的"多"才能构成"一"。世界万物之所以呈现为明显的相互联系的统一性或有机体或协同体，而不是彼此互不相关的分离状态，原因盖源于诸现实存在内在固有的这种创造性。

因此，怀特海指出，"创造性"是世界上一切新生事物产生的本原。[1] 换言之，宇宙中一切新生事物，归根结底都是由现实存在本身固有的创造性派生的。每一个现实存在都是一个新颖的存在，它有别于由诸多现实存在把其统一在一起的"多"之中的任何存在。正是"创造性"把新颖性引进"多"的构成之中，因而使现实世界表现为一种永不停息的创造性进展过程。所谓"创造性进展"，就是创造性这种终极本原应用于其所产生的每一种新颖的情境之中所导致的结果。"创造性"体现在现实世界永不停息的过程之中，宇宙正是通过这种过程而持续存在的。因此，创造性所要表达的是宇宙中客观存在的如下终极事实："多生成一并由一而长"。[2]

在过程哲学中，怀特海把"创造性"视为"终极物"。正是创造性使得每一个现实存在都成为现实世界创造性进展过程中的一个例证。柯布认为，创造性在怀特海哲学中扮演的角色相当于托马斯思想传统中"存在本身"扮演的角色。根据这个传统，存在就是成为存在的一个实例。在怀特海哲学中，现实存在就是创造性的一个实例。在托马斯主义哲学中，存在本身是超越所有特征的。同样，在怀特海哲学中，创造性并没有其自身的

---

[1] 参见怀特海：《过程与实在（修订版）》，杨富斌译，26页。
[2] 同上书，27页。着重号系引者所加。

特征，意思是指创造性对所有永恒客体都是同样开放的，并且其本身不由任何东西赋予特征。也就是说，在创造性背后，并不存在任何更深层次的推动创造性的动力。至于创造性为何是这个样子，为何具有这种特性，怀特海并没有予以论证。按照怀特海的观点，我们可以推测，他的过程哲学只是致力于揭示宇宙本身固有的这个真理，因此他不需要对之进行论证或证明。如前所述，怀特海认为，哲学真正的任务就在于揭示宇宙中那些自明的真理，因此不需要证明。只有具体科学才需要对自己的结论提供论证，不管这种论证是逻辑上的还是事实上的。

为了有助于人们理解过程哲学的"创造性"概念，怀特海把他所说的"创造性"概念同近代哲学中所说的"中性材料"和亚里士多德所说的原初"质料"做了对比，指出他所说的"创造性"概念与这两个概念相类似。也就是说，怀特海使用"创造性"一词的意思是指，所有现实事物都是由它创造的，因而它类似于亚里士多德意义上的构成万物的终极"质料因"。但是，对怀特海来说，这种"质料因"绝对不是传统西方哲学所说的那种被动的质料，而是质料中内在包含的创造性。因为从传统西方形而上学上说，并且从近代牛顿物理学意义上说，"质料"在根本上是被动的。但对怀特海来说，可以把创造性当作活动本身。在这个意义上，怀特海所说的"创造性"更接近物理学家所说的"能量"，而不是他们所说的"质料"。

柯布认为，在任何情况下，人们都不能超越创造性而达到它的质料因或任何其他原因。人们可以描述它是如何表现其自身的，但是，人们不能有意义地追问为什么是创造性而不是其他某种东西创造了现实存在。因为创造性是不需要"理由"的。

有时，人们喜欢把超出怀特海所希望的东西投射于"创造性"之中。柯布认为，怀特海确实引起我们对所发生的一切感到惊奇，即从旧的发生中产生新的发生的过程一直在继续。在怀特海看来，创造活动是基本的和持续发生的，永远有某种新东西在产生着。但是，在怀特海看来，新东西可能并不比旧东西好。也就是说，创造性创造出来的新东西并不必然是好的东西。例如，衰退过程和大型有机体例如人类的死亡之中的发生，也是创造性的表现，这同新生命的产生是完全一样的。这就是说，根据怀特海的观点，创造性从道德视域来看完全是中性的。相互屠杀构成的创造性实例与创作交响乐构成的创造性实例是一样的，而且人们也不能说这两种活动中哪个创造性多，哪个创造性少。像其他哲学传统中的终极性范畴一样，创造性超越善恶或任何量化的东西。因此，根据怀特海的说明，"创造性"概念并不表明创造出来的新东西对人来说一定意味着是好的东西。我们不能把自己通常对创造性的理解强加在怀特海的"创造性"概念之上。从《过程与实在》中的内容来看，怀特海对"创造性"的论述主要有如下论断：

首先，怀特海明确指出："在所有哲学理论中都有一种终极的东西，这种终极的东西通过自身的种种偶然性而成为现实的。只有通过其自身种种偶然性的具体体现，这种终极的东西才能具有各种特征，而脱离了这些偶然性，它便没有现实性。在有机哲学中，这种终极的东西叫作'创造性'。"[①] 怀特海还指出："事实的确定性取决于自己的形式，但是个体事实却是一种创造物，而且创造性是所有形式背后的终极原因，这种终极原因不可能由形式来说明，然而受自己的创造物所制约。"[②] 也就是说，创造性作为终极原因，虽然其背后没有推动与制约它的因素和力量，然而它的创造物即现实存在对它则有一定的制约作用。因此，创造性作为一种能动力量并不是绝对自由的、毫无制约的。

其次，怀特海指出，创造性消除了质料等概念所具有的被动接受的概念。它既不是被动地接受"形式"，也不是被动地接受外部联系，而是纯粹的主动性概念，现实世界的客体永恒性或不朽性就是以此为前提的——这个世界绝不会同样地出现两次，尽管它永远有神圣的秩序性这一稳定的要素，因为其中有创造性在起作用。创造性没有自身的性质，正像亚里士多德的"质料"没有自身的性质一样。创造性是现实性的根基中具有最高普遍性的终极概念。它不能被赋予特征，因为所有特征都比它更为特殊。但是，创造性永远存在于各种现实的条件制约之中，并且以各种条件为转移。

最后，在谈到"知觉""满足""神"等概念时，怀特海对"创造性"概念给予了进一步的说明。他指出："现实存在的知觉构成提出这样一个问题：各种其他现实存在，每一种都有其自身的形式存在，缘何也能客体性地进入这种相关现实存在的知觉构成之中呢？这个问题是宇宙的协同性问题。古典学说关于普遍和特殊、主词和谓词的理论，关于个别实体不能存在于其他个别实体中的理论，关于外在关系的理论，同样都不能使这一

[①] 怀特海：《过程与实在（修订版）》，杨富斌译，8页。
[②] 同上书，25页。

第六章 过程哲学的范畴体系（二）

问题得以解决。有机哲学对这一问题的解决办法是提出了摄入学说，这些摄入包含在合生的整合过程中，结束于确定的、复合的感受统一性中。要成为现实的就一定意味着所有现实事物都同样是客体，在形成创造性活动中都有客体的永恒性；同时，一切现实事物都是主体，各自摄入着产生自己的宇宙。这种创造性活动乃是宇宙在特殊而统一的自我经验中总是生成为'一'，并由此而增加了作为多的宇宙的多样性。这种持续的成为统一体的合生过程是每一种存在最终的自我同一的结果。任何存在——不管是普遍的还是特殊的——都不能起着离散的作用。自我同一要求每一种存在都有一种联合的自我维持的功能，不管这种功能具有什么样的复杂性。"①

关于"满足"与创造性的关系，怀特海认为"任何现实存在都不能意识到自身的满足，因为这样一种认识将会成为该过程的一个成分，从而会改变这种满足。对于这种相关的存在来说，满足只能被理解为创造性的规定，它使这种存在超越其自身的客体化被确定下来。换言之，一个存在的'满足'只能根据该存在的用途来讨论。这是对创造性的一种限定。……这个世界是自我创造的，因而作为自我创造物的现实存在便获得了这种超验世界部分创造者永恒的功能。在自己的自我创造过程中，现实存在自身的理念作为个体性满足和超验创造者在引导着自己"②。

在谈到"神"概念时，怀特海指出，根据过程哲学的"神"概念，可以把神看作创造性的产物，看作秩序的基础，看作达到新颖性的激励物。"秩序"和"新颖性"不过是神实现其主体性目的的工具，这种目的是对"形式的直接性"的强化。应当注意，每一个现实存在，包括神，都是某种因自身而存在的个体，因而都可以超越其他的现实性。还应当注意，每一个现实存在，包括神，都是可以由所限定的创造性超越的创造物。③ 一个现实存在像它实际感受的那样去感受，是为了成为它是其所是的这个现实存在。正是以这个方式，现实存在满足了斯宾诺莎的"实体"概念：它是自因的。创造性不是具有自身隐秘目的的外在力量。所有现实存在，当然包括神，都拥有这种自因的特征。正是由于这一原因，每一个现实存在（包括神）都具有超越所有其他现实存在（包括神）的特征。因此，"整个

---

① 怀特海：《过程与实在（修订版）》，杨富斌译，71～72页。
② 同上书，109页。
③ 参见上书，112～113页。

宇宙是一个向新颖性的创造性进展的过程。与这一学说不同的另一种选择则是关于一种静态宇宙的理论"①。

显然，怀特海不是在"创造者"的意义上使用"神"这一概念的。他指出，在这个意义上，可以称神为每一个暂时性现实存在的创造者。但是，这一说法容易引起误解，因为它暗示了可以把宇宙的终极创造性归之于神的意志。正确的形而上学观点是，神是这种创造性的原初表现，因而也是限制其行动的原初条件。表现这种创造性是现实性的职能，而神就是这种永恒的原初性质。但诚然，如果脱离其"创造物"，"创造"就没有任何意义；如果脱离"创造"和"现世的创造物"，"神"也没有任何意义；如果脱离了"创造"和"神"，"现世的创造物"也没有任何意义。②

在讨论创造性与现实存在的生成关系时，怀特海指出，现实存在在生成其自身的过程中，也解决了其本身将要成为何物的问题。因为根据过程哲学，过程并不只是一个时间概念，"过程就是创造性观念为界定和获得确定的个体性而发挥作用的阶段。过程就是终极目的的生长与获得"③。没有生长与获得新的要素，现实存在的过程就是简单的重复，不会有真正的生成。这种意义上的"过程"并不是过程哲学所理解的过程。

就创造性与转化的关系而言，怀特海强调："创造性是一个不可逃避的基本事实，根据这种创造性，不可能有任何'众多事物'不从属于具体的统一性。因此，所有现实发生的集合，按照事物的本性，都是另一合生的观察点……根据创造性，任何相对完成的现实世界，就事物的性质而言，都是新的合生的材料，这种创造性便叫作'转化'。这样一来，由于转化，'现实世界'永远是一个相对的术语，并且是指被预设的现实发生的根据便是新的合生的材料。"④

关于创造性本身，怀特海指出，每一种创造性的工作都是一种集合性的努力，使用的是整个宇宙。每一种新颖的现实都是增加新条件的新的参与者。每一个新条件都能够被吸纳，增加获得的丰满性。另外，每一个条件都会排斥差异性，不能容纳差异性，除非它能在一种能够把它的排斥转化为对比的条件网络中找到自己的位置。一种新的现实有可能会出现在错误的集合体中，在这一集合体中，现实对效能的要求主要表现为各种抑制

---

① 怀特海：《过程与实在（修订版）》，杨富斌译，283 页。
② 参见上书，287 页。
③ 同上书，193 页。
④ 同上书，269 页。

作用。这样一来，新的创造时期便给创造性功能提出一项消除抑制作用的艰巨任务。坚持在错误的季节诞生，这是恶的诡计。换句话说，新的事实可能会倒退、停滞和延迟。但是，创造性进展一旦到来，便在内容上更加丰富，条件更加充分，并且更加稳定。因为就其客体效能而言，一个现实存在只能因其另一种肯定性贡献才能起到抑制作用。

在这个意义上说，怀特海打了一个比方："诸事实构成的链条犹如一座巨型堤礁，一边会有失事船只的残骸，另一边则是可以停船的港湾和安全地带。支配着事物之规定性的种种范畴说明了世上为何会有恶，同时也说明了在世界的前进过程中那些具体的罪的事实为何最终被超越了。"① 这样，便从哲学形而上学高度说明了世界上的善与恶最终产生于世界的创造性活动，而不必从世界之外去寻找世界之内存在的善与恶的产生根源。

总之，在怀特海看来，"每一种创造性活动都是宇宙把其自身具体化为一的过程"②。在这个意义上说，自然界从来没有完成，也不可能最终完成。自然界永远在超越自身，这就是自然界的创造性进展。在这里我们遇到了时间问题。现实世界的一切特殊事物都以这种创造性活动为前提，而这种创造性活动只是以创造性进展的一般形而上学特征为前提，它就是那种特征的原初体现。这里，过程哲学对人类历史上反复出现的所谓的世界终结问题给予了合理的解答。

（二）一

怀特海明确指出："一"这个概念并不是指数学上的"整数一"，后者是一个非常复杂的特殊概念。在过程哲学中，"一"代表的是一种一般观念，即存在的单一性或唯一性，即万事万物所构成的整体性。没有一个现实存在是在这个统一体之外的，因而它是一个统一的整体，故称之为"一"。当然，这个"一"有双重意义：一是宇宙或世界之总体的"一"，即作为世界"大全"的一；二是宇宙中或世界上每一个个别的现实存在，即作为相对完整与统一的个体所具有的小"一"。类似于平常我们所说的世上的"大我"和"小我"。

在怀特海看来，世界的"多"，即世界的多样性，是以这种"一"即世界的统一性为先决条件的。反过来也一样，世界的"一"，即世界的统

---

① 怀特海：《过程与实在（修订版）》，杨富斌译，284~285 页。
② 同上书，314 页。

一性,则是以世界的"多"即世界的多样性为先决条件的。"多"是表达宇宙中各种事物和事件的分离性的概念,这一概念是"有"这一概念的基本组成部分。世界上有许多"有"是以分离的多样性形式存在的。但是,归根结底,它们又统一于宇宙整体性这个"一"之中。没有任何现实存在是真正地孤立于宇宙整体、游离于现实宇宙之外而存在的。这个意义上的现实存在不可能产生,即使产生了也不能现实地存在。因为在过程哲学看来,没有哪一个真正的、实在的现实存在或现实发生是凭空产生的,也没有哪一个现实存在或现实发生脱离了其他现实存在而能够真正地、实在地存在。例如,遥远天空中的一片云彩、遥远恒星上的一粒沙子,都是同宇宙中其他现实存在联系在一起的。

至于道家哲学所讲的"世界万物生于有,而有生于无",这里的"无",并不是指真正的"无",即虚空。当代科学已经证明,世界上根本不存在这样的虚空或真正的"真空"。怀特海过程哲学也不承认空无一物的虚空。道家哲学所讲的"无",实际上是指"混沌的存在",类似于当代混沌科学所讲的"从混沌到有序"。所以,有人把道家哲学所讲的"无"译为"being-without-form",即"无形式的存在",而把"有"译为"being-with-form",即"有形式的存在",这是颇为传神的。

(三) 多

在过程哲学中,"多"这个概念是表示宇宙中的多样性存在的范畴,即表示宇宙中有诸多事物和事件是以分离状态存在的。然而,它们之间并非没有关系性或关联性。怀特海过程哲学要达到的目的之一就是,说明这种"多"是如何生成为"一",并且由于这种"一"而有所增长的,即他所做的经典概括"多生成一并由一而长"。在怀特海看来,正是"创造性"这一终极原理使得宇宙的"多",即呈现为分离状态的宇宙,成为"一"种现实的统一存在,即呈现为联合状态的宇宙。因为创造性存在于事物的本性之中,因而"多"才可以进入复杂的统一性之中,成为具有有机联系的整体的"一"。

在这里,怀特海还引入一个范畴——"共在"(togetherness)。在他看来,"共在"是一个涵盖了多种特殊方法的全称术语,各种各样的存在都是通过这些方法而"共在"于任何现实发生之中的。因此,"共在"是以"创造性""多""一""统一性""多样性"等概念为先决条件的。他说:"(这种)终极的形而上学原理就是从分离状态向联合状态进展,创造出一种新的、有别于呈分离状态的各种既定存在的存在。这种新的存在旋即成为它所找到的'多'的共在,同时也成为它所离开的呈分离状态的'多'中之一。它是一种新的存在。"① 共在使得诸多现实存在的对比和合生成为可能。

因此,怀特海指出,"新的共在的产生"就是体现在"合生"术语之中的终极概念。对于"新颖性的产生"和"具体的共在"这些终极概念,我们既不能根据更高的普遍来加以说明,也不能根据合生中加入的成分来说明。对这些成分的分析,只能从合生中做出抽象,这里唯一的办法是诉诸直觉。也就是说,在怀特海看来,对于合生之中包含的"共在"这些终极概念,人们只有通过直觉来把握,而无法用具有更大普遍性的概念来说明,但可以根据它们来说明其他较为具体的概念。

对"创造性""一""多"这三个终极性范畴,有学者把它们同中国道家学说中的终极性范畴"太极""阴""阳"相比较,认为"创造性"类似于"太极",而"一"和"多"则类似于"阴"和"阳"。怀特海创立其终极性范畴体系时是否受到中国道家哲学的影响,这一问题还值得探讨。

二、八个存在性范畴

根据怀特海的说明,过程哲学的存在性范畴有八个,即现实存在、摄入、聚合体、主体性形式、永恒客体、命题、多样性和对比。这八个存在性范畴非常难以理解,尤其是"命题"何以成为存在性范畴,颇令人费解。但是,如果不能真正理解这八个存在性范畴,就不能真正理解过程哲学在此基础上所构造的理论体系,也无法理解《过程与实在》后几部分依据这些存在性范畴对现实世界所做的说明。

(一)现实存在

在怀特海看来,现实存在也可叫现实发生,或者叫终极实在、实在事物。它们是构成世界的终极事物。这些现实存在在数量上是无限的。② 宇宙中的存在只有具有这种现实存在的属性,才是真正的存在,才是实在的

---

① 怀特海:《过程与实在(修订版)》,杨富斌译,26页。括号内容系引者所加。
② A. H. Johnson, *Whitehead's Theory of Reality*, New York, Dover Publications, Inc., 1962, p. 16.

事物。否则，它们就是抽象的存在。过程哲学致力于说明的就是，这种现实存在何以生成、成熟和消亡，以及它们何以能相互关联，并构成我们这个无缝的现实世界。所以，"现实存在"范畴是过程哲学体系中最重要的存在性范畴。

如前所述，国内学者对怀特海过程哲学这一重要范畴的翻译不尽相同。有的译为"现实实有"，有的译为"动在"，有的译为"实际存在物"。在笔者看来，把这个核心概念译为"现实存在"比较恰当，表述也比较方便，与其他哲学流派在这个问题上进行观点对比也较为方便。因为怀特海使用这个概念的目的是，说明不同类型的哲学对世界上什么是真正的"现实存在"、"万物最终归结于什么"的理解和概括往往不一样。不同类型的哲学的分野，其根本的依据也可能就在这里。从西方哲学史上看，古希腊著名哲学家柏拉图认为"理念"是这种真正的现实存在，原子论哲学家德谟克利特和伊壁鸠鲁等认为原子是这种真正的现实存在，毕达哥拉斯则认为数是这种真正的存在，赫拉克利特则认为"永恒的活火"是这种真正的现实存在。到了近代哲学家那里，法国哲学家笛卡尔认为世界上存在着物质实体和精神实体两种现实存在，所有唯物主义者都只承认物质实体这一种现实存在，康德认为"自在之物"是真正的现实存在，各种类型的唯心主义者则认为精神、意识、心灵才是真正的现实存在。例如，贝克莱认为，"存在就是被感知"，真正的现实存在是被人感知的"东西"。黑格尔则认为，"绝对观念"才是真正的现实存在。在怀特海过程哲学看来，真正的现实存在是具有自我生发功能的"现实发生"。他在英文中用的是 actual occasion，这才是怀特海心目中真正的现实存在。

因此，把 actual entity 译为一个中性哲学概念——"现实存在"，可以很方便地说明所有不同类型的哲学在这一根本问题上的基本观点。这个概念并不是怀特海过程哲学特有的概念。怀特海为了说明不同类型的哲学对世界上什么是"现实存在"有不同的理解，才特意使用这样一个概念。"现实发生"这个概念，才是怀特海过程哲学对何谓现实存在的回答。

作为存在性范畴之一，"现实存在"或"现实发生"与"永恒客体"是终极概念，它们在这些存在性范畴中处于两个极端，一端是最现实的现实存在，另一端是最潜在的或抽象的永恒客体，其他六个存在性范畴的"存在性"从等级和抽象性上看介于两者之间。

（二）摄入

"摄入"是过程哲学范畴体系中的第二个存在性范畴。它表征的是现实存在之中所蕴含和发生的关系性活动。传统西方哲学没有看到这种关系性存在，过程哲学则明确地揭示了这是现实世界中固有的一种客观存在形式。这是过程—关系哲学比实体哲学深刻的地方之一。

所以，怀特海指出，"摄入"也叫"关系性的具体事实"。这表明，每一个现实发生都不是孤立的存在，而是通过摄入活动而形成的关系性存在。若没有这种摄入活动，就不会形成统一的现实存在，宇宙中各个分离状态的存在也就无法内在地联系在一起，组成有机的宇宙统一性。从最简单的摄入活动来看，若没有摄入，一个现实存在 A 就不可能客体化在另一现实存在 B 之中，而另一现实存在 B 也不可能通过摄入 A 和其他相关成分而得以产生。因此，B 现实存在是通过摄入 A 和其他相关成分而产生的。正是摄入活动，使得现实存在 A 和 B 相联系，发生着现实的因果联系。B 现实存在之所以保留着 A 现实存在的成分，是因为 B 作为主体吸纳了 A 现实存在的成分。这样看来，B 现实存在并不是全新的。若没有 A 现实存在提供的材料，B 现实存在就不会产生。由此看来，世界上任何现实存在都不可能是全新的。同时，任何新的现实存在也不可能是对过去的现实存在的简单重复，而是有创造性在其中，有新的因素的增加，由此，它才体现了现实存在的生成和创造性进展。由此表明，用唯物辩证法的术语来说，新陈代谢是宇宙万事万物运动、变化和发展的基本规律，而且新陈代谢是通过唯物辩证法所说的"辩证否定"过程而实现的，体现着现实事物发展的连续性和间断性的统一。

（三）聚合体

聚合体，也可叫作"公共事实"，是由多个现实发生联结起来而形成的聚合物。根据怀特海的解释，在存在性范畴中，主体性形式与聚合体是一对范畴。主体性形式是现实发生感受过去的方式，怀特海称之为"事实的隐秘事务"。"聚合体"范畴则被怀特海称为"事实的公共事务"。

所有日常的经验对象都是聚合体：木棍与石头、行星与恒星、山川与树木，都是聚合体。我们通常所说的事件也是聚合体。聚合体构成的现实发生的整体，也叫作现实发生的现实世界。

因此，"现实世界"这一概念在怀特海过程哲学中有特殊含义。在这里,"现实世界"并不是泛指我们在日常生活中面对的客观世界,而是指由现实发生实际地构成的那个直接的现实世界。换言之,现实世界就是现实地由任何现实发生所给予的世界。根据怀特海的观点,现实世界是由过去的现实发生(或者叫"经验发生")所构成的,并包含着所有这些发生。每一个现实发生的客体性材料、主体性形式都有所不同,故而每一个现实发生的现实世界都是不一样的,因而每一个聚合体也是不一样的。古代哲人讲"世界上没有两片完全相同的树叶",说的正是这个意思。过程哲学只不过说明了其内在机制。由此也可引申地说,在日常生活中,表面上看我们每个人都生活在同一片蓝天下,生活在同一个地球上,然而实际上我们每个人的现实世界并不是完全相同的,这就正如每一个现实存在的现实世界不尽相同一样。

柯布指出,怀特海在理解"现实世界"时受到了相对论的影响。在相对论出现之前,人们通常假定存在着唯一的"现在",它把所有事件区分为过去、现在和将来。因此,任何两个同时出现的事件都会有共同的现实世界。然而,怀特海认识到,人们在理解了"过去"是由那些对现在的发生具有因果效应的现实发生构成的之后,就会明白任何两个现实发生都不可能有完全相同的现实世界。譬如,此时离我1 000公里远发出的雷鸣之声在几秒钟内并不成为我的现实世界的组成部分,太阳射出的光线在达到地球之前并不成为地球上各种现实发生的现实世界的组成部分。正如爱因斯坦相对论指出的那样,如果任何事物都不如光的传播速度快,那么许多我认为是我过去的事件就并不是我的现实世界的组成部分。怀特海认为,一个人现实世界中的每一个现实发生都对他当下的经验有某种影响。显然,过去发生的绝大多数结果都是可以忽略不计的。但它们并非都是零。过去发生的一切都会影响未来将要发生的一切。实际上,一切发生的未来可被界定为将要被该发生所生成的东西因果性地造成的东西。[①]

如果说"现实存在"或"现实发生"是终极性的存在性范畴,那么由它们聚合起来而构成的"聚合体"属于存在性范畴就似乎并不难理解。

(四) 主体性形式

根据怀特海的论述,主体性形式也可叫作"私人事实"或"隐秘事实"。每一个现实存在都必须采取一定的形式而存在,这种形式就是该现

---

① 参见怀特海:《过程与实在(修订版)》,杨富斌译,503页。

实存在的主体性形式。

在怀特海看来，现实存在若没有自己的主体性形式，就不是真正的现实存在。现实存在正是因为有了自己特殊的主体性形式，才成为其自身，而不是其他存在。一个现实存在区别于其他现实存在的主要特征就是其特有的主体性形式，而其质料则是没有特殊性的共同成分。正如我们在日常生活中遇到的各种现实事物一样，它们彼此区分开来的主要标志是它们各自的主体性形式，而不是它们的质料。因为这些质料是永恒存在的，近代物理学已经揭示了这一宇宙真理：物质不灭，能量守恒。然而，每一个现实存在的主体性形式都是具体的，在不同存在形式中都是不可重复的。

需要注意的是，现实存在的这种主体性形式，在过程哲学范畴体系中也属于存在性范畴。现实存在若无这种主体性形式，就不是真正的现实存在。这是传统西方实体哲学中没有的观念。要真正理解过程哲学的基本思想，就必须把这种主体性形式理解为现实存在中的客观存在。由此，才能理解现实存在的自我生成和创造性。

（五）永恒客体

"永恒客体"一词是怀特海过程哲学的特殊用语。在列出八个"存在性范畴"之后，怀特海确定了其中有两个范畴具有"某种终极性"。一个是前面谈到的"现实存在"，另一个就是这里所说的"永恒客体"。

根据过程哲学，那些构成世界过程的现实被认为以具体实例展示了其他事物的进入（或分有①），而这些其他事物则构成了任何现实存在的确定性的潜在性。那些暂时性的事物（现实存在）通过"分有"永恒客体才能现实地产生。

那么，什么是"永恒客体"？如何分析"永恒客体"？怀特海在第七个说明性范畴中指出："我们只能根据永恒客体'进入'各种现实存在的生成中的潜在性来描述永恒客体，而且对它的分析只会揭示出其他的永恒客体。"② 在怀特海看来，"永恒客体是一种纯粹的潜在性。'进入'一词是

---

① "分有"（participation）是西方哲学的用语，用以说明概念（一般）和事物（个别）之间的关系。古希腊哲学家柏拉图最早提出这个概念，用以解释理念论中时间上在先、空间上分离的理念和可感知的个体事物之间的关系。根据这一观点，相似的事物之所以相似，是由于分有了相似的理念，分有大的理念就成为大的事物，分有正义的理念就成为正义的东西。怀特海在这里借用"分有"概念，其含义大体上与柏拉图对分有的理解相同，只不过在怀特海看来，现实存在是"分有"了其他现实事物，而不是分有了理念。

② 怀特海：《过程与实在（修订版）》，杨富斌译，28页。

指永恒客体的潜在性在某种具体的现实存在中实现自身的特殊方式,这种特殊方式对这种现实存在的确定性有所贡献"①。就是说,现实存在获得确定性是通过"分有"永恒客体而实现的。

怀特海解释说,尽管整个西方哲学不过是柏拉图哲学的注脚,但他的《过程与实在》却并不是要给柏拉图的著作做注释,所以他讨论的这些存在并不必然地局限于那些柏拉图认为是"形式"的东西。此外,在近现代哲学中,"观念"一词同样具有主体性的暗示或联想,这对理解过程哲学来说非常容易引起误解。并且,在任何情况下,"观念"一词都一直是在许多意义上使用的,所以已经变得模糊不清。"本质"一词,正如批判实在论者所使用的那样,其用法同样表现出与怀特海的想法大相径庭。因此,为了使用一个不容易引起误解的术语,怀特海特意使用了"永恒客体"一词。他认为:"任何存在,只要其概念性识别没有包含必然涉及现实世界任何确定的现实存在,就都可称为'永恒客体'。"② 他还谈到,如果"永恒客体"一词令人讨厌,那使用"潜在性"一词可能是合适的。可以说,永恒客体是宇宙的纯粹潜在性;现实存在在实现潜在性的过程中是彼此不同的。

所以,怀特海明确地讲,永恒客体永远是各种潜在的现实存在;但是,就其自身而言,作为概念上被感受到的东西,在现实世界任何具体的现实存在中,相对于其物质性进入的事实而言,永恒客体是中性的。"潜在性"与"既定性"是相互关联的。"既定性"的意义就是,"既定的"东西有可能还不是"既定的",而不是"既定的"东西则有可能已经是"既定的"了。这里,怀特海所说的这句类似绕口令的话语实际上是指,现实存在作为客观存在的东西似乎是既定的存在,但它在现实地摄入永恒客体之前,还不是真正既定的存在;而永恒客体作为潜在的存在似乎不是"既定的"存在,但它在现实存在实际地摄入它之前已经潜在地存在了,这相当于是"既定的"了。

显然,"既定性"与"潜在性"脱离了多种潜在的存在,都是无意义的。这些潜在的存在就是"永恒客体"。脱离了"潜在性"与"既定性",在各种新的现实事物先后接替的过程中,就不可能有任何现实存在的聚合体。其结果就只能是一种一元的静止宇宙,其中没有任何未实现的潜在

---

① 怀特海:《过程与实在(修订版)》,杨富斌译,28~29页。
② 同上书,56页。

性；这样一来"潜在性"就成为无意义的术语了。

永恒客体在现实存在的自我创造中的功能是永恒客体"进入"现实存在之中。就其"形式的"构成而言，现实存在此时已没有任何不确定性。这时，潜在性变为现实性。它们成为完全的和确定的事实，所有不确定性全都没有了。这表明永恒客体在现实存在的确定性形成中具有极其重要的作用。因为"除了唯一地由所选择的永恒客体规定以外，现实存在没有任何其他特征。这种现实存在的确定性产生于永恒客体作为决定因素的作用的唯一性。如果现实存在是这个存在，那么按照事物的本性，它就不是那个或其他存在"①。

但是，永恒客体按其本性则包含着不确定性。永恒客体同所有存在一样，是生成过程的潜能。永恒客体的进入表现着相关现实性的确定性。但是，永恒客体的性质并不会表明这种进入的潜在性会实现在何种现实存在之中。

永恒客体倘若脱离任何具体的现实存在，那么对它所要进入的该现实存在而言，它就是一种潜在性。在进入任何有关联的或无关联的现实存在之中时，它都会保持着其自身无限多的进入方式的潜在性。在这种情况下，潜在的不确定性可以转化为确定性。确定地进入一个具体的现实存在之中，不能理解为这是在纯粹地唤起那种永恒客体，使之从"非存在"进入"存在"；而应当理解为，这是从不确定性中唤起确定性。此时，潜在性生成为实在性，然而却仍然保持着该现实存在已避免的选择性信息。在现实存在的构成中，即使一种成分此时是红的，它也有可能在过去是绿的；即使一种成分此时是可爱的，它也有可能曾经得到崇敬。

怀特海认为，对现实存在的摄入——其材料包含着现实存在的摄入——叫作"物质性摄入"；对永恒客体的摄入则叫作"概念性摄入"（或者叫作"概念性感受"）。

根据怀特海的解释，概念性感受是对作为客体的永恒客体的感受，也就是说，感受到它成为过程中已实现的确定要素的能力。客体的无处不在和不断超越是客体的特征：作为已经实现的确定因素，它是无处不在的；作为确定的能力，它又是超越的；在这两种角色中，它总是与不是其自身的某物相关联。除了由所选择的永恒客体提供的它的唯一规定性以外，这里根本不存在任何属于该现实的性质。现实存在的确定性产生于永恒客体

---

① 怀特海：《过程与实在（修订版）》，杨富斌译，307 页。

在其作为规定因子的功能中所具有的排他性或唯一性。如果该现实存在是这个存在，那么根据这个情形的性质，它就不是那个或那个存在。这种不相容选择的事实是终极事实，根据这种事实的本质，确定的性质才会存在。概念性感受，就其作为性质的规定因子的一般能力，包括因此而具有的排他能力而言，是对永恒客体的感受。

从合生的角度看，一个主体在现实世界之中的现实存在，由于某种简单的因果感受的作用，必定会进入该主体的合生之中，不管这种因果感受多么模糊，多么微不足道。否定性摄入可能会消除其截然不同的重要意义。但是以某种方式，通过某种因果感受链条，遥远的现实存在也可被肯定地摄入。但在永恒客体的情形中，则根本没有这种必然性。在任何给定的合生中，通过概念性感受，都可能肯定地把它包含于其中；但是它却有可能被否定性摄入排除。现实性则必须被感受到，同时纯粹的潜能则能被消除。就客体的功能而言，这是现实存在和永恒客体的重大区别。现实存在是坚硬的事实，而永恒客体则从未失去其潜在性的特点。

根据怀特海对永恒客体的以上说明，可以得出一个重要观点：每一个处于合生之中的现实存在，在其生成过程中都会包含其他现实存在——其他现实存在可以作为这种合生主体的材料。摄入是一个矢量，表现在能承载存在于他处的东西，并把它转化到存在于此处的东西之中。永恒客体在造成这种转化中发挥着关键作用。理解这一作用就是要理解怀特海所说的"相关性原理"。这一原理如同"本体论原理"一样，在过程哲学中是最基本的原理之一。

怀特海指出，成为诸多存在进入一种现实的实在的合生之中的要素的潜在性，是所有现实存在和非现实存在（即永恒客体）所具有的一般的形而上学特征。这表明，宇宙之中的每一事项都会被包含在每一合生之中。换言之，作为潜在性的永恒客体属于"存在"的本性，因而它是每一生成的潜能。这就是过程哲学所揭示的"相关性原理"。这一原理表明，宇宙中的各种要素，不管现实的还是非现实的，在宇宙的创造性进展过程中一个都不能少，每一现实要素和非现实要素，在过程进展之中，都会被纳入一定的现实存在。因此，世间没有一个因素是绝对孤立的存在：它们都是这个相互联系之网上的环节、要素或因子。这就是相关性原理的本义，也是其重大意义之所在。相关性原理坚持认为，"存在"概念意味着"分有到生成过程之中的要素"。存在不是静止的东西，而是宇宙分有到每一具体的生成过程之中的那个要素。这是过程哲学与传统实体哲学对于"存在"的本性所持有的不同观点的要义之所在。

怀特海明确指出，这种普遍的相关性原理直接推翻了亚里士多德的名言："实体不存在于主体之中"。相反，根据这一原理，一个现实存在正是存在于其他诸多现实存在之中的。实际上，如果我们承认关联性有不同程度，并且承认微小的关联性的话，那么我们就必须承认，每一个现实存在都存在于每一个其他现实存在之中。过程哲学的任务就是弄清"存在于另一存在之中"这一概念。这是怀特海从亚里士多德哲学中借用的术语，并且怀特海明确地讲，这并不是一个很好的用语，在随后的讨论中，他将会用"客体化"一词来代替这一用语。也就是说，一个现实存在在另一现实存在的自我创造中发挥作用，就是前一现实存在对后一现实存在的"客体化"。亚里士多德的这一用语暗示了一种粗疏的概念，即一种现实存在可以简单地附加给另一存在。这不是怀特海所要表达的意思。在怀特海看来，永恒客体的作用之一是，它们是这样一些要素，即它们表征着任何一个现实存在是如何通过自己对其他现实存在的综合而被构成的。

因此，过程哲学并不坚持认为"具体的存在"（即现实存在）是在排除了普遍性的条件下被摄入的；相反，它坚持认为，现实存在是以普遍性为中介而被摄入的。换言之，每一个现实存在都是通过其自身的确定性而被摄入的。永恒客体决定着现实存在的世界如何进入其每一个成员的构成之中。永恒客体通过引入多种现实存在作为相关现实存在的构成而发挥作用。对过程哲学来说，原初材料永远是根据已被客体化的现实性和经验主体所同样具有的某些普遍性而被吸收到感受之中的现实存在。

简单的物质性感受享有一种通常以不同的方式被描述为"反作用"或"再生"或"构成"的特征。这一特征可以根据所涉及的永恒客体而被更为精确地加以说明。有一些永恒客体是由客体性材料的确定性规定的，那么这种客体性材料就是"原因"；有一些永恒客体则是由主体性形式的确定性规定的，这种主体性形式属于"结果"。当存在反作用时，就会有一种永恒客体以双向方式在发挥作用，即部分地是由客体性材料规定的，部分地是由主体性形式规定的。在这种二重作用中，永恒客体在原初材料为一方，和合生主体为另一方之间关系性地发挥作用。在保形的感受中，如何感受会再生出所感受到的东西。某种构成必然地会作为矢量转化的基础，而其过去则与现在综合到一起了。永恒客体在这种双重作用中，由于既是材料的规定性，又能作为主体性形式的规定性，因而它是关系性的事物。在这个意义上，宇宙的协同性是建立在永恒客体的关系性作用的基础之上的。

那么，在日常生活中，哪些东西是永恒客体呢？在怀特海看来，任何能够从经验中抽象出来进而能够复现的东西都是永恒客体。在这个意义上说，数学上的形式和公式以及科学上的定理，都属于永恒客体。譬如，$E=mc^2$ 就是一个永恒客体，确定的黄色斑块也是一个永恒客体。这些永恒客体可以在我们的世界中直接得以说明——当然是以极为不同的方式来说明的。还存在着从未被现实化和从未存在过的永恒客体。譬如，七维空间就是这样的永恒客体，表现在数学家可以对这种空间进行想象。神话故事中的人物也是永恒客体，因为人们可以对之任意想象，但它们不能现实地客体化为现实存在中的成分。

柯布解释说，大多数自然科学和社会科学都在处理永恒客体，尽管科学必须不断地复现于经验，并且能对这类经验做出预言。譬如，以仔细发展的理论为基础，人们能预言，如果可以获得某种特殊类型的条件，某一件设备的观察者将会看到指针尖端指向确定的数字。数学家可以在抽象领域停留更长的时间，探索更多的抽象对象。每一种哲学必定会找到怀特海称之为永恒客体的用武之地，并对其地位给予某种说明。

怀特海给出如下与"永恒客体"意义相同的术语："事实的特殊规定性的纯粹潜在性"和"确定性形式"。他偶尔也会使用"抽象可能性"一词来表达永恒客体，因而怀特海研究者经常对作为纯粹可能性的永恒客体与作为拥有完整现实性的现实存在进行对比。然而，怀特海一般是把可能性与有可能现实地出现的事物相联系。柯布建议，最好是与怀特海所使用的语言保持更近的距离。在怀特海看来，永恒客体是纯粹潜在性，因而这意味着这些形式在原理上能给某些现实事物赋予特征，但是在其本性上，这些形式是否或将要赋予任何现实事物特征，则是无关紧要的。

至此，需要说明的是，怀特海为何发明"永恒客体"这一术语，而不是坚持使用更为熟悉的用语——"潜在性"概念和"形式"概念呢？柯布认为，其原因可能是，"客体"是依赖于主体而确定其地位的。客体仅仅是为主体而存在的。它们可以被感知，它们自己不能感觉。就其本身而言，它们不能能动地发挥作用，实际上是被动的。这是传统西方哲学中对"客体"概念的惯常用法。所以，怀特海使用"客体"这一概念，人们通常不会把它误解为具有主动性的含义。

当然，我们可以假定，诸如"形式"这样的词也可以赋予其被动的特性。但是，哲学史警告我们，事实并非如此。比如，古希腊哲学家是在广义上思考形式和质料的。他们认为,任何现实事物都能被理解为被形式化的质料。但是,根据他们的理解,质料是被动的,形式则是能动的。也就是说,能动性是形式的功能,而不是质料的功能。因此,柏拉图赋予形式极其重要的作用,但怀特海却并非如此。他没有把"永恒客体"简单地说成"形式",可能正是为了避免人们的这种误解。在怀特海看来,现实存在是能动的,是自我生成的,而永恒客体只能被被动地摄入,而不能主动地"进入"现实存在之中,只能被动地被"分有"到现实存在之中。

进一步而言,对形式进行的大多数讨论都是关于现实事物的形式和规范的讨论。使用形式是为了进行分类,因而有这样一种意思,即存在着客观真实的事物类型,正像存在着由负载价值的词语所确证的真实规范一样。怀特海想找一个不负载任何这些内涵的符号或标签。作为客体,任何一种形式都不比任何其他形式更为优越或可取。任何一种分类体系都不比另一个更好。根据复杂性存在着形式的等级,而根据价值则不存在这种形式的等级。

怀特海也想避免把他的现实存在与永恒客体的区分同传统哲学中关于殊相和共相的讨论相联系。对他来说,每一个永恒客体都是殊相,表现在它是其所是,并且区别于每一个其他永恒客体,但是每一个永恒客体也是共相,表现在它是潜能,能赋予任何现实发生确定的特征。同样,每一个现实发生既是殊相也是共相,因为它是其所是,区别于每一个其他现实发生,并且还是潜在性,因为它参与了构成任何未来的现实发生。

所以,柯布指出,有时人们把"永恒客体"解释为"抽象"。在柯布看来,这种解释也容易引起误解。这种解释暗示了永恒客体的最初位置在现实事物之中,并且永恒客体只是存在于那里或者作为我们从这些事物中抽象出来的东西而存在。这类抽象的确是存在的,但是这对永恒客体的特征或地位并没有丝毫影响。尽管如此,坚持认为永恒客体完全是抽象的或许是有助益的,有助于人们理解永恒客体的内涵。

实际上,对大多数人来说,在极为抽象的层次上思考并理解永恒客体是什么或不是什么,这是极为困难的。哈茨肖恩批评过怀特海的"永恒客体"概念。哈茨肖恩的反对意见之一是,永恒客体的"存在"破坏了具体存在的创造性和新颖性。如果每一事物在其现实化之前都可以潜在地存在,那么神将会预先知道人类的所有创造物。

从怀特海的视域看,这反映了对永恒客体不充分的抽象观念。确定无疑的是,曾经创作或演奏过的每一首交响曲中所展示的每一种方式,都永远是作为永恒客体而存在的。实际上，由于没有任何交响曲在两次演奏中完全相同，所以我们必须指出，在每一次演奏中，其方式都有细微的差异，并且由于任何两位听众都不会以完全相同的方式欣赏演奏，因而对每一位听众来说，在每一次欣赏活动中，其方式都有细微的不同。但是，这些方式仅仅是方式而已。作为方式，它们与其他数千万种方式的地位没有差别，但是一旦这些方式被莫扎特选中，并被管弦乐队把这些音乐现实化之后，它们则与其他方式有所不同了。

在任何情况下，永恒客体都不是声音的方式。声音只有被听见才存在。甚至神只有在与其创造物共同聆听这种音乐时，才能听到这种声音，否则，神也听不到。同样，如果创造物没有眼睛，神也不会有视觉经验。

柯布认为，怀特海对"永恒"一词的选择或许是不幸的。因为在许多西方人看来，这个词具有宗教意味，或者至少具有受人尊敬的意味。在柏拉图的影响下，很久以来西方人一直认为，永恒的事物不论如何都优越于暂时性的事物。但是对怀特海来说，所有价值都存在于现实性之中，所有现实性都是暂时性的，或者在神的情形中，是由时间性派生的。

对怀特海来说，"永恒"意味着只不过是非暂时性的或者非时间性的。这是另一种坚持"永恒"客体没有任何现实性的说法。有些永恒客体并不真正地进入存在，因而它们也不会消失，所以，怀特海才说它们是"永恒的"客体。就它们的本性而言，它们以同样的方式与每一种暂时的瞬间相关联。

然而，永恒客体中有一些则会成为现实事物中的要素。对于世界的分析而言，这是至关重要的。对理解这类永恒客体来说，则没有任何差异。

为了思维的方便，我们可以把永恒客体的典型样本设定为"简单的"。简单的永恒客体不能被进一步分析。例如，一块特定的黄色阴影就是一个简单的永恒客体，我们不能对它再进行分析，不能把它分析为更为简单的要素。当然，在现实经验中，我们处理的几乎永远是"复合"的永恒客体。每天早晨我们从睡梦中醒来，睁开我们的眼睛，我们所看到的是以特定方式排列的多样性色彩。同样，各种瞬间经验包含着声音、气味和触觉感受以及情感、记忆和预期等。所有这些东西都有其形式，也就是说，所有这些都是由永恒客体赋予其特征的。在任何时刻都把我们的经验描述为整体的永恒客体，实际上是非常复杂的。

柯布认为，这个分析是很容易理解的，但是这种简单观念显然是指原子式的永恒客体观念。怀特海的阐述似乎包含着存在有限数量的不同黄色阴影的观念。哈茨肖恩坚持认为，各种颜色在连续体中彼此是关联的，其中阴影的数量是无限的。从哪一种理论中都可能抽象出令人困惑的结论。柯布指出，怀特海并没有讨论这一问题。

最后，尚需要说明的是，怀特海曾指出"普遍"和"特殊"在表示不同的存在时，大体上与"永恒客体"和"现实存在"相当，但并不完全对应，例如摄入和主体性形式也是"特殊"。① 虽然这有助于理解"永恒客体"概念和"现实存在"概念，但容易引起误解和混乱。

（六）命题

在过程哲学范畴体系中，"命题"也是存在性范畴之一。首先，须特别注意，怀特海这里讲的命题并非通常所说的逻辑命题，而是过程哲学本体论意义上的范畴。根据怀特海的界定，命题是指"由某些现实存在所构成的统一性，这些现实存在具有其构成聚合体的潜在性。这种统一性的潜在关系性部分地是由某些永恒客体所规定的，而这些永恒客体则具有一种复杂永恒客体的统一性。这里所涉及的各种现实存在叫作'逻辑主词'，而所涉及的这种复杂的永恒客体则叫作'逻辑谓词'"②。也就是说，怀特海在这里讲的"命题"，作为过程哲学本体论意义上的范畴，而不是过程哲学认识论和逻辑学意义上的范畴，是指某些现实存在构成的统一性，或者是现实存在在自我生成过程中对未来生成某种现实存在的抽象愿景。虽然他在此也借用了"逻辑主词"和"逻辑谓词"这样的逻辑学概念，但是，这里的"主词"和"谓词"并不是在逻辑学意义上使用的，而是在本体论意义上使用的。这是我们理解怀特海过程哲学的命题学说的关键。

根据柯布的解释，命题的界定与永恒客体非常相似，其区别在于永恒客体是纯粹潜在性，而命题则是非纯粹潜在性。永恒客体与现实性是没有关联的，而命题与现实性则是有联系的。命题可伴随着现实性而成为存在，但永恒客体则并非如此，永恒客体是真正永恒的客体，永远不能成为现实存在。

当然，使用"命题"这一术语确实也表明了命题与逻辑有联系。怀特海强调，命题在经验中发挥的巨大作用超过了它们在逻辑中发挥的作用，但是，从逻辑上说明命题或许是理解怀特海"命题"概念的良好起点。我

---

① 参见怀特海：《过程与实在（修订版）》，杨富斌译，61页。
② 同上书，30页。

们可以从一个日常陈述开始，譬如"这条狗是棕色的"。根据我们对怀特海过程哲学的理解，"狗"是指非常复杂的诸多"现实发生"的"集合体"，而"棕色的"则是指"永恒客体"。因此，"这条狗是棕色的"这个陈述把上述这些因素都联系在一起了。

现在我们注意到，对怀特海来说，这个陈述指示给我们的是潜在性。这种潜在性不是那个陈述，而是棕色的狗本身。命题在现实世界中是作为怀特海称之为"对感受的吸引或感受吸引物"而存在的。在这里，可以把命题理解为抽象观念。某些作为抽象观念的命题在世界上得以实现，而某些则没有实现。也许可以把没有实现的命题称为假的，但是，怀特海认为，"假"命题或许比真命题还重要，譬如，它们可以描述事物应当如何，因而会推动我们去行动。

对命题的这种理解与日常感觉非常相符，这在怀特海哲学中给更为精确和有力的解释敞开了道路。"这条狗是棕色的"——这一命题所存在的问题是，其逻辑主语已经包含了描述者的判断。假定我们认为是一条狗的这个东西事实上却是一匹狼，那么，要对这样一个命题做出判断就非常困难了。对这个命题更为精确的陈述是："那个东西像狗一样或者它像狗一样，并且是棕色的。""那个"和"它"只不过是表示我们想要谈论的那个存在，即这个命题的逻辑主语。人们把某些永恒客体与这个存在相关联，不管这个存在是什么，怀特海都称之为"指示方式"。人们一直坚持这种可能性，即它们赋予这个客体特征。潜在性的符号或注脚仍然存在，但是指示方式的摄入却与某种特定存在相联系，或者与之相整合。

然而，这却不同于简单地整合物质性感受和概念性感受，这里出现了另一种抽象。物质性感受是具有多种复杂性特征的"现实存在"的感受。"命题"并不会把这种摄入与"永恒客体"的摄入相整合。相反，命题从"物质性感受"中剥去了标志其材料的所有"永恒客体"，这种指示性感受便与概念性感受整合在一起了。这种整合给我们提供了对"非纯粹潜在性"的摄入，也就是说，对具有非纯粹的或命题的感受之潜在性的摄入。

根据怀特海的论述，命题有两种主要类型："理解性命题"和"想象性命题"。它们的差别以某种一般方式就很容易理解。在理解性命题中，归之于逻辑主语的指示方式是一种起源于现实发生的方式，这些现实发生是物质地被摄入的，并且逻辑主语也由此得以产生。如果这种物质性感受是有关一条棕色狗的感受，并且这个命题把棕色和狗的特性与逻辑主语相联系，那么我们便有了一个理解性命题。相反，如果把我们正看到的东西看作一只猫或黑色,那么我们便有了一个想象性命题。

然而,这种简单阐述从多方面看必须经得起推敲。譬如,严格地说,问题不是指示方式是否与物质性感受剥去的东西相同,而是指示方式是否起源于物质性感受。譬如,同样的指示方式可以起源于先前经验。从中产生的物质性感受因而可以叫作"物质性认知"。显然,如果这种物质性认知是不同的,那么同样有可能的是这种指示方式也是不同的,因而我们就会有一个想象性命题的简单例证。但是,它有可能是相同的。这将不会使该命题是可理解的。

理解性命题一定是真的,这是有可能的。但是,实际情况却并非如此。事实上,在棕色狗的情形中,现实是非常复杂的。在各个阶段,在构成那条狗以及在传递给我们的光线中,最后在从因果效应中的知觉到呈现的直接方式的知觉的运动中,都有回复。在视觉经验中,这将会总是出现。怀特海相信,在可见之物与这种事物如何向我们显现之间一定存在着真正的关联,但是,在我们所看见之物的现实特征与我们以表象的直接性投射于这些特征之上的指示方式之间则存在着重大差别。我们具有理解性命题,这一事实根本不能保证精确性。

这种命题在是关于人自身过去的经验而不是外部世界的对象时,很少会涉及回复。这里没有任何回复的必要。人们有可能知觉到自己先前经验中包含着对美味食物的享有。如果当下没有任何回复,那么这种理解性感受将是"可信的",这个命题是"真的"。

一种想象性命题也有可能是真的。其差别表现在,没有任何东西能够对其产生的方式给出任何使人相信它是真的理由。科学假设是典型的想象性命题,其中有些后来成为成熟的理论。但是,这是建立在复杂的试验而不是直接经验的证据之上的。

综上,根据柯布对过程哲学的"命题"的理解,我们做了一些阐释。这对我们深入理解怀特海的"命题"概念具有重要的帮助。怀特海对命题的具体阐释是在《过程与实在》第二编第九章,在那里他对命题做了较为详细的专门讨论。

(七) 多样性

"多样性"也是过程哲学范畴体系中的存在性范畴之一。按怀特海的说法,多样性也可叫作不同存在的纯粹分离状态。它对于理解何谓现实存在有帮助。在过程哲学中,"现实存在"通常是指构成宇宙的最小微粒,是微观意义上的终极存在物。而多样性则是对宇宙中多种现实存在以及多种聚合体、集合体等处于纯粹分离状态的描述。这是一种客观存在的样态，是在宏观层面可以观察到的存在。所以，怀特海把它归之于存在性范畴。

在《过程与实在》最后一编，怀特海还强调："也许哲学不应忽略世界的多样性——在这个世界上，小精灵在跳舞，而基督则被钉上了十字架。"① 这就是说，哲学应当关注世界的多样性。即使过程哲学也不只是关注过程而忽视恒定不变的东西，如秩序。所以，怀特海说："只有从流变中才能抓住恒定，而流过的瞬间只有归于恒定，才能找到自己合适的强度。谁要想把这两种因素分开，谁就对这些明显的事实不会作出任何解释。"② 过程哲学就是致力于在世界的流变中把握恒定，在恒定中把握流变。因为"光有秩序是不够的，世界还需要更为复杂的东西，这就是秩序要不断更新，从而使宏大的秩序不致退化为单纯的重复，因此在系统的背景中永远要反映出这种新颖性"③。

需要注意的是，过程哲学把多样性也作为其存在性范畴之一，显然比传统实体哲学体系的范畴更为细致而精到地揭示了世界的客观样态和本真状态。

（八）对比

"对比"也是过程哲学范畴体系中的存在性范畴。根据怀特海的说法，所谓对比，也可叫作诸存在在一种摄入中的综合方式，或者叫作方式化的存在。它虽不同于现实存在和永恒客体以及其他几个存在性范畴，但也不能把它归之于其他七个存在性范畴之中，因为它也具有相对独立的存在性范畴的品格。

在列举了以上八个存在性范畴之后，怀特海明确指出，在这八个存在性范畴中，现实存在和永恒客体明显地具有某种极端的终极性。其他存在性范畴则具有中间性质。第八个范畴即对比则包含着诸范畴不确定的进展，当我们从"对比"进展到"对比之对比"，进而不确定地进展到更高层次的对比时，情况就是这样。

最后，需要说明的是，过程哲学范畴体系中以上八个存在性范畴的排

---

① ② 怀特海：《过程与实在（修订版）》，杨富斌译，430页。
③ 同上书，432页。

列顺序，不好理解。其中，现实存在、摄入、主体性形式、命题这四个存在性范畴，实际上是微观的存在性范畴，人们不可能直接观察到，而只能靠理性去把握；而聚合体、永恒客体、多样性、对比这四个存在性范畴，则属于宏观的存在性范畴，人们可以直接观察到。这样做一下分类，沿着从微观到宏观的进路，就相对容易理解怀特海过程哲学的存在性范畴。

三、二十七个说明性范畴

在《过程与实在》第一编"思辨体系"第二章"范畴体系"第二节，怀特海从二十七个方面对前面论述的四个基本概念（现实存在、摄入、聚合体和本体论原理）、三个终极性范畴（创造性、多、一）和八个存在性范畴（现实存在、摄入、聚合体、主体性形式、永恒客体、命题、多样性、对比）做了简要说明，并且《过程与实在》此后的各个章节实际上都是对这些基本概念、终极性范畴、存在性范畴的展开和说明。

这里，特别体现了过程哲学在本质上是一种建设性后现代思想的基本特征，也是后来格里芬首先把过程哲学引申为"建设性后现代主义"的重要原因。因为怀特海根据他所创立的一套全新的基本概念、范畴和观点，通过形而上学的思辨方法而自觉地建构起一种哲学理论框架，然后再在这个基本的框架上逐步补充、修正和完善，使之逐渐生成为有机的整体。这就正如建造一座大厦，首先根据预先设计的概念性蓝图，用钢筋水泥搭建出基本框架，然后再根据实际需要逐步进行内外装饰，使之逐渐成为完整而美观的建筑物。在整个补充、装饰和完善过程中，建筑者心目中一直以该大厦的（不管是实际画出来的还是想象中的）设计蓝图作为目标（这相当于传统哲学的"目的因"），以此来指导他们对各个局部再进行设计和装饰。怀特海过程哲学的范畴体系也是这样建构起来的：先建构一个抽象的理论框架，然后再用诸多范畴把这个框架逐步丰富和完善起来，最后使之形成一个完整的过程哲学理论体系。所以，怀特海在阐述和完善其整个理论体系的过程中，不断地回到其最初搭建的范畴框架，一直以之作为参照系，以最后形成一个内在一致的、合乎逻辑的理论体系。此后，还要把这个理论体系同现实的实践经验相结合和相对照，以经验来检验这个理论体系是否符合实际。而且，过程哲学不仅注重批判传统实体哲学的各种弊端，而且在批判和扫除了这些弊端之后，还着重提出建设性的重建意见。

这同后来激进性后现代主义的致思方式和理论建构方式，显然截然相反。以福柯、德里达等为代表的法国后现代思想家，首先是把近现代哲学的基本主张彻底否定，例如，彻底地否定了近代西方哲学坚持的本质主义、基础主义、还原主义、科学主义和绝对主义等，进而把我们生活于其中的现实世界解构为互不相关的"碎片"。他们从批判现代性的弊端而走向极端，完全否定了现代性及其积极成果，但他们自己又没有提出如何把被"拆解"的传统哲学体系以及它们所表征的现实世界重新建设起来。所以，人们把这些激进的后现代主义思想明确地称为"解构性后现代主义"是恰如其分的。怀特海的过程哲学则以建构关于现实世界的过程宇宙论图景为目标，试图内在一致地、合乎逻辑地、充分地解释现实世界的一切经验，包括人类的经验和其他现实存在的经验。显然，两者在基本的哲学理论取向上有重大的差别。

怀特海对过程哲学的二十七个说明性范畴是这样展开论述的：

1. "现实世界是一个过程，过程就是各种现实存在的生成。因此，现实存在都是创造物，也可称为'现实发生'。"[①]

这是怀特海过程哲学给我们揭示的有机宇宙最基本的原理。这里不仅指出了"现实世界是一个过程"，不是一个静止的世界，而且说明了"过程就是各种现实存在的生成"，不是事物维持原来状态的量变，而是有新的要素不断出现的生成过程。在这个意义上说，"现实存在都是创造物，也可称为'现实发生'"，而不是旧事物的简单重复。世界上每一个新生成的现实存在都是新的，但是没有一个现实存在的全部要素及其功能全部都是新的，因为其中既有以前的现实存在提供的材料，也有新的主体性形式和目的，以及新的现实存在所突现的新功能。这表明，过程哲学所理解的"过程"，并不是指现实事物的单纯量变或简单的位置移动，而是指各种现实存在的生成。

2. "在现实存在的生成过程中，以分离的多样性形式存在的诸多存在，不论是现实的还是非现实的，其潜在的统一性均可获得一种实在的现实存在的统一；因此，这个现实存在就是各种潜在性的实在的合生。"[②]

这里，怀特海从诸多存在均可获得实在的现实存在的统一方面，说明了"现实存在就是各种潜在性的实在的合生"这样一个论点。也就是说，每一个现实存在都不是只有一种元素的简单的存在，不是古代原子论意义

[①][②] 怀特海：《过程与实在（修订版）》，杨富斌译，28 页。

上的那种纯粹的和单一的"原子",而是一种由诸多要素构成的合生或有机体。简言之,现实存在都是合生。即使最微小的基本粒子也是合生,也是一个有机体。这样一来,过程哲学所讲的现实发生便同传统的原子论观点和莱布尼茨的"单子"论学说明显地区分开来了,而同量子力学所揭示的基本粒子的特征则是一致的。这表明过程哲学的现实存在学说具有当代科学基础。

3."在现实存在的生成过程中,新的摄入、聚合体、主体性形式、命题、多样性和对比也都生成了;但这里不存在任何新的永恒客体的生成。"①

在这个说明性范畴中,怀特海强调在现实存在的生成过程中,新的摄入、聚合体、主体性形式、命题、多样性和对比也都同时生成了,但是,永恒客体不会生成,它只是被现实存在所摄入,而其本身是不会变化和生成的,故而怀特海称之为"永恒"客体。永恒客体是不会变化和发展的,即使被摄入到现实存在之中,它还是永恒客体,不会因此而发生变化,故而怀特海特意将其命名为"永恒客体"。尽管这个名称受到有些人(如哈茨肖恩)的批评,但是从怀特海过程哲学理论来看,没有这个专门术语和基本概念,就无法合理地说明"潜在性"如何转化为现实性,或者说,无法合理地说明现实存在如何通过摄入确定的形式而获得自身的确定性,也无法说明作为整体的宇宙或世界如何具体地"道成肉身"。

4."促使诸多存在进入一种现实之中,成为一种实在的合生之中的要素的潜在性,是所有现实和非现实的存在都具有的一种普遍的形而上学特征;宇宙中的每一项要素都与每一种合生相关联。换言之,潜在性属于'存在'的本质,因此对每一种'生成'来说,它都是一种潜在性。这就是'相关性原理'。"②

在这里,怀特海强调"潜在性"是所有现实存在和非现实存在都具有的形而上学特征,即所有存在都具有这样一种最普遍的特征。一个现实存在中的每一项要素都与这个现实存在的合生相关联。换句话说,每一个"存在"的本质中都有潜在性,正因如此,才能有真正的生成。这就是所谓"相关性原理"。

在过程哲学中,相关性原理同本体论原理同样重要,它们对于说明现

---

① 怀特海:《过程与实在(修订版)》,杨富斌译,28页。
② 同上。引文有改动。

实存在如何产生具有不可或缺的作用。若没有相关性原理，对于某一现实存在究竟"从何而来"又可能"到哪里去"，都无法合理地予以说明。相关性原理则告诉了我们现实存在的来龙去脉、前世今生和未来走向。

5. "任何两种现实存在都不会起源于完全等同的同一个宇宙，尽管这两个宇宙间的差异仅仅在于某些现实存在包含在这一宇宙而非另一宇宙之中，并且在于每一种现实存在可把其引入世界之中的诸从属性存在。永恒客体对全部现实存在都是一样的。在与合生相关的宇宙中，这些现实存在的聚合体可称为与那种合生相关联的'现实世界'。"①

在这个说明性范畴中，怀特海强调，任何两个现实存在所由之产生的宇宙都不会完全等同，因为宇宙本身作为现实存在也在不断地生成着，它在每一瞬间都不相同，而永恒客体对全部现实存在都是一样的，因为它本身是不变的。所谓现实世界，就是与诸合生相关联的现实存在的聚合体。这里要特别注意：怀特海所理解的"现实世界"是指与诸合生相关联的现实存在的聚合体。显然，不同的现实存在具有不同的聚合体，因而具有不同的现实世界。

6. "在一个既定的合生领域中，每一种存在，就其自身性质而言，都能以诸多方式中的这种或那种方式包含于这个合生之中。但实际上它只能以一种方式包含于其中：包含的具体方式只是由于这个合生才成为完全确定的，虽然它是以那个相关领域为条件的。这种不确定性——它可以在实在的合生中转化为确定性——正是'潜在性'的意义之所在。它是一种有条件的不确定性，因而可称之为'实在的潜在性'。"②

这个说明性范畴包含三层意思：一是每一个存在就自身性质而言都可能以多种方式被包含于既定的合生之中，而并非只能以这种或那种方式包含于其中。然而，在实际上，它最后只能以一种方式包含于既定的合生之中。二是每一个现实存在被包含于既定的合生之中的具体方式，只是因为这种合生才成为完全确定的。如果是在另一种合生中，它就会有另外一种确定性。那么，这表明，每一个存在被包含于这样一种既定的合生之中的方式并不是完全确定的，它可能还会以其他方式被包含于这样一种合生之中。三是这种不确定性正是潜在性的意义之所在，它是一种有条件的不确定性，所以，可称之为实在的潜在性。

---

① 怀特海：《过程与实在（修订版）》，杨富斌译，28页。引文有改动。
② 同上。

7. "我们只能根据永恒客体'进入'各种现实存在的生成中的潜在性来描述永恒客体,而且对它的分析只会揭示出其他的永恒客体。永恒客体是一种纯粹的潜在性。'进入'一词是指永恒客体的潜在性在某种具体的现实存在中实现自身的特殊方式,这种特殊方式对这种现实存在的确定性有所贡献。"①

在这里,怀特海强调,如果我们要描述这种永恒客体,我们就只能根据其"进入"各种现实存在的生成中的潜在性来描述。除此以外,没有其他办法。在这里,"进入"是指永恒客体的潜在性在某种具体的现实存在中实现自身的特殊方式。它大体上相当于柏拉图哲学中"分有"概念的含义。

8. "对现实存在需要有两种描述方式:一是可以分析它对其他现实存在的生成中的'客体化'有何潜在性;二是可以分析构成其自身之生成的过程。"

"'客体化'一词是指一种现实存在的潜在性在另一现实存在中得以实现的特殊方式。"②

在这里,怀特海阐述了对现实存在需要有两种描述方式,并且对"客体化"做了界定。其含义很清楚,不用赘述。

9. "一个现实存在是如何生成的,构成了这个现实存在是什么;因而现实存在的这两种描述方式并不是互不相干的。现实存在的'存在'是由其'生成'所构成的。这就是'过程原理'。"③

在这里,怀特海提出了著名的"过程原理":"现实存在的'存在'是由其'生成'所构成的。"现实存在的"存在"与它的"生成"并不是相互独立的,而是同一过程的两个方面。简言之,存在就是生成。因此,只有掌握了现实存在是如何生成的,才能掌握这个现实存在究竟是什么。

过程原理是过程哲学最重要的基本原理,也是过程哲学与传统的实体哲学最主要的分野。传统实体哲学坚持认为,存在就是客观存在的东西,它是否变化和发展,并不影响它的存在。而且,只有它作为主体或实体先存在,才谈得上变化和发展,因为它是变化和发展的主体。过程哲学则认为,现实存在的"存在"正是由其"生成"构成的,没有生成就不会有这个现实存在,它至多只是抽象的存在。正如一位女性只有现实地怀孕并生

---

① 怀特海:《过程与实在(修订版)》,杨富斌译,28~29页。
②③ 同上书,29页。意在强调"现实存在如何生成的,构成了其本身是什么样的存在",也即"存在就是生成"——这是过程原理最经典、最精练的表述。

出孩子，她才"生成"为真正的母亲。否则，她就只是抽象意义上的、可能的母亲。因此，以存在为出发点探讨生成，还是以生成为出发点探讨存在，这是两种不同的哲学观，过程哲学与实体哲学的主要区别点也正在于此。不同的出发点，一定会导致非常不同的结论。过程哲学与实体哲学在许多重要观点上有区别，本质上在于它们的出发点和着眼点根本不同。我们认为，过程哲学更好地反映了世界的本来面目，它对现实世界的说明更符合实际。

10. "对现实存在进行分析的第一步就是要把它分析为最具体的要素，以此来揭示它是各种摄入的合生，这些摄入来源于这种现实存在的生成过程。所有进一步进行的分析都是对摄入的分析。根据摄入所做的分析可称为'区分'。"①

这个说明性范畴有两层含义：一是说明如何对现实存在进行分析。这就是首先要把它分析为最具体的要素，由此可发现，现实存在不过是各种摄入的合生。这些摄入并非来自别处，它就来自这个现实存在的生成过程之中。二是随后所进行的全部分析实际上都是对这些摄入的分析。根据摄入所做的分析，怀特海称之为"区分"。因此，怀特海便接着往下对摄入进行了分析。

11. "每一种摄入都是由三个因素构成的：（1）从事摄入的'主体'，即以这种摄入作为具体要素的现实存在；（2）被摄入'材料'；（3）'主体性形式'，即这个主体是如何摄入那些材料的。"②

"对现实存在的摄入，也就是其材料包含现实存在的摄入，可称为'物质性摄入'；而对永恒客体的摄入则可称为'概念性摄入'。这两种类型的主体性形式，不论哪一种都并非必然地包含着意识。"③

在这个说明性范畴中，怀特海对摄入三要素进行了分析和说明，并区分了物质性摄入和概念性摄入。他强调，这两种类型的摄入的主体性形式中并非必然地包含着意识。只有在高度发展的人类那里，才达到了自觉的意识层次。这里也表明，从摄入的组成要素看，任何现实存在都包含着物质性方面和精神性方面，两者在同一现实存在中是密不可分的。物质性摄入和概念性摄入虽然都是摄入的主体性形式，但并非必然地包含着意识。只有人的摄入才包含着意识。这里，怀特海从世界本身的现实存在入手来分析意识的产生，同马克思主义哲学关于意识起源的观点有相通之处，同

---

① ② ③ 怀特海：《过程与实在（修订版）》，杨富斌译，29页。

时也排除了意识产生问题上的各种唯心主义和神秘主义的错误主张。

12. "摄入有两种：（1）'肯定性摄入'，可称之为'感受'；（2）'否定性摄入'，可以说它是'排除感受'的摄入。否定性摄入也有其主体性形式。在构成该主体之统一性的诸摄入渐进的合生过程中，否定性感受使其材料不再起作用。"①

在这个说明性范畴中，怀特海区分了摄入的两种基本类型，即肯定性摄入和否定性摄入，并强调否定性摄入也有其主体性形式。这种类型的区分不同于第十一个说明性范畴，那里是对摄入的组成要素——三要素——进行区分。虽然有所不同，但它们也都有自己的主体性形式。因此，怀特海接着分析主体性形式的种类。

13. "主体性形式有许多种，例如情感、评价、目的、喜欢、厌恶、意识等等。"②

在这里，怀特海列举了主体性形式的多种类型。只有具备这些类型的主体性形式，才可以说是某种主体，或者说具有某种主体性。判断一个现实存在是不是主体，根据它是否具有这些主体性形式即可做出判定。

这里需要注意的是，这里的"情感""评价""目的""喜欢""厌恶"等，并不是指人所特有的认识论意义上的概念，而是过程哲学本体论意义上的概念。根据过程哲学，任何现实存在包括基本粒子都有一定的主体性形式。但只有自觉的"意识"、有意识的"精神"等主体性形式，才是人类所特有的主体性形式。这样，过程哲学就既克服了旧唯物主义和二元论哲学在精神、意识、观念等问题上的错误观点，消除了这些问题上的唯心主义解释或观念论解释，又从物质和精神相统一的视域阐述了所有现实存在作为主体在一定意义上都具有这类主体性形式。这样，也为科学地揭示意识、精神、心灵的起源奠定了坚实的客观基础，消除了在意识起源问题上的神创论。当然，这对我们从认识论上深入探讨这些主体性形式，也有一定启发。虽然怀特海没有专门探讨认识论，但他的这些观点对我们揭示过程哲学的认识论思想有着重要的学术价值。

这里也要注意，在过程哲学中，"主体性形式"概念与"主体性目的"概念是不一样的，不能把两者相混淆：主体性形式乃是感受如何被该感受之合生主体所感受到的方式，主体性目的则关涉该合生主体在构成该主体的存在过程中所采取的方向。它是随着自己的合生而成为主体的，它就是

---

① ② 怀特海：《过程与实在（修订版）》，杨富斌译，29页。

它的合生——该主体的存在就是它的生成。显然，主体性目的强调的是主体生成的方向和目的，而主体性形式则强调主体"如何"生成的方式问题。

14."聚合体是各种现实存在的集合，这些现实存在由于相互摄入而构成关系性的统一性，或者——反过来说也一样——由于它们的相互客体化而构成关系性的统一性。"[1]

在这个说明性范畴中，怀特海对"聚合体"范畴做了界定和说明，强调聚合体是现实存在因相互摄入而构成的关系性统一体。或者说，现实存在的相互客体化构成了关系性的统一体，这种关系性统一体就是怀特海所说的聚合体。聚合体与主体性形式作为一对范畴，聚合体表现着现实存在的客体性存在，而主体性形式则是现实存在的"隐秘性"存在，或者可以说是现实存在的主体性存在。

这里须注意，摄入的方向性或矢量性主要在前后相继的简单摄入中，而复杂的摄入中存在着同时并存的诸现实存在的相互摄入。没有这种相互摄入，就不会有聚合体和集合体。

15."命题是由某些现实存在所构成的统一性，这些现实存在具有其构成聚合体的潜在性。这种统一性的潜在关系性部分地是由某些永恒客体所规定的，而这些永恒客体则具有一种复杂永恒客体的统一性。这里所涉及的各种现实存在叫作'逻辑主词'，而所涉及的这种复杂的永恒客体则叫作'逻辑谓词'。"[2]

在这里，怀特海给"命题"赋予一种特别的含义："命题是由某些现实存在所构成的统一性"。其中，现实存在叫作"逻辑主词"，而相关的永恒客体叫作"逻辑谓词"。显然，这里的"命题""主词""谓词"都不是逻辑学意义上的概念，而是本体论意义上的概念。当然，把这些分析用于逻辑上的分析，也是成立的。

怀特海对"命题"的这种特殊界定和说明，只有从过程哲学本体论意义上才能理解。它是现实存在的实在的内在构成即生成过程之中客观存在的现象。过程哲学揭示出这一客观存在，具有重要意义。也许通过冥想，把我们设想为一个最微小的现实存在，在我们的生成过程中，我们必然会有某些"愿景"或"希望"，它们也许会实现，也许不会实现，但我们不

---

[1] 怀特海：《过程与实在（修订版）》，杨富斌译，29页。
[2] 同上书，30页。

能没有它们。现实存在具有的这些对未来的设想、愿景、希望等，就是怀特海所说的"命题"。

16. "多样性是由诸多存在所构成的，而其统一性则是由下述事实所构成的：组成该统一性的全部存在都至少分别会满足任何其他存在都不能满足的一个条件。"①

"关于特殊的多样性的每一个陈述都可以表述为以下相关陈述：(1) 分别与全部成员有关；或者 (2) 分别与不确定的某些成员有关；或者 (3) 对这些陈述中某一陈述的否定。任何不能以这种形式来表达的陈述都不是有关多样性的陈述，尽管其陈述的可能是与某种多样性紧密相连的存在，即与某种多样性中每一成分从系统上看都具有联系的存在。"②

在这个说明中，怀特海对"多样性"范畴的构成及其三种不同表述方式做了说明，并强调任何不能以这三种形式来表达的陈述，都不是有关多样性的陈述。

17. "任何感受材料都有某种可以被感受到的统一性。因此，一种复合材料的诸多组成部分都有一种统一性：这种统一性就是各种存在的'对比'。在一定意义上，这意味着有无数的存在性范畴，因为把各种存在综合为某种一般的对比会产生一种新的存在类型。例如，命题在一定意义上就是一种'对比'。从'人类理解'的实际目的来看，考察一些基本的存在类型，并且把更多的派生类型归并在'对比'的主题下也就足矣。在这种'对比'中，最重要的就是那种'肯定—否定'对比，命题和聚合体就是通过这种对比而综合在一种材料之中的，这种聚合体的成分就是这个命题的'逻辑主词'。"③

在这个说明性范畴中，怀特海对"对比"范畴做了说明，认为对比是一种复合材料的诸多组成部分所具有的统一性。并且他说明，命题在一定意义上就是一种对比。

18. "在任何特定情况下，生成过程所遵循的每一个条件都有其理由，这种理由要么出自这个合生的现实世界中某种现实存在的性质，要么出自处在合生过程中的主体的性质。这种说明性范畴称为'本体论原理'，亦称'动力因和终极因原理'。这种本体论原理意味着现实存在乃是唯一的理由；因此，寻找理由就是要寻找一种或更多的现实存在。由此可得出结论说，由一种现实存在在其过程中所满足的任何条件都表达了某种事实，

---

①②③ 怀特海：《过程与实在（修订版）》，杨富斌译，30 页。

这种事实或者是关于某些其他现实存在的'实在的内在构造',或者是关于制约那个过程的'主体性目的'。"①

怀特海指出,"实在的内在构造"这一术语可在洛克的《人类理解论》中找到。同时,"摄入"和"感受"这两个术语将要与洛克的"观念"一词的各种意义相比较。但是,他在采用这两个术语时,是把它们作为比洛克使用的"观念"更一般和更中性的术语来使用的,洛克则似乎把"观念"限制在有意识的精神性方面。而且,对"命题"的日常逻辑说明只是表达了其在宇宙中的有限作用,此时命题是感受的材料,其主体性形式就是判断的形式。坚持命题的首要功能是与感受的吸引相关联的,这正是过程哲学的一个基本主张。例如,某些命题是具有主体性形式的感受材料,因而它们所构成的感受能享有一个笑话。另外一些命题则是通过其主体性形式是恐怖、厌恶或愤怒来感受到的。而控制着主体之生成的"主体性目的"不过是主体在感受一个具有主体性形式的命题,其目的是在这个自我创造的过程中实现自身。

对于这第十八个说明性范畴,怀特海着墨最多。首先,他着重阐述了过程哲学的所谓"本体论原理":"现实存在乃是唯一的理由;因此,寻找理由就是要寻找一种或更多的现实存在"。其次,还他强调,"命题的首要功能是与感受的吸引相关联的,这正是有机哲学的一个基本主张"。也就是说,提出一种命题,就会引起一种新的感受。

19. "存在的基本类型是现实存在和永恒客体,而其他类型的存在则只是表达了所有这两种基本类型的存在在现实世界中是如何彼此共处于一个共同体之中的。"②

在这个说明性范畴中,怀特海重复了他前面讲过的观点:存在的基本类型可归结为现实存在和永恒客体,而其他类型的存在(其他六种存在形式,即摄入、聚合体、主体性形式、命题、多样性、对比),只是表现着这两种基本类型的存在在现实世界中是如何彼此共处于一个共同体之中的。也就是说,与现实存在和永恒客体相比,其他类型的存在都不是最基本的存在,都是在这两个基本存在的基础上才能得以存在。但是,现实存在和永恒客体共处于一个统一体之中,只有通过其他几种类型的存在,才能真正地实现。我们对现实存在和永恒客体的理解,也只有通过其他几种

---

① 怀特海:《过程与实在(修订版)》,杨富斌译,30~31页。引文有改动。
② 同上书,31页。

第六章　过程哲学的范畴体系（二）

类型的存在，才能具体地加以理解。也就是说，若没有对摄入、聚合体、主体性形式、命题、多样性和对比的真正理解，就不能把握现实存在何以能同永恒客体结合为一个统一体。

20．"'发挥作用'的意思是指给现实世界的聚合体中的各种现实存在赋予规定性。因此，一种存在的规定性和自我同一性不能与全部存在的不同功能所组成的共同体相割裂。我们可以把'规定性'分析为'确定性'和'位置'，其中'确定性'表明的是所选择的永恒客体，而'位置'则是指其在现实存在的聚合体中所处的相关地位。"[1]

在这个说明性范畴中，怀特海给"发挥作用"做了界定，认为"发挥作用"是指给现实世界的聚合体中的各种现实存在赋予规定性。所谓"规定性"有两种形式，即"确定性"和"位置"。其中，"确定性"是指现实存在所选择的永恒客体，而"位置"是指其在由诸现实存在组成的聚合体中所处的相关地位。怀特海在这里对"发挥作用"一词的含义所做的解释，对我们理解通常所说的某物或某事或某人"发挥作用"的含义无疑具有重要启发。一般地说，传统哲学对这个概念并没有从本体论上给予这样的解释。即使从认识论意义上看，这种解释也很有启发。在社会意义上，一个具体的个人"发挥作用"，实际上就是他在社会共同体中具有某种规定性，即扮演某个角色、占有某个位置。否则，他就不能发挥作用。

21．"一种存在只有在对其自身有意义时才是现实的。这样说的意思是指，一种现实存在是针对其自身的规定性而发挥作用的。这样一来，一种现实存在便把自身的同一性与自身的差异性结合在一起了。"[2]

在这个说明性范畴中，怀特海说明了一种存在在什么情况下才是现实的，才能成为现实存在。他认为，一种存在只有对其自身有意义，才是现实的。这就是说，一种现实存在是针对其自身的规定性而发挥作用的。从这里也可体现出现实存在本身即有价值的观点。因为一种存在只有对自身有意义，才是现实的，而对自身有意义，就是对自身有价值。由此，可帮助我们克服通常在价值论上存在的一个偏见：根据传统价值观，一个人或者一种东西，似乎只有对他人或他物有意义，才是现实的或者有价值的。或者说，某物只有对"我"有用，才是有价值的。根据这一价值观，事物或事实本身似乎并没有价值。根据过程哲学，事物或事实只有首先对

---

[1] 怀特海：《过程与实在（修订版）》，杨富斌译，31～32 页。
[2] 同上书，32 页。

自身有意义，才是现实的，从而才是有内在价值的；也只有在此基础上，它对其他现实存在才可能具有价值（即通常所说的工具性价值），对宇宙总体才有价值。

22."一种针对自身而发挥作用的现实存在在自身的构成中发挥着不同的作用，而同时又不失去其自身的同一性。这就是自我创造，并在其创造过程中把其多重角色转化为某种内在一致的角色。因此，'生成'就是把不一致转化为内在一致，并且在每一种具体情况下，这种转化实现之时，便是生成中止之时。"①

这个说明性范畴很重要，怀特海在这里说明了何谓"自我创造"：一种现实存在在自身的构成中发挥着重要作用，这就叫自我创造。并且强调，所谓自我创造，就是在创造过程中把自身的多重角色转化为内在一致的角色。在这个意义上说，生成就是把不一致转化为内在一致。譬如，一个现实存在摄入各种不同的质料，这些质料本来并非完全一致的，但可以通过现实存在把它们转化为内在一致的统一性，这便是该现实存在的自我创造。在这种转化实现之时，便是该现实存在的生成终止之时。此时，该现实存在又进入下一个自我创造过程。

23."这种自我发挥功能的过程，就是一种现实存在的实在的内在构造过程。这就是这个现实存在的'直接性'。一个现实存在可被称为其自身的直接性的'主体'。"②

在这个说明性范畴中，怀特海说明了何谓"现实存在的实在的内在构成"过程，这就是现实存在自我发挥功能的过程。这个内在构成过程就是现实存在的直接性，这个现实存在就是其自身的直接性的主体。什么叫直接的现实存在？根据怀特海的观点，这就是该现实存在的实在的内在构造过程。反过来说，如果一个现实存在能够实现实在的自我构成，那就表明这个现实存在是直接的现实，是活生生的现实存在。否则，它就是抽象的或僵死的存在。

24."一种现实存在在另一种现实存在的自我创造中发挥作用，这是前一个现实存在为后一个现实存在而进行的'客体化'。一种永恒客体在一种现实存在的自我创造中发挥作用，就是这个永恒客体'进入'该现实存在之中。"③

在这里，怀特海界定了什么叫"客体化"和"进入"：一个现实存在

---

①②③ 怀特海：《过程与实在（修订版）》，杨富斌译，32页。

在另一个现实存在的自我创造中发挥作用，就叫作"客体化"，而一种永恒客体在现实存在中发挥作用则叫作"进入"。"客体化"和"进入"的主体不同，前者是现实存在，后者是永恒客体。

25."构成一个现实存在的合生过程的最后阶段，是一种复杂的、完全确定的感受。这一最终状态可称为'满足'。这个满足充分地确定了：(1)自己的发生；(2)自己超验的创造性的客体性质；(3)对自身领域内各项要素的肯定性摄入或否定性摄入。"①

在这里，怀特海界定了何谓现实存在的"满足"：现实存在达到合生的最后阶段，成为某种复杂的、完全确定的感受，谓之为"满足"。过程哲学中"满足"概念的含义即是如此。用通俗的话说，这里的"满足"实际上是指现实存在自我生成的完成、终止、消亡。现实存在一旦达到最终的满足，就会消亡。所以，所有现实存在实际上都是所谓"向死而生"。当然，没有生就没有死。反过来说，现实存在有生成的过程，就意味着有成熟和衰亡的那一刻。

26."在现实存在的发生过程中，每一要素在最终的满足中都有一种自我一致的功能，不管这种功能有多么复杂。"②

怀特海在这里说明，在现实存在的发生过程中，每一要素在最终的满足中都具有自我一致的功能。这种功能不管多么复杂，都会使每一要素在最终的满足中实现自我一致，同时，也同其他要素实现一致，从而该现实存在生成为有机的统一体。否则，这个现实存在的发生就不可能成为现实。

27."在合生过程中存在着一系列阶段，新的摄入在这些阶段中通过整合先前阶段的摄入而产生。在这些整合过程中，'感受'把自己的'主体性形式'和自己的'材料'提供给新的整合性摄入的形成过程。但是'否定性摄入'只提供它们的'主体性形式'。这一过程还会持续进行下去，直到全部摄入都成为一种确定的整合性满足之中的成分时为止。"③

在最后这个说明性范畴中，怀特海区分了"感受"与"否定性摄入"："感受"在现实存在的整合过程中把自己的"主体性形式"和"材料"提供给新的整合过程，而"否定性摄入"只提供自己的"主体性形式"，不提供自己的材料。合生过程会继续持续下去，一直到全部摄入都成为一种确定的整合性满足之中的成分时为止。这样一来，一个现实存在的生成过

---

①②③ 怀特海：《过程与实在（修订版）》，杨富斌译，32页。

程就得以终止或完成。怀特海从微观领域对现实存在的分析也到此为止。在此之后,怀特海对聚合体如石头、树木、太阳、人类等存在的分析,则从微观层次进入宏观层次。

四、九个范畴性要求

对二十七个说明性范畴做了说明之后,怀特海阐明了九个范畴性要求:

1. 主体统一性范畴。这是指,许多感受虽然属于现实存在生成过程中的未完成阶段,因而由于该阶段未完成而没有得到整合,但是,由于它们的主体具有统一性,所以它们与总体性整合活动是相一致的或者相容的。这就是主体统一性范畴的要求。也就是说,主体对各种感受有把它们统一起来的要求和作用。若没有这种统一性要求和作用,各种感受便无法在现实存在中整合为一个统一体。

2. 客体同一性范畴。这是指一个现实存在在获得"满足"之后,其客体性材料中的任何要素,就其在该"满足"中的功能而言,都是不可重复的或者不可复制的。这就是客体同一性范畴的要求。在这里,"满足"是指一种复杂而确定的感受,它在这一过程中处于完成状态。这个范畴性要求要表达的诉求是:每一要素不管多么复杂,都有一种自我一致的作用。正因如此,每个现实存在最终都会成为一个统一体。在这种统一体中,每一要素都是自我一致的,并且相互之间也是一致的。因此,它们才构成一个统一体。逻辑学就是对这种自我一致所做的一般分析。没有客观上的内在统一性,逻辑学的自我分析便失去了现实的根据。就现实存在而言,若没有这种客体同一性范畴的要求,就不可能彼此区分开来。因为它们虽然都是现实存在,但其主体性形式和客体性材料都有所不同,这些客体性材料一直保持着自己的同一性。

3. 客体多样性范畴。这是指在一个现实的客体性材料中,其各种不同的要素,就其在这种满足中的功能而言,根本不可能"合并"。所谓"合并",在这里是指这样一种概念,即不同的要素发挥了绝对相同的功能,但它们的多样性中却没有内在固有的对比。这个范畴性要求是指各种不同要素在满足中不可能合并为一体,因为这些客体性材料具有多样性。客体多样性范畴就是要求每一个客体性材料的要素都要始终保持自身的特殊性和多样性。这一范畴性要求与第二个范畴性要求实际上是同一个问题的两个方面：因为客体性材料保持着自身的同一性，所以它在新的现实存在统一体中便保持着自己的个性即多样性，否则它便没有与自身的同一性了。

4. 概念性评价范畴。这是指每一种物质性感受中都会产生某种纯粹的概念性感受，这种概念性感受的材料就是永恒客体，它们规定着该现实存在的确定性，或者规定着物质上可感受到的该聚合体的确定性。这就是概念性评价范畴的要求。

也就是说，这种概念性评价范畴要求每一种现实存在都要有自身的确定性，每一种聚合体也都要有自身的规定性，因为每一种物质性感受中都有某种纯粹的概念性感受，而概念性感受的材料就是永恒客体，永恒客体的"进入"保证了现实存在的确定性和聚合体的确定的规定性。若没有这种概念性评价范畴的要求，它们便没有确定性和确定的规定性。

5. 概念性逆转范畴。这是指概念性感受会因那些材料而第二次产生，所以叫"概念性逆转"或者"概念性回复"；这些材料与构成精神极第一阶段的材料的永恒客体部分地相同，部分地不同。这种差异是由主体性目的决定的相关差异。

在这里，怀特海强调，需要注意的是：第四个范畴性要求涉及的是物质性感受的概念性再生，即涉及对永恒客体的摄入；而第五个范畴性要求涉及的则是与物质性感受不同的概念性差异，即对永恒客体的摄入也不是完全一样的，每一次重复都会涉及不同的永恒客体。这两个概念性要求在现实存在的自我生成过程中都是必不可少的。没有这两个概念性要求，现实存在的新颖性就不会出现，就会导致否定现实存在的新质的产生。

6. 转化性范畴。转化性范畴要求是指，按照第四个范畴性要求或者第四个范畴性要求和第五个范畴性要求，当摄入主体根据对其现实世界中各种现实存在的类似单纯的物质性感受而毫无偏狭地得出同一概念性感受，因而在随后阶段把这些单纯的物质性感受与这种衍生的概念性感受相整合时，摄入主体或许会把这种概念性感受的材料转化为某种聚合体的特征，或者该聚合体中某一部分的特征。这种聚合体包含着其构成要素中那些被摄入的现实存在。以此方式，该聚合体或者其组成部分由于具有此特征，就成为该摄入主体的感受的客体性材料。

这里，怀特海从诸多现实存在构成和转化为聚合体的层面来说明，被转化的感受的全部材料是一种对比，即"作为一方的聚合体与永恒客体形成对比"。这种类型的对比就是"物质实体由属性来规定"这个概念的意义之一。并且他认为:"这一范畴是有机哲学——一种关于现实的原子论——处理所有单子论宇宙观固有的困难的方法。莱布尼茨在其《单子论》中是以'模糊的'知觉论处理同一困难的,但他没有弄清这种'模糊的知觉'何以会产生。"① 过程哲学因为弄清了这种模糊知觉产生的根源,并用物质实体是由属性来规定的概念消除了传统实体哲学所面临的困难。如果从转化的视域来观察现实存在,那么我们就会发现实体哲学所说的实体实际上就是各种属性的转化。

7. 主体性和谐范畴。这是指概念性感受的评价是由对这些感受的适应相互决定的,这些适应就是要使这些感受成为与主体性目的相适合的对比因素。这就是主体性和谐范畴提出的要求。

怀特海解释说,第一个范畴性要求和第七个范畴性要求共同表达了任何一个主体在合生过程中的前定和谐。第一个范畴性要求必须与被感受到的材料打交道,因为它要对这些材料提出统一性的要求;而第七个范畴性要求则与各种概念性感受的主体性形式有关联,否则就难以实现它们的和谐。这种"前定和谐"是由下述事实造成的:任何摄入都不能脱离其主体来抽象地考察,尽管摄入产生于其主体的创造过程之中。因此,我们要联系第一个范畴性要求来理解第七个范畴性要求,把它们综合起来理解怀特海所强调的主体统一性范畴和主体性和谐范畴的要求。没有主体的统一性要求,就不会有真正的主体性和谐。反之亦然,主体性和谐不存在,也不会有所谓的主体统一性。因此,这两个范畴性要求要统一和联系起来理解,否则就都是不可理解的。

8. 主体性强度范畴。这是指使概念性感受得以产生的主体性目的包括两个方面:一是直接主体的感受强度,二是相关未来的感受强度。怀特海解释说,"在直接的现在和相关的未来中的这种双重目的的区分并不像表面看上去那样明显。因为相关的未来的确定性,以及其感受强度等级先行提供的感受,是影响感受的直接复杂性的要素。大部分道德是以对未来相关的规定性为转移的。相关的未来是由预想的未来中那些要素所构成的,而这些要素可由现在的主体通过有效的强度感受到,因为在这些主体看来,真正的潜在性产生于其自身"②。

这个范畴性要求涉及两个方面的内容:一是主体的感受强度是不同

---

① ② 怀特海:《过程与实在(修订版)》,杨富斌译,34页。

的，直接感受和未来的感受强度无疑不同，它们也具有不同的意义。二是主体强度涉及价值和道德问题，说明道德观念和道德范畴大部分与未来主体强度有关，以之为转移。因为不考虑未来的负面影响，就谈不上某种行为是否符合道德。

这里，怀特海对道德问题的理解，值得我们进一步思考。通常来说，伦理学对道德问题的研究很少有人从宇宙论和本体论层面来研究。怀特海从过程宇宙论层面，甚至从数学关于形式、类型的讨论层面，探讨善恶问题。他晚年还专门撰写了《数学与善》一文，探讨善的本原。怀特海在《过程与实在》中明确强调，在错误的季节诞生，这是恶的诡计。这些论断无疑对我们今天深入研究善恶的本质问题提供了新的视域。这就是要从本体论层面，结合时间、形式、类型和秩序来研究善恶等伦理学问题。

9. 自由和规定范畴。在怀特海看来，每一个别现实存在的合生都是内在地被规定的，而外在地看则是自由的。这一范畴性要求可简化为如下公式：在每一种合生中，凡是可规定之物，都已经被规定了，但是永远会有一些剩余下来的东西要由该合生的主体——超主体来决断。这种超主体就是综合起来的宇宙，在这个宇宙之外，一切都不复存在。这种最终的决断是整体的统一性对其自身内在规定性的反作用。这种反作用是对情感、欣赏和目的的终极修正。但是，这种整体的决断产生于其各部分的规定性，因而与这种规定性密切相关。

这里，怀特海从本体论视域对自由和规定或者决定问题，做了过程哲学的理解和说明。怀特海认为，每一个别现实存在的合生，内在地看，都是被规定了的或者说被决定的东西，因而遵循决定论规律；而外在地看，则是自由的，因为这要受到诸多外在因素的影响和制约。因此，任何现实存在的生成最终都要受宇宙统一性的制约。这里，怀特海从本体论层面，对世界的自由、决定论等问题做了深入探讨，一方面说明世界内在地遵循着决定论，受到宇宙总体的制约和现实存在内在规律的制约，而外在地看则表现为有一定的自由度，受到各种偶然因素的影响。因此，从总体上说，世界上既有受决定论制约的内在规律性，也有受偶然性支配的适度自由，两者的有机统一才是现实宇宙的本真状态。只看到世界的决定性和规律性而否认其具有一定程度的自由，或者只看到世界的自由变化而看不到其中蕴含的决定性和规律性，都是片面的。过程哲学就是要调和这两种极端的主张，坚持两者的有机统一。

这里，有两个基本观点值得我们注意：（1）从自由和规定性的视域看，现实存在是自己的主体，同时也要受到主体—超体的规定。这便决定了自由和规定性在宇宙中是有机统一的，不可分割。（2）超主体实际上就是整个宇宙。宇宙的决断是最终的决断，宇宙中每一个现实存在的自我生成都既是自我决定的结果，也是整个宇宙总体作为最后决断所造成的结果。因此，每一个现实存在的生成、成熟和衰亡，最终发挥作用的都是整个宇宙的力量。这一观点对我们理解过程哲学的真谛具有重要意义。

五、对四类范畴的初步说明

在做了以上详细阐述之后，怀特海明确指出，他在《过程与实在》随后各部分进行的讨论，要么会导出这四类范畴（终极性范畴、存在性范畴、说明性范畴和范畴性要求）中的某些范畴，要么是对它们的说明，要么是根据这些范畴来考察我们关于这个世界的经验。为了有助于人们理解他的范畴体系，怀特海做了一些初步说明。

第一，从第四个说明性范畴中可以看出，"完全抽象"这一概念是自相矛盾的，因为不可能使宇宙与任何一个现实的或非现实的存在相脱离而完全孤立地考察那个存在。无论何时我们只要一想到某个存在，我们就会问：它在这里与什么东西相适合呢？在这里，怀特海提出一个著名论断："在一定意义上，每一种存在都普遍地存在于整个世界，因为对任何现实存在或由现实存在构成的任何聚合体来说，每一种存在对这个问题都有确定的回答。"[①]

第二，从第一个说明性范畴中可以推出，"生成"是向新颖性的创造性进展。正是由于这一原因，"现实世界"这个术语的意义是与既新颖又现实的确定的现实存在的生成相关联的，并且只是与这个术语的这种意义而不是任何其他意义相关联。因此，反过来说，每一个现实存在都符合"现实世界"独属于自己的意义。这一点在第三个和第五个说明性范畴中得到了更为广泛的讨论。

至此，怀特海提出一个著名论断："现实世界是聚合体，而一种现实存在的现实世界则会降低为这个现实存在以外的各种现实世界的一个次级聚合体的水平。"[②] 这表明，由多个现实存在组成的聚合体才是比较高级

[①] 怀特海：《过程与实在（修订版）》，杨富斌译，35 页。
[②] 同上书，35～36 页。

的聚合体。一个现实存在通常不叫聚合体。怀特海使用"聚合体"概念正是要说明,现实世界的每一个现实事物其实都是多种现实存在构成的复合性聚合体,都不是单一的现实存在。只有在理论分析上,才可以说有一个单独的现实存在,而在现实世界中根本不存在这样的单独的现实存在。

第三,第一个、第四个、第十八个、第二十七个说明性范畴陈述的都是同一个一般的形而上学真理的不同方面。第一个说明性范畴是以一般方法陈述这一学说的:"每一个终极现实在其自身本性中都包含着亚历山大所说的'动态原理',即这个现实的生成。"① 第四个说明性范畴把这一学说应用于"存在"概念,断言"存在"概念是指"一种有助于生成过程的要素"②。并且,怀特海强调:"在这一范畴中,我们有了最具普遍性的'相关性'概念。"③ 第十八个说明性范畴则断言,对任何特殊的现实存在的生成所提出的要求,均产生于其他现实存在的构成。对第二十七个说明性范畴,怀特海没有再做进一步的说明。在我们看来,第二十七个说明性范畴是强调每一个现实存在的合生过程中都存在着一系列阶段,并且表明摄入具有矢量性或方向性,即新的摄入是通过整合先前阶段的摄入而产生的。

第四,第十到第十三这四个说明性范畴,构成了对空无一物的现实或者叫虚空现实的驳斥,这个概念一直徘徊于实在论哲学之中。"虚空现实"这个术语在此是指"没有直接主体性的实在事物"。怀特海强调,这种驳斥对过程哲学来说是至关重要的。在《过程与实在》第二编"讨论与应用"第七章"主体性原理"中,怀特海专门论述了这个问题。怀特海认为,"虚空现实"与"实体内在固有的属性"的联系非常密切。人们以往误用了这两个作为基本的形而上学范畴的概念,因而误解了对直接表象的真实分析。

怀特海强调:"对有机哲学的形而上学学说来说,至关重要的是要完全抛弃把现实存在看作不变的变化主体这一概念。现实存在既是经验活动的主体,同时又是自己的经验的超主体。现实存在是一种主体—超体,这

---

① 怀特海:《过程与实在(修订版)》,杨富斌译,36页。
② 同上。从这里可见,怀特海所使用的"存在"(entity)概念,意在强调它是"一种有助于生成的要素"。
③ 同上。请注意:我们把怀特海使用的"relativity"译为"相关性",而不是"相对性",意在说明过程哲学使用这一概念的本意并非爱因斯坦"相对论"意义上的"相对性",而是过程—关系和过程哲学意义上的"相关性"。怀特海提出的相关性原理,意指世界上现实的万事万物都不是孤立存在的,而是相互关联的。这种相关性并非现实存在之间的外在关联,而是每一个现实存在本身固有的内在属性。

种描述中的任何一半（都）须臾不能离开我们的视野。当考察现实存在自身的实在的内在构造时，在多数情况下将会使用'主体'这一术语。但是，'主体'永远应当被理解为'主体—超体'的缩写形式。"①

同时，怀特海明确地指出："在这里，'无人能两次跨入同一条河流'这一古老的学说被引申了。无思想家能思考两次；而且更一般地说，无主体能经验两次。"② 这句过程哲学名言表明，怀特海过程哲学与传统实体哲学相比，不仅强调客体的流变性，而且注重主体的过程性。怀特海还补充说，在洛克提出他的时间就是"永恒的消逝"的学说时，本来就应当具有这个意思。可惜他没有明确地指出这一层意思，因为他根本没有意识到主体的生成性这一意义。怀特海在此把自己的主体性原理思想推到极致：思想家只有在思考时才是现实的思想家，他在一瞬间只能思考一次；在下一瞬间思考时，他实际上已不同于原先的样子，已成为新的主体，尽管其变化特别微小。同理，"无主体能经验两次"也是强调，主体并非预先存在然后再去经验，而是在实际经验中才生成为现实的主体。因此，每一瞬间他都只能经验一次，从而生成为这个经验的主体。而在下一瞬间，他又在进行新的经验，同时也生成为新的主体。这样一来，任何现实的主体都是在经验过程中生成的，因而只能经验一次。俗语说的"人生只有一次"，实际上也是这个意思。

接着，怀特海说，对虚空现实的驳斥直接地与康德的"经验的第一类比"的两种表述方式相对立。"在有机哲学中，具有永恒性的不是'实体'，而是'形式'。形式经历着不断变化的各种关系，现实存在从主体性上说是在'永恒地消逝着'，而在客体性上则是不朽的。现实性在不断消逝的过程中获得客体性，同时又丧失了直接的主体性。现实性失去了作为其内在动态原理的目的因，但是获得了动力因，从而成为标志创造性要求的根据。"③ 这里，怀特海过程哲学所强调的基本思想，即"主体性在永

---

① 怀特海：《过程与实在（修订版）》，杨富斌译，36 页。括号内容系引者所加。
② 同上。引文有改动。需要说明的是，怀特海原文是这样说的："No thinker thinks twice; and, to put the matter more generally, no subject experience twice."其无疑是指，任何思想家在一瞬间都只能思考一次，因为他在下一瞬间思考时，由于这种新的思考活动的作用，他已经生成为新的主体，不再完全是原来的主体了。尽管这种变化非常微小，但他总是不同于前一个主体。同理，无主体能经验两次，也是同样的意思。任何主体在一瞬间都只能经验一次，从而在这个经验活动中，他生成为主体。如果他再进行一次经验，那么他实际上已生成为新的主体。因此，同一个主体只能经验一次。深刻理解这一名言是真正理解和把握怀特海主体性原理的关键。
③ 同上书，37 页。引文有改动。

恒地消逝，客体性则永恒存在"，真实地揭示了现实存在的本性。

第五，怀特海指出，诸现实发生通过其"形式的构成"而摆脱了全部非决定性。此时，潜在性已经得以实现。这些现实发生已成为完全确定的事实，没有任何未决的方面。它们构成了那些范畴性要求的根据。但是，永恒客体、命题以及某些更为复杂的对比，则在其自身本性中包含着未决的成分。它们像所有存在一样，都是生成过程的潜在要素。它们的进入表征着这种相关现实性的明确性。但是，它们自身的性质并未揭示这种进入的潜在性在何种现实存在中得以实现。因此，在一定意义上，它们包含着比前一种存在更完全的非决定性。

第六，怀特海指出，"多样性只有通过自己的个别成员才能进入过程之中"①。怀特海关于多样性所做的一切陈述，都只不过是要表明，这个多样性的个别成分是如何进入现实世界的过程之中的。在他看来，任何以此种方式进入过程之中的存在，都属于这种多样性；其他存在，则并非如此。可以把这种多样性当作实现这一目的的统一性，并且仅仅是为实现这一目的的统一性而已。譬如，前面提到的六个范畴（即存在性范畴的前六个：现实存在、摄入、聚合体、主体性形式、永恒客体和命题），每一种存在都是多样性，即都不是个体性的存在，而是集合性的存在。在怀特海看来，每一个存在都是多样性（即都不是个别的存在，而是各种存在的集合）。多样性与现实世界之间只存在分离性的关系。一个现实存在若含有绝对的原始材料，那么这个"宇宙"就是一种多样性。因此，如果把一个多样性看作似乎具有其他六种存在中任何一种存在的统一性，那么都会导致错误逻辑。怀特海强调，在随后的论述中，无论何时，只要我们使用"存在"一词，除非做特别声明，我们都是在假定，它所指的是作为六个范畴之一的存在，而不是指多样性。

怀特海还补充说，任何突现、进化都与这个多样性无关，因而关于多样性的每一个陈述，都是关于其个体成分的分离性的陈述。前六个范畴中的任何一个存在，以及一般的对比，都可被称为"特有的存在"。也就是说，它们是最基本的存在性范畴，不需要再用其他存在来说明。

第七，怀特海指出，在随后进行的对过程哲学的讨论中，有一种信念占有主导地位：命题的主—谓形式，除了应用于主体性形式以外，还涉及高度的抽象。除了这一例外，这种抽象极少与形而上学论述有关。然而，

---

① 怀特海：《过程与实在（修订版）》，杨富斌译，37页。

由于亚里士多德逻辑学一直占据统治地位，自古典主义后期以来，从他的逻辑术语中很自然地产生的那些范畴被强加给了形而上学思想。在怀特海看来，亚里士多德逻辑学的这一支配地位，似乎并非其本人的形而上学思辨的特征。因此，怀特海明确指出，他在《过程与实在》中表达的过程哲学观点与其他哲学学说之间的分歧，在很大程度上在于这样一个事实：许多哲学家虽然在自己的公开陈述中批评亚里士多德的"实体"概念，但他们的全部论述中却暗含了一种预设，这就是命题的主—谓形式体现了关于现实世界最终的恰当陈述方式。亚里士多德的"第一实体"造成的恶果，正是强调命题的主—谓形式这一习惯。怀特海坚持现实存在都是过程，现实存在的"实体"是不断变化的生成过程，而其"属性"作为"形式"则是不变的，以此为基础，彻底抛弃了传统实体哲学中主—谓形式的命题这一长期以来占主导地位的思维方式，从而创立了一种完全不同于传统实体哲学的过程哲学。

小结：本章阐述了过程哲学的四类范畴，即终极性范畴、存在性范畴、说明性范畴和范畴性要求。终极性范畴有三个：一是"创造性"，它是表征终极事实的普遍之普遍或共相之共相，正是通过这一终极性范畴，多生成一并由一而长。"创造性"是世界上一切新生事物产生的本原。二是"一"，"一"表示的是存在的单一性或唯一性，即万事万物所构成的整体性。根据过程哲学，没有一个现实存在是在这个统一性之外的，因而它坚持世界的统一性原理。三是"多"，这一范畴表示统一的宇宙中有多种多样的现实存在，它们大多彼此表现为以分离的状态存在，因而成为传统实体哲学关注的焦点。过程哲学的目的之一就是，说明这种"多"如何生成为"一"，并且由于这种"一"而有所增长。在过程哲学看来，现实存在本身固有的创造性这一动力因，通过摄入这一现实活动所包含的目的因，使得宇宙的"多"生成为"一"，宇宙的协同性和统一性由此而得以解释。八个存在性范畴包括现实存在、摄入、聚合体、主体性形式、永恒客体、命题、多样性和对比。永恒客体是过程哲学的特殊用语，它是指纯粹的潜在性，而实在的现实存在在生成过程中必须摄入这种永恒客体以作为自己的"形式"，才能由潜在的存在生成为实在的现实存在，因而永恒客体在现实存在的自我创造中的功能是"进入"现实存在之中。除了唯一地由所选择的永恒客体规定以外，现实存在没有任何其他特征。一个现实存在在生成过程中，对其他现实存在的摄入叫作物质性摄入，而对永恒客体的摄入叫作概念性摄入。命题在过程哲学范畴体系中是指由某些现实存在构成的统一性，这些现实存在具有构成聚合体的潜在性。这种统一性的潜在关系性是由某些永恒客体构成规定的。这里涉及的现实存在叫作"逻辑主词"，涉及的永恒客体叫作"逻辑谓词"。命题的界定同永恒客体相似，不同于永恒客体是纯粹的潜在性，而命题则是非纯粹的潜在性。永恒客体与现实没有关联，而命题与现实则是有关联的。多样性作为存在性范畴的一种，对理解现实存在有帮助。现实存在是指构成宇宙的最小微粒，而多样性则是多种现实存在构成的复合体。哲学应当关注多样性，包括各种过程以及其中恒定的东西。过程哲学就是致力于在世界的流变中把握恒定，在恒定中把握流变。对比是指诸存在在一种摄入中的综合方式，也叫方式化存在，它包含着诸范畴的不确定的进展。二十七个说明性范畴则是对四个基本概念、三个终极性范畴和八个存在性范畴的简要说明，其中明确提出了"现实世界是一个过程，过程就是各种现实存在的生成"等学说，概要地阐述了过程原理、相关性原理、创造性原理、摄入原理、主体性原理、本体论原理等。九个范畴性要求包含主体统一性范畴、客体同一性范畴、客体多样性范畴、概念性评价范畴、概念性逆转范畴、转化性范畴、主体性和谐范畴、主体性强度范畴、自由和规定范畴。最后，怀特海还对四类范畴做了初步说明。

第七章　过程哲学的范畴体系（三）

有连续的生成，但却没有生成的连续。现实发生是生成着的创造物，而且正是它们构成了一个有连续性的广延世界。换言之，广延在生成着，而"生成"本身则不是广延的。

原子论并不排斥复杂性和普遍的相关性。每一个原子都是一个由各种事物构成的系统。

——怀特海

在《过程与实在》第一编"思辨体系"第三章"一些派生概念"中，怀特海对过程哲学范畴体系的一些派生概念做了说明。

一、神的原初性质与继生性质

从传统有神论观点看，怀特海并不是真正的有神论者。因为他根本不相信在这个世界上存在着能创造世界、支配世界的上帝或神。但是，在过程哲学体系中，怀特海又明确地讨论了神与世界的关系。因此，对怀特海所理解的神需要予以说明。

怀特海过程哲学中所讲的"神"不同于传统基督教所讲的"上帝"。[①]他对基督教所讲的作为创世者的上帝持否定态度，并且深刻地分析了产生这种上帝概念的错误的哲学根源。在怀特海看来，把上帝当作"不动的推动者"这个概念最早源自亚里士多德，至少就西方思想来说是如此。上帝

[①] 尽管在英文中怀特海使用的也是 God 这个词，但在这里一律译为"神"，而不再译为"上帝"。因为只有在基督教中，该词译为"上帝"才是确切的。在佛教、伊斯兰教等其他宗教中，把 God 一词译为"上帝"是不妥的。怀特海所讲的 God 是在不同于传统基督教的意义上使用的，因此译为"神"较为恰当。

"显然是实在的",是基督教神学最喜爱的学说。"把这两个概念结合成为一种学说,即造物主是原初的、显然是实在的和超验的,根据这个造物主的律令,才形成了这个世界,并且世界要遵从造物主所强加的意志。这种学说是一种谬误,正是这种谬误把悲剧注入了基督教和伊斯兰教的历史。"[1] 怀特海对传统基督教的上帝观所做的这种批评不仅是非常尖锐的,而且是非常深刻的。

那么,怀特海过程哲学中所讲的"神"是什么呢?在《过程与实在》中,怀特海并没有直接地和明确地给他所理解的"神"下一个定义。但从其论述中可以看到,过程哲学"既不强调统治者恺撒,也不强调冷酷无情的道德论者,此外也不强调那个不动的推动者。这种思想强调的是世界的柔和因素,这些柔和因素通过爱而缓慢宁静地起作用"[2]。由此看来,怀特海所理解的"神"实际上是指宇宙中的一种因素和力量,这就是宇宙的统一性或总体精神具有的力量,在某种意义上类似于中国传统思想中的"道"或"天道"。在怀特海看来,这种意义上的神,同现实存在一样,是世界上的一种现实存在。正是这种作为现实存在的宇宙统一性对世界上每一种具体的现实存在都有一定的指引、诱导和制约作用,万事万物才能得以生成和发展。若没有宇宙的这种统一性作为一种调控力量来影响、制约世界万物的生成和发展,整个宇宙万物就不会形成有机的整体,世界的协同性也会成为不可思议的现象。

在怀特海看来,与所有其他现实存在相类似,神的性质也是两极性的:神具有原初性质与继生性质。所谓神的原初性质,即神可为实现世界上的价值而对永恒客体进行秩序化。怀特海认为,这种秩序化是一种单独的非时间性活动,它在每个现实发生之前,并且是它们的前提。"原初"的意义在此与通常的术语"永恒"非常相似。在这个意义上说,神没有开端,也没有终结。

根据本体论原理,为了使神是世界上任何事物的理由,神必须是现实存在。因此,怀特海认为,可以把神的原初性质理解为神的概念极。但是对现实发生来说,概念极就其本身来说不是现实的。凡是现实的都是偶然的发生,这种发生既是物质性的又是概念性的。除非神是现实的,否则神就不可能是造成潜在性事物的秩序的原因,而这种秩序反过来则会给这个

---

[1] 怀特海:《过程与实在(修订版)》,杨富斌译,435~436页。引文有改动。
[2] 同上书,436页。

世界提供秩序和新颖性。但是，因为神是现实的，因而就会要求神不仅是概念性感受，而且是物质性感受。怀特海说，这些物质性感受将是并且现在就是神对现实发生的摄入。这些摄入构成了神的"物质极"。神的这一方面受到发生在世界上的一切事物的影响。正是在这一意义上，神也"继生地"来到这个世界上。怀特海把神的这种物质极称为"继生性质"。

根据怀特海的解释，神的这种继生性质不能与其原初性质分离开来。实际上，神在每一瞬间是什么样子，正是其施加于世界上各种事件的结果，也就是神的继生性质永远包含着原初性质。在现实发生中，正是把概念性感受附加给物质性感受并且由于这种附加，才使得对比成为可能，并因此而导致了意识的产生。在神中，正是把物质性感受附加给了概念性感受，才导致了意识的出现。

所以，怀特海明确地指出："神的这种继生性质是有意识的，它是现实世界在统一的神的本性中通过神的智慧而实现的。这种原初性质是概念性的，而继生性质则是神的物质性感受与原初概念相组合而形成的。"[①]

根据柯布的研究，怀特海著作中对神的大多数论述都是关于原初性质的。这发挥着某种形而上学的核心作用。而他对神的继生性质的说明则较少，似乎只是对其哲学的内在一致性的补充。但是，这并不意味着神的继生性质是可有可无的。柯布认为，对怀特海来说，如果要发现生命是有意义的，那么相信世界的短暂价值被保持在神之中是必需的。怀特海指出："神的继生性质就是他对世界的判断。在世界进入他自身的直接生命时，他拯救了世界。正是这种亲切的判断不会失去任何可以被拯救的东西。神的判断还是一种智慧的判断，这种判断使时间性世界中的纯粹毁弃之物得到了利用。"[②]

怀特海说，要理解神的继生性质还需要另一种形象，这就是神的无限宽容。宇宙包含三重创造性活动：一是无限的概念性实现，二是自由的物理性实现在时间性世界中的多样性聚合，三是多样性的现实事实与原初的概念性事实最终实现统一。神以自身本性的完满慈爱地拯救了充满混乱的物理世界。事物的纯粹的力量存在于中介性的物理过程之中：这就是物理性的创造能量。"神的作用不是这种创生性力量与创生性力量、破坏性力量与破坏性力量之间的斗争，神的作用在于他的概念性和谐的强大理性所

---

① 怀特海：《过程与实在（修订版）》，杨富斌译，439 页。引文有改动。
② 同上书，441 页。引文有改动。

具有的宽容作用。神并不创造这个世界,他只是拯救这个世界;或者更准确地说,他是这个世界的诗人,具有慈爱的宽容精神,并以他对真、善、美的洞见来引导这个世界。"① 对怀特海著作中这些极为少见的富有诗意的描述,后来的过程神学家做了许多研究,从而导致过程神学学派的产生。

美国学者 A.J. 约翰逊在《关于神和创造性同怀特海的几次对话》一文中说,怀特海曾经承认,他并没有运用自己恰当组织起来的全部洞见来阐述神的概念。不管如何,这主要是因为他对神没有兴趣。相反,他"引入神只是为了表明神应当被放置在某处"。但是,神并不属于某处,因而怀特海反对有些人道主义者通过消除本质特征来"拯救"宗教。怀特海声称他所做的是在基督教和佛教之间寻求某种中庸之道。一直以来,传统的上帝观念被荒谬地予以夸大:(1) 强调了上帝的实在性,但是付出的代价却是减少了其有限的现实存在的实在性;(2) 夸大了上帝的"人格特质"。在这方面佛教比较理智地满足于较为抽象的概念,但是佛教却过于减少了神的人格特质。②

为了更为专业地考察怀特海关于神的概念,约翰逊曾经直接问过怀特海:"你用神的原初性质指谓神的概念性摄入,用神的继生性质指谓神的物质性摄入,你的意思是这样的吗?"怀特海回答:"是。"③

怀特海强调,作为原初性质的神具有进入历史的愿望。他既是建设性的,也是破坏性的。他关心的是消除重复性,鼓励新秩序出现。在作为原初性质的神之中,具有某种在世界上实现永恒客体的欲望。但是,作为原初性质,神并不是宇宙中唯一的或基本的原因。如果神是宇宙中唯一的或基本的原因,那么我们的日常决定就会没有任何区别,并且道德决定就成为无意义的。尽管所有永恒客体作为可能性都存在于神的原初性质之中,但神并不知道何种特殊事件事实上将会发生,因为每一个现实存在都是"自我创造的"。神能预见到"逻辑的"结果,但这是在该事件发生之后。

约翰逊继续问:"当你说神是'具体性的本原',你的意思是指,从更为特殊的意义上说,神提供了一种'模式'(永恒客体),新的现实存在把这种模式接受为自己的主体性目的,并且用这种模式来指引自己的具体化

---

① 怀特海:《过程与实在(修订版)》,杨富斌译,441 页。引文有改动。
②③ *Explorations in Whitehead's Philosophy*, edited by Lewis S. Ford & George L. Kline, Fordham University Press, 1983, p. 4.

过程,是这样吗?在这个意义上,神提供了具体化的本原,而不是神本身就是这种具体化的本原。我的问题是:把一种现实存在叫作'本原',这样做明智吗?(的确,现实存在是本原的实例。)同样,永恒客体是不是本原呢?"怀特海的回答是:"你说得对。"① 神不是本原。本原是永恒客体(即可能性),而神是现实性。"具体化的本原"这个表述采用自《宗教的形成》,怀特海承认他的语言在那本书中是模糊不清的。

怀特海坚持认为,尽管全部可能性(即永恒客体)这样一来都存在于作为概念性摄入的神的性质之中,但这些永恒客体的实例并不存在于神的原初性质之中,而是存在于神的继生性质之中。作为原初性质的神不是明显的现实性;只有原初性质和继生性质的结合才组成明显的现实性。怀特海承认,在这一点上他曾经"摇摆不定"。在《过程与实在》的一段话中,他几乎提出作为原初性质的神有可能是同现实存在相分离的东西。具体化的本原在神之中成为具体实例时会导致最大程度的鲜活性和最低程度的扭曲变形。

怀特海强调,在神的继生性质中,各种现实存在并不保持自己的个性,而是保持这些现实存在的要素的独特性在神的继生性质中是不朽的。怀特海的"继生性质"概念,在这个意义上,是泛神论的。在神的继生性质中,现实存在在时间性世界中的独特性不复存在了。但是,存在于我们经验中的各种要素在神的继生性质中则更栩栩如生了,因为神能更加精确地对它们进行评价。神的经验更加丰富。我们经验中的要素的个性在神那里得到强化。这就是怀特海使用"不朽"一词的意义所在。

约翰逊说:"我的判断是,当你用神来保持直接性时,神所'保持'的'直接性'是他自己的直接性,而不是客体化在他之中的现实存在的直接性。它们的存在的某些要素在进入神之中时有所减少。当你说'没有失去任何东西'时,你并不是指在(作为继生性质的)神之中现实存在被转化了,是这样吗?'能被拯救(即值得被拯救)的东西都不会失去'。"②

怀特海说,神的直接性不会"死"。神的这种性质不会消除。当然,神的性质中所包含的某些材料会消失。神的继生性质是以处在发展过程之中的现实世界中的材料为转移的。神能预见所有未来的可能性,但是不能

---

① *Explorations in Whitehead's Philosophy*, edited by Lewis S. Ford & George L. Kline, p. 5.
② Ibid., p. 6.

精确地预见究竟具体地会发生什么。怀特海解释说，引入神的继生性质，是为了处理道德和审美问题。此外，这种继生性质还可以说明神对外部世界中客观连续过程的经验。在我们自己的经验中，我们具有的"徒有其表的存在"只具有准客观不朽性。我们不能估量我们自己的自我创造的诸连续阶段。我们总是沉浸于直接的主体性之中。"外部"世界一定会被当作与"我的"内在的自我创造过程相分离的存在。

约翰逊问："你提到了神的永恒性质，它在一定意义上是非时间性的，而在另一意义上则是时间性的。那么，在何种意义上神是'时间性的'？"

怀特海回答说，他所说的"时间性"在此是指显示出来的"增长"，而不是逐渐成为存在并消亡。他认为，神在增长，因而神在一定意义上是历史性的。神（在时间中）无所不在。说神不是历史性的，是指神不具有确定的"位置"，或者作为纯粹的"现在"而存在，并会逐渐消失。

怀特海补充说，神的原初性质是在先的，但不是时间上的在先。这种原初性质发现了历史，并且历史的每一事实也发现了它。这种原初性质影响着继生性质，也就是说，与其他现实存在的个别决定相结合，它以后者的组成为转移。如前所述，在神的继生性经验中，既有其他现实存在的历史性的消逝，也有其自身的实在的不朽。某些"历史性的"过去不复存在了。存在着实在的"消失"，例如，我们自己过去的经验细节不会保持在神之中。但是，神的性质中的"过去"要素从来不会失去。这些评论为讨论神的经验中的悲剧提供了必要的背景。事物客体化在神之中，总会有消除。这是神也无法逃脱的悲剧。神如果完全满足于世界的悲剧，那将是"该死的"。在神的经验中，神会把恶当作悲剧。神是悲剧的和高尚的，但不是完善的。在神中，恶并不会失去自己的特征。它在无所不包的完善中终究不是中性要素。

怀特海说，在《过程与实在》的最后一部分，他并不清楚自己想说什么。在《观念的探险》的最后一章，他根据"平和"一词来考察神对世界的作用，神的个性则看不到了。他希望把这两个讨论放在一起。在真正的意义上，凡是值得客体化的东西都客体化在神之中，然而神也不得不扔下许多东西。进一步说，在神之中，事物被改变和转化了。

随后，怀特海考察了如下这句话中的几个关键用语："神是这个世界的诗人，具有慈爱的宽容精神，并以他对真、善、美的洞见来引导这个世界。"[①] 所谓"诗人"，是在这个词的希腊语词根意义上使用的，指"制造

---

① 怀特海：《过程与实在（修订版）》，杨富斌译，441 页。引文有改动。

者"。"慈爱的宽容精神"是指神引导这个世界，或者劝导这个世界，以表明神有"勇气"进入那种经验，这使其可以最深刻地获得自己的洞见。神依赖于全部的人类经验之宝藏。

宣称"神的作用不是创生性力量与创生性力量之间的斗争"，并不是指神没有任何因果性力量。神的超主体性质提供的因果作用同任何其他现实存在相同。但是，它是产生于这种使整体得以和谐的高级观点和这类一般范围的因果性。它不具有与其有限目的做短期斗争的特性。它不是疯子之间进行的那种力量与力量的斗争。

怀特海认为，恰当的"力量"概念类似于英国宪法中的"力量"概念。无论国王和首相还是选民，都没有绝对的权力。充其量每一方都只有强大的说服力。约翰逊说："神只能像其他现实存在一样，通过给其他现实存在提供材料，而不是把材料强加给其他现实存在，而给世界施加因果影响，这样说正确吗？"怀特海的回答是，神并不把材料强加给任何其他现实存在。然而，神会继续存在，而其他现实存在则会消亡，在这个意义上，神比其他现实存在具有更多的因果影响。怀特海有一次私下里说，《过程与实在》的第三部分应当在第二部分之前，虽然他不是十分确定。

一般地说，怀特海认为他的神学观点比佛教徒关于涅槃的观点在内容上要丰富一些。他的宗教哲学可以说是努力"校正""涅槃"概念。

怀特海指出，《宗教的形成》对19世纪的自由主义神学家"踢了一脚"。宇宙是复杂的，而他们使世界太简单化了。怀特海认为他的《宗教的形成》不完全成功，然而事实证明这是他最成功的著作之一。他本想写一部比这本书部头更大的著作，但是哈佛神学院的斯佩里院长阻止了他。

在一定意义上，每一现实存在都有确定的轨迹。约翰逊问："有可能指出神的轨迹吗？"怀特海回答说，关于这个世界，神是无所不在的。这个世界（即事件在其中的世界）中有关于神的（特殊）轨迹，但是神却没有关于这个世界的轨迹。这就是区分有限与无限的根据。神和这个世界具有同样的一般轨迹。怀特海并不想使神置于其他现实存在之上，因为它们是（出于实际目的）位于特殊的（分离的）相互参照的轨迹之中的。

约翰逊问："你认为神（作为继生性质）是'集合体'吗？"怀特海回答说，他考虑过这种可能性，因为集合体是具有可持续性的存在，而现实存在是会消亡的。但是，怀特海说："答案是否定的。"

在集合体中，过去不复存在。一个普通的现实存在消逝了，只有其部分材料传递给另一现实存在。但是在神中，神的过去并不消逝。然而，在一定意义上，神又是集合体，表现在现实存在进入作为继生性质的神之中，确实提供了一种由不可区分的成分所组成的集合体，尽管这样的现实存在不会幸存下来。然而，怀特海并未思考这个问题。

约翰逊说："你对神的描述使得你难以说神是该词通常意义上的现实存在吗？例如，'现实存在'一旦完成就会消逝，可以同下列句子相对比：神保持着直接性和创造性进展，也就是说，神在消逝的意义上是从来不会完成的。"怀特海说："是的。"约翰逊说："如果神从来不会消逝，他如何能给其他现实存在提供材料呢？只有在现实存在的'内在存在消逝'之后，材料才是可以获得的。"怀特海回答说："这确实是个问题。我还没有解决这个问题。"约翰逊说："如果假定出于你的形而上学的目的，你坚持形而上学的情形永远是现在这个样子：现实存在，创造性地相互作用；永恒客体；神，具有原初性质和继生性质，以及超主体性质？我这样说，正确吗？事实是，你在《过程与实在》结尾处讨论神的继生性质和超主体性质时，并没有指明神在长时期内只有原初性质，你也没有坚持只有在普通的现实存在世界、在首先出现的神的原初性质帮助下出现之后，这种继生性质才会成为存在。这样解释你的立场，对吗？"怀特海说："对。"

接着，怀特海指出，谈论宇宙的"开端"是没有意义的。根本不存在这样的时间序列：随着过程（创造性）的进行，先是出现作为原初性质的神，然后再出现作为继生性质的神。根本不存在这样的序列。①

二、创造性与欲望

首先，怀特海指出，他的过程哲学所使用的"创造性"概念是亚里士多德的"质料"概念和近代的"中性材料"概念的另一种说法。与"质料"和"中性材料"不同的是，"创造性"概念具有能动的含义，它是一个纯粹主动性概念，现实世界的客观不朽性就是以这种创造性为前提的："这个世界绝不会同样地出现两次，尽管它永远有神圣的秩序性这一稳定

---

① *Explorations in Whitehead's Philosophy*, edited by Lewis S. Ford & George L. Kline, pp. 6–10.

的要素。创造性没有其自身的性质，正像亚里士多德的'质料'没有其自身性质一样。创造性是现实性的根基中具有最高普遍性的终极概念。"①

在怀特海看来，创造性不能被赋予特征，因为所有特征都比它本身更为特殊，需要由它来说明。但是，创造性永远受到各种条件的制约，并且以这些条件为转移。作为一种包罗万象、不受限制的无时间性评价活动，它不仅是创造性的创造物，而且是创造性的条件。它同全部创造物一样，有这种双重特性。由于其作为创造性的特性，永远处于合生之中，并且绝不可能存在于过去，它便会受到这个世界的反作用，这种反作用就是它的继生性质。它在这里被称为"神"。显然，怀特海对神的理解和界定，同传统基督教所理解的作为创世者的神，或者作为不动的推动者的神，是完全不一样的。哈茨肖恩、柯布和格里芬等后继过程哲学家在此基础上，进一步发展出过程神学，就是以这种"神"概念为基础的。

怀特海指出，各种创造物构成了不断变化的创造性特征，这种功能在此可叫作现实存在的"客体不朽性"或者"客体永恒性"。因此，就其原初性质和继生性质而言，神具有客体不朽性。就其原初性质而言，神在世界上无所不在。这种无所不在是以当下的欲望为基础而面临未来的迫切要求或者冲动。由此，便引出了"欲望"概念。

其次，过程哲学还使用了一个重要概念——"欲望"。怀特海指出："欲望是其本身包含着动态原理的直接事实，涉及尚未存在却可能会存在的东西的实现。"② 也就是说，根据怀特海的理解，欲望是对直接的物质性感受所做的概念性评价，是把直接的物质性感受与实现概念性摄入材料的冲动相结合的概念性评价。他举例说，像"渴"这样一种欲望就是对直接的物质性感受所进行的概念性评价，即对与要求解渴的概念性摄入结合在一起的直接的物质性感受所做的概念性评价。

在这个意义上说，直接的发生由此便根据这种"欲望"而制约着创造性，以便根据概念性摄入内在固有的各种评价，在未来物质性地实现其精神极。在怀特海看来，全部物质性的经验都伴随着一种渴求或反对延续这种经验的欲望：自我保存的欲望就是一个实例。

那么，为什么会选择"欲望"这样一个概念？对此，怀特海解释说，他所讲的"概念性摄入"这一术语完全是中性的，没有任何暗示。但是，

---

① 怀特海：《过程与实在（修订版）》，杨富斌译，40页。
② 同上书，41页。

这个术语因为在客观上没有提供任何具体事例，所以会给理解造成很大困难。因此，就需要寻求与这个概念大体相当的一个术语，这个术语能给我们提供类似的事实，能给我们一些暗示。因此，怀特海就选择了"欲望"这一术语。怀特海认为，"欲望"这个术语能给我们提供一些我们自己经验中的事例，也能提示如昆虫、蔬菜等较低级的生命形式中的例证，从而有助于我们的理解。

三、集合秩序与个体秩序

首先，怀特海认为，在这一初步概述中不能省略"集合秩序"（social order）与"个体秩序"（personal order）这两个概念。根据怀特海的解释，所谓集合体就是具有集合秩序的聚合体。譬如，"持续性客体"或者"持续性创造物"就是集合体，它的集合秩序采取了"个体秩序"的特殊形式。

其次，要理解集合秩序，就必须弄清集合体的含义，以及集合体与聚合体的关系。根据怀特海的解释，集合体与聚合体的关系正如现实发生与现实存在的关系。我们考察的大多数聚合体都是集合体。也就是说，这些聚合体具有集合秩序。但是，世界上也存在着"非集合"的聚合体，这就意味着，有些聚合体具有非集合秩序。在这个意义上说，所有集合体一定是聚合体，但有些聚合体却不是集合体。

具有非集合秩序的聚合体的主要例子存在于虚空中。虚空不是现实发生的虚空。在怀特海看来，某些事物会到处运行，即使在虚空中也是如此，因为那里存在着能量。但是，在虚空中没有任何事物在持续着或者在经历时间。因此，没有任何东西在运动，也没有任何东西可测量。虚空中的发生与先前的发生之间的关系对其存在来说是极其重要的，正如与构成集合体的这些发生之中的过去发生的关系一样，但是它们并没有产生集合秩序。虚空是作为集合体之虚空的空间。

集合体在发生中的某些特征由其他发生所继承时才成为存在。这些特征历经时间之绵延而构成了发生的多样性，这些发生继承了这些特征，并把这些特征转变为"集合体"。集合体的成分具有某些共同性，并且与一组或一类中的成分不同，它们因对同一集合体中先前成分的感受而共同拥有这一特征。集合体能在时间中持续，而现实发生只会出现并消退于过去之中。因此，集合体可以改变位置，而作为个体的现实发生则不能改变位置。但测量它们是如何起作用的则是可能的。

怀特海在谈到人类时偶尔会使用"集合体"（society）这一术语。此时，我们通常译为"人类社会"。人类可隶属于不同的集合体或社会。他们可以构成一个社会，但是他们中有许多人甚至彼此之间并不相识，然而却有共同的特征，这是他们从其他社会成员那里继承而来的。许多小城镇或小城市的居民也构成一个社会，表现在这些成员共同拥有他们从其他城镇居民那里继承而来的特征。

然而，怀特海对"集合体"一词更多是在与非人类组织、非动物性客体或事件之聚合体有关的方面使用的。这些集合体具有多样性。

再次，从概念上说，集合体的最简单形式是在一定时间内只有一个成分的集合体。我们自身有关自我的个体经验就是这种集合体。一种经验跟随着另一种经验，这另一种经验又跟随着另一种经验，而每一种经验都与先前的经验具有紧密的关联。这就是个体秩序的集合体。与虚空中的个体发生相比——我们先前看到它们缺乏集合秩序，个体秩序构成了可在时间中持续的集合体。因此，它也可叫作"可持续客体"。它的绵延可以是一秒，也可以是一百万年。

柯布说，我们所处理的许多物质客体可以被分解为分子。如果我们把分子当作可持续客体，那么我们就可以说这些日常物质客体能被分析为可持续客体。怀特海把这些大型客体叫作"粒子性集合体"。许多客体在其他哲学家看来可被当作"实际上何物存在"的客体，在怀特海看来，许多客体属于"粒子性集合体"。石头、气体和液体全都是粒子性集合体。

最后，关于结构性集合体。根据柯布的解释，无论活的系统还是大多数科学感兴趣的对象，都不像可持续客体和粒子性集合体那样在成分上非常简单。可以认为一块石头是由分子构成的粒子性集合体，因为这些分子即使在石头被击碎而彼此分开时也具有非常相同的物质特性。但是，这些分子不能同样地被击碎为原子。分子的构成并不局限于其中的原子的共同存在。从与整体相分离的部分来看，分子的整体完全不同于其部分的总和。因此，分子是一个结构性集合体，而不是一个粒子性集合体。柯布认为，大概原子也是这样，或许电子和质子也是这样。

怀特海把结构性集合体界定为包含"次级聚合体"的集合体，其中有些是"集合秩序"，有些则不是。后者是非集合聚合体，我们把它看作虚空。作为生物之基本单位的细胞是结构性集合体的特别有趣的例证。怀特海对此提供了复杂的分析。细胞包括其本身是结构性集合体的分子。就其与细胞的关系而言,它们是"次级集合体"。正像石头中的分子一样,它们可以不依赖细胞而存在。怀特海把重点也集中在细胞中的虚空上,这些虚空缺乏任何集合秩序,考虑到这一点对作为整体的细胞的行为来说极为重要。正是缺乏集合秩序,使得新颖性成为可能。正是在这里怀特海确定了细胞的生命。这个虚空构成了"主导性聚合体"。或许,这里所说的"主导"是指作为整体的细胞以新颖的方式对刺激做出反应,因而使得这些聚合体成为可能。

集合聚合体与非集合聚合体之间最明显的区别是建立在传授基础之上的,因而集合体关系是由形式的重复构成的。根据这种理解,任何新元素,即有可能进入集合体成为其成分的元素,都不影响作为整体的集合体,也就是说,它不是可由后继者重复的。生命是以新颖性而著称的,因而它不可能具有集合体的特性。这样看来,它属于非集合聚合体,而这对发生来说则意味着这种发生处在虚空之中。

然而,这一分析并非怀特海的最后定论。显然,他在撰写《过程与实在》一书时,一种新观念出现在他的脑海之中。他并未回过头来修改他已经写下的东西,但是这一观念被证明是特别富有成效的。

四、生成与广延连续体

首先,怀特海指出,对于"生成"概念要有正确的理解。有一种流行的误解认为,"生成"是指单一序列的向新颖性进展。怀特海认为,这是传统哲学根据常识概括出来的经典"时间"概念,是人类根据自身对持续性客体的经验所做的不幸概括。近年来物理学的发展,尤其是相对论的时空新理论,已抛弃了这种经典"时间"概念。因此,怀特海明确强调,"现在我们应当从宇宙学中清除掉这个本不该被当作终极形而上学原理的观念"[1]。在怀特海看来,"创造性进展"这个概念绝对不能在"单一序列的进展"这个意义上来理解,而应当把它理解为多维度、多方面的创造性生成。

其次,怀特海指出,不要把物理宇宙的广延连续体理解为一种生成的连续性。如果我们承认"某物在生成",那么,根据芝诺的方法,就很容

---

[1] 怀特海:《过程与实在(修订版)》,杨富斌译,45页。

易证明不可能有"生成的连续性"。在怀特海看来:"有连续的生成,但却没有生成的连续。现实发生是生成着的创造物,而且正是它们构成了一个有连续性的广延世界。换言之,广延在生成着,而'生成'本身则不是广延的。"① 也就是说,现实发生是突现性的,这种生成一旦完成,就归于消亡,因此它是不连续的;但是,这一现实发生的消亡通常意味着与之相关的新的现实发生的开始,因此,现实发生的生成是连续不断地进行的,它们生成的创造物(或聚合体和集合体)构成了广延世界。

在这里,怀特海提出了一个著名论断:"终极的形而上学真理是原子论。各种创造物都是原子的。"② 在怀特海看来,现代宇宙时期存在着连续的创造。也许这种创造是在宇宙所有时代都有效的终极形而上学真理,但这个结论并没有必然性。最有可能的观点是,广延连续性是特有的条件,它产生于构成我们当下时代的诸创造物组成的集合体。"但是原子论并不排斥复杂性和普遍的相关性。每一个原子都是一个由各种事物构成的系统。"③ 这就是说,在怀特海看来,真正的和现实的原子并非如传统原子论哲学中所讲的那样,是构成世界的最小的和不可分的微粒,具有不可入性,而是由多种要素构成的复杂的有机系统。这是有量子力学作为科学基础的。如果说原子是一个系统,并且作为现实存在又是与其他现实存在彼此相关的,那么,在过程哲学看来,这个意义上的原子论并不排斥复杂性和普遍的相关性,相反,它是以万物内在相关为前提的。也正是在这个意义上,怀特海讲过程哲学是一种原子论。然而,如果从传统实体哲学意义上来讲,从传统哲学认为"原子"是最小的物质微粒,是不可再分的单一存在上来讲,怀特海是不可能认可这种原子论的。这也是怀特海坚持用现实存在或现实发生,而不用原子来描述他所理解的宇宙最小构成单位的原因。因为这可能会引起误解,认为怀特海过程哲学同古代原子论没有区别。

在怀特海看来,这种意义上的原子论与连续性保持着恰当的平衡,这对物理科学来说具有至关重要的意义。根据怀特海阐述的这种学说,就可以把牛顿关于光的微粒说与量子力学的波动论协调起来。因为无论粒子还是波阵面的前行元素,两者都不过是从一种原子式的创造物到另一种原子式的创造物传播的永恒形式。一个粒子实际上就是一种"持续性客体"。但是,"持续性客体"概念或多或少是能够完全实现的。因此,一种光波在其运动的不同阶段,可能或多或少是粒子性的。一系列这样的波在其运

---

① ② ③ 怀特海:《过程与实在(修订版)》,杨富斌译,45页。

行的所有阶段上都会涉及集合秩序，但是在早期阶段上，这种集合秩序会采取由一系列个体秩序松散关联而构成的更为特殊的形式。随着时间的推移，这种占主导地位的个体秩序会逐渐消失，其确定的特征也随着其多样性特征的消失而变得越来越无关紧要。此时，波转变为具有重要的集合秩序的聚合体，而不是具有各种系列的个体秩序的聚合体。因此，可以说，波的系列以粒子性集合体为开端，以非粒子性集合体为终点。或许，这正是量子波粒二象性的具体表现形式。

五、两极性

在"一些派生概念"这一章的最后一节，怀特海谈到一个重要命题："任何经验事例都是两极性的，不论这种事例是神还是世界上的现实发生。神产生于精神极，而现实发生则产生于物质极。"① 怀特海提出这一命题，目的是批判传统哲学中隐含的一个假定。这个假定认为，经验的基本要素应当通过意识、思维和感官知觉这三个成分中的一个或者全部来描述。这里，"感官知觉"这个词是在"以表象的直接性方式表现出来的有意识的知觉"这个意义上使用的。此外，"感官知觉"在实践中还被缩小为视知觉。

怀特海不同意传统哲学的这个假定，他明确指出："根据有机哲学，这三个成分不论在物质经验还是在精神经验中都是非本质的要素。任何经验事例都是两极性的，不论这种事例是神还是世界上的现实发生。神产生于精神极，而现实发生则产生于物质极。但是，不论在哪种情况下，这些要素即意识、思想和感官知觉——如果它们的进入还有任何有效意义的话——都属于合生的派生性'非纯粹'阶段。"②

怀特海指出，他对传统哲学中这个假定的拒斥，说明了他为什么在随后的讨论中，要反复地提到直接性表象的地位问题。这对克服近代哲学认识论的弊端，创立过程哲学的认识论具有根本性的意义。

小结：本章阐述了过程哲学的一些派生概念。首先，关于神的原初性质与继生性质，怀特海在过程神学意义上理解"神"概念，把神看作世界

---

① ② 怀特海：《过程与实在（修订版）》，杨富斌译，46页。引文有改动。

的统一性或总体精神，类似于中国哲学中的"道"或"天道"。神也是世界中的一种存在，与现实存在类似，神也具有两极性。神的原初性质是其为实现世界上的价值而对永恒客体的秩序化，这种秩序化是非时间性的活动。可以把神的原初性质理解为神的概念极。神的物质极则是其继生性质。神并不创造这个世界，神只是拯救这个世界；或者更准确地说，神是这个世界的诗人，具有慈爱的宽容精神，并以自己对真、善、美的洞见来引导这个世界。其次，关于"欲望"概念，怀特海是指其本身包含着动态原理或不息原理的直接事实。欲望是对直接的物质性感受所做的概念性评价。全部物质性经验都伴随着渴求或欲望，其实例之一是每个现实存在都有自我保存的欲望。又次，关于集合秩序与个体秩序，怀特海认为，集合秩序乃是其组成要素具有集合性质的秩序。世界上的大多数聚合体都是集合性的，都具有集合性的秩序。但是，世界上也存在着非集合秩序，例如虚空，其中有能量，但却没有任何事物在持续或者经历着时间。世界上的大型客体，怀特海称之为"粒子性集合体"，石头、气体和液体都是这类集合体。再次，生成在过程哲学中是指现实存在多维度、多方面的创造性生成，不是指单一序列的向新颖性的进展。有连续的生成，但却没有生成的连续。所以，广延连续性是指生成的连续性，即连续的生成，它表征着宇宙连续的创造性。也许这种创造性是在所有宇宙时期都有效的终极形而上学原理，但这个结论不具有必然性。也许广延连续性只存在于我们这个宇宙时期。最后，关于两极性，怀特海认为，任何经验事例都是两极性的，既有物质极也有精神极。神产生于精神极，而现实发生则产生于物质极。人的意识、思想和感官知觉都主要地属于精神极，但同时与物质极不可分离。传统哲学认识论看到了直接表象知觉的重要作用，但却忽视了更为基本的因果效应知觉方式，因而在认识论上陷入困难。

第八章　过程原理：存在即生成

过程是我们经验中的一个基本事实。我们处于现在，这个现在是变化不居的。它源于过去，孕育未来，而且正在通向未来。这就是过程。而在宇宙中，过程是一个无可辩驳的事实。

现实世界是一个过程，过程就是各种现实存在的生成。

一个现实存在是如何生成的，构成了这个现实存在是什么；因而现实存在的这两种描述方式并不是互不相干的。现实存在的"存在"是由其"生成"所构成的。这就是"过程原理"。

——怀特海

从本章开始，我们探讨和阐述怀特海过程哲学的六个基本原理，即过程原理、相关性原理、主体性原理、摄入原理、创造性原理和本体论原理。这些原理都是怀特海在《过程与实在》中明确阐述过的。只不过对这些原理，他或者语焉不详，我们需要进一步展开，才能得到清晰的理解，或者阐述不集中，是在不同地方分别阐述的，需要把他的论述综合起来，分出层次，并结合相关实例予以说明，才能真正被我们清楚地把握。当然，怀特海过程哲学提出的基本原理不止这六个，例如还有合生原理等。本章集中探讨过程原理。

一、"过程"概念界说

"过程"概念无疑是怀特海过程哲学的基本范畴，也是深刻理解过程哲学的关键范畴。怀特海本人及其后继者对"过程"范畴从不同视域做过诸多界定和阐述。只有全面深刻地把握过程哲学之"过程"范畴的丰富内涵，才能真正地理解过程哲学及其在哲学上的重大贡献。

有意思的是，怀特海在其著作中似乎并没有明确使用过"过程哲学"（Process Philosophy）这一概念。他在《过程与实在》中明确地把自己的哲学叫作"有机哲学"（the Philosophy of Organism）。明确地把怀特海创立的新哲学称为"过程哲学"的人，也许是过程哲学的第二代传人哈茨肖恩。柯布在其《过程神学》一书中明确指出，怀特海和哈茨肖恩共同坚持的观点是"过程哲学"，并把他们在当代西方哲学界开启的这场哲学运动叫作"过程哲学运动"，同时指出"过程"这个语词正确地表明，这场运动拒斥静止的现实，并断言全部现实都是过程。[①]

但是，正如柯布和格里芬所言，"过程哲学"这个概念容易使人产生误解。首先，有许多其他哲学流派也可以有同样正当的理由被称为"过程哲学"。譬如，黑格尔、伯格森和杜威都是有影响的现代西方过程哲学家，他们都强调同静止的存在或实体相对立的过程。西方古代和近代的一些哲学家，如赫拉克利特、洛克、休谟等，也在自己的哲学论述中阐述了明确的过程哲学思想。马克思主义哲学创始人——马克思和恩格斯也明确地阐述过世界是不断运动、发展和变化的思想，特别是恩格斯明确地提出了"世界不是既成**事物**的集合体，而是**过程**的集合体"的哲学思想。其次，怀特海本人已经用其他语词标明了他对哲学的贡献，即他经常称自己的哲学为"有机哲学"，有些当代美国哲学家（例如格林等）也喜欢用"有机哲学"来表述怀特海创立的哲学思想。

然而，过程哲学第二代、第三代和第四代传人哈茨肖恩、柯布和格里芬等，都习惯使用"过程哲学"这一名称，并用"过程哲学"来直接标明这场新兴的哲学运动。这可能是因为"过程"一词确实指出了这场运动的主要特征，并且"过程哲学"已成为确定的用法，或者说已成为人们关于怀特海哲学思想的约定俗成的概括。[②] 也就是说，"过程哲学"如今已成为东西方学术界关于怀特海哲学的众所周知的概念，人们通常用它来特指由怀特海创立，由哈茨肖恩、柯布和格里芬等人阐述，建立在相对论和量子力学等现代科学基础之上的一种新的过程—关系宇宙观。因此，如果不加以特别说明，在当代西方学术界，严格意义上的"过程哲学"作为专用术语，通常都是指以怀特海为创始人的过程哲学思想。对此，东西方学术界并无实质性的争议。真正有争议的是如何理解过程哲学在哲学上的新贡

[①] 参见柯布、格里芬：《过程神学》，曲跃厚译，1页，北京，中央编译出版社，1999。

[②] 参见上书，2页。

献，过程哲学究竟在哪些方面推进了哲学的发展，甚至使整个西方哲学发生了类似于康德哲学式的根本性变革——从实体本体论转向了有机本体论，或者说转向了过程本体论。在我们看来，过程哲学的核心问题乃是如何确切地理解过程哲学的"过程"范畴以及相应的过程原理。根据过程哲学对"过程"范畴的多种不同界定以及相应的过程原理，我们可以把怀特海的过程哲学与传统的实体哲学明确地区分开来。

怀特海明确地指出："'有机体'概念以双重方式同'过程'概念相结合。各种现实事物所构成的共同体便是一种有机体，但它不是一种静态的有机体，而是处于产生过程中的一种未完成物。因此，就现实事物而言，宇宙的扩展是'过程'的首要意义；而处于任何扩展阶段上的宇宙则是'有机体'的首要意义。"①

（一）"过程"概念是过程哲学的基本范畴

与日常生活中对"过程"概念的用法不同，在过程哲学中，"过程"乃是标志现实存在自我生成的基本范畴。也就是说，对"过程"范畴，我们不能从日常语言的通常用法上来理解。怀特海明确地强调，过程哲学是一种形而上学意义上的思辨哲学，致力于阐述一种新的宇宙观。用怀特海的话说，他致力于用一系列抽象的概念和范畴来阐述一套系统的宇宙论学说，根据这种宇宙论学说，我们在日常经验中感受到的一切都能得到合理的阐释。并且他认为，这应当是所有哲学的基本任务，当然，更是过程哲学的基本任务。在柯布和格里芬看来，过程哲学的基本概念以及其中包含的基本理念，可以在我们每个人的个体经验中得到验证，因此这些理念直接地与作为个人的我们的存在密切相关。柯布和格里芬指出："这些理念描述了我们经验的必然性和普遍性，并在这些本体论上给定的结构中指明了自我实现的各种选择。"②

因此，我们可以说，"过程"范畴乃是过程哲学中一种基本的形而上学范畴，它具有高度的抽象性和普遍的适用性。它既不同于现实中客观的"过程"现象（如山中野花自生自灭的过程、月亮阴晴圆缺的过程），也不同于日常生活中使用的侧重时间维度的"过程"概念（如人才的培养需要很长的过程、思想转变需要一个过程），也不能根据其他哲学本体论来理

---

① 怀特海：《过程与实在（修订版）》，杨富斌译，274 页。
② 柯布、格里芬：《过程神学》，曲跃厚译，1 页。

解和阐释"过程"范畴（如机械唯物论在坚持物质实体客观存在的前提下，也承认物质的发展有一个过程，东西方古代哲学和近现代哲学家中，不少人都坚持万物皆有产生、发展和灭亡的过程）。否则，我们就难以恰当地理解怀特海过程哲学关于"过程"范畴的特殊界定，进而也难以真正理解过程哲学以过程为根本和实在究竟在哲学上有何种独特贡献，它对哲学体系的建构和哲学史的革命性变革究竟有何重大哲学意义，甚至我们也难以真正理解过程哲学在一系列哲学观点上做出的独创性说明（譬如，对主体、客体、经验、意识、回忆、过去、现在、未来、价值、和谐、美等基本范畴的说明），及其一系列具有革命性变革意义的命题的真实意义（如存在就是生成、万物内在地相互关联、无物能经验两次、任何现实存在都不能孤立地存在等），进而难以真正理解过程哲学以及以其为基础而生发的建设性后现代思想对当代世界的和谐社会建设、生态文明建设等现实社会运动所具有的重大哲学指导意义，对过程教育学、过程经济学、过程历史学、过程神学、过程法学等新兴学科发展所具有的重大理论意义。

（二）"过程"范畴具有丰富内涵

在怀特海看来，"过程"范畴具有十分丰富的哲学内涵。从不同的视域来看，过程具有不同的含义。

1. 从实质上说，过程是世界万物固有的本性

在过程哲学看来，过程是宇宙中的客观事实。怀特海指出："过程是我们经验中的一个基本事实。我们处在现在，这个现在是变化不居的。它源于过去，孕育未来，而且正在通向未来。这就是过程。而在宇宙中，过程是一个无可辩驳的事实。"[①]

根据过程哲学，过程并不是现实存在之外的某种东西，因此严格地讲，我们不能说"万物皆处于过程"之中，因为这似乎意味着"万物"与"过程"是两种不同的东西，因而"万物"处于"过程"之中，正如我们说"鱼在水中"，实际上意味着"鱼"和"水"是两种不同的东西。过程哲学对"过程"的理解是：过程是世界万物本身固有的属性，过程就是现实事物本身。换言之，在过程哲学看来，"过程是根本的"，任何存在要成为现实的，就是要成为一个过程。任何现实事物倘若失去了过程的本质属

[①] 怀特海:《思维方式》，刘放桐译，48页。

性，实际上也就失去了自身的现实性，成为非现实的存在。或者如柏拉图所说，成为"非存在"的存在。正是在这个意义上，过程哲学认为，成为现实的就是要成为过程。因此，具有过程属性的存在才是真正的、实在的存在。简言之，过程乃是实在。反过来说也一样，实在的就是过程的。或许这正是怀特海把系统阐述其新哲学思想体系的代表作叫作《过程与实在》的用意和缘故之所在。人们据此把他的哲学叫作"过程哲学"，也可以说抓住了这一哲学的本质特征。

根据对"过程"范畴的这一理解，世界万物都是过程。这与古代过程思想家所说的"万物皆流""无物常驻""太阳每天都是新的"等命题的基本含义是完全相同的。但是，与古代过程思想家坚持的"无人能两次跨入同一条河流"不同，怀特海做了引申，从古代过程思想片面地强调客体的流变性引申到了过程哲学所坚持的主体的流变性，坚持"无主体能经验两次"。也就是说，跨入河流的人，作为主体，也不可能有两次完全相同的"经验"，因为他在第二次跨入同一条河流时，同第一次跨入这条河流时相比，多多少少会有一些变化。因此，如果说古代过程思想家强调的是客体的流变性或过程性，那么怀特海过程哲学则不仅强调客体的流变性，而且坚持主体的流变性或过程性。在怀特海看来，所有现实存在都是能动的主体，因此毋宁说，怀特海是从外部世界的主体性视域来把握世界的流变性或过程性的。正是在这个意义上，怀特海哲学与康德哲学不同，康德把主体性只归于人类，而客观世界本身只是有待主体把握的客体；而怀特海则把世界的主体性重新还给世界，坚持世界上的所有现实存在都是能动的主体。这样，怀特海过程哲学所坚持的主体性原则就不仅有别于传统西方实体哲学，而且有别于东方哲学的主体性思想。

在这个意义上说，怀特海过程哲学既与哲学史上的过程思想一脉相承，同时又超越了这些传统哲学中的过程思想：把整个世界视为过程。世界的总体过程性为世界上现实存在的过程性提供了保证，并制约着所有现实存在的生成。而且，现实存在不仅是自己生成过程的主体，而且同世界总体一样，也是超主体，因而能突破自身的有限性，走向无限。各种现实存在之间并不是传统哲学所讲的那样是客体与客体之间的关系，或者人与万物之间只是主体与客体的关系，而是主体与主体之间的关系，怀特海称之为"主体间"关系。

需要强调说明的是，过程哲学坚持过程是根本的，过程是现实存在固有的本质属性，这与"万物皆处于过程之中"的命题有重大区别。因为后一命题可能意味着：（1）万物与过程是两个不同的存在，万物都处在过程之中，因而过程似乎是可以脱离万物的独立存在。过程哲学认为，过程并不是事物之外的独立存在，它就是宇宙中的现实存在本身固有的属性。离开现实事物本身的变化和发展，世界上便无所谓现实的过程。这也是相对论时空观所揭示的基本原理：物质运动与时间和空间是密不可分的。牛顿力学所坚持的绝对时空观，认为时间和空间是与物质相脱离的存在，这正是传统哲学包括近代哲学坚持实体哲学和静态宇宙论的科学基础。（2）如果把"过程"当作脱离现实事物的独立存在，就有可能把"过程"看作如同世界上其他所有现实事物一样，也是不断变化的，即它本身也可以成为一种"过程"。这是与过程哲学坚持的"过程"的本意相悖的。过程哲学坚持认为，"过程"是最终极的范畴，在现实存在本身的过程之外，世界上并无其他现实存在。现实存在的过程是不变的，因为"过程"的反面是"非过程"，而非过程属性只属于不变的原则和抽象形式，包括永恒客体，它们本身没有过程的本质属性，因此它们都不是真正的现实存在。真正的现实存在则都是过程，真正的存在乃是由其生成过程构成的。这正是怀特海在《过程与实在》中反复强调"现实存在的'存在'是由其'生成'所构成的"① 真实意义之所在。

2. 从类型上说，过程表现为转变和合生两种类型

首先，过程是从一种现实存在向另一种现实存在的转变。用柯布和格里芬的话说，怀特海的过程观有着与众不同的特点。他断言，暂时的过程乃是从一种现实存在向另一种现实存在的"转变"。这些现实存在是一些生成后立即灭亡的瞬间事件。这种灭亡标志着向下一个事件的转变。时间不是平静的河流，而是瞬间的生成。一幅运动的图画就暗示着某种类比：这幅图画显示为一条奔腾不息的河流，因为在实在中它乃是由一系列不同的画面构成的。在柯布和格里芬看来，如果构成世界的过程是平静的河流，那么世界上就不可能有实在的个体，譬如，选举、战争、风暴、毕业等这类事件就不可能发生。

其次，过程还包括现实存在自身的瞬间生成，怀特海称之为"合生"。也就是说，除了从一种现实发生到另一种现实发生的转变过程（这一过程构成了时间性）之外，还有另外一种过程。这些实在的个体发生本身就是过程。它们只是其自身瞬间生成的过程。从外在的、时间的观点来看，它

---

① 怀特海：《过程与实在（修订版）》，杨富斌译，29页。

们是突然发生的，但是在更深的层次上，它们又不是不经历时间的事物，而是利用极短时间得以生成的事物。怀特海称这种生成为"合生"，它意味着生成了具体的现实存在。譬如，现实世界中个体现实的经验发生就是这种动态的合生活动。艺术家制作的动画则不是这样，因为动画的个体画面是静止的。当然，从微观领域来看，构成这些动画的微观粒子也呈现为动态的合生过程。

因此，综上所述，现实的过程有两种：一是从一种现实发生到下一个现实发生的转变过程，二是这些个体的现实发生本身的生成（合生）过程。任何现实存在的变化都发生着这两种现实的过程：现实发生自身的生成和转变到下一个发生。简言之，过程的两种类型即是转变与合生。

坚持转变与合生是过程的两种类型或形式，具有极其重要的理论意义和现实意义。如柯布和格里芬所说，一方面，转变确立了时间的重要性。一个发生接着另一个发生，过去是由已经发生的事件构成的；未来则完全不同，因为它不包含现实的发生；现在则是正在发生着的发生。现在是受过去影响的，而且它将会影响未来。时间不对称地从过去通过现在流向未来。因此，我们既不能否定时间的实在性，也不能有任何关于时间的循环学说。现实的每一瞬间都是崭新的，而且时光不可能倒流。现今某些影视作品或科幻小说中所描述的可回到过去的时光隧道，实际上只是科学幻想而已，在现实世界中根本不可能发生，因为现实的时间之矢是有方向的，只能从过去经过现在流向未来。"时乎时乎不再来"，这一古老的中国民间谚语所表达的时间观点，其基本精神符合当代物理学的时间学说。正如一个人不可能从 50 岁回到 5 岁一样，任何现实存在都只能按照"过去—现在—未来"的时间序列变化，而不可能逆行。另一方面，"永恒的现在"经验（即经验中被定格的一幕，每个人都有这种经验，都有这种永恒的记忆）也是可以理解的。在合生的过程中，没有时间。这并不表明有一种静止的现实，而是说转变的连续性在此并不适用。每一瞬间都是一种现在，在这个意义上，它是永恒的。此一瞬间会立即成为过去，会有新的瞬间出现。但每一瞬间本身并无过程性或连续性。只是这些前后相继的瞬间之间具有过程性或连续性。所以，怀特海说，只有连续的生成，没有生成的连续。

3. 从表现形式上看，过程既是内在的也是外在的，既是主体性的也是客体性的

对许多人来说，"过程"一词暗示着某种外在的和客体性的存在，但在怀特海过程哲学看来，过程既是内在的又是外在的，既是主体性的又是客体性的。怀特海认为，过程本身乃是现实存在的"经验发生"，即是现实存在正在发生的经验过程。在合生的瞬间，过程的每一个单位都享有"直接的主体性"。在这个意义上说，过程是内在的，是内在于现实发生之中的。它是现实存在本身的属性，而不是现实存在变化的场所。只有当现实发生的合生过程完成之时，并因而其成为过去之时，此一过程的构成要素才能成为新过程的材料或客体。在这个意义上说，过程又是外在的，前一过程对后一过程，前一过程本身及其构成要素对后一过程本身及其构成材料而言，是被摄入的客体；而后一过程本身及其构成要素则是前一过程本身及其构成要素的具体化或客体化。所以，在这个意义上说，过程既是主体性的，也是客体性的。

这里需要特别注意的是，怀特海经常使用"享有"（enjoy）一词来说明过程的细节。在他看来，过程的所有单位都有享有的特征。这表明，过程的每一个单位或要素都有其内在价值。同时也表明，有些要素不可能归属于所有过程单位的内涵。但是，过程的每一个单位，无论在人的层次上还是在电子事件的层次上，都具有享有的特征。因此，根据过程哲学，享有并不必然地属于意识的范畴，或者说，享有并不必然地同快乐和痛苦之类的属性有关。现实存在要实现自身、作用于他物、分享更大的共同体，就是要作为完全摆脱了快乐或痛苦的经验主体去享有。用怀特海的话说，经验乃是多种存在中一种存在的自我享有，以及基于多种成分而产生的存在的自我享有。在这个意义上，过程中的每一个单位都享有自身的存在。只有享有了自身存在的现实存在才是真正的现实存在。相反，缺乏享有的存在，怀特海称之为"空洞的现实"，并拒斥这种空洞的现实，认为它是没有主体经验的现实。这样，怀特海实际上就拒绝了笛卡尔式的经验现实与非经验现实的二元论。

在过程哲学看来，所有经验都是享有。要成为现实的，就是要成为经验的发生，因而成为享有的发生。用怀特海的话说，现实存在所享有的"经验只不过是自在自为的现实存在本身"[①]。这里的"经验"显然是在本体论意义上使用的。在这个意义上，把怀特海过程哲学称为"广义经验论"是合理的。

需要强调的是，"经验"一词在怀特海过程哲学中有特殊含义，与其

[①] 怀特海：《过程与实在（修订版）》，杨富斌译，65 页。

他哲学派别对"经验"一词的使用非常不同。在其他许多哲学学派中,经验等同于意识。在弗洛伊德学派那里,意识又被视为经验的高级形式。而在怀特海看来,"意识以经验为先决条件,而不是经验以意识为先决条件"①。换言之,意识是以经验为前提的,而不是先有意识,人们才经验到意识。在他看来,所有现实存在都有经验,所有现实存在都能经验,但只有少数经验能上升到意识层次。即使在那些达到了意识层次的经验中,意识也只是光照了那些在合生中已被无意识地经验到的要素。而且,只有一小部分被经验到的组成部分才能这样被光照。意识就是这样的选择活动,它赋予经验内无数因素中的少数因素特殊的重要性,因而能增加其经验的享有。无疑,过程哲学关于意识和经验的关系的这一观点,对于我们从哲学层面正确地探讨和理解经验与意识的产生及其相互关系具有重要的启发作用。

4. 从关系和时间视域看,过程标志着现实存在之间的本质联系,标志着现实发生从过去经过现在流向未来

在哲学史上,许多坚持以某种实体(譬如原子、单子)为实在的哲学家,都试图以各种方式来理解和解释这些本质上不变的实体之间何以能有各种联系。由于实体本身不变,最终他们只能求助于"第一推动力",结果导致"不动的推动者"这一难以克服的逻辑矛盾;而由于实体本身不变,实体之间的联系就只能是外在的联系。过程哲学则从根本上解决了现实存在之间的本质联系问题,因为过程观与本质联系观倾向于互相支持。原因很简单,现实事物如果是静止不变的,那么它们之间的联系就是有害的。

相反,如果事物之间具有实在的联系,且这些联系属于其各自的本质,那么就很难理解这些本质怎样才能是不变的。怀特海认为,过程和联系的相互蕴涵要求,现实存在严格说来是个别的事件,它们并没有经历时间。它们生成、发展并达到完成。当其生成过程完成之时,它们就成为过去;现在则是由一系列新的正在生成的发生所构成的。在曾经经验着过程的意义上,过去的现实仍可以被描述为过程的和经验的;但是,其经验和生成的瞬间则成了过去。它们并没有经历从过去进入现在并走向未来。怀特海选择"经验的发生"这个语词,部分地也是要强调现实个体的这一特征。可持续的事物就是这些经验发生的系列。分子、电子和细胞都是这些

---

① 怀特海:《过程与实在(修订版)》,杨富斌译,67页。

可持续事物的例证。同样，人的灵魂或经验之流也是由一系列不同的经验发生构成的。

但是，经验是不同的和个体的，并不是说它们是完全独立的或可分的，相反，一种瞬间经验在本质上是和先前的经验相关的。事实上，它是作为联系的多样性而开始的，并通过它对这些联系的反作用以及这些联系的统一达到其个性。首先，经验不是某物本身；其次，经验只进入和他物的联系之中。在这里，联系是第一性的。怀特海表示这种联系的专门用语是"摄入"和"感受"。现在的发生"摄入"或"感受"了先前的发生。现在的发生不过是其统一各种特殊的摄入及其开端的过程。

经验过程是瞬间的——这种理念是怀特海哲学与莱布尼茨哲学的基本区别。同怀特海一样，莱布尼茨把现实世界看作完全是由经验过程构成的。但是，莱布尼茨所说的那些"单子"并没有经验到任何超越其自身的东西。单子并没有真正进入彼此的经验。每个单子都是彻底"封闭的"，不对外界开放。怀特海的每一个经验发生似乎都是作为对全部过去开放的窗口而开始的，正如它摄入了全部先前的发生一样（无论直接的摄入还是间接的摄入）。一旦这些影响涌入了封闭的窗口，经验发生也就通过回应这些影响而形成了自身。但是，这一过程一经完成，世界的窗口就再次打开，正如新的经验发生又开始了一样。因此，下一个分子发生（其中，这一系列构成了可持续分子）或下一个人类经验的瞬间（其中，经验之流构成了灵魂），也是对未来开放的。

因此，怀特海的过程思想把相互依赖性看作比独立性（莱布尼茨的单子所具有的属性）更高的理想。当然，怀特海不是"把相互依赖性仅仅描述为一种理想，而是把它描述为一种在本体论上给定的特质。我们不能逃避它，但我们却能为这一事实所欣喜或悲哀。而且，相互依赖性是一个变数。我们能以一种增强它或削弱它的方式实现我们自身。第七章表明，完善的人类生活最大限度地包括了我们和他人的联系，因而我们依赖于他们"[①]。

5. 从因果性上看，过程标志着现实存在彼此相关，通过摄入而具体化为现在和未来，因此现实的因果关系是客观而有效的

根据过程哲学，各种现实存在"彼此道成肉身地相关"。"过去的经验被融入现在的经验，摄入一种过去的经验就是去包含它。必须做出两种限

[①] 柯布、格里芬：《过程神学》，曲跃厚译，11页。

定：首先，过去的经验并没有被完全融入现在的经验。这一结果是有选择的和受到限定的。其次，现在的经验并不包含仍在经验着的过去。过去是一种已有的经验即作为一种曾经享有过的经验，就是现在。"[1]

在过程哲学看来，"回忆乃是过去在现在的道成肉身（incarnation，亦译'具体化'）以及这两种限定之最直接的例证。在回忆过去的经验时，我们现在的经验作为其内容的组成部分就包含了过去的经验。我们并没有包含这种过去经验的总体及其无限复杂性，而只是包含了它的一部分——其内容的某个部分以及对这一内容的主观反应。而且，我们并没有包含那种仍在进行经验的过去的经验。经验的那个瞬间已过去了。在回忆过去的经验时，我们现在可以感受到我们那时所感受过的同样情感。但是，这是对同一种情感的新感受，而非过去的感受延续到现在的感受。换言之，过去的经验在客体性上而非主体性上就在当下的经验之中。作为现在的主体经验的对象而非客体性上仍在被经验着的意义上，它就是现在。怀特海把这种过去在现在的存在称为过去的'客体不朽性'。这就是说，过去并非是真正的虚无，而是继续活着。但它是继续以客体性形式活着，即作为在现在被对象化因而被具体化的东西而活着"[2]。

这种学说的意义有许多方面。首先，这表明，我们在客体性上将是永恒的。"对过去和未来的这种相关性定义被融入了过程思想：过去是那些影响现在的事物的总体，未来则是将要受现在影响的事物的总体。一方面，这表明每个发生都是整个过去的宇宙有选择的化身。另一方面也表明，我们的活动将和整个未来相关。未来的发生必将会摄入我们。"[3]

其次，这意味着，有效的因果关系，即一种现实对另一种现实的因果关系，是通过在他物中的化身而实现的。我们通过互相进入而互相影响。近代世界观中占统治地位的观点则是，原因是完全外在于结果的，就像彼此独立和冲撞的台球的关系一样。生态危机背后的理念正是如此。而过程思想告诉我们，相互关系是内在于事物之中的。"怀特海的思想完全是一种生态学的思想。它包含着对保罗的洞见即我们是'彼此的一部分'这种普遍真理的扩展。"[4] 正是在这些观点方面，过程哲学思想与某些宗教思

---

[1][2] 柯布、格里芬：《过程神学》，曲跃厚译，12 页。引文有改动。
[3] 同上书，13 页。引文有改动。
[4] 同上书，14 页。引文有改动。

想相一致。甚至怀特海明确地讲，创立一种宇宙观就是创立了一种宗教，所强调的正是这个思想。当然，这里需要注意，怀特海所说的宗教并不是传统的西方基督教，而是他所理解的宗教，即人对世界、宇宙、人生意义和价值的终极关怀。

在此，对一种关于怀特海哲学的误解做一回应。国内一位著名学者把怀特海的哲学称作"依存哲学"，认为这种哲学较之罗素的哲学虽然深刻，但却不足以作为现代环保主义者的道德支点。这位学者还认为人类不能摆脱人类中心主义，所以以怀特海的"依存哲学"作为环保主义的道德支点是不可靠的；人类不可能找到这样的道德支点，这在逻辑上是不可能成立的。①

我们认为，怀特海过程哲学或有机哲学或如该学者所说"依存哲学"，至少给环保主义者或生态文明论者提供了某种宇宙论基础，因而也提供了某种道德支点。因为怀特海过程哲学或有机哲学在当今各种哲学体系中，是能为现代环境保护主义提供系统的宇宙论的哲学之一，并且可能是最有说服力的哲学基础。根据过程哲学或有机哲学，"任何局部的震动都会动摇整个宇宙。距离的作用虽小，但却存在。……根据现代概念，我们称之为物质的缠绕群已融入其环境中。分离的、自身包含的局部的存在是不可能有的。环境关系到每一事物的本性"②。怀特海特别强调："自然界是各种活动的相互关系的舞台。一切事物、活动以及活动之间的相互关系都是变化的。"③ 在怀特海看来，对于以相对论和量子力学为代表的新物理学而言，空间及被动的、系统的、几何学的相互关系是完全不适用的。新的物理学概念取消了亚里士多德的形式行列概念，代之以过程形式概念。因此，它消灭了传统物理学所理解的空间和物质，代之以复杂活动状态中的内部关系。在一般意义上，这种复杂状态是一个统一体，在此物理活动的整个宇宙伸及遥远的星团。秩序和善之间存在着一种自然而亲近的关系。怀特海认为，"数学理解是深入认

---

① 参见郑也夫：《环保的困境：我们造不出坚硬的道德支点》，载《绿叶》，2010（4）。该文的主要观点是，真正的现实是完全彻底的患难与共——大哲学家怀特海提出的依存哲学是生态伦理学的重要基础，但它找不到一个支点。尊重其他生物并不是自然的天赋，放弃人类中心主义的思想出自理性，实质还是人类中心主义，这不仅找不到坚实的道德支点，反倒暴露了环保主义者的"囚徒困境"。以往坚硬的东西都没了，需要当代人给当代人造一个道德，这简直是开玩笑！我们根本造不出一个坚硬的道德支点，这就是当代环保主义者的困境。

② 怀特海：《思维方式》，刘放桐译，122页。

③ 同上书，124页。

识善的本性的首要例证。我们还必须记住，道德仅仅构成善的一个方面，一个往往强调过分的方面"①。人类能够看到事实之内的形式的功能，以及从这种相互作用中产生的价值。

因此，我们的观点是，并非只有过程哲学才可以作为环境保护主义理论的哲学基础，许多其他哲学也可以给环境保护主义提供哲学基础。但是，由此并不能否定过程哲学的环境保护价值，不能否定它对自觉以之为基础的环境保护主义的积极意义和作用，更不能以环境保护主义面临的诸多困境来否定过程哲学的合理性及其对生态文明的重要价值和作用。

6. 从目的或动力的视域看，过程是现实存在自我创造的活动

如前所述，现实存在的享有过程起因于它们对其他过程的感受或摄入，并因此而把它们的某些感受贡献或"分有"到未来的经验发生之中。同时，享有的过程部分地也是自我创造的过程。世界一方面是被创造物，另一方面也是富有创造性的。每个经验发生都是以接受来自过去的多种影响为开端的，和过去的这种联系属于现在的个体的本质。它必须考虑到其过去，而且这种过去设置了决定现在的个体可能是什么的界限。然而，现在的主体如何准确地回应其过去，如何准确地体现过去的感受，如何准确地把多种感受整合为统一的经验，却并不是由过去决定的。过去并没有准确地表明它如何才能成为永恒的，这乃是由每一种现在的现实决定的。因为每一种现实都部分地是自我创造的，它最终用赋予它的质料创造了自身。

传统哲学观点认为，承认有效的因果关系就会否定自由。因此，"为了捍卫自由，某些观点否认了现实之间真正的因果影响。但有效的因果关系的观点在宗教上也是重要的。舍此，感恩或我们对自己活动的后果的责任感也就失去了基础。其他一些观点一直在压制这种责任感，以致否认我们和这种我们生成的开端有关。……怀特海就允许我们设想无矛盾的自由和有效的因果关系"。根据怀特海过程哲学，"当我们把这样两种观点——我们部分地是由我们的环境创造的、部分地是自我创造的，以及我们在本质上是以享有为特征的——结合起来的时候，就是'自由'这个概念的宗教意义"②。

此外，"一切经验发生都旨在其自身的自我创造"——这一学说只说

---

① 怀特海：《思维方式》，刘放桐译，68页。
② 柯布、格里芬：《过程神学》，曲跃厚译，15页。

明了其创造性目的的一半。在过程哲学看来，同样根本的是，这种发生旨在渗透于环境之中，即成为创造性的未来。在这个意义上看，这一学说具有多种意蕴。(1) 它表明绝对的唯我论在本体论上被排除了。没有哪一种现实只和自身有关。(2) 对未来的关注会引起一些变化。这一事实表明，未来的某些变化可能会扩大和增强，也可能缩小。这正是道德的功能之所在，因此，这种功能对实现人的目的和影响人的行为极为重要。(3) 为了最大限度地实现现实享有的各种可能性，在一种经验发生借以产生的条件的意义上，"环境"并不是唯一相关的因素，其中有新质要素的存在及其作用。

因此，现在的过程并非完全是由过去的过程决定的。现在的经验根据其同时存在的旨在其自身享有的目的和旨在超越其自身的自我表达的目的，精确地决定了怎样融合各种它可利用的要素。这样，新质要素便被结合到现实存在的现实过程中来了。

一切事件都包括了无数可能性的实现，这些实现了的可能性被包括在两种基本方式中的一种之中。它们或者可能是一种感受的"客体性内容"的组成部分，即被感受之物，或者可能是感受这种内容的"主体性形式"，即如何去感受它。现在的经验发生是基于先前的发生产生的，它们得以实现的可能性可能由于这一机缘而重新实现。这种作为其客体性内容而被包括的可能性可能会作为其自身的内容而实现；而且，新的发生可能用同样的主体性形式来感受这种内容。进而，在过去的发生中如何感受即主体性形式，也可能是现在感受到的东西即客体性材料。例如，如果一个回忆者根据恨或爱的主体性形式摄入了某物或某人，那么这个人现在就可能把这种恨或爱对象化为其现在的经验内容的组成部分。这已经是一种新质，即先前表现为主体的可能性现在成了经验的客体性内容。①

总之，过程性是宇宙中所有现实存在本身固有的属性。这是过程哲学所揭示的宇宙中的不证自明的真理。当然，这种真理并非对每个人都是显而易见的。在认识宇宙真理方面，不用讳言，人们并不处在同一水平上。"问题在于，一旦某人自觉地认识到它们，并在口头上表达了它们，那么它们就能够为他人所认识。"② 因为人们已经领悟了或者亲身体验到了它们。深刻地理解和领悟怀特海过程哲学的"过程"范畴，把过程当作现实

---

① 参见柯布、格里芬：《过程神学》，曲跃厚译，18页。
② 同上书，29页。

存在的本质属性，这是深刻理解与把握过程哲学的过程原理乃至整个过程哲学基本观点和思想的前提。

二、过程原理的含义

所谓原理（principle），根据《新牛津英汉双解大词典》的解释，一是指 a fundamental truth or proposition that serves as the foundation for a system of belief or behavior or for a chain of reason，即"可作为信仰系统或行为系统或一系列推论之基础的根本性真理或事实"，用汉语表达即是"原理"或"原则"；一是指 a fundamental source or basis of something，即"某物的基本来源或根基"，用汉语表达即是"起源"或"本原"。按《现代汉语词典》的解释，"原理"一词一是指带有普遍性的、最基本的、可以作为其他规律的基础的规律，一是指具有普遍意义的道理。根据我们对过程哲学关于"原理"一词的用法的理解，怀特海所使用的"原理"一词，在不同语境中不外乎以上几种含义。

首先，怀特海所讲的"原理"类似于牛顿在其《自然哲学的数学原理》中所使用的"原理"一词。牛顿是以其数学"原理"对现实世界予以说明的，认为现实世界中的各种天体都可以用他的数学原理来加以解释。怀特海则是以其形而上学的哲学"原理"来对整个现实世界予以说明的，认为全部现实存在都可以根据这种具有普遍性的形而上学原理来加以合理的解释。如果某种现实存在不能根据这种形而上学原理来加以合理的说明，那么这就表明这个原理要么普遍性不够，因而需要对之做进一步扩大的普遍性概括，要么是错误的，需要根据经验事实对之进行修正。由此来看，怀特海过程哲学致力于提出和阐述的形而上学"原理"体系，不仅是具有基础性和普遍性的原理体系，而且具有关系性和过程性，能接受逻辑的和经验的两重检验。这一特征使怀特海的形而上学理论体系同西方哲学史上其他纯粹思辨的、无法用经验加以检验的形而上学体系区别开来。

实际上，任何一种综合性的哲学体系，都试图提出和阐述这样一些基本原理。甚至黑格尔、罗素等人撰写的西方哲学史，也都是从自己的思想体系出发，对哲学史上出现的各种哲学思想、观点进行考察和梳理，并试图建立一种具有普遍意义的原理体系。包含一种整合历史资料的新维度、新结构，达到共时性和历时性的统一，这无疑是建立哲学体系的最佳理想。就连一向不太重视原理体系建设的中国哲学史研究者，近年来也有人在试图建构中国哲学原理，并得到了中国哲学史专家蒙培元先生的认可。蒙先生认为"揭示中国哲学原初的、本有的普遍性意义，予以系统化的表述，也就是将中国哲学固有而未能明确表述的潜在系统或实质系统用现代语言表述出来，使其精华和普遍价值成为现代精神文明建设的营养"，他称赞这种研究是"既见树木又见森林之举"[①]。国际中国哲学学会创会会长、美国夏威夷大学成中英教授也非常认可从经验主义立场研究中国哲学的原理，认为一个哲学传统有其发展的历史，也有其所以构成的原理，原理存在于历史之中。研究中国哲学原理是非常有创意的中国思想范畴与方法探究。[②] 武汉大学国学院院长、哲学学院教授郭齐勇先生则认为，中国哲学原理研究是采用新范式对中国哲学传统进行的逻辑解析与系统性整合，深具思辨性和创新性。[③]

通常我们所讲的马克思主义哲学基本原理，这里所说的"原理"概念，其含义大体上也是如此。也就是说，我们要以马克思主义关于现实世界的最普遍的本质和规律性的概括，来说明和解释我们所面临的现实世界及各种现实问题。毫无疑问，所有原理都是抽象的普遍性概括，我们能借助于这些原理来理解和说明我们所面对的现实经验，并用之指导我们的现实实践。这些原理既能帮助我们理解已知的事实和经验，又能帮助我们探索和认识那些未知的领域。哪一种哲学如果能够概括出一些基本原理，这无疑是对人类哲学思维成果的重大贡献。

因此，怀特海认为，"哲学家都是理性主义者。他们都在设法深入到无情而不以人意为转换的事实后面去。他们希望用一般原理来解释进入流变中的各种细节的相互关系。同时他们也在寻求可以消除纯武断论的原理，以便在假定任何一种部分事实之后，其他事实的存在就可符合理性的某种要求。他们要求探讨事物的意义"[④]。

由此我们就可以理解，怀特海缘何在其过程哲学体系中致力于概括和总结一些基本原理。其目的显然就是用一般原理来解释世界万事万物的各种细节之间的相互关系，以消除人们的臆想，用已知的事实来推论其他未知，并揭示已知事实的现实意义和更为普遍的哲学意义。这种在哲学探究

[①] 胡家祥：《中国哲学原理》，"蒙培元先生序"1页，北京，中国社会科学出版社，2012。
[②][③] 参见上书，封底。
[④] 怀特海：《思维方式》，刘放桐译，157页。

上寻根究底，致力于探求普遍原理即普遍规律的态度和方法，与马克思主义哲学致力于对自然、社会和人类思维的普遍规律的追求是完全一致的，也是我们今天一切哲学研究所要坚持的基本进路之一。

其次，怀特海对过程原理的阐述，明确地体现在《过程与实在》第一编"思辨体系"第二章"范畴体系"第九个说明性范畴之中。怀特海指出："一个现实存在是如何生成的，构成了这个现实存在是什么；因而现实存在的这两种描述方式并不是互不相干的。现实存在的'存在'是由其'生成'所构成的。这就是'过程原理'。"① 怀特海对过程原理的这一表述包含如下含义：

第一，世界上的现实存在是如何生成的，构成了这个现实存在实际上是什么。反过来说也一样：一个事物是什么实际上取决于它是如何生成的。这是从本体论视域对事物的性质所做的判断。从认识论上说，我们要认识某个事物是什么，实际上就是要认识它在实际上是如何生成的。一旦我们认清了它是如何生成的，我们也就了解了它实际上是什么。这正是历史研究的真正意义之所在。同理，要了解一个人是什么样的人，通常要查看他的档案，了解他过去的情况如何。

通常，我们在说一个事物是什么时，实际上是对处于流变过程之中的该事物迄今所达到或生成的现状进行某种静态的把握。没有这种静态的把握，我们就不能认识这一事物的性质，实际上也就无法把握这个事物。但是，我们绝不能由此就认为这个事物本身现在如此、过去如此而且将来永远如此。相反，这个事物的现在状态是由其直接的过去状态转化而来的。这个事物的当下状态是什么，是由其直接的过去如何生成为现在这个状态所决定的。因此，过程哲学认为，现实存在是什么，实际上是从其直接的过去如何生成为现在的这个现实所决定的。这种由直接的过去生成为现在的状态，决定了这个事物当下是什么。正是在这个意义上，过程哲学坚持认为，现实存在是如何生成的，构成了该现实存在是什么。

第二，现实存在的"如何生成"与现实存在"是什么"，这两个方面并不是相互独立、漠不相关的，而是相互关联、不可分割的，是同一个现实存在的变化过程的两个相互关联的方面。我们只能在思维中和理论上把这两个方面分开，分别对它们予以把握。在现实存在的实际状态和生成过程中，这两个方面则是有机地联系在一起的。这就是说，我们不能说"事

---

① 怀特海：《过程与实在（修订版）》，杨富斌译，29 页。

物的存在"是"事物发展变化的结果",好像事物的"存在"是不变化的,它只是事物发展变化的最终结果;而发展变化或者生成本身不是"存在",它只是事物的存在这个结果的原因。① 在过程哲学看来,现实存在的"存在"和"生成"的本真状态根本不是这样。相反,现实存在的本真状态是:它的存在就是由它的生成构成的,简言之,现实存在的存在(being)就是它的生成(becoming)活动。正如现实的海洋一样,它的存在就是构成海洋的海水一刻不停地在生成和转化,或者表现为汹涌澎湃,或者表现为风平浪静,从构成海水的水分子和原子层面上看,更是变动不居。无论如何,真实的大海的存在就是由它的动态生成状态构成的。因此,过程思想家经常用"海洋"来描述或形容我们所处的现实世界。因为在他们看来,这个世界就像汹涌澎湃的大海。一个玻璃杯实际上也是量子的海洋,只不过在宏观上凝聚为一个聚合体形式的杯子而已。

第三,现实存在的"存在"就是由它的"生成"构成的。简言之,存在就是生成。在这个意义上说,现实存在的"存在"实际上就是现实存在的"生成"。凡是要成为现实的,就是要成为过程,过程的本质就是生成。任何现实存在,只要脱离这个生成的过程,就不再是现实的存在,而是抽象的存在了。譬如,一个人的存在,就是从出生到当下状态的生成过程。一个 20 岁姑娘的存在,就是她从出生到这 20 岁的生成过程。这个生成过程就是她的存在过程。如果哪一天、哪一刻她的现实的生成过程停止了,那就意味着她的存在终止了。中国人通常所讲的"人生在世",实际上就是指个体的个人现实地"生活"在这个世界上。这里的"生活"实际就是过程哲学所讲的"生成活动"。

三、坚持过程原理的理论意义和现实意义

过程哲学从宇宙论高度,从哲学本体论上,明确地概括出过程原理,

---

① 传统实体哲学对人们的影响通常正是如此。譬如,美国学者凯文·克拉克在与笔者讨论"存在就是生成"的问题时,就一直坚持认为"存在"(being)是"生成"(becoming)的结果。他认为,没有生成,就没有存在——这是正确的。但是,他又认为,如果倒过来,坚持"生成就是存在",这似乎否定了"存在"的存在,"存在"实际就没有了,成为无。显然,克拉克对"存在"的理解思路仍然是传统实体存在论的。根据过程哲学的存在论,正是"生成构成了存在","存在"不是静止的存在,它就是现实存在的生成活动。没有现实的生成活动,就不会有真正的现实存在,而只会有抽象的存在。传统实体哲学与怀特海过程哲学的重要分野正在这里。

强调任何现实存在的存在都是由其生成构成的，具有重要的理论和现实意义。

（一）坚持过程原理的理论意义

第一，过程原理对于我们真正地坚持以过程观点看世界，树立过程思维方式，批驳和超越僵化的实体思维方式，具有重要的理论意义。

传统西方各派实体哲学坚持实体哲学，在其哲学理论体系中抛弃了过程思想，并对世界上确实存在的流变和过程现象或者视而不见或者做了错误的解释，其根本原因在于，它们没有看到世界上存在着这一普遍的终极原理——过程原理。所以，怀特海创立过程哲学的目的是，"以重新发现从笛卡尔开始到休谟为止这个阶段的哲学思想为基础的"，并"倾向于强调这些大师们著作中那些被后来的创造体系的哲学家们所抛弃的内容"[①]。过程原理正是过程哲学的核心原理。没有这一原理做基础，过程哲学的其他原理和观点就失去了根基，也无法恰当地解释那些构成西方文明思想的复杂结构的观念和问题，例如，时空观念、因果观念、审美观念、宗教观念、真善美问题、思维方式和世界观问题等。

在西方哲学史上，即使那些承认事物的运动、变化和发展的哲学家，通常也把存在和生成当成两个互不相关的东西，并试图从各个方面说明存在何以会变化。古希腊哲学家芝诺坚持的"飞矢不动"观点，其陷入错误的根本原因就在于没有把"飞矢"本身看成不断生成的存在，而是将之当作静止不动的实体，因而他即使看到了"矢"确实在"飞"，也难以真正理解它何以会"动"，最终得出了"飞矢不动"的悖论。

从逻辑上说，所有实体哲学要说明实体的运动、发展和变化，最终都必然要寻找"第一推动力"，其深刻的根源也在这里，因为总要给这些显然在运动、变化和发展的实体寻找一个理由。即使把这些实体的相互作用当作运动的最终源泉，也仍然存在着实体如何从不动转化为动的逻辑矛盾，最终还会导致"第一推动力"。如果坚持以怀特海过程哲学的过程原理来看待世界，把世界上现实存在的"存在"看作"生成"，那么任何现实存在的"存在"和它的"生成"就成为其自身的两个不可分割的方面，这样一来，就从根本上解决了现实存在的生成、变化和发展的内在动因问题，从而为我们真正地坚持以过程观点看世界、树立真正的过程思维方

[①] 怀特海：《过程与实在（修订版）》，杨富斌译，"前言"1页。

式，奠定了坚实的哲学宇宙论和本体论基础。

第二，坚持过程原理对于我们正确认识现实事物有限与无限的辩证关系，超越"恶的无限"学说，具有重要的理论意义。有限与无限的关系问题，一直是实体哲学中难以自圆其说的难题之一。仅仅以实体数量的无限增加或空间的无限扩展来说明哲学上的无限，这正是黑格尔所说的"恶的无限"。过程原理告诉我们，一切有限都是与无限内在相关的。正如怀特海所说："由于过程，宇宙摆脱了有限者的局限性。过程是有限之中的无限的内蕴。由于它，一切界限都打破了，一切不相容性都消融了。任何特殊的有限性都不是加于宇宙之上的最高限制。在过程中，宇宙的有限的可能性通向它们的实现的无限性。"① 这样，我们便可以辩证地理解，宇宙中的无限性正是无数个有限突破自身的有限性而走向无限的过程，这一过程从宇宙的本性上说没有任何根本的限制。因此，这对我们正确地认识和把握现实事物有限与无限的辩证关系，进而认识事物相对与绝对的辩证关系、个别与一般的辩证关系、特殊与普遍的辩证关系，都具有重要的启发作用。同时，也对我们从理论上解决黑格尔所说的那种"恶的无限"问题提供了理论依据。

第三，坚持过程原理对于我们深刻理解现实世界的不断进化和创造性进展，驳斥所谓"世界末日论"具有重要意义。怀特海明确地认识到，西方的"整个近代思想都在暗中预设了非进化的物质观。直到最近几年，唯一可能的选择还是：要么物质性的宇宙及其现存秩序是永恒的；要么根据耶和华的命令而诞生并最终走向灭亡"②。怀特海所说的这种情况是80多年前西方世界的思想状况。然而，直到21世纪的今天，关于某某年是"世界末日"的谎言仍然很流行，这表明不少人骨子里仍然相信这种宇宙论上的"末日论"观点。怀特海的过程哲学继承柏拉图《蒂迈欧篇》中的宇宙进化论观点，创立了"有机哲学的进化学说"③，以过程原理和其他相关原理如摄入原理、本体论原理等来表明，"上帝从无中创造出一个偶然宇宙的理论"是错误的，"牛顿主张这种闪米特人的理论"也是错误的。而"柏拉图关于新型的秩序以新型的主导型集合体为基础而进化的寓言"④ 则并非白日梦，而是揭示了宇宙进化的实际。只有以实体哲学或上

---

① 怀特海：《思维方式》，刘放桐译，50页。
② 怀特海：《过程与实在（修订版）》，杨富斌译，122页。
③ 同上书，121页。
④ 同上书，122页。

帝创世说为基础的理论家才对此迷惑不解。因此，坚持过程原理，有助于"反对最近几个世纪以来所流行的那些表达方式。近些年来的这些表达方式，部分地是把神学与哲学相混合的结果，部分地是由牛顿的物理学所造成的，如今它们都不再被认为是最根本的陈述了。……因而有必要提醒我们自己，这种方式已经不是某些最伟大的智者描述世界的方式了。对柏拉图和亚里士多德来说，现实世界的过程被认为是一些实在的形式进入实在的潜在性之中，成为那种作为现实事物的实在的共在。同样，对《蒂迈欧篇》来说，这个世界的创造就是要产生确立宇宙新时期的秩序。这种创造不是事实的开端，而是一定集合体秩序的到来"①。过程哲学不过是把这些有机思想系统地阐述出来而已。

第四，坚持过程原理对于正确处理过程与存在的辩证关系，超越"无主体的流变论"，也有重要的理论意义。过程原理告诉我们，既要把现实存在看作过程，又要把过程看作现实存在的过程。不能脱离现实存在抽象地谈论过程，也不能脱离过程抽象地谈论现实存在。正如怀特海所说，我们"不能把存在（不管就它的何种意义来说）从'过程'中抽象出来。'过程'与'存在'这两个概念是互为前提的"，"关于没有个别事物的过程和没有过程的个别事物的错误概念，从来不可能彼此协调"②。因此，"如果过程以个别事物为转移，那个别事物不同，过程的形式也不同。从而对于一个过程说的不能适用于另一个过程"③。这就要求我们在实际工作中要具体地研究每一个不同的过程，针对不同的过程，采取不同的方式方法。所以，怀特海说："问题在于每一个别事物都影响将它们包含在内的任何过程。因此任何过程都不能撇开所包含的特殊事物来考察。反过来说也是这样。于是，逻辑的数学上的绝对的一般性就消除了。归纳法也同样失去了任何保障。因为在另外的条件下会有另外的结果。"④ 这就要求我们正确对待归纳法与一切数学和逻辑方法，不能把它们当作"放之四海而皆准的真理"，因为它们也是有条件的真理。

此外，怀特海还指出："对世界的整个理解在于根据所包含的个别事物的同一性和歧异性来分析过程。"⑤ 这就要求我们，在认识和理解现实世界时，要根据过程中具体事物的同一性和差异性来分析整个过程，脱离

---

① 怀特海：《过程与实在（修订版）》，杨富斌译，122~123页。
② 怀特海：《思维方式》，刘放桐译，86页。
③④ 同上书，87页。
⑤ 同上书，88页。

这些同一性和差异性,就无法真正认识过程的本质,从而无法认识现实世界。我们强调一切从实际出发,实际上就是要从过程中具体事物的同一性和差异性出发,因为"从现代观点看,过程、活动以及变化都是事实。在一瞬间是什么都没有的"①。只有从现实的过程出发,才能真正认识现实存在的真相。

第五,坚持过程原理对于我们全面把握和深刻理解过程哲学的其他原理、基本观点也具有重要的理论意义。因为过程原理在过程哲学中具有基础性作用,只有坚持这一原理,其他原理,如相关性原理、主体性原理、摄入原理、创造性原理、本体论原理等,才是可理解的。譬如,世界上的万事万物之所以是内在关联的,关系性之所以是现实存在本身固有的属性,就是因为它们都是在过程中自我生成的。若没有过程原理在发挥作用,现实存在之间的相互关联性和有机联系,就不可能形成。所以,相关性原理只有从过程原理视域,才能得到有效的说明和合理的解释。同样,过程哲学的其他原理也只有以过程原理为基础,才能真正地发挥作用。它们是不可相互替代的,但却是相互依赖和相互制约的。

第六,坚持过程哲学的过程原理,对于我们丰富和发展马克思主义辩证法,批判传统实体哲学和与辩证法相对立的形而上学宇宙观,也具有重要的理论意义。因为过程原理告诉我们,"在这个世界上没有任何事物是静止不变的"②。任何现实事物都是活生生的、有机的和不断创进的过程,因此,坚持过程原理,可以从宇宙论、本体论层面表明马克思主义唯物辩证法坚持的世界普遍联系和永恒发展原则是正确的。马克思在当年以当时的科学材料为基础,从宏观世界万事万物的普遍联系和生物进化论的基本原理,推演出整个世界的普遍联系和永恒发展,从今天的眼光看,是非常智慧和天才的概括。与辩证法相对立的那种以孤立的、静止的和片面的观点看问题的形而上学宇宙观,则是不符合现实存在的本来面目的,因而是错误的。如怀特海所说:"如果过程是现实事物的基本的东西,那每一个终极的个别事实都一定可以描述为过程。牛顿对物质的描述使物质脱离了时间。……笛卡尔的描述也是这样。如果过程是基本的东西,那这种抽象就是错误的。"③ 传统的实体哲学和与辩证法相对立的形而上学宇宙观,

---

① 怀特海:《思维方式》,刘放桐译,129 页。
② 怀特海:《过程与实在(修订版)》,杨富斌译,305 页。
③ 怀特海:《思维方式》,刘放桐译,79 页。

把每个现实存在都当作孤立的存在，把每个个体的事实都当作孤立的存在，从而看不到事物的过程性和相互联系，其根源就在于没有从过程原理出发来看待世界万物。古代的和近现代哲学中的形而上学世界观，其错误产生的根本原因皆在于此。历史上很多著名哲学家看到了事物的流变性，也看到了事物的永恒性，但就是看不到这两种东西如何能够结合起来，其根本原因就在于没有深刻把握世界的过程原理，从而不能在事物的流变中把握永恒的秩序性，不能在事物永恒的秩序中把握流变性。建立在过程原理基础之上的过程哲学的真正贡献正在于，既能说明和解释事物的流变性，又能说明和解释事物的永恒性，真正地把存在和生成统一在有机的过程之中。

（二）坚持过程原理的现实意义

第一，坚持过程原理要求我们，在一切实际工作中，要旗帜鲜明地反对故步自封、不求进取的右倾保守主义，以过程原理来指导我们不断地解放思想、实事求是、与时俱进，在实践中发现真理和检验真理，同一切思想僵化的保守观念和行为做斗争，不断地有所创新、有所作为、有所前进。

过程原理启示我们，工作和事业不进则退，只有不断地推陈出新，才能保持鲜活的生命力。自然界是这样，社会活动是这样，人的机体和思维也是这样。怀特海特别推崇观念的探险在人类文明进步中的积极作用，认为社会文明的进步依赖于观念的不断更新。个人的思想进步和观念的发展，也依赖于更多地体验生活和思考经验的过程。

例如，根据过程原理，社会的稳定与和谐应当是动态的稳定与和谐，僵死的稳定、呆滞的和谐与过程原理是相悖的。在我国目前的社会转型期，稳定与和谐工作占据重要位置，这是无可厚非的。但是，某些基层地方政府及其官员试图以压制、封锁、围追堵截等方式来做本地区的稳定与和谐工作，这在短期内可能会取得一定效果，但从长远看则可能会适得其反。

第二，坚持过程原理要求我们，在任何工作和事业中，都要致力于寻找事物发展变化的规律性，努力把握事物发展变化的方向，并自觉地调动一切积极因素，促使事物向有利于社会发展的方向发展，向有利于党和国家致力于发展的伟大事业的方向发展。因为过程原理揭示了事物生成过程的内容、形式、类型及其内在动力，揭示了事物总是从过去经过现在而达于未来的发展路径,并且事物的生成、发展总是在特定环境和条件下进行的,因此,要达到我们的发展目标和生活目的,我们就要致力于首先创造这些有利的环境和条件,促成事物向我们的目标发展和转化。否则,在工作和事业中只是一心求成,不按客观规律办事,也可能会好心"办坏事"。

第三,坚持过程原理要求我们,在任何实际工作中都要正确看待事物发展过程中的继承与创新的关系,正确处理过去、现在和未来的关系。因为根据过程原理,每一个现实存在都是自我生成的,同时又是多种因素相互作用的结果。每一个现实存在的生成,都既要摄入先前的现实存在,又会在自身停止生成后,被更新的现实存在所摄入。这样,现实事物总体上就表现为前后相继的发展历程。每一个现实存在都不是全新的,都是通过摄入先前的客体性材料和环境等提供的因素,再加上自己的创新与拓展而生成的。因此,既要在实际工作中坚定不移地推陈出新,又要注重继承和累积;既要注重过去的成就、经验和积累,更要在此基础上不断地有所创新和推进。只有辩证地处理好继承和创新的关系,处理好过去、现在和未来的关系,我们的事业和生活才能兴旺发达,永葆青春和活力。

坚持这一原理在当前我国建设中国特色社会主义现代化进程中,显得尤为重要。如何处理好坚持中国优秀传统文化和坚持马克思主义指导地位的关系,如何处理好借鉴外国先进文化和创新本土文化的关系,如何正确对待新中国成立以来我国社会主义建设的经验和教训,同时结合当今世界新形势,创造性地进行中国特色社会主义建设,这些都是摆在中国人民面前的重大课题。若不能辩证地处理和解决这些重大问题,就可能带来严重的不利后果。

小结:本章阐述了过程哲学的一个重要原理——过程原理。"过程"是过程哲学的基本范畴,具有高度的抽象性和普遍的适用性。从实质上说,过程是世界万事万物的固有属性,因而是我们经验中的基本事实。"万物皆流""无物常驻""太阳每天都是新的",表达的正是事物的过程性。因此,并非事物存在于过程之中,似乎"事物"与"过程"是两个不同的存在,而是事物就是过程,"存在即生成"。从类型上说,过程表现为转变和合生两种类型。从表现形式上看,过程既是内在的也是外在的,既是主体性的也是客体性的。从关系和时间视域看,过程标志着现实存在之间的本质联系,标志着现实存在从过去经过现在流向未来。从因果性上看,过程标志着现实存在彼此相关,通过摄入而具体化为现在和未来。因此，现实的因果关系是客观而有效的。因果关系是现实存在通过在他物中的化身或具体化而实现的。从目的和动力的视域看，过程是现实存在自我创造的活动。现实存在通过对其他现实存在的享有或摄入，会把这些享有或摄入"分有"到未来的经验之中。世界上的现实存在是如何生成的，构成了这个现实存在实际上是什么。因此，现实存在"如何"生成与它实际上是"什么"，这两个方面并不是互不相关的，而是同一个过程的两个方面。现实存在的"存在"就是由其"生成"构成的，这就是过程原理。过程哲学揭示的这种普遍的形而上学原理类似于牛顿揭示的数学原理，旨在通过抽象而普遍的共时性内在机理来说明世界本身普遍和必然的内在规律性，以便我们人类对世界的客观本真状态进行真正的把握。承认并坚持过程哲学的过程原理具有重要的理论意义和现实意义，既可解开西方传统实体哲学思维范式支配下的"第一推动力"之谜，也对人们以彻底的过程观点和过程思维方式来观察与认识世间万物提供了正确的方法论基础。

第九章 相关性原理：万物内在关联

促使诸多存在进入一种现实之中，成为一种实在的合生之中的要素的潜在性，是所有现实和非现实的存在都具有的一种普遍的形而上学特征；宇宙中的每一项要素都与每一种合生相关联。换言之，潜在性属于"存在"的本质，因此对每一种"生成"来说，它都是一种潜在性。这就是"相关性原理"。

联系性是属于一切类型的一切事物的本质。……任何一个事实都不仅仅是它本身。

在一定意义上，每一种存在都普遍地存在于整个世界。

——怀特海

相关性原理是过程哲学提出的另一重要原理。深入理解相关性原理，对把握怀特海过程哲学的基本原理和观点具有重要意义。

一、"相关性"概念界说

在过程哲学中，"相关性"概念具有特殊的含义。首先，"相关性"概念在英文中是 relativity，这个词在汉语中也可译为相对性。爱因斯坦的"相对论"在英文中就是这个词。我们之所以把过程哲学中的 relativity 译为"相关性"，不译为"相对性"，是因为根据怀特海的过程思想，这个概念的内涵是指世界上各种现实存在内在的关联性和关系性，而不是指它们的相对性，尽管这个词确实也有相对性的含义。

怀特海明确地指出："促使诸多存在进入一种现实之中，成为一种实在的合生之中的要素的潜在性，是所有现实和非现实的存在都具有的一种普遍的形而上学特征；宇宙中的每一项要素都与每一种合生相关联。"① 换言之，潜在性属于"存在"的本质。对每一种"生成"来说，它都是一种潜在性。怀特海正是在这个意义上提出"相关性原理"的。也就是说，每一现实的和非现实的存在，都与现实存在的合生具有内在的关联。正是这个关联性，怀特海称之为相关性。

其次，"相关性"概念在过程哲学中是一种最普遍的概念，它是指所有现实存在和非现实存在都具有的普遍特征。因为任何存在，不管现实的还是非现实的，都可以作为潜在性同现实的合生相关联。宇宙中没有一种因素是多余的。它们都是这个有机宇宙的组成成分和要素，只是在宇宙万物中的地位和作用有所不同而已。

最后，"相关性"概念反映和概括的是现实世界中一切事物所共有的联系性这种共同的本质。在怀特海看来，联系性是所有事物的共同本质。"联系性是属于一切类型的一切事物的本质。它之所以成为类型的本质，是因为类型都是相联系的。抽掉联系性，必将抹杀所考虑的事实中的一个本质性因素。任何一个事实都不仅仅是它本身。"② 它还是与其他现实存在乃至整个宇宙有着千丝万缕联系的存在。在这个意义上说，任何一个个别的事实，从表面上看似乎都是自足自立的，但实际上都是宇宙整体的一个有机的组成成分、一个环节、一个必不可少的因素。所以，怀特海说："物质世界是由一种普遍的关系结合在一起的，这种普遍关系把物质世界构成一种广延连续体。"③ 这样一来，"宇宙的每一项，包含所有其他现实存在，都是任一现实存在的构成之中的组成要素。这个结论已经以'相关性原理'的名义加以运用了"④。也就是说，相关性原理所表明的是，宇宙中所有现实存在都是相互关联的，每一现实存在都是关系性的存在，每一现实存在在一定意义上都存在于所有其他现实存在之中。过程哲学的重要任务之一就是揭示这一宇宙的奥秘。

换言之，相关性并非过程哲学强加给宇宙中每一现实存在的属性，而是宇宙中每一现实存在本身固有的关系性属性的哲学概括。正是对这一关系性属性的揭示，为解释与说明世界万物的内在关系和关联性提供了坚实的基础，克服了传统实体哲学"外在关系学说"的弊端和理论困境。

---

① 怀特海：《过程与实在（修订版）》，杨富斌译，28页。引文有改动。
② 怀特海：《思维方式》，刘放桐译，10页。
③ 怀特海：《过程与实在（修订版）》，杨富斌译，123页。
④ 同上书，190页。

二、相关性原理的含义

在《过程与实在》第一编"思辨体系"第二章"范畴体系"第四个说明性范畴中,怀特海明确提出了相关性原理。

怀特海指出:"促使诸多存在进入一种现实之中,成为一种实在的合生之中的要素的潜在性,是所有现实的和非现实的存在都具有的一种普遍的形而上学特征;宇宙中的每一项要素都与每一种合生相关联。换言之,潜在性属于'存在'的本质,因此对每一种'生成'来说,它都是一种潜在性。这就是'相关性原理'。"①

根据我们的理解,过程哲学的相关性原理包含如下含义:

首先,许多存在都有实在地合生为现实之中的某个成分的潜在性。怀特海认为,所有现实的和非现实的存在,例如诸现实存在和诸永恒客体,都具有这样的潜在性,因而这种潜在性具有普遍的形而上学特征。简言之,每一种存在都具有成为实在的合生或现实之中某个成分的潜在性。这种特性是所有存在普遍具有的特征,不论其最终是否真正成为现实中的某个成分。因为在怀特海看来,真正的形而上学的目的就是追求世界的普遍性,因此,由于所有的存在都具有这样一种普遍的特征,所以他把这一特征叫作"形而上学特征"。

其次,这种潜在性领域中所包含的每一事项或者成分,都与现实发生的每一种合生内在地有关联。也就是说,它的领域中的每一事项、每一要素、每一成分都不是同现实的合生无关的要素,而是由于摄入的作用,会同现实的合生具有这样或那样的内在关联性。

最后,与怀特海在第九个说明性范畴中所讲的"存在"是由"生成"构成的原理相联系,如果说"潜在性"是所有"存在"的本质,因而是每一种"生成"的潜能,那么,相关性原理的内涵就是:在每一种合生的现实中,每一种要素或者成分都不是凭空产生的,而是前一种存在中的潜能的转化;而每一种成分作为未来的合生的潜能,又决定了新的合生的要素。由此表明,每一要素在现实存在的合生中都是相互关联的。万物由此表现为内在相关、相互联系,共存于现实的宇宙过程之

---

① 怀特海:《过程与实在(修订版)》,杨富斌译,28页。引文有改动。

中。由此看来，宇宙中没有任何现实存在是真正的孤岛。绝对孤立的事物、现象和过程是不存在的。这样看来，近代物理学中所说的"简单位置"概念，从根本上说就是错误的。传统实体哲学中所讲的孤立的实体，即除了自身以外不依赖于其他任何事物就可以独立存在的实体，实际上只是人们的抽象，是实体哲学家因为犯了"误置具体性之谬误"而不自知地造成的。

因此，综合上述三层含义，怀特海把所有的存在都具有的这种潜在性特征及其与每一种合生相关联的特性，叫作"相关性原理"。①

对相关性原理，除了上述集中论述以外，怀特海还从不同方面给予了说明。

第一，在第五个说明性范畴中，怀特海指出，"任何两种现实存在都不会起源于完全等同的同一个宇宙"②。因为任何两种现实存在的组成要素都不是凭空产生的，都是由先前的潜在因素转化而来的。在第六个说明性范畴中，怀特海指出，尽管在既定的合生领域中，每一种存在，就其自身性质而言，都能以诸多方式中的这种或那种方式包含于这个合生之中，但在实际上，它只能以一种方式包含于其中：包含的具体方式只是由于该合生才成为完全确定的，虽然它是以那个相关领域为条件的。怀特海把这种特性叫作"不确定性"，这种"不确定性"正是"潜在性"的意义之所在。正是这种不确定性可以在实在的合生中转化为确定性。这种不确定性是有条件的不确定性，因此也可称之为"实在的潜在性"。怀特海在这里界定和说明的"不确定性"，是从哲学意义上对量子力学"不确定性"概念的概括和总结，是上升到普遍意义的形而上学概念。它对我们理解宇宙万物生成的不确定性具有普遍的意义。

第二，怀特海还通过对"永恒客体"的说明，进一步解释"潜在性"的含义，从而进一步说明相关性原理的丰富内涵。他指出，我们只能根据

---

① 这里，所以把 the principle of relativity 译作"相关性原理"，而没有译为"相对性原理"，意指怀特海所表达的思想并非如爱因斯坦相对论中的相对性原理，而是指所有现实存在因其具有潜在地成为现实合生中某个要素的潜能，并且与每一种合生有关联，因此，以"相关性原理"来表述似乎更符合怀特海的原意，也符合汉语的表达习惯。汉语中"相关性"与"相对性"的含义并非相同。"相关性"的含义是不可分离，强调的是相互关联、相互影响、相互制约。"相对性"强调的是两个或多个要素彼此相对和影响。当然，从深层上说，"相对性"也包含着物体之间、物质与运动和时空之间的相互联系、相互影响、相互制约。因此，在英语中"相对性"和"相关性"是一个词，但在汉语中做出区分可能更有助于理解其精确的含义。

② 怀特海：《过程与实在（修订版）》，杨富斌译，28页。引文有改动。

永恒客体"进入"诸现实存在之生成中的潜在性来描述永恒客体,而且对它的分析只会揭示出其他的永恒客体。他还强调说:"永恒客体是一种纯粹的潜在性。'进入'一词是指永恒客体的潜在性在某种具体的现实存在中实现自身的特殊方式,这种特殊方式对这种现实存在的确定性有所贡献。"① 显然,这里对"进入"的界定,类似于柏拉图的"分有"。这表明,过程哲学在一定意义上是对柏拉图学说的继承和发展。怀特海还强调,永恒客体的作用在于引入多种现实存在,把它们作为相关现实存在的构成要素。因此,这种实在的构成之所以是"实在的",是由于它规定了这种现实存在在实在世界中的地位。"换言之,这种现实存在,由于它是其所是,也就决定了它在其所在之处。它在某处乃是由于它是与现实世界相互关联的某种现实事物。这就直接否定了笛卡尔的学说:'……存在物的存在除其自身以外不需要任何东西。'"②

第三,通过对"客体化"概念的界说,怀特海进一步阐述了相关性原理。在第八个说明性范畴中,怀特海进一步分析说,对现实存在需要有两种描述方式:一是可以分析它对其他诸现实存在的生成中的"客体化"有何潜在性,二是可以分析构成其自身之生成的过程。什么叫"客体化"?怀特海对之做了界定:"'客体化'一词是指一种现实存在的潜在性在另一现实存在中得以实现的特殊方式。"③ 此外,永恒客体的关系属性也构成了现实存在相互客体化的各种形式。通常,人们理解客体化是指一种现实事物转化为另一种现实事物或者其中的某个成分。但怀特海是在潜在性变为现实性的意义上界定客体化的。

第四,通过对"关联性"概念的界说,怀特海进一步阐述了相关性原理。在"一些派生概念"一章中讨论"关联性"时,怀特海又进一步阐述了相关性原理。针对什么是关联性的根据,怀特海指出:"'关联性'必定表现着诸形式间之共在的某种实在的事实。这个本体论原理可表述为:所有实在的共在都是现实性的形式的构成的共在。因此,如果暂时性世界中某物的关联性没有实现,那么,这种关联性必定表达着某种永恒现实的形式构成中所存在的共在这一事实。但是根据相关性原理,只能有一种非派生的现实,它不受对其现实世界的各种摄入的制约。"④

---

① 怀特海:《过程与实在(修订版)》,杨富斌译,28页。
② 同上书,75~76页。
③ 同上书,29页。
④ 同上书,41页。

第五，从摄入视域，怀特海也分析了相关性原理。从"摄入"的视域看，一种现实存在被另一种现实存在"摄入"，完全是一种相互作用。在怀特海看来，可以把这种摄入分析为：前一种存在客体化为后一种存在的材料，这些材料被吸收到后一种存在的主体性满足之中。同时，摄入也包括对永恒客体的摄入，永恒客体作为一种关系性存在，体现着前后相继的现实存在之间的相互关联、不可分离。他说："现实存在的知觉构成提出这样一个问题：各种其他现实存在，每一种都有其自身的形式存在，缘何也能客体性地进入这种相关现实存在的知觉构成之中呢？这个问题是宇宙的协同性问题。古典学说关于普遍和特殊、主词和谓词的理论，关于个别实体不能存在于其他个别实体中的理论，关于外在关系的理论，同样都不能使这一问题得以解决。有机哲学对这一问题的解决办法是提出了摄入学说，这些摄入包含在合生的整合过程中，结束于确定的、复合的感受统一性中。要成为现实的，就一定意味着所有现实事物都同样是客体，在形成创造性活动中都有客体的永恒性；同时，一切现实事物都是主体，各自摄入着产生自己的宇宙。这种创造性活动乃是宇宙在特殊而统一的自我经验中总是生成为'一'，并由此而增加了作为多的宇宙的多样性。这种持续的成为统一体的合生过程是每一种存在最终的自我同一的结果。任何存在——不管是普遍的还是特殊的——都不能起着离散的作用。自我同一要求每一种存在都有一种联合的自我维持的功能，不管这种功能具有什么样的复杂性。"[1]

第六，怀特海有时还把相关性原理概括为"内在关系学说"。他认为，根据这种内在关系学说，不应当把"变化"归之于任何现实存在。"每一种现实存在都是现在这个样子，在宇宙中具有其确定的地位，这是由其自身与其他现实存在的内在关系所决定的。"[2] 也就是说，从任何单一的现实存在来看，看不出有何运动和变化。任何现实存在在每一瞬间，都是当下这个样态，从其本身的分析中看不出任何变化。只有从它与其前后相继的现实存在的关系中，从它"从何而来"，"向哪里去"，便可发现运动、变化和发展。怀特海认为，"变化"乃是对永恒客体在现实事物构成的不断进化的宇宙中进行各种探险所做的描述。也就是说，通过不同的现实存在摄入潜在的永恒客体，或者通过永恒客体"进入"每一个前后相继的现

---

[1] 怀特海：《过程与实在（修订版）》，杨富斌译，71~72页。

[2] 同上书，74页。

实存在，才真正表现出现实存在的变化、运动和发展。单一的现实存在在宇宙中是不可能存在的，更谈不上变化和发展，因为现实存在要变化和发展，就必须通过"摄入"永恒客体和其他现实存在来实现。现实中的事物都不是单一的现实存在，而是由诸多现实存在组成的聚合体或集合体，而这正是相关性原理使然。

第七，在怀特海看来，诸现实存在不仅相互关联，而且关联的强度也各不相同。他称之为"强度的关联性原理"。怀特海指出："这一原理断言，宇宙中的任何事项，不论其作为抽象的思想多么荒谬，也不论其作为现实存在多么遥远，在任一现实存在的构成中，都具有其自身所摄入的关联性等级；它或许具有较大的关联性，或许关联性不大，包括否定性摄入中的零关联性；但事实上，它恰恰具有那种在该现实存在的构成中找到其自身位置的关联性。"① 这表明，宇宙万物虽然内在相关，但各个现实存在之间关联性的强度并非完全一样。有的关联性强，有的关联性弱。我们不能把相关性原理作为公式，任意地套用在任何事物之上，而要具体地研究每一不同现实存在之间实际存在的关联性强度，以满足我们的认识目的和实践需要。

总之，怀特海认为，相关性原理是过程哲学的主要学说之一。② "'有机哲学'要求一方面完全地分析形成相关现实存在的那些现实存在的关系及其相互关系，要求这个意义上的'实在的本质'；另一方面要求'抽象的本质'，在这种抽象本质中，非特定的存在概念代替了这样结合起来的特定的存在概念，这就是非特定现实存在的概念。"③ "全部现实存在都是相互联系的；并且全部可能的现实存在在未来都必定把这些规定具体地体现在它们与已经存在的现实的各种联系之中。""存在之外永远有存在，因为非存在是没有边界的。这种广延连续体表征着所有观察点在整个世界发展过程中的协同性。这种协同性不是先于这个世界的事实，而是由这个世界的普遍性质所产生的首要的秩序性规定。——即实在的潜在性的秩序性规定。"④ 过程哲学就是要致力于揭示现实世界的这些真实联系，即世界的秩序性和协同性，揭示世界真实的统一性。

---

① 怀特海：《过程与实在（修订版）》，杨富斌译，190 页。引文有改动。
② 参见上书，74 页。引文有改动。
③ 同上书，76 页。
④ 同上书，84 页。

三、坚持相关性原理的理论意义和现实意义

（一）坚持相关性原理的理论意义

第一，相关性原理对我们深刻理解世界的普遍联系、整体性、协同性、有机性、统一性具有极其重要的理论意义。我们知道，自古以来，坚持辩证法和过程思想的各派哲学都会坚持世界万物的普遍联系，进而坚持世界的整体性、协同性和有机性。因为这既是世界上存在的客观事实，也是辩证思维和过程思想必然会得出的逻辑结论。同时，无论传统唯物主义所讲的世界的物质统一性，还是唯心主义所讲的万物统一于精神、理念、绝对等，实际上都承认并坚持世界的统一性。但是，对于世界为什么会是这个样子，以往的哲学家似乎都没有从宇宙论层面予以解答。怀特海过程哲学则在20世纪初依据当时物理科学的最新成果（主要是爱因斯坦的相对论），进一步从哲学宇宙论高度全方位地探讨了宇宙间万事万物的相关性，系统地说明了宇宙间万事万物在宇观、宏观和微观层面上的普遍联系、相互协同和有机关联，从而使世界的普遍联系、协同性、有机性和统一性成为具有坚实科学基础的哲学结论，这在东西方哲学史上是第一次。所以，这一相关性哲学原理的概括在理论上具有重要意义。怀特海的过程哲学受到诸如系统哲学家拉兹洛、耗散结构论创始人之一普里高津等人的高度评价，也与此不无关系。

第二，相关性原理有助于我们合理地超越传统实体哲学的形而上学宇宙观。我们知道，传统实体哲学的宇宙观长期以来一直在哲学领域占主导地位，并且有牛顿力学等近代科学和人们的日常生活经验为基础，因此直到今天，人们的思维方式大多仍然是以实体哲学宇宙论为基础的。譬如，注重实体性事物，忽视关系性存在。爱因斯坦这样伟大的科学家，竟然到死也不承认量子力学所揭示的微观粒子的奇异性和特殊规律。同时，有些坚持量子力学基本观点的人则走到另一极端，完全不承认世界的客观实在性，甚至连宏观世界的客观实在性在他们眼里也成为虚幻的东西，以至于得出了"月亮在无人看它时就不存在"的普遍性哲学结论。笔者认为，量子力学所揭示的微观世界的特殊本质和规律，也只在微观世界里适用，具有普适性，而由海量微观粒子所构成的宏观物体（在怀特海过程哲学中，

称之为"聚合体"),仍然遵循牛顿力学所揭示的特性和规律。量子力学并没有完全否定牛顿力学,只是把它的应用范围限制在宏观低速领域而已。因此,只要真正理解和把握相关性原理,就会在合理的意义上超越实体哲学宇宙观,同时也不会在微观领域陷入否认世界的客观实在性的唯心主义。因为由"量子在无人看它时就不存在"的科学论断,不能合乎逻辑地推出"月亮在无人看它时就不存在"的普遍性哲学结论。

第三,相关性原理还有助于我们丰富和发展唯物辩证法的普遍联系原则。根据唯物辩证法的基本原理,事物的相互联系、相互作用和相互影响导致了事物的发展。根据相关性原理,并结合过程哲学的过程原理来看,宇宙间的万事万物,并不是它们的相互联系决定着它们的发展,而是它们的发展(过程哲学称之为"过程")导致了事物之间的内在联系。坚持联系决定发展,还是发展(过程)决定联系,这是唯物辩证法和过程哲学在这一问题上的根本不同点。从过程哲学及其所依据的量子力学和相对论等科学理念来看,正是现实存在内在固有的创造性使之成为自我生成的存在,存在就是生成,生成就是新事物的产生和旧事物的灭亡。正是宇宙的这种新陈代谢规律或生成规律,决定了世界上的万事万物是相互联系的。这样便从根本上排除了事物发展的外因论、各种各样的唯心主义和宗教创世说,坚持了客观事物自我生成和自我创造的过程思想与有机思想。

第四,相关性原理还有助于我们从理论上理解和解决哲学史上的一些重要的理论争论。其一,坚持相关性原理,对于我们深刻认识亚里士多德以来各种实体哲学所存在的根本缺陷有重要启发。怀特海说:"这种普遍相关性原理直接否定亚里士多德的名言:'实体不存在于主体之中。'相反,根据这一原理,一个现实存在总是存在于其他现实存在之中。事实上,如果我们承认不同程度的关联性,承认微小的关联性,那么我们就必须承认,每一现实存在都存在于每一其他现实存在之中。"[①] 他强调"有机哲学的任务主要就是致力于弄清'存在于其他存在之中'这个概念"[②]。这就是说,每一现实存在经过无数次转化或客体化,通过宇宙这张相互联系的大网,其影响和作用直接存在于其他所有现实存在之中。过程哲学致力于从"一"中看到"多",并从"多"中看到"一",而这正是相关性原理使得世界的"多"与"一"真正地联系起来。

[①][②] 怀特海:《过程与实在(修订版)》,杨富斌译,64页。

第九章 相关性原理：万物内在关联

当然，过程哲学所讲的"每一现实存在都存在于每一其他现实之中"，并非如亚里士多德"存在于其他存在之中"的概念所讲的那样，是指一个现实存在被单纯地加到另一个现实存在之上，而是指任何现实存在通过综合其他现实存在而构成其自身，并且以其自身的直接存在，在宇宙之网中影响着其他现实存在。譬如，每一棵树的树干和枝叶都是通过吸收水分、阳光和各种营养等现实存在而生成的。因此，每一棵树都是具体的，不能相互替代的，都是宇宙中一个特殊的合生，并因而以自身的存在而影响着宇宙中其他的现实存在。

其二，相关性原理对我们深刻理解现实存在的生成和消逝也有重要启发。怀特海指出："有机学说试图把世界描述为个体的现实存在的生成过程，每一种现实存在都有其自身绝对的自我造就能力。这种个体的具体终极物无非是一种与超越其自身有关的决断。因此，这便注定了个体绝对性的'永恒消逝'。但是，这种绝对性的'消逝'又是'客体永恒性'的获得。最后这个概念表达了有机学说更深远的要素——应当根据现实存在来描述生成过程。"① 这表明，现实存在的生成与消逝是相互关联的：每一现实存在之个体主体性的消逝，同时又是其客体永恒性的获得。每一现实存在的生死相互关联：进入另一世界，即从现实存在的现实世界进入潜在世界，这一潜在世界又有待于生成另一新的现实世界。世界的创造性进展就是这样"生生不息"地进行的。

其三，相关性原理对我们深刻理解因果性的客观性和有效性有重大启发。怀特海指出："事物的集合性包含了某种相互内在的原理。世界的现实事物的这种共通性在某种意义上意味着每一事件是另一其他事件的性质中的一个因素。"② 也就是说，在怀特海看来，"任何一个事件都不能是另一事件的全部的、唯一的原因。整个先前的世界一起才能引起一个新的情境，不过某一情境显著地决定了一个后起的情境的形成"③。这就是说，每一个新事物的出现，都不可能是单一原因决定的，而是整个先前的世界共同决定的，只不过其中某一因素显著地起作用罢了。

因此，"关于因果关系的唯一可理解的理论是以内在性的学说为基础的。每一情境都预先假定先前世界在它自己的性质中起积极作用。正因为如此，事件彼此之间相对处于一定地位。也正因为如此，过去的质能会结

---

① 怀特海：《过程与实在（修订版）》，杨富斌译，76 页。
②③ 怀特海：《思维方式》，刘放桐译，144 页。

合成为一种当前情境中的质能的方式。这就是因果关系的理论。正因为如此，属于每一情境的本质的东西就是它所在的地方的所是。正因为如此，性质从一种情境转向另一种情境。正因为如此，自然规律有相对稳定性，某些规律适合于较大的范围，某些规律适用于较小的范围。正因为如此……我们发现……我们在世界之中，而世界又在我们之中。我们的直接情境在形成心灵的情境的组合中，而我们的心灵又在我们现在的情境中。身体是属于我们的，我们又是我们身体内的一种活动"①。

如果这样来观察，就可看到自然科学的结论与关于人类社会活动的习惯信念结合在一起了：两者都承认目的性的作用。由此表明，笛卡尔的"我思故我在"是错误的：我们所觉察到的东西绝不是赤裸裸的思维或者赤裸裸的存在。我们发现自己实质上是情感、享受、希望、恐惧、悔恨、对各种不可兼得的东西的评价、决定的统一体。我们的统一体（即笛卡尔的"我在"）就是我们将杂乱的材料塑成首尾一贯的感受方式的过程。如果我们强调环境的作用，那么这个过程便是因果关系。如果我们强调我们的活动的享受的直接方式的作用，那么这个过程便是自我创造。如果我们强调概念预测未来的作用，那么这个过程便是目的论上对于未来的某种理想的追求。

其四，相关性原理对我们深刻揭示人的认识和理解的本质有重要启发。人作为主体，如何能认识作为认识对象的客体？人作为主体，如何能理解客体？这是传统认识论上极其重要的认识论问题。在怀特海看来，"存在的联系性所涉及的是理解的本质"②。也就是说，人对客体的认识和理解，是以事物相互联系为前提的。如果各种现实事物是绝对孤立的，那么人们就无法认识和理解它们。不管怎样，认识总是主观见之于客观的活动、主体见之于客体的活动，主观和客观、主体和客体之间以及客体和客体之间，若没有内在的相互联系，认识和理解从根本上说就是不可能的。因此，只有以现实存在之间的内在关联性为前提，认识和理解才是可能的。

同时，怀特海在这里提出了一个非常重要的观点：在对任何单个事实的考虑中，实际上都在暗中预先假定了这个事实的存在所必不可少的环境。对这个事实来说，这个环境就是它的视域，或者说就是它的宇宙。这

---

① 怀特海：《思维方式》，刘放桐译，145 页。
② 同上书，30 页。

样,我们在研究任何一个事实时,就必须预先明确其一定的范围或环境,而这种范围或环境从整体上说还无法给它下定义。所以,怀特海强调:"科学一旦忽视了这种局限性,它总要犯错误。"① 因为人与外部世界是相互关联在一起的。"人就是身体与心灵的复合的统一体。""事实上,它正像任何别的东西(一条河、一座山、一朵云)一样是自然界的组成部分。而且,如果做到吹毛求疵的精确,那我们就不能确定身体始于何处,外部世界终于何处。"②"请考察一个确定的分子。它是自然界的组成部分。它移来动去以百万年计。也许它是从一个遥远的星云出发的。它进入人体内;它可能是某种食物植物中的一个因素,或者它是作为空气的一部分被吸入肺内。它究竟是哪一刹那进入嘴中或者通过皮肤被吸收的呢?它是身体的一部分吗?以后,它究竟在哪一刹那不再是身体的部分了呢?确切性在此是谈不上的,它只能通过某些琐碎的约定才能获得。"③

其五,相关性原理对我们深刻理解普遍和特殊及其辩证关系也有重要启发。怀特海指出:"普遍"和"特殊"这两个对偶术语是常用词,分别用来表示不同的存在,与过程哲学使用的"永恒客体"和"现实存在"这两个术语大体相当,但并不完全对应。④ "普遍"和"特殊"这两个术语的含义,不论它们暗含的意义还是它们在哲学中的通行用法,都容易引起误解。我们进行形而上学讨论所依据的本体论原理以及更广泛的普遍相关性原理,则是要消除普遍的东西和特殊的东西之间严格的区分。传统哲学认为,所谓普遍观念就是能够进入诸多特殊描述中的观念,而特殊观念则是由普遍来描述的观念,并且其本身并不进入任何其他特殊的描述之中。然而,根据相关性原理,这两种观念其实都包含着误解。怀特海认为,现实存在不能通过普遍来描述,即使不充分的描述也不可能,因为其他现实存在也都同它有关联。因此,每一种所谓"普遍",就其本身是其自己而不是其他事物来说,它是特殊的;而每一种所谓的"特殊",就其参与其他现实存在的构成来说,则又是普遍的。⑤

其六,坚持相关性原理对我们深刻理解所谓"归纳"问题也有重要启发。怀特海指出:"关于不确定的环境中不确定的存在将会发生什么情况的问题,不会有任何答案。归纳永远与那些对直接环境的稳定性至关重要

---

① 怀特海:《思维方式》,刘放桐译,11页。
②③ 同上书,21页。
④ 例如,摄入和主体性形式也是"特殊"。
⑤ 参见怀特海:《过程与实在(修订版)》,杨富斌译,61页。

的现实存在的集合体有关。"① 正是在这一点上，过程哲学不同于任何形式的笛卡尔主义的"实体哲学"。"对有机哲学来说，关于一块石头的未来情况的预测，都会预先设定这块石头所要求的那种秩序的环境。因此，全然未知的环境决不会进入归纳判断之中。归纳就是关于这种环境的统计概率，或者是关于永恒客体与这种环境等级的不同关联。"②

（二）坚持相关性原理的现实意义

首先，在人类社会发展到 21 世纪的今天，我们一定要高度重视并全力做好生态文明建设。近代资本主义工业文明造成了当今世界全球性的生态危机甚至生态灾难。相关性原理告诉我们，"每一种创造性的工作都是一种集合性的努力，使用的是整个宇宙"③。资本主义工业文明带来的负面效果，同样使用了整个宇宙，更不用说使用了整个自然界了。就我们人类生存于其上的地球而言，我们和整个大自然处于不可分割的相关性之中，我们的每一行动和创造，都同整个大自然联系在一起，两者相互影响、相互制约和相互作用。每一个行动、每一个念头，都会对我们生存的环境和整体具有因果效应。在这个意义上说，加强生态文明建设不是某一国家、某一地区的事情，而是全人类的共同任务。"亡羊补牢，犹未晚矣。"中国政府已经率先在世界上提出生态文明建设的国家战略，这为世人做出了榜样。但是，生态文明建设绝不是单一国家和地区所能完成的事情，唯有全人类共同建设生态文明，才能真正实现人类生态文明建设的目标。在生态文明建设问题上，谁也不要仅仅指望别人、他国单独地做贡献，而自己则置身于生态文明建设之外。人类的生死存亡同人类的生态文明建设是否成功密切相关。

其次，相关性原理指导我们用普遍的有机联系的观点来看待世界上的一切事物和现象。在任何实际工作中，我们都要着力于把好的可能变为现实，把坏的可能转化为好的可能，或者使坏的可能变为不可能。同时，相关性原理还会使我们在实践中注意防止孤立地看待任何事物和现象，消除极端个人主义思想和行为，加强集体主义和社团主义精神教育，着力于培育人类共同体思想和理念，努力为人类命运共同体的可持续存在和发展而奋斗。

---

① ② 怀特海：《过程与实在（修订版）》，杨富斌译，260 页。
③ 同上书，284 页。

小结：本章阐述了过程哲学的相关性原理。在过程哲学看来，潜在性属于"存在"的本质，因而它是每一种"生成"的潜能。这便是相关性原理。其含义是：每一种存在都有实在地或真正地合生为一种现实之中的某个成分的潜在性。这种潜在性具有普遍的形而上学特征。这种潜在性领域所包含的每一种成分，都与现实存在的每一种合生内在地相关联。因此，在每一种合生的现实中，每一种要素或成分都不是凭空产生的，而是前一种存在中的潜能的转化；而每一种成分作为未来的合生的潜能，又决定了新的合生的要素，由此导致世界上任何现实存在都内在地相关联，没有任何一种现实存在是真正的孤岛。这样一来，传统实体哲学所讲的实体，即除了自身以外不依赖任何东西而存在的实体，实际上在世界上是根本不存在的，它只能存在于我们的抽象思维之中。同时，任何两个现实存在都不会起源于完全相同的领域，因此它们也不可能完全相同。这种相关性原理也叫"内在关系学说"。每一种现实存在都是现在这个样子，在宇宙中具有其确定的位置，这是由其自身与其他现实存在的内在关系决定的。全部现实存在不仅内在相关联，而且关联的强度各不相同。因此，要考察和把握不同现实存在之间实际的关联强度，以满足我们的认识目的和实践需要。相关性原理对深刻理解世界的整体性、协同性和有机性具有重要作用，对理解过程原理、创造性原理、主体性原理、摄入原理和本体论原理也都有重要意义，对理解客观的因果关系、普遍和特殊的关系，克服传统实体哲学的弊端和解答"归纳问题"等也有重要意义，尤其对深刻理解当今世界的生态文明建设具有重要的现实意义。

第十章　主体性原理：过程即经验的生成

主体性原理就是坚持认为，整个宇宙是由分析各种主体的经验时所揭示的那些要素所构成的。过程就是经验的生成。

凡是生成的东西永远是实在的事物，而且实在事物的合生便是主体性目的的发展。

除主体的经验以外，什么也不存在，纯粹是无。

——怀特海

主体性原理是怀特海在《过程与实在》第二编第七章专章阐述的原理。根据怀特海的阐述，过程哲学的主体性原理不同于近代哲学的主体性原理，因此他称之为"经过修正的主体性原理"。这种经过修正的主体性原理既同休谟、洛克和笛卡尔等近代哲学家阐述的主体性学说有相同之处，又在某些方面与之有本质的区别。

一、近代哲学"主体性原理"的内涵

首先，怀特海认为，主体性原理并不是他首先提出来的，近代西方哲学家已经明确地论述了主体性原理。他指出，对经验活动材料的考察，构成了整个近代经验论哲学体系的基础。休谟的"感觉印象"学说就是以考察经验活动材料为基础的，可以把其学说的内容分为两部分：一是主体性原理，一是感觉论原理。

在怀特海看来，休谟的"主体性原理就是认为，经验活动的材料可以纯粹地根据普遍来进行充分的分析"[1]。而其"感觉论原理就是认为，经

---

[1] 怀特海：《过程与实在（修订版）》，杨富斌译，203页。

验活动的原初行为就是纯主体性地获得材料,不存在任何主体的接受形式。这是一种关于纯粹感觉的学说"①。

这两个学说本来是相互关联的。然而,近代哲学家如洛克等并不同样一致地同时坚持这两个原理。因此,在其原来意义上,过程哲学并不赞同这种主体性学说的观点。过程哲学坚持的是经过修正的主体性原理。②

譬如,洛克接受和坚持感觉论原理,但是对主体性原理的陈述却并非前后一致。怀特海认为,洛克在《人类理解论》前两卷中接受了主体性原理,但却又在第三、第四卷中暗中固执地驳斥主体性原理。康德则与洛克不同,他接受并坚持主体性原理,但却明确地反对感觉论原理。

怀特海认为,一种哲学如果接受和坚持主体性原理,那么就应当合乎逻辑地接受感觉论原理,并且应当充分认识到感觉论原理的重要性。康德意识到了这种重要性,因此康德哲学的贡献也正在于此。在怀特海看来,近代哲学的历史,"就是人们试图躲避或明或暗地接受这种主体性原理所带来的严重后果的历史。休谟和康德的巨大功绩正在于他们态度鲜明地面对这一难题"③。尽管他们两个对主体性原理的阐述都存在着理论上的不足。

其次,近代哲学的主体性原理遵循着三个前提。怀特海指出,这三个前提是:"(1)承认'实体—属性'概念,认为它表达了终极的本体论原理。(2)承认亚里士多德的第一实体定义,认为它永远是主词,而绝不是谓词。(3)假定经验主体就是第一实体。第一个前提表明,终极的形而上事实永远被表现为内在于实体之中的某种性质。第二个前提把属性和第一实体区分为两个互不相容的类别。这两个前提综合起来便构成了传统哲学中区分普遍和特殊的基础。有机哲学则否认这一区分得以建立的这两个前提。它承认互不相容的两类终极存在。一类由'现实存在'所构成,在哲学传统中它们被误称为'特殊';而另一类则由确定的形式所构成,这里称之为'永恒客体',它们与现实存在相比较而言,被误称为'普遍'。"④也就是说,传统实体哲学所说的"实体和属性",在过程哲学这里被转换为"现实存在和永恒客体"。

怀特海指出,笛卡尔坚持了关于经验材料的主体性原理,但是由于他使用了"客观实在"概念,因而他偶尔会有某些前后不一致。然而,他同

---

① 怀特海:《过程与实在(修订版)》,杨富斌译,203页。
② 参见上书,202页。
③④ 同上书,203页。

时认为,对主体性原理的这种降低标准的理解可使经验内的"过程"包含关于上帝存在的合理性证明;同时,也可因此而合理地证明关于外部世界的那些假定具有普遍的有效性,它们不知何故出现于该过程之中。

根据过程哲学,只有把某种不一致性引入主体性原理之中,才有可能摆脱"唯我论"。因此,笛卡尔的摆脱方式要么是幻想,要么是它的前提还没有完全地陈述出来。并且他永远会坚持这种不一致性,因为常识总会固执地坚持客体主义,而不会自动地坚持主体性原理。在怀特海看来,"我们知觉到的其他事物同我们一样也处于由诸现实性构成的世界之中。同时我们的情感也是指向于其他事物的,当然也包含我们的肉体器官。这些便是我们的基本信念,哲学家们所要着手剖析的正是这些信念"①。

因此,现代哲学总是以这一合理的原理为出发点:哲学的概括必须建立在现实经验的基本要素之上,以之为出发点。希腊哲学借助日常的语言形式提出其概括。它发现的典型陈述是:"那块石头是灰色的";并且它所引申的概括是,可以把现实世界视为受普遍属性限定的诸第一实体的集合。当然,这并不是所引申的唯一概括:希腊哲学精微细致且形式多样,同时它也并非总是内在一致。但是,这种一般概念一直在或明或暗地影响着希腊哲学家的思想。

再次,近代哲学认识论也体现了主体性原理。在认识论上,近代哲学家们通常坚持这样一种信念:所有认识都是以知觉为基础的。怀特海认为,在认识论上坚持这样一条原理是合理的。这样,知觉便成为可分析的。哲学家们发现,事物的普遍属性制约着特殊的实体。这样看来,所谓知觉便是对特殊实体加以限定的活动中对普遍性质的获取。因此,可以追问的是:知觉者是如何进行知觉的?近代哲学家们给予的答案是:通过知觉者的感觉器官。这样一来,制约那些被知觉实体的普遍性质,就知觉者来说,便是他的私人感觉,这些私人感觉参照的是各种特殊实体,而不是知觉者自身。

怀特海继续分析,迄今为止,哲学传统中还包含着一种极端的客体论观点。根据这一学说,命题的主—谓形式被视为表达了某种基本的形而上学真理。笛卡尔以两种对立的方式修正了传统哲学的这一主张,然而实际上他增强了形而上学对思想的实体—属性形式的强调。因为同亚里士多德一样,在笛卡尔看来,现实事物"除了它们自身不需要任何东西便可存在",

---

① 怀特海:《过程与实在(修订版)》,杨富斌译,204页。

第十章 主体性原理：过程即经验的生成

并且人们是根据它们的性质来思考它们的，它们中有些是基本的属性，另一些则是偶然的属性。同时，笛卡尔还确立了如下原理：那些作为享有有意识经验的主体的实体，为哲学提供了原初材料，即享有这类经验的它们自身。这就是通过笛卡尔而进入近代哲学之中的那种著名的对主体性的偏爱。

怀特海认为，在这一学说中，笛卡尔无疑做出了自柏拉图和亚里士多德时代以来最伟大的哲学发现。因为他的学说直接扭转了如下概念："那块石头是灰色的"这一命题表达了一种已知事实的原初形式，以此为出发点，形而上学可以做出自己的概括。如果我们可以回到对经验的主体性享有，那么基本的出发点便应当是"我对这块灰色石头的知觉"。原始人并非形而上学家，他们对具体经验如何表述不感兴趣。他们的语言只是在表达有用的抽象看法，例如"那块石头是灰色的"。但是，正如从未访问过美洲的哥伦布一样，笛卡尔没有对他自己的发现进行完全的清算，他和其后继者洛克、休谟则仍然继续根据那些实体—属性范畴去解析经验的主体性享有的种种功能。然而，如果经验的享有是作为构成要素的主体性事实，那么，这些范畴就不再有任何形而上学的基本特征。休谟——在坚持这一方法的同时——试图通过解释心灵的知觉享有而寻找一种能限制心灵的普遍属性。怀特海说，现在，如果我们审视"我对这块灰色石头的知觉"，以便找到一个普遍，那么唯一有可能获得的便是"灰色"。因此，在休谟看来，"灰色"，由于其可以作为限制心灵的感觉而起作用，便是形而上学概括的一种基本事实。其结果便是休谟关于感觉的各种简单印象，正是这种感觉构成了休谟哲学的出发点。但是，怀特海指出，休谟的这一观点完全是混乱不堪的，因为进行知觉的心灵并不是灰色的，这样一来，灰色此时便被弄得在扮演一种新的角色。从"我对这块灰色石头的知觉"这一原初事实中，休谟抽象出"关于灰色感觉的意识"，并进一步把它作为这种经验要素中的终极材料。

休谟会得出这种结论，在怀特海看来，乃是由于在寻找普遍性质时，休谟抛弃了关于石头形象的客观现实性：这种"客观现实性"就是笛卡尔所说的"客观实在"。如果笛卡尔的发现可以接受的话，那么休谟在寻找普遍性质时所遵循的形而上学原理便没有任何的有效性。因此，他满足于"关于灰色性的感觉"，这种感觉只不过如同该原初的石头形象一样，也是一种特殊。他意识到了"关于灰色性的这一感觉"。他所做的就是武断地坚持这种"主体性"和"感觉论"原理可以应用于经验的材料："关于灰色性的这一感觉"，这个概念与其他任何现实存在无关。因此，休谟便把笛卡尔的原理，即不需要其他任何现实存在便可以存在，应用于经验的主体。休谟最后批判了笛卡尔的心灵概念，然而这一事实并未改变另一事实，即他此前的论点是以这一概念为前提的。①

怀特海分析说，由此可以看到，休谟只能根据普遍及其在进行摄入的心灵中的实现来分析这种感觉。例如，以他在《人性论》中给出这类分析的第一批例子为例，我们可发现"红色""猩红""橘黄""甜""苦"。因此，休谟对"感觉印象"的描述所用的术语，与过程哲学描述概念性感受所用的术语完全相同。它们是关于各种普遍的特殊感受，而不是关于其他作为普遍之实例的特殊存在的感受。休谟承认这种共同性，并且可以发现除了"力度与生动性"之外，它们没有丝毫区别。

与休谟哲学相反，怀特海的过程哲学把"这块灰色的石头"当作经验的材料。事实上，它就是某种物质性感受的"客体性材料"，属于合生后期状态中的派生类型。但是，这一学说完全接受了笛卡尔的这个发现，即主体的经验过程就是提供给形而上学做分析用的主要形而上学情境。这一学说便是怀特海所说的"经过修正的主体性原理"。根据过程哲学的这一主体性原理，"这块灰色的石头"概念是个派生的抽象概念。要描述基本的经验感受，它确实是个必要因素，但作为形而上学的出发点，它则是虚妄的。这一派生的抽象在过程哲学中被称为"客体化"。

怀特海认为，客体化方法的正当性，首先在于它是常识，人们容易理解和接受；其次在于这一方面可避开纠缠着近代哲学的主体性和感觉论原理的那些难题。笛卡尔在主体论方面的发现需要关于经验材料的"客体性"原理来平衡。同时，根据笛卡尔的主体论，实体—属性范畴便失去其对形而上学首要性的全部诉求；并且由于这种实体—属性范畴的消除，我们还可以拒斥个别实体的概念。根据传统的实体哲学观点，这些个别实体都有自己的由诸属性和感觉组成的世界。根据过程哲学的主体性原理来看，个别实体是不可能独立存在的，也不是由各种属性组成的实体。从本质上说，它是一种关系性的存在，但从经验的生成视域看，它又是一种主体性的存在。

最后，怀特海还从经过修正的主体性原理出发分析了意识问题。怀特海指出，根据过程哲学的主体性原理，"认识被降低为过程的中介状态"②。因

---

① 怀特海:《过程与实在（修订版）》，杨富斌译，206页。
② 同上书，207页。

第十章 主体性原理：过程即经验的生成

为在怀特海看来，所谓认识，作为一种主体性形式，只是把客体性内容吸收到主体性之中的功能。因此，它的"意义"在具体的现实存在中并非必要因素，而是可能仅仅构成洛克所说的"能力"的一个实例。从本体论意义上看，早期的现实存在或现实发生或许根本没有"认识"，但是仍然在生成着并转化着。只是到人类产生并有了自觉的意识之后，认识才现实地产生。这样，世界上便从"无认识"的阶段进化到了"有认识"的阶段。即使人类产生以后，"有认识"和"无认识"的相互转化仍然在不断地重复发生着。怀特海认为"这一结论无任何令人惊讶之处；对我们大多数人来说，我们每天夜晚入睡，早晨醒来，它每天都在发生。每一现实存在都有认识的能力，并且形形色色的各类认识强度是有等级的；但是，一般说来，脱离了某些现实发生的构成中特殊的复杂性，认识便似乎是微不足道的"[1]。也就是说，从本体论意义上说，所有现实存在都有一定的认识能力，即把客体性内容吸收到主体性之中的功能。但只有在出现了人类以后，由于人脑的复杂性及人的社会性等原因，认识才达到了高级阶段，出现了以意识为基础的理性认识。在其他存在中，如在植物中，"认识"则是微不足道的。

怀特海进一步分析说，我们人类可以在直接当下，以独特的完全性，把我们自身过去的种种发生客体化。从我们当前的观察点可以认识到的是，我们已实现的知识在范围和强度方面都有惊人的变化。我们睡觉；我们处于半醒状态；我们意识到我们的知觉，但在思维中还没有做出概括；我们沉浸于某一狭小的抽象思想区域中，忘却了周围的世界；我们专注于我们的情绪——某些激情的迸发——全神贯注，心无旁骛；而我们的注意力却游弋不定，无所归依；最后，我们又回到暂时的忘却状态，睡着了或迷糊了。我们也能记得在我们直接的过去中所经验到的那些因素，那些都是我们在当时并未注意到的。"当我们考察自己的认识能力的曲折多变的历程时，难道常识允许我们相信判断活动——即要求我们根据有意识的理解而界定的活动——就是这样一些活动：作为存在之中的基本活动，它们要么是现实存在的基本属性，要么是经验的统一性据以获得的最终顶点？"[2] 也就是说，怀特海认为，有意识的判断活动并不是现实存在的基本属性，也不是把经验统一起来的最终活动。就有意识的知觉而言，它的

---

[1] 怀特海：《过程与实在（修订版）》，杨富斌译，207 页。
[2] 同上书，207~208 页。

一般情形是否定性的知觉，即"知觉到这块石头不是灰色的"。这样，"灰色"便达到了概念新颖性的完全性，表明它具有某种选择性。在肯定的情形下，即"知觉到这块石头为灰色的"，灰色达到了可能的新颖性，但事实上，这是通过强调它同被盲目地感受到的灰色的一致性而达到的。对此，怀特海指出，"意识就是这种否定的感受……否定的知觉是意识的胜利。它最终达到了自由想象的顶峰……"①

换言之，意识就是感受各种对比的主体性形式。因此，有意识的知觉是最原始的判断形式。过程哲学坚持认为，意识只是在各种复杂整合的后期派生阶段才能产生。如果现实发生是这样的，乃至于这类阶段在其合生中是微不足道的，那么在其经验中便不存在任何认识；意识属于这些晚期阶段的主体性形式，这种事实表明，它所直接反映的种种摄入是一些"非纯粹的"摄入。因此，在我们的经验中，那些清晰而明确地呈现于我们意识之中的要素并不是其基本的事实；它们是产生于该过程中经过修正的派生物。例如，意识只是模糊地以因果效应方式表现了某些摄入，因为这些摄入是我们经验中的原始要素。但是，直接表象方式的摄入只是我们以最生动的意识所享有的摄入。这些摄入是经验主体合生中后来的派生物。这些后来的派生要素是由意识而不是由那些原始要素表现的。如果忽视这一法则，其后果便是不能恰当地分析经验的发生。事实上，大多数哲学难题盖源于此。人们一直是根据某种乱七八糟的方式来解释经验的，其目的首先就是错的。尤其是，人们有关情感的和目的的经验就一直在追随休谟关于感觉印象的观点。

怀特海对意识问题做小结如下："（1）意识是产生于合生高级阶段的主体性形式。（2）意识主要地表现它产生于其中的高级阶段，且只是派生性地表现其早期阶段，因为它们仍然是高级阶段的组成部分。（3）因此，意识中清晰而渐显明确的秩序并不是形而上学优先性的秩序。"②

由上述可见，"主体性"概念在过程哲学中具有自己的特定含义。（1）它是任何现实存在的经验发生所具有的，并非只有人有意识的感觉、知觉中才有主体性形式；（2）主体性是在坚持现实存在的自我生成意义上讲的，而不是在区分主体和客体、实体和属性的前提下讲的。这样一来，在传统实体哲学前提下讨论主体性原理必然会遇到的理论困难，在过程哲

---

① 怀特海：《过程与实在（修订版）》，杨富斌译，208页。
② 同上书，209页。

学中就可以得到合理的解决。

二、主体性原理的含义

怀特海明确指出,过程哲学所采用的是经过修正的主体性原理。而且,过程哲学的主体性原理,"不过是相关性原理的另一表述而已"①。

过程哲学的主体性原理坚持认为:"'存在'是每一'生成'的潜在性,此乃存在的本性。因此,所有事物都可被当作现实发生的条件。根据第九种说明性范畴,现实存在如何生成,构成该现实存在之为何物。这个原理表明,实在事物的存在是由其'生成'构成的。一个现实存在受制于其他现实存在的方式,就是由作为主体的该现实存在享有的现实世界所'经验'。主体性原理就是坚持认为,整个宇宙是由分析各种主体的经验时所揭示的那些要素所构成的。过程就是经验的生成。"②

这个原理表明,首先,"有机哲学完全接受近代哲学对主体性的偏爱。它也承认休谟的学说,即:凡是不能在主体经验中发现的要素,哲学体系都不承认。这便是本体论原理"③。这就是说,根据过程哲学的主体性原理,近代哲学开始关注主体性,或者说从古代哲学主要关注客体性转向近代哲学主要关注主体性,这是哲学上的进步。过程哲学接受近代哲学的这种主体性转向。因此,过程哲学赞同休谟的主体性学说,即只有在主体经验中发现的要素,哲学才予以承认。这符合过程哲学的本体论原理,是本体论原理的基本要求。

这样看来,休谟要求因果关系可以描述为经验中的要素完全是合理的。因为根据主体性原理和本体论原理,因果关系是经验中存在的要素,而不是人们想象出来的要素。批判休谟的观点,关键在于我们对遗传和记忆要有直接的直觉,这样,唯一的难题便是:如何描述经验的一般特征,才可能把这些直觉都包括进去?休谟的失败正在于此。因为休谟最后得出的结论是:因果关系并不存在于经验之中,而是人们的心理联系。同样,还有些近代经验论哲学家用"规律"替代了"因果关系",而他们比休谟

---

① 怀特海:《过程与实在(修订版)》,杨富斌译,213页。
② 同上书,214页。引文有改动。
③ 同上。

失败得更惨。因为"规律"与"因果关系"一样，并不能满足休谟所坚持的经验检验。休谟坚持的观点是正确的：我们不可能有任何关于"规律"或"规律性"的"印象"。即使承认记忆，根据休谟的原理，凡是在经验中发生的一切都已经在经验中发生了，我们所能言说的仅此而已。我们的经验中并不存在客观的"规律"或"因果关系"。简单地坚持规律或因果关系存在于经验之中，在休谟看来只是虚张声势，并伴有某种欺骗。

全部近代哲学派别在规律和因果关系问题上面临各种难题，根据怀特海的观点，"乃在于这样一个事实：它们虽然接受了主体性原理，却在继续使用源自其他观点的哲学范畴"①。也就是说，近代哲学家虽然接受了主体性原理，但在进行哲学分析时，所使用的却是不同于主体性原理的哲学范畴，即仍然在沿用从实体论出发的实体哲学范畴，因而他们看不到现实存在自我生成与相互摄入的内在规律性和因果性。虽然就这些范畴本身来说，它们并没有错，但是它们所处理的抽象观念却不适合于在普遍的形而上学意义上使用。正是由于这一原因，"广延连续体"和"直接表象"这类概念，才需要从不同观点出发进行仔细讨论。"绿叶"和"圆球"这类概念，都是建立在传统形而上学基础之上的。它们导致了两种错误观念：一种是空洞的现实性概念，它缺乏主体的经验；另一种是认为属性是实体固有的概念。就其恰当的特性而言，作为高度抽象的观念，这两种概念的作用都是极为实用的。事实上，人们构造语言主要就是来表达这种概念的。正因如此，按其日常用法，语言只能达到各种形而上学原理的表层。因此，只有根据过程哲学特别创造的过程形而上学范畴，才能达到形而上学原理的深层，才能真正揭示现实存在内在固有的普遍的因果性和规律性。要达到这个层次，就必须把每一种现实存在都看作能动的主体。简言之，"除主体的经验之外，什么也不存在，纯粹是无"②。怀特海明确指出，这就是经过过程哲学修正过的主体性原理的基本内涵。

用通俗的话说，过程哲学的所谓主体性原理就是坚持认为，只有现实存在的经验活动才是现实的。除了现实存在的经验活动是真正客观的活动以外，其他都不是真正的客观存在。这就是经过修正的主体性原理。根据这一原理，一切从实际出发，实际上就是从客观存在的事物的活动及其关系出发。这同唯物辩证法的实事求是原理是完全一致的。

---

① 怀特海：《过程与实在（修订版）》，杨富斌译，214页。
② 同上书，215页。

第十章 主体性原理：过程即经验的生成

其次，怀特海认为，根据过程哲学，现实存在如何生成，构成该现实存在之为何物。这个原理表明，实在事物的存在是由其"生成"构成的。一个现实存在受制于其他现实存在的方式，就是由作为主体的该现实存在享有的现实世界所"经验"。这里特别强调的是，现实存在如何生成构成了它如何存在，存在是由生成构成的，因此，一个现实存在与其他现实存在的相互影响、相互作用和相互制约，就是该现实存在作为主体去享有经验。一个真正的主体就是经验的主体。不能进行现实经验活动的"主体"只是抽象意义上的主体。正如一个没有生养过孩子的女人只是抽象意义上的"母亲"一样，只有亲身经历怀孕、生育和养育自己的孩子的女人，才是真正的母亲。因此，现实存在的经验活动才是真正的主体性活动。一个真正进行思想的人，才是现实的思想者。

最后，主体性原理坚持认为，整个宇宙是由分析各种主体的经验时所揭示的那些要素构成的。这里，怀特海提出一个著名的命题："过程就是经验的生成。"① 经验的生成实际地构成现实存在的过程。整个宇宙就是由这些经验要素构成的。当然这里的"经验"并非特指人类的经验，而是指所有现实存在的经验。人的经验活动只是这种普遍意义上的经验活动的组成部分而已。那种把经验活动仅仅归结为人类的经验活动，进而否定怀特海广义经验论的观点，是没有在过程哲学意义上使用和理解"经验"概念，因而对怀特海经验论的"批判"实际上是不着边际的。

此外，需要说明的是，关于主体性原理的说明，怀特海在论及相关问题时还有许多论述。譬如，他在论述"摄入"时讲：每一摄入都是由三个因素构成的：一是从事摄入的"主体"，即从事摄入的那个现实存在，摄入只是其本身的一个因素；二是被摄入的"材料"；三是"主体性形式"，即该主体是如何摄入那些材料的。由此表明，怀特海所说的"主体"具有特定的含义，泛指一切能经验的现实存在，而并非只限于人类主体。再譬如，怀特海解释说，主体性形式有许多种，如情感、评价、意图、反感、厌恶、意识等。

在《过程与实在》中"主体性原理"一章的最后，怀特海指出："至此显而易见，在前言中曾经提到，过程哲学与黑格尔学派的各种哲学观点最终有相似性不是偶然的。宇宙既是各种客观实在的多样性存在，同时也是各种客观实在的协同统一体。这种协同性本身就是宏观的实在事物的效

---

① 怀特海：《过程与实在（修订版）》，杨富斌译，214 页。

能，体现了无限的永恒通过流变获得新颖性的原理。而宇宙的多样性则是由微观的实在事物构成的，每一微观实在事物都体现着有限的流变获得'持续'永恒的原理。一方面，一生成多；而另一方面，多又生成一。但是，凡是生成的东西永远是实在的事物，而且实在事物的合生便是主体性目的的发展。这一发展不过是黑格尔的观念的发展而已。阐明过程哲学的这一方面，其目的就是要对人类的宗教经验作出解释……宇宙学的故事，在其每一部分和每一章，都关系到静态的观察与动态的历史之间的相互作用，但是，整个故事都是由实在事物的主体性合生的说明构成的。"① 这里，怀特海把主体性合生的说明当作构成宇宙学故事的全部内容，足见其对主体性原理的高度重视。

三、坚持主体性原理的理论意义和现实意义

（一）坚持主体性原理的理论意义

第一，怀特海过程哲学所坚持的经过修正的主体性原理，既是对近代哲学的主体性原理的继承，也是对其理论观点的修正、丰富和发展。因此，坚持过程哲学的主体性原理，既可使我们在哲学上坚持主体性原理，又可防止传统哲学的主体性原理本身所具有的主观唯心主义和唯我论缺陷；既能使我们批判地吸收休谟、洛克、笛卡尔和康德哲学中主体性思想的合理因素，又不至于陷入贝克莱式的主观唯心主义和康德式的"人为自然立法"的先验唯心主义哲学。

第二，过程哲学的主体性原理对于我们深刻理解过程原理、相关性原理和本体论原理等具有重要意义。一方面，主体性原理是本体论原理的不同表述；另一方面，主体性原理充分揭示了现实存在的自我生成过程、主体经验的生成、经验主体的特性，以及现实存在通过摄入而生成自身的摄入原理等。这对深刻理解过程哲学基本原理之间的相互关联具有重要的理论意义。

第三，主体性原理对于丰富和发展马克思主义认识论，加深对认识论相关问题的理解，推进认识论研究，具有重要的推动作用。根据主体性原理，世界上的任何现实存在都是主体。这便意味着，任何现实存在都是能

---

① 怀特海：《过程与实在（修订版）》，杨富斌译，215页。

动的，而不是消极被动的；都是积极进行经验活动的主体，而不是接受其他主体作用的被动客体，即使它们接受其他主体的作用也是积极应对的。传统哲学所讲的主体与客体的关系，实际上是主体与主体的关系，也就是主体间关系。世界上只有"永恒客体"处在潜在状态时，才是消极被动的，当它们在现实存在的生成过程中被能动的主体吸收到过程中后，它们实际上也成为主体的一部分。所以，怀特海说现实世界永远是"超主体"。在这个意义上说，并非只有人类才是现实的主体。那种认为只有人类是能动的主体，而其他一切存在包括其他动植物都是被动的客体的观点，乃是典型的人类中心主义偏见。传统认识论上区分认识的主体和客体，并在此基础上讨论两者的关系，仅仅在认识论上有意义，而且必须在坚持能动的反映论前提下才有意义。超出这一认识论范围，认识的客体实际上也是能动的主体。如果把世界上的认识对象都当作纯粹消极被动的客体，就必然会导致错误的认识论结论。无论在自然界、社会还是在思想文化界，都不会得出真正科学的认识。

（二）坚持主体性原理的现实意义

第一，主体性原理告诉我们，在一切实际工作中，要把所有的人和物都当作能动的主体，尤其要反对把人仅仅当作客体而不当作主体，仅仅当作工具而不当作目的的错误观点。只有这样，才能充分调动各方面的积极性，才有可能在人类的生产实践、科学实验和广泛的社会活动中立于不败之地。尤其是在生态文明建设中，把自然界的各种存在物都当作有生命的积极的存在，而不是任人宰割和征服的被动客体，具有极其重要的现实意义。

第二，主体性原理告诉我们，在一切实际工作中，要充分发挥各类主体的积极能动性。只有各类主体的积极能动性充分发挥出来了，才能达到最大的实际效果。"三个臭皮匠，顶个诸葛亮"，每个人都发挥自己的主观能动性，形成良好的团队精神，是当今做成任何事业的必要前提。

第三，在生态文明建设中，要把整个自然界当作能动的主体，当作能与人的活动相互作用、相互影响和相互制约的主体。因此，资本主义工业文明最大的危害之一便是，把自然界仅仅当作满足人的需要的材料来源，当作被征服的对象。现实已经证明，人类怎样对待自然界以及自然界中的万事万物，它们就会怎样回应人类。这在当下已成为不少有识之士的共识。

小结：本章阐述过程哲学的主体性原理。在过程哲学中，主体性原理不同于历史上其他哲学（如洛克哲学、休谟哲学、康德哲学等）所坚持的主体性原理，所以怀特海称之为"经过修正的主体性原理"。怀特海把古人所认识到的"无人能两次跨入同一条河流"加以引申，提出"无主体能经验两次"，从而把过程性和流变性从客体扩展到主体；怀特海认为所有现实存在都是能动的主体，自然界的事物也具有主体性，从而把康德高扬的主体性从人的主体性扩展到自然界中的客体，因此所有现实存在都成为能动的主体，现实存在之间乃是主体与主体之间的能动关系，即主体间关系。在怀特海看来，"存在"是每一"生成"的潜在性，此乃存在的本性。现实存在"如何"生成，构成该现实存在之为"何物"，因而一个现实存在受制于其他现实存在的方式，就是由作为主体的该现实存在享有的现实世界所经验。过程哲学的主体性原理坚持认为，整个宇宙乃是由分析各种主体的经验时所揭示的那些要素构成的。在这个意义上说，过程就是经验的生成，就是主体的创造性进展。过程哲学与黑格尔学派的各种哲学观点最终有相似性不是偶然的。宇宙既是各种客观实在的多样性存在，同时也是各种客观实在的协同统一体。一方面，一生成多；另一方面，多又生成一。生成的东西永远是实在的事物，而且实在事物的合生便是主体性目的的发展。宇宙的历史发展关系到静态与动态的历史之间的相互作用，而宇宙的整个历史发展都是由实在事物的主体性合生构成的。过程哲学的主体性原理既继承和发展了近代哲学高扬的主体性原理，又避免了它们的主观唯心主义和唯我论。深刻理解过程哲学的主体性原理，对理解过程原理、相关性原理、创造性原理、摄入原理、本体论原理具有重要意义。在社会实践中，主体性原理启示我们要把所有现实存在都视为主体，自然、社会的各种事物也都是能动的主体。人既要发挥自身的主体能动性，也要正确认识和对待自然界中各种事物的主体能动性，否则，像近代哲学和科学那样，把自然事实和社会事物当作纯粹消极被动的客体与改造对象，就一定会遭到自然界的无情报复。这与恩格斯在《自然辩证法》中阐述的相关观点是完全一致的。

第十一章　摄入原理：多生成一并由一而长

把具体要素据为己有的每一过程叫作摄入。

现实存在的满足可分为各种各样的确定性活动。这些活动就是"摄入"。

每一种摄入都是由三个因素构成的：（1）从事摄入的"主体"，即以这种摄入作为具体要素的现实存在；（2）被摄入的"材料"；（3）"主体性形式"，即这个主体是如何"摄入"那些材料的。

——怀特海

摄入原理是过程哲学提出的重要原理之一。怀特海在《过程与实在》中多处论述了摄入原理及其作用。在具体阐述过程哲学摄入原理的内容之前，我们先阐述一下"摄入"概念的内涵。

一、"摄入"概念界说

"摄入"（prehension）概念是怀特海过程哲学独创的哲学范畴，也是其核心概念。在《科学与现代世界》第四章，怀特海第一次使用了"摄入"概念。"摄入"概念的词根是"prehend"，其本义是"抓"，与它同根的词有comprehension、apprehension，前者意为理解、领会、综合，后者意为明了、忧虑、逮捕。"pre-"是预先、在先、前定、事先的意思。因此，"摄入"（pre-hension）这一概念兼具抓、领会、忧虑三层含义，表达了有机体的多重生存状态。怀特海有时也用"grasp into"来代替"pre-hend"，这是对有机体生存最直观、最形象的表达。[①]

在《过程与实在》中，"摄入"概念在怀特海哲学体系中的核心地位

---

① 参见王立志：《怀特海的"摄入"概念》，载《求是学刊》，2013（9）。

得到进一步彰显。其中把"摄入论"单列为一部分,并分五章进行讨论,即从感受论、原初感受、感受传递、命题与感受、高级经验阶段五个方面,对有关摄入的理论做了阐述。有研究者认为,"摄入"概念隐藏着《过程与实在》的秘密,也隐藏着整个过程哲学的秘密。①

我们认为,怀特海的摄入理论实际上是从微观领域说明现实存在自我生成的内在机制的理论。因此,怀特海在这里首先申明"有机哲学是关于现实的最小构成单位的理论"②。这种最小的构成单位就是现实存在,也叫现实发生,它们不可能再被分析为具有同样完全的现实性的构成成分。通常所说的"事实",实际上乃是这些最小构成单位的复合。

怀特海指出,对于这种最小构成单位,既可从发生学上予以考察,也可从形态学上予以考察。摄入理论就是要对这种最小构成单位进行发生学的考察。

正是在这个意义上,怀特海给摄入下了一个定义:"根据发生学理论,这个最小构成单位表现为把它得以从中产生的宇宙中的各种要素据为己有,作为其自身存在的基础。把具体要素据为己有的每一过程叫作摄入。"③ 也就是说,所谓摄入乃是现实存在把自身得以从中产生的宇宙中的各种要素据为己有的过程。以这种方式据为己有的那些宇宙的终极要素就是那些已经构成的现实存在和永恒客体。所有现实存在都是被肯定地摄入的,但对永恒客体的摄入却有所选择。在整合各式各样的摄入的过程中,其他一些范畴类型的存在都成为相关的存在;这些类型的某些新存在,诸如新的命题和类属对比,也进入存在之中。这些其他类型的相关存在也被摄入合生的最小构成单位的构成之中。

由于"摄入"概念在过程哲学中的极端重要性,这里不妨重复一下前面在范畴部分已阐述过的"摄入"概念的丰富内涵。

首先,从内涵上说,摄入是指存在于那里的某物成为这里的某物的方式。我们也可以说,摄入是两个现实发生之间相联系的纽带。过去的发生共在于新发生的构成之中。从这个视域看,摄入就是存在于那里的某物成为这里的某物。从因果关系上说,这是过去的发生对新的发生的因果效应。从这种新的发生的视域看,摄入是这种新的发生把过去的发

---

① 参见王立志:《怀特海的"摄入"概念》,载《求是学刊》,2013 (9)。
②③ 怀特海:《过程与实在(修订版)》,杨富斌译,279 页。

生吸收到自身之中的活动。由此可见，摄入乃是过去对当下的发生所产生的因果效应或者当下的发生之中产生的对过去的"占有"或"分有"活动。

其次，从关系视域来看，摄入是一种内在关系。也就是说，就摄入的发生来说，摄入是内在的；但就被摄入的发生来说，摄入则是外在的。摄入并未改变所摄入之物，但是摄入的主体成为通过其摄入而生成之物，即这种摄入的主体是在摄入过程中生成的。它并不是预先存在的主体，然后通过自己的活动去进行现实的摄入，而是这种现实的摄入活动造就了现实的摄入主体。被摄入的现实发生与摄入主体的关系是不对称的。后面的发生（譬如 B）进行摄入，因而它部分地由前面的发生（譬如 A）构成。而前面的发生（A）并不进行摄入，因而它不受后面的发生（B）影响。虽然怀特海经常谈到事物之间的相互关系，但当他讨论的事物是集合体时，通常严格地说正是这样一种单向的摄入关系。

最后，被摄入的东西有许多，相应地摄入也分为很多种。怀特海把对现实存在的摄入叫作物质性摄入，把对永恒客体的摄入叫作概念性摄入。这是从摄入材料的视域所做的分类。从摄入材料在摄入过程中产生的效果来看，摄入又可分为肯定性摄入和否定性摄入。所谓肯定性摄入即是感受，而否定性摄入则是感受的排除。这四种基本的摄入方式在现实存在的合生过程中如何相互连接，乃是摄入最隐蔽的内在协调机制。分析这种内在协调机制，正是过程哲学的摄入理论要完成的任务。

怀特海指出："现实存在是一个过程，许多未完成的主体统一性活动在这一过程中最终成为完成了的活动统一体，我们称这种统一体为'满足'。所谓'满足'就是由于实现了创造性冲动的范畴性要求而产生的满足感。对这些范畴进行分析是形而上学的目的之一。"① 现实存在的"满足"表现着现实存在能超越自身，介入自身以外的合生过程。正是现实存在的这种特性构成了宇宙的协同性。其中，最重要的动力机制即是摄入在发挥着作用，摄入是过程中的活动中心。用怀特海的话说："现实存在的满足可分为各种各样的确定性活动。这些活动就是'摄入'。"② 否定性摄入由于排除了对合生的贡献，可以把它们看作从属于肯定性摄入。这些肯

---

① 怀特海：《过程与实在（修订版）》，杨富斌译，280 页。
② 同上书，281 页。

定性摄入就叫作"感受"。所谓"感受就是对宇宙中某些要素的占用,把它们当作其主体的实在的内在构成中的成分"①。

这里,怀特海对"感受"做了明确界定,把它当作肯定性摄入的同义语,并明确指出感受"本质上是一种造成合生的转化。它的复杂构成可分为表明这种转化是由什么构成的五个因素和后果。这五个因素是:(1) 感受的'主体';(2) 被感受到的'原初材料';(3) 根据否定性摄入而进行的'排除';(4) 被感受到的'客体性材料';(5) 该主体如何感受该客体性材料的'主体性形式'"②。

怀特海进而明确指出:"从所有方面看,感受都是确定的,具有确定的主体、确定的原初材料、确定的否定性摄入、确定的客体性材料和确定的主体性形式。通过排除会造成从原初材料到客体性材料的转化。原初材料会构成一种'杂多',或者仅仅构成一个'恰当的'存在,而客体性材料则是一种'聚合体'、一个命题或某种范畴类型的'恰当的'存在。这里有一种原初材料与客体性材料的合生,它是由排除而成为可能的,并受到该主体性形式的影响。客体性材料是原初材料的视界。这种主体性形式从否定性摄入、主体性材料和该主体的概念性起源中获得其规定性。否定性摄入是由支配着感受的那些范畴性条件、主体性形式和原初材料所规定的。一种感受中的这些相关要素之间具有相互规定性,这种相互规定表达了感受主体是自因的这一真理。一种感受的不完全性不同于完全的满足,它表现为不求助于整个主体,就不可能理解它的产生过程。在一种主体中存在着各种感受的相互感应,这是由各种范畴条件所支配的。这种相互感应表达了以前定和谐的形式出现的目的因概念。"③

这里,怀特海提出了"感受主体"概念,并对为何使用这个概念做了说明。他指出:"一种感受不可能脱离包含它的现实存在。这种现实存在叫作感受的'主体'。正是由于感受的主体,感受才成为一种事物。如果我们从感受中抽出主体,那么留下的便是杂多的事物。"④ 之所以保留"主体"概念,是因为在这个意义上,它是人们所熟悉的概念。但是,使用主体可能会引起误解,因而他建议最好使用"超体",因为"这种作为主体的超体正是产生那些感受的过程的目的。感受不能与它们所要达到

---

① 怀特海:《过程与实在(修订版)》,杨富斌译,295页。
② 同上书,281~282页。
③④ 同上书,282页。

的目的相割裂，这种目的就是感受者。感受的目的指向于感受者，把它们作为目的因。感受之所以是感受，就是为了使它们的主体可以成为主体。因此超验地说，由于主体借助其感受才成其为主体，只有通过其种种感受，该主体才能在客体上决定超越其自身的先验创造性。在我们自身这种相对高级的人类存在方面，这种关于感受及其主体的学说最好是通过我们的道德责任概念予以说明。主体由于其感受而要负起作为主体的责任。同时，主体还要相应地为它的存在的结果负责，因为这些结果是从它的感受中产生出来的"[1]。这种关于感受及其超体的学说是要表明，"现实存在之所以像它实际感受的那样去感受，就是为了成为它是其所是的这种现实存在。正是以这种方式，现实存在满足了斯宾诺莎的实体概念：它是自因的。创造性不是具有自身隐秘目的的外在力量。所有现实存在都像神一样，拥有这种自因的特征。正是由于这一原因，每一现实存在也都与神一样具有超越所有其他现实存在（包括神）的特征。因此，整个宇宙是一个面向新颖性的创造性进展的过程。与这一学说不同的另一种选择则是静态宇宙论"[2]。

由此表明，"每一种创造性的工作都是一种集合性的努力，使用的是整个宇宙。……一种新的现实有可能会出现在错误的集合体中，在这一集合体中，现实对效能的要求主要是表现为各种抑制作用。这样一来，新的创造时期便给创造性功能提出一项消除抑制作用的艰巨任务。坚持在错误的季节诞生，这是恶的诡计。换句话说，新的事实可能会倒退、停滞和延迟。但是，创造性进展一旦到来，它便会在内容上更加丰富，条件更加充分，并且会更加稳定。……诸事实构成的链条犹如一座巨型堤礁，一边会有失事船只的残骸，另一边则是可以停船的港湾和安全地带。支配着事物之规定性的种种范畴说明了世上为何会有恶，同时也说明了在世界的前进过程中那些具体的恶的事实为何最终被超越了"[3]。"宇宙的单一性和宇宙中每一元素的单一性，在从创造物到创造物的创造性进展过程中，不断重复自身直到永远，每一种创造物在其自身中都包含着全部历史，并体现出事物的自我同一性及其相互的差异性。"[4] "宇宙永远是一，因为除了根据使它成为一体的现实存在以外，就不可能对它进行任何观察。同时，宇宙

---

[1] 怀特海：《过程与实在（修订版）》，杨富斌译，282～283页。
[2] 同上书，283页。引文有改动。
[3] 同上书，284页。
[4] 同上书，291页。

永远是新的,因为直接的现实存在就是各种感受的超体,这些感受本质上是新颖的东西。"① 这里,怀特海对感受与宇宙的新颖性相联系的论述,值得特别关注。

怀特海说:"这种对感受的一般描述,还必须加上最后一个评论。感受是新的现实存在之合生中的一个成分。这种感受相对于其材料来说永远是新的,因为感受的主体性形式虽然与该材料的再生必定总是有一定关联,但并非完全由这些材料所决定。合生过程是由感受的主体性形式所控制的不断地整合感受的过程。在这种综合中,前一阶段的感受会沉淀到后一阶段更为复杂的感受的组成成分之中。这样,每一阶段都会增加新的要素,直到最终阶段达到一种复合性'满足'。"② 因此,"在对感受的分析中,任何把其自身呈现在感受面前的东西都是材料,任何把其自身唯一地呈现在感受之中的东西则是主体性形式,而任何把其自身既呈现在感受之中,也呈现在感受之后的东西则是'主体—超体'。这种关于'感受'的学说便是关于现实存在之生成的核心观点"③。这里,怀特海所说的感受学说是现实存在的生成的核心观点,也值得特别关注。

关于摄入究竟是怎样的过程,怀特海在《过程与实在》第二十二至第二十七个说明性范畴中做了这样的说明:

> 一种针对自身而发挥作用的现实存在在自身的构成中发挥着不同的作用,而同时又不失去其自身的同一性。这就是自我创造,并在其创造过程中把其多重角色转化为某种内在一致的角色。因此,"生成"就是把不一致转化为内在一致,并且在每一种具体情况下,这种转化实现之时,便是生成中止之时。
>
> 这种自我发挥功能的过程,就是一种现实存在的实在的内在构造过程。这就是这个现实存在的"直接性"。一个现实存在可被称为其自身的直接性的"主体"。
>
> 一种现实存在在另一种现实存在的自我创造中发挥作用,这是前一个现实存在为后一个现实存在而进行的"客体化"。一种永恒客体在一种现实存在的自我创造中发挥作用,就是这个永恒客体"进入"该现实存在之中。
>
> 构成一个现实存在的合生过程的最后阶段,是一种复杂的、完全

---

① 怀特海:《过程与实在(修订版)》,杨富斌译,296页。
②③ 同上书,297页。

确定的感受。这一最终状态可称为"满足"。这个满足充分地确定了：（1）自己的发生；（2）自己超验的创造性的客体性质；（3）对自身领域内各项要素的肯定性摄入或否定性摄入。

在现实存在的发生过程中，每一要素在最终的满足中都有一种自我一致的功能，不管这种功能有多么复杂。

在合生过程中存在着一系列阶段，新的摄入在这些阶段中通过整合先前阶段的摄入而产生。在这些整合过程中，"感受"把自己的"主体性形式"和自己的"材料"提供给新的整合性摄入的形成过程。但是"否定性摄入"只提供它们的"主体性形式"。这一过程还会持续进行下去，直到全部摄入都成为一种确定的整合性满足之中的成分时为止。①

概言之，摄入是现实存在的自组织的创生过程，它开始于原初感受，终结于满足。

二、摄入原理的含义

在"摄入论"第一章"感受论"第十二节，怀特海明确地论述了摄入原理："首先在满足的客体性材料中取任何一个成分，这样在满足的主体性形式的复合模式中就会有一种成分与材料中的这一要素直接相关联。然后，在该满足中，便会以那种整体的主体性形式的成分，并作为其主体性形式对客体性材料的成分进行摄入。"②

具体而言，怀特海指出，首先，从发生学上追溯摄入的发展过程，就要考察来自现实世界的那些材料的各种要素的传递，以及——在永恒客体的情况中——这些要素在概念性摄入中的产生。这样一来，随着这些主体性形式的整合、排除和对主体性形式的规定，摄入的发展便出现了。这就是说，对摄入原理的理解，首要的是理解摄入的发展，这表现为各种材料的传递，而且这种传递是矢量性的。

其次，这些主体性形式的各个相继阶段规定了哪些整合会有哪些性质，而这些规定则取决于该主体的统一性对这些摄入所强加的相互感应

---

① 怀特海：《过程与实在（修订版）》，杨富斌译，32页。

② 同上书，300页。

性。因此，从发生学上来考察，摄入绝不可能摆脱它所属的现实存在本身所具有的不可克服的原子性。从该满足中选择一个从属性摄入会涉及一个假定的命题性观点。这个事实就是那种作为"一"的满足。从具有该主体性形式之成分的材料中选取成分，并根据一致性对它们进行考察，以便形成从属性摄入，这里有某种随意性，然而其合理性在于由此便可以对该发生过程进行分析。如果对这种从属性摄入的增长过程不能做出这一类分析，那么就会产生对该满足的错误分析。

关于满足与发生过程之间的这种关系，怀特海在《过程与实在》第八至第十三个说明性范畴中进行了阐述：

> 对现实存在需要有两种描述方式：一是可以分析它对其他现实存在的生成中的"客体化"有何潜在性；二是可以分析构成其自身之生成的过程。
>
> "客体化"一词是指一种现实存在的潜在性在另一现实存在中得以实现的特殊方式。
>
> 一个现实存在是如何生成的，构成了这个现实存在是什么；因而现实存在的这两种描述方式并不是互不相干的。现实存在的"存在"是由其"生成"所构成的。这就是"过程原理"。
>
> 对现实存在进行分析的第一步就是要把它分析为最具体的要素，以此来揭示它是各种摄入的合生，这些摄入来源于这种现实存在的生成过程。所有进一步进行的分析都是对摄入的分析。根据摄入所做的分析可称为"区分"。
>
> 每一种摄入都是由三个因素构成的：（1）从事摄入的"主体"，即以这种摄入作为具体要素的现实存在；（2）被摄入"材料"；（3）"主体性形式"，即这个主体是如何摄入那些材料的。
>
> 对现实存在的摄入，也就是其材料包含现实存在的摄入，可称为"物质性摄入"；而对永恒客体的摄入则可称为"概念性摄入"。这两种类型的主体性形式，不论哪一种都并非必然地包含着意识。
>
> 摄入有两种：（1）"肯定性摄入"，可称之为"感受"；（2）"否定性摄入"，可以说它是"排除感受"的摄入。否定性摄入也有其主体性形式。在构成该主体之统一性的诸摄入渐进的合生过程中，否定性感受使其材料不再起作用。
>
> 主体性形式有许多种，例如情感、评价、目的、喜欢、厌恶、意

识等等。①

最后，怀特海指出，与现实存在不同，"摄入"并非原子式的，也就是说，它们并不是互不相关、相互孤立或相互独立的，而是同其他摄入相互结合在一起的。各种主体性形式之间的这种相互关系叫作摄入的"相互感应"。② 因此，"摄入"理论体现了对自然的"二元对立"的反对。当然，它所体现的还远不止于此：它所反对的是所有现实的二元对立。在分析现实时，公共性与私密性之间的对立在每一阶段都有所体现。有一些要素只有根据相关事实以外的东西才能理解，而有一些要素则表达了相关事实直接的、私密的、个体的个别性。前一类要素表达了世界的公共性，后一类要素则表达了个体的私密性。如果从事物的公共性方面来考察，一个现实存在便是一个"超体"，也就是说，它源于自己所发现的公共性，并且把自身增加到自己所传递的公共性之中。它是从被决定的公共事实发展到新的公共事实的过渡环节。就其性质而言，公共事实是并列性的。如果从事物的私密性方面来考察，一个现实存在就是一个"主体"，也就是说，是自我享有的发生过程的一个环节。它是由源于物质材料的有目的的自我创造构成的，所拥有的这些物质材料来自事物的公共性。

永恒客体同样具有这种双重关系。如果从事物的公共性方面来考察永恒客体，那么它就是一种"普遍"。也就是说，就其自身性质而言，永恒客体与世界的一般公共事实有关，而对蕴含在事实之中的经验性细节则没有任何体现。作为一种存在，永恒客体的自身性质要求肯定地或否定地进入每一具体的现实之中，然而它的性质并不揭示任何现实的私密性细节。

如果从事物的私密性方面来考察永恒客体，那么它就是一种"性质"。也就是说，就其自身性质而言，永恒客体体现在任何现实之中，因此它们便构成该现实的私密的确定性的要素。永恒客体公共地表示自身，但却私密地享有自身。

摄入理论依据的学说是，不存在纯粹公共的或纯粹私密的具体事实。公共性与私密性的区分只是理性上的区分，而不是相互排斥的具体事实之间的区分。只有摄入才唯一地可被称为具体的事实，只有根据这些具体事实，才可以对现实性进行分析；而每一种摄入都有公共方面和私密方面。

---

① 怀特海：《过程与实在（修订版）》，杨富斌译，29页。
② 参见上书，300页。

摄入的公共方面是由摄入的复杂材料构成的，而其私密方面则是由主体性形式构成的，通过这种主体性形式便给公共材料赋予了私密性。知觉性事实与情感性事实相分离，知觉性事实、情感性事实与因果性事实相分离，知觉性事实、情感性事实、因果性事实与目的性事实相分离，这些已构成复杂的二元对立，在过程宇宙论看来，这些二元对立有致命的危害。自然的事实是各种现实，这些现实可分为各种事实，这些事实便是这些现实的摄入，具有其公共的来源、私密的形式以及私密的目的。但是，这些现实是进入新的公共阶段的过渡环节；摄入的并列区分性能从私密性的发生过程中抽象出来进行考察，因而表征着世界的公共性。摄入虽是一项公共性活动，但却天生地具有私密性。①

三、坚持摄入原理的理论意义和现实意义

摄入原理具有重要的理论意义和现实意义，它对于深刻理解和全面把握怀特海过程哲学思想，深刻理解现实事物的相互联系、相互作用、相互影响和相互制约，进而运用摄入原理来分析现实事物的发展和人类的各种现实活动等，都具有重要的方法论意义。

（一）坚持摄入原理的理论意义

第一，摄入原理对于怀特海重建过程形而上学哲学体系具有至关重要的作用。正如怀特海所说，过程哲学"是以重新发现从笛卡尔开始到休谟为止这个阶段的哲学思想为基础的"②。他的重新发现最主要的是，对现实存在的分析不应当从实体出发，而应当从功能出发；不应当仅仅进行片面的静态结构分析，而应当首先做发生学的分析，然后再做结构性分析，从而以过程—关系分析来代替传统实体哲学的静态—结构分析。如何把表面上表现为一个个的单个现实存在联系起来，说明它们之间的内在联系，是所有传统西方哲学尤其近代西方哲学面临的一个难题。怀特海用其独创的摄入理论解决了这一难题。

因此，在怀特海的形而上世界里，没有近代哲学意义上的主体，唯一

---

① 参见怀特海：《过程与实在（修订版）》，杨富斌译，370页。
② 同上书，1页。

第十一章　摄入原理：多生成一并由一而长

的实在是现实存在，而所有现实存在由于自我生成和自我发展，永远是自身的超主体。所谓超主体，实乃无休无止的摄入活动本身。"超主体"无常住，始终处于自我生成的变化之中。为这个"超主体"提供一个全景式图景，是怀特海过程形而上学哲学体系的目标，也是他把《过程与实在》看作宇宙论研究的根本原因。正是通过"摄入"概念，怀特海展示了宇宙内在固有的创造性本性，即创造性进展过程，从而揭示了这个现实世界实际上是一个新质不断涌现、充满无限可能和希望的世界。① 可见，没有"摄入"概念以及在此基础上展开的摄入原理，就无法深刻全面地理解和把握怀特海的过程形而上学哲学体系，无法真正理解过程哲学的真谛。

第二，摄入原理是我们深入理解过程哲学所讲的现实存在的发展过程的核心思想。因为正如怀特海所说："摄入这个概念需要分析材料、形式、转化和结果的相互交织情况。"② 在美国学者埃米特看来，"摄入"概念是一个巧妙的术语，因为它使用了一个既不包含有意识的觉察（如"领悟"概念就有"有意识的"意思），也不只是静态的和机械联系的词语，而是以一个中性词恰当地表达了一个现实存在与其他现实存在的关系。"摄入"是指一个现实存在抓住了其他现实存在的某些方面或部分，在自身性质的构成中占用了它们。"摄入"概念着力表明，所有现实存在都是摄入性的自我发生，也即生成的事件或者具体的事实产生于自己与整个自然界中其他事件的内在关系。因此，一个"事物"，广义地说，乃是其各种关系与其他事件的创造性综合。每一个现实存在都是新的事实，因为它是新的经验中心或者感受活动；但是，它之所以是其所是，还因为它是由它所感受到的其他事件的性质使然。在这个意义上说，摄入是过程哲学尽力把原子论与相对论的概念，或者多元论与有机统一的自然观的概念结合起来的纽带。

根据过程哲学，自然界是相互缠绕在一起的事件之网，每一事件由于是其所是，都会以其他所有事件为条件。我们可以用这个观点作为第四个说明性范畴中相关性原理的一般表述。在第四个说明性范畴中，怀特海指出，相关性原理"属于存在的本性，即它是每一种生成的潜能"。这就是说，每一事物既有可能也能实际地进入其他所有事物的存在之中；人们不能在事物的相互影响、相互存在背后再去追究什么了，因为这已经是终极

---

① 参见王立志：《怀特海的"摄入"概念》，载《求是学刊》，2013（9）。
② 怀特海：《思维方式》，刘放桐译，79页。

性的了。因此，人们不可能把一个存在从其在整个世界的背景中抽取出来，而只能在理论上把它抽象出来。

第三，深入把握摄入原理，会使我们避免由于采取过程观念而转向极端的黑格尔式的有机哲学一元论。根据黑格尔的有机哲学，普遍的内在关系概念被用来表示"一"生成唯一明显的"多"。怀特海的过程哲学描述了"多"作为新的事件是如何自动生成的，但是却具有它们感受所有其他存在的那种方式所赋予的特征。因此，每一个存在都构成了一种新的和独一无二的它与其他世界的总体之间的关系的综合，因而它成为一种从新的中心来观看的整体。我们可以想起莱布尼茨的单子从其自己的观察点反映着整个宇宙。但是，"摄入"概念使我们有了一种能动的增长过程，以此取代了只是简单地反映或者知觉了它的世界的其他部分。各种现实存在都产生于它们的相互摄入，这就保证了自然秩序的协同性。但是，它们也有其自身隐密的和独特的方面，因为每一种存在都会以其自身的独特方式，把它对世界其他部分的摄入组织为构成了它自身的"实在的内在构成"。我们在此也可清楚地看到这与布拉德雷的经验观的区别。尽管如此，怀特海仍然对布拉德雷表示深深的感谢。他们二人都同意把经验或知觉当作最基本的。但是，布拉德雷把经验看作本质上是"一"和无所不包的，并且是唯一明显地不同于"多"的东西。怀特海则把每一种感受行为都看作一个新的行为，因而把每一种新的经验这个世界的方式都看作给它增加了一种新的经验。

因此，怀特海从不同方面称这种重要性为终极因果作用或者现实存在的主体性目的；这也说明了他缘何不厌其烦地反复说任何多元论哲学脱离了终极因果作用概念都不能成立。他这样说并不是在亚里士多德的固定目的决定事物增长的意义上讲的，而是描述了一种叫作"看得见的目的"，即现实发生中内在固有的目的论，它组织着那些由其他发生呈现给它的材料，这些材料构成了它的世界的其他部分，完成了它自身的自我构成过程。因此，他经常把现实发生叫作"合生"，也就是说，许多事物一起成长为一种新的统一性。怀特海在《过程与实在》中说，现实存在的本质唯一在于这样一个事实：它是一种正在进行摄入的事物。

第四，摄入原理也可使我们深入地理解和把握过程哲学的"客体化"学说。怀特海认为，一个存在"客体化"于另一个存在之中，便意味着它对生成它所感受到的过程的贡献。由于现实存在是因自己的本性，通过客体化为其他现实存在的某些方面而产生的，它便对其自身的、涉及其他现实存在的主体性经验的每一部分都有直接的感受。

因此，每一种摄入都具有所谓"矢量"性；也就是说，它表明包含着至少两个术语的全部经验；从数学物理学中借用的"矢量"术语，意思是指有方向的量。摄入原理告诉我们，摄入总是当下的现实存在对先前的现实存在的摄入，或者说是先前的现实存在客体化为当下的现实存在。这种方向性是单向的，并不存在对称性。怀特海明确地用"矢量"概念说明了现实存在的摄入所具有的这种特性。

第五，摄入理论对于我们深刻地理解和把握因果性理论也有重要启发作用。根据怀特海的理论，我们分析现实存在，实际上就是要分析它对其他现实存在和永恒客体的摄入，包括肯定性摄入和否定性摄入。这些摄入全都给这个现实存在的整体特征贡献了它们的确定性要素。通常在科学分析中，人们只是区分了这些要素的某些要素，分别孤立地考察它们，结果，现实存在的因果关系被丢掉了。根据摄入原理，现实存在的实在的内在构成并非如此。因为现实存在是自我生成的，先前存在的现实存在 A 在自身固有的创造性作用下，通过摄入瞬间过去的现实存在自身的材料和其他潜在要素，生成新的现实存在 B，因而现实存在 B 与先前的现实存在 A 之间便存在着内在关联和客观的因果联系。这种因果联系不是主观的联想，而是现实存在的实在的内在构成。

第六，摄入原理告诉我们，对现实存在的首要分析，就是要进入其最具体的要素之中，揭示出它是各种摄入的合生，这些摄入产生于它的生成过程之中。所有进一步的分析都是要分析这些摄入。每一种摄入都是由三个因素构成的：(1)摄入的"主体"，即摄入在其中是具体要素的现实存在；(2)摄入的"材料"；(3)"主体性形式"，即该主体是如何摄入该材料的。如果把这些因素搞清楚了，那么所分析的现实存在的性质及其发展过程也就十分清楚了。

(二) 坚持摄入原理的现实意义

第一，摄入原理对我们正确处理人与自然的关系和建设生态文明具有启示作用。正如马克思所说，自然界不仅是人的直接生存环境、生命活动的材料，而且是"人的无机的身体"，两者具有不可分割的有机联系。大自然不仅是人类赖以生长的基础，而且是人类社会须臾离不开的基本环境。人类和人类社会需要不断地从大自然中摄入自己需要的养料，并同自然进行物质、能量和信息的交换，才能持续健康发展。正因如此，党的十九大报告指出:"坚持人与自然和谐共生。建设生态文明是中华民族永续发展的千年大计。"要像对待生命一样对待生态环境。

第二,摄入原理对我们处理继承优秀历史和文化传统与创新的关系具有指导意义。每个时代都要在继承前人的优秀传统和文化成果的基础上前进,同时又要根据新的社会历史条件有所创新、有所发展。摄入原理启示我们,既要能动地吸收优秀传统文化来丰富我们自身,又要辩证地扬弃传统文化中的糟粕,剔除传统文化中那些不适应当前社会发展需要的东西。只有这样,我们人类社会才能不断地进步,由低级到高级不断发展。

第三,摄入原理对我们从事教育学、历史学、经济学和法学等人文社会科学研究具有一定的方法论指导意义。例如,摄入原理对教学论研究具有重要的指导意义,可使我们认识到,在教育活动中,教师和学生实际上都是能动的摄入主体,并非只有教师才是主体,学生只是被动的需要灌输知识的客体。如果哪位老师只把学生当客体,没有调动起学生的主体性意识和学习的积极性,那么其教学效果就肯定不会好。怀特海在《教育的目的》中明确地讲,教育的艺术就在于唤起学生的学习兴趣,其道理正在于此。

再比如,在历史学研究中,摄入原理告诉我们,现实历史是单向的活动,即只有现在可以能动地"摄入"过去,而过去不可能摄入现在。这样来理解历史,"一切历史都是当代史"就很好理解。克罗齐所讲的当生活的发展逐渐需要时,死历史就会复活,过去史就成为现在的,其意义正在于此。

第四,摄入原理对我们批判地学习和借鉴外国优秀文化也有一定的启示。坚持走和平发展道路,奉行互利共赢的开放战略,是我们党和国家的基本方针。谋求开放创新、包容互惠的发展前景,促进和而不同、兼收并蓄的文明交流,也是我们党和国家的基本要求。摄入原理启示我们,在学习和借鉴外国文化时,一定要有所鉴别、有所选择、有所批判,既不能一概拒斥,也不能全盘照搬,而要辩证地吸取和有分析有批判地摄入其优秀文化。

小结:本章阐述了过程哲学的摄入原理。过程哲学的摄入理论是从微观领域说明现实存在自我生成的内在机制的理论。从某种意义上说,过程哲学是关于现实的最小构成单位的理论。这种最小构成单位就是现实存在或现实发生。通常所谓"事实"乃是这些现实发生单位的复合。对这种最小构成单位既可从发生学上进行考察，也可从形态学上进行考察。摄入理论就是对这种最小构成单位进行的发生学考察。在这个意义上说，摄入是指这个最小构成单位在生成活动中把它得以从中产生的宇宙中的各种具体要素据为己有，以之作为自身存在的基础。这种把具体要素据为己有的每一过程就叫作摄入。简言之，摄入乃是现实存在把自身得以从中产生的宇宙中的各种要素据为己有的活动或过程。以这种方式被据为己有的宇宙终极要素就是先前的和同时存在的其他现实存在与永恒客体。对所有现实存在的摄入都是肯定性摄入，而对永恒客体的摄入却有所选择。在整合各种摄入的过程中，其他一些范畴类型的存在都成为相关的存在，诸如新的命题和类属对比，也会进入存在之中。摄入原理的内涵则是指从发生学上考察摄入过程，摄入表现为来自现实世界的那些材料中的各种要素的传递，这种传递是矢量性的，即是有方向性的，表现为从过去到现在和未来。随着现实存在的主体性形式的整合、排除和对主体性形式的规定，摄入的发展便出现了。摄入主体的统一性规定着连续的摄入具有相互感应性。每一种摄入都有"主体"、被摄入的"材料"以及主体性形式。对现实存在的摄入叫作物质性摄入，而对永恒客体的摄入叫作概念性摄入。这两种摄入的主体性形式，都并非必然地包含着意识。摄入还分为肯定性摄入和否定性摄入。主体性形式包括情感、评价、目的、喜欢、厌恶、意识等。现实存在本身具有不可克服的原子性，然而摄入并非原子式的，而是表现为各种主体性形式之间的相互感应性，从而使得前后相继和同时并存的各种现实存在成为相互关联的存在。摄入原理对于我们深刻认识传统实体哲学的弊端具有重要意义，它可使我们深刻理解以原子方式存在的现实存在何以会相互关联、相互影响和相互制约；为何所有现实存在都永远是自身的超主体，即永无休止的摄入活动本身；为何所有现实存在都是一些摄入性的自我发生，是一些生成的事件或具体事实，它们产生于它们自己与整个自然界中其他事件的内在关联。各种现实存在都产生于它们的相互摄入，这就保证了自然秩序的协同性以及整个世界的协同性。现实存在的本质唯一地就在于这样一个事实：它是正在进行摄入的事物。摄入原理对我们正确认识现实存在的客体化学说和因果关系学说也有重要意义。一个现实存在客体化于另一个现实存在之中，就是它对生成它的过程有所贡献。现实存在 A 生成为现实存在 B，它们之间客观的因果关系乃是客观存在 B 实际地摄入了现实存在 A 的某些要素，这类似于唯物辩证法所讲的辩证否定过程。

第十二章　创造性原理：创造即生成

创造性是所有形式背后的终极原因，这种终极原因不可能由形式来说明，然而受自己的创造物所制约。

"创造性"是新生事物的本原。

整个宇宙是一个面向新颖性的创造性进展的过程。

——怀特海

创造性原理是过程哲学提出的一个重要原理。这一原理主要揭示现实存在自我生成的根本动力之所在。

一、"创造性"概念界说

第一，"创造性"（creativity）是过程哲学提出的一个基本概念，在过程哲学中具有特殊的含义。它不同于日常语言中所说的创造性。在日常语言中，"创造性"通常有两点含义：一是指人的创新的思想和表现，二是指人的创新的性质和特点。怀特海是在哲学本体论意义上使用"创造性"概念的，并赋予其特殊的含义，用以说明现实存在自我发生、自我组织、自我生成的内在机制和动力。

在《过程与实在》中，怀特海明确地指出："在所有哲学理论中都有一种终极的东西，这种终极的东西通过自身的种种偶然性而成为现实的。只有通过其自身种种偶然性的具体体现，这种终极的东西才能具有各种特征，而脱离了这些偶然性，它便没有现实性。在有机哲学中，这种终极的东西叫作'创造性'。"[①] 可见，在怀特海看来，这种创造性是指宇宙中所有现实存在自身

[①] 怀特海：《过程与实在（修订版）》，杨富斌译，8页。

固有的一种性质,即现实存在的自我发生、自我生成的内在动力。在这个意义上说,"任何存在都不能脱离创造性概念。一种存在至少是一种能把其自身的特殊性融入创造性之中的特殊形式。一个现实存在,或者现实存在的一个阶段,还不止于此;但是,它至少是那样"①。

因此,在怀特海看来,每一事物的形式不只是其自身的形式,它还分有着整个的现实世界。由此表明,"事实的确定性取决于自己的形式,但是个体事实却是一种创造物,而且创造性是所有形式背后的终极原因,这种终极原因不可能由形式来说明,然而受自己的创造物所制约"②。也就是说,创造性是所有现实存在得以产生的终极因。

第二,创造性在宇宙的自我生成和进化过程中发挥着根本性的作用,因为它是表征终极事实的普遍之普遍或共相之共相(the universal of universals)。正是通过每一现实存在本身所具有的这种创造性的作用,使得"多"(即呈现为分离状态的宇宙)生成为"一"(即呈现为联合状态的宇宙)。因此,创造性并非如传统基督教所说的那样,只是上帝才具有的能力,而是所有现实存在自身固有的能力。所以,怀特海说:"创造性存在于事物的性质之中"③。正是因为这种创造性的作用,呈现为分离状态的"多"才能进入呈现为联合状态的"一"即世界的统一性之中。

第三,"'创造性'是新生事物的本原"④。每一现实发生都是新的存在,它不同于由该现实发生把其统一在一起的任何存在。因此,正是现实存在自身的这种创造性把新颖性引进了"多"的内容之中,这种"多"便是呈现为分离状态的宇宙。"'创造性进展'就是把创造性这种终极原理应用于其所产生的每一种新的情境。"⑤ 过程哲学所讲的"生成"就是指这种通向新颖性的创进。⑥ 也就是说,宇宙中的现实发生通过自身的创造性而引起的宇宙的进展,实际上就是现实存在本身的创造性作为终极原理作用于其所产生的每一种新的情境。这表明,创造性是宇宙中所有新生事物的本原。没有现实存在自身的创造性,就不会有丰富多彩的宇宙本身。这便否定了"上帝创世说"和其他一切关于宇宙创生的外因论,否定了"不动的推动者"这种"第一推动力"的古老猜想,把宇宙总体

---

① 怀特海:《过程与实在(修订版)》,杨富斌译,271页。
② 同上书,25页。
③④⑤ 同上书,26页。
⑥ 参见上书,35页。

及其包含的万事万物的创造归结为宇宙的自我创造和自我生成。这同当代科学中的协同论、复杂性科学等自组织理论所包含的基本观念是完全一致的。

第四，创造性是为了克服传统哲学中相关概念的被动性而刻意提出来的。怀特海从历史角度说明，过程哲学所讲的"创造性"概念并非全然的新创。实际上，"创造性"概念不过是亚里士多德的"质料"和近代哲学的"中性材料"的另一种说法而已。但是，过程哲学坚持使用"创造性"概念，目的是消除传统的"质料"概念和"中性材料"概念本身固有的"被动接受"的含义，以说明"创造性"概念"既不是被动地接受'形式'，也不是被动地接受外部联系，而是纯粹的主动性概念，现实世界的客体永恒性就是以此为前提的——这个世界绝不会同样地出现两次，尽管它永远有神圣的秩序性这一稳定的要素"①。

第五，创造性是具有最高普遍性的终极概念。怀特海强调："创造性没有其自身的性质，正像亚里士多德的'质料'没有其自身性质一样。创造性是现实性的根基中具有最高普遍性的终极概念。它不能被赋予特征，因为所有特征都比它本身更为特殊。……由于其作为创造物的特性，且永远处于合生之中，决不可能存在于过去，因而创造性便获得一种来自世界的反作用；这种反作用就是其继生性质，在此被称为'神'。"② 这里的"神"不同于基督教的"上帝"。用怀特海的话说，过程哲学所理解的神并不是超越现实、创造现实世界的创造者，而是现实世界本身固有的、现实存在的创造性在这个现实世界中所获得的那种反作用。它并不是作为现实世界的"创造者"的神，而是世界中的一种特殊的存在。怀特海说："神并不创造这个世界，他只是拯救这个世界；或者更准确地说，他是这个世界的诗人，具有慈爱的宽容精神，并以他对真、善、美的洞见来引导这个世界。"③

第六，创造性的具体特征要通过各种创造物来体现。这就是宗教中常说的"道成肉身"。由此也表明现实存在从客体性上说是永恒不朽的。所以，怀特海说："各种创造物构成了变化不已的创造性特征，创造物的这种功能在这里叫作现实存在的'客体永恒性'。"④ 这表明，任何现

---

① 怀特海：《过程与实在（修订版）》，杨富斌译，40页。
② 同上。引文有改动。
③ 同上书，441页。引文有改动。
④ 同上书，40页。

实存在，一方面不可能是全新的存在，它们之中都有过去的现实存在的材料和永恒客体的存在；另一方面，作为客体性材料，它们又被新的现实存在摄入，进入了新的生成过程。用怀特海在《过程与实在》中的最后一句话来说就是："我们的直接活动虽然不断消逝，但却永恒地存在着。"① 这同物理学上所说的物质不灭与能量守恒定律也是完全符合的。

第七，创造性是有条件的，它要受到宇宙之神圣秩序性的制约。怀特海说："创造性永远存在于各种条件的制约之中，并且被描述为是以条件为转移的。就包罗万象且不受限制的评价而言，其非暂时性的活动同时既是创造性的创造物，也是创造性的条件。创造性同全部创造物一样，都有这种双重特性。"② 而"神圣的秩序性本身是客观事实，并由此规定着创造性。因此，超越已实现的暂时性事实的可能性，便与创造性进展有了实在的关联"③。

第八，创造性学说与摄入学说相结合，可以合理地说明宇宙的协同性问题。怀特海说："各种其他现实存在，每一种都有其自身的形式存在，缘何也能客体性地进入这种相关现实存在的知觉构成之中呢？这个问题是宇宙的协同性问题。古典学说关于普遍和特殊、主词和谓词的理论，关于个别实体不能存在于其他个别实体中的理论，关于外在关系的理论，同样都不能使这一问题得以解决。有机哲学对这一问题的解决办法是提出了摄入学说，这些摄入包含在合生的整合过程中，结束于确定的、复合的感受统一性中。要成为现实的就一定意味着所有现实事物都同样是客体，在形成创造性活动中都有客体的永恒性；同时，一切现实事物都是主体，各自摄入着产生自己的宇宙。这种创造性活动乃是宇宙在特殊而统一的自我经验中总是生成为'一'，并由此而增加了作为多的宇宙的多样性。这种持续的成为统一体的合生过程是每一种存在最终的自我同一的结果。任何存在——不管是普遍的还是特殊的——都不能起着离散的作用。自我同一要求每一种存在都有一种联合的自我维持的功能，不管这种功能具有什么样的复杂性。"④

---

① 怀特海：《过程与实在（修订版）》，杨富斌译，447页。
② 同上书，40页。
③ 同上书，39页。
④ 同上书，71~72页。

二、创造性原理的含义

需要说明的是，在《过程与实在》中，过程原理、相关性原理、摄入原理、主体性原理和本体论原理是怀特海明确地做出的概括，但怀特海似乎并未明确地使用"创造性原理"这一概念。他只是明确地把"创造性"当作终极物或终极原理，并对创造性发挥作用的机理做了各种不同的解释和说明。我们在本书中所做的"创造性原理"的概括，是根据我们对过程哲学的理解，并依据怀特海在不同地方对创造性范畴的论述及其工作机理的论述而抽象出来的。

根据我们的理解，过程哲学的创造性原理主要包括以下几个方面的含义：

首先，创造性是宇宙中所有现实存在自身固有的自我生成的内在动力。任何现实存在都有这种创造性的能力。换句话说，任何现实存在都不能脱离创造性。创造性是现实存在和宇宙本身固有的属性与能力。

其次，创造性是宇宙间一切新生事物产生的源泉和动力。现实事物的新陈代谢归根结底是由现实事物自身的创造性推动的。在这个意义上说，一切新生事物都是自生的。同时，一切新生事物又不是全新的，它的材料和形式都源于先前存在的其他材料和形式。因此，"宇宙的单一性和宇宙中每一元素的单一性，在从创造物到创造物的创造性进展过程中，不断重复自身直到永远，每一种创造物在其自身中都包含着全部历史，并体现出事物的自我同一性及其相互的差异性"[1]。因此，"每一种创造性的工作都是一种集合性的努力，使用的是整个宇宙。每一种新颖的现实都是增加新条件的新的参与者。每一个新条件都能够被吸纳，以增加现实存在获得的丰满性"[2]。

最后，创造性是表征宇宙中终极事实的普遍之普遍或共相之共相，在宇宙万事万物的自我生成和进化过程中发挥着根本性的作用。正是创造性的作用，使得宇宙间复杂多样的万事万物生成为统一的有机整体，即"多生成一并由一而长"。由此，整个宇宙表现为一种创进过程。在这个意义上，怀特

---

[1] 怀特海：《过程与实在（修订版）》，杨富斌译，291页。
[2] 同上书，284页。引文有改动。

海指出:"就作为有机的广延共同体的自然概念而言,它忽略了一个同样根本的观点,即自然界从来就没有完成。自然界永远在超越自身,这就是自然界的创造性进展"[1]。整个宇宙就是这样一个向新颖性创进的过程。

三、坚持创造性原理的理论意义和现实意义

(一)坚持创造性原理的理论意义

第一,创造性原理揭示了创造性是宇宙本身、宇宙间各种现实存在本身所具有的自我生成能力,而不是某种外部的推动力,也不是基督教所说的上帝唯一具有的能力,这就从哲学本体论上揭示了宇宙和宇宙间的现实事物自我生成、自我创造的动力机制,对于我们深刻认识和理解宇宙本身的创造性,理解各种现实存在自我生成的创造性,具有极大的启示。这对我们批判与拒斥所谓"神创论"和各种外因论具有重要的理论意义。

同时,这一原理对于我们辩证地看待自然科学方法论也是有助益的。在怀特海看来:"科学不能在自然界发现个体的享受;科学在自然界不能发现目的;科学在自然界中不能发现创造性;它所发现的仅仅是一些连续的规则。这些否定对于自然科学是正确的,它们是自然科学的方法论所固有的。"[2] 其原因在于传统的自然科学方法论只考察了自然界的外表,却忽略了其最深刻的基础。创造性原理则告诉我们,自然界本身具有无限的创造性。千姿百态的自然万物都是自然界本身创造出来的。进化论只是揭示了生物进化的一些表层的特征和规律,而大自然中存在的丰富多彩的动物和植物形态,新物种的不断产生和旧物种的不断灭亡,这似乎是生物进化论无法完全加以解释的。过程哲学的创造性原理有助于我们深刻认识和探索自然界本身的创造性进展,而且我们由此知道自然界本身永远不会最终完成。

第二,创造性原理揭示了任何现实存在的自我生成都不是凭空产生的,而是源于先前的现实存在所提供的材料和各种潜能。因此,任何新生事物都不是全新的,其材料和形式都源于先前存在的其他材料和形式。这就告诉我们,每一创造物自身实际上都或多或少地包含着宇宙的全部历

---

[1] 怀特海:《过程与实在(修订版)》,杨富斌译,369页。
[2] 怀特海:《思维方式》,刘放桐译,135页。

史，每一创造性的工作都是宇宙万物的集合性的努力，使用的是整个宇宙。这对于我们深刻认识宇宙万物的创生，深刻理解道家所讲的"世界万物生于有，而有生于无"等命题具有重要启发。"有生于无"，显然并不是指"有"可以从真正的"虚无"中产生出来，而是指世上本没有这样的现实存在，譬如说各种人造物甚至自然界进化出来的某种植物，它们在没有出现之前，在一定意义上属于"无"，而在出现之后则属于"有"。这种"有"显然是从"无"而来的。因此，不能把道家所讲的"无"理解为纯粹的虚无，而应当理解为"没有形体的存在"，或如西方哲学家所说的"潜存在"或"潜能"。

第三，创造性原理揭示了新陈代谢乃是宇宙发展的根本规律。宇宙是永远没有终点的创进过程。这启示我们，创新是任何国家和民族发展的不竭动力。任何国家和民族要想长久地屹立于世界民族之林，就必须不断创新。失去创新的动力和空间，就会失去发展的可能性。创新是永无止境的。

第四，创造性原理还告诉我们，"创造性"只是一个中性概念。宇宙间万事万物的创新对人类来说未必都是好事。宇宙中的火山爆发、地震海啸、台风暴雨，人类社会中的疾病流行、相互残杀、战争暴力等，从创造性原理来看，都属于创造性的表现。这类创造性对人类来说完全是灾难。因此，我们对创新和创造性要保持谨慎的态度，并非一切创新都是好事。如核能开发、转基因食品、克隆人、生物器官克隆、药物避孕、生化武器研制、核武器研制甚至太空大战等，这些无疑都是技术创新，然而这些创新性活动究竟是否会给人类带来灾难性后果，在注重生态文明建设的今天特别值得我们认真反思。否则，它们有可能使人类毁灭，这已不是危言耸听。当代生态文明建设之所以得到全世界有识之士的共鸣，就在于有很多人已清楚地洞察到现代科技、工业文明和现代生活方式所存在的严重弊端。由此表明，不能不分青红皂白地鼓励创新。创新是有伦理道德标准和善恶标准的。以正确的价值观引导创新，才是真正的创新。

（二）坚持创造性原理的实践意义

第一，创造性原理可以指导我们正确地进行创造性实践。即使科学创新也是有禁区的。因此，对"科学无禁区"的口号应当反思。当年日本第七三一部队在活人身上做试验，名义上也是在做科学实验，似乎也是科技创新。譬如，有报刊披露，日本人当年对人体含有多大比例水分的实验，就是用活人做风干实验得出来的。其数据相当精确，但是却惨无人道、令人发指。格里芬在其多部著作中揭示了现代科技创新给人类和人类社会的健康持续发展所带来的严重危害，我们亟须认真反思，尽早改变所谓"价值中立"的科学观和技术观，并以此来指导我们的社会实践活动。

第二，创造性原理可以指导我们充分发挥每个人固有的创造性，抛弃只有少数人有创造天赋的偏见。创造性原理表明，每一现实存在，包括每一原子、电子、植物和人，都有自身内在固有的创造性。因此，并不是哪个人有创造性的问题，而是每个人的创造性程度、大小、在哪些方面有创造性的问题。因此，要因人而异，因事而异，创造条件，充分调动每个人的创新能力，注重发挥每个人的创新特长。任何国家、民族乃至任何一个单位、一项事业，要想保持健康持续发展，就必须不断地创新。正是在这个意义上，人们才非常认同"创新是一个民族的不竭动力"这一思想。

但是，并非所有创新活动都值得肯定和提倡。例如，有人在全面禁毒的今天创新了某种自制冰毒的方法，小偷创新了一种新的入室盗窃的开锁方法，偷猎者创新了某种捕杀珍稀动物的方法，这些在一定意义上也是创新，但显然这类创新越少越好。

小结：本章阐述了过程哲学的创造性原理。过程哲学认为，所有哲学理论中都有一种终极的东西，这种终极的东西通过自身的种种偶然性而成为现实的。只有通过其自身种种偶然性的具体表现，这种终极的东西才能具有各种特征，而脱离了这些偶然性，它便没有现实性。在过程哲学中，这种终极的东西叫作"创造性"。创造性是所有现实存在自身固有的根本性质，它是现实存在自我发生、自我生成的内在动力。创造性是新生事物的本原。正是现实存在本身的创造性把新颖性引进了复合的存在之中。所谓现实存在的生成实际上就是走向新颖性的创造性进展。创造性没有其自身的性质，它是现实性的根基中具有最高普遍性的终极概念。但是，通过各种创造物，创造性可以表现自己的具体特征。所以，各种创造物构成了变化不已的创造性特征，创造物的这种功能叫作现实存在的"客体永恒性"。创造性是有条件的，它受到宇宙的神圣秩序的制约。创造性学说与摄入学说相结合，可以合理地说明宇宙的协同性问题。创造性原理的基本内涵就是，创造性是宇宙中所有现实存在自身固有的自我生成的内在动力，是宇宙间一切新生事物产生的源泉和动力。作为表征宇宙中终极事实的普遍之普遍或共相之共相，创造性在宇宙万事万物的自我生成过程中发挥着根本性的作用。正是创造性的作用，使得宇宙间复杂多样的万事万物生成为统一的有机整体，即"多生成一并由一而长"。就自然界而言，自然界从来没有完成，它永远在超越自身，这就是自然界的创造性进展。整个宇宙就是这样永远向新颖性创进的过程。创造性原理的重大意义在于揭示了宇宙自我生成的动力机制，它对批判各种神创论和外因论具有重要的理论意义；创造性原理揭示了新陈代谢是宇宙发展的根本规律；创造性原理还警示我们，既要大力鼓励创新，同时还要用正确的世界观、价值观和方法论来指导创新。所有对人类命运共同体的可持续发展和共同福祉有害的创造性，都是应当坚决加以杜绝的。

第十三章　本体论原理：事物不会无中生有

本体论原理可以概括为：没有现实存在，就没有任何理由。

"本体论原理"，亦称"动力因和终极因原理"。这种本体论原理意味着现实存在乃是唯一的理由；因此，寻找理由就是要寻找一种或更多的现实存在。

每一事物在现实中都确定地存在于某个地方，而从潜在性上说则无处不在。

——怀特海

本体论原理是怀特海在《过程与实在》中明确提出的基本原理，他在不同地方针对不同问题对本体论原理的内涵做了多方面的阐释。

一、"本体论"概念界说

首先需要明确的是，怀特海过程哲学中使用的"本体论"概念具有自己特定的含义，它不同于哲学史上通常使用"本体论"概念时所赋予的含义。

在传统西方哲学中，本体论（ontology）通常是指关于存在的理论。这一概念最早由德国哲学家郭克兰纽使用，大体上是指研究作为存在的存在的科学。后来法国哲学家杜阿姆尔和德国哲学家沃尔夫等人开始使用"本体论"概念。沃尔夫把哲学分为实践和理论两部分，认为本体论属于理论部分。他所说的理论哲学与形而上学同义，包括本体论、宇宙论、心理学、神学四部分。他也把本体论定义为一般存在的科学，把"第一哲学"作为本体论的同义词。

在马克思以前，西方哲学家们使用的"本体论"一词有广义和狭义之分。从广义上说，本体是指一切实在的最终本性，这种本性需要通过认识论而得到认识,因而研究一切实在的最终本性的学说被称为本体论,而研究如何认识的学说则被称为认识论。在狭义上,本体论是指关于宇宙的起源、结构,以及本性的研究。这两种用法在现代西方哲学中仍同时存在。赫尔巴特把方法论与本体论相对照,认为方法论研究感性认识的材料中存在矛盾的事物,而本体论则了解真实的和非矛盾的实在的东西。胡塞尔把形式的本体论与质料的本体论区别开来,认为两者均是对本质的东西的分析,但形式的本体论是研究形式的和普遍的本质,是一切科学的最后基础,质料的本体论则是研究物质的和局部的本质,是一切事实科学的基础。海德格尔则与胡塞尔相反,把本体论理解为对存在的分析,它分析"关于实存物的存在",发现其有限性,关心是什么使实存物(existence)成为可能的。卡尔纳普则把一切本体论的含义都看成错误的,他认为应当区别内在问题与外在问题,这两个概念与内在对象和外在对象相对应。奎因则把本体论与意识形态相对照,认为本体论与所指理论有关,意识形态与意义有关,它们都关系到特殊的理论。马克思主义哲学一般不在本体论与认识论相对立的方法上探讨哲学问题,只是在说明马克思主义哲学以前的哲学体系时,才使用"本体论"概念。[①]

怀特海过程哲学中讲的"本体论",大体上与西方哲学中狭义的"本体论"概念相一致,是指关于宇宙的起源、结构和本性的研究,而且他似乎并未严格地区分"宇宙论"概念和"本体论"概念。在《过程与实在》中,从总体上说,他致力于建立一种不同于柏拉图哲学的宇宙论和牛顿力学中蕴含的宇宙论的过程宇宙论。同时,他又在与传统西方哲学不同的意义上使用"本体论"概念,按照他自己的理解,赋予"本体论"特定的含义。

根据我们的理解,怀特海所讲的本体论,主要是指关于宇宙本性的研究。他认为宇宙是由最小的现实存在或者现实发生构成的,因此可以说,在怀特海看来,构成宇宙的本体就是现实存在。过程哲学的本体论原理就是在这个基础上展开论述的。

二、本体论原理的含义

怀特海明确指出:"在任何特定情况下,生成过程所遵循的每一个条

[①] 参见冯契主编:《外国哲学大辞典》,20~21页。

件都有其理由，这种理由要么出自这个合生的现实世界中某种现实存在的性质，要么出自处在合生过程中的主体的性质。这种说明性范畴称为'本体论原理'，亦称'动力因和终极因原理'。这种本体论原理意味着现实存在乃是唯一的理由；因此，寻找理由就是要寻找一种或更多的现实存在。由此可得出结论说，由一种现实存在在其过程中所满足的任何条件都表达了某种事实，这种事实或者是关于某些其他现实存在的'实在的内在构造'，或者是关于制约那个过程的'主体性目的'。"①

怀特海这一段关于本体论原理的经典表述，包含着如下几层含义：第一，现实存在的每一生成过程都有其理由或根据。换言之，任何现实存在的生成都不可能是空穴来风、无中生有，都不可能没有根据。换言之，任何现实存在的生成必定有其客观的来源。这一原理符合近代物理学的物质不灭和能量守恒定律的基本要求。

第二，现实存在自我生成的根据或理由，要么源自它的合生的现实世界中某种现实存在的性质，要么源自该合生过程中的主体的性质。这是指现实存在自我生成的具体途径，不外乎以上两种情形。

第三，现实存在乃是现实存在自我生成的唯一理由。寻找现实存在生成的理由或根据，就是要寻找能够生成它的一种或更多的其他现实存在。换言之，寻找任何现实存在生成和发展的根据，都不能到现实存在之外去寻找，也不可能有所谓"不动的推动者"或者"能从无中创造有"的创造者，而只能从其他现实存在中去寻找。纯粹的或真正的"无中生有"只能是神话，不可能是现实世界中发生的现实活动过程。即使道家所讲的"无中生有"，也并不是指真正地从虚无生出有，而是指从无形的存在生出有形的存在。

需要加以说明的是，怀特海在《过程与实在》的"前言"中特别强调过程哲学是要重新发现从笛卡尔开始到休谟为止这个阶段的哲学思想中的合理思想，重新强调包括柏拉图和亚里士多德等在内的哲学大师的著作中那些被后来创造体系的哲学家们所抛弃的内容。由此，他明确指出："最充分地预见到有机哲学的主要观点的哲学家是《人类理解论》的作者约翰·洛克，尤其是他在该书最后几卷中的论述。"② 因此，在第十八个说明性范畴中阐述了本体论原理之后，为了说明这一本体论原理，怀特海考

---

① 怀特海：《过程与实在（修订版）》，杨富斌译，30~31页。引文有改动。
② 同上书，"前言"1页。

察了近代西方哲学家约翰·洛克等人的思想,指出洛克在《人类理解论》中提出的"实在的内在构造",正是表达了过程哲学的基本思想。洛克在《人类理解论》(第三卷第三章第 15 节)中讲:"因此,事物的内在组织(这在实体方面往往是不能被人认识的),就是可感性质所依托的,因此,它就可以为本质。"① 但是,过程哲学并未局限于此,它的本体论原理拓展和引申了洛克在其《人类理解论》中提出的一个普遍原理。"洛克在那里断言,'能力'是'构成我们的复杂的实体观念的重要组成部分'。有机哲学在这里把'实体'概念转化为'现实存在'的概念;而'能力'概念则被转化为这样一个原理:事物存在的理由总是能在确定的现实存在的复合性质中找到……这种本体论原理可以概括为:没有现实存在,就没有任何理由。"②

同时,过程哲学批判地吸收了笛卡尔的学说。怀特海说:"'现实存在'就是笛卡尔意义上的'客观实在'。"③ 这种现实存在是笛卡尔学说的实体,而不是亚里士多德意义上的"第一实体"。但是,笛卡尔仍然在他的形而上学理论中坚持亚里士多德主义关于"性质"支配着"关系"的观点。根据过程哲学,"'关系'支配着'性质'。所有关系在各种现实的关系中都有自己的基础,而且这种关系完全涉及活的东西占有死的东西"④。对此,过程哲学是用"摄入"概念来表达这一实在的本性的。相比较而言,作为数学物理学家,笛卡尔着重说明了物质实体;而作为医师和社会学家的洛克,则仅仅解释了精神实体。过程哲学则不承认物质实体和精神实体的这种二元对立,只用一类"实体"即"现实存在"来说明问题,因而过程哲学采用了如下观点,即洛克对精神实体的说明,较之笛卡尔对物质实体的说明,以非常特殊的形式,具体地表达了更深刻的哲学描述。不过,怀特海认为,笛卡尔的说明对过程哲学体系也有影响。例如,笛卡尔所说的"我思故我在"就包含过程哲学关于主体不是预先存在的,而是在"思"的过程中生成的思想。从总体上说,这是从莱布尼茨的《单子论》中汲取的教训。他的单子论充其量可以看作对当时关于精神的各种概念所做的概括,而当时关于物质实体的概念只是其哲学从属的和派生的部分。"有机哲学则力求使物质与精神

---

① 洛克:《人类理解论》,关文运译,398~399 页,北京,商务印书馆,2012。
② 怀特海:《过程与实在(修订版)》,杨富斌译,23 页。
③④ 同上书,"前言" 4 页。

第十三章 本体论原理：事物不会无中生有

之间的这种平衡更加稳定，但它的确发轫于对洛克关于精神活动的说明所作的概括。"① 因而，过程哲学把物质和精神看作同一现实存在的两个内在联系的方面，而不是两种独立存在的实体。

如果更远地追溯，被恩格斯誉为古希腊"百科全书式的"哲学家亚里士多德的哲学中也包含有过程哲学所理解的这种本体论原理。因为在怀特海看来，在亚里士多德的学说中存在这样的一般原理："除了现实事物以外，无论在事实上还是在功效上都没有任何事物存在。这是真正的一般原理"②。笛卡尔的以下论断也是以这个原理为基础的："因为这一理由，当我们感知到任何属性时，我们就会因此而得出结论说，该属性所属的某存在物或实体是必然存在的。"他还说："因为任何清楚明白感知的毫无疑问是某种事物，因而不能把它的产生归于无。"引述了这些话之后，怀特海明确地指出，在过程哲学中这一普遍原理被称为"本体论原理"。"这个原理认为，每一事物在现实中都确定地存在于某个地方，而从潜在性上说则无处不在。""因此，寻找一个理由永远是在寻找支持这个理由的现实的事实。这里所界定的这种本体论原理构成了把宇宙描述为多种现实存在的协同体③的第一步。每个现实存在都可以被认为是由某种材料所产生的经验活动。这种存在是'感受'诸多材料的过程，以便把这些材料吸纳到统一的个体'满足'之中。在这里'感受'这个术语是用来描述把材料的客体性转化为相关现实存在的主体性这种基本的一般活动的概念。感受是各种各样的具体化活动，这些活动影响着向主体性的转化。"④ 怀特海之所以使用"感受"一词来描述现实存在的活动，是因为"现实存在是一个过程，不能用'质料的'形态学术语来描述"⑤。

进一步，怀特海还做了如下阐述："（1）现实存在形成一个系统，意思是指彼此进入对方的构造之中；（2）根据这个本体论原理，每一存在都可被某种现实存在所感受；（3）由于（1）和（2）的缘故，在由合生现实组成的现实世界中，每一存在都与该合生具有某种级别的实在关联；

---

① 怀特海：《过程与实在（修订版）》，杨富斌译，24 页。
② 同上书，51 页。
③ 怀特海在《过程与实在》第 51 页注释 3 中说："'协同体'一词是从威尔顿·卡尔教授在亚里士多德学会 1917—1918 年度会议的主席致辞中借用来的。"
④ 怀特海：《过程与实在（修订版）》，杨富斌译，51 页。引文有改动。
⑤ 同上书，51 页。

(4) 由于 (3) 的缘故, 存在的否定性摄入是具有其主体性感受形式的确定事实; (5) 摄入的各种主体性形式之间相互具有感应性, 因而它们相互之间并非漠不相关; (6) 合生导致一种具体的感受, 即满足。"①

从这一段论述可见, 过程哲学的本体论原理涉及现实存在的自我构成、感受、关联、相互感应和满足。为进一步从不同方面说明本体论原理, 怀特海继续说:"这个本体论原理可表述为: 所有实在的共在都是现实性的形式构成的共在。因此, 如果在时间性世界中某物的关联性没有实现, 那么, 这种关联性必定表达着某种永恒现实的形式构成中所存在的共在这一事实。"② 这里, 怀特海又从现实存在的"共在"角度说明了本体论原理。

怀特海还从现实存在的自我"决定"角度说明了本体论原理。他在讨论现实存在在自我生成过程中的自我"决定"时指出:"这种本体论原理宣称, 每一种决定都会涉及一种或更多的现实存在, 因为一旦与现实存在相分离, 一切便都不复存在, 只有纯粹的无——'其他一切都销声匿迹了'。"③ 这实际上是对本体论原理的另一种表述。可以说, 这是从否定意义上来表述本体论原理: 脱离了现实存在, 一切都不复存在。

关于现实存在的自我"决定", 怀特海还进一步指出, 过程哲学的本体论原理认为, 现实存在的"决定"具有相对性。也就是说, 每一种决定都表征着为之做出决定的现实事物与因之做出决定的现实事物之间的关系。但是, 我们不能把现实存在的"决定"理解为这是现实存在偶然附加的属性, 而是应当理解为, 这种"决定"所构成的正是现实存在的现实意义。任何现实存在最终都起源于为它所做出的种种决定, 并且正是由于它的存在而为那些代替其本身的其他现实存在提供了种种决定。因此, 在构成包含着"现实存在"、"既定性"和"过程"这些概念的理论中, 这种本体论原理只是其第一阶段。正如"过程的潜在性"具有更普遍的术语"存在"或"事物"的意义一样,"决定"一词是由"现实的"一词引入"现实存在"时所增加的意义。"现实性"是"潜在性"的决定, 它代表着不可更改的事实, 这种事实不可避免。现实存在实在的内在构成逐渐地构成一种决定, 这种决定是以超越现实性的创造性为前提的。怀特海

---

① 怀特海:《过程与实在 (修订版)》, 杨富斌译, 52~53 页。
② 同上书, 53 页。
③ 同上书, 54 页。

举例说，爱丁堡的"岩石堡垒"之所以时时刻刻、世世代代存在着，就是由其自身诸多先前发生的历史轨迹所造成的决定，而且即使在一次巨大自然灾害中这块巨石被打成碎片，那么这种剧变依然是由摧毁巨石这个事实决定的。这里强调的重点是持续地表现出特殊性的被经验之物和实际的经验活动。他还举例说："布拉德雷的学说——'狼吃羔羊'作为一种普遍限制着绝对——是一种滑稽的证据。那匹狼在那个时间、那个地点吃那只羔羊：对这一点，这匹狼知道，被吃的那只羊羔知道，那些吃腐肉的老鹰也知道。这些语句中非常明显地或者隐晦地包含在接受这个语句的主体的理解中的是，命题的每一种表达方式都包含着指示的成分。事实上每个语词以及每一符号用语，都是这样的成分，都引起了对属于存在范畴之一的某种存在的有意识的摄入。"① 也就是说，每一抽象命题，实际上都指示着被经验之物和实际的经验活动；否则，它们就没有现实的意义。

三、本体论原理的作用及意义

第一，从理论意义上说，本体论原理表明，世界上任何事物的产生、发展和消亡都是有原因的。用怀特海的话说："根据本体论原理，世界上的任何事物都不会是无中生有，空穴来风。现实世界中的任何事物都可从现实存在中找到原因。它要么是从过去的现实存在传递而来，要么是它属于现实存在的主体性目的，属于这种现实存在的合生。这种主体性目的既是本体论原理的实例，也是对这一本体论原理的限制。"② 所谓现实存在的主体性目的是本体论原理的实例，是指本体论原理在这里适用于现实存在的直接的合生事实。这种主体性目的在合生过程中通过自我生成而完成自身。在另一种意义上，现实存在由于自身的自主性而限制着本体论原理，使其不可能生成任意的东西，而要受到主体从事物的必然秩序中所继承的禀赋的限制，并最终受到世界整体性的限制。因为每一种创进活动所使用的实际上都是整个宇宙的力量，所以每一现实存在的生成过程及其最终结果，都既要受到其自身主体性的限制，也要受到整个宇宙总体的限

---

① 怀特海：《过程与实在（修订版）》，杨富斌译，54页。引文有改动。
② 同上书，312页。

制。正是这种世界的统一性和每一现实存在之合生的现实世界，共同构成了新的合生原初阶段的创造性特征。这样构成的主体就是使自己合生的自主性主体成为"超主体"，使合生的主体性目的成为具有客体永恒性的超主体。甚至可以说，"在任何阶段，它都是主体—超体。……这种具有决定性作用的动力因，就是现实世界的流动……新的合生主体能感受到并能重现这种力量"①。总之，在怀特海看来，如果设想一种解释性的事实能从非存在飘浮到现实世界之中，那么这种设想便是一种用语上的矛盾。所谓"非存在"就是虚无。每一个解释性事实都会至少涉及一种现实事物的决定和功效。

第二，根据本体论原理，任何个别事物都是统一的宇宙有机体不可分割的组成部分。换句话说，任何个别事物实际上都是我们从现实存在或现实发生中抽象出来的。在其本来状态下，它们都是宇宙有机整体的组成部分。因为，用怀特海的话说："现实世界是由现实发生所构成的；根据本体论原理，在'存在'的任何意义上存在的任何事物，都是从现实发生中抽象出来而产生的。"② 这表明了"这样一种本体论原理：现实发生构成了全部其他类型的存在由之产生和抽象出来的基础"③。由此可以推论说，宇宙的每一项，包括所有其他的现实存在，都是任一现实存在的构成之中的组成要素。

怀特海解释说："这个结论已经以'相关性原理'的名义加以运用了。这一相关性原理是一个公理，本体论原理就是根据这一公理使自己摆脱了极端的一元论。"④ 这里所说的"极端的一元论"是指传统西方实体哲学中要么坚持物质实体一元论，要么坚持精神实体一元论的主张。过程哲学的一元论，坚持现实存在是唯一的客观实在，这种客观实在具有其物质极和精神极，因而它摆脱了上述极端的一元论。这种极端的一元论实际上就是传统的机械唯物主义和唯心主义学说。

在这个意义上说，世界上的任何现实存在甚至包括抽象的和潜在的存在，实际上都是宇宙这张巨大无比、没有开端、没有边缘的网状世界中的有机组成部分。任何事物在这个世界上都有其"来龙去脉"和具体的所在，都是生生不息的有机宇宙的一部分。

---

① 怀特海：《过程与实在（修订版）》，杨富斌译，313页。
② 同上书，93页。
③ 同上书，95页。
④ 同上书，190页。

第十三章 本体论原理：事物不会无中生有

正如一位大家在谈到人的进食时所说："万事万物皆有来处有去处，变动不居，生生不息，缘起性空。"用心进食，这本是佛家最基本的修行方法之一。因为没有一种食物不是生物，人必然要靠其他生物过活，这是注定了的。问题在于我们如何面对这点非常浅显却又非常容易被遗忘的道理。所有的食物都是生命——这是最古老的道理。鸡鸭鱼牛、稻米大麦，甚至酒，它们本来都是鲜活的，直到被我们吸收转化。它们死了吗？可以这么说。但是，也可以换个角度去看这条食物链的关系：它们其实没有死，它们只是成了我们的一部分，而我们活着，这一切食物、这一切生物，都在我们的体内与我们共同生存下去。直到有一天，我们的肉身也将变成大地的一部分，变成了其他生物的食物，其他微生物、植物与动物的生命养料。自然如是循环，生与死的秘密，俱在普通的一顿饭里。[①]

第三，根据本体论原理，我们在寻求解释世界上的各种事物和现象时，实际上就是要寻找另一种造成这种事物和现象的现实存在，这些现实存在才是其真正的理由或根据。用柯布的话说："当我们寻求解释包含知觉和符号的世界时，我们不能从永恒客体开始。永恒客体能够描述，但它们不能解释。任何发生成为其所是的理由要在现实存在中去寻找。本体论原理乃是指只有现实存在才能发挥作用；只有现实存在才是世界上发生的一切事件的理由。"这表达的正是过程哲学的本体论原理所要说明的宇宙真理。

从表面上看，这个道理似乎太显而易见了，以至不需要详细阐述，甚至不必要概括为一个哲学原理。但事实上，人世间的许多说明，包括科学说明、哲学说明和宗教说明，并未坚持这一原理。譬如，科学家通常借助于"规律"来"说明"现象。物理事件按其实际发生的样子来发生，通常被物理学家说成是因为它遵循着物理学的规律。作为一个方便的表达，这种说明的方向大体上是正确的。但是，这种说明也特别容易误导人，通常会鼓励人们有理由犯怀特海所说的"误置具体性之谬误"。因为所谓科学的"规律"本质上乃是一种普遍化的概括或者说是科学家所做的一种抽象。一方面，这种科学规律本身并不会产生因果效应；另一方面，科学规律的概括通常撇开了自然界中的其他因果作用，只是单纯地就其中的结构和可能存在的"规律"所进行的概括，因此，这种"科学规律"或"科学

[①] 参见《一饭之恩》，载《作家文摘》，2013-02-22。

定律"，如摩擦定理，在现实物理世界中根本不会纯粹地起作用。所以，"科学规律"或"定理"不可能是任何事物的现实理由，物理世界中的个别发生并不完全遵循这些"科学规律"。正因如此，怀特海强调，一个完整的和恰当的说明必须把任何发生之任何特征的原因或理由追溯到某种现实存在。

柯布认为，若以这种形式来陈述，本体论原理就有可能被理解为会导致完全的决定论。如果合生发生中的任何事物都可以由现实世界中的现实存在来说明，那么现实发生的结果就完全是被决定的。然而，对怀特海来说，合生的发生本身是其自身的理由之一，这种发生还会做出决定，因而一种发生究竟会生成什么，最终乃决定于这种发生本身。这是与这种本体论原理相一致的。①

第四，本体论原理告诉我们，世界上每一种现实事物都必定会存在于某个地方，并且与其他现实事物具有这样那样的关联性。因此，绝对孤立的存在是不可能存在于宇宙之中的。因为本体论原理肯定了现实存在的自我决定具有相关性，因此，每一种决定都表征着为之做出决定的现实事物与因之做出决定的现实事物之间的关系。每一种既定性都是一种"决定"，这种决定会涉及一种或多种现实存在。现实存在选择了这样一种决定，就会舍掉其他一切决定，但是它不可能脱离其他现实存在。如果脱离了现实存在，它便成为纯粹的无，一切都不复存在。所以，在怀特海看来，"决定"必须至少同一种现实存在有关，这个推论并没有穷尽这种本体论原理的范围。每一种事物必定存在于某个地方。在此"某个地方"是指"某种现实存在"。因此，宇宙的普遍潜在性必定存在于某个地方，因为它与那些尚未实现的存在保持着密切的关联。这启示我们，世界上并无真正的神秘莫测的或纯粹虚无缥缈的存在。现实事物只是在尚未被认识和掌握的情况下才是这种状态，随着科学技术和人类经验的发展，一旦人们对这些神秘现象获得了正确的认识，其神秘性就不复存在。由此表明，不断呈现于世的所谓"神功""民间大师""超灵"现象，实际上都是骗人的把戏。

第五，本体论原理对于我们深入理解过程哲学的主体性原理也具有重要作用。主体性原理坚持认为，整个宇宙是由分析各种主体的经验时所揭示的那些要素构成的。过程就是经验的生成。由此可以说，过程哲学完全

---

① 参见怀特海：《过程与实在（修订版）》，杨富斌译，540页。

接受现代哲学对主体性的偏爱，同时也承认休谟的学说：凡是不能在主体经验中发现的要素，哲学体系都不承认。这便是本体论原理。[①] 在这里，怀特海从"存在就是生成"的意义上，既说明了主体性原理的内涵，也说明了本体论原理的内涵，说明这两个原理是内在相通的，从不同方面说明了现实存在的自我生成。主体性原理侧重于从内在的主体性方面说明现实存在的自我生成，而本体论原理则侧重从外在的客体永恒性视域说明现实存在的自我生成。

四、六个基本原理的相互关系

在前面，我们分别阐述了过程哲学的六个基本原理。当然，过程哲学揭示的原理不仅仅是这六个基本原理。例如，怀特海在《过程与实在》中多次谈到了合生原理和其他原理，这些原理也是今后进一步研究怀特海哲学时需要加以阐发的。

就上述过程哲学的六个基本原理来看，它们不是孤立地起作用的，而是如同世界上的现实存在一样，都是内在相关的。其中，过程原理强调说明的是现实存在的自我生成，揭示的是存在即生成的基本规律；相关性原理强调说明的是各种现实存在的生成过程都是内在地相互关联的，任何现实存在都不是真正孤立的存在，揭示的是宇宙中各种现实存在的相互关联性规律；经过过程哲学修正的主体性原理则强调说明，任何现实存在的自我生成都是在自身主体性目的指引下，同时又在整个世界统一性的限制和统摄下，有目的地生成为超主体性的现实存在，并且保持着原先现实存在的客体永恒性，揭示的是现实存在自我生成的自主性，或者用自组织理论的话说，是现实存在的"自组织性"；创造性原理则进一步强调说明任何现实存在的自我生成并非由外部原因或其他创造者创造，而是诸现实存在本身所具有的本性——创造性，作为一种内驱力在发挥着创造作用，揭示的是现实存在自我创造的动力源泉，或者借用传统西方哲学的概念来说乃是"动力因"；摄入原理则从现实存在的主体性目的和客体性材料相结合方面，从现实存在自我生成的潜在性到现实性的转变视域，强调说明现实存在自我生成的动力机制，揭示了现实存在作为超主体摄入着先前的现实

[①] 参见怀特海：《过程与实在（修订版）》，杨富斌译，214页。

存在和其他现实存在乃至整个宇宙的限制或指引因素，最终生成为活生生的、独具特色的合生现实；最后，过程哲学的本体论原理则强调说明，世界上任何现实存在的存在和生成都不可能是真正的无中生有，凭空产生，而是有客观理由或根据的，这些客观理由或根据乃是先前的现实存在和整个宇宙的力量共同起作用的结果。任何现实存在的创生和创进实际上都是整个宇宙共同作用的结果，它摄入的乃是整个世界的全部过去。

因此，过程哲学的这六个基本原理是相互联系、相互说明和互为前提的，并且不能相互替代，它们综合起来共同起作用，才形成了过程哲学的基本原理体系，并结合过程哲学的其他范畴和观点，构成过程哲学给我们建构的过程—关系的世界图景。梅斯理把怀特海过程哲学概括为"过程—关系哲学"（Process-Relational Philosophy），并且受到柯布的首肯，这是有道理的。

小结：本章阐述了过程哲学的本体论原理以及过程哲学六个基本原理之间的内在关系。怀特海所理解的本体论，大体上是在狭义上使用的，是指关于宇宙的起源、结构、本性的研究。他认为，我们目前所在的这个宇宙最终乃是由诸现实存在构成的，现实存在是有机的复杂存在物，但是它本身不能再分为更基本的存在单位。在这个意义上说，怀特海是一位原子论者。但是，与古代原子论者不同，怀特海认为构成世界的这个最小单位并不是具有不可入性的单子或者没有结构的存在，而是由多种成分或者要素构成的复杂有机体。过程哲学坚持的本体论原理是指在任何特定情况下，生成过程所遵循的每一个条件都有其理由，这种理由要么源自这个合生的现实世界中某些现实存在的性质，要么源自处在合生过程中的主体的性质。坚持这一本体论原理便意味着现实存在乃是现实存在自我生成的唯一理由。寻求理由就是要寻找一种或更多的现实存在。这表明现实存在的生成都有其理由或根据。换言之，任何现实存在的生成都不可能是空穴来风、无中生有，而必定有自己的客观材料来源或根据。根据过程哲学，关系支配着性质，而不是性质决定着关系。换言之，关系决定本质，而不是本质决定关系。这同存在主义者萨特所讲的"本质先于存在"显然也有所不同。过程哲学认为，所有关系在各种现实的关系中都有自己的基础。每一事物在现实中都确定地存在于某个地方，而从潜在性上说则无处不在。现实存在在自我生成过程中都会涉及自我的"决定"。本体论原理宣称，每一种决定都会涉及一种或更多的现实存在。一旦与现实存在相分离，一

第十三章 本体论原理：事物不会无中生有

切便不复存在，只有纯粹的无。过程哲学的本体论原理类似于亚里士多德哲学中的一个基本原理："除了现实事物以外，无论在事实上还是在功效上都没有任何事物存在。"本体论原理告诉我们，世界上任何事物的产生和消亡都是有原因的。我们在寻求理解、解释各种事物和现象时，实际上就是要寻找另一种或多种造成这种事物和现象的现实存在，现实存在才是真正的理由。因此，不能用抽象的"规律"或"普遍性"来说明具体事实和现象的变化动力，否则，就会犯怀特海所批评的那种"误置具体性之谬误"。所谓科学规律实际上都是普遍性的抽象，这些科学规律在现实世界中并没有因果效应。只有现实存在本身的运动过程才会产生现实的因果效应。

过程哲学的六个基本原理之间不是相互独立的关系，而是互为前提、相互支撑、不可替代地起作用的。它们之间的关系可以简要地表述为：过程原理揭示了现实存在的自我生成过程；相关性原理则侧重揭示现实存在是相互关联的；主体性原理揭示了现实存在在自己主体性目的指引下自我生成的自主性或自组织性的过程；创造性原理揭示了现实存在的生成是其自身的创造性所推动的过程；摄入原理揭示了现实存在的生成过程是通过摄入先前的现实存在和其他现实存在以及整个宇宙的力量，合生为一个有机整体的过程；本体论原理侧重揭示任何现实存在的生成都是有客观根据的，世界上不存在"无源之水"和"无本之木"。这六个基本原理相互联系、互为前提和相互支撑，形成了过程哲学内在一致的原理体系。

第十四章　过程认识论

认识论上的困难也只有诉诸本体论才能加以解决。

认识的可能性恰恰不应当是上帝之善的偶然产物，而应当依赖于相互联系的事物本性。

意识以经验为先决条件，而不是经验以意识为先决条件。

——怀特海

怀特海过程哲学虽然主要致力于构建宇宙论世界图景，对认识论问题并未做系统研究，但在阐述过程宇宙论的过程中，他也对认识论做了许多精辟论述。尤其在本体论与认识论的关系问题上，在世界的可知性、理解的可能性基础、主体间性、认识的方式方法和检验认识的真理性的标准等问题上，他提出了许多独到见解，并据此深刻批判了近代西方哲学认识论的错误主张，澄清了认识论中的一些模糊认识，极大地丰富和发展了哲学认识论，对我们据以丰富和发展马克思主义认识论极有启发。

一、认识论建立在本体论上才有坚实的基础

怀特海曾明确指出："认识论也是人们所需要的。"[1] 而且，"认识论上的困难也只有诉诸本体论才能加以解决"[2]。这一思想非常深刻，对我们正确理解哲学本体论与认识论的辩证关系具有重要作用。

首先，认识论上的困难实质上都是由本体论上的困难造成的。怀特海说："所有那些承认个体经验的组成要素与外部世界的组成要素相互分离

---

[1] 怀特海：《过程与实在（修订版）》，杨富斌译，204 页。
[2] 同上书，241～242 页。

的形而上学理论,都必定会不可避免地遇到关于命题真假和判断的根据问题上的困难。前一个困难是形而上学方面的,后一个困难是认识论方面的。"① 这就是说,把个体经验与外部事实对立起来的哲学理论,会在形而上学理论上遇到困难,难以把两者统一起来,传统哲学中思维与存在的同一性问题,就是针对这一问题而提出的;命题真假和判断根据的关系,则属于认识论问题,如果在前一本体论问题上陷入二元对立,那么在认识论问题上也必然陷入困境。所以,在认识论上遇到命题的真假与判断的根据出现困难时,很难仅仅从认识论上加以解决,因为这些认识论问题的产生,最终的根源在本体论上。命题的真假就其本身来说很难最终加以判定,而必须同它所概括的东西相对照。这就必然涉及命题的组成要素与外部世界的组成要素的关系。如果在本体论上坚持个体经验的组成要素与外部世界的组成要素相互分离的学说,那么就必然会导致无法判断命题的真假。在这里,仅仅坚持所谓融贯论是无法真正解决问题的。因为即使这些命题在相关理论体系内是自洽的,也难以保证它们同其概括和反映的外部世界的组成要素必然是一致的,难以保证在把这些命题运用于现实世界是必然有效的,必然能达到预期的结果。也就是说,从符合论和实效论的标准来看,这些是融贯论无法解决的难题。

因此,在怀特海看来,哲学的认识论问题只有建立在与之相一致的本体论上,才有坚实的基础。认识论上的困难也只有诉诸本体论才能加以解决。所有认识论上的困难其实都是经过伪装的形而上学上的困难。怀特海的过程宇宙论通过把所有现实存在,包括个体经验的组成要素与外部世界的组成要素,都理解为统一的有机体,坚持每一现实存在都存在于所有现实存在之中,从而形成相互协同的宇宙统一体,这就在本体论上为解决近代哲学认识论的各种难题奠定了坚实的过程—关系的本体论基础。

其次,对认识论问题的研究和解决总要结合本体论来进行。怀特海在研究近代认识论的相关问题时,总是致力于从本体论上着手解决。例如,在阐述经过修正的主体性原理时,怀特海批评了近代哲学认识论否定意义是从经验意义中抽象出来的观点。在他看来,所有意义实际上都是从经验意义中抽象出来的。经验还不仅仅是人类的经验,并非只有人类才有经验。所有现实存在都能与其他现实存在相互影响、相互作用和相互制约,

---

① 怀特海:《过程与实在(修订版)》,杨富斌译,242页。

怀特海在本体论意义上称之为现实存在的"感受"或者"经验"。只不过在人类身上，由于人类有了自觉的意识，才达到了有意识的经验。在这个意义上说，人类经验的产生、存在、组成要素，同外部世界其他所有现实存在的产生、存在、组成要素，并无本质的不同，只是自觉程度的高低不同而已。这样，他便从本体论上阐述了经验的性质和作用。由此，他从根本上克服了近代哲学认识论把主体的经验成分与外部世界的共同体相分离的缺陷，阐述了过程哲学经过修正的主体性原理，并由此解决了近代哲学认识论上的一系列难题，如世界的可知性问题、因果关系的客观性问题、归纳问题、真理标准问题等。康德哲学和休谟哲学的不可知论，从根本上说，就是由割裂了本体论与认识论的内在联系，并坚持错误的二元对立的本体论引起的。

二、没有任何事物在本质上不可认识

在认识论上，怀特海明确地批驳近代哲学的不可知论，坚持任何事物在本质上都是可以认识的可知论主张。

首先，怀特海明确地批判康德的不可知论，并揭示了其陷入不可知论的本体论根源。在怀特海看来，康德明确地区分了作为现象世界的自为世界和作为实在世界的自在世界，承认自在世界的客观存在，这无疑是正确的。但是，康德却认为只有现象世界是可以认识的，而作为实在世界的自在世界则不可认识。这种康德式的不可知论是怀特海明确加以反对的。他说，康德哲学"赋予每一现实存在以两个世界，一个是纯粹的表象世界，另一个是充满了终极实体事实的世界"[①]。这种区分且把两者割裂开来是康德最终陷入不可知论的本体论根源。在过程哲学看来，现实世界既是现象的，也是实在的。实在世界与现象世界是同一现实世界的两个方面，在现实存在的生成过程中，它们是有机地联系在一起的。把两者人为地割裂开来或对立起来，就会在认识论上陷入不可知论。

其次，怀特海明确批判了笛卡尔的实体学说，并揭示了实体学说必然会在认识论上造成的困难。他说，笛卡尔明确地把实体区分为物质实体与

---

① 怀特海：《过程与实在（修订版）》，杨富斌译，196页。

精神实体，这是一种灾难性的划分。尽管这种划分在当时具有一定的进步意义，但是却在本体论和认识论上造成了无法克服的困难。① 因为如果物质实体与精神实体如笛卡尔所说的那样是两种性质根本不同的实体，那么它们如何联系起来，如何相互沟通，进而如何发生相互作用，便是非常难以解释的问题，弄不好就会陷入神秘主义和不可知论。同时，坚持这种二元对立的实体观，也难以真正说清楚精神实体何以会产生，它又如何能作用于物质实体。格里芬称这一难题为"难以解开的死结"。② 在人类身上，精神（观念、思想、意识）可以直接地作用于物质（人的肉体），这是每个神智正常的人在清醒状态下每时每刻都可经验到的客观事实。所以，怀特海认为笛卡尔对物质实体和精神实体的划分虽然在当时对哲学的独立发展有进步意义，特别是推进了自然科学关于物质实体的研究，排除了当时占主导地位的基督教对科学研究的干扰，但是，从哲学本体论上看，这种二元对立的实体观却是根本错误的。根据怀特海的过程哲学，任何现实存在都既有物质极也有精神极，都是物质极和精神极的统一体。这就正如中国道家所讲的现实事物都是阴和阳两种属性的统一体。只不过在人类身上，这种精神极达到了自我意识的高度，人类可以在清醒状态下自觉地意识到自身的精神状态。

需要说明的是，怀特海尽量"避免使用'实体'一词，原因之一是这个词含有主——谓形式的概念"。在怀特海看来，实体及其不变的属性学说，构成了他所说的"科学唯物主义"的基础。他明确指出："这种唯物主义概念用于解释原子正如解释石头一样，已被证明为是错误的。"③ 现代量子力学已经证明，原子和石头一样，并不是具有不可入性的坚实实体。以近代牛顿机械力学为基础的这种"科学唯物主义"在认识论上的根本错误在于：一是坚持物质实体学说；二是以实体学说为基础来界定现实事物，认为所有不是实体的事物就不是现实的存在，所谓事物的第二性质乃是附于实体而存在的，若没有实体，这些性质便不复存在，正所谓"皮之不存，毛将焉附"；三是以主体与客体相区分为前提，并以主体与客体都是实体为基础，来阐述其认识论。因此，近代哲学认识论的各种困难便由此而生。

---

① 参见怀特海：《过程与实在（修订版）》，杨富斌译，95 页。
② 参见格里芬：《解开世界之死结——意识、自由及身心问题》，周邦宪译，贵阳，贵州人民出版社，2013。
③ 怀特海：《过程与实在（修订版）》，杨富斌译，100 页。

过程哲学认识论则从根本上反对这种以实体主义为前提的认识论，坚持过程就是实在，实在就是生成，要成为现实的存在，就要成为过程，并以此为基础来展开过程哲学认识论的理论建构。从过程哲学本体论上看，根本不存在独立自存的实体（包括物质实体和精神实体），日常生活和牛顿力学所说的物质实体，其实都是关系性的存在，在怀特海过程哲学中称它们为"事件"。对这些"实体"的认识，只有从它们所处的关系场中去认识，才能真正认识它们。同样，实体和属性的区分也是根本错误的，把"第二性质"归结为依附于实体而存在的东西，也是错误的，因为它们实际上也是客观世界中的现实存在。把主客体对立起来，再去研究主体如何认识客体，这在根本上也是成问题的。只有从主体间性理论出发，才能真正弄清现实的认识过程。随后的阐述会表明，过程哲学认识论的所有这些基本观点更加符合人的现实的认识过程，更能真正揭示认识的本质、过程、规律和认识的真理性的检验标准等。

再次，怀特海明确批判近代哲学认识论的感性经验学说，尤其是其感觉论。他承认，人的感性知觉在人的认识过程中具有重要作用。"感性知觉是肉体性经验中的抽象的成就。这些抽象是由于对选择性的关注的增加而产生的。它给人类生活三件礼物，即：一种对精确性的接近，一种对于各种外部活动性质上的区分的感觉，一种对本质联系的忽略。高等动物的经验的这三种特征（近似的精确性、性质上的确定、本质的忽略）共同构成了意识的核心，在人类经验中就是这样。"① 然而，他认为，近代哲学认识论仅仅关注这种感性知觉，忽略了人的经验中的其他方面，因而损害了哲学的发展。他指出："对高级感性材料（如视觉和听觉）的注重损害了上两个世纪的哲学发展。我们所认识的是什么的问题被换成了我们能够认识什么的问题，后一个问题被武断地解决了，办法是假定一切知识都从这些感性知觉材料的空间—时间方式的意识出发。"② 在这里，怀特海深刻地揭示了近代认识论陷于错误的最终根源，这就是把"我们认识的是什么？"即认识的对象问题，偷偷地转换成"我们能够认识什么？"即认识的方式方法问题，并最终把作为认识对象的外部世界丢掉了。这样，近代认识论当然就不可能真正地揭示外部世界的本质及其内在联系。在他看来，近代西方哲学在几个世纪中之所以在认识论上那样薄弱，没有根本进展，

---

① 怀特海：《思维方式》，刘放桐译，66页。
② 同上书，67页。

其真正的原因正在这里。这种认识论把经验解释为仅仅是对感性材料初始的清晰反应，并且把这种反应仅仅局限在感官所供给的材料之内。如果情况真是这样，人的认识包括科学认识，岂不成为认识者自言自语式的痴人说梦了吗？过程哲学认识论则认为，我们的认识对象主要是我们生存于其中的外部世界，自然科学揭示的乃是自然界本身的结构和内在规律。至于通过何种认识方式来揭示，认识何以能通达对象，应采用何种认识方式和思维方式，这确实是认识论应当探讨的问题。但是，由此不能否定外部世界的客观存在以及认识外部世界的必要性和可能性。例如，无论对于当前世界范围内的生态灾难和核威慑如何认识与评价，总不能否定它们是世界上客观存在的事实。

最后，怀特海还明确地批判了休谟的经验学说。在他看来，近代以来在哲学界占主流的认识论学说，"在十八世纪休谟的《人性论》中达到了顶点。它以我们经验中的完全确定的因素为基础。声、色等等之类的感觉的感性材料无疑是存在的。于是，人们认为它们既然是确定的，所以它们是根本性的"[①]。殊不知，它们只是反映了人的经验中某些表面的东西。"从以这些感觉为源泉这点来说，经验中的其他因素应当被看作是派生的东西。情感、欲望、希望、恐惧、爱、恨、目的、记忆都不过是与感性材料相关的东西。离开感性材料，它们就是非存在的。"[②] 怀特海说，这是一种他要否定的理论。在他看来，人的经验中还有更为重要的因素，这些因素虽然不甚清晰，有些模糊，但却发挥着根本性的作用，这就是经验中包含的因果效应的知觉方式。只有弄清这种因果效应的知觉方式与直接表象的知觉方式之间的联系，才能真正弄清认识的来源和途径。

在批判以休谟哲学为代表的感觉论时，怀特海指出，这些感性材料是我们生活中最易变的因素。我们可以闭住双眼或者永远失明，然而我们还是活着。我们可以永远失听，但我们依然活着。我们几乎可以任意变换或者变更这些感觉经验的细节。在一日之内，我们的经验因其对待感性材料的方式不同而发生着变化。我们完全醒着，我们打盹，我们沉思，我们入睡。就清晰性而说，我们接受的感性材料中没有任何东西是基本的。此外，人类不过是存在的万千物种中的一种。世界上除人类以外还存在着其他动物、植物、微生物、生命细胞、无机物理活动。从某

---

① 怀特海：《思维方式》，刘放桐译，99 页。
② 同上书，100 页。

些方面说，人类感觉的敏锐性逊于其他动物，例如在嗅觉上逊于狗。换言之，对环境的反应，并不与感觉经验的清晰性成正比。在人类经验中，"这种经验由于它的优点，不完全以感性经验的清晰性为转移。在清晰性上，专家的水平低于动物——猎狗的嗅觉、鹰的视觉"。换言之，"人类在感性经验方面并非特长。直接的、生动的清晰性一点也不占支配地位，以致使实在的构成中所包含的无限的多样性模糊起来。感性经验是一种说明现实事物的完整性并且使它有完整性的抽象。它增加了重要性。但是，这样得出的重要性并不只是一张红、白和蓝的颜色表。它涉及隐于其实现的有限性中的现实事物的无限性"。因此，在怀特海看来，"首先，就经验一词的清晰和明白的意义来说，它主要不是感性材料的经验，健康的身体的内部活动所提供的感性材料极少。它们主要是一些与身体相关联的材料。……身体是我们的感情的和合目的的经验的基础。……眼睛的凝视并不是视觉。我们用双眼看，但我们不是看自己的眼睛"[1]，而是在观看外部世界中客观存在的事物。因此，认识论必须揭示人的经验中所隐藏着的更为重要的东西。"解决问题的唯一方式只能是诉诸经验的自明性。"[2] 所谓经验的自明性，是指经验中包含的因果效应的知觉方式。对此，我们在下面再予以阐述。

上述对康德、笛卡尔和休谟哲学认识论观点的批判，为正面阐述过程哲学认识论奠定了基础。

三、认识的可能性依赖于事物间的联系

首先，怀特海揭示了认识的可能性的客观依据。他深刻地指出，认识的可能性依赖于现实事物相互联系的本性。在他看来，虽然对作为整体的宇宙的理解"整个说来，这是一项无法完成的任务。……因为全面的理解乃是完全掌握整个宇宙，我们是有限的存在，我们不可能有这种掌握"。但是，"任何存在的事物，就其与其余事物的联系的有限性而言，都是可以认识的。换句话说，我们可以根据任何事物的某种视域来认识任何事物。但是，整个视域则包含了有限的认识之外的无限性。……没有任何事

---

[1] 怀特海：《思维方式》，刘放桐译，103 页。
[2] 同上书，100 页。

物在本质上不可认识,因为随着时间的推移,人类可能获得一种洞察自然界其他可能性的想象力"①。而且,由于"理解从来不是一种完全静止的精神状态,它总是带有不完全的和局部的渗透过程的特征"。这样一来,"在无限的有限事物中,没有任何有限的东西实质上是否定无限性的。……对任何有限的东西的认识总是包含了对无限性的一种关联"②。因此,现实世界在本质上是可以认识的,认识的可能性在根本上依赖于现实事物相互联系的本性。这同恩格斯所讲的辩证认识过程思想是完全一致的。恩格斯曾明确指出:"事实上,一切真实的、寻根究底的认识都只在于:我们在思想中把个别的东西从个别性提高到特殊性,然后再从特殊性提高到普遍性;我们从有限中找出和确定无限,从暂时中找出和确定永久。"③

其次,怀特海认为,人只有根据对现实世界的本体和终极系统的总体把握,才能真正认识和把握当下有限的现实世界。因此,他特别强调哲学认识对把握世界的总体的重要作用,坚持认为,哲学认识是一种重要的认识方法。并且认为"正是由于对终极系统的这种揭示,才使我们有可能理智地把握这个物质性的宇宙。在所有相关事实中都存在着一种系统的体系,只有根据这个体系,丰富多彩的世界上各种变化万千、种类繁多、飘浮不定和不断凋谢的细节,才能通过它们与宇宙系统的共同方面的联系而展现出自身的相互关联。……发现直接表象揭示的数学关系具有真正的联系,这是理性征服自然的第一步,精确的科学就是由此而产生的。如果没有作为自然事实的这些关系,科学便是毫无意义的,无异于痴人说梦。例如,一位著名的天文学家可以根据他对感光板的测量而猜测我们的恒星系演化的周期大约为三亿年,然而这种猜测只有根据这个时期普遍存在的系统几何关系,才能获得其意义。但是,即使他要对儿童玩的陀螺的旋转周期作类似的陈述,他也需要有同样的系统参照,而且这两个周期也可以根据这个系统进行比较"④。

显然,在这里,怀特海不仅强调了认识归根结底是人的理智对外在现实世界的把握,而且强调了自然事实本身的内在联系以及它们同宇宙体系的总体联系和统一性,乃是科学得以建构的客观依据。即使对儿童玩具陀螺的旋转周期做出描述,也需要根据宇宙中普遍存在的系统关系来进行,

---

① 怀特海:《思维方式》,刘放桐译,39页。
② 同上书,40~41页。
③ 《马克思恩格斯选集》,3版,第3卷,937页。
④ 怀特海:《过程与实在(修订版)》,杨富斌译,417~418页。

否则，人们做出的描述就相当于痴人说梦，不会符合现实存在的本真状态。从语言所记录的观察事实角度来看，根据过程哲学，任何事实都是关系中的事实，而且是生成过程之中的事实。在怀特海看来，世界上"根本不存在任何漂浮在虚无之中的自足的事实"①。人们在用语言来表达所谓经验事实的时候，实际上是把经验事实从这个关系系统和动态系统中孤立出来，进行静态的描述。这样，这一描述与真实的事实相偏离，就成为不可避免的事实。同时，观察者、记录者以及最后用一定语言把这些事实记载下来的认识主体，对于所谓客观事实都会有自己的主观解释，尽管有时他们这样做是无意识的。所以，谁要坚持让事实本身说话，那就无异于让石头自己写传记。

由上述可见，在怀特海看来，不仅所谓现象世界是可以认识的，而且所谓自在世界也是可以认识的，因为它们都是现实世界的组成部分。对复杂的现实世界的认识之所以是可能的，是因为这个世界的各种现实事物是相互联系的。用怀特海的话说："认识的可能性恰恰不应当是上帝之善的偶然产物，而应当依赖于相互联系的事物本性。"② 这就是说，现实世界中的各种现实事物本身是相互联系的，这种相互联系的本性，恰恰是认识之成为可能的本体根源。因此，怀特海明确地说："存在的联系性所涉及的是理解的本质。"③ 这就是说，人的理解归根到底是对现实存在的联系性的理解。如果现实存在之间根本没有联系性，人们对世界的理解就是不可能的。由此，他指出"认识论的第一原理应当是：我们对于自然界的关系的不确定的、易变的方面是自觉地观察的首要论题"④。同近代认识论的基本观点相比，过程哲学认识论强调的不是对感官提供给我们的感觉材料的观察，而是对我们与自然界的关系的观察，并认为这才是认识论的首要论题。只有对这种关系的认识，才是最根本的。这在当代科学中的量子力学观察中表现得更为明显，因为在量子力学研究中，观察者与被观察对象的关系是必须予以研究的重要因素。

再次，怀特海对人体在认识中的重要作用以及认识的社会性也做了明确论述。在他看来，作为现实的认识主体的人，其本身也是这个世界的组

---

① 怀特海：《过程与实在（修订版）》，杨富斌译，14页。
② 同上书，243页。
③ 怀特海：《思维方式》，刘放桐译，30页。
④ 同上书，28页。

成部分，同世界上其他存在具有直接的和间接的相互联系与作用，因此，人们通过自己的身体（注意：不只是五种感官）直接地与其他各种存在相互作用和相互影响，并通过自身长期进化而来的内在思维能力和智慧，切实地感受到现实事物的因果作用，而且把握现实事物的关系和属性。所以，怀特海说："人体是自然界的一部分，由于有了它，人的经验的每一瞬间都密切配合。在身体的现实存在和人的经验之间存在着流进流出的因素，因此每一个因素都分有其他因素的存在。人体提供了我们对自然界的现实事物的相互作用的最密切的经验。"① 因为身体作为一种兼具物质极和精神极的客观存在，直接地与外部事物发生相互作用。这种直接的因果作用关系，才是人的认识的最根本的基础。有些现象学哲学家对身体作用的强调，道理也在于此。

同时，人的身体从表面上看是个体的、单独的存在，每个人的自我就寓于这种个体的身体之中，但是对每个人的自我与外部世界的界限并不能进行确定的划分。因为在他看来，"人是一种社会的动物"②。个体的人与他人、社会、自然具有千丝万缕的联系。正如马克思所说，人是一种类存在物。因此，个人只有在人类社会中，在与他人、社会、自然的关系中，才能真正生成为现实的认识主体。个人与他人、社会组织、自然事物的关系，并不是作为能动的主体的人与其他作为纯粹被动的消极客体之间的关系，即近代哲学认识论所说的那种主体与客体的关系，而是一种相互作用、相互影响和相互制约的主体间关系。这种主体间关系使人类"文明的相互沟通""共享"着"人类经验"，"因此在法律中、在道德和社会习惯中、在对满足人类的要求有帮助的文学和艺术中、在对社会制度的兴衰所下的判断以及在科学中，都可以找到它"③。

最后，怀特海特别强调人的一般概念同外部世界的真实联系。他明确指出，过程哲学的宗旨就是揭示时间、空间等一般概念与现实世界的真实联系。在他看来，时间和空间并非如康德所说是人的先天性范畴，而是一种客观存在。这种客观存在也不是可以脱离现实存在的纯粹"虚空"，而是具有现实内容的现实存在。他坚持过程哲学以赞同普通人的看法为出发点，以现实存在为出发点。同时，他明确地批评近代哲学坚持的"误置具

---

① 怀特海：《思维方式》，刘放桐译，102页。
② 怀特海：《过程与实在（修订版）》，杨富斌译，260页。
③ 怀特海：《思维方式》，刘放桐译，64页。

体性之谬误",坚持从具体的、有限的现实事物出发,去认识事物中所体现的普遍性和一般原理。对这些普遍性和一般原理的概括虽然是一种抽象,但却是人类理解的进步。所以,怀特海说:"纯数学是依靠这种严格的抽象而获得成功的主要例证。"而"有限的人类理解的进步主要依靠某些适当的抽象以及这种抽象中思维的发展。由于这种方法的发现,最近三千年间产生了作为现代文明的进步的科学"①。

四、理解是对结构、统一性和过程的把握

我们知道,近代西方哲学由于实现了认识论转向,特别关注认识论研究中必然会涉及的人类理解问题的研究。这以洛克的《人类理解论》、休谟的《人类理解研究》和莱布尼茨的《人类理解新论》等著作为代表。为了说明世界的可知性和认识的本质,怀特海对什么是理解以及与理解相关的认识论问题做了深刻阐述。

"首先,理解总是包含了结构概念。这个概念能够以两种方式中的一种出现。如果被理解的事物是有结构的,那就可以按照这一事物的因素以及将这些因素构成这一整个事物的交织的方式,来理解这一事物。这种理解的方法会显示出一事物为什么是一事物。"②这表明,理解现实存在总是对现实存在的结构的认识。只有把握了现实存在的结构,才能抛开事物的细节,抓住事物的结构性特征,尤其是物理科学等科学认识总是致力于对结构的认识和把握。爱丁顿在《物理科学的哲学》中也阐明了这一观点。他说:"我能知道何种东西?答案是结构。更为精确地说,它是以数学的群论来定义和探究的结构。"③

其次,"第二种理解方式是把事物看作一个统一体(不管它能否作分析),并获得关于它对其环境起作用的能力的证据"④。怀特海提出的这一观点极为重要,即认识在本质上是对事物统一体的认识,并且是对其在环境中的作用以及环境对它的反作用的认识。如果说上述第一种方式可称为内在的理解,那么这第二种方式则可称为外在的理解。在怀特海看

---

① 怀特海:《思维方式》,刘放桐译,50页。
② 同上书,42页。
③ 爱丁顿:《物理科学的哲学》,杨富斌、鲁勤译,150页。
④ 怀特海:《思维方式》,刘放桐译,42页。

来，这两种理解方式是彼此相通的，即一种方式预先假定了另一种方式。第一种方式把事物看作结果，第二种方式把事物看作表示原因的因素。按照后一种方式来理解，实际上就把宇宙的过程纳入了理解的概念。所以，怀特海说："只要与过程的关系未弄清楚，任何事物最后都未被理解。"① 可见，理解不仅要从静态的角度理解事物的内在结构及其统一体，还要从动态的角度理解其生成的过程。只有这样，才能达到对事物的完全理解。

再次，为推进人类理解的进步，人们必须发展出一定的抽象能力和思维能力。用怀特海的话说，人类理解的进步主要依靠某些适当的抽象以及这种抽象中思维的发展。而"有限的科学的清晰性和其外的黑暗的宇宙之间这种绝然分裂本身就是一种撇开了具体事实的抽象。……也许三维几何适合于一类显相，十五维几何为另一类显相所需要"②。所以，在坚持抽象思维能力有重要作用的同时，也不要把人类的抽象能力及其结果绝对化。要充分认识到，认识过程中的每一种抽象都是历史的产物，因而是相对的。

最后，难能可贵的是，怀特海还从社会性视域考察了人类认识和理解的发展。他说，社会建制对于认识发展既有促进作用，也有阻碍作用。在《过程与实在》中，怀特海明确地指出："人类社会发展史展现出一些伟大的组织机构，它们在发挥着不同的作用，既能为进步创造条件，也能阻碍人性的进步。地中海沿岸国家以及西欧的历史，就是一部各种政治组织、宗教组织、思想体系和抱有宏大目标的社会机构祈福和降灾的历史。一代又一代最杰出的精英人物为之祈祷、为之奋斗、为之牺牲而获得统治权的那个时刻一旦到来，就成为由祈福到降灾的转折点的标志。……进步的艺术就是在变化中保持着秩序，同时又在秩序中保持着变化。生命拒绝以防腐剂来保持活力。"③ 这些充满智慧的论断，对我们今天在社会建设中如何把握进步的艺术，显然具有重要启示：既要在变化中保持秩序，又要在秩序中保持变化。只有变化而无秩序就会导致社会混乱，而只有秩序没有变化又会使社会停滞不前。

此外，怀特海还明确地指出理解中需要想象和创造。他说，即使传统

---

① 怀特海：《思维方式》，刘放桐译，42页。
② 同上书，50～51页。
③ 怀特海：《过程与实在（修订版）》，杨富斌译，431～432页。

基督教的上帝形象，实际上也是人们根据自己的形象和想象而创造出来的。所以，在根据埃及人、波斯人和罗马帝国统治者的形象塑造的上帝中，一种浓厚的偶像崇拜被保留下来了，"基督教会把唯一地属于恺撒的品性赋予了上帝。……在有神论哲学形成的伟大时期……它们分别把上帝塑造成罗马帝国统治者的形象、一个道德力量人格化的上帝形象、一个哲学的终极本原的上帝形象。休谟的《自然宗教对话录》无可辩驳地批评了这三种解释世界体系的方式"。而"这三个思想流派可以分别与神圣化的恺撒、希伯来的先知和亚里士多德联系起来"①。在这里，怀特海不仅深刻地揭示了人类社会的宗教观念和上帝观念产生的认识论根源与社会历史根源，而且实际上也深刻地揭示了人类认识的一般本质，这就是对现实世界的能动的创造性反映。其中既有源于现实的基础和材料，也有人类主体自身的创造性和想象。

五、经验是意识产生的基础

近代西方哲学认识论通常认为，只有在具有自觉的意识以后，人才能意识到自己的经验，进而区分出认识的主体和客体及其关系，对外部客体获得一定的认识。皮亚杰的发生认识论也是以此假定为基础的。因此，在大多数近现代西方哲学家看来，意识是经验的基础，没有意识就没有经验。怀特海对此则持完全相反的观点。

第一，意识并不是与物质实体相并列而存在的另一种实体，而是与物质性的现实存在密不可分的存在。怀特海认为，任何现实存在都有物质极和精神极，只是在人类出现之后，在人类经验发展的一定阶段上，意识才得以现实地出现。用怀特海的话说："每一种现实存在在本质上都是两极性的，一是物质的，一是精神的，而物质性的继承本质上伴随着概念性的反映，部分地与之一致，部分地引入一种新的关联性对比，但总是要引入强调、评价和目的。把物质的和精神的方面整合为一种经验的统一体是一种自我构成的活动，这是一个合生的过程，并且这个过程通过客体性永恒原理标志着超越自身的创造性。所以，尽管精神是非空间性的，但精神总是来自对空间性物质经验的反应并且与之相整合。显然，我们不可能要求

---

① 怀特海：《过程与实在（修订版）》，杨富斌译，436页。

第十四章 过程认识论

有另一种精神来管理这些其他的现实（就像凌驾于所有美国公民之上的那位山姆大叔）。"① 这里，怀特海明确地坚持精神与物质不可分的原理，并以之为基础批判近代哲学家把物质与精神对立起来的二元论主张。他说："有机哲学通过混合的物质性感受和转变的感受学说，避免了身心之间的灾难性分裂。"② 显然，这对坚持过程哲学的一元论学说、反对各种形式的二元论，具有极其重要的理论意义。

为了支撑上述观点，怀特海明确指出："我们所坚持的观点是，在分析任何有意识的感受的起源时，都会发现有某些成分的物质性感受；相反，不论何时只要有意识存在，就会有某种成分的概念在起作用。因为具体事实中的抽象要素恰恰是激发我们的意识的东西。意识就是产生于物质活动和精神活动的某种综合过程之中的东西。"③ 可见，他不仅区分了精神和意识，把精神当作与物质不可分的东西，而且把意识看作物质与精神活动相综合的产物。因此，他进一步强调，"根据有机哲学，纯粹的概念与意识无关，至少在我们人类的经验中是这样。意识是在综合感受整合物质性感受和概念性感受之时才产生的。传统哲学在说明有意识的知觉时仅仅把注意力固定在它的纯粹概念方面，因而在认识论上为自身造成了诸多困难……所有意识，甚至是对概念的意识，至少都需要物质性感受与概念性感受的综合。……如果同肯定和否定这样的确定性没有关联，就不会有意识"④。显然，这比近代唯物主义关于物质与意识不可分的观点还要彻底，而同马克思所讲的意识在任何时候都是被意识到了的存在观点是完全一致的。

由上述可见，过程哲学的意识论在根本上同各种有神论、唯心论和二元论哲学的意识论根本不同，同近代机械唯物主义把物质与精神截然分开甚至对立起来的二元论观点也根本不同。用怀特海的话说："有机哲学废除了这种分离的心灵。精神活动是某种程度上属于全部现实存在的一种感受方式，只有在某些现实存在中，它才等同于有意识的智能。"⑤ 也就是说，只有在人类身上，精神活动才等同于有意识的智能。在过程哲学看来，同物质性的现实存在相分离的心灵、精神活动、意识活动是根本不存在的，

---

① 怀特海：《过程与实在（修订版）》，杨富斌译，138页。
② 同上书，315页。
③ 同上书，310页。
④ 同上书，311页。
⑤ 同上书，71页。

精神、意识和心灵活动迄今只有在高级的有机体——人类——身上才是现实的存在。尽管全部现实存在在一定意义上都会感受，因而都有一定的精神性活动，但是，只有在人类身上它才达到了自我意识的程度。从这里陈述的观点看，怀特海哲学同马克思的意识论具有内在的相通和一致之处。

第二，意识是在人类经验发展的一定阶段才得以产生的。怀特海说："有机哲学坚持认为，意识只是在各种复杂整合的后期派生阶段才能产生。"① 就人的经验而言，只要个体的人一出生，其身体就会有这样那样的经验。只是在早期阶段，个体的人意识不到这种经验而已。即使成年人，其意识和经验能力都是正常的，经常也会有许多内在的身体经验是自己感觉不到和意识不到的，甚至在睡觉和做梦时，我们的身体和经验器官仍然在进行着现实的经验活动，但是，我们在大多数情况下对这些经验过程是意识不到的。如果感受到身体内部某个部位的活动了，通常这是病态的征兆。

所以，怀特海强调："千万不要忘记，意识的清晰性并非发生过程之原始性的证据；相反的学说倒更接近真理。"② 这就是说，在经验发生过程的早期，人们并没有清晰的意识。正如一个人处于婴儿期时，他的躯体已经有了各种各样的经验活动，但是他或她对此却没有清醒的意识。只是到了经验发展的一定阶段，个体才会产生清晰的意识。怀特海说，只有在人感受到某种"对比"状态时，意识才会出现萌芽。"当这类感受之间的对立和同一本身被感受到时，我们就有了意识。……意识所要求的不只是仅仅拥有见解。就见解仅仅作为见解，事实仅仅作为事实而言，意识是对见解与事实之对比的感受。"③ 这表明，意识并非与经验一同产生，它在经验的高级阶段才会现实地产生。

第三，意识乃是经验的顶峰。在怀特海看来，意识是人脑中形成的关于观念与事实之间的对比的主体性形式。这是怀特海关于意识本质问题的独特看法。他说："'理论'和'给予的'事实之间会形成对比，意识就是感受这种对比的那种主体性形式。因此，意识关涉到被称为'任何'和'正是那个'的诸永恒客体之对比的意义的提升。因此，有意识的知觉是最原始的判断形式。"④ 也就是说，所谓意识是人脑中形成的关于观念与事

---

① 怀特海：《过程与实在（修订版）》，杨富斌译，208 页。
② 同上书，223 页。
③ 同上书，240 页。
④ 同上书，208 页。

实之间的对比的主体性形式。没有这种对比，人就不会有意识。"在意识中，现实性作为某种事实过程是与潜在性相结合的。……意识就是我们如何去感受肯定与否定之对比的方式。……如果没有作为客体性材料中一个要素的命题，就根本不会有任何意识。"① 这就是说，"概念性经验本身并不包含意识，意识的本质是评价"②。所以，在他看来，"精神产生于感觉经验。它坚持所有感觉经验都会产生精神活动的原理。……意识是内部整合的产物"③。"意识就是感受这个对比的主体性形式。因此在经验中，意识依赖于精神性感受而产生，并与这类感受的种类和强度成正比。"④ 在这个意义上说，"所有感受都会由于意识的辐射作用而获得一定份额的意识"。"意识之光忽隐忽现，即使在最闪亮时，也只会照亮经验的一小片中心区，而周围一大片经验区域则朦胧不清，只显示出一些模糊理解的强烈经验。清晰意识的简洁性无法表示完全经验的复杂性。我们的经验具有这样一种特征也表明，意识乃是经验的顶峰，只是偶尔才能达到，经验的必然基础并非是意识。"⑤ 这里，他对意识乃是经验的顶峰的说明，值得我们深入思考。

第四，经验是意识的基础，而不是相反。我们认为，怀特海在意识和经验关系问题上的最大贡献就在于揭示了如下原理："我要采用的原理是：意识以经验为先决条件，而不是经验以意识为先决条件。"⑥ 一般地说，意识是某些感受的主体性形式中的特殊要素。因此，各种现实存在也许会意识到也可能意识不到自己经验的某个组成部分。只有人这种特殊的现实存在，才有可能意识到自己经验的某个部分。因为在很多情况下，人自身内部的各种经验活动，譬如，人体内脏器官的各种经验活动，人的消化系统、血液循环系统、内分泌系统等生理系统的各种经验活动，通常就是人意识不到的。只有在某种病态下，人们才可能会有这种意识。例如，当胃部有疼痛感时，人们会意识到胃的存在。人们在睡眠和失去意识的状态下，通常对自身内部的各种活动并没有清晰的意识，但是这些器官的经验活动却一直在进行着，否则，我们便难以正常地睡眠，甚至难以维系正常的生命存在。

---

① 怀特海：《过程与实在（修订版）》，杨富斌译，311 页。
② 同上书，356 页。
③ 同上书，317 页。
④ 同上书，340 页。
⑤ 同上书，341 页。
⑥ 同上书，67 页。

所以，怀特海特别注重经验的作用，他对因果关系的说明、对现实存在自我生成的说明、对现实存在的创造性进展的说明等，都离不开经验的作用。即使在人的认识活动中，经验也是首要的。凡认识都离不开直接经验。只有清晰地阐明经验在认识过程中的重要作用，才能充分说明意识和精神现象的基础以及发展，同时，也能为意识和精神活动的正确与否提供客观标准。因此，人们通常把怀特海称为"泛经验论者"，这也不无道理。我们认为，与其把怀特海的经验论称为"泛经验论"，不如称为"广义经验论"。因为"泛经验论"在中文里似乎有一定的贬义，而"广义经验论"则是一个中性概念。我们认为，怀特海的广义经验论恰恰可以合理地解决传统认识论面临的许多理论困难。

第五，关于精神与意识的关系，怀特海还提出一个重要观点：精神性活动并非必然地包含意识。他说："人的精神部分地是人体的产物，部分地是人体唯一的指导性因素，部分地是一个与人体的物质关系没有多少关联的认知系统。"① 在他看来，精神至少是由这三个部分构成的。"我们自身的自我意识就是对我们自己是这样的个体的直接觉察。"② 所以，"精神性活动并非必然地包含意识"③。与人体活动有关的有些精神性活动就不包含自觉的意识。譬如，人体内部的一些精神性活动，在人失去意识的状态下仍然在发挥作用。植物人没有自觉的意识活动，但是其物质性的身体内部的协调仍需要某种内在的精神性因素来协调。如果没有这些内在的精神协调机制，植物人身体机制的运行就是不可设想的。尤其是精神病人的病因，公认是精神机制出现了问题，而不是生理机制出现了问题，尽管精神机制与生理机制具有内在关联。当然，对于这种内部协调机制能否叫作"精神性活动"，人们可能会有不同见解。怀特海正是在这种内部协调意义上谈论精神问题的。对整个宇宙的内部协调机制和总体性所具有的那种力量，怀特海则称之为神（God）。实际上，他在人的机体内部协调机制和整个宇宙有机体的内部协调机制的看法上，思路是完全一致的。如果我们承认人有精、气、神，那么我们就应合乎逻辑地承认整个宇宙似乎也有与此类似的精、气、神，只不过表现形式有所不同。

与意识问题相关，怀特海考察了意识与记忆的关系，认为两者之间存

---

① 怀特海：《过程与实在（修订版）》，杨富斌译，138 页。
② 同上书，137 页。
③ 同上书，109 页。

在着一定的必然联系。他说:"只要有意识存在,就会有某种程度的记忆。意识会从模糊的潜意识深处回忆起那些先前的阶段。"① 从广义上说,意识能启迪先于意识的经验,而如果把经验看作纯粹的材料,那么就可能有没有意识的经验。在怀特海看来,"意识的胜利是伴随否定性直觉判断而来的"②。"否定的明晰性是意识独有的特征"③,"存疑判断是科学进步本质上不可或缺的武器"④。所谓"精神极是由各种决定所构成的,各种事实正是凭借这些决定而成为创造性的特性。精神极与意识没有必然的联系,但是,凡是有精神性感受出现的地方,事实上就会有意识进入那些主体性形式之中"⑤。怀特海批评亚里士多德说:"亚里士多德没有区分概念性感受和精神性感受,只有精神性感受中才包含意识。"⑥ 因此,对于记忆问题的考察,必须从意识与记忆的关系着手,才有可能做出正确的说明。这对我们进一步研究人的记忆问题具有重要的启发作用。

与意识问题相关,怀特海还探讨了人为什么会犯错误的问题。他认为,人的认识错误不可能产生于构成判断的主体性形式之中。因为主体不管有什么样的切身感受,对他来说都是真真切切的。不管主体的感受如何,对他来说,这些感受都是实在的和真实的。例如,一个人只要确实感觉肚子痛,不管他是否能说清楚到底是肚子里哪个地方痛,这种痛对他来说都是真实的。这里不存在感受的对错问题。但是,当有人问他哪里痛时,他可能说不知道,或者可能说不清楚,也可能具体地指向某个部位。除非他对自己的身体内部器官异常清楚,并有丰富的解剖学知识,否则,他很难真正准确地说清楚究竟哪个地方痛。如果一个婴儿肚子痛,他或她通常只会哭,根本不可能说清楚究竟是哪里痛。这样,儿科大夫要确诊哪里出了问题,通常需要丰富的诊断经验。不管成年患者本人还是医生,他们只有对病情做出某种判断,才有可能会出现(认识上的)错误。

因此,怀特海说:"错误是由存在于意识之中的活动所产生的,虽然这些活动也可以进入意识之中并有待于接受批判。"⑦ 因为意识活动本质

---

① 怀特海:《过程与实在(修订版)》,杨富斌译,309 页。
② 同上书,348 页。
③ 同上书,349 页。
④ 同上书,350 页。
⑤ 同上书,353 页。
⑥ 同上书,439 页。
⑦ 同上书,346~347 页。

上是通过经验的对比而对经验活动所做的判断或评价，这种评价有可能是正确的，也有可能是错误的。感受等主体性形式不可能出现错误。这对我们进一步研究感觉、经验和理性认识等无疑具有重要启示，对我们研究和理解现象学所说的直接给予的纯粹经验学说，也有帮助和启发。

六、认识活动具有不可重复性和创造性

关于认识活动本身，过程哲学以其本体论为基础，提出了一些新见解。

现实的人的认识活动具有不可重复性，每一具体的认识活动都是独特的和现实的。根据过程哲学的本体论，世界上的任何现实存在绝不会完全相同地出现两次，人的认识活动作为现实的认知活动，当然也不可能出现完全相同的活动。因为人的认识活动也是这个世界上的现实活动之一[①]，每一次认识活动的主体、时间和地点以及认识的对象都不一样，每一次认识的目的也不尽相同，这就决定了认识活动具有不可重复性。从本体论意义上说，这是由现实世界的创造性进展决定的。每一次认识活动都会获得新的感受和经验，并形成新的认知，因而实际上都是具有一定创造性的活动。这种活动既不可能完全重复先前的认识活动，因为总会有某些新内容或新要素或新感受加在其中，同时又会引起新的感受和体验。在这个意义上说，每一具体的认识活动实际上都是新的。正因如此，怀特海才从哲学意义上概括说："无主体能经验两次。"

每一种认识活动都必定会创造出自己的主体和客体及其相互关系。根据过程哲学，现实的认识主体和客体并不是在现实的认识活动之前就已经预先存在了，然后认识主体再去对客体进行认识，现实的认识主体和客体都是在现实的认识活动之中生成的。只有通过主体现实的认识活动，才能具体地生成现实的认识主体和客体，并形成主体与客体之间现实的主客体关系。用怀特海的话说，"我"成为"我自己"的过程，就是"我"从"我"拥有的那一部分世界生成的过程。[②]

正是在这个意义上，怀特海认为，每一个主体实际上都是"超主体"。

[①] 参见怀特海：《过程与实在（修订版）》，杨富斌译，40页。
[②] 参见上书，104页。

因为传统哲学已经多年使用了"主体"这个概念,而过程哲学暂时又找不到更好的术语来代替"主体"这一概念,因而只能把它规定为"在认识过程中生成的超主体"。所以,怀特海说:"现实存在既是自我实现过程的主体,同时又是已被自我实现的超体。"①

应当说,上述观点是过程哲学在主体理论上的重大贡献。因为,过程哲学关于认识主体和客体及其相互关系是在现实的认识活动过程中自我生成的理论具有重要的意义和作用。它启示我们,第一,传统的机械唯物主义认识论的主客体关系论是错误的,因为它抽象地认定主体和客体的先在性,没有看到现实的认识主体并不是事先存在的,而是在认识活动过程中生成的;更没有看到认识对象也不是预先存在的,不懂得认识对象实际上也是在主体的能动作用下自我生成的。因为如果没有认识主体的能动性认识和实践活动,那么认识对象对主体来说实际上就并不存在。正是在这个意义上,马克思早就说过,对于不辨音律的耳朵来说,音乐对它没有意义,实际上等于无。与人脱离的自然界,对人来说也是无。因此,那种把马克思主义认识论简单地等同于唯物主义反映论的观点并不正确。马克思主义认识论是能动的和革命的反映论,其独特之处正在于它否定消极直观的反映论,强调从实践方面和主体方面去理解"对象、现实、感性"。如果承认马克思主义这一观点的正确性,那么怀特海哲学坚持主体和客体是在现实的认识活动过程中自我生成的观点无疑就是正确的。

第二,笛卡尔式二元论的认识论也是错误的。因为根据过程哲学,任何现实的人作为有机体都是超主体,而不仅仅是传统哲学意义上的纯粹认识主体和预先存在的认识主体。作为超主体的人,只有现实地从事认识活动,才能成为真正意义上的认识主体。脱离现实的认识活动,某个人即使作为有机体存在于世,他或她也不是真正现实的认识主体。正是在这个意义上,怀特海批评笛卡尔的认识论说:"在其哲学中,笛卡尔认为思想者创造了新产生的思想。过程哲学把这一顺序颠倒过来了,因而认为思想是创造了这种新思想的构成活动。思想者是终极目的,思想正是由此而成为存在的。"② 本来,笛卡尔的著名论断"我思故我在"表达了与过程哲学一致的认识论真理,即"思"这种思想活动,造成了"我"(在)这个事实,即思想活动创造了思想者,而不是思想者创造了思想活动。但是,笛

---

① 怀特海:《过程与实在(修订版)》,杨富斌译,284页。
② 同上书,194页。引文有改动。

卡尔在解释这一论断时，却陷入实体哲学的本体论泥淖，由作为实体的"我"（思想者）推出了"思想"。怀特海过程认识论的高明之处正在于揭示了认识活动过程中的一个真理：正是"思想"活动创造了"思想者"，而不是相反。

根据过程哲学的这一原理，我们之所以是说话的主体，是因为我们已经开始说。我们说出了一句话，造成我们成为说话者。[①] 在现实地说话之前，我们并不是说话的现实主体，而只是抽象的说话主体。只有现实地说话，我们才是说话者。实际上，人类的所有认识活动都是如此。譬如，一个高能物理科学家，并不是在从事现实的高能物理研究之前，就已然是真正的高能物理学家了。相反，只有在现实地学习和研究高能物理学的过程中，他才逐渐地成为真正的高能物理学家。同理，一个学习阿拉伯语的学生绝不是在学习阿拉伯语之前就已然是真正的阿拉伯语专家，只有在学习阿拉伯语的过程中，他才逐渐地"生成"为阿拉伯语学者，最终也有可能成为这方面的专家。

第三，这一认识论观点还有重要的伦理意义和价值。由于认识和实践的主体是主动地发挥作用的，因此这一"主体还要相应地为它的存在的结果负责，因为这些结果是从它的感受中产生出来的"[②]。这就是说，作为认识和实践活动的主体，因为自身的积极能动作用造成了一定的结果，就要理所当然地为自己的行为结果负责。

七、主客体关系实质是主体间关系

特别值得强调的是，在现当代西方哲学家中，怀特海较早地明确论述了"主体间性"的观点。根据过程哲学关于主体与客体都是在现实的认识活动过程中自我生成的观点，现实的主体与客体的关系显然已不是能动的认识主体与消极被动的认识客体之间的纯粹认识关系，而是一种相互作用、相互影响和相互制约的关系，并且是一种相互生成的关系。怀特海把现实的认识主体与客体之间的这种关系性叫作"主体间性"（intersubjectivity），因此，主体与客体之间的关系就不再是纯粹的认识关系了，而是

[①] 参见怀特海：《过程与实在（修订版）》，杨富斌译，165页。
[②] 同上书，283页。

一种主体间关系。既然是一种主体间关系，就一定存在着相互作用、相互影响和相互制约，从而超越了纯粹的认识关系，形成复杂的相互"纠缠"关系。"超主体"概念的提出，一方面是要说明主体不是预先存在的，而是在认识和实践活动过程中生成的；另一方面是要说明这种主体不会仅仅局限在这一有限的主客体关系中，而是一定会通过发挥自己的主体性作用而超越这一关系，从已知走向未知，从有限探索无限。因为在怀特海看来，对"任何有限的东西的认识总是包含了对无限性的一种关联"[①]。

我们知道，"主体间性"概念是现当代西方哲学中一个非常重要的概念。这一概念由哪位哲学家首先提出，迄今为止我们没有查阅到具体文献。但是，从怀特海在1929年出版的《过程与实在》中明确使用这一概念，并根据其主体性原理明确阐述这一关系来看，无疑其对主体间性理论做出了重要贡献，并有其过程哲学本体论作为坚实的基础。因为每个现实存在都是能动的主体，所以作为认识主体的人当然也是能动的主体。这样一来，主体对客体的认识就并非如近代哲学认识论所坚持的那样，是通过感性知觉对客体的表象的认识，而是主体与认识对象相互作用的过程，而认识对象作为现实事物也是能动的，不是消极被动的。从这一观点出发，过程哲学坚持主体间性理论就非常合乎逻辑，理所当然。

根据过程认识论，现实的认识活动以认识材料为前提，没有认识材料，就不可能发生现实的认识活动。在有了认识材料的前提下，通过感受活动，认识的主体得以生成，怀特海说这种主体实际上是"超主体"。[②]在过程哲学中，"认识被降低为过程的中介状态。认知属于这样一类主体性形式，它们要么被承认，要么不被承认是一种把客体内容吸收到满足的主体性之中的功能"[③]。

在这里，无疑体现着过程哲学与实体哲学的明确对比。从认识路线上来看，实体哲学通常坚持以作为实体的主体为前提，进而达到或获得认识的材料，第三步才达到对认识材料的反映。显然，这是对认识过程抽象的和静态的分析。真正现实的认识过程则如过程哲学所分析的那样，乃是现实的认识主体和客体相互生成的过程，它以一定的认识材料为前提，在认识者与对象的感受活动中，生成为具有一定主体性形式的认识主体，同时

---

① 怀特海：《思维方式》，刘放桐译，41页。
② 参见怀特海：《过程与实在（修订版）》，杨富斌译，199页。
③ 同上书，207页。

也生成了认识的客体。若没有现实的认识活动，认识的主体和客体关系（实为主体间关系）就不可能形成。

过程认识论的主体间性理论具有重要的哲学意义。第一，它告诉我们，世界上并没有认识论意义上的纯粹消极被动的客体。只有本体论意义上的永恒客体，没有认识论意义上的永恒客体。在这个意义上说，所有现实的认识"对象"实际上都是能动的"主体"，它们都是能动的活动者。这就告诉我们，不能把任何现实的认识对象当作纯粹消极被动的客体，否则，就可能在现实的认识和实践活动中出现这样那样的问题。例如，自然界作为人的认识对象，就不是消极被动的客体。因此，人与自然的关系，实际上也是一种主体间关系。恩格斯早就明确指出，我们对自然界的征服，绝不像征服异民族一样，因为我们每一次在征服自然界方面取得的胜利，都遭到了自然界的报复。如此看来，近代以来，资本主义工业文明以现代科技为手段，试图改造自然和征服自然，这种做法是很成问题的。目前全球性的生态灾难和文明危机已充分地表明了这一点。如果把自然界当作有自己的生命活动的主体，把人类看作宇宙的产儿，那么我们就都是有机宇宙中的组成部分，那么就会有全然不同的自然观和科学观。

再如，在教育教学活动中，老师绝不应当把学生当作完全被动的灌输对象，教学教育活动绝不像给箱子里装东西的活动，也不是填鸭式的饲养活动。真正的教育教学活动是师生互为主体的交互性创造活动。教育的目的应当是促使学生自我成长、自我创造，培养出既有文化和智慧，又掌握某些专门知识和技能的人才。在我国目前的教育教学活动中，灌输式、填鸭式的教育教学活动比比皆是，甚至"在教育教学活动中究竟应当以学生为主体，还是应当以老师为主体"这样的讨论，至今仍然没有共识。根据主体间性理论，教师和学生无疑都是学校教育教学活动的主体，学校工作忽视哪一个主体都会导致严重的失误。由此可见，怀特海过程哲学认识论对我国未来的教育教学改革也具有重要的方法论意义。

第二，主体间性理论对于消除近现代哲学中占主导地位的二元论具有重大意义。在怀特海看来，"全部现代哲学都是以如何根据主词和谓词、实体和属性、特殊和普遍来描述世界这个难题为转移的"[1]。结果，全部现代哲学由于建立在这种二元对立的基础之上，对现实世界便不可能有全面的把握，对人类认识世界的可能性和现实的方式方法也不可能有正确的

---

[1] 怀特海：《过程与实在（修订版）》，杨富斌译，63页。

描述。在过程哲学看来，一切现实的认识对象，既是"客体"，也是主体。"要成为现实的就一定意味着所有现实事物都同样是客体，在形成创造性的活动中都有客体的永恒性；同时，一切现实事物都是主体，各自摄入着产生自己的宇宙。"① 这样一来，过程哲学"试图把世界描述为个体的现实存在的生成过程，每一种现实存在都有其自身绝对的自我造就能力"②。认识的主体如此，认识的客体和过程也如此。这就表明，人的认识实际上是自己运动、自我认识的过程。这同黑格尔的辩证认识过程思想完全一致，与马克思主义认识论所揭示的认识自己运动的思想也完全一致。

第三，主体间性理论对于我们深刻认识康德哲学主体性学说的缺陷也有重要启示。在康德哲学看来，经验产生的过程是从主体性到客体性的过程；而在过程哲学看来，经验产生的过程则是从客体性到主体性的过程。怀特海明确地说："有机哲学则把这一分析（即康德哲学所坚持的从主体性到客体性的过程）颠倒过来，因而把这一过程解释为从客体性到主体性的过程，即从外部世界由此而成为材料的那种客体性进到一种个体经验因此而得以产生的那种主体性。因此，根据有机哲学，在每一种经验活动中都有认识对象；但是，除非该经验活动中包含着理智的作用，否则便不会有知识。"③ 这就是说，在康德看来，认识主体只有具有先天的范畴，才能认识和把握外在的客体及其规律性，因此他的口号是"人为自然立法"。而在怀特海看来，外在的自然客体和现象并不是纯粹消极被动的存在，而是能动的主体，它们也遵循着自身的运动规律，在能动地运动变化和发展着。因此，认识的过程并非只是单向地从人的主体性到外在的客体性的活动过程，而是作为能动的主体的人与同样作为能动的主体的外在客体相互作用、相互制约和相互影响的过程，正是在这一活动过程中，作为主体的人获得了认识并有其他相应的改变，而作为认识对象的"客体"由于也能作为主体能动地与人相互作用，从而也会能动地改变自身，发生这样那样的变化。正是在这个交互作用的过程中，人类认识不断深化。这从人与传染病毒做斗争的历史中可以明显地看出来。人与传染病毒做斗争的历史，实际上是人体抵抗力、免疫力和医学不断发展的历史，也是病毒本身不断

---

① 怀特海：《过程与实在（修订版）》，杨富斌译，72页。
② 同上书，76页。
③ 同上书，200页。括号内容系引者所加。

变异的历史。没有一种传染病毒被人真正地消灭了,而只是它们改变了自己的存在形式,按照自身的规律在运行和变化而已。如"传染性非典型肺炎"(SARS)在人类历史上曾经肆虐多次,21世纪初在北京等地区发生时,最后也不是真正地被人类征服和消灭了,而是其自身发生变异后暂时地"潜伏"下来了。它何时再肆虐人类,无人知晓。即使无机物,诸如山川、河流和日月星辰,同样也有自身运行和变易的规律。大自然中的雾霾、地震、海啸、飓风和泥石流等对人类有重大危害的自然现象,也都有自身的运行和变易规律。人类只能在一定程度上对之进行干预和适应,要想改变其自身能动的运行规律是不可能的。

第四,主体间性理论对于我们正确理解现实存在的两极性,进而正确理解物质和意识的辩证关系具有重大意义。怀特海认为,"现实存在在本质上是两极性的,既具有物质极,也具有精神极。甚至物质世界如果不同作为精神活动之复合的另一面相关联,就不可能得到恰当的理解"①。这在本体论意义上说明了现实存在的两极性及其关系,而在认识论上则启示我们,不能把物质与精神绝对割裂和对立起来,然后再去讨论两者之间的关系。传统哲学中的唯物主义、唯心主义和二元论学说在这方面都存在严重的缺陷,因而它们都无法合乎逻辑地回答身—心关系问题,尤其是不能令人信服地解释"意识状态是怎样出现于人的大脑中的"问题。过程哲学的主体间性理论则可以帮助我们深刻地理解物质和精神的辩证统一关系,深刻地理解身—心的辩证统一关系。

八、直接表象、因果效应和符号参照知觉方式

怀特海过程哲学的知觉论颇有新意,他对三种知觉方式的概括及其关系的阐述,是对哲学认识论的重要贡献。

所谓知觉方式(the mode of perception),在传统西方哲学中是指人通过感官而把握世界的方式。通过批判近代西方哲学认识论仅仅关注人的感官知觉方式的弊端,怀特海明确提出人对世界的知觉还有两种方式:一是比感官知觉更为基础或基本的"因果效应的知觉方式";一是因果效应

---

① 怀特海:《过程与实在(修订版)》,杨富斌译,306页。

和感官知觉相混合并参照了某些符号的"混合知觉方式",或者叫"符号参照方式"(the mode of symbolic reference)①。

(一) 直接表象的知觉方式

所谓直接表象的知觉方式,是人通过感官而感知外部事物的认知方式。西方哲学家尤其是近代西方哲学家关注并阐述了直接表象的知觉方式在认识活动中的地位和作用,认为一切知识归根结底都来源于直接经验,这在原则上是正确的。

但是,怀特海认为,如果我们把这种直接表象的知觉方式当作我们进入外部世界的唯一的直接通道,否定或看不到其他知觉方式,那这就有问题了。因为在怀特海看来,"纯粹的直接表象方式并未提供任何有关过去和未来的信息,它只呈现那个被呈现的持续性中已被展现的部分。因此,它界定了宇宙的某个剖面;但其本身并未界定过去在哪一面,未来又在哪一面"②。休谟正是以此为依据而否认外部世界的因果性的,他认为因果观念不过是我们的心理联想而已,因为感觉材料并没有给我们提供存在客观的因果关系的证据。怀特海认为休谟的这一发现是有贡献的,也是正确的。

然而,无论凭直觉还是凭日常经验,外部世界中都确实存在着不依人的意志为转移的客观的因果关系,例如:太阳晒,石头会热;一个人从高楼上跳下来通常会被摔死。我们是否能知觉到这种因果关系呢?

为了解决这一问题,怀特海提出了他的知觉方式理论。他洞察到,在人的现实认识活动中,实际上存在的是一种混合的知觉方式,他称之为"符号参照"的知觉方式。这种混合知觉方式是由两种"纯粹的知觉方式"构成的:(1) 直接表象的知觉方式;(2) 因果效应的知觉方式。近代西方哲学家主要探讨的是第一种知觉方式。遗憾的是,他们没有看到第二种知觉方式,因此也没有看到第二种知觉方式对第一种知觉方式(即直接表象的知觉方式)的基础性作用,以及它们两者的相互作用。它们两者相互作用的结果就是形成了混合性的知觉方式,或者叫作符号参照的知觉方式。

怀特海进一步分析说,首先,根据纯粹的直接表象的知觉方式,我们只能经验到事物的现象。近代西方哲学家强调这一点无疑是正确的。例

---

① 亦译"符号指称方式""符号所指方式"。
② 怀特海:《过程与实在(修订版)》,杨富斌译,216页。

如，休谟等人坚持在直接表象的知觉方式中，我们不可能直接经验到因果关系，并提出"在此之后，不等于因此之故"的著名命题，无疑是值得称赞的。但是，"大多数哲学都假定这是并且仅仅是我们进入外部世界的通道"①，这是错误的。"长期以来，哲学家们跟随着日常感觉不仅把永恒客体分布给空间地点而且分配给位于那里的物质客体，例如墙面。他们认为他们自己看到了人、马和房子，而不是一团颜色。"② 实际上，他们的眼睛捕捉到的只是一团颜色而已。只是经过他们的大脑和意识加工，他们才"看到"了"人""马""房子"等。换言之，人的感官直接接收到的只是一些直接表象。如果局限于所接收到的这些直接表象，或者说直接给予的感觉材料，或者只是如怀特海所说的一些"永恒客体"，那么我们就不可能形成有关因果关系或事物性质等的认识。例如，当我们用眼睛观看一匹马时，实际上投射到我们眼睛里的只是有关这匹马的一团颜色而已。我们在头脑中形成的马的概念，绝不只是映射到我们眼睛中的这一团颜色告诉我们的，而是另有其他原因。这表明，要形成现实的认知活动，还需要其他知觉方式。这种知觉方式就是因果效应的知觉方式以及它与直接表象的知觉方式相结合而形成的符号参照的知觉方式。

所以，怀特海说："造成形而上学难题的诸多原因之一，便是对符号参照没有给予适当的重视，结果导致把'意义'概念变成神秘莫测的了。"③ 例如，我们在看到一块绿色地毯时，就会说"这是一块绿色地毯"。至于为何看到的是一团绿色的东西，但却形成了"绿色地毯"的概念，近代西方哲学认识论根本无法做出合理的解释，这就导致"意义"概念成为神秘莫测的东西了。为解决这一难题，怀特海提出了"因果效应的知觉方式"和"符号参照的知觉方式"这两个概念，并通过详细讨论它们与直接表象的知觉方式之间的关系，提出了一种全新的知觉理论，从而对意义问题形成了合理的解释。

（二）因果效应的知觉方式

所谓因果效应的知觉方式，是指人之外的某个区域中所发生的事件对作为主体的人发生了直接的相互作用（因果作用），人通过自己的身体直接感受到了这种相互作用，从而获得了某种感受或认知。简言之，因果效

---

① ② 怀特海：《过程与实在（修订版）》，杨富斌译，537页。
③ 同上书，216页。

应的知觉方式就是人体对外部刺激的直接感受方式。例如，某人的眼睛接收了外部一个墙面反射的光线刺激，眼睛便会获得某种感受。其中眼睛的刺激源于那一部分墙面反射的光线，这种刺激传递到大脑的某个特定部位，从而形成了某种感受。到此为止，这就是一种直接的因果效应的知觉。该人感受到了那个区域有某种颜色，这是无可怀疑的，这种感受也是没有对错之分的。至于这种感受经过大脑加工形成了何种印象和表象，这实际上已经超出了因果效应的知觉。

在怀特海看来，看到并承认这种因果效应的知觉，具有重要的认识论意义。我们知道，在近代哲学史上，休谟第一次明确地否定因果关系的客观性，并用其感性知觉学说对其做了详细论证，得到了许多人的认同。然而，在怀特海看来，现实世界的因果性或因果关系并非如休谟所说的那样，只是人们的一种习惯性的心理联想，而是人们可以通过因果效应的知觉方式直接感受到的客观存在。

首先，"有机哲学认为整个现实世界都能'感受'"①。这里的"感受"是广义的感受，并非仅指人的感受，而是指世界上所有现实存在之间的相互作用和相互影响，是指现实存在既能作用于他物也能被他物所作用。在这个意义上说，万物都能感受，或者说都有感受的能力。所以，怀特海说："感受是（现实存在的）各种各样的具体化活动，这些活动影响着向主体性的转化。"② 只有在宇宙进化出人类之后，在有意识的人这里，感受才在某些情况下具有有意识的感受的特性。所以，怀特海认为，人的"理解是感受的一种特殊形式"③。近代哲学中的感觉论者，把人的直接表象的知觉方式当作认识现实对象的唯一通道，因此，他们就难以理解和说明客观的因果关系以及人们何以能实现对现实的因果关系的知觉。过程哲学则认为，"每一现实存在都有认识的能力，并且形形色色的各类认识强度是有等级的；但是，一般说来，脱离了某些现实发生的构成中特殊的复杂性，认识便似乎是微不足道的"④。这就是说，只有在作为高级有机体的人类身上，认识才具有特别重要的意义。

其次，在过程哲学看来，对于客观的因果关系，人们可以通过自己的身体和各种感觉器官而直接感知到。我们在日常活动中，时时刻刻在通过

---

① 怀特海：《过程与实在（修订版）》，杨富斌译，226页。
② 怀特海：《思维方式》，刘放桐译，51页。
③ 怀特海：《过程与实在（修订版）》，杨富斌译，197页。
④ 同上书，207页。

自己的身体而获得真切的因果感受,例如:突遇一阵寒风,我们的身体会不由自主地打寒战;身体接触到高温物体,我们会本能地迅速离开,即使我们既聋又瞎也是如此。因此,把因果观念仅仅归结为人的心理联想,这从根本上说是错误的。因果效应的知觉方式会使我们在外部事物作用于我们时,明显地感觉到有某种"力"在作用于我们的身体,而我们的身体也会做出相应的反应。譬如,在黑暗中,有人从你身旁近距离走过,或者有人狠狠地打了你一下,你都会切实感到这种作用接触到你的身体。所以,怀特海说:"知觉的主要基础是各种各样的身体器官的知觉。"[①] 譬如,人手触摸石头的知觉由两部分构成:一是人手上的触觉,二是来自石头的矢量性材料(亦可说"信息")。在过程哲学看来,人的这种知觉可以觉察到外部的现实存在传递而来的因果效应。正是这种因果效应的知觉方式,才使我们形成切实的因果性感受。这种因果性感受活动表现在现实存在的直接的构成中,笛卡尔哲学已经看到了这一点,因而这成为其基本学说,这"也是有机哲学的首要原理"[②]。正是在这个意义上,过程哲学认为,人的经验中既有人体自身的经验,也有来自外部事物的作用和材料。如果我们坚持"所有认识都要以知觉为基础"[③] 这样一条合理的哲学原理,那么就必须承认因果效应的知觉方式。

其实,直接表象的知觉方式与因果效应的知觉方式通常是不可分割地结合在一起的,我们通常很难将两者的作用截然区别开来。怀特海说:"所有科学观察……都是以直接表象的知觉方式进行的,并且要竭尽全力保持这一方式的纯粹性,也就是说,要避免对因果效应的符号参照。这样便可保证其精确性,意思是说,要把所有解释从直接观察中排除。"[④] 近代哲学通常强调观察的客观性,不要对事实予以解释,不要附加主观的成分,其正确的意义也在于此。然而,仅仅依赖直接表象的知觉方式对于我们把握外部世界的本质和规律还是不够的,所以怀特海接着上一段话指出:"另一方面,所有科学理论都是唯一地参照该关联性体系而阐述的,就所观察到的而言,该体系还包括以纯粹因果效应方式获得的知觉对象。这样一来,令我们豁然开朗的是,我们想要认识的东西,无论出自好奇还是从技术观点看,主要地都居于由因果效应揭示的世界的那

---

① 怀特海:《过程与实在(修订版)》,杨富斌译,152 页。
② 同上书,186 页。
③ 同上书,204 页。
④ 同上书,218 页。引文有改动。

些方面。"① 也就是说，我们通过科学认识甚至日常认识，主要目的还是获得外部世界自身中存在的结构和规律，即能够直接影响我们和环境的各种力量；否则，我们就可能在行动中达不到预期目的，甚至会面临灾难。例如，我们对自然灾害、身体疾病、战争、内乱等现象的认识，绝不只是为了获得关于它们的表象，而是要掌握它们的活动规律，以便我们趋利避害。正如有的近代哲学家在反驳主观唯心主义学说时所说的那样，如果感觉印象只是对自身感觉器官的感觉印象，那么猫就不用抓耗子来充饥了，只须抓自己的眼睛就可以了。

尽管客观上存在着因果效应的知觉方式，但从人的具体的认识过程来看，怀特海说："我们能清楚明白地记录下来的东西，却主要地存在于以直接表象的方式存在的知觉对象中。"② 这也是休谟等近代哲学家仅仅关注直接表象的知觉方式的主要原因。直接表象的知觉方式对我们的日常认识和科学认识都有重要作用，这是不能否认的。"直接表象的有效性建立在下述原理之上：直接表象能更好地获得关于共时性世界的信息"，然而，需要注意的是"它偶尔会产生误导"③。例如，我们在听到窗外有狗叫声时，可能马上会认为这是有一只真实的狗在叫。而在战场上，区分真实的人的活动还是其他伪装的活动，是至关重要的。根据怀特海的观点，"听到狗在叫"既可能是真实的狗在叫，也可能是有人模仿狗叫，或者有人在播放狗叫的录音。我们直接听到的仿佛是狗叫的声音，这是千真万确的。至于是否是真实的狗在叫，这则不一定。判断是否是真实的狗在叫，是一个复杂的认识活动，这已不仅仅是直接表象的知觉了。近代哲学认识论，特别是休谟、洛克和笛卡尔的认识论，由于主要关注直接表象的知觉方式，没有意识到其中存在的因果效应的知觉方式，故而在解释人的知觉方式，进而在解释人的认识方式上和因果性问题等方面陷入了泥淖。怀特海过程哲学认识论第一次明确地揭示了因果效应的知觉方式在认识中的重要作用，并揭示了它与直接表象的知觉方式的相互关系，这对推进哲学认识论的知觉理论是重大贡献。

为此，怀特海还批评了所谓"批判主义"的一般方法。他说，人们通常把直接表象当作认识的唯一来源，感觉论者是这样，某些经验论者也是

---

① 怀特海：《过程与实在（修订版）》，杨富斌译，218 页。
② 同上书，218 页。
③ 同上书，406 页。

这样。但是,"没有哪位哲学家会真正地认为这便是信息的唯一来源"。"现代哲学'批判主义'的一般方法则是,将对手紧紧地绑在作为唯一信息源的直接表象的前门,而自己的哲学却披着日常语言用法的伪装从后门逃走了。"① 因此,他提出因果效应的知觉方式,这对于批判休谟的知觉学说和因果学说,真正揭示人的认识的知觉方式以及世界的客观因果性和规律性,均具有重要意义。

在怀特海看来,"因果关系概念所以会出现,就因为人类生活在因果效应方式的经验之中"②。例如,我们在路上听到汽车鸣笛时会赶快躲开,因为我们担心会被汽车撞上。这是实际的因果效应,而不只是眼睛和耳朵的表象。因此,他说:"无论在任何情况下,身体的'接触'总是我们直接表象的知觉中一个常在的要素,尽管是一个难以把握的要素。"③ "无论在常识中还是在心理学理论中,这种身体效应都是直接表象以之为前提并且导致直接表象产生的成分。"④ 可见,没有因果效应的知觉为基础,直接表象的知觉就不会产生。有些动物生活在黑暗的深海中,几乎没有视觉能力,甚至有的连听觉也没有,然而它们依赖自身的因果感受照样也能生存。这对我们思考和理解人的知觉方式显然有重要启发作用。

(三)符号参照的知觉方式

在《过程与实在》中,怀特海专门列了一章论述符号参照的知觉方式及其相关理论。所谓符号参照的知觉方式,就是人们在实际生活中运用的知觉方式。它是一种由直接表象的知觉方式和因果效应的知觉方式相混合而形成的知觉方式。从人的认识发展的视域看,它出现在人的经验发展的后期阶段。怀特海认为,因果效应和直接表象这两种知觉方式通常不会出错,而"符合参照却导致有此可能。当探讨人类经验时,'知觉'几乎总是指'以混合的符号参照方式表现出来的知觉'。因此,一般而言,人的知觉容易出错,因为就这些成分十分清楚地存在于意识之中而言,人的知觉是有解释力的。事实上,犯错误是较高级机体的标志,它像老师,由于它的作用才有向上的进化。例如,智能进化的作用就在于,它

---

① 怀特海:《过程与实在(修订版)》,杨富斌译,223 页。
② 同上书,225 页。
③ 同上书,398 页。
④ 同上书,397~398 页。

能使个体从错误中受益，不被错误吞没"①。这里，说人类的"知觉"会出错，实际上是指混合的符号参照的知觉方式会出错。因果效应的知觉和直接表象的知觉，严格说来，其本身并不会出错，出错的是人们对这些知觉结果的判断。

具体而言，首先，"解释符号参照的第一原理是：这种参照需要一个'共同基础'。所以要有'共同基础'这一必要性，意思是说，经验中必须有一些成分可以直接地被看作在每一纯粹的知觉方式中是相同的"②。也就是说，在因果效应和直接表象这些纯粹的知觉方式中是一样的。他认为，"在这两种纯粹方式共有的共同基础中，一种主要因素是被呈现的轨迹。这一轨迹从属地进入因果效应知觉方式中……它不是由该知觉方式以任何其他方式所揭示的，至少不是直接揭示的。进一步的揭示一定是间接的，因为诸当下事件本身既不是能引起，也不是由具有知觉的现实发生引起的事件"③。在怀特海看来，这种"被呈现轨迹是由感觉材料直接表现的……所有科学观察，诸如测量、对相对空间位置的确定，对诸如颜色、声音、味道、气味、冷热感、触感等的确定，都是以直接表象的知觉方式进行的"④，然而，就观察到的东西而言，"还包括以纯粹因果效应方式获得的知觉对象"⑤。这样一来，便可以说，"被呈现轨迹是符号参照的共同基础，因为它是由直接表象直接而明确地知觉到的，同时是以因果效应方式模糊而间接地知觉到的"⑥。正因后一种知觉方式，我们便区分出过去和未来、原因和结果。而且，人具有动物性的身体，使这种区分获得某种精确性——虽然不如直接表象的知觉方式那样区分得非常清楚，但"却足以做出重要的区分。例如，我们用眼睛看，我们用味觉尝，我们用手摸，等等；此处因果效应限定了那些区域，它们与另一方式知觉到的更为明确的区域是相同的。……从这一方面看，动物身体是所有符号参照的重要核心基础。就身体知觉而言，这两种方式都获得了最大的符号参照，并汇集了相同区域的感受。对世界上物质实体间的几何关系做任何陈述，归根结底都是把某些确定的人体当作参照系。一位旅行者迷路后不应当问：我在哪里？他真正想知道的

---

① 怀特海：《过程与实在（修订版）》，杨富斌译，217页。
② 同上书，216页。
③ 同上书，217页。
④ 同上书，217~218页。
⑤⑥ 同上书，218页。引文有改动。

是其他地方在哪里。他有自己的身体,但却迷失方向,不知其他地方在哪里"①。由此表明,直接表象通过人的身体而依赖于因果效应。所以,怀特海说:"我们的身体经验主要就是去体验直接表象如何依赖于因果效应的。休谟的学说颠倒了这一关系,认为作为经验的因果效应依赖于直接表象。不管这一学说有何优点,都不是以诉诸经验为基础的。"② 过程哲学认识论则要真正地诉诸人的直接经验。

其次,符号参照的知觉方式的第二个"基础"是这两种方式之间的联系。这一联系是由作为它们两者之组成成分的永恒客体的同一性造成的。前一个"基础"是外部世界广延区域的同一性,这后一个"基础"则是永恒客体的同一性。

以人对一块石头的知觉为例:光线照到石头上,石头反射出灰色的光线投射到人的眼睛上,由因果效应的知觉方式导致人的"眼睛收缩",并由直接表象的知觉方式获得"灰色"的知觉,至此,"被直接而确切地知觉到,且没有丝毫疑问的东西,就是被呈现轨迹的灰色区域"。这是因果效应的知觉方式和直接表象的知觉方式共同参与的结果。往下,"再做任何解释,不管出自本能还是理智的判断,都只能归结为符号参照"③。也就是说,通过两种纯粹的知觉方式感知对象之后,最后还只有通过混合的符号参照的知觉方式发挥作用,人们才能得出那是一块"石头"的认识。这种认识有可能是正确的,也有可能是错误的。假如那是一块作为演出使用的、由纸糊的假石头,我们若判定它为真石头,那么我们的判断就是错的。在实践中,我们根据经验可以判断出真假石头,而这其中一定要使用因果效应的、直接表象的以及混合的符号参照的知觉方式。

至此,怀特海的阐述已说明,因果效应的知觉方式可追溯到感觉材料的构成;而直接表象的知觉方式则源于感受过程后期原创性的整合阶段,由此才有具体的知觉存在。"这样一来,我们就必须把因果效应方式归之于某个发生的基本构成之中,因而这一方式在其萌芽状态甚至可归之于最低等的机体;而直接表象方式则要求过程的后期阶段有更复杂的行为,因而只属于相对高级的机体。"④ 但是,需要特别注意的是,怀特海以具体事例说明,"直接表象"处理的材料与"因果效应"处理的材料相同,这

---

① 怀特海:《过程与实在(修订版)》,杨富斌译,218~219 页。引文有改动。
② 同上书,226 页。引文有改动。
③ 同上书,221 页。
④ 同上。引文有改动。

一事实对"符号参照"为何具有共同的"基础"提供了终极理由。

最后,怀特海还说明,符号参照的知觉方式是人类经验中的解释性要素。它提供了支配所有符号论原理的主要实例。他说:"符号论之所以是必不可少的,是因为有两类知觉对象;而一类知觉对象与另一类知觉对象有某种共同的'基础',因此便确立了这一对知觉对象之间的相互关联。与一类知觉对象的组成部分有联系的感受、情绪和一般特征,明显地在某些方面不同于与另一类知觉对象的组成部分有联系的感受、情绪和一般特征。因此,在这两类知觉对象之间便存在着'符号参照'。……符号参照由之开始的那一类型叫作'符号类型',而它在其中得以结束的那一类型叫作'意义类型'。"① 所以,在怀特海看来:"思想史表明,对观察事实的错误解释往往会进入关于这些事实的观察记录之中。"② 这表明,根本没有关于客观事实的纯粹记载,任何事实都是经过解释的事实。在这里怀特海说出了一句名言:如果让事实自己说话,那就无异于让石头自己写传记。

九、符合论、融贯论和实效论及其统一

在真理标准问题上,哲学上通常有符合论、融贯论和实效论等主张。怀特海在真理标准问题上则采用了符合论、融贯论和实效论相统一的综合标准论。

首先,怀特海赞同真理符合论的基本主张。所谓真理符合论,是指坚持认为正确的认识是符合客观实在的本质和规律的学说。怀特海认为,如果把客观实在理解为不断生成的过程,人的认识是对这一过程的认识,而不是认识者自己的主观建构或任意想象,那么,这当然是正确的。否则,以科学认识为例,如果科学不是对自然事实的描述以及对其关系的揭示,那么"科学便是毫无意义的,无异于痴人说梦"③。他以天文学为例说明这个道理,明确地指出天文学绝不是天文学家的幻想和心理联想,而是对客观存在的天文现象及其规律性的描述。因此,科学如果不是科学家有关

---

① 怀特海:《过程与实在(修订版)》,杨富斌译,231 页。
② 同上书,11 页。
③ 同上书,417 页。

日常世界的系统理论的重要陈述,那么它就有可能是"一个爱好讲述白日梦的孤僻智慧头脑的幻想"①。如果科学家的直接表象不是对现实存在和外部世界的反映,那么这种知觉就只不过是他的私人心理联想,这样"科学就成为没有任何公共意义的个人幻想"②。在怀特海看来,科学是对作为终极系统的现实世界某些方面或某些领域的系统揭示。"正是由于对终极系统的这种揭示,才使我们有可能理智地把握这个物质性的宇宙。在所有相关事实中都存在着一种系统的体系,只有根据这个体系,丰富多彩的世界上各种变化万千、种类繁多、飘浮不定和不断凋谢的细节,才能通过它们与宇宙系统的共同方面的联系而展现出自身的相互关联。……发现直接表象揭示的数学关系具有真正的联系,这是理性征服自然的第一步,精确的科学就是由此而产生的。"③

所以,在关于检验认识的真理性的标准问题上,怀特海明确地坚持,判断一种认识的真理性的标准必须是检验它是否符合相关的客观事实。用他的话说:"人类的所有言论,只要基于要求考虑陈述的真理性,就必须诉诸事实。无论哪一派哲学,都不能声称可以摆脱这一规则。"④ 显然,这一主张同真理符合论是一致的。

然而,怀特海对真理符合论的赞同是有保留的。因为在他看来,"符合论对高级生命来说是必不可少的,而符合论的错误则根本不能完全避免"⑤。理由是:一方面,根据过程哲学的主体性原理,过程认识论并不认为认识的主体和客体是互不相关的两个实体,是在认识过程中两者才联系到一起的。相反,在怀特海看来,认识的主体和客体都是在现实的认识过程中生成的。认识的主体只有在现实的认识过程中才能获得对客体的现实认识,而认识的客体也正是在这种现实的认识活动发生时,才生成为真正现实的认识客体。例如,一本书只有在现实的人阅读时才是真正意义上的书,否则,它就只是抽象意义上的书,或者只是装订在一起的印有墨迹的纸张。因此,认识的结果与认识对象的符合,实际上是一种动态的符合,而不是静态的符合;这种符合不是一成不变的,而是像世界上一切现实存在一样不断创进的。因此,怀特海所赞同的真理符合论不是理论和对

---

① 怀特海:《过程与实在(修订版)》,杨富斌译,420页。
② 同上书,425页。
③ 同上书,417页。
④ 同上书,49页。
⑤ 同上书,234页。引文有改动。

象僵死的符合一致,而是动态生成过程之中的符合一致,它不是排斥融贯论和实效论前提下的符合一致,而是与之内在一致的符合一致。这样,它便既有与传统哲学上的真理符合论相一致的方面,也有与其不一致的方面。另一方面,怀特海坚持真理的符合论标准,并不排斥真理标准论上的融贯论和实效论,相反,他认为它们是内在统一的,而且是相互支持的。如果以符合论排斥融贯论和实效论,那也是错误的。这表明怀特海坚持真理符合论是有条件和有限度的。

其次,怀特海也认可真理融贯论的主张。所谓真理融贯论,是指这样一种观点:一种理论是否具有真理性,是看其内部各种概念、观点和原理是否彼此协调一致,是否有内在的冲突和矛盾。作为逻辑学家和数学家,怀特海当然不会允许理论体系和认识存有内在的矛盾。因此,他在原则上赞同并坚持真理的融贯论学说。但是,与传统的真理融贯论不同的是,怀特海认为,这种内在一致和无矛盾性,应当以坚持真理的符合论为前提。如果以排斥真理的符合论为前提,仅仅以一个理论体系内部的概念、观点和原理是否协调为标准,来判断该理论是否具有真理性,那么这就不能保证这个理论体系是否符合客观世界本身的真实状况。因此,他在讨论主体性学说时指出:"有机哲学承认这种主体性学说,但是却拒斥感觉论学说,因而便有了它关于一种现实发生可以客体化于另一种现实发生的经验之中的学说。每一种现实存在都是一种把现实世界包含于其自身范围之内的经验搏动。有关动力因和认识的各种难题可依据现实发生的这一本质而获得共同的解释。有机哲学中的判断理论同样既可以被恰当地描述为一种符合论,也可以被描述为一种'融贯'论。它之所以是一种符合论,是因为它把判断描述为关于某个命题与被客体化的聚合体之间的一致或不一致的整体性摄入的主体性形式。"[1] 怀特海对自己的过程哲学体系就明确提出了这样的融贯论要求,并致力于把过程哲学理论体系建构成这样一种自洽的理论体系。

我们认为,怀特海在坚持真理的符合论前提下赞同融贯论的主张,是极为有见地的。这既克服了真理标准问题上符合论和融贯论的对立,使两者能够统一起来,同时,也能克服两者各自的片面性,使符合论中贯穿着融贯论的思想,而融贯论中也贯穿着符合论的思想。应当说,这在认识的真理标准论上乃是一个贡献。

---

[1] 怀特海:《过程与实在(修订版)》,杨富斌译,243页。

最后，怀特海还认为真理的实效论也是必须要坚持的，并且要与符合论和融贯论统一起来。在谈到多数的人类经验与符号参照的知觉方式密切相连时，他明确指出："说真理的意义就是有效，简直是毫不夸张。"① 然而，效用的检验是有条件的。只有在某种未来或当下的发生中，对该发生中什么是真的有明确的规定时，效用的检验才是起作用的。"否则，可怜的实用主义者就依然是智力上的哈姆雷特，永远地把做出判断的决定向后推迟。"根据怀特海的过程学说，"只有在'意义'足够清晰和有关联之时，才是做出判断之日"②。这时，作为符号的知觉对象与作为意义的知觉对象，通过某种关联背景相互联系起来。对于符号论，怀特海评论说，它可能是正当的，也可能是不正当的。"对正当性的检验一定永远要注重实效。"③ 这里，虽然直接谈论的是对符号论的检验，但我们可以据此推论，对认识的真理性的检验也应当要注重实效或效用。

这里，怀特海还特别强调了这样一种观点："恰当的检验不是要检验最终的结果，而是要检验其是否取得了进步。"④ 也就是说，要从过程视域，检验当下的认识是否比先前的认识取得了进步。由于世界的过程性，任何认识都不是最终的认识。每一种认识结果，都是一定历史条件下的认识。我们这个宇宙时期的认识，包括爱因斯坦的相对论和哥本哈根学派提出的量子力学，都是相对于我们这个宇宙时期而言是正确的科学理论。而对未来其他宇宙时期而言，这些理论是否正确，还有待于将来根据实际情况去检验。因此，怀特海指出："脱离了现实化过程，真和假便毫无意义：我们会处于一个无意义的区域，处在一个没任何东西有存在权利的不定状态。但是确定性是现实性的灵魂：获得一种具体的确定性就是一个特殊过程具有生机的终极原因。"⑤

小结：本章阐述了过程哲学认识论的基本观点。怀特海认为，认识论只有建立在本体论上才有坚实的基础。近代认识论的困难实质上都是由本体论上的困难造成的，它们不过是经过伪装的形而上学上的困难。例如，近代哲学在世界的可知性问题、因果关系的客观性问题、归纳问题、真理标准问题等方面陷入困难，都是由坚持实体形而上学与物质和精神截然对

---

① ② 怀特海：《过程与实在（修订版）》，杨富斌译，232页。
③ 同上书，231页。
④ 同上书，17页。
⑤ 同上书，284页。

立的二元论造成的。在过程哲学看来，世界上没有任何事物在本质上不可认识，认识的可能性依赖于现实事物相互联系的本性。就任何事物与其他事物的联系的有限性而言，任何事物都是可以认识的。换言之，我们可以根据任何事物的某种视域来认识这种事物。理解是对事物的结构、统一性和过程的把握。人类社会发展出一些伟大的组织机构，它们在发挥着不同的作用，既能为进步创造条件，也能阻碍进步。经验是意识产生的基础，而不是相反。万物都能经验，只不过人的经验部分地同意识相联系，具有一定的自觉性。人的认识活动具有不可重复性和创造性，无主体能经验两次。每一种认识活动都会创造出自己的主体和客体及其相互关系。"我"成为"我自己"的过程，就是"我"从"我"拥有的那一部分世界中生成的过程。传统哲学所讲的主客体关系，实际上都是主体间关系，它们之间存在着复杂的相互作用、相互影响和相互制约，不仅是一种认识关系，而且是一种相互生成的有机联系。从认识方式上说，直接表象的知觉方式和因果效应的知觉方式是两种纯粹的知觉方式，这两种知觉方式所获得的感觉并没有对错之分。只有这两种纯粹的知觉方式混合而成的现实的符号参照的知觉方式，才是人们通常实际采用的知觉方式，这种知觉方式的结果便是人的认识，它有对错之分。传统西方哲学认识论尤其是近代西方哲学认识论主要看到并描述了人的直接表象的知觉方式，而没有看到人类认识活动中因果效应的知觉方式及其与直接表象的知觉方式的混合——符号参照的知觉方式，因此未能真正把握和说明人类的知觉方式，进而不能正确理解"人类的理解"的过程和本质。在真理标准问题上，过程哲学认识论坚持真理符合论、融贯论和实效论的统一，认为任何真正的真理，都要符合实在，其理论体系要内在一致，并且在应用于实践中时还应当能经受住实践经验严格而反复的检验，能产生预期的实际经验效果。

第十五章 过程价值论

"价值"是我用来表达事件固有的实在性的一个概念。

任何事物都有为自身、为他者以及整体的价值。这一点表明了现实事物的意义的特征。

在考虑终极目的时，环境的内在价值是必须充分估计进去的。

——怀特海

一般地说，价值论是关于价值的性质、构成、标准和评价的哲学理论。自古希腊罗马哲学始直到现当代西方哲学各流派，许多哲学家研究过价值问题。然而，各派哲学的研究取向不同，故而其价值论也各不相同。怀特海过程哲学的价值论是广义价值论，而且由于他主要致力于从过程哲学本体论视域来研究价值论，因而我们亦可称之为"过程价值论"。他关于价值论的一些基本观点，值得我们深入研究和借鉴。

一、价值是事件内在固有的实在性

在价值的本质问题上，与近代西方哲学家通常明确地区分事实与价值不同，怀特海认为价值与事实是不可分的，甚至可以说，事实本身都有价值，事实本身就是价值。因此，在《科学与现代世界》中他明确指出："'价值'是我用来表达事件固有的实在性的一个概念。"简言之，价值就是事件固有的实在性。

这表明，怀特海完全不同意以牛顿力学为基础的近代西方机械唯物主义价值观，因为这种机械自然观否定自然界本身的意义和价值。所以，他说，虽然"牛顿物理学的方法论是一个无与伦比的成就。但是，他所引出

第十五章 过程价值论

的各种力仍然没有给自然界以意义和价值"①。在怀特海看来,自然界本身就有价值,自然界的事实本身就是有价值的存在。这样,他的价值观便同一切机械唯物主义价值观以及现当代西方哲学中的实证主义价值观,明确地区分开来。

同时,怀特海不仅坚持现实存在作为事实和事件,其本身就有价值,而且认为现实存在的自我生成和实现的"过程本身就是获得价值"。因此,价值实际上是现实存在的达成态。现实存在的达成或实现,也就是某种价值的达成或实现。并且他还提醒说,如果坚持近代西方哲学二分法的坏习惯,那么他依据过程价值论所讲的一系列新观点就是不可理解的。②

直到今天,在我国一些哲学教科书和工具书中,关于价值的本质占主流的观点仍是:"价值是现实的人同满足其某种需要的客体的属性之间的一种关系。"价值是"一切事物、现象、行为对人的需要的趋向、可能和结果,是主客体关系中客体趋向主体、物为人而存在的实质内容"③。从价值论的发展来看,这个意义上的价值概念实际上是认识论视域中的价值概念。怀特海则主要是在本体论意义上来考察价值概念的。

根据过程哲学,从微观视域看,现实存在或现实发生是构成宇宙的最小单位,也是过程哲学体系的最基本范畴。而从宏观视域看,世界则是由各种事件构成的,而不是由物质实体构成的。通常所说的物质实体,实际上都是更大事件中的组成部分,而且只有在更大事件范围内才能真正理解其中所谓的实体性存在。因此,怀特海把宇宙中的事件看作价值的中心。他所理解的价值,实际是指现实世界中所有事件本身固有的意义或重要性,他称之为事件内在固有的价值。从过程哲学整个价值论来看,怀特海所关注的主要是现实存在的内在价值。在一定意义上说,一个现实存在就是一个最小的事件。

所谓内在价值在哲学上通常是指有价值的存在状态或经验,意指事物或存在由自身而具有价值,不涉及其结果。柏拉图最早提出内在价值和外在价值的对立,认为外在价值与工具价值相等同,表示一物的价值在于作为达到其他目的的工具;内在价值与目的价值同义,其价值在于达到其自

---

① 怀特海:《思维方式》,刘放桐译,119页。
② 参见怀特海:《自然的概念》,张桂权译,2页,北京,中国城市出版社,2002。
③ 李淮春主编:《马克思主义哲学全书》,270页,北京,中国人民大学出版社,1996。

身的目的，不作为达到其他目的的工具。兼有外在价值与内在价值的混合类型，则被称为中间价值。①

怀特海并没有特别明确地使用"内在价值"和"工具价值"这些术语来讨论价值问题。"在怀特海看来，价值在形而上学、伦理学和美学上是中立的。成为现实的，就是自在和自为的价值，同时成为为他的价值。"②柯布在解读怀特海的价值理论时则使用了内在价值和工具价值的概念，他指出："就现实存在是自在和自为的价值而言，价值是内在的。就其为他者的价值而言，其价值是工具性的。……没有内在价值就不会有工具价值。"③ 这里，"自在和自为的价值"是指存在与本质、直接与间接、潜在与展开的具体统一的价值。

怀特海虽然没有明确使用"工具价值"这一概念，但却在一定意义上讨论了价值的工具性。例如，他在《思维方式》中明确指出："任何事物都有为自身、为他者以及整体的价值。这一点表明了现实事物的意义的特征。"④ 这个概括表明，在怀特海看来，任何事物实际上都有三重价值：一是其内在价值或固有价值，即他所说的事物为自身的价值；二是事物对他物的价值，实际上就是我们通常所说的工具性价值；三是事物在宇宙整体中的价值。在价值论讨论中，仅仅将事物的价值归结为工具性价值，显然是极其片面的价值论主张。

不仅如此，怀特海还进一步谈到，事物的这三重价值对人的存在具有重要作用。人的存在的基础就是关于这些价值的感觉。用他的话说："我们存在的基础是'价值'的感觉。'价值'实质上预先假定了'有价值的东西。'"价值"是为了本身存在的意义、作为本身的实证的存在的意义、具有本身的特征的存在的意义"⑤。而且，"人类能够看到事实之内的形式的功能，以及从这种相互作用中产生的价值"⑥。因此，人们在实践中，"将清晰和秩序同达到善联系起来是很自然的。将模糊和无秩序同恶联系起来也是很自然的"⑦。在认识事物的过程中，人们"区分的初始阶段主要不是性质上的。它是对实在的隐隐约约的掌握，将其分为一个三重图

---

① 参见冯契主编：《外国哲学大辞典》，51页。
②③ 柯布：《怀特海的价值理论》，见王治河、霍桂桓、谢文郁主编：《中国过程研究》，第1辑，195页。
④ 怀特海：《思维方式》，刘放桐译，99页。
⑤ 同上书，98页。
⑥ 同上书，69页。
⑦ 同上书，71页。

式，即整体、那个他者以及这个自我"①。这实际上就是人对任何事物所具有的三重价值的把握。当然，在具体的认识和生活过程中，这基本上是一种朦胧的分类。整体感使自我和他者的分析变得模糊起来。这种分类主要也以存在作为价值经验的感觉为基础。也就是说，整个价值经验被分为这种价值经验和那些价值经验。用怀特海的话说，存在着作为一的多以及包含了多的一的朦胧的感觉。关于一的感觉也有两种，即作为全体的一的感觉和多中之一的感觉。

怀特海认为，这种描述的根本基础在于我们的经验是一种价值经验，它表示关于保持和抛弃的一种隐约的意义，在于这种价值经验在具有价值经验的许多存在的意义上将自身区分开来，在于价值经验的这种杂多的意义又把它区分为价值经验的整体、许多其他价值经验以及自我的价值经验。存在着对自我、他者和整体的感受。从存在享有抛弃和保持来说，这是对它的区分的隐约的、基本的表达。我们每一个人都是他者中之一，我们全都包容于整体的统一之中。

任何事物都有为自身、为他者以及整体的价值，这表明了现实事物的意义特征，因此，就产生了道德概念。我们没有权利损害作为宇宙的真正本质的价值经验。存在按其本性来说乃是价值强度的保证。但是，每一单位的存在都是无可非议的。它为自身保证了价值强度，而这一点包含了与宇宙分有价值强度的意义。在任何意义上存在的任何事物都有两个方面，即它个别的自身以及它在宇宙中的意义。同时，这两个方面的任何一方面都是对方的一个因素。② 这样一来，"随着自身与关于价值感受的宇宙发生关系的清晰的感觉的产生，人类的经验世界便获得了确定"③。

二、作为主体性的内在价值

怀特海认为，离开主体谈论价值是毫无意义的。只有主体才具有内在价值，因为只有主体才可以成为自在和自为的某物。客体就其本身而言是

---

① 怀特海：《思维方式》，刘放桐译，98页。
② 参见上书，98~99页。
③ 同上书，99页。

为他物而存在的，因此，客体只有工具价值。也就是说，客体相对于某一主体而言的价值乃是工具性的价值。这样，关键的问题便在于：什么是主体？主体性位于何处？

近代西方哲学的主流观点认为，主体处在人类的经验之中，这些经验使我们具有主体性的根本观念。主体性观念包含感知和活动。我们受世界影响并影响世界。至少在英语中，"主体"有这两重含义。在汉语中，"主体"也至少有两种含义：能感知世界并能影响世界。

在怀特海看来，感知世界和影响世界这两者都很重要。世界上没有什么主体不受影响，也没有什么主体不发生影响。但是，"在西方哲学传统中，哲学家们只将人类自身当作主体。有些哲学家甚至否定其他任何主体有主体性。近代哲学奠基人笛卡尔就明确主张，动物实际上只是没有情感的客体。我们通常认为，狗在疼痛时发出的吠声无异于门的嘎吱声"[1]。因此，"对自然界，包括对人类的客体化，已在现代西方学术传统中呈统治之势"[2]。

柯布认为，尽管很少有人真的相信这一点，但是将主体性仅限于人类的观念却有着深远的影响，迄今仍有不少人坚信这一理论主张。例如，现代西方经济学理论通常将满足人类的需要当作唯一目标，任何他物的价值都是人类需要支付的价格，对待动物就像对待蔬菜或矿物一样。

但是，也有一些哲学家认为，有充分的理由将主体性归于其他动物。对此，不少人予以认同。怀特海则不仅同意把主体性归于其他动物，而且认为所有现实存在，包括无机物，如日月星辰、电子质子等微观粒子，也都有一定的主体性特质。因此，从过程哲学视域看，它们都是能动的主体。

因此，将主体性等同于意识的主体性，这是很不合理的理论主张。尽管我们似乎不能说没有中枢神经系统的动物有意识，但是，怀特海坚决不同意将主体性仅限于意识的主体性的主张。"他同意深层心理学家的观念，即我们的大部分经验都是无意识的。他认为，只有当经验达到一定程度的复杂性——可能要求有中枢神经系统——时，才出现了意识。"[3]

人类意识的出现无疑极大地增加了经验的价值。但是，这并没有穷尽

---

[1] 柯布：《怀特海的价值理论》，见王治河、霍桂桓、谢文郁主编：《中国过程研究》，第1辑，196页。

[2] 伯奇、柯布：《生命的解放》，邹诗鹏、麻晓晴译，6页，北京，中国科学技术出版社，2015。

[3] 柯布：《怀特海的价值理论》，见王治河、霍桂桓、谢文郁主编：《中国过程研究》，第1辑，196页。

价值。在怀特海看来，缺乏意识的主体也有自在和自为的价值。无意识的主体性适合于归入那些缺乏感官和中枢神经系统的动物。怀特海有时把这种无意识的主体性叫作"无意识的情感"。

特别引人瞩目的是，怀特海认为，可以将整个物理世界设想为是由这种无意识情感的搏动构成的，因为量子力学揭示了微观世界就是这样一些类似于无意识情感的搏动。如果可以这样设想，那么就可以推定宇宙中"所有事物都有价值，但瞬间的人类经验所具有的价值远大于一个能量子事件的价值"①。

柯布指出，许多受近代西方哲学影响和支配的人认为，把主体性归于自然整体是不可思议的。这也正是理解怀特海的主体性原理和价值论的关键之所在。

首先，并非世界上的所有事物都是主体。"怀特海强调，他并没有将主体性归之于椅子、岩石和星球。主体性发生于统一的事件。"② 例如，人类的瞬间经验就是这样的统一事件。也可进一步说，其他动物的经验也是这样的统一事件，尽管它们可能缺乏意识。然后，可进一步再扩展，例如植物的细胞也是这样的统一事件。细胞事件具有一定的主体性。但整体的植物本身可不是统一的事件。一把椅子是由分子构成的，这些分子事件而非该椅子的整体是具有主体性的统一事件。完全可以认为，主体性的确存在于最终组成分子的亚原子事件中。柯布解释说："大多数情况下，没有理由将主体性归于复合体。但当我们研究这些复合体借以构成的单个实体（即科学加以分析的实体）时，这些复合体最终是以主体性的方式运作的。怀特海归之于主体性的，正是这些复合体。"③

其次，怀特海思想的核心是事件而非实体。近代西方哲学尤其是近代机械唯物主义认为，世界是由物质实体及其属性组成的。西方古代和近代都有一种颇有影响的观点认为，世界最终是由本身不变的原子构成的，原子的相对运动产生了各种事物。怀特海坚决拒斥这种观点，因为量子力学和相对论表明，我们所拥有的是没有实体的实体属性。某些以实体哲学为前提的物理学家则继续使用实体术语，例如他们假定，有波就必定有波动的基质，依照波来理解光，其实体就必定是能波动的以太。然而科学实验

---

① 柯布：《怀特海的价值理论》，见王治河、霍桂桓、谢文郁主编：《中国过程研究》，第1辑，196页。

② ③ 同上书，197页。

表明,以太并不存在,但物理学家们仍在谈论波。"怀特海坚信,这种语境颇为混乱,一定有更好的解决办法。与其假定世界是由实体对象及其属性和运动构成的,不如认为世界是由事件构成的,这似乎可以更好地满足亚原子世界,并使其他世界更有意义。人类经验是事件,能量子跃迁也是事件。"① 总之,所有自在和自为的事物都是统一的事件。"自在和自为者就有内在价值,为他者则只有工具价值。"② 从主体性观点看,它们可以被看作无意识的感知或情感。从客体性观点看,它们可以被描述为能量事件。

最后,柯布指出,认为在人类出现之前世界上没有主体,存在的只有客体,这在哲学上似乎讲不通,因为"客体只为某一主体而存在",即只有相对于主体而言,才有客体的存在。如果在人类出现之前世界上只有这些客体性的东西存在,那么主体的出现就只能归于奇迹或神创了。"在怀特海看来,进化论所要求的至少是从最简单的亚原子事件到最复杂的人类经验的连续性。否则,在进化思想不能解释的某个点上就会遭遇形而上学歧义。有意识的主体性可以从无意识的主体性中产生,但主体性却不能从纯客体性中产生。"③ 因此,根据健全理智所要求的连续性和统一性,要保证人类主体性的产生,就必须在人类主体产生之前已经有其他主体性,譬如动物的主体性,譬如其他统一事件的主体性,尽管它们是无意识的主体性,但一旦通过进化出现了中枢神经系统,就会使有意识的主体性的出现成为必然。因此,从理论上说,假定在人类主体出现之前,甚至在所有动植物出现之前,世界上的亚原子系统就有一定的无意识搏动的主体性,不仅是合乎逻辑的,而且是符合现代科学事实的。列宁在《唯物主义和经验批判主义》中也明确说过,假定一切物质都具有在本质上跟感觉相近的特性、反映的特性,这是合乎逻辑的。量子力学等现代科学所揭示的原理表明,做出这样的哲学推论恰恰是现代哲学理所当然的假定。怀特海正是做出这一系统理论概括的第一个现代西方哲学家。其过程哲学体系从本体论和宇宙论层面阐述现实存在或现实发生的主体性特质,体现了过程哲学的系统性、统一性和自洽性。

至此,我们"应该理解的是,怀特海何以将内在价值归之于一切事

---

①②③ 柯布:《怀特海的价值理论》,见王治河、霍桂桓、谢文郁主编:《中国过程研究》,第1辑,198页。

物"。因为在他看来,"内在价值植根于一切事物借以构成的统一事件。在大多数情况下,许多事件可以忽略不计,但出于实际目的,许多事件也很重要。价值的形而上学普遍性为我们分析哪一种价值在何种情况下出于什么目的奠定了重要基础"①。

三、价值是有限的馈赠

在《数学与善》一文中,怀特海对价值还提出了一个核心观点:"所有价值都是作为活动的必要条件的有限给我们提供的馈赠。"②

在怀特海看来,"根本不存在任何有限的、独立存在的存在物。有限从本质上说指涉某种无限的背景"。"无限本身既是毫无意义的,也是没有任何价值的。它通过它对各种有限存在物的体现来获得意义和价值。离开了有限,无限就不会具有任何意义,因而也就不可能与非存在物区别开来了。"③

在这个意义上说,了解和把握所有事物的本质性联系,乃是理解各种有限存在物缘何需要无限的宇宙的第一步,也是理解这种无限的宇宙通过把自身体现为有限的活动而获得意义和价值的第一步。

在此,怀特海提到了哲学家斯宾诺莎和莱布尼茨,认为斯宾诺莎曾经强调过这种具有根本性作用的无限,并通过一些有限方式而引入了某种从属性的区分。也可以反过来说,莱布尼茨曾经强调过有限的单子存在的必要性,并且把它们建立在自然神论的无限这一基础之上。然而,他们两个都没有恰当地强调这样一个事实:如果不能把自身具体地体现为各种有限的价值,无限就不过是纯粹的虚空,而有限的存在物若是脱离了超越它们自身的关系,就是没有意义的。也就是说,有限的存在物若没有它们同无限的关系,就是毫无意义的。所谓"理解"乃是要求对这种存在的有限性如何获得无限性有所把握。对这种理解的寻求乃是要对哲学进行界定。处理有限模式的数学缘何同善恶有关系,其原因正在于此,因为"数学就是

---

① 柯布:《怀特海的价值理论》,见王治河、霍桂桓、谢文郁主编:《中国过程研究》,第1辑,198~199页。
② 怀特海:《数学与善》,见王治河、霍桂桓、任平主编:《中国过程研究》,第2辑,302页。
③ 同上书,303页。

对模式的研究"①。

为说明价值是有限的馈赠，怀特海还以宗教为例予以进一步的阐述。他说，各种宗教都可以具体表明这种学说。例如，佛教就特别强调其神圣原理具有彻底的无限性，因而它在实践方面的影响便丧失了精力充沛的活动。这导致佛教徒一直在实践方面缺乏冲动和激情。基督教教义方面的争论，则一直涉及如何根据有限来描述无限，也就是如何根据具体的善行来描述上帝这一无限的善。根据其他方面来看待这些争论为何会充满活力，那是根本不可能的。善的概念恰恰就是根据与恶的力量的能动对立，因而也就是根据神的局限性来设想的。这种局限性虽然在表面上被人们所否定，但在暗地里却被人们接受了。②

对于有限性，怀特海也做过分析。他认为，有限产生于具体表现在过程之中的事件的形式或方式。方式不管是简单的还是复杂的，都会对存在给予限制，并且伴随着这种有限的事件，价值才得以突现出来。事件之所以有价值，乃是因为它是有限的结构。

美国哲学家约翰·戈欣认为，精确地界定形式要素是讨论怀特海价值理论的困难之一。他认为，根据怀特海的理论，形式或方式是形成价值的因素之一。如果某物存在，在怀特海看来，它就拥有自身的价值。某物的存在意味着有某种形式。因此，形式乃是最明显的价值条件之一。同时，根据怀特海的观点，形式或方式也是最有意义和最重要的价值条件之一。在这个意义上说，价值与永恒客体有关。

怀特海关于"价值"概念的这种解释，接近于古代欧洲传统哲学家的某些观点。也许，就这种价值研究进路而言，奥古斯丁的理论最为典型。存在就是拥有某种形式（作为一种本体论条件），尽管是"低级的"形式。一种事物总是根据某种既定的形式和该形式中所具有的某种派生的（不论善的还是恶的）价值而存在的。

此外，事物的活动本身（而不只是方式）也是价值的必要条件，因为它是方式的基础性结构。这样一来，方式和活动，作为最一般的本体论条件，既是价值的充分条件，也是价值的必要条件。每一事件在实现这些一般条件时，就事件本身而言，也是有价值的。

---

① 怀特海：《数学与善》，见王治河、霍桂桓、任平主编：《中国过程研究》，第2辑，303页。
② 参见上书，304页。

四、价值是分等级的

在怀特海看来，虽然宇宙间一切事物都有价值，但是事物的价值并不是等同的。换句话说，价值是分等级的。在宇宙中，最低级的事件或瞬间处于虚空之中，它们互不一致。次一等级的事件则是世界上的物理存在，它们以一种其瞬间性能为下一瞬间所继承的方式排序。第三个等级是生命在其中出现的瞬间，它们要求更高级的秩序。最高的等级是由出现在中枢神经系统中的事件构成的，其中，在某些等级上获得了意识。在此，任何一个等级内都可以做进一步的区分，而最高级中的进一步区分尤其重要。[1]

在《思维方式》中，怀特海把自然界的显相[2]大致地分为六种类型。"第一种类型是人的存在，即身体和精神。第二种类型包括各种动物，即昆虫、脊椎动物以及其他种类的动物。实际上就是人以外的所有各种各样的动物。第三种类型包括一切植物。第四种类型由单细胞生物构成。第五种类型由各种大体积的无机组合构成。这种体积可以与动物的身体的大小相比，或者更大。第六种类型由现代物理学的微观分析所发现的体积极小的显相组成。"[3] 这里也体现着明显的价值等级。依照从高到低的层级排列，价值表现为从人类一直到基本粒子的六种类型或六个层级。

因此，柯布指出，作为人类，我们能正确地断定人类的经验比沙丁鱼的经验更有价值吗？根据怀特海的观点，我们可以断定这一点。虽然我们不能证明这类事情，但人脑已经进化到比鱼脑能从身体的各个部位接受更多的信息，能以更复杂的方式加工这些资料，这是显而易见的。我们知道，我们有着复杂的情感和思维，但尚无证据表明沙丁鱼也有这些能耐。反对意见则认为，正如我们的经验对我们来说是终极价值一样，沙丁鱼的经验对它们来说也是终极价值，断定人的经验更为复杂，这是人类中心主义的偏见。这种异议提出了如下问题：断定某些价值比另一些价值更大有无客观根据？如

---

[1] 参见柯布：《怀特海的价值理论》，见王治河、霍桂桓、谢文郁主编：《中国过程研究》，第1辑，199页。

[2] "显相"的英文是 occurrence。怀特海故意不用"现象"而用"显相"一词，是为了表达显相是实在的外在表现，两者尽管有不一致，但却有内在的关联。这同近代西方哲学中把本质和现象区分开来，然后再明确否认两者之间的联系具有明显的不同。

[3] 怀特海：《思维方式》，刘放桐译，137~138页。

果有，是什么？如果没有，我们是否必须接受某些相对主义者的观点？

首先，有些相对主义者强调生命的内在价值。他们认为，我们应该尊重所有的生命。无疑，这种尊重态度排除了对价值等级的区分。但不管如何，相对主义者不能避免现实的选择。你要养活一只鸟，可能就得给它喂虫子；要养活一只猫，可能就得给它喂鱼。任何相对主义者本人也要以许多微生物为代价来养活自己，维持自己的生命。换言之，相对主义者实际上无法避免判断价值的大小。

其次，我们的日常行为本身也需要区分价值的大小；否则，我们便无法正常地生活。柯布举例说，当我们看到一个孩子因病或受伤而感到非常疼痛时，我们会试图安慰他。因为我们相信，孩子不疼痛的经验比疼痛的经验更好。如果我们断定各种经验在价值上没有区别，那么我们就没有理由提供这种帮助。而且，这不只是涉及疼痛和快乐。我们花费很大精力来教育孩子，其中当然有许多努力在引导孩子们准备承担社会角色，但其中有一些努力也会涉及帮助他们获得欣赏生命中美好事物的能力。我们的行为表明，审美训练扩展了经验价值的潜力，我们能以一定的方式与他人相处，并使人际关系变得更为丰富。

最后，柯布说，在否定意义上说，如果我们真的放弃了所有有关价值大小的判断，那么我们唯一目的就只有生存。只要能延长生命，质量如何无关紧要。几乎没人愿意这样活着，怀特海也决不会同意。但怀特海认识到，阐明价值的提升究竟是由什么构成的并非易事。① 他在《观念的探险》中实际上正是要探讨这个问题。其中，怀特海特别考察了人类追求真、美、探险、艺术与平和在价值提升和促进人类文明进程中的作用。

五、价值尺度涉及价值强度、对比与平和

价值尺度是指确定价值的有无、性质及大小的标尺、基准和根据。不同类型的哲学通常具有不同的价值尺度。

柯布指出，在西方哲学史上，快乐、幸福和满意是一些经常被用来描述价值的术语。它们能够区分价值的大小，并有明显的效用。假如其他事

---

① 参见柯布：《怀特海的价值理论》，见王治河、霍桂桓、谢文郁主编：《中国过程研究》，第1辑，199~200页。

情不变，人们肯定更喜欢快乐、幸福和满意，而非更喜欢痛苦、不幸和不满，或者说，人们宁愿有更多的快乐、幸福和满足。当然，大多数人并不满足于将价值尺度仅仅简化为这些方面。

怀特海对价值尺度的问题思考了多年。他在《过程与实在》中，用"强度"（intensity）一词来表示经验价值可借以判定的变量。他认为，我们的目的在于表现经验的强度。主体性越强，价值越大。这可以解释一种包含诸多维度的经验何以要比满足于与世隔绝的生活的经验具有更大的价值。同时，强度的增强来源于秩序。怀特海说："不同的存在的'满足'之间存在着具体的差异，包含着不同等级的强度。这些具体差异只能通过分析产生该现实存在的合生中的成分才能表现出来。满足的强度是由产生合生并且合生要经过的诸阶段中的'秩序'来强化的，而满足强度的削弱则是由'无序'所导致的。合生中的成分因而成为促进'满足'的'价值'因素。"① 在这个意义上说，我们要尽量建立和维持良好的秩序。当然，怀特海也明确指出，没有理由认为秩序一定比混乱好，关键还要看是什么样的秩序、什么性质的秩序。

怀特海还从美学中借用了"对比"（contrast）一词来说明人的需要。以往经验的刺激可以增加经验的强度，如果使它们相对比的话。他认为，一幅画若包含了多样的内容会更为有趣，但纯粹的多样性则并非好事。多种因素须以各种方式集合起来，以便每一因素都有助于其他因素的借用。它们的相互借用不只是增加了相互的贡献，也增加了它们之间对比的价值。我们从过去经验中继承的情感和认知也是如此。一种强烈的经验是由对比以及对比之对比构成的。就此而论，痛苦、不幸和不满等因素也有助于增加经验整体的强度。所以，他说："一个高度复杂的有结构的集合体可能相应地有利于其一定组群的组成成分的满足强度，这种强度是由这个集合体为这些成分提供的有序的复杂对比所产生的。这些结构性关系从个体经验中的这种强度中积聚着强度。因此，一种复杂的有结构的集合体的增长，具体地体现着自然界中普遍存在的一般目的。这样，产生对比的复杂秩序便代替了会造成各种不相容的那种单纯的复杂既定性。"② 也就是说，他认可的是复杂的有结构的集合体，而不是单纯的复杂性。

柯布认为，怀特海的这一理论乃是对价值学说的重要贡献。然而，怀

---

① 怀特海：《过程与实在（修订版）》，杨富斌译，108页。
② 同上书，127页。

特海对此并不满意。他在《观念的探险》中又回到了价值主体,他的主要价值理论集中体现在该书第四部分有关文明的内容中。这一理论非常复杂,难以进行简单的概括。怀特海似乎放弃了将经验的价值变化放在某一尺度下进行统一衡量的想法。在《过程与实在》中,与"强度"的作用最为相同的术语是"美的力度"。这个术语表明,内在价值是根据美学范畴来理解的。当然,"美"在这里并不仅仅涉及自然或艺术的审美特质。这些特质有助于观察者体验美,但需要追问的正是这种经验中的美。一种经验可以有相当力度的美,即使一个人处在恶劣的环境中。美的主要成分是情感性的而非感觉性的,尽管感觉肯定可以归之于情感深度。思想和记忆也有助于审美,即使是在恶劣的环境中。

美还被怀特海理解为经验主体的和谐。审美力度联合了两种因素,即成分的多样性和成分被单个感受的强度。因此,强度仍有助于增加价值,但只是其他因素中的一种。然而,在更完整的阐述中,怀特海并没有把所有价值都简化为审美力度。他认识到了价值的其他维度,其中之一便是真。怀特海相信,错误减少了经验的价值。尽管单纯的正确并不那么有助于价值,但是真一旦与美相结合,便会增加美所遗漏的某些东西。在怀特海看来,"完善的真有助于美的力度,但其对美的贡献并不会耗尽对经验瞬间价值的贡献。没有什么计算可以决定如何平衡真的目的和美的目的,尽管它们是相互支持的"①。

怀特海还讨论了其他两种价值,即探险与平和。美的力度来自通过尽可能多的和谐来整合过去所提供的东西,同时维持其各部分的强度来强化各部分的贡献。但是,怀特海特别注意到了经验瞬间实现的对价值的另一种贡献,他称其为"探险"。

怀特海对探险的讨论包括广阔的历史题材。他指出,一种文明也许会达到完美,以有助于增强生活于其中的人的美的力度,但其完美的类型只是诸多可能性中的一种。重复这种完美,就会丧失其风格。因此,必须要有变化,尽管美的力度在变化的某些阶段上丧失的比得到的多。但是,探险的价值不会因为对未来的美的力度的贡献而耗尽,它是当下和内在的。在怀特海的思想中,探险的价值显然十分重要,他的《观念的探险》一书就是讨论这种价值的。他自己对新观念的探险无疑使其生命饶有兴味,而

---

① 柯布:《怀特海的价值理论》,见王治河、霍桂桓、谢文郁主编:《中国过程研究》,第 1 辑,207 页。

第十五章 过程价值论

兴趣必然会引起探险。重复一种真的陈述很快就会导致厌烦，而厌烦导致的则是美的缺失。但他补充到，真也会增加兴趣。单纯的标新立异而无合理的观念，很快就会被遗弃。探险就在于这样一种新颖的观念，即它们创造了以前很少注意到的那些有趣的、富有启迪的经验维度。

在《观念的探险》的最后一章，怀特海讨论了"平和"。若问怀特海把什么当作社会发展所要追求的首要价值，他经过慎重选择后回答说："平和"（peace）。当然，这并不意味着平和的价值超过了所有其他价值，而其他价值只是平和的工具。平和乃是一种存在方式，它可能降临，也可能不降临，它是不期而至的。怀特海称平和为天赋，可视其为一种宗教价值。柯布说，如果忽视了平和，那么关于怀特海价值理论的任何讨论都有严重的缺陷。但是，正如怀特海所承认的那样，平和很难清楚地予以陈述。在此，我们引述《观念的探险》中的一些论述，以便让我们更直接地感受怀特海对这种价值的敏锐洞察。

首先，怀特海认为，平和是平息破坏性骚动从而完成文明的和谐之最。平和"是圆满完成灵魂的'生命和运动'的一种积极感受。很难为其下定义，很难将其说清。它不是一种对将来的希望，也不是一种对当前细节的兴趣。它是由于某种深邃的形而上学洞见的出现而引起的感受的扩大，该洞见不可言说，却对价值的协调十分重要。它的第一个效果便是，灵魂专注于自身而造成了某种渴求的感觉。这样一来，平和便带有一种对个性的超脱，一种诸价值相互关系的倒置。它主要是对美的效能的一种信任。……这就涉及一种对无限的理解，一种不可限量的要求。它的情感结果便是，起抑制作用的骚动平息了。更准确地说，它保持了能量的源泉，同时掌握了这些源泉以避免具有瓦解作用的分心他顾。相信美是可以自证的，这导致产生了美的信仰，而在此处，理性是不能揭示出详情的"[①]。只有平和才最能表达这种难以言表的和谐之状态。

其次，"平和的经验远不受目的的控制。它犹如一种天赋。刻意追求平和很容易得到麻木这种劣质的替代品。……它造成意识兴趣更宽广的范围，扩大注意的领域。因此平和是最大限度的自我控制——这种程度大到了乃至于'自我'消失，兴趣转化为比个性更广泛的协调行为。……平和受助于那种表面的宽广范围，同时又反过来促进它。事实上，正是主要由于这一理由，平和对于文明才如此重要。它是防止狭隘的屏障。它

[①] 怀特海：《观念的探险（修订版）》，周邦宪译，314 页。引文有改动。

的成果之一便是被休谟否认其存在的那种激情,即把人当作人来爱的那种感情"①。

最后,怀特海还特别指出:"达到'真',这是平和的实质。也就是说,使平和实现的直觉把其诸相互联系包含着'真'的那种和谐当作了自己的目的。"②"在事物性质的核心,总是存在着青春的梦想和悲剧的收获。宇宙的探险始于梦想,而终于收获悲剧性的'美'。这便是热情与平和联合的秘密:痛苦终结于最和谐的时刻。对这一终极事实的直接经验,连同经验对青春与悲剧的联合,便是那平和感。就这样,世界接受了这样的信念:它的各种不同的个体发生在达到那种完善是可能的。"③

柯布认为,大多数人在大多数时间里关注的是个人的未来,而不是世界的未来。怀特海将此描述为"灵魂自身的先入之见"。而道德价值则要求人们拓宽视域,这就造成了某种紧张,许多善良的人都生活在这种紧张之中。但是怀特海相信,也存在着一种平息"自身的先入之见"并真切地关切更大的善的可能性。通过改变愿意的焦点而克服这种紧张,便是怀特海所说的平和的组成部分。

当然,正如柯布所说:"怀特海也不相信未来是保险的,他的哲学中没有什么保证未来事件导致幸福的结果。无法担保好人必有好报,许多好人都在径直遭殃。一个人怎么可能思考所有这些方面而不感到苦恼呢?答案很难清楚地表达。怀特海探讨了一些深刻的形而上学洞见,认为在事情的性质深处,美受到珍视;在事件的过程中,美得到了检验。毁灭不是最后的结局,尽管世界充满了邪恶,但我们仍可以确保其善。"④

六、道德价值的功能是提升经验之美

柯布指出:"许多西方价值理论首先论及的是伦理学,道德价值乃是其首要问题。你们可能注意到,在怀特海看来,事情并非如此。"⑤

---

① 怀特海:《观念的探险(修订版)》,周邦宪译,314~315 页。
② 同上书,323 页。
③ 同上书,326 页。
④ 柯布:《怀特海的价值理论》,见王治河、霍桂桓、谢文郁主编:《中国过程研究》,第 1 辑,209 页。
⑤ 同上书,203 页。

第十五章　过程价值论

根据怀特海的观点，在经验的美的意义上，审美价值才是首要问题。当然，这并不是说伦理价值不重要，而是说伦理价值的功能在于提升经验的美。在《过程与实在》中，怀特海指出，每一种经验的目的都是自为的，并在其相关的未来中获得强度。道德价值必定与这种对未来的贡献有关。一种经验越是广泛地涉及未来，其目的就越是道德的。

为说明这个问题，柯布分析了一个简单情况。例如，一个人得到一块美味蛋糕，但是他当时不饿，无须吃这块蛋糕。这块蛋糕的美味给这个人的经验增加了几分美。如果我考虑未来的范围只是这一段，他可能就会吃掉这块蛋糕。但也许他的身体有些超重，吃掉这块蛋糕会增加他的体重，而超重又会在一段较长时间内有损他的经验的美。为避免增加体重，他便决定以后再来享用他喜欢的这块蛋糕，因为在他感到饥饿时吃这块蛋糕，更能增加他的经验的美。对未来更长远的考虑，使他倾向于或至少认识到应该这样做。根据怀特海的观点，后一种决定更为道德，因为它至少考虑了更长远的未来。

以上分析只涉及一个人的未来，其中表明了该人精明的算计。在怀特海看来，所有涉及未来后果的思考都属于道德价值范围。当然，只考虑个人的未来不如也考虑他人的未来道德。我们可以想象，如果这个人吃掉了那块蛋糕，并使得那些确实需要食物的人无法食用，那么这个人不考虑他人的需要就是不道德的。

显然，在实际生活中，我们每个人都会面对比这个问题更严肃的道德问题。我们时而被要求使个人利益服从于家庭利益（因为只考虑个人利益而不考虑其他家人的利益，诸如妻子或孩子的利益，肯定是不道德的），时而被要求使家庭利益服从于国家利益（不考虑这一更大共同体的利益也是不道德的）。有时候，国家利益与联合国的利益发生了矛盾。根据怀特海的价值论，我们考虑的范围越大，我们就越道德。在怀特海的价值理论中，旨在为他人的善乃是一种审美的善，它体现了人的经验中的美的力度。

美的力度的目标会在当下经验和未来经验之间、在利己和利他之间造成某种紧张，怀特海没有告诉我们如何克服这种紧张。为了未来而牺牲现在，并非总是最好的。认真地过每一分钟、享受每一瞬间，也有其好处。另外，拒不考虑后果，则可能对自己和他人都很有害。尽管纯粹的审美冲动和道德冲动处于难以完全消解的紧张之中，但这种紧张远不像这种正式陈述那么极端。它们的关系具有两极性，其相互支持远胜于相互对抗。一个人自己的当下享受，通常比深谋远虑的道德思考更有助于他人的享受。

道德通常被视为规则问题，怀特海认识到了对这些规则的需要，也认识到了其危险。作为一般的指南，规则和原则非常重要。有的规则足以适用于任何社会，而另一些规则则只适用于特定的社会。我们认为，前者是真正的道德规则，但两者的界限又很难划分。无论如何，一种道德规则应遵守社会习俗，除非这些习俗要求从另一角度审视不道德行为。而且，即使最普遍的道德规则也有局限。例如，尽管反对说谎和偷盗作为普遍规则是合适的，然而我们总可以想到这种规则在其中被打破的情况。怀特海强烈地反对倾向于寻找绝对道德规则的西方传统。

由于道德价值涉及与未来相关的工具价值，因此，我们接着讨论怀特海的工具价值观点。

七、工具价值有助于增加经验强度

柯布指出："在思考工具价值时通常考虑到的各种事物，对人类来说是客体，而自身却不是主体。在怀特海看来，重要的是要注意到，对未来主体来说，主体却成了客体，因而成了未来主体的工具价值。"[1]

从怀特海的观点看，在构成地球系统的存在物中，有一些存在物如鲸鱼具有重要的内在价值。我们断定，它们的经验可以说有很强的美的力度。我们有理由把对其他人的关怀扩大到这一类造物，以避免使它们遭难。除非理由很充分，否则，我们不应使它们遭难。另外，在总的事物格局中，它们的工具价值则相对较弱。在它们缺失时，生态系统很容易加以调节。它们的缺失可能会损耗人类的经验，但损耗不会太大。

相比之下，浮游生物的内在价值则微乎其微。我们很少有理由依据它们的主体性存在而关切它们的遭遇。但是，浮游生物对整个海洋生命系统的工具价值却非常大。没有浮游生物，许多依赖于它们的更复杂生物的内在价值就会直接或间接地消失，例如，没有浮游生物，鲸类便无法生存。如果我们不得不在作为物种的鲸类的生存和浮游生物的生存之间做出选择，我们会恰当地选择浮游生物。

---

[1] 柯布：《怀特海的价值理论》，见王治河、霍桂桓、谢文郁主编：《中国过程研究》，第1辑，205页。

怀特海重点考察过直接的工具价值。在他看来，一种存在（即一个经验瞬间）首先通过分有而构成其他经验瞬间会有助于另一经验瞬间。尽管我们通常认为实体总是相互外在的，但过去的经验瞬间进入当下的经验瞬间，这对我们所讨论的道德价值来说十分重要。通常，一个人主要是通过自己的精神状态来影响他人的，愉悦可能非常有助于小团体的总体情感水平。当他人感到某个人是个富有同情心的人时，他们就会毫无顾忌地说出自己的感受。另外，如果我们的同伴感觉到我们在指责或者在算计他或她时，那么我们在他或她的经验中就会丧失美的力度。这表明，工具价值有助于增加经验强度和美的力度，但也可能会使它们减少。

八、个人如何按道德价值准则生活

柯布指出："我们可能期望一种价值理论能对个人或集体所追求的目标提供明确的指导。怀特海对此做出了贡献，但他并没有提供唯一的答案。"[1]

怀特海强调并赞赏寻求多种目标，把它们的内在价值理解为美的力度。但是，他也指出了对经验瞬间的内在价值有贡献的其他一些因素。他的结论虽然有些令人不知所措，但确实指出了某种统一性。所以，柯布说："我们无法计算如何达到平和，无法计算如何将美的当下所得与未来后果联系起来，无法计算如何使真或探险变得平衡。我们最好是自发地抓住每一个机会。"[2]

然而，我们需要的这种自发性必须和习惯或私利区别开来。它必须是对每一瞬间的各种可能性的真诚回应，必须以过去为基础但又不拘泥于过去。怀特海相信，对于如何才能创造性地进行回应，我们都有一定的直觉，不管它多么微弱。要提高探险回应的敏感性和决断力，就必须培养我们在自身中识别各种价值并有助于他人实现这些价值的能力。柯布认为，在这一点上，怀特海的思想与"境遇伦理学"有相似之处。依照这种观点，遵守道德规则并不是答案，真正恰当的做法只能在境遇的所有细节中

---

[1] 柯布：《怀特海的价值理论》，见王治河、霍桂桓、谢文郁主编：《中国过程研究》，第1辑，209页。
[2] 同上书，210页。

决定。境遇伦理学的拥护者们相信，尽管以往思考的有用知识可以在境遇的细节中发挥作用，但我们最终必须信任自己的直觉。

怀特海曾经探讨了人们深层的形而上学直觉。他认为，自然的本性使这些直觉可能出现，并且它们确实也出现了。但是，这些直觉往往与我们经验中的其他因素混在一起，我们需要培养识别它们的能力。由于世界的过程具有不可逆性，每一境遇中创造的可能性都不同于其他境遇中创造的可能性。这种可能性有时确实非常有限。但是，正如柯布所说："可能性往往充满了开放和希望。相信新的机会的重要意义，可以使我们避免刚愎自用和心胸狭隘，因而使我们走向平和。"[①]

小结：本章阐述了过程哲学的价值学说。怀特海认为，价值是事件内在固有的实在性，任何事实本身都有内在固有的价值，都有为自身、为他者以及整体的价值。这一点表明了现实事件的意义。同时，离开主体性谈论价值是毫无意义的。在过程哲学看来，所有现实存在都有主体性。自然界及其中的所有事物都有能动的主体性，因而也都有自身的价值。一个事件之所以有价值，乃是因为它有有限的结构。在这个意义上说，形式本身具有某些特别的价值意义。价值就是有限对我们的馈赠。价值也是分等级的：世界上事物的价值并不完全等同。按照从高到低的层级排列，价值表现为从人类一直到基本粒子的六种类型或六个层级。否定价值大小的判断，会导致否定生命的价值大小和质量。价值尺度涉及价值强度、对比与平和。道德价值的功能在于提升经验之美。工具价值有助于增加经验强度。

[①] 柯布：《怀特海的价值理论》，见王治河、霍桂桓、谢文郁主编：《中国过程研究》，第1辑，210页。

第十六章　过程教育哲学思想

我们要造就的是既有文化又掌握专门知识的人才。
教育的全部目的就是使人具有活跃的智慧。
教育是教人们掌握运用知识的艺术。

——怀特海

所谓教育哲学，通常是指从哲学层面对教育的目的、本质、过程、规律的理性思考。[1] 在《教育的目的及其他》（1929）、《教育与科学 理性的功能》（1917）和《科学哲学文集》（1848）等著作中[2]，怀特海阐述了丰富而深刻的教育哲学思想。柯布称之为"过程教育思想"[3]，美国学者费劳德称之为"创造性综合教育"[4] 思想。我们将从教育的目的、本质、方法和手段、效果和评价四个方面，结合国内外学界对怀特海过程教育思想的研究[5]，阐述怀特海对教育哲学的理论贡献。

一、教育的目的是使人具有活跃的智慧

探讨教育的目的既是怀特海教育哲学的出发点，也是其教育哲学研究

---

[1] 参见曲跃厚、王治河：《走向一种后现代教育哲学：怀特海的过程教育哲学》，载《哲学研究》，2004（5）。

[2] 《教育的目的及其他》一书的英文名称为 The Aims of Education and Other Essays，中译本一般译为《教育的目的》，迄今为止国内有两个中译本：一是徐汝舟译的《教育的目的》，由北京三联书店 2002 年出版；一是庄莲平和王立中译的《教育的目的》，由上海文汇出版社 2014 年出版。《教育与科学 理性的功能》（The Organisation of Thought：Educational and Scientific. The Function of Reason）一书由黄铭翻译，由郑州大象出版社 2010 年出版。

[3] 转引自李方、温恒福主编：《过程教育研究在中国》，3 页。

[4] 转引上书，26 页。

[5] 李方和温恒福主编的《过程教育研究在中国》是国内学界关于过程教育思想研究的代表性成果。

的落脚点或根本目的。因为教育的目的决定了教育的方法和手段，以及最终的教育效果和评价标准。如果没有明确的教育目的，那就好像旅行没有明确的目的地，在这种情况下，我们对教育的方法和手段就无从选择，我们对于向哪个方向努力就缺乏明确的目标。与此相应，最终的教育效果是好是坏，是否成功，我们也就无从评价。因为我们根本就没有合理而明确的评价尺度。因此，探讨和确立教育的目的，是我们研究怀特海教育哲学思想时应当阐述的首要内容。

那么，根据怀特海的论述，教育的目的是什么？显然，与西方历史上教育哲学关于教育目的的几种代表性观点（鼓励说、分析说、指导说、研究说等①）相比，怀特海的教育目的观别具特色，出人意料，读后令人耳目一新，思之令人兴奋不已。用英国著名教育家、牛津大学原副校长亚历山大·邓洛普·林塞的话说：这是"一位伟人的观点。……充满了真正的智慧"②。

首先，怀特海在《教育的目的》中开宗明义地指出，"我们要造就的是既有文化又掌握专门知识的人才"③。这是怀特海关于教育的目的所做的第一个明确的概括。简言之，在怀特海看来，教育的目的就是要培养既有文化又掌握专门知识的人才。

显然，这一经典概括包含两个相互联系的方面。一方面，教育的目的是培养有文化的人才。因为"文化是思想活动，是对美和高尚情操的接受。支离破碎的信息或知识与文化毫不相干。一个人仅仅见多识广，他不过是这个世界上最无用而令人讨厌的人"④。所以，我们的教育要致力于培养年轻人成为有文化修养、具有较高审美能力和高尚情操的人。为此，在教育的手段和方法、教育内容的设置、教育效果的评价等各方面，就要有相应的措施。

另一方面，教育的目的应当是培养掌握专门知识的人才。因为只有掌握一定的专门知识，才能成为某一方面的人才，才能解决生活和工作中的实际问题。并且，掌握专门知识与学习文化、培养文化修养，要有机地结

---

① 参见曲跃厚、王治河：《走向一种后现代教育哲学：怀特海的过程教育哲学》，载《哲学研究》，2004（5）。

② 转引自怀特海：《教育的目的》，徐汝舟译，"序言"1～3页。

③ 其英文原文是：What we should aim at producing is men who possess both culture and expert knowledge in some special direction.

④ 怀特海：《教育的目的》，徐汝舟译，1页。

合起来，这样一个青年学生才能真正成为社会所需要的人才。所以，怀特海说："专业知识为他们奠定起步的基础，而文化则像哲学和艺术一样将他们引向深奥高远之境。"①

其次，怀特海指出："教育的全部目的就是使人具有活跃的智慧。"②一个人即使学富五车，倘若不懂得如何融会贯通地灵活运用这些知识，那么他也只不过是一个没多大用处的书呆子而已。一个人只有既掌握一定的知识，又能把这些知识积极地运用于实际，并养成习惯积极地利用透彻的原理，才算真正拥有了智慧。因为"认识的目的在于运用它们而不是将其作为空泛无意义的公式。……只有在创造中，才会对产生的客观对象的特性具有生动而深刻的理解。如果你想了解一种东西，就亲自去做它。这是一条明智的法则"③。那些只会空谈的理论家，怀特海是极为鄙视的，并认为教育若无用，还谈何教育。

那么，怎样才算掌握了智慧？对此，怀特海认为："教育应该培养出这样的学生，他既能很好地掌握某些知识，又能够出色地做某些事情。这种实践和理论的紧密结合是相辅相成的。"④ 如果达到了这个境界，那就是掌握了智慧。因为知识是无限的，"即使是最有天赋的学生，由于缺乏时间，他也不可能在每一方面都得到充分发展，因此必须有所侧重"⑤。他在自己选择的专业知识上有所掌握，同时又能够运用这些专业知识出色地做好某些事情，就是掌握了智慧。

此外，怀特海还特别强调："通过直接经验获得的知识是智慧生活的首要基础。在很大程度上，通过书本学习所得到的是第二手的知识，因此永远不具有那种直接实践的重要意义。"⑥ 这正是陆游在《冬夜读书示子聿》中所讲的"纸上得来终觉浅，绝知此事要躬行"。在这个意义上，怀特海说，弗兰西斯·培根最重要的影响并不在于他表达了任何独特的归纳推理理论，而在于他领导了对间接知识的反叛。亦即正是由于他的贡献，人们对间接知识的可靠性不再迷信了，因为它们只是或然性知识而已。

在这个意义上，怀特海指出："一个人如果只了解自己所学的学科，

---

① 怀特海：《教育的目的》，徐汝舟译，1页。
② 同上书，66页。
③ 同上书，94~95页。
④ 同上书，85页。
⑤ 同上书，86页。
⑥ 同上书，90页。

把它作为这种学科特有的一套固定程序,那么,他实际上并不懂那门科学。他缺乏丰富的思维,不能很快领悟完全不同的思想概念的含义。他将无所发现,在实际运用所学的知识时也将会反应迟钝。"①

对于青年学生如何掌握智慧,怀特海认为学者的作用是不可忽视的。他说:"学者的作用就是在生活中唤起智慧和美,假如没有学者那神奇的力量,智慧和美还湮没在往日的岁月中。一个不断前进的社会必须包括三种人:学者、发现者和发明创造者。"② 但愿我们的社会多一些能唤起智慧和美的学者,而不是那些追名逐利、投机取巧甚至遇到批评就满嘴脏话骂人的所谓"公知"。

最后,教育的目的是"培养所有精神活动特质中最朴素简约的特质",即"对风格的鉴赏。这是一种审美的能力"③。简言之,教育的目的是培养学生的审美能力,使学生逐步形成特有的风格。怀特海解释说:"按风格最完美的意义,它是受教育的心灵最后学到的东西;它也是最有用的东西。风格无处不在。有风格的管理人员讨厌浪费;有风格的工程师会充分利用他的材料;有风格的工匠喜欢精美的作品。风格是心灵的最高德性。"④

那么,风格对受教育者有什么帮助呢?怀特海认为:"风格帮助你直接达到目标,使你避开无关的问题,而不会引出令人讨厌的东西。有了风格,你可以实现你的目标。有了风格,你可以计算出行动的效果,而预见的能力也成为神赐予人类的最后的礼物。风格会增加你的力量,因为你的大脑不会因枝节问题而分心,你将更有可能实现自己的目的。风格是专家独享的特权。谁听说过业余画家的风格?谁听说过业余诗人的风格?风格永远是专业化学习的结果,是专门化研究对文化做出的特有的贡献。"⑤ 中国古语所讲的"将军赶路,不追小兔",正是这个意思。许多大科学家、思想家、政治家等都具有这种特殊的风格。教育所要着力培养的就应当是这样一种认准目标后锲而不舍的精神风格。

由上所述反观我国当前的教育,其最大的弊端可能正是缺乏关于教育目的的深入反思。大体上说,目前在我国,初等教育的主要目的是升学,

---

① 怀特海:《教育的目的》,徐汝舟译,93 页。
② 同上书,146 页。
③ 同上书,21 页。
④ 同上书,22 页。
⑤ 同上书,23 页。

高等教育的主要目的是追求就业率，追求毕业生对学校的满意度。毕业生对学校的满意度很大程度上取决于他们是否取得了较高的薪酬，是否在各行各业中进步快。所以，有的有识之士说我们的高等教育培育了一批精致的利己主义者，此并非虚言。

二、教育的本质是培养人的责任感和崇高感

关于教育的本质，怀特海是从两个视域进行界定和说明的。

首先，从学生学习的视域看，教育相当于有机体吸收食物的过程。对此，怀特海强调，必须记住：教育绝不是往行李箱里装物品的过程。教育是一种完全具有自身特点的过程。与这种过程最相似的是生物有机体吸收食物的过程。我们把靴子放入行李箱后，它们会一直待在那儿，直到把它们取出为止。然而，如果给一个孩子喂了不合适的食物，那么情况就会完全不同。即使是个不会说话的婴儿，他或她也会把不能吃或不愿吃的食物吐出来。因此，致力于使学生像有机体吸收食物的营养一样，把最有思想营养的知识和技能传授给学生，让学生像吸收营养一样吸收知识和技能，这正是怀特海所要强调的教育的本质之一。

在这个意义上说，教育者一定要把学生当作活的有机体来看待，想方设法让学生自己去吸收和消化所学到的知识。拔苗助长、填鸭式教育之所以错误，根本的原因皆在于没有把学生当作积极的有机体。成功的教育则在于，经过若干年的培养，学生能够自我发展、自我成长。因为学生已学会自我获得食物和吸收营养。因此，怀特海引用大主教坦普尔的话说："人们18岁时怎么样并不重要，重要的是他们后来会如何发展。"[1]

其次，从教育者教学的视域看，教育是教人们掌握运用知识的艺术。[2] 与古代教育者注重"传道、授业、解惑"不同，怀特海的教育理念强调，教育是教学生掌握运用知识的艺术。如果一个学生在学习过程中经过浪漫阶段、精确阶段而达到了概括阶段，并成功地综合运用了自己学到的知识，那么这种知识就已转化成他或她自己的技能，表明他或她已经真

---

[1] 怀特海：《教育的目的》，徐汝舟译，2页。
[2] 参见上书，8页。

正掌握了所学的这种知识。

当然，怀特海也强调，"这是一种很难传授的艺术"①，不能用简单的公式来解决。古语讲"师傅领进门，修行在个人"，其真谛也在于此。为师者如何引导学生自己动脑和动手，从来没有固定的方式和方法。这便需要为师者自己首先是个善于运用知识解决实际问题的人。一个没有做过临床医生的医学教授难以成为真正称职的医学教授，一个没有办过案件的法学教授，也不可能成为真正优秀的法学教授。培养人的灵魂的教育工作，需要真正的大师去为之。任何教育者都需要经过长期的锻炼和摸索，才能逐渐掌握教学艺术的要领。

综合以上两个视域关于教育本质的论断，怀特海在《教育的目的》第一章末尾对教育的本质做出了发人深省的概括："教育的本质在于它那虔诚的宗教性。"② 而且他认为，这是自有文明以来，人们普遍信仰的教育理想，他只不过对这种教育理想做了概括而已。

那么，什么是宗教性的教育？怀特海又自问自答说："宗教性的教育是这样一种教育：它谆谆教导受教育者要有责任感和崇敬感。"③ 由此可以说，教育的本质在于培养受教育者的责任感和崇敬感。

何谓责任感？怀特海认为，"责任来自我们能潜在地控制事件的进程。当可习得的知识能够改变结局时，愚昧无知便成为罪恶"④。这就是说，责任来自我们通过学习而获得了关于事件进程的规律性知识，由此可以依据对规律性知识的掌握而控制事件的进程。对规律性知识的掌握，只有受过良好教育的人才能做到。正是在这个意义上，怀特海指出："一个不重视培养智力的民族注定将被淘汰。……当命运之神对未受良好教育的人作出判决时，将不会有人为他们提出上诉。"⑤ 因为他们没有获得应有的普遍性知识，这种愚昧无知是一种罪恶，所以他们理应受到历史的惩罚。

何谓崇敬感？怀特海指出："崇敬基于这样的认识：现在本身就包含着全部的存在，既包含着过去，也包含着未来；这整个时间的总和，便属于永恒。"⑥ 因此，怀特海特别强调，要教育学生重视当下，关注现在。

---

① 怀特海：《教育的目的》，徐汝舟译，8页。
②③ 同上书，26页。
④ 同上。引文有改动。
⑤ 同上。
⑥ 同上。引文有改动。其原文是：And the foundation of reverence is this perception, that the present holds within itself the complete sum of existence, backwards and forwards, that whole amplitude of time, which is eternity.

"现在包含一切。现在是神圣的境界,因为它包含过去,又孕育着未来。"① 同时,怀特海又提醒我们注意,一个 200 年前的时代与一个 2 000 年前的时代同样古老。不要被形式上的年代所蒙蔽。莎士比亚和莫里哀的时代与索福克勒斯和维吉尔的时代一样古老。"与先贤们的思想交流是启发灵智的盛会,但聚会只可能有一个殿堂,这就是现在。"② 因此,我们要教育学生重视和敬畏现在,对当下有崇敬感。因为当下既是历史生成的结果,又是创造未来的出发点。所以,历史的经验只有与当下相结合,才能真正成为现实的活动和过程。

三、教育的金科玉律是设法唤起学生的学习兴趣

怀特海讨论教育的方法或手段,既受其关于教育的目的、教育的本质的观点支配,同时也同其对人的智力发展过程的认识有关。他对人的智力发展的基本观点即是他提出的教育节奏说。

在怀特海看来,生命在本质上是周期性的。它包括日的周期,如工作和娱乐的交替、活动和睡眠的交替;它包括季节的周期,它规定了学校的学期和假期;此外,它还包括四季分明的年的周期。生命中还有更微妙的涉及智力发展的周期,它们循环出现,但是每个周期总是各不相同,尽管每个循环期中都会再次出现从属的阶段。所以,怀特海用"节奏"概念表达教育中学习者智力发展的过程和阶段,这就是要先后经过三个阶段:浪漫阶段、精确阶段和概括阶段。③ 他还把这种教育的节奏表述为一个原理:"不同的科目和不同的学习方式应该在学生的智力发育达到适当的阶段时采用。"④ 这似乎是个众所周知的老生常谈,但是如黑格尔所说,熟知非真知,人们在对待这一原理时,并没有对学生的心理给予应有的注意。因此,怀特海提出了一些教育的方法和手段,以期达到他所倡导的教育目的。

---

① 怀特海:《教育的目的》,徐汝舟译,4~5 页。引文有改动。其原文是:And the foundation of reverence is this perception, that the present holds within itself the complete sum of existence, backwards and forwards, that whole amplitude of time, which is eternity.
② 同上书,5 页。
③ 参见上书,31~32 页。
④ 同上书,28 页。

首先，必要优先原则。怀特海明确反对学习科目按照先易后难原则来安排顺序的做法。相反，他认为，有些最难学的东西必须先学，因为人的先天秉性如此，也因为这些本领对生活来说非常重要。以婴儿学习口语为例，要把意思和声音联系起来，这是多么艰难的任务，可是婴儿做到了。婴儿这种奇迹般的成功表明，"我们再不要说把较难的科目放在后面学这类蠢话了"[①]。因为不加鉴别地应用某些科目必优先于其他科目的原则，已经在教育中制造了干涸的撒哈拉沙漠。

其次，教育的金科玉律是教育者要设法唤起学生的学习兴趣。怀特海认为，迄今为止教育理论中最致命、最错误因而也最危险的观点是：把大脑当作工具，认为我们首先需要训练大脑这个工具，然后才能使用它。在怀特海看来，"人的大脑从来都不是消极被动的；它处于一种永恒的活动中，精细而敏锐，接受外界的刺激，对刺激作出反应。……不管学生对你的主题有什么兴趣，都必须此刻就唤起它；不管你要加强学生什么样的能力，都必须即刻进行；不管你的教学给予精神生活什么潜在价值，你都必须现在就展现它。这是教育的金科玉律，也是一条很难遵守的规律"[②]。

这种困难在于，对于一般概念的理解，以及大脑智力活动的习惯，还有对智力成就的令人快乐的关注，这些都是无法用言语唤起的。凡是有实际经验的教师都知道，教育是一种需要掌握各种细节的、耐心的过程，一分钟、一小时，日复一日地循环。企图通过一种虚幻的方法做出高明的概括，学习上绝无此种捷径。因此，怀特海特别强调，培养儿童如何思维，最重要的是必须注意那种"僵化的观念"——这种观念仅为大脑所接受却不加以利用，或不进行检验，或没有与其他新颖的思想融为一体。兴趣是专注和颖悟的先决条件，当然也是学习获得成功的先决条件。

怀特海还特别强调，千万不要认为学生只有大脑，没有身体。我们进行教学和教育，不只是教会学生学会用脑，还要教育学生学会运用自己的身体。没有学习者整个身体的和谐发展，要达到理想的学习效果，那是不可能的。

再次，教育的作用在于唤起学生对智慧和美的追求。他指出："在古

---

① 怀特海：《教育的目的》，徐汝舟译，29页。
② 同上书，11页。引文有改动。

代的学园中，哲学家们渴望传授智慧，而在今天的大学里，我们卑微的目的却是教授各种科目。从古人向往追求神圣的智慧，降低到现代人获得各个科目的书本知识，这标志着在漫长的时间里教育的失败。"①

因此，在怀特海看来，比传授知识更为重要的是传授智慧。智慧高于知识。因为知识在无限增长，任何个人都不可能全部掌握。知识材料的过剩对我们来说是一种幸运，因为对重要原理处于一种愉快的无知状态，使世界变得有趣了。因此，尽管不掌握某些基本知识就不可能聪明，但是"你可以很容易地获得知识却仍然没有智慧"，因为"智慧是掌握知识的方式。它涉及知识的处理，确定有关问题时知识的选择，以及运用知识使我们的直觉经验更有价值。这种对知识的掌握便是智慧，是可以获得的最本质的自由"②。"知识的重要意义在于它的应用，在于人们对它的积极的掌握，即存在于智慧之中。人们习惯上认为，知识本身——而不是和智慧一起——会使知识的拥有者享有一种特殊的尊贵。我对这种知识却缺乏敬意。知识的价值完全取决于谁掌握知识以及他用知识做什么。使品格伟大崇高的知识是这样一种知识，它改变每一方面的直觉经验。"③ 可悲的是，怀特海指出："如果你经常接触从中学和大学毕业的年轻人，你很快会注意到那种头脑迟钝的人，他们所受的教育便是掌握死板的知识。"④ 怀特海在英美的数所大学里任过教，他"对学生们麻木不仁的思维深感惊讶，这种麻木的思维来自漫无目的地积累死板的精确知识而对它们又不加利用"⑤。

怀特海强调，人的大脑拒绝接受以"单纯传授知识的方式"所传授的知识，"青年人天生渴望发展和活动，如果用一种枯燥的方式将受纪律束缚的知识强加给他们，会使他们感到厌恶"。所以，"当实行纪律时，纪律应该满足对智慧的一种自然渴望，因为智慧可以使单纯的经验具有价值"⑥。

值得注意的是，怀特海指出："从某种意义上说，随着智慧的增长，知识将会减少：因为知识的细节消失在原理之中。在生活的每一种业余爱

---

① 怀特海：《教育的目的》，徐汝舟译，52页。
② 同上书，54页。
③④ 同上书，57页。
⑤ 同上书，66页。
⑥ 同上书，57～58页。

好中，你可以临时学习那些重要的知识细节；但养成习惯去积极地利用透彻的原理，才算是最终拥有了智慧。"① 我们成人尤其是知识界人士，是否都有这种切身体会呢？

最后，成功的教师有一秘诀：清楚地知道学生必须精确地掌握什么。在怀特海看来，成功的教师不用勉强学生记住那些次要的和不相关的知识。教育成功的秘诀是速度，速度的秘诀是集中精力、全力以赴。但就精确知识的学习而言，秘诀是速度、速度、速度。快速地获取精确知识，然后学习应用它。你如果能应用这种知识，便能牢牢地掌握它。②

因此，怀特海提倡，学制并非越长越好，学习任一科目也并非时间越长越好。对于儿童的教育，在开始至关重要的是，应该让孩子体验到发现的快乐。对儿童教育中引进的主要思想概念要少而精，并能使之形成各种可能的组合，使这些概念变成儿童自己的概念。要教育儿童逐步认识到，一般的概念能使他理解他一生中遇到的、构成他生活的各种事件。

怀特海指出，从婴儿到成年的整个发展时期形成了一个大循环周期。在这个循环期里，浪漫阶段大约有 12 年，精确阶段包含青少年在中等学校接受教育的整个时期，而概括阶段则是青年迈向成人的阶段。对于接受正规大学教育的人来说，大学课程属于很重要的综合概括时期。在大学教育中，综合概括精神应占主导地位。如果说学生在中学阶段专注于自己的课业是正确的话，那么在大学阶段，他们就应该站立起来并环顾周围。在中学里，学生初步从特殊具体的事实进到初步了解一般概念；而在大学里，他们应该从一般概念开始，进而研究如何将这些一般概念应用于具体的场合。"一种设计得很好的大学课程是对普遍规律进行的广泛研究。"③ 而且，怀特海认为，人的大脑一直应当受到这样的训练：理解抽象的思维，分析具体的事实。学生越是理解一般的道理，越是能解决现实的问题。智者并不需要掌握所有的事实和知识，而只需要掌握少量深刻的有关世界的普遍原理即可。与动物的能力相比，人类文明的本质就在于能够掌握关于客观世界的普遍规律。

当然，需要强调的是，怀特海并不相信世界上存在着放之四海而皆准

---

① 怀特海：《教育的目的》，徐汝舟译，66 页。
② 参见上书，65 页。
③ 同上书，47 页。

的学习方法或原理。他说:"我不相信有任何抽象的原理可以为所有科目、为各种类型的学生或为每一个学生提供合适的知识。"① 教育的方法和手段应当因时、因地、因人而异,不同学科、不同教学对象、不同学习阶段,都应当有适合自己的方式、方法和手段。这正是需要教育者充分发挥才能和展现教学艺术的地方。

四、成功的教育是培养全面发展的人

如何衡量和评价一种教育是否成功?这涉及教育的效果以及评价这种效果的标准问题。显然,这应当是教育哲学研究的应有之义。怀特海在其《教育的目的》中虽然没有特别明确地论述和探讨这一问题,但我们从他对教育的目的和本质的论述中,可以推论他在这方面的基本观点。

首先,成功的教育是培养出既有文化又掌握专门知识的人才的教育。在这个意义上说,培养出伽利略、牛顿、爱因斯坦、富兰克林、爱迪生、钱学森、钱三强、毛泽东、周恩来等科学家、思想家、发明家和政治家的教育是成功的教育,因为这些人是真正有智慧的人。培养出诸葛亮式的"智慧之人"的教育,则不一定是真正成功的教育,因为这种"智慧"实际上是"诡道""诡计",其中"骗人"的成分居多。正如鲁迅所说:"搞鬼有术,也有数,然而有限,所以以此就大事者,从来没有。"一个国家、一个民族,崇尚的教育如果是培养这样的"诡道式智慧",那么结果一定是很危险的。

著名物理学家杨振宁在《美与物理》一书中指出,只用专业知识教育人是不够的,通过专业教育人可以成为有用的机器,但不能成为和谐发展的人。要使学生对教学内容的价值有新的理解,产生强烈的感情,那是最根本的。② 可见,所有大家都认为教育不只是传授知识。良好的教育需要摆脱所谓"模块""精英""规模"教育的理念,需要从功、名、利的狂热状态中冷却下来。由此可见,前几年北京某大学教授公开对其学生说"不赚够几千万,别来见我",此"名言"显然已严重背离我国大学教育的真谛。

在否定意义上说,根据怀特海的论述,成功的教育不应当只是培养出

---

① 怀特海:《教育的目的》,徐汝舟译,62页。
② 参见张立银:《心灵起舞,给力生命》,载《杂文报》,2013-06-21。

一些没有高度文化修养的、片面的专门技术人才，不是培养出一批没有灵魂、没有智慧、没有审美能力而只有满腹经纶和崇尚空谈的学究，不是培养出一批没有特殊风格的职业工程师等。当然，成功的教育更不是培养出一批满口仁义道德但却一肚子男盗女娼的伪君子，不是培养出一批祸国殃民的政客。

在《教育的目的》一书中，怀特海明确地指出："你不能将学习的无缝外套分开。教育所要传授的是对观念的力量、观念的美、观念的结构的一种亲密感，以及一种特殊的知识，这种知识与知识掌握者的生活有着特别的关系。"① 因此，怀特海特别强调教育的过程和学生直接参与到千变万化的世界之中的重要性。正如伊万斯在其《怀特海与教育哲学》一书中所说，我们在科技上越是进步，我们世界的变化特征就越明显。人们由于对过程哲学不熟悉，所以在面对变化时束手无策、不知所措。人们如果精通过程哲学，那么就能随着世界的变化而变化，并因此而适应这个世界，在这个世界上得心应手。怀特海过程哲学教导我们，要把世界当作一个不断发展的相互联系之网，而不是相互分离的部分或者稳定不变的整块石料。技术进步不仅要求学生成为计算高手，而且要求学生发挥能动思维，这种能动思维是通过与技术这一媒介的相互作用而获得的。②

其次，成功的教育应当是能充分调动学生学习的积极性和兴趣的教育。为此，教育家就必须不惜一切代价消除学生的僵化观念和惰性思维。在怀特海看来，在课堂上，最主要的敌人是僵化观念和惰性思维。僵化观念就是互不相关的观念，这些离散的、没有内在关联的观念，既不能打动学生的求知心灵，也不能调动学生的积极思维。它们只会导致学生积累越来越多的僵死的知识，不少书呆子就是这样炼成的。惰性思维就是不善于积极地开动脑筋进行灵活的思考，没有批判性思维，只是照抄照搬书本上的死知识，死记硬背，应付考试，不能用这些知识来分析和解决现实问题。成功的教育应当是充分调动广大学生的思维积极性，使之灵活地运用前人总结出来的一般原理和相关知识，能动地分析和解决现实问题。

最后，成功的教育应当促进学生的整体发展，培养全面发展的人。正如伊万斯强调的那样，怀特海的过程教育哲学不仅批判了僵化观念，而且

---

① 怀特海：《教育的目的》，徐汝舟译，21页。引文有改动。
② Malcolm D. Evans, *Whitehead and Philosophy of Education*, *The Seamless Coat of Learning*, Amsterdam-Atlanta, GA, 1998.

强调了另一重要概念，即整体论。伊万斯的著作使用的副标题就是"无缝的学习外套"。他引用怀特海的这个隐喻，目的就是说明怀特海的过程教育哲学不是把学习过程视为互不相关的不同部分，而是视为一个有机的统一体。学习过程不是相互分割的或者模块化的，而是没有缝隙的整体。怀特海的过程教育哲学鼓励教育家们把课程和学习过程皆视为整体，而不是视为相互分离的各个部分的组合。[1]

五、怀特海教育哲学思想的启示

首先，怀特海教育哲学思想对我们的最大启示是，我们应当通过认真反思我国现有教育的弊端，对适合我国当前国情和未来发展趋势的教育目的观进行认真讨论。目前我国教育领域存在的各种严重弊端，不能说与我们没有树立正确的教育目的观没有关系。诚然，我国现在确立和执行的德智体全面发展的教育方针，从原则上说是正确的。我们的社会主义现代化事业要保持健康持续的发展，确实需要大批"又红又专"的社会主义建设者和接班人。

但是，正如习近平所说："中国特色社会主义道路，既坚持以经济建设为中心，又全面推进经济建设、政治建设、文化建设、社会建设、生态文明建设以及其他各方面建设；既坚持四项基本原则，又坚持改革开放；既不断解放和发展社会生产力，又逐步实现全体人民共同富裕、促进人的全面发展。"[2] 如果从这一高度去对照我国现实的教育状况，尤其是从人的全面发展的高度来对照和分析我国目前的教育所存在的问题，可以说，还有许多工作要做，有许多错误的做法需要修正。因为我们目前的教育现状，不论中小学教育还是大学教育，许多实际做法显然与人的全面发展的教育目的观正好南辕北辙。我国中小学教育中最突出的"升学教育"，大学教育中的"考研教育""就业教育""出国预备教育"等的严重弊端，其直接的功利目的都与怀特海主张的"文化教育观""智慧教育观""风格教育观"风马牛不相及。怀特海当年批评的西方国家追名逐利的实用庸俗的

---

[1] Malcolm D. Evans, *Whitehead and Philosophy of Education*, The Seamless Coat of Learning, Amsterdam-Atlanta, GA, 1998.

[2] 《习近平谈治国理政》，9页，北京，外文出版社，2014。

教育观，在我国目前十分严重地存在着。许多中小学教育工作者和中小学生家长，由于外部社会压力和内在认识模糊等原因，教育工作几乎完全以升学为目的；而现有大学教育则主要以学生就业为目的，以谋一份好工作、升官发财或挣大钱为目的。显然，现在真正到了认真反思我们的教育目的的时候了！否则，我国教育现有的一切弊端就会越来越严重，从而难以从根本上改观。怀特海批评说，他那个时代的英国教育缺乏明确的目的。现在看来，何尝只有英国当时的教育缺乏明确的目的？试问当今我们的教育者、学生家长和教育政策制定者，他们心目中的教育目的究竟是什么？有多少人真正地反思过这个问题？正是由于缺乏合理的和正确的教育目的观，我们这些年才出现了所谓"中国虎妈妈""集中营式的中学教育"等怪胎。

所有教育家、学生家长、教育政策制定者都应当知道，不同的教育哲学理念会导致不同的教育实践，而不同的教育实践则直接决定着我们的后一代被培养成什么样的人。任何教育实践、教育制度实际上都体现着一定的教育哲学。正如怀特海所说，一切行为背后实际上都有某种哲学本体论的预设。"本体论判断并不因为缺乏任何兴趣而被排除在外。事实上，它们被预设在一切生活行为中：在我们的情感中，在我们的自我克制中，以及在我们的建设性的努力中。"① 在此，我们呼唤21世纪的教育实践、教育制度和理论，应当自觉地以怀特海的过程教育哲学思想为指导，坚决地克服西方近代工业化以来形成的"职业教育"理念，以培养全面发展的智慧型人才为教育改革的总目标，为未来的和谐世界培养合格的人才。我国目前教育中的一些做法受到柯布的批评，他认为中国的大学复制了美国"价值中立"的研究型大学，在某种意义上"为中国未来储备了西方思维的领导人"②。这些批评值得我们认真反思。

其次，我们在培养各行各业的专门技术人才时，要特别注意培养学生的综合素质和文化素养。怀特海的教育目的观启示我们，不能把教育的目的仅仅理解为培养掌握专门知识的人才，而应当理解为培养既有文化又掌握专门知识的人才。如果以这种教育目的观来反思我们的教育，无论作为家长，还是作为教育者和教育管理者，甚至作为被教育者，难道不会有许

---

① 怀特海：《教育与科学 理性的功能》，黄铭译，104页。
② 转引自菲利普·克莱顿、贾斯廷·海因泽克：《有机马克思主义》，孟宪丽、于桂凤、张丽霞译，"序"4页。

多值得深思的东西吗？

再次，怀特海过程教育哲学思想中提倡的教育方式和方法，值得我们的教育工作者学习和借鉴。如何设置合适的课程？如何进行课堂教学？如何评价一部好教材？如何评价一个好老师？如何评价一所学校和整个教育？能否以发表科研论文的数量来评价一个大学教师？能否以就业率来评价一个大学的教育质量？借鉴怀特海过程教育哲学思想，我们可以在诸如此类的一系列问题上得到智慧的启发。

最后，就教育是一个国家、民族、社会乃至整个人类文明的组成部分而言，教育改革和进步还涉及整个社会制度、社会文明的改革和进步。过程哲学告诉我们，整个宇宙是相互联系的有机体，人类社会是相互联系的有机体，所有现实存在都是相互关联的，没有绝对孤立的存在。教育和学习活动作为现实的社会活动或事件，既是由多种因素构成的有机整体活动，也是与整个社会、民族、国家乃至全人类相互关联的整体。从时间维度看，教育、学习的过程既与过去和未来相关，又与现在相关，它们就是当下的活动，既摄入着过去，也影响着未来；从主体角度看，教育、学习的过程与教育者和学习者的身体、经验、感受、直觉、动手能力、解决问题的智慧活动密切相关。因此，在思考和进行教育改革时，要从整个人类文明的进步、社会制度的合理性、生产力和生产方式的发展程度等诸方面进行综合考虑。单从教育本身着手进行教育改革，难以正确地确立教育改革的方向和目的，因而也难以真正解决我国现有教育中存在的各种问题。

总之，怀特海过程教育哲学思想启发我们要关注教育的目的，注重教育的方式和方法，以整体论、有机论、创造论等作为教育改革的哲学理论基础和指导。这是怀特海过程教育哲学思想对我们的最大启示。

小结：本章阐述了过程哲学的教育哲学思想。在怀特海看来，教育的目的是使人具有活跃的智慧，这就是要培养既有文化又掌握专门知识的人才。教育的本质在于培养人的责任感和崇高感。一个不重视培养智力的民族注定将被淘汰。教育的金科玉律是设法唤起学生的学习兴趣，唤起学生对智慧和美的追求。教育要坚持必要优先原则，而不是先易后难原则。成功的教育是培养全面发展的人，这样的人既有文化又有专门知识，既有智慧又有较高的审美能力，既掌握人类积累的基本知识又有独特风格，并对人类的生存与可持续发展具有高度的责任感。

第十七章 过程宗教观

宗教实为人幽居独处时的经验。人无幽居独处之经验，则无宗教感可言。

宗教洞察力是对这种真理的把握：世界的秩序、世界的实在性的深度、世界在其整体及其部分中的价值、世界的美、生命的热情、生命的宁静、恶的征服，都是紧密地结合在一起的——不是偶然的，而是由于这种真理：宇宙表现为一种具有无限自由的创造性，具有无限可能的形式王国；但是这种创造性和这些形式如果脱离完全理想的和谐即神就不可能成为现实。

宗教并非必然为善，而有可能邪恶之极。

——怀特海

怀特海认为，提出一种宇宙论就等于提出一种宗教。为此，他在过程宇宙论的基础上，深刻阐述了他的宗教思想以及宗教与科学的关系，对宗教的性质、地位和作用，神在世界上的地位和作用等问题，做了十分独到的阐述。

一、宗教应以科学和理性为基础

怀特海认为，近代社会以来，要正确地理解宗教的性质、地位及其在社会发展中的作用，就必须首先处理好宗教与科学的关系。

怀特海指出，在20世纪中叶以前的50多年里，科学学说与宗教信仰已到了公开决裂的地步。坚持极端观点的人认为，要么放弃明确的科学学说，要么抛弃明确的宗教信仰，除此之外别无他路可走。怀特海不赞同这种极端的主张，他认为我们应当认真地对待宗教与科学的关系，并且我们如何对待这两者的关系,对未来社会的发展影响巨大。所以,他在《科学与现代世界》中明确地说:"如果考虑到宗教对人类有什么意义,科学的实质是什么,我们就可以毫不夸大地说,未来的历史过程完全要由我们这一代对两者之间关系的态度来决定。"①

为什么呢?因为对人类具有影响的两种最强大的普通力量,一种是宗教的直觉,另一种是精确观察和逻辑的推理。但是,由于近代科学的影响,越来越多的人以科学的观念来否定宗教,因而近代以来,在西方世界有两个显著的事实:一是宗教与科学之间经常发生冲突,二是宗教与科学都在不断地发展。他说,如果我们认为宗教永远是错的,科学永远是对的,那我们就是把问题看错了。实际情况要比这复杂得多。实际上,无论宗教还是科学,本身都是在不断发展变化的。以科学为例,任何科学界人士在现代都无法不加修正地采用伽利略或牛顿的信念,甚至连自己在10年前的全部科学信念也不能不加以修正。宗教也是如此。几千年前甚至几百年前如中世纪的宗教观念,现代宗教界人士恐怕都难以不加修正地接受。因此,科学与宗教这两种思想领域,实际上都要不断地增补、完善和修正。

而且,在怀特海看来,"从某种意义上讲来,宗教与科学之间的冲突只是一种无伤大雅的事,可是人们把它强调得过分了。……我们必须记住,宗教和科学所处理的事情性质各不相同。科学所从事的是观察某些控制物理现象的一般条件,而宗教则完全沉浸于道德与美学价值观的玄思。一方面拥有的是引力定律,另一方面拥有的则是神性的美的玄思。一方面看见的东西另一方面没有看见,而另一方面看见的东西这一方面又没有看见"②。

当然,这并不是说我们可以不理会宗教与科学之间的冲突;相反,安于这种分歧就是在破坏公正精神和高尚的道德。真正的智者应当把思想上的每一种矛盾都探索到彻底解决为止。问题是:我们应该以什么样的态度来对待宗教与科学的冲突?这是具有决定性的关键。

对此,怀特海以其惯常的智慧思辨说,宗教和科学的"理论的冲突不是一种灾难而是一种幸运"③。如果在形式逻辑中出现了矛盾,那是失败

---

① 怀特海:《科学与现代世界》,何钦译,199页。
② 同上书,203页。
③ 同上书,204页。

的标志。但在实际知识的发展中,矛盾则是走向胜利的第一步。这是对不同意见必须做最大限度的容忍的充分理由。

怀特海强调,要解决宗教与科学在理论上的冲突或矛盾,就要坚定不移地耐心考虑全部证据。只有这样,才能避免像流行见解一样,在两个极端之间摇摆。他说,这种忠言虽极平常,但实际上却很难做到。原因之一是:我们不能预先加以构思,然后再付诸行动。我们从呱呱坠地时起,就首先投入在行动里,只能偶尔地运用思维来加以指导。同时,全部证据也不可能长期地存在于脑子里。我们只能根据一般观念的指导才能使证据具有意义。而一般观念和人的大脑也都在不断变化。

这样一来,由于宗教与科学都在不断地变化,所以它们的对立相应地也在不断地变化。然而,科学的变化和进步被人们不假思索地予以承认,认为这是科学的胜利。譬如达尔文或爱因斯坦宣布了他们的理念,修正了我们的思想,这便是科学的胜利,是科学的领悟又前进了一步。换言之,我们都不认为这是科学的失败。但是,一旦宗教发生了改变,我们就会认为这是宗教的退却或者失败。在怀特海看来,这样理解宗教的改变是不正确的。相反,"宗教除非能和科学一样面对变化,否则就不能保持旧日权威了。宗教的原则可能是永恒的,但表达这些原则的方式则必须不断发展。宗教的发展主要就是清除前一代人用幻想的世界图景来解释它的观念时所产生的复杂成分而把自己的固有的观念解放出来。像这样把宗教从不完整的科学中解放出来是有好处的。它澄清了自身真正的使命。应当记住的重点是:一般说来,科学每前进一步,便证明各种宗教信念的表现方式需要作出某种修正。……任何宗教要是和自然界事物接触,那么随着科学知识的不断进步,有关这些事实的观点就必须不断地加以修正"[①]。总之,怀特海的看法是:宗教与科学一样,应当随着人类的知识和经验的发展而不断地完善与变化,否则它便不能一直保持自己的权威。"宗教是人类某种形式的基本经验的表现。同时宗教思想这种表现法也不断地在趋于精纯,不断地排除了芜杂的想象。宗教与科学的接触是促进宗教发展的一大因素。"[②]

为什么呢?因为"如果你把宗教经验当成是对作为宇宙基质的某一有形物的直接直觉,那么你便无法赢得普遍的赞同"。为了赢得人们的赞同,

---

[①] 怀特海:《科学与现代世界》,何钦译,207~208 页。
[②] 同上书,209 页。

"唯一的希望便是用情感去替代理性。在现代，人们通常是用这种方式去号召人的。……但是，理性却是宗教的客观性的保证：它确保宗教具备歇斯底里所不能有的普遍逻辑一致性"①。有意思的是，"当我们考察重要的理性化宗教时，大多数却站在了另一边"，即大多数宗教都坚持以非理性的情感为基础。"然而，一旦涉及合理阐释的问题时，多数少数立刻就不那么重要了。理性嘲弄多数。"② 这就是说，在怀特海看来，不管是否承认理性的重要作用，是否承认宗教应以理性为基础，一旦涉及合理地阐释宗教，人们都必须依赖于理性，多数人不相信宗教应以理性为基础就不那么重要了。这显然是理性对多数人的嘲弄。

正是在这个意义上，怀特海强调："宗教需要形而上学的支持，因为它所产生的强烈情感危及它的权威性。……因此，对宗教信念进行冷静的批判是最必要的事。教义的基础必须置于一种理性形而上学的背景，该形而上学对意义进行批判，并极力表达出对于囊括一切的宇宙来说是充分的那些最普遍的概念。"③ 相对而言，"宗教渴求的是那样一种精神：存在的事实应在存在的性质中找到它们的合理性"。也就是说，宗教渴求证明其合理性的证据。在这个意义上说，"信仰的时代就是理性主义的时代"④。这似乎同通常的看法相反：通常认为，信仰就是信仰，不需要理性的证明。但在怀特海看来则并非如此。信仰若无理性做基础，便是没有根基的信仰。正因如此，宗教和科学都与理性不可分离，宗教既应当以科学也应当以理性为基础。事实上，从上述宗教与科学的密切关系以及宗教的实际发展史来看，事实正是如此。

二、宗教是净化人内心的信仰力量

既然科学和哲学已经揭示了宇宙的许多真理，那人们为什么还要信仰宗教呢？换句话说，信仰宗教的意义是什么呢？

教会对这一问题的传统回答是：第一，不信仰上帝就会遭到这位暴君的惩罚。怀特海认为，这种恐吓方式现在已失效了，因为科学分析大

---

① 怀特海：《宗教的形成/符号的意义及效果（修订版）》，周邦宪译，32页。
② 同上书，33页。
③ 同上书，41页。
④ 同上书，42页。

多已能回答这个问题。他说:"把上帝描述为一种强力,就会激起现代人产生各种各样的带批判性的本能反应。这是一个具有决定意义的问题。"① 也就是说,科学发展到现代,再简单地像古代那样以不信仰上帝就会遭到上帝惩罚这一类恐吓方式来迫使人们信教,已经不再奏效了。这也是近代以来西方世界越来越多的青年人不信仰宗教的重要原因。

第二,信仰宗教可以为现代社会谋求一个舒适的组织。这样一来,宗教便成为一种对安排生活有价值的东西。根据这种观点,宗教成立的理由是:它有裁定正确行为的作用。怀特海认为,这种宗教观念其实是一种退化。"每一个伟大的宗教宗师都反对把宗教说成只是行为准则的裁定者。圣·保罗曾指斥法律,清教徒的神职人员则把正义说成一堆破铜烂铁。坚持行为准则就说明宗教热忱的减退。最要紧的是:宗教生活并不是追求舒适的生活。"② 相反,有时宗教生活恰恰要追求清贫、简单、吃苦甚至受难。无论释迦牟尼还是耶稣,他们都并非刻意在追求舒适的生活。根据怀特海在《科学与现代世界》中的理解,"宗教是某种东西的异象。这种东西既处在常川不住的事物之流中,同时又处在事物的外面和后面。这种东西是真实的,但还有待于体现;它是一个渺茫的可能,但又是最伟大的当前事实;它使所有已发生的事情具有一定意义,同时又避开了人们的理解;它拥有的是终极的善,然而又可望而不可即;它是终极的理想,然而又是达不到愿望的探求"③。怀特海在《宗教的形成》一书中指出,宗教洞察力是对这种真理的把握:世界的秩序、世界的实在性的深度、世界在其整体及其部分中的价值、世界的美、生命的热情、生命的宁静、恶的征服,都是紧密地结合在一起的——不是偶然的,而是由于这种真理:宇宙表现为一种具有无限自由的创造性,具有无限可能的形式王国;但是这种创造性和这些形式如果脱离完全理想的和谐即神就不可能成为现实。

由此表明,怀特海认为,宗教在信仰者的人生中具有重大意义,"离开了宗教,人生便是在无穷痛苦和悲惨之中昙花一现的快乐,或者是瞬息即逝的经验中一种微不足道的琐事而已"④。宗教通常要求崇拜。"而崇拜

---

① 怀特海:《科学与现代世界》,何钦译,210页。
② 同上书,210~211页。
③④ 同上书,211页。

就是在互爱的力量的驱使下接受同化。这一异象从来不做否定。它经常存在，并充满爱的力量。这种爱的力量代表着一种目的，完成这种目的就是永恒的和谐。我们在自然界中看到的这种秩序绝不是力，它表现为复杂细节之间谐和的适应。恶就是兽性的驱动力，它要求达到的是支离破碎的目的，而不管永恒的异象。恶才会否定、阻挠和伤害。神的力量在于他所灌输给人们的崇拜。一种宗教的思维方式或仪式，如果促使人们领会到高于一切的异象，它便是强大的。对神的崇拜不是安全的法则，这是一种精神的进取，是追求不可达到的目标的行动。高尚的进取心被窒息就是宗教灭亡的来临。"① 如果哪些人经验到了宇宙中的这种存在，那就表明"存在着作为宇宙中的一个因素的神。由于这个因素，在现实的东西之后存在着重要性、价值和理想。我们本身之外的价值的意义正是通过空间的直接性与神的理想的关联而引起的"②。

因此，尽管关于什么是正确的宗教信仰，我们所谓的宗教真理是什么意思，人们并无一致的看法，但宗教是人类历史漫长发展过程中的重要因素，这是不容置疑的。而且从现在来看，宗教也不会在短期内消亡。所以，怀特海认为，只有承认这一客观事实，方可确保对宗教普遍原理的任何讨论都是与人类相关的，也都是有意义的。

在此基础上，怀特海明确指出："宗教是一种净化人内心的信仰力量。正因为如此，首要的宗教美德便是诚，一种渗透人心的诚。"所谓诚就是不虚伪、不假，同宇宙存在的普遍秩序相符合，因而表现为这种行为是有道理的。在某种意义上，有道理是一切宗教的基础。"所以，就其教义方面而言，一种宗教可被定义为一系列普遍的道理。只要人们笃信之、深刻领会之，这些道理便具有转变人的品格的效力。"正是在这个意义上，怀特海说："长远地看，人之品格、人如何驾驭生命，均取决于其内心的信仰。……宗教，由于要以人本身及事物性质中之永恒者为基础，因而是有关人内在生命的一门艺术和一套理论。"③ 尽管人与社会绝对不可分离，但是铁的事实是：人是具有独立意识且为自身谋利益的人！因此，怀特海坚决不同意这样一种理论观点：宗教主要是一桩社会事实。在他看来，"宗教实为人幽居独处时的经验。人无幽居独处之经验，则无宗教感可言"④。这就是说，宗教主要地并

---

① 怀特海：《科学与现代世界》，何钦译，211～212 页。引文有改动。
② 怀特海：《思维方式》，刘放桐译，91 页。
③ 怀特海：《宗教的形成/符号的意义及效果（修订版）》，周邦宪译，6 页。
④ 同上书，7 页。

不是一种社会行为和社会事实,而是社会中人的私人事务。尽管宗教是发生于人类社会中的现象,但它主要地不是一种社会现象,而是个人活动。

那么,那些"集体的宗教狂热、布道活动、各种宗教习俗、各种教会、仪式、圣典及行为准则"是不是社会事实呢?在怀特海看来,这些"通通都是宗教的装饰,是它的不固定的外部形式。它们或则有用,或则有害;或则为权威者所制定,或则仅是权宜之计。而宗教之目的,则超越这一切"①。

因此,从本质上看,怀特海认为,"宗教是个人品质之价值的萌生地。而价值,则可正可反,可好可坏,宗教并非必然为善,而有可能邪恶之极。其邪恶,可与世界交织成一体,进而向世人昭示:事物之天性中尚存在可诱人堕落的因素。在你的宗教经验中,你所臣服之神有可能竟然是破坏之神,毁坏了大部分的现实,径自扬长而去"。因此,怀特海特别强调:"故对于宗教,我们切不可为妄念所惑,以为它必然为善。这实在是危险的妄念。"② 在他看来,"宗教是人类野蛮的最后一个避难所。毫无批判地将宗教与善联系在一起,这要遭到直白事实的断然否定"③。这就是说,从历史事实来看,宗教虽有使人向善的方面,这是不容否认的,正因如此,许多向善之人选择信仰某种宗教,但是,宗教并非必然地是善的。这既是客观事实,也是由宗教的内在本质决定的。为此,人类应当信仰与坚持善的宗教和宗教善的方面,摒弃宗教中那些恶的方面。更不用说某些邪教,其绝对应当坚决取缔。④ 对此,世界各国的做法是完全一致的。

怀特海进一步考察了宗教的外在表现和深层精神。在他看来,宗教虽然是净化个人内心的信仰力量,但是,在人类历史上,宗教却得到了外在的表现,展示了其所包含的四个因素或四个方面,即仪式、情感、信念和理性化。这四个因素是在各个不同历史时期,依次进入人类生活的,但其影响并不相等,而且就其宗教价值之深度而言,顺序正好相反:理性化具

---

①② 怀特海:《宗教的形成/符号的意义及效果(修订版)》,周邦宪译,7页。
③ 同上书,18页。
④ 在前些年批判"法轮功"时,有人说,邪教不是宗教,因而"法轮功"不是宗教,而是邪教。其主要理由就是:宗教是向善的,邪教是向恶的。而"法轮功"分子和西方某些敌对势力攻击我们国家迫害宗教,这导致我们在理论上难以自圆其说。其实,莫不如承认邪教也是宗教,只不过各种宗教派别并非都是向善的,也有向恶的,比如"法轮功"。这样,既承认它是一种宗教,但也坚持它是一种邪恶的宗教,因此应当予以取缔。正如我们必须承认科学也有"真"和"伪"之分一样,宗教也有"真"和"伪"或"正"和"邪"之分。

有最大的宗教价值，其次是信念，然后是情感，最后才是仪式。怀特海强调："信念和理性化确立之后，人们便可察觉到，幽居独处的孤独感构成了宗教价值的核心。那些萦绕于文明人类想象的重要的宗教观，无一不是孤独时的产物：被锁于岩石的普罗米修斯，在沙漠里潜思的穆罕默德，佛的沉思冥想，以及耶稣——那个十字架上的孤独者。感到被遗弃了，甚至被上帝遗弃了，这种感觉就是深层次的宗教精神。"①

因此，我们不能把宗教的深层精神与外部表现形式混为一谈。人们通常看到的更多是宗教的仪式和情感，其实，宗教最本质的东西与内在精神是其理性化和信念。哪种宗教若不能与理性逐渐地保持一致，进而同科学的发展保持一致，它就不能成为人们的内心确信，就会被人们抛弃。真正坚持宗教信仰的人，通常并不反对科学；相反，他们总是使其信仰随着科学的发展而不断修正和完善。只有那些尚未掌握宗教信仰真精神的人，才会反对科学，迫害宣传科学精神的人。罗马教会在1992年为因宣传"日心说"而被教会烧死的布鲁诺平反，这说明现在的罗马教会已认识到当年教会处死布鲁诺的做法错了。

在这里，怀特海还区分了宗教与巫术的不同，指出它们的区别有三个方面：（1）它们各自崇拜的对象不同。在怀特海看来，"如果所崇拜的对象是人，我们便称这种仪式（连同它的神话）为'宗教'；如果所崇拜的对象是物，我们则称它为'巫术'"②。（2）其作用不同。怀特海认为，"我们用宗教劝导，用巫术强迫"③。也就是说，宗教起作用的方式是说服、劝告，指向人的内心信念，而不是强迫人们接受其教义。巫术通常是用强迫的方式，迫使人们接受其信念。（3）其进步性不同。怀特海认为，"巫术与宗教的重要区别在于：巫术是非进步的（除非我们回头在巫术的发展过程中追踪到科学），而宗教有时则是进步的"④。例如，在宗教达到了信念阶段，宗教表现为促使人上进的新动因，使人产生了超越单纯生存斗争的思想，使人超越眼前的直接事物，形成某种宽容精神。但是，如果认为"宗教可以是而且也一直是造就进步的主要工具"，那么"只要对整个人类作一考察，我们便会肯定地说：总的说来，它并非从来如此。'很多人得到恩召，只少数被选中'"⑤。怀特海还明确指出："在耶稣降生前的一千年间，公

---

① 怀特海：《宗教的形成/符号的意义及效果（修订版）》，周邦宪译，8～9页。
②③④ 同上书，12页。
⑤ 同上书，18页。

有宗教不再是推动进步的动力。总的说来,那以前它们对人类的帮助是很大的。由于它们的作用,人的社会统一感和社会责任感得到提高。"①

在宗教发展的理性化阶段,宗教中产生了幽居独处的孤独色彩:"门狭而路窄……唯少数人能找到它。"怀特海指出,"现代宗教若忘却这一箴言,它便要患返祖之病,重新回到原始的野蛮状态。那便是求助于从众心理,远离少数人的直觉"②。所谓理性宗教,在怀特海看来,是指这样一种宗教,即它的信念和仪式都得到了重新的组织,目的是让它成为有条理的生活秩序中的核心要素。其条理性在于:既可以解释思想,也可以指导行为,使之达到符合伦理的共同目标。因此,"宗教便向更加个人化的形式发展而去,改变了它那纯公有的面貌。个人代替团体而成为了宗教中的一个单位;与个人的祈祷比较起来,部落的舞蹈不再那么重要了;对于那些少数人来说,个人祈祷成了通过个人的洞察而释罪的方式"③。所以,在今天,不是整个法国,而是单个的法国人走向天堂;不是中国,而是单个的中国人获得涅槃。这就是说,宗教发展到今天,越来越趋向于个人化,而不是社会化。

在此,怀特海对宗教的性质做了很好的说明。在他看来,宗教"既不是抽象的形而上学,也不是只适于某些生活经验的特殊原则,它介于二者之间。……宗教主要是以人类共同经验中的一小部分为基础的。……但是,就其另一方面而言,宗教……可以经由信仰而被应用到一切经验的整理过程中。理性宗教诉诸特殊事态的直接直觉,并依靠它的诸概念来解释所有的事态。它来源于特殊,却又引申到一般。它的教义旨在成为那样一种形而上学,该形而上学可衍生自人类处于最佳洞察力时的那种超常经验"④。这就是说,我们既不能把宗教等同于高度抽象的形而上学理论体系,也不能把它等同于只适用于某些具体生活经验的特殊原则,如患糖尿病后不能吃糖之类的原则,而是要把它看作介于两者之间的生活原则:它既有经验基础,又上升到了一般原则。它的一般原则是以人类处于最佳洞察力时的超常经验为基础的。这种超常经验或许只有少数人能直接体验到,只有在某些特殊环境下才能体验到,但它们的确是真真切切存在的。

从时间上看,怀特海指出他所讨论的宗教时期是非常近代的,它以往的

---

① 怀特海:《宗教的形成/符号的意义及效果(修订版)》,周邦宪译,18~19页。
② 同上书,14页。
③ 同上书,17页。
④ 同上书,15页。

历史大约是六千年。他认为,"在以往,亚洲被证明是最适于各种观念生长的地方。但是在最近两千年,欧洲却赋予该运动一种新的面貌。人们会注意到,理性主义宗教的两个完美的例子都是在并非其发源地的国家繁荣起来的"①。这是指基督教和佛教的繁荣发展,是在其发源地以外的国家进行的。

怀特海通过"对宗教史的考察揭示出这样一个结论:理性宗教的到来是世界意识生长的结果。……理性宗教则是人对其所处的宇宙所作的更广泛的有意识反应"②。无论古罗马帝国的宗教,还是犹太人的宗教,都体现了关于事物性质的一般观念。但是,在近代世界,宗教却成为易动感情的政治家、工业巨头以及社会改革家所信奉的宗教。对犹太人来说,这种宗教导致了罗马军事强权造成的犹太人大流散,而在怀特海所处的时代,则成为导致世界大战爆发的因素之一,导致人们病态地夸大民族自我意识。在怀特海看来,这表明近代宗教缺乏清静无为的成分,由此看来,普遍观念才是宗教中最重要的东西。即使在今天,"人类文明的两大宗教仍然是基督教和佛教"③。因此,怀特海重点讨论了这两大宗教。至于伊斯兰教,怀特海没有给予过多的讨论。因为在他看来,"就观念的明晰、思想的普遍性、道德上的高尚、生存的能力、在世界上传播的广度以及这些性质的综合力量而言,这两种宗教是超过它们的对手的。……然而,如果将它们现在的地位与它们以往的地位作一比较,我们便可断言:它们两者都处于衰落之中,不复有以往那样的对世界的影响力了"④。这表明,即使这两个世界性的宗教,由于其教义中包含的内在矛盾,在近代科学思想和民主法治理念的影响下,它们的不断衰落也成为必然。尼采借疯子之口说出"上帝死了",实际上就是在现代社会这种大背景下出现的,是西方哲学的"现代转型"中必然出现的现象。

为此,怀特海进一步考察了宗教教义及其相关问题。

三、宗教实为人幽居独处时的体验

怀特海指出,重要的理性宗教都是在普遍的宗教意识出现之后才产生

---

① 怀特海:《宗教的形成/符号的意义及效果(修订版)》,周邦宪译,14页。
② 同上书,20~21页。
③ 同上书,22页。
④ 同上书,21~22页。

的。这种理性宗教正是由于是普遍的，或者说具有一定的普遍性，所以就具有了孤独的调子。因为"宗教正是个人在孤独时所为之事"。为什么普遍的宗教意识与孤独感有联系？在怀特海看来，这是因为，"所谓普遍性就是摆脱直接的环境，而摆脱直接环境就是努力去寻找某种永恒而清晰的东西，借它来廓清混乱的眼前琐事"①。为此，就要在面对当下纷繁复杂的混乱琐事时具有超脱精神，撇开具体事务和眼下之一切人和事去寻求背后的永恒之物，这就必然会产生孤独感。这使得各种宗教在对待和处理具体的宗教问题上态度各异。

首先，各种宗教在对待恶的态度和处理方法上，各不相同。在怀特海看来，人世间的恶是客观事实，没有哪个宗教能否认人世间的恶。这种恶不仅是指道德方面的恶，而且包括人身受到的痛苦和磨难。基督教和佛教在对待恶的问题上存在巨大分歧。"佛教认为，恶是肉体和情感经验世界的天性中必不可少的成分。因此它反复灌输的智慧便是，摆脱个体的自我，因为它是那种经验的载体。它所宣扬的信条就是获得解脱之道的方法。"② 基督教走的却是一条相反的道路，"首先它承认恶是固有于世界的。但它同时认为，那样的恶并非是个体自我的必然结果，而是从事件实际过程中的偶然事实产生的"③。同佛教一样，它也宣扬一种解脱之道，即用某种教义来处理恶，生活会变得更美好。它以善战胜恶。佛教将自己的根据建立在形而上学理论上，而基督教则将自己的根据建立在历史上的重大宗教时刻上。"因此，在恶这一类关键问题上，佛教和基督教的教义是完全不同的。佛教始于用教义来进行解释，而基督教却始于用事实来进行解释。"④ 两者的解释所依赖的根据不一样，出发点不一样，因此其结论一定会不一样。

其次，在对待智慧问题上，各种宗教的观点也不一样。对智慧的追求是各种理性宗教的众多追求之一。在各种基督教教义中，都记载着对普遍原则的思考，这体现在深思、智慧且又朴实的箴言之中。例如，在《传道书》中有："见日光之下，快跑的未必能赢，力战的未必得胜，智慧的未必得粮食，明哲的未必得资财，灵巧的未必得喜悦；但是机会临于众人。"⑤ 而佛教则用其教义来启蒙世界，佛教教义中充满着这一类的智慧，

---

① 怀特海：《宗教的形成/符号的意义及效果（修订版）》，周邦宪译，23页。
② 同上书，24页。
③④ 同上书，25页。
⑤ 转引上书，26页。

尤其是对生命的价值和意义的解释。怀特海说:"也许到头来,佛的教义中最有价值的部分,就是他对自己生命的解释。"① 而基督的力量则在于他不用武力。"他有一种明确的至高理想,那就是为什么世界史以他的出生时间进行划分的原因。"② 后来的基督教发展史背离了基督不用武力的精神,这是基督教后来堕落的重要原因之一。

再次,怀特海还对宗教经验做了详细的探讨和描述。在怀特海看来,"生命充满了宗教经验"③。所谓"宗教的教义,就是试图用精确的语言归纳出揭示于人类宗教经验中的真理"④。这不同于物理科学的要旨,即试图用精确的语言归纳出揭示于人类感官知觉中的真理。在怀特海看来,宗教的基础是如下三个基本概念在人的自我意识中的协同作用,即个体自身之价值、世界之不同个体相互之间的价值和客观世界之价值。精神在孤独时会追问:以价值来衡量,生命的成就是什么?怀特海回答说:"只有当精神将自己个体的要求与客观宇宙的要求结合在一起时,它才能找到那样的价值。宗教是对世界的忠诚。"⑤ 这就是说,人的精神必须服从于客观宇宙的普遍要求,同时又试图把这种普遍要求为己所用。这一原理既是个别的,又是一般的;既是实际的,又是超越既定事实的;既强迫人认可,又容许人漠视。"这是一种对永恒地内在于事物天性中的特性的理解。……现实世界中的和谐就是与该特性的相符。……宇宙间的每一个具体事项并非在所有的细节上都与这一特性相符。既有一定程度的符合,又有一定程度的差异……由于该符合是不完全的,所以世界上才有恶。"⑥

在这里,怀特海谈到了关于上帝是否存在的问题。他指出:"人们普遍认为(虽然并非毫无例外),并不存在具有形体的上帝的显圣。……在整个印度和中国,宗教思想(仅指用精确形式阐释出来的)否认对世界上任何有形的终极个体的直觉。对于儒家哲学、佛教哲学、印度哲学,事情确实如此。也许存在着有形的化身,但其基体则并非是有形体的。"应当说,怀特海的这一概括是正确的。在他看来,不仅上述宗教持这一观点,"总的说来,基督教神学也采取了这一立场,认为世界上并不存在那样一

---

① 怀特海:《宗教的形成/符号的意义及效果(修订版)》,周邦宪译,27~28页。
② 同上书,28页。
③ 同上书,30页。
④ 同上书,29页。
⑤ 同上书,30页。
⑥ 同上书,30~31页。

个终极的有形基体,可以让人直接地直觉到。它坚持认为,存在着一个人格的上帝,这一学说是真实的。但它同时又认为,我们对它的信仰是以推论为基础的。大多数的神学家认为,这一推论是以所有人的个人经验为基础的,故足以成立。但是,即使如此,它也只是个推论,而并非直接的直觉"①。所以,在怀特海看来,基督教神学的主流拒绝支持关于有形上帝直接显圣的说法,其智慧是显而易见的。因为关于这一点并无统一的看法。显然,在怀特海看来,神并不是有形的存在,因此他也不同意传统基督教关于作为世界之创造者的上帝观。

在怀特海看来,从宗教教义上说,最根本的宗教教义是所谓"上帝"概念的含义。其他所有教义都从属于这一根本教义。在他看来,"世上对这一概念有三种简单处理:1. 东亚关于上帝的概念。它认为他是世界所遵从的一种无位格的秩序。这一秩序是世界的自我安排,而并非世界所遵从的强制法则。这一概念表达了极端的上帝普在学说。2. 闪米特人关于上帝的概念。它认为上帝是一个具有确定位格的单个实体,他的存在就是一桩终极的形而上学事实,是绝对的,不是衍生的。……它表达了极端的超验学说。3. 关于上帝的泛神论概念。它认为上帝就是依据闪米特人的概念来描述的一个实体,与之不同的是,它认为实际世界是这一完整事实之中的一个阶段。实际世界,当其脱离上帝而被人想象时,是非实在的。……这是极端的一元论学说"②。

对此,怀特海评论说:"人们会注意到,东亚关于上帝的概念与泛神论的概念是相互颠倒的。根据前者,当我们谈到上帝时,我们是在说关于世界的某物,而根据后者,当我们谈到世界时,我们则是在说关于上帝的某物。"③ "闪米特人的关于上帝的概念与东亚关于上帝的概念是背道而驰的,任何调解二者的举动都肯定会导致思想的复杂化。……闪米特人关于上帝的概念需要克服的主要困难有两个。一是这一概念完全将上帝置于形而上学理性化之外了。根据它,我们认识到,上帝就是那样一个存在,他设计并创造这个世界,在这个过程中,我们的知识是不起作用的。……第二个困难是如何证明上帝自己。唯一可能的证明似乎是'本体论证明',这是由安塞伦发明而由笛卡尔修正的。根据这一证明,单是关于这一实体的概念便使我们能推论出他的存在。大多数哲学家和神

---

① 怀特海:《宗教的形成/符号的意义及效果(修订版)》,周邦宪译,31页。
②③ 同上书,34页。

学家都反对这一证明，比如枢机主教梅西耶在他的《经院哲学手册》中就曾公开反对过。"① 显然，怀特海也不同意关于上帝存在的这一本体论证明。

怀特海认为，基督教没有选择这些明晰解释中的任何一个。确实，基督教的天才人物们一直都让基督教的形而上学从属于它所诉诸的宗教事实。基督教继承了简单的闪米特式的"上帝"概念，但对这一概念做了限定。一是修正了关于上帝的位格统一体概念，一是坚持上帝普在学说，还有圣约翰关于"上帝即爱"的发挥。在怀特海看来，"普在的概念必须和万能的概念相区别。闪米特人的上帝是万能的，而基督教的上帝，除了是万能的而外，还是宇宙中的一个因素"②。因此，在怀特海看来，"基督教是柏拉图式的，它遵循的是约翰的路子，而不是保罗的"③。

最后，怀特海认为，"近代世界失去了上帝且正在寻找上帝。失去上帝的原因要回溯到基督教历史上很远的过去。在关于上帝的学说方面，教会逐渐又回到了闪米特人的概念，只是额外加上了三位一体的学说。这是一个清晰、令人生畏却又不能证明的概念，它得到不容置疑的宗教传统的支持。它也得到了社会保守本能的支持，以及明确地为那一目的而建构的一种历史和一种形而上学的支持。更有甚者，持异见则意味着死。总的说来，爱的福音变成了敬畏的福音。基督教世界充满了惊恐的芸芸众生"④。因此，怀特海认为，《箴言》中说"敬畏耶和华是知识的开端"，这一箴言太奇怪了，因为这一说法同圣约翰坚持的"上帝即爱"是相矛盾的。"如果近代世界要寻求上帝，它必须通过爱而不是通过敬畏寻求他，必须借助于约翰而不是借助于保罗。"⑤

为了反抗固执地不容异端的做法，有些自由化神学家采用了把宗教真理简单化的做法，即将宗教简单化为几条简单的概念。怀特海认为这一做法是不对的，并且带来了危害。怀特海指出："很难理解这一简化宗教真理的原则是以什么为依据的。随着科学的进步，我们在物质世界中体察到了各种相互关系的复杂性。虽然物理学的主要观念在某种程度上是简明的，但是它给我们揭示的却并非一个简单的世界。"⑥ 如果把世界简单化，这种宗教迟早是要被人抛弃的。例如，"所有简化宗教教义的做法碰到

---

① 怀特海：《宗教的形成/符号的意义及效果（修订版）》，周邦宪译，34~35 页。
② 同上书，36 页。
③④ 同上书，37 页。
⑤⑥ 同上书，38 页。

'恶'这个问题，都将粉身碎骨，犹如撞上岩石"①。在怀特海看来，所有关于上帝的学说，其毛病主要地并非在于它们的复杂性，而在于它们不合乎理性和逻辑，这就正如人们在不知二加二等于四这一前提有何作用时拒绝承认它是有道理的一样。

四、对宗教真理的批判性考察

对宗教真理，怀特海提出了如下看法：宗教真理肯定是在我们的普通感觉和理智功能处于最富纪律时，从我们的知识中发展起来的；否则，就无法理解宗教学说的坚实基础。他说："宗教始于对表现于特殊事例中那些被人初次领悟的终极真理的概括。这些真理被扩展为一种逻辑连贯的体系，并被用来解释生活。像其他真理一样，它们能否立足都取决于这一解释是否成功。宗教真理的奇特性在于它毫不含糊地论及真理。它把我们所关心的、宇宙的永恒一面带入我们的意识。它因此而根据价值对我们自身的存在提供了一种意义，一种从事物本性中涌出的意义。"②

因此，一条教义就是对一般真理的一个精确阐述，它尽可能地摆脱了特殊的例证。对真理的精确表达，从长远来看，必然有利于它的生动实现，有利于它的效力，有利于更大范围的人理解它，也有利于它的生存。然而，精确地表达一般真理并非易事。我们大多数人都有这样一种感觉，这就是不能表达自己的准确意思。怀特海还举例说，数学中的无理数，就是在使用了两千年后，才在 19 世纪末叶得到精确定义的。我们对亲密的人的性格的了解，胜于我们用言语对它们的精确描述。要描述我们业已理解但尚未系统阐述的某物，实际上是在做新的陈述。

要估计一条教义的有效性，就必须将它与该思想范围内的各种不同于它的选择做一比较。只有掌握了一条教义所由以产生的思想范围和形而上学基础，才能声称真正掌握了这条教义。一条教义只有在如下意义上才可能是真实的：它表达了主题的诸多相互关系，那些关系只能在它所采用的那一套观念的范围内来表达。怀特海指出，不管宗教真理还是科学真理，

---

① 怀特海：《宗教的形成/符号的意义及效果（修订版）》，周邦宪译，39 页。
② 同上书，61~62 页。

其进步都主要体现在如下方面:"构建观念;抛弃人造的抽象概念或片面的比喻;发展更能深入到实在之根本的概念。"①

在怀特海看来,神以概念的形式包括了物质价值的一切可能性。神仅限于善。倘若神是无限的,即不受限制的,那么他便会既善且恶。神是完全的:他的洞见决定价值的每一种可能性。神的存在的深度超越一切世俗的赞美或权力。他让苦难迅速地洞察可从它之中产生出的价值。神是理想的伙伴,可将失去的东西嬗变为他自己性质中的一桩活的事实。神是一面镜子,向每一个造物照出其自身的价值。

这样的理解,天国并不是善与恶的分离,而是善对恶的克服。恶转变为善,这一嬗变过程进入了现实的世界。神的性质中有关于恶、痛苦、堕落的知识,但正是在他的性质中,这些东西被善的东西所克服。

怀特海对神的性质的结论是:神"在人世上是那样一种作用,由于该作用,我们的目的便指向了那些我们自认为对我们自身的利益是公平的目标。他是生命中的那样一种要素,凭借它,判断可超越存在的事实而达于存在的价值。他是那样一种要素,凭借它,我们的目的可超越为我们自己的价值而达于他人的价值。他是那样一种要素,凭借它,已实现的为他人的价值又会转变成为我们自己的价值"②。

这就是说,神是人世间起结合作用的要素。我们每个人的个别意识,在神身上变成普遍的;我们内心本来具有的狭隘的爱,在神身上成为包容一切的爱。脱离了神对个别性的调节,就不会有统一的人世。对世界来说,时间的推移便是新观念不断产生的旅程。这一探索之旅可向上也可向下。"凡停止上升者便不能保持自己,从而踏上了它那不可避免的衰亡之路。……宇宙向我们展示了两个方面:一方面,它在物质上日益消耗;另一方面,它在精神上日益上升。"③ 就这样,它缓慢地变成了新的创造条件。在这个过程中,物质世界,就我们目前所知,将表现为几乎与"非存在"无甚区别的涟漪。

世界当前的这一类秩序来自难以想象的过去。它将在难以想象的将来找到自己的坟墓。但是,仍然存在着由抽象形式和创造性组成的永恒王国及其不断变化的特性,而这种特性总是由其自己的创造物和神(一切形式

---

① 怀特海:《宗教的形成/符号的意义及效果(修订版)》,周邦宪译,65 页。
② 同上书,79 页。
③ 同上书,80 页。

的秩序都要依赖于他的智慧）重新决定的。

五、神是世界的诗人：他以真、善、美的洞见引导着世界

在《过程与实在》的最后一章，怀特海专门讨论了"神与世界"的关系问题，提出了"神是世界的诗人"的著名论断。

怀特海说，在过程宇宙论的建构中，最后还留下一些终极的对立，即喜与忧、善与恶、分与合、流动与永恒、伟大与渺小、自由与必然、神与世界。在这些对立中，除神与世界的对立以外，每一对对立在经验中都有一定的终极直觉指向。神与世界则需要进行专门的说明，因为这两者体现着基本的形而上学观点对创造性起源的性质，即概念性欲望和物质性实现所做的解释。怀特海认为这是对宇宙学难题所做的解释。这个论题就构成了过程宇宙论的最后一章。

首先，怀特海批判和否定了传统基督教关于上帝是不动的推动者和创造者的观点。他认为，这个观点来源于亚里士多德，也是基督教神学最喜爱的学说。这个学说的核心思想是，"造物主是原初的、显然是实在的和超验的，根据这个造物主的律令，才形成了这个世界，并且世界要遵从造物主所强加的意志"①。怀特海则明确地指出："这种学说是一种谬误，正是这种谬误把悲剧注入了基督教和伊斯兰教的历史。"② 为什么这样说呢？因为西方世界接受基督教之时，正是恺撒占统治地位的时候。因此，基督教教会把唯一地属于恺撒的品性赋予了上帝，即把上帝塑造成罗马帝国的统治者。

怀特海认为，这种传统基督教上帝观存在着严重的问题。因为它强调的是暴力、控制和征服。在过程宇宙论看来，宇宙中还有一种"柔和"因素，"这些因素通过爱而缓慢宁静地起作用；它在不属于这个世界的当下直接的王国中找到了目的"③。这种"爱既不主宰一切，也并非不动，对道德规范也不大在意"。这种"爱并不寄希望于未来，因为爱在直接的当下得到了自己的奖赏"④。这个因素就是怀特海过程哲学主张的神。因此，

---

① 怀特海：《过程与实在（修订版）》，杨富斌译，435～436 页。
② 同上书，436 页。
③ 同上书，436～437 页。
④ 同上书，437 页。

第十七章 过程宗教观

怀特海接下来考察过程形而上学原理对神的本性的要求，并指出，这里没有任何东西本质上需要证明，只需要使过程形而上学的理论体系同一定的事实描述相对照即可。这里的论证是要阐明我们有意识的经验中那些独特的要素，即宗教的和道德的直觉。

其次，在怀特海看来，"不能把神看作是全部形而上学原理的一种例外……神就是这些形而上学原理的主要体现"①。也就是说，根据怀特海的形而上学体系，神是原初的存在，是"绝对丰富的潜在性无限制的实现"②。从这一方面来说，神并不是先于一切的创造物，而是与所有创造物同在。"但是，作为原初的存在，他还远非'显赫的存在'，因而他还是处于这种抽象状态的'不完全的现实'"③。因此，"由于这种原初的现实，在永恒客体与创造过程的相互联系中有一种秩序。神的统一的概念性活动是一种自由的创造性活动，不受任何特殊的事物进程的约束。……现实世界的一切特殊事物都以这种创造性活动为前提，而这种创造性活动只是以创造性进展的一般形而上学特征为前提，它就是那种特征的原初体现。神的原初性质就是通过原初性质的创造性活动而获得的"④。这表明，根据怀特海的学说，宇宙本身所具有的普遍的创造性进展的形而上学特征是神的创造性活动的前提，神的原初性质或本性来源于宇宙本身的这种原初性质。

神的原初性质或本性是由一些概念性感受构成的。它们以其主体性形式体现了它们的相互感应性以及其主体性目的的主体统一性。"这些主体性形式就是规定着永恒客体与每一现实发生相互联系的各种评价活动。"⑤也就是说，永恒客体与每一现实发生相互联系起来，是由神的这种原初性质的评价活动导致的。

因此，神"是对感受的诱导，是欲望的永恒动力"⑥。现实发生的感受之所以会出现，是因为神的评价活动，神作为永恒的动力在推动着现实发生的各种欲望的出现。

除了神的原初性质以外，神还有一种继生性质或本性。"神的本性不仅是原初的，还是继生的。神既是开端，又是终结。"⑦ 怀特海解释说，

---

① 怀特海：《过程与实在（修订版）》，杨富斌译，437 页。引文有改动。
②③ 同上。
④ 同上书，438 页。引文有改动。
⑤⑥ 同上。
⑦ 同上书，439 页。引文有改动。

过程哲学所说的神是开端,并不是指神存在于世界上所有事物的过去,是他创造了世界上的所有事物;而是说神是概念性活动以之为前提的现实,神与其他每一种创造性活动处于共同的生成之中。

因此,与所有现实存在相类似,神的性质也是两极的。他既有一种原初性质,又有一种继生性质。这种继生性质是神的物质性感受与原初概念相组合而形成的。神的原初性质是由概念性经验构成的,这些概念性经验就是世界上的原初事实,它们不受任何现实的限制,因而是无限的,没有任何否定性摄入。神的继生性质则是由世俗世界的物质性经验产生的,又同神的原初性质相整合。它是被决定的、不完满的、继生的、永恒持续的、完全现实的和有意识的。神的"必然的善表征着对他自己的继生性质的规定性"①。

在怀特海看来,神的概念性经验是无限的,但它属于有限的物质性经验的性质。世俗世界的现实存在应当被视为是由物质性经验产生的,它的完成过程则源于神的继生性经验的推动。可以把神看作是由概念性经验产生的,但它的完成过程则是由最初源于世俗世界的继生性经验推动的。

怀特海指出,神的"继生本性是他对世界的判断"②。在世界进入神自身的直接生命时,神拯救了世界。神的判断还是一种智慧的判断,正是这种判断使世俗世界中的纯粹毁弃之物得到了利用。此外,神还具有无限宽容的品性。神的作用不在于他创造了这个世界,神只是拯救这个世界。

那么,怀特海心目中的神究竟是什么呢?他在晚年撰写的《论不朽》一文中对"神"这个概念做了这样的阐述:"价值世界展现了宇宙本质上的统一性。因此在它展现许多个人的不朽方面时,同时也包含着人格的统一性。这就是神的概念。"③ 并且,他在随后的括号中补充说明,他所说的"神"既不是基督教神学学术传统上的神,也不是印度佛教传统中的那个弥漫的神,而是处于两者之间的某个地方的神。在他看来,神"乃是以有限存在为基础的无形事实"④。这个意义上的神非常类似于中国道家所说的"道"或"天道"。

最后,怀特海认为,要正确地认识神在世界上的作用,就要正确地理

---

① 怀特海:《过程与实在(修订版)》,杨富斌译,440页。
② 同上书,441页。
③④ Alfred North Whitehead, *Essays in Science and Philosophy*, Philosophical Library, New York, 1948, p. 69.

解、把握世界的流动性与恒定性的关系。如果错误地割裂流动性与恒定性的关联性，就会导致一种错误观念，即导致完全静止的、具有明显实在性的神与完全流动的、缺乏现实性的世界相对立。这样一来，要解释静止的神与流动的事物之间的相互作用，就会非常困难，在每一步上都会包含矛盾。在古希腊人和希伯来人的直觉以及传统基督教思想中，都存在着这一困难，即静止不动的神与完全流动的世界相对立。

在怀特海看来，只有把世界的恒定性与流动性结合起来，两者才能得到合理的解释。所以，这是一个双重的问题：具有恒定性的现实需要有流动性才能使自己完满，而具有流动性的现实则需要恒定性才能使自己完满。"这个问题的前一半涉及，通过从暂时性世界中产生神的原初性质，而实现神的原初性质的完满。这个问题的后一半涉及，通过每一种流动的现实发生的客体性永恒存在的作用，摆脱'永恒消逝'……从而实现每一种流动的现实发生的完满。"①

怀特海特别强调，"这个双重问题不能分割为两个不同的问题。问题的每一方面只能通过另一方面才能得到解释。也就是说，神的继生本性就是这个流动的世界通过神中的客体永恒性而成为'永久的持续'。而且现实发生的客体永恒性也要求神的原初恒定性"②。神就是以这种方式，通过个体的、流动的有限事实的满足来不断完善自身，而世俗世界上发生的各种事件则是通过其自身的永久持续同经过改造的自我相联合而不断完善，最后与作为终极绝对"智慧"的永恒秩序融为一体。

在这里，怀特海以一组反题进行总结：

神是永恒的而世界是流动的，这样说是正确的，正如说世界是永恒的而神是流动的，同样也是正确的。

神是一而世界是多，这样说是正确的，正如说世界是一而神是多，同样也是正确的。

与世界相比，神显然是现实的，这样说是正确的，正如说与神相比，世界显然是现实的，同样也是正确的。

世界内在于神之中，这样说是正确的，正如说神内在于世界之中，同样也是正确的。

神超越世界，这样说是正确的，正如说世界超越神，同样也是正

---

① ② 怀特海：《过程与实在（修订版）》，杨富斌译，442页。引文有改动。

确的。

　　神创造了世界,这样说是正确的,正如说世界创造了神,同样也是正确的。①

在怀特海看来,神与世界是相比较而存在的对立,神的创造性根据这种对立完成自己的最高任务,把具有诸多对立性差异的多样性转化为具有诸多对比性差异的合生统一体。因此,每一个时间性发生都体现着神,同时也在神中体现出来。在神的本性中,恒定性是原初的,流动性则源自世界;而在世界的本性中,流动性是原初的,而恒定性则源自神;而且,世界在本性上乃是神的原初材料,而神在本性上则是世界的原初材料。当创造活动达到自己的最终阶段——永久持续时,即达到了世界的神圣顶峰时,便获得了恒定性与流动性的协调一致。

神与世界就处于这种既相互对立又相互需要的对峙之中。神是所有精神活动的无限基础,是寻求物质多样性的统一的洞见。世界则是诸多有限构成的多样性世界,它寻求的是现实的不断完善的统一。无论神还是世界,都不可能达到静止的完善,两者都在不断地向新生事物创进,两者都互相为对方提供实现创新的工具。

在这一创进过程中,神获得了自己继生的多样性,世界获得了继生的统一性。世界的动态劳作变成永久持续的统一历程,也是通过吸收世界的多样性劳作而把神的洞察力的静态威严变成实现自己完满目的的历程。

神的继生性质是由具有个体的自我实现能力的多种要素构成的。这种继生性质既是多样性的又是统一的,既是直接的事实又是不断超越自身的进步过程。因此,神的继生性质可以进入世俗世界,在宇宙完成其现实性的四个阶段中发挥作用。"在这个意义上,神是伟大的伴侣,一个患难与共、相互理解的伴侣。"② 在每一个现世创造物的生命中,通过各种消逝的发生,那些厌恶与愉悦、事物性质产生的判断、救世主或灾祸女神的内在根源,就是神的存在中永久持续存在的创造物自身的转化。以这样的方式,各种事物坚持不懈地追求生存的热情,被持续存在和永不衰竭的直接活动不断增添活力,而我们的直接活动虽然不断消逝,但却永恒地存在着。

总之,在怀特海看来,神"并不创造这个世界,他只是拯救这个世

---

　　① 怀特海:《过程与实在(修订版)》,杨富斌译,443页。引文有改动。
　　② 同上书,447页。引文有改动。

界；或者更准确地说，他是这个世界的诗人，具有慈爱的宽容精神，并以他对真、善、美的洞见来引导这个世界"①。这是一向以严谨著称的怀特海以少有的诗意语言对神所做的概括。

小结：本章阐述了过程哲学的宗教观。怀特海认为，宗教实为人幽居独处时的经验。宗教并非必然为善，而有可能邪恶之极。宗教并非必然地与科学和理性相冲突，而应以科学和理性为基础。宗教是净化人内心的信仰力量。正因如此，首要的宗教美德便是诚。生命充满了宗教经验。所谓宗教教义，就是试图用精确的语言归纳出揭示于人类宗教经验中的真理。总的来说，各种宗教都不认为存在着一个终极的有形的上帝或神，我们对上帝或神的信仰是以推论为基础的，而这一推论是以所有人的个人经验为基础的。近代西方世界失去了上帝且正在寻找上帝。所有关于上帝的学说，其毛病都主要在于它们不合乎理性和逻辑。这就正如人们不会轻易相信二加二等于五一样。但是，"神"这个概念是有意义的，表现在神是人世上起结合作用的因素。我们每个人的个别意识，都在神身上变成普遍的东西。脱离了神对个别性的调节，就不会有统一的人世。神是这个世界的诗人，他以真、善、美的洞见引导着这个世界。怀特海批判和否定了传统基督教关于上帝是不动的推动者和创造者的观点，否定传统基督教上帝观强调的暴力、控制和征服，主张宇宙中还有"柔和"因素，这些因素通过爱而缓慢宁静地起作用。神与世界既相互对立又相互需要。神是所有精神活动的无限基础，是寻求物质多样性的统一的洞见。世界则是诸多有限构成的多样性世界，它寻求的是现实的不断完善的统一。无论神还是世界，都不可能达到静止的完善，两者都在不断地向新生事物创进。

---

① 怀特海：《过程与实在（修订版）》，杨富斌译，441页。

第十八章 过程社会历史观

进步的艺术就是在变化中保持着秩序，同时又在秩序中保持着变化。

思想家个别地说来是没有力量的，但最后却是世界的主宰。

一个社会，只要它的成员分享真、美、探险精神、艺术、平和这五种品质，该社会便可称之为文明的社会。

——怀特海

怀特海过程哲学主要致力于建构宇宙论，对社会历史观并未做系统研究和阐述。但在其探讨宇宙论的过程中，对科学技术、宗教、道德、法律、教育等社会活动的本质及其在社会文明和历史发展中的作用，对人类社会发展的规律性等，则有许多精彩论述，体现着过程哲学独特的过程社会历史观。虽然这种历史观并未超越马克思的唯物史观，没有达到马克思历史哲学的高度，但是它对科学技术与社会发展的关系、社会与个人的关系、社会文明发展的动力及未来趋势的论述，对我们深刻理解现当代资本主义社会的发展趋势和人类文明的未来发展趋向仍有很大启发。

一、科学技术在社会发展中的重大作用

在《科学与现代世界》中，怀特海对科学技术对人类社会发展的巨大推动作用做了深入探讨。尤其是在该书最后一章"对社会进步的要求"中，集中论述了科学对社会进步的内在要求。

怀特海明确地指出，《科学与现代世界》一书所要研究的是过去三个世纪即从17世纪到19世纪中，西方文明受到科学发展影响后在某些方面所发生的变化。在他看来，"文明的进展并不完全像是一股奔腾直前日趋

第十八章　过程社会历史观

佳境的巨流"①。从历史的大尺度来看，人类文明是不断进步的。但是，对这一进步的理解却必须着眼于细节。

怀特海认为，假如我们从绵延几万年的全部人类历史来看，新时代的出现往往是相当突然的。有时，某个默默无闻的民族会在突然间出现在社会主流之中；技术上的重大发明会改变人类生活的状况；等等。但是，现代科学的发展则把人类社会以及我们的思想面貌完全改变了。在他看来，"世界历史的每一个时代，都有注重实际的人致力于'无情而不以人意为转移的事实'，世界历史的每一个时代，也有富于哲学头脑的人在孜孜不倦地致力于创造普遍原则"②。也就是说，每个时代的哲学家和科学家都对人类社会的发展具有重要作用。哲学不仅应当是批判性的，而且应当是建设性的。"哲学的用途就是维护说明社会制度的基本观念的有实际作用的新东西。它使普遍接受的思想不再慢性地堕落为没有实际作用的俗套。"③ 在《科学与现代世界》一书中，怀特海考察的主要是现代科学对现代世界发展变化的重大作用。

在怀特海看来，"我们如果没有一种本能的信念，相信事物之中存在着一定的秩序，尤其是相信自然界中存在着秩序，那么，现代科学就不可能存在"④。而自从休谟时代以来，西方流行的科学哲学一直在否认着科学的合理性。幸运的是，后来的科学发展使得现代科学的信念被人们逐渐接受，休谟否定客观因果性的哲学思想被人们在实践上超越了。因为"科学从来不为自己的信念找根据，或解释自身的意义，对于休谟所提出的驳斥也完全置之不理"⑤。它只是在用实际效果说话。尤其是到17世纪时，牛顿完成了巨著《自然哲学的数学原理》，使整个世界进入崭新的时代。怀特海认为，这个历史性的革命是完全有理由的。当时需要这种革命。不仅仅需要，而且在正常的发展过程中这是必不可少的。世界确实需要对不依人意而转移的事实做几个世纪的观察。尤其是在中世纪的非理性主义狂热之后，人们必须这样做。

但是，科学在怀特海时代，已经进展到一个转折点。用怀特海的话说："物理学的坚实基础被摧毁了。而生理学则第一次站起来成为一个

---

① 怀特海：《科学与现代世界》，何钦译，4页。
② 同上书，6页。
③ 怀特海：《思维方式》，刘放桐译，151页。
④ 怀特海：《科学与现代世界》，何钦译，7页。引文有改动。
⑤ 同上书，22页。

能起作用的知识体系,它不再是一堆支离破碎的东西了。科学思想的旧基础已经无法为人所理解。时间、空间、物质、质料、以太、电、机械、机体、形态、结构、模式、功用等等都需要重新加以解释。"① 为此,就需要抛弃所谓"科学唯物主义"的假说,为科学建构新的哲学基础。

在 17 世纪和 18 世纪,科学界占统治的哲学观念是二元论。它坚持认为,一方面是物质,另一方面是精神。在这两者之间则有生命、机体、功能、瞬时实在、交互作用、自然秩序等概念。这些概念在当时被证明是有效的研究工具,因此当时的人们对这些概念具有高度的热情。科学唯物主义的思想在当时十分流行也是非常自然的事情。

但是,随着 19 世纪自然科学的发展,尤其是在 19 世纪末和 20 世纪初产生了相对论、量子力学等现代科学,以牛顿机械力学为代表的近代科学思想越来越难以适应现代科学的发展了。然而,奇怪的是,西方那个时代的"人们一方面相信以机械论为基础的科学唯物论,另一方面又坚信人类与高等动物是由自律性的机体构成的。现代思想的基础上既然存在着这种极端的矛盾,这就说明了我们的文明为什么会不彻底和摇摆不定"②。在怀特海看来,要同现代科学发展的成果相一致,就必须抛弃所谓科学唯物论,以过程哲学或有机哲学取而代之。所以,怀特海说:"我主张的理论是这样,整个(科学)唯物论的概念都只能应用于由逻辑辨认所产生的极抽象的存在。持续的具体实在就是机体。"③ 换言之,"科学唯物论作为一个思想体系运用到科学中,已经不够完备了"④。

因此,如果说西方世界在从 17 世纪到 19 世纪的 3 个世纪中,其主要情形是科学唯物论给科学概念提供了完备的基础,那么,到 19 世纪末和 20 世纪初,科学唯物论就必须让位于过程哲学了。为此,怀特海在《科学与现代世界》中"提出的论点是,机体论的自然哲学必须从(科学)唯物论哲学所要求的东西的反面出发。(科学)唯物论的出发点是独立存在的实体——物质与精神。物质受着空间运动的外在关系的改变,而精神则受着思维对象的改变。在这种(科学)唯物主义的理论中,两类独立的实体都受着与各自相应的激情的改变。而机体论的出发点则是事物处在相互

---

① 怀特海:《科学与现代世界》,何钦译,22 页。
② 同上书,87 页。
③ 同上书,90 页。引文有改动。
④ 同上书,116 页。

关联的共域中的体现过程。在这儿事件才是实在事物的单位"①。

为此,怀特海在《科学与现代世界》的最后一章"对社会进步的要求"中,明确提出了如下观点:

首先,现代社会发展需要以过程哲学为指导,需要抛弃近代实体哲学。怀特海说,由于现代科学的发展,17世纪所确定的物理科学原理已经垮台。这使得以之为基础的机械唯物论哲学已经破产,过程哲学开始登上哲学舞台。这样一来,科学唯物论所坚信的独立自存的实体,被过程哲学的机体取代,科学唯物论所讲的精神,在过程哲学中成为机体的机能,与物质有机体合为一体,不再是独立的精神实体。人体被视为复杂的有机体形式,所以它也包括认识。特别是根据过程哲学的价值观,"机体是一定形式的价值的体现。某种实际价值的发生要依靠对调和各种不同意见的限制。因此,事实上,事件本身便由于这种限制而成了价值。但正是由于这一点,它才同时也需要整个的宇宙参与才能成为其自身"②。

据此,怀特海批评了笛卡尔的二元论哲学及其一般概念对现代社会发展的负面影响。根据笛卡尔的二元论,肉体和精神是独立存在的个别实体,两者都由于自身的缘故而存在,完全无须涉及对方。怀特海说,这种看法和中世纪道德原则所产生的个人主义很符合,因而很容易为人所接受,但接受这种观念"仍然是非常不幸的"。因为道德原则强调了个别存在的内在价值,而笛卡尔关于每一存在的发生态个体价值是独立的实体存在,这是完全不同的概念。而当时的风尚强调整个自我的个体价值,所以这就转变为将人的身体实体化,并使这种实体完全脱离价值的领域,退化为一种"完全没有价值的机构,只能提示一些外表机巧性"③。但是,由于笛卡尔的巨大影响,"笛卡尔关于没有内在价值的物质粒子的科学理论……在知识领域中夺得了地位……对于现代世界的道德前提具有极其复杂的影响"④。

当然,笛卡尔的观点也有积极影响,这便是它为当时的科学研究提供了有效的科学研究方法,使欧洲的思想界普遍地清除了远古野蛮时代遗留下来的歇斯底里的痕迹。这一观点的恶劣效果则是,"把精神当成独立实体的学说,不但直接引导出个人自有的经验世界,而且也引导出个人自有

---

① 怀特海:《科学与现代世界》,何钦译,169页。括号内容系引者所加。
② 同上书,214页。
③④ 同上书,215页。

的道德世界。道德直觉被认为只能应用于全部个人自有的心理经验世界。因此，自尊心和尽量利用自己的机会这两个概念，就构成了这一时期工业界领袖人物的现实道德。现在西方世界还受着前三个世代狭窄的道德观念的危害"。同时，这一观点还"认为单纯的物质没有价值的假定，使人们对待自然和艺术的美缺乏尊敬"①。

怀特海认为，由此产生了两个恶果："(1) 不顾每一个机体和环境的真正关系；(2) 不顾环境的内在价值。而在考虑终极目的时，环境的内在价值是必须充分估计进去的。"② 应当说，这两个恶果在当今中国现代化建设过程中也非常明确地表现出来。当前我国政府强调生态文明建设，正是要克服这些恶果。

其次，现代社会的发展需要培养全面发展的人，而不只是培养和训练某一方面的专家。怀特海指出，近代社会遇到的另一大问题是专家训练法的发现。这些人在特殊的思想领域中事业化，因而在个人所从事的范围内不断增进知识。这造成在两个方面使近代不同于古代：一是近代的进步速度十分迅速；一是专家的知识面十分狭窄，对自己专业知识以外的知识可能一窍不通。这便埋下危机：思想狭隘，专业进步只在一个狭小角落里进步。"但任何抽象角落都是不足以包括人生的。……真正的思想被局限在一个角落里。"怀特海特别强调："这种专业化的趋势所产生的危险是很大的，在我们的民主社会中尤其如此。理智的指导力量减弱了。知识界的领导人物失去了平衡。他看到的只是这一种或那一种环境，而没有看到全面。调度的问题只交给庸碌无能，因而不能在某种事业中获得成就的人。简单地说，社会的专业化职能可以完成得更好、进步得更快，但总的方向却发生了迷乱。细节上的进步只能增加由于调度不当而产生的危险。"③ 怀特海批评的这种状况，在当今所有工业化国家仍然存在。

怀特海认为，不论你怎样解释社会，关于现代社会生活的这一评论可以适用于一切环境。国家、城市、地区、机关、家庭甚至个人，都是一样。因此，"如果要避免灾难，新获得的进步就需要有更坚强的指导力量"④。而指导力量需要智慧，智慧则是平衡发展的结果。为此，就要通

---

① ② 怀特海：《科学与现代世界》，何钦译，216 页。
③ 同上书，217 页。
④ 同上书，218 页。

过发展良好的教育来求得这种智慧发展的平衡。这就要求对教育进行改革。怀特海预言，"对于不久的将来来说，最有用处的发现，就是能增进这一目的而不妨碍必要知识专业化的发现"①。为此，他建议在发展专业化教育的同时，要加强广义的艺术和审美教育，以增强学生对各种价值的认识，以恢复真正的理性主义精神，使人得到全面发展。他说："真正的理性主义便必须经常超越自身，恢复到具体事实以求得灵感。"② 要真正地把握事物的本质中存在的两个原则，即变化的原则和守恒的原则。只有变化没有守恒，便是从无到无的过程；只有守恒没有变化，便无法真正地守恒。因此，他坚持的理念是：进步的艺术乃是在变化中保持秩序，在秩序中保持变化。

最后，关于科学对文明的反作用，怀特海在总体和未来发展趋势上做了悲观与乐观两种估计。他说："对于文明社会的审美的需要来说，科学的反作用从来都是不幸的。它的唯物论基础使人们把事物与价值对立起来。……因此，一切有关社会组织的思想都用物质的东西或资本来表明。终极的价值被排斥了。人们对这些价值是敬鬼神而远之，然后把它转交给神职人员做礼拜用。"③ 他说，英国的工业革命就是在这种气氛中完成的。其他地方在很大程度上也是这样。"文明也许无法从使用机器后所造成的恶劣气氛中恢复过来了。这种气氛充满了北欧进步民族的整个商业体系。造成这种情形的原因，第一是新教徒在审美上的错误，第二是科学唯物论，第三是人类天生的贪欲，第四是政治经济学的抽象概念。"④

然而，在科学与技术飞速发展的新环境下，未来的文明仍然会进一步发展。虽然未来的恶果已经从很多方面显露出来，如失去宗教信仰、滥用物力、人类退化、审美创造性受到压抑等，"然而人类还是进步了"⑤。这种进步与科学的进步和专家的推动是分不开的。在他看来，目前世界已经面临着一种无法控制的体系。这种情形有它的危险性，但也有它的好处。显然，物力的增长将为社会福利的增进提供机会。现在的问题不是怎样产生伟大的人物，而是怎样产生伟大的社会。"伟大的社会将使人知道

---

① 怀特海：《科学与现代世界》，何钦译，218 页。
② 同上书，221 页。
③ 同上书，223 页。
④ 同上书，224 页。
⑤ 同上书，225 页。

如何应付这局面。（科学）唯物论哲学强调一定量的物质，并从这物质上推演出环境的某种特性。它给人类的社会良心带来非常不良的后果。它几乎完全把注意力导向一定环境中的生存竞争。……如果对世界只看好的一面，便是非常愚笨的。我们必须承认有斗争。但问题是：谁将被消灭？作为教育家来说，我们必须对这一点具有清楚的概念。因为这一点能决定我们将产生哪一类的人物，也能决定我们应向人们灌输哪一类的实际伦理。"① 这一观点虽然似乎有教育万能论之嫌，但对教育在塑造未来社会及推动和决定未来发展方向上的重大作用的论述，对我们仍有重要启发。近代德国崛起、日本崛起和美国崛起等，都有优先发展教育方面的成功经验。

怀特海指出，在过去3个世纪中，人们把注意力完全导向了生存竞争一面。于是，造成了严重的社会灾难。"19世纪的口号就是生存竞争、竞争、阶级斗争、国与国之间的商业竞争、武装斗争等等。生存竞争已经注到仇恨的福音中去了。"② 现在，到了抛弃这种错误观念的时候了。

根据怀特海的过程哲学，社会进步首先需要合作。在自然环境的一般情况下，树木联合成树林，才能生长得好。树林标志着相互依靠的物种组织起来以后的胜利。同理，人类社会要想发展得好，各种人类社会组织就要相互依赖、相互支持。"每一种机体都需要有一个友谊合作的环境。"③ 在森林里，狮子和老虎惯于使用强力，但它们并不是经常可以达到目的。它们的主要缺点就是不能合作。因此，怀特海概括说："强力的福音是与社会生活不能相容的。所谓强力是指最广泛意义上的对抗。"④ 怀特海反对在一般意义上强调对抗与斗争，认为这是同人类社会生活的正常发展不相容的。

但是，他也认为，社会的多样化有助于社会发展。他说："国家与民族彼此之间的差异，对于保持高度发展的条件是必要的。"⑤ 他以动物的发展为例，说明动物向上发展的主要因素之一就是能四处走动。能走动的动物可以到新环境中去，如果不能适应，它们就要灭亡。人类曾从森林走到原野，又从原野走到海岸，从一种气候走进另一种气候，从一个大陆走进另一个大陆，从一种生活习惯过渡到另一种生活习惯。人类在不再走动

---

① ② 怀特海：《科学与现代世界》，何钦译，226页。括号内容系引者所加。
③ 同上书，227页。
④ 同上书，227~228页。
⑤ 同上书，228页。

的时候，就不能在生物领域中得到提高。身体走动固然重要，但人类精神上的活动却更重要，其中包括思想上的活动、情感上的活动和审美经验上的活动，人类精神上的奥德赛必须由社会的多样化来供给材料和驱动力。习俗不同的其他国家并不是敌人。它们是天赐之福。人类需要邻人们具有足够的相似处以便互相理解，具有足够的相异处以便引起注意，具有足够的伟大处以便引起羡慕。我们不能希望人们具有一切美德。甚至当人们有奇特到令人纳罕的地方，我们也应当感到满意。

幸运的是，现代科学的发展使人们有可能到处游动。"现代科学使人类有游动的必要。进步的思想和进步的技术使得从一个世代到另一个世代都有到未有航线的海洋去探险的必要。游动的最大好处就是要遇到危险，而且要掌握技术，以避免灾祸。同时，我们必须估计未来会出现危险。未来的作用就在于有危险，而科学的好处就在于使未来具有危险。19世纪时期繁荣的中间阶级统治了整个社会。他们过分地强调了平静生活的价值。他们不愿面对新的工业制度所强加于他们的社会改革的必要。现在他们又不愿面对新知识所引起的知识革命的必要。中产阶级对未来世界的悲观，是由于他们对于文明与安定的概念非常混淆。在不久的将来，安定将比不久的过去少。我必须承认，不安定达到一定程度就会与文明不能相容。但整个说来，伟大的世纪都是不安定的世纪。"[①]

在《科学与现代世界》的最后一段，怀特海总结说，在这一系列讲演中，他力图描述的是思想领域中的一次大探险。西欧各民族都参加了这次探险。这次探险以群众运动的缓慢速度发展着，经过一段长时期的准备后，突然使西方世界在理智上产生了一个特殊方向，其主题后来逐渐展示出来，并获得了胜利，它的影响成为决定人类行动的源泉。最后，它在达到胜利的顶点后，又显露出自身的局限，于是，又一次创造性的思想活动开始了。这一历史过程给我们提供的教训和经验是："理智的力量是伟大的，它对人类的生活具有决定性的影响。伟大的征服者从亚历山大到恺撒，从恺撒到拿破仑，对后世的生活都有深刻的影响。但是从泰勒斯到现代一系列的思想家则能够移风易俗、改革思想原则。前者比起后者的影响来，又显得微不足道了。这些思想家个别地说来是没有力量的，但最后却是世界的主宰。"[②]

[①] 怀特海：《科学与现代世界》，何钦译，228～229页。
[②] 同上书，229页。

二、社会历史的发展是两大因素交互作用的结果

关于这一基本观点，怀特海主要是在《观念的探险》一书中论述的。

"社会"（society）概念在怀特海过程哲学中是个基本范畴。在宇宙论中，这一范畴我们通常译为"集合体"，而在人类社会方面，我们则把这个概念译成"社会"。怀特海用这同一个概念表达本体论和社会历史中的同一类现象或事件，也颇有深意。这表明，人类社会在本质上也是自然历史过程，社会在本质上同自然界的集合体一样，也是有机体。这在一定意义上消除了以往一切唯心史观赋予人类社会和历史的神秘性。

根据过程哲学，电子、分子都是"集合体"，一棵树也是个集合体。只要构成它们的元素是有机地联系在一起的，它们就会在自我生成中整合为集合体，在人类这里，就会整合为"社会"。因为在怀特海看来，没有任何真正的现实存在是纯粹单一的、没有窗口的单子，相反，任何现实存在都是复杂的有机体。这正是怀特海的过程宇宙论与莱布尼茨单子论的重大区别，也是怀特海所理解的现实存在与旧唯物主义的实体的重大区别。

根据怀特海的说明，集合体与聚合体是不一样的。两者的区别在于，集合体一定是聚合体，但聚合体未必是集合体。因为在集合体中，所有构成该集合体的要素都处于相互作用、相互影响的联系之中，它们是各种要素有机整合而形成的有机体；而聚合体则可能是纯粹单一的要素构成的整体，其中各种要素之间的联系并不是真正有机的联系。所以，怀特海并不认为一块石头、一把椅子也是有机体或集合体。

就人类而言，由于人天生地是群居动物，加之各种社会纽带的作用，人类天生地是社会地联系在一起的，并且人类社会天生地具有一定的秩序。所以，在《观念的探险》中，怀特海给"社会"做了这样一个界定："社会是这样一个系列：它'演示'或'分享'某种'社会秩序'。"[①] 社会能够存在的关键点在于：它是自立的；换言之，它有自己的理由。人类社会就是在一定的自然环境中通过许多单个人的相互作用、相互影响而自我生成的共同体。

首先，社会与组成社会的个人是绝对不可分割的。社会就是所有组成

---

① 怀特海：《观念的探险（修订版）》，周邦宪译，222 页。引文有改动。

该社会的个人之间通过各种经济的、政治的、意识的、文化的、宗教的、民族的等纽带而形成的整体。在社会制度的形成过程中，人类的精神发挥了巨大的作用，尤其是科学和艺术发挥了巨大作用。因此，怀特海指出："科学和艺术是人们对真和善的有意追求。人类有限的意识正是以科学和艺术的方式在利用无限丰富的自然。在人类精神的这一运动中，发展起了各种各样的制度和职业。教会和礼仪，寺庙和那些为它们献身的人们，追求知识的大学，医学，法律，贸易方法——这些都代表了对文明的追求。凭借这一追求，人类的意识经验保存了为己所用的和谐的源泉。"[1] 显然，正是通过人类个体的各种现实活动，才逐渐生成了现实的社会。这和马克思的唯物史观所坚持的观点不谋而合。

值得强调的是，怀特海认为，所谓个人实际上也是个小社会。在他看来，个人存在是由各种现实的事件组成的社会。也就是说，每个个人并不是真正独立的存在，更不是除了自己以外不依赖其他任何存在的实体。每个个人实际上都是社会的存在物，都生活在一定的家庭、群体、民族等之中。家庭、群体、民族、物种以及包括不同物种的群体，这些物种结合起来组成了共同的维持生存的单位。家庭、群体、民族、物种等也都是一些小社会，而这些不同的社会，都以一定的方式同整个社会相联系。否则，它们就不能正常地生存和发展。为此，这些小社会每一个都以自己的方式要求忠诚和爱。怀特海所讲的社会文明应追求整体的和谐思想，也是与此相一致的。

其次，从过程哲学视域看，社会和人类都是宇宙的产儿。[2] 因为根据过程哲学，宇宙中每一现实存在的生成都是整个宇宙力量共同努力的结果。人类的生成如此，社会的生成也如此。在这个意义上，人类以及由人类组成的社会归根到底是宇宙的一部分，同整个宇宙或大自然不可分割地联系在一起。无论从共时性的结构来看，还是从历时性的过程来看，人类社会都离不开处于生成与演化过程中的宇宙和自然。人类社会与自然界保持和谐共生，与整个宇宙保持和谐共生，这是过程宇宙论对人类社会及其发展提出的绝对命令。违背这一命令，人类社会及其发展就会遇到不可克服的障碍。近代工业革命以来，资本主义工业文明以现代科技为基础，狂妄地想要征服自然的鲁莽行为，已经给当代人类造成了严重的生态灾难，

---

[1] 怀特海：《观念的探险（修订版）》，周邦宪译，300页。
[2] 参见怀特海：《思维方式》，刘放桐译，29页。

甚至威胁到了人类文明的生死存亡。过程宇宙论从根本上启示我们，现在到了必须改变近代以来以工业文明为基础的发展观的时候了。当代美国的有机马克思主义者强调以生态文明来替代资本主义工业文明，其基本的依据也在于此。[①]

再次，除前面谈到的科学技术以外，宗教、美学和道德观念等对社会历史的发展也有重要作用。怀特海指出："谁没估计到宗教信仰的动力，谁就不能著述宗教发展史。天主教教会的历史不只是行为的前后相续史，它描绘从思维方式引申出来的因果作用方式。"[②] 而"宗教和道德的盛衰无常的历史，是把它们撇在一边、而推崇科学的较为稳定的一般性的那种广泛愿望的主要依据"。因此，宗教、美学和道德概念对文明的发展具有特殊的作用，"这些概念既是瓦解又是促进文明的力量。它们推动人类走上升的路，也推动人类走下坡路。当它们的活力减弱时，一种慢性的衰退便发生了。新的理想接踵而至，并使社会行为的活力跟着它们增加"[③]。为此，怀特海对宗教、美学和道德观念等做了深入研究，这主要体现在他所撰写的《宗教的形成/符号的意义及效果》等著作中。其基本主张是：应当使宗教、美学、道德观念不断更新，随着科学技术的发展和社会进步而不断探索，不断推陈出新；只有这样，才能推动人类社会文明不断前进。

最后，历史的发展是两大因素交互作用的结果。怀特海指出："历史是对人类所特有的感受的表达的记载。"[④] 在《观念的探险》第一章第一节，他批判了所谓"纯历史"的观点。在怀特海看来，所谓纯历史是不存在的，"历史学家在描述过去时，要依赖自己的判断来判别诸如是什么构成了人类生活中的价值这类问题"[⑤]。所以，即使吉本的《罗马帝国衰亡史》这样知名的历史学著作，讲述的也是一个双重的故事。它既讲述了罗马帝国的衰亡过程，又反映了吉本那个时代的各种普遍观念。在怀特海看来，历史的发展实际上是两大因素交互作用的结果：一是人类有意识地怀抱的各种理想，例如基督教精神、民主等；二是所谓无情感的推动力，比

---

① 参见菲利普·克莱顿、贾斯廷·海恩泽克：《有机马克思主义》，孟献丽、于桂凤、张丽霞译，10页。
② 怀特海：《思维方式》，刘放桐译，18页。
③ 同上书，19页。
④ 同上书，26页。
⑤ 怀特海：《观念的探险（修订版）》，周邦宪译，8页。

如蛮族对罗马帝国的侵犯。无情感的推动力在历史上表现为对人的征服，理想的力量则化为说服。人类的历史就是一个从征服到说服的历史。

为此，一般而论，怀特海特别地反对暴力革命论，反对武力征服和阶级压迫，主张以温和的劝服方式来逐渐地改造社会。然而，他也并非像罗素那样是一位极端的和平主义者，而是对法西斯主义持明确的否定态度，并支持正义的战争。因此，在第一次世界大战爆发后，当他的学生和同事罗素等人积极进行反战活动时，怀特海则积极地以实际行动支持反法西斯战争。他的小儿子埃里克·诺思·怀特海参加了英国空军，为抵抗德国法西斯而牺牲。

三、静止地维持社会和谐与完善是不可能的

在社会发展动力问题上，怀特海囿于唯心史观，不可能从社会基本矛盾方面探讨社会发展的动力，也难以看到人民群众在社会历史发展中的决定性作用。但是，他提出的一些观点，对丰富和发展唯物史观，也许具有一定的借鉴意义。

怀特海认为，"对社会学理论的一切理解——即对人类生活的一切理解，其基础就在于要明白：要静止地维持完善是不可能的。这一规律根植于事物的性质之中。不进则退，人类只能在两者中作出选择。纯粹的保守主义者反对的实则是宇宙的本质"[1]。也就是说，根据过程哲学的基本原理，人类社会只能在动态中保持平衡和秩序，要想静止地维持社会的完善是不可能的。社会诚如整个宇宙，不进则退，这一规律是由宇宙的过程性质决定的，因为整个宇宙就是不断的创进过程。人类社会作为宇宙的组成部分，当然也不例外。

怀特海解释说，这一学说建立在三条形而上学原理之上。第一条原理是：现实存在的实质就是过程。因此，要理解每一现实事物，就只能根据它的形成和消亡来理解。[2] 这同唯物史观对社会发展的理解是完全一致的。马克思曾经明确地指出，人类社会历史就是一个不断地产生、发展和消亡的过程。静止不变的社会历史、永恒的历史等，都是不存在的。因

---

[1] 怀特海：《观念的探险（修订版）》，周邦宪译，302页。

[2] 参见上书，303页。

此，所谓"历史终结论"根本是站不住脚的。

怀特海还分析，社会发展问题上的这种静止观念并非空穴来风，而是有原因的。静止不变的社会观念来自古代思想的两个不同渠道：一是柏拉图早期思想中坚持的理念世界静止不变的思想观念，一是亚里士多德提出的基本实体是静止不变的思想。要坚持社会是不断发展变化的学说，就必须以过程宇宙论为基础，摒弃历史领域中的这种不变论。

第二条原理是：每一个现实发生"就其基本性质而言都是有限的。任何整体都不是一个完善的和谐体"①。也就是说，事实上在社会整体中存在着多种可能的和谐，它们或者在共同实现时产生了"恶"，或者没有共同实现的可能。这应当是政治哲学的常识。换言之，"我们只能把历史看成是一个大舞台，在这个舞台上不同群体的理想主义者分别推行着不能共同实现的理想，只有这样，我们才能很好地理解历史。你不能孤立地单单考虑某一群体而形成判断历史或是或非的看法。'恶'就在于企图生硬地将不同理想结合在一起"②。他还进一步地解释说："世上存在着连上帝自己也不能逾越的不可能的事，这一观点几个世纪以来一直为神学家所熟悉。……但是令人奇怪的是，就我所知，这一关于不兼容的观点却从未应用于神性实现中的理想。"③ 也就是说，在现实生活中，人们总想实现完全的、无限的和谐，但实际上，人们只能在一定社会历史条件下，在各自适宜的时机有限地实现社会和谐。

因此，在每一个处于鼎盛时期的文明中，都会发现某一类型的和谐得到有限的实现。其中允许有不同的变异和新鲜实验出现。一旦这些变异和实验被穷尽了，该社会就会失去想象力，或者会滋生腐败，或者会导致鉴赏力逐渐下降，常规惯例占了上风，学术上的正统观点压制了新观念的探索。

正因如此，怀特海强调，"一个种族要保持它的活力，就必须怀抱有既成现实和可能事实的真正对比，就必须在这一活力推动下敢于跨越以往稳健保险的成规。没有探险精神，文明就会全然衰败"④。所以，怀特海的文明理论特别强调，一个社会要不断地创新，不断地探索新观念，不断地有所前进。否则，它就会衰败和倒退。我国强调创新是一个民族的不竭动力，道理也在于此。

---

①②③　怀特海：《观念的探险（修订版）》，周邦宪译，305 页。
④　同上书，308 页。

第三条形而上学原理叫作个体的原则。它涉及关于和谐的学说。怀特海认为，历史上关于和谐的学说所进行的各种讨论，都有一个最大的缺陷，这就是忽略了个体性问题。他指出，描述经验特征的现代和谐观点已经下降到最低点，这一感觉论学说仅仅注意到感觉材料在时空方式中的和谐，这是低级的和谐类型——平淡、模糊，轮廓和目的都不突出，缺乏深层次的感受和强烈兴奋的成分。

真正重大的和谐应是由众多持久个体组成的和谐，这就是由有意识的个人组成的社会和谐。"正是因为这一理由，自由的观念常常出现在更高级的文明之中。"① 这种社会和谐最终是由各种质的感受构成的和谐，它具有由持久个体构成的前景，还具有其提供的必要联系的背景。文明应当如此安排自己的社会关系，以及其成员与自然环境的关系，以便在这些成员们的经验中唤起由持久事物组成的各种和谐。②

那么，文明社会如何保持进步？对此，怀特海有一段精彩论述："人类社会发展史展现出一些伟大的组织机构，它们在发挥着不同的作用，既能为进步创造条件，也能阻碍人类的进步。地中海沿岸国家以及西欧的历史，就是一部各种政治组织、宗教组织、思想体系和抱有宏大目标的社会机构祈福和降灾的历史。一代又一代最杰出的精英人物为之祈祷、为之奋斗、为之牺牲而获得统治权的那个时刻一旦到来，就成为由祈福到降灾转折点的标志。这时便需要有一些新的原理来使人振奋。进步的艺术就是在变化中保持着秩序，同时又在秩序中保持着变化。生命拒绝以防腐剂来保持活力。在单调僵滞的系统秩序中，停滞不前的时间越长，僵死社会的崩溃造成的冲击就越大。"③

四、文明社会有求真、审美、探险、艺术、平和五种品质

在怀特海看来，社会和谐表征着社会文明。为此，在《观念的探险》一书中，他探讨了某些一般观念在加速人类通往文明的缓慢进程中所产生的积极影响，并强调"要提高和保持文明，探险是很重要的"④。

---

① 怀特海：《观念的探险（修订版）》，周邦宪译，309 页。
② 参见上书，310～311 页。
③ 怀特海：《过程与实在（修订版）》，杨富斌译，431～432 页。引文有改动。
④ 怀特海：《观念的探险（修订版）》，周邦宪译，1 页。

在怀特海看来，虽然人类的"文明"是难以定义的一般概念之一，然而，从不同角度可对文明做出不同的理解和说明。他认为，文明"暗示了这个世界的某种生活理想，这一理想既关系到个体的人又关系到人组成的社会。个人可被文明化，一个整体社会也可被文明化；不过在这两种情况中，文明一语的意义略有不同"①。怀特海关注的主要是社会文明。

对社会文明，怀特海从哲学视域深刻地做了阐述。他说，人类文明的本质是不断地掌握普遍性的东西。"哲学是对关于范围广泛和适当的一般性概念的思考。这种精神习惯就是文明的本质。它就是文明。独居的鹈和夜莺能发出极为优美的声音。但它们不是有文明的生物。它们缺乏关于自己的行为及周围世界的适当的一般性的观念。高等动物无疑具有概念、希望和恐惧。由于它们的精神机能的一般性不充分，它们还缺乏文明。……文明生物是那些运用某些范围广泛的关于理解的一般性来考察世界的生物。"②

人类文明的本质，还可以从文明与语言的关系视角来考察。他说："人类文明是语言的结果，而语言又是向前发展的文明的产物。"③ 他高度评价了文字和书写语言在人类文明发展进程中的作用，明确地说："作为人类经验中的一个因素的书写语可以与蒸汽机相比。它是一个重要的、历史不久的、人工的因素。"④ 当然，语言对文明的发展也有一定的负面影响或者说危险。用他的话说："语言的发展所固有的抽象有其危险。它使人脱离直接世界的实在事物。……然而，尽管有许多危险，文明的最后兴起还是由于这种抽象。这种抽象对概念经验作出了表达，概念经验潜在于整个自然界。"⑤

通过《观念的探险》整部著作，尤其是其第四部分，怀特海通过致力于探讨影响人类文明发展的各种普遍观念，最终给文明下的普遍定义是："一个关于文明的普遍定义是：一个文明的社会表现为五种品质：真、美、探险精神、艺术、平和。"⑥ 该书第四部分的五章分别以"真""美""真与美""探险""平和"为标题，探讨了这些因素在人类社会进程中的重要作用以及它们的相互关系。在他看来，如果这些基本要素或性质在社会生

---

① 怀特海：《观念的探险（修订版）》，周邦宪译，301页。
② 怀特海：《思维方式》，刘放桐译，5页。
③ 同上书，33页。
④ 同上书，34页。
⑤ 同上书，36页。
⑥ 怀特海：《观念的探险（修订版）》，周邦宪译，302页。

活中共同实现了,就会构成文明。美国学者约翰逊在《怀特海的文明哲学》中指出,根据怀特海的观点,文明的理想——求真、审美、探险、平和——是一些永恒客体,它们是宇宙的持续性结构的组成部分,它们可以由潜在性转化为现实。[1]

怀特海指出,一个社会如果仅仅具有四种性质——真、美、探险精神与艺术,其文明中就还缺少某种东西。这种东西很难用意义足够广泛的术语来表述。但若把它的各种意义区分揭示得太清楚,又有夸张之嫌。它犹如一种气氛,依附在柏拉图的"和谐"观念上,同时它与"爱欲"观念也不同。"倘若没有它,对于'真、美、探险、艺术'的追求就会是无情、艰难和残酷……没有它,文明就会缺乏某种基本性质。"[2] "温和"和"爱"的观念虽然重要,但用来表述它却太狭隘了。他说:"我们要寻求的是和谐之最这样一个概念,该概念将把其他的四种性质结为一体,从而将人们追求这些性质时常用的那种骚动的自我中心主义从文明中排除出去。"因此,怀特海经过精心考虑后决定"选择'平和'这一术语来表述平息破坏性骚动从而完成文明的那种和谐之最"。并认为"因此,一个社会,只要它的成员分享真、美、探险精神、艺术、平和这五种性质,该社会便可被称为文明的社会"[3]。

小结:本章阐述了过程哲学的社会历史观。根据过程哲学,科学技术在社会发展过程中具有重大作用。现代世界就是在现代科学引导下形成的,而要超越现代世界的弊端,就需要以过程哲学为指导,以现代科学为基础。社会是个复杂有机体,社会和人都是宇宙的产儿。社会历史的发展是两大因素交互作用的结果:一是人类有意识地怀抱的理想;二是所谓无情感的推动力,例如侵略战争和暴力征服等。怀特海对暴力革命持否定态度,主张以劝导或说服作为社会发展的主要力量。从过程原理出发,怀特海认为,要静止地维持社会和谐与完善是不可能的。社会不进则退。重要的是保持社会和谐发展。真正重大的和谐应是由众多持久个体组成的和谐,这就是由有意识的个人组成的社会和谐。社会进步的艺术就是在变化中保持着秩序,同时又在秩序中保持着变化。生命拒绝以防腐剂来保持活力。文明社会表现为求真、审美、探险、艺术、平和五种优秀品质。

---

[1] A. H. Johnson, *Whitehead's Philosophy of Civilization*, New York, Dover Publications, Inc. 1958, pp. 179—180.
[2] 怀特海:《观念的探险(修订版)》,周邦宪译,313~314 页。
[3] 同上书,314 页。

参考文献

(一) 中文文献

[1] 马克思恩格斯选集：第1～4卷 [M]. 3版. 北京：人民出版社, 2012.

[2] 马克思. 1844年经济学哲学手稿 [M]. 北京：人民出版社, 2005.

[3] 怀特海. 过程与实在 [M]. 修订版. 杨富斌, 译. 北京：中国人民大学出版社, 2013.

[4] 怀特海. 过程与实在 [M]. 李步楼, 译. 北京：商务印书馆, 2011.

[5] 怀特海. 过程与实在 [M]. 周邦宪, 译. 贵阳：贵州出版集团, 贵州人民出版社, 2006.

[6] 怀特海. 思维方式 [M]. 刘放桐, 译. 北京：商务印书馆, 2004.

[7] 怀特海. 科学与现代世界 [M]. 何钦, 译. 北京：商务印书馆, 2012.

[8] 怀特海. 观念的冒险 [M]. 修订版. 周邦宪, 译. 南京：译林出版社, 2012.

[9] 怀特海. 宗教的形成/符号的意义及效果 [M]. 修订版. 周邦宪, 译. 南京：译林出版社, 2012.

[10] 怀特海. 自然的概念 [M]. 张桂权, 译. 北京：中国城市出版社, 2002.

[11] 怀特海. 教育的目的 [M]. 徐汝舟, 译. 北京：三联书店, 2002.

[12] 罗伯特·梅斯理. 过程—关系哲学：浅释怀特海 [M]. 周邦宪, 译. 贵阳：贵州人民出版社, 2009.

[13] 格里芬. 怀特海的另类后现代哲学 [M]. 周邦宪, 译. 北京：北京大学出版社, 2013.

[14] 格里芬. 后现代科学 [M]. 马季方, 译. 北京：中央编译出版

社，1998.

[15] 格里芬. 后现代精神［M］. 王成兵，译. 北京：中央编译出版社，1998.

[16] 格里芬. 后现代宗教［M］. 孙慕天，译. 北京：中国城市出版社，2003.

[17] 格里芬. 复魅何须超自然主义：过程宗教哲学［M］. 周邦宪，译. 南京：译林出版社，2015.

[18] 赫尔曼·E. 达利，小约翰·B. 柯布. 21世纪生态经济学［M］. 王俊，韩冬筠，译. 北京：中央编译出版社，2015.

[19] 查尔斯·伯奇，小约翰·柯布. 生命的解放［M］. 邹诗鹏，麻晓晴，译. 北京：中国科学技术出版社，2015.

[20] 王治河，樊美筠. 第二次启蒙［M］. 北京：北京大学出版社，2011.

[21] 王治河，霍桂桓，谢文郁，主编. 中国过程研究：第1辑［M］. 北京：中国社会科学出版社，2004.

[22] 丁立群，李小娟，王治河，主编. 中国过程研究：第3辑［M］. 哈尔滨：黑龙江大学出版社，2011.

[23] 陈奎德. 怀特海哲学演化概论［M］. 上海：上海人民出版社，1988.

[24] 王锟. 怀特海与中国哲学的第一次握手［M］. 北京：北京大学出版社，2014.

[25] 俞懿娴. 怀特海自然哲学：机体哲学初探［M］. 北京：北京大学出版社，2012.

[26] 李小娟，主编. 世界与中国：世界哲学前沿问题选粹［M］. 哈尔滨：黑龙江大学出版社，2011.

[27] 但昭明. 从实体到机体：怀特海本体论研究［M］. 北京：人民出版社，2015.

[28] 毛怡红，宋继杰，罗嘉昌，主编. 场与有——中外哲学的比较与融通（三）［M］. 北京：中国社会科学出版社，1996.

[29] 黄铭. 过程与拯救：怀特海哲学及其宗教文化意蕴［M］. 北京：宗教文化出版社，2006.

[30] 黄铭. 过程思想及其后现代效应：科布神学思想研究［M］. 北京：宗教文化出版社，2010.

[31] 刘放桐. 马克思主义哲学与现代西方哲学研究［M］. 北京：北京师范大学出版社，2012.

[32] 俞吾金. 重新理解马克思：对马克思哲学的基础理论和当代意义的反思［M］. 北京：北京师范大学出版社，2012.

[33] 欧阳康. 马克思主义认识论研究［M］. 北京：北京师范大学出版社，2012.

[34] 罗嘉昌. 从物质实体到关系实在［M］. 北京：中国人民大学出版社，2012.

[35] 欧文·拉兹洛. 自我实现的宇宙：科学与人类意识的阿卡莎革命［M］. 杨富斌，译. 杭州：浙江人民出版社，2015.

[36] 冯契，主编. 外国哲学大辞典［M］. 上海：上海辞书出版社，2008.

[37] 李淮春，主编. 马克思主义哲学全书［M］. 北京：中国人民大学出版社，1996.

[38] 休谟. 人类理智研究［M］. 吕大吉，译. 北京：商务印书馆，1999.

[39] 洛克. 人类理解论［M］. 关文运，译. 北京：商务印书馆，2012.

[40] 亚里士多德. 形而上学［M］. 吴寿彭，译. 北京：商务印书馆，2012.

[41] 金吾伦. 生成哲学［M］. 保定：河北大学出版社，2000.

[42] 曹天元. 量子物理史话［M］. 沈阳：辽宁教育出版社，2008.

[43] 拉兹洛. 系统哲学引论［M］. 钱兆华，熊继宁，刘俊生，译. 北京：商务印书馆，1998.

[44] 爱因斯坦. 爱因斯坦文集：第1卷［M］. 范岱年，赵中立，许良英，编译. 北京：商务印书馆，2009.

[45] 库恩. 康德传［M］. 黄添盛，译. 上海：上海人民出版社，2010.

[46] 彭富春. 论海德格尔［M］. 北京：人民出版社，2012.

[47] 胡家祥. 中国哲学原理［M］. 北京：中国社会科学出版社，2012.

[48] 怀特海. 教育与科学 理性的功能［M］. 黄铭，译. 郑州：大象出版社，2010.

[49] 陈学明，张双利，马拥军. 二十世纪西方马克思主义哲学［M］. 北京：人民出版社，2012.

[50] 孙正聿. 马克思主义哲学智慧［M］. 北京：中国出版集团，现

代出版社，2016.

（二）英文文献

[1] Alfred North Whitehead. Process and Reality [M]. Corrected Edition. Edited by David Ray Griffin and Donald W. New York：The Free Press, 1978.

[2] Alfred North Whitehead. Science and the Modern World [M]. New York：The Free Press, 1967.

[3] Alfred North Whitehead. Adventures of Ideas [M]. New York：The Free Press, 1967.

[4] Alfred North Whitehead. Modes of Thought [M]. New York：The Free Press, 1966.

[5] Alfred North Whitehead. Symbolism, its Meaning and Effect [M]. New York：Fordham University Press, 1985.

[6] Alfred North Whitehead. The Aims of Education [M]. New York：The Free Press, 1929.

[7] Alfred North Whitehead. The Concept of Nature [M]. New York：Dover Publications, Inc., 1920.

[8] Alfred North Whitehead. An Enquiry Concerning the Principles of Natural Knowledge [M]. Published by Hard Press Publishing, 1919.

[9] John B. Cobb. Jr. Whitehead Word Book [M]. P&F Press, 2008.

[10] The Philosophy of Alfred North Whitehead [M]. Edited by Paul Arthur Schilpp. Northwestern University & Southern Illinois University, Second Edition, 1951.

[11] A Key to Whitehead's Process and Reality [M]. Edited by Donald W. Sherburne：The University of Chicago Press, 1981.

[12] Nicholas Rescher. Process Metaphysics, an Introduction to Process Philosophy [M]. State University of New York Press, 1996.

[13] Process-Relational Philosophy, an Introduction to Alfred North Whitehead [M]. Templeton Foundation Press, 2008.

[14] Alfred North. Whitehead, Process Philosophy & Education [M]. by Robert S. Brumbaugh. University Press America, Inc., 1994.

[15] Malcolm D. Evans. Whitehead and Philosophy of Education [M]. Value Inquiry Book Series. Printed in The Netherlands, 1998.

[16] John B. Cobb, Jr. David Ray Griffin. Process Theology, an Introductory Exposition [M]. Westminster John Knox Press, 1976.

[17] Isabelle Stengers. Thinking with Whitehead [M]. Translated by Michael Chase. Harvard University Press, 2011.

[18] Physics and Whitehead: Quantum, Process and Experience [M]. Edited by Timothy E. Eastman and Hank Keeton. State University of New York Press, 2003.

[19] Victor Lowe. Alfred North Whitehead: The Man and His Work, Volume I: 1861-1910 [M]. The Johns Hopkins University Press, 1985.

[20] Victor Lowe. Alfred North Whitehead: The Man and His Work, Volume II: 1910-1947 [M]. The Johns Hopkins University Press, 1985.

[21] Lewis S. Ford. The Emergence of Whitehead's Metaphysics [M]. State University of New York Press, 1984.

[22] A. H. Johnson. Whitehead's Theory of Reality [M]. New York: Dover Publications, Inc., 1962.

[23] A. H. Johnson. Whitehead's Philosophy of Civilization [M]. New York: Dover Publications, Inc., 1962.

[24] David Ray Griffin, John B. Cobb, Jr., Marcus P. Ford, Pete A. Y. Gunter, Peter Ochs. Founders of Constructive Postmodern Philosophy: Peirce, James, Bergson, Whitehead, and Hartshorne [M]. State University of New York Press, 1993.

[25] Fredrick Ferre. Being and Value: Toward a Constructive Postmodern Metaphysics [M]. State University of New York Press, 1996.

[26] Fredrick Ferre. Being and Knowing: Toward a Constructive Postmodern Epistemology [M]. State University of New York Press, 2010.

[27] Explorations in Whitehead's Philosophy [M]. Edited by Lewis S. Ford & George L. Kline. New York: Fordham University Press, 1983.

索　引

爱丁顿，2，3，38，88，344

伯格森，75—77，119，165，246

柏拉图，36，38，48，49，73，74，97，100，107，109，116，117，125，133—135，138，140，144，167，192，195，196，201，202，211，249，264，265，274，287，322，323，373，419，440，443

保罗·阿瑟·希尔普，78，103，104

贝克莱，36，107，167，192，294

被动，2，39，86，89，90，118，119，177，185，186，200，201，256，295，296，310，314，343，354—357，398

本体论原理，10，85，88—90，93，112，143，164，167，172，181，182，198，207，209，215，216，229，231，245，264，266，274，281，283，285，291，294，296，316，321—333

本原，10，18，22—24，30，34，59，71，80，87—90，98，163，183，184，211，223，228，233，234，245，250，259，260，263，266，267，270，278，294，307，312，313，319，321，331—333，346，403，439

本质先于存在，332

本质主义，208

彼得·希格斯，22

必要优先原则，398，405

辩证法，6，21，85，91，99，100，102，111，141，144，193，266，277，278，292，311

辩证决定论，2

辩证唯物主义，86

表象，11，22，164，205，243，336，355，361，363，364

波粒二象性，2，25，36，169，243

玻尔，1

不动的推动者，17，79，184，230，231，238，253，313，323，422，427

不可知论，11，154，336，337

不确定性，1，2，5，23，25，197，210，273

不朽，32，78，186，226，234，235，237，314，424

猜测，10，83，159，171，341

差异性，59—61，188，217，265，266，301，316

超主体，39，86，90，177，223—225，236，237，249，295，307，311，328，331，352，353，355

崇高感，395，405
创造性进展，6，8，9，58，88，91-93，98，110，145，155，163，184，188，189，193，198，224，237，241，264，279，296，301，307，312，313，315-317，319，320，350，352，423
创造性原理，39，88，89，112，229，245，266，283，296，312，316-320，331，333
纯粹感觉，285
纯粹数学，74
存在就是生成，6，57，88，90，211，248，262，278，331
存在性范畴，85，161，162，164，174，179，182，183，191-195，203，205-207，215，224，227-229
存在主义，4，11，24，82，113，332

达尔文，21，85，408
达利，19，51，60
戴维·多伊奇，42，43
单子，170，173，209，222，253，254，308，324，332，379，436
呆滞的和谐之谬误，58，71
道成肉身，209，254，255，314
道德观念，223，432，438
道德价值，386-390
道德哲学，13，103
德里达，19，63，208
等级，147，171，172，192，201，222，276，282，289，361，381-383，390
笛卡尔，5，19，26，41，49，80，84，107，116，117，124，130，142，143，145，172，173，182，192，252，263，266，274，280，282，284-288，294，306，323-325，336，337，340，353，362，363，376，418，431
第二性质，118，337，338
第一推动力，31，79，86，184，253，263，269，313
第一性质，118
第一哲学，321
点滴经验，172
定域，2
动力因，31，44，215，226，228，321，323，328，331，369
洞见，6，27，50，61，65，81，87，126，233，235，236，244，255，314，385，386，421，422，426，427
杜威，4，11，37，41，76，103，104，246
多生成一，6，9，163，183，184，190，228，297，316，320
多维宇宙，10
多样性，85，160-163，187，189-191，202，205-209，215-217，220，221，227-229，232，239，240，243，254，275，293，294，296，315，340，383，384，426，427
多元论，42，163，307，308
多重宇宙论，42
惰性思维，402

恶的无限，264
恩格斯，2，4，6，21，26，30，31，85，91，94，99，100，107，111，112，131，152，246，296，325，341，356
二元论，2，5，26，41，51，80，91，135，142，166，171，173，213，252，347，353，356，358，371，

索　引

430，431

反世界观，19
泛经验论，40，350
范畴性要求，10，85，161，162，164，182，183，220-224，227-229，299
范式，22，112，118，260，269
方法论，3，6，10，17，23，30，38，40，43，71，91，114，118，139-142，145，147，150-153，157，159，269，306，310，317，320，322，356，372
分离，40，41，63，90，112，120，157，163，174，184，190，191，193，195，205，206，208，227，228，232，234-236，240，244，256，273，275，306，313，326，332，334-336，347，402，403，409，411，421
分析哲学，4，11，24，37，49，77，80，81，83，87，101，102，104，113，115，118，150，173，182
分有，99，125，143，175，181，182，195，196，198，201，211，236，257，269，274，299，313，343，367，375，384，389
风格，15，77，384，394，402，403，405
佛教，43，60，68，93，230，233，236，380，415-417，424
否定性摄入，177，198，213，219，276，299，300，303，304，309，311，326，424
弗朗索瓦·恩格勒，22
弗洛里迪，3
符号参照，5，11，358-360，362，364-367，370，371

符号论，78，367，370
符合论，335，367-371
福柯，19，63，208
父权制，19
复合体，229，377
复杂性，2，3，9，23，33，83，177，187，201，204，222，230，242，255，275，289，315，349，361，376，383，419，420
复杂性科学，3，6，9，17，18，94，106，314
概念性逆转范畴，85，221，229
概念性评价，238，244
概念性评价范畴，85，221，229
概念性摄入，90，197，212，229，233，234，238，299，303，304，311
感官，20，40，49，133，243，244，339，342，343，358-360，377，417
感觉论，82，284，285，287，288，338，339，361，363，369，441
哥白尼，2，39，118，130，133
格里芬，7，8，11，13，16，19，20，24，34，36，44，53，62，63，87，98，104，105，174，207，238，246，247，250，251，254，255，257，258，319，337
个人主义，19，59，66，282，431
个体秩序，239，240，243，244
工具价值，373，374，376，378，388-390
公共事实，179，193，305
共生，95，310，437
共同的福祉，19，51，60
共同体，52，59，62，64，65，68-71，149，180，183，216，217，247，

252, 282, 317, 320, 336, 387, 436
共相, 95, 144, 164, 201
共相之共相, 39, 89, 184, 228, 313, 316, 319
共在, 90, 112, 164, 174, 175, 181, 190, 191, 265, 274, 298, 326
关系分析法, 12, 145, 159
关系性, 12, 17, 39, 85, 87, 88, 91, 92, 102, 112, 137, 141, 146-150, 159, 163, 176, 183, 190, 193, 199, 203, 214, 229, 259, 266, 270, 271, 275, 277, 288, 338, 354
关系支配着性质, 145, 159, 332
观念的探险, 3, 12-14, 27, 31, 32, 46, 58, 77, 78, 82, 98, 104, 168, 235, 267, 382, 384-386, 436-443
广延连续体, 241, 271, 276, 292
广延性, 141
广义经验论, 40, 41, 252, 293, 350
归纳, 101, 123, 128, 157, 165, 265, 281-283, 336, 370, 393, 417, 427
规定性, 189, 197, 199, 200, 217, 221-224, 300, 301, 424
郭克兰纽, 321
国际怀特海大会, 29, 34, 105
过程分析法, 12, 139, 159
过程—关系哲学, 11, 35, 96, 106, 114, 193, 332
过程描述, 124, 139, 143, 159
过程认识论, 334, 354-356, 368
过程神学, 7, 11, 15, 16, 18, 27, 33, 34, 43, 44, 53, 71, 73, 105, 233, 238, 243, 246-248, 254, 255, 257, 258
过程性, 17, 86-88, 90, 91, 111, 112, 141, 159, 226, 249, 251, 258, 259, 267, 268, 296, 370, 439
过程与实在, 3, 9, 10, 12, 21, 23, 28, 32-35, 48, 49, 52, 55, 77, 78, 83, 85, 86, 94-96, 100, 102, 104, 109, 115-125, 128-137, 139, 141, 143-146, 150-153, 160-163, 166-170, 172-174, 179, 181, 183, 184, 186-189, 191, 194-197, 203, 205-219, 222-228, 230-238, 241-243, 245-247, 249, 250, 252, 253, 261, 263-266, 271-276, 278, 279, 281, 282, 284-286, 288-294, 297-308, 312-317, 321-328, 330, 331, 334-337, 341-343, 345-370, 383, 384, 387, 422-427, 441
过程原理, 85, 88, 89, 91, 92, 112, 116, 211, 229, 245, 247, 259, 261-269, 278, 283, 294, 296, 304, 316, 331, 333, 443
过程哲学, 1-44, 46-48, 50-60, 62-65, 68, 70-72, 77-88, 90-107, 109-114, 116-119, 121, 122, 125, 135, 137, 139-151, 157, 159-164, 167-177, 179-185, 187-196, 198, 199, 203-209, 211-214, 216, 217, 219, 222-231, 237, 238, 242-250, 252-272, 274, 276-279, 281-286, 288, 290-299, 306-308, 310, 312-314, 316, 317, 319, 321-326, 328-334, 336-340, 342, 343, 347, 352-358, 361-363, 366, 368-373, 376, 378, 390, 402, 405, 422, 424, 427, 428, 430, 431, 434, 436, 437, 439, 443
过程转向, 17, 99, 114

索 引

哈茨肖恩，7，11，15，16，27，33，36，43，44，53，104，105，176，201，203，209，238，246

还原主义，100，208

海德格尔，4，48，82，322

合生，89，90，95，96，112，143，175，177，180，187，188，191，198，199，208-210，212-215，219，222，223，225，238，243，245，250-253，268，270-273，275，279，283，284，288，290，294，296，298-300，302-304，308，309，314，315，323，325-328，330-333，346，383，426

和谐，7，8，13，18，20，30，33，34，44，46，47，52，53，58-60，67-71，93，133，222，232，236，248，267，300，310，384-386，398，401，404，406，410，411，417，437，439-441，443

黑洞，18，54，153，170

黑格尔，21，26，39，41，74，83，84，91，99，101，107，111，115，141，151，163，167，192，246，259，264，293，294，296，308，357，397

恒定，44，90，93，112，206，229，315，323，425，426

后现代，8，11，16，19，20，34，45，62-64，67，70，87，97，98，103-105，207，208，248，391，392

后现代精神，11，19，20

后现代科学，11，24，34

后现代哲学，11，24

后现代主义，19，20，62，63，208

互动，2，15

怀特海，1-56，58，60，61，63-65，69，71-88，90-112，114-267，270-282，284-310，312-317，321-370，372-443

环境，7，8，19，32，57，66，70，76，87，91，105，106，137，146-149，154，172，178，256-258，268，280-282，309，310，340，344，363，372，384，414，416，432-434，436，441

回忆，77，248，255，258，351

霍金，10，103，153

机械，2，26，86，98，117，132，165，171，248，307，372，430，431

机械决定论，2

机械力学，25，26，31，36，107，142，337，430

机械唯物主义，2，26，36，79，85，86，328，347，353，372，373，377

机械性，79，115

基础主义，208

基督教，7，14-16，18，26，27，43，44，46，48，60，70，93，171，230，231，233，238，256，313，314，317，337，346，380，415-419，422，424，425，427，438

集合体，4，21，26，85，86，95，99，101，111，169，176，182，188，204，206，214，236，237，239-242，244，246，264，265，276，282，299，301，383，436

集合秩序，239-241，243，244

几何学，256

既定性，196，326，330，383

继生性质，230-238，243，244，314，423，424，426

伽利略，19，83，117，401，407

价值尺度，382，383，390

价值论，3，6，10，12，13，23，30，39，52，71，217，372－374，377，387

价值强度，375，382，390

价值中立，319，404

简单位置，5，103，165，166，273

简单位置之谬误，61，62，71

建设性后现代主义，7，19，20，24，28，33，34，62－64，71，104，105，207

教育哲学，13－15，33，44，45，52，71，103，391，392，401－405

杰伊·麦克丹尼尔，11，34，46，105

解构，12，19，63，208

解构性后现代主义，19，20，24，34，62，63，71，208

经验发生，174，178，194，251－254，257，258，290，348

经验论，40，41，48，71，115，153，284，291，293，350，363

精神极，18，46，65，80，167，173，174，221，238，243，244，328，337，343，346，351，358

具体化，60，160，189，233，234，252，254，255，268，269，325，361

聚合，90，112，193，194，232

聚合体，85，89，95，96，161，164，167，169，174－176，179－182，191，193，194，196，203，206，207，209，210，214－217，220，221，224，225，227－229，239－244，262，276，278，300，369，436

决定论，5，43，223，330

绝望之谬误，56，71

卡尔·波普，42，83，104，150

康德，11，26，39，49，74，75，85，95，107，115，118，161，192，226，247，249，285，294，296，336，340，343，357

柯布，7－9，11，16，19，20，27－29，33，34，36，42，44，51，53，60，82－84，87，96，104，105，117，170，176-178，180，184，185，194，200-203，205，232，238，240，246，247，250，251，254，255，257，258，329，330，332，374，376－379，381－391，404

科学概括法，12，154

科学认识论，3，88

科学唯物主义，2，26，36，79，91，106，108，171，337，430

科学与现代世界，3，12，14，32，53，77，78，92，164－167，297，372，407，408，410，411，428-435

科学主义，19，35，134，208

克拉克·凯文，34

客观精神，80

客观实在，26，81，99，145，160，163，169，277，278，285，287，293，296，324，328，367

客观唯心主义，26，39，163

客观知识，80，179

客体不朽性，172，238，255

客体多样性范畴，85，220，229

客体同一性范畴，85，220，229

客体性材料，44，89，90，118，174－176，179，181，194，199，220，221，258，268，288，300，303，315，331，349

客体永恒性，145，186，238，279，314，319，328，331，425

索 引

客体主体化，4
肯定性摄入，213，219，299，300，303，304，309，311
孔德，150
宽容，77，130，232，233，235，236，244，314，413，424，427
奎因，4，11，37，41，102，104，322

拉图尔，10，11
拉兹洛，3，10，33，37，38，104，106，277
莱布尼茨，101，107，140，173，209，222，254，308，324，344，379，436
类比，159，226，250
离域，2
理解性命题，204，205
历史观，3，6，13，30，39，40，98，107，112，428，443
历史终结论，440
粒子性集合体，240，243，244
两极性，110，231，243，244，346，358，387
量子理论，31，179
量子力学，1-3，5，6，9，10，12，17，18，21-25，30，31，33，36，38，50，71，76，83-85，87，88，90，91，94，101，102，106，107，112，116，130，142，153，169，171，209，242，246，256，273，277，278，337，342，370，377，378，430
列宁，23，41，161，378
灵感，12，159，433
刘易斯，4，11，37，41，97，103，104，119
流变，39，41，90，92，100，112，135，157，178，206，229，260，261，263，265，267，294
流变性，40，135，226，249，267，296
罗蒂，4
罗素，25，74-77，104，256，259，439
逻辑方法，125，136，138，153，265
逻辑实证主义，150
逻辑谓词，203，214，229
逻辑主词，203，214，215，229
洛克，26，48，107，117，143，173，216，226，246，284，285，287，289，294，296，323-325，344，363
绿色GDP运动，27
绿色农业建设，27

马克思，1，2，4，6，9，16，17，20-22，24-26，30，34，36，40，41，71，85-87，91，94，96，99-102，104，107-109，111，112，115，132，140，141，145，149，152，153，160，161，172，212，246，260，261，266，268，294，309，321，322，334，341，343，347，348，353，357，373，404，428，437-439
冒险，3
梅洛-庞蒂，4
孟德尔，133
民族主义，19
冥想，12，25，37，68-70，97，127，159，214，413
莫里斯，4，103，104
目的因，18，31，44，207，226，228，300，301
内在关系，146，173，176，271，275，283，299，307，308，332
内在价值，12，43，52，218，252，372-375，378，379，382，384，388，

389，431，432

尼采，49，415

涅槃，236，414

牛顿，1，2，5，19，25，26，31，36，79，83，85，101，107，108，114，117，126，127，130，135，136，142，145，153，171，185，242，250，259，264-266，269，277，278，322，337，338，372，401，407，429，430

平和，46，69，235，382，384-386，389-391，428，441-443

普遍规律，126，261，400

普遍之普遍，183，184，228，313，316，319

启蒙，11，51，104，416

前现代，20，64

潜能，76，90，112，197，198，201，272，273，283，307，317，318

潜在性，60，90，132，195-198，200，201，203，204，208-211，214，222，227-229，231，265，270-274，276，283，291，296，304，321，325，326，330-332，349，423，443

情调，40，95

情绪，12，60，62，69，73，125，289，367

求真，7，8，382，441，443

人本主义，102

人化自然，4

人类理解论，216，285，323，324，344

人类中心主义，19，256，295，381

人为自然立法，294，357

融贯论，335，367，369-371

萨特，82，104，332

上帝粒子，22，179

社会关系，4，441

社会有机体，85

社会有机体理论，4

摄入，9，29，39，51，60，85，89，90，95，99，103，112，116，143，161，164，167，169，172-179，181-183，187，191，193，196-199，201，203，204，206，207，209，212-214，216-219，221，222，225，227-229，232，252，254，255，257，258，268，269，272，274-276，281，288，290，292-294，297-300，302-311，315，319，324，326，327，331-333，357，369，405

摄入原理，88，89，112，177，229，245，264，266，283，294，296，297，303，306-311，316，331，333

神，12，14-17，20，27，28，41，43-45，47，49，53，60，61，65，68，73，82，93，96，98，99，103，105，112，115，125，127，147，149，154，168，169，171，172，178，181，186-188，190，200-202，213，230-238，243，244，265，289，301，314，315，317，319-321，323，330，337，346，347，350，360，376-381，394，396，397，399，406，407，410-413，417-419，421-427，433，436，440

审美，14，40，103，116，140，235，263，382，384，387，392，394，402，405，433，435，441，443

生成，2，4，16，39，40，43，44，54，55，57，79，86，88-93，100，104，

索　引

105，111，112，116-118，133，135，145，148，163，168，172，175-178，181-184，187，188，190，192-195，197，198，203，207-212，214-216，218-220，223-231，241，242，244，245，249-251，253，257，261-263，267-275，278，279，283，284，288，289，291，293-296，299，302，304，307-309，311-313，315，316，319，320，322-324，327，329-333，336，338，342，343，345，352-357，367-369，371，397，402，424，437

生态文明，1，2，4，7-9，20，24，27，29，30，33，34，72，105，106，248，257，282，283，295，309，310，318，403，432，438

生态学，30，47，106，255

生态学家，28，73

诗，12，48，57，69，127，137，138，166，169，233，376，427

诗人，27，43，44，67，93，117，151，166，233，235，244，314，394，422，427

实存物，322

实践唯物主义，25，26，40

实体思维方式，2，54，139，263

实体思维之谬误，54，71

实效论，335，367，369-371

实用主义，19，48，49，370

实在，26，27，36，44，47，49，54，55，58，61，63，64，80-83，86，90，92，99，111，112，116，117，119，131，137，141，145，148，152，156，161，163，166-169，171，174，179-182，190，191，197，198，208-210，214，216，218，225，226，228，231，233，235，248-251，253，263，265，270，272-274，276，283，284，291，293，294，296，300，302，307-309，315，321-326，336，338，340，351，371，372，374，381，390，406，410，412，418，421，422，425，430，431，442

实在论，25，26，51，79，80，97，103，111，112，163，196，225

实证方法，12，150，151，153，154，159

矢量，173，177，198，199，214，225，303，309，311，362

世界观，2，9，17，19，21，35，43，48，50，51，55，71，74，79，81，83，86，94，106，111，115，137，170，255，263，267，320

事件，7，32，44，61，98，99，132，158，169，178-180，182，190，193，194，232，233，236，240，250-253，258，279，307，308，311，329，338，360，365，372，373，377-381，386，390，396，400，405，416，425，431，436，437

是其所是，88，89，146，183，187，201，274，301，307

殊相，95，201

数理逻辑，73

数学方法，109，144，153

数学物理学，25，173，309，324

数学与善，32，78，223，379，380

数学原理，1，75，77，153，259，269，429

说明性范畴，85，161，162，164，182，183，195，207-210，212-220，224，225，228，229，261，272-274，291，

302，304，307，323
私人感觉，164，286
思辨方法，12，150，151，159，207
思辨哲学，72，82，83，93，94，103，117-120，122，124，129，146，150-152，158，247
思维科学，21，108
斯宾诺莎，18，107，124，139，142，143，187，301，379
斯蒂芬·霍金，42
斯唐热，10，11，97
四维时空，9
苏格拉底，15，122

太极，68，191
探险，3，12，14，46，58，61，67，125，130，137，138，275，382，384-386，389，428，435，440-443
天道，16，231，244，424
托马斯·阿奎那，107，115

外在关系，186，271，275，315，430
外在价值，373，374
完美辞典之谬误，61，71
唯我论，258，286，294，296
唯物主义，2，6，21，25，26，31，36，39，40，79，86，107，115，167-169，171，192，213，277，337，347，353，358，378，430，436
唯心史观，79，436，439
唯心主义，23，26，27，36，39，48，51，80，167，171，172，192，213，277，278，294，328，358
维克多·洛，96，102
维特根斯坦，10
文明论，23，34，97，256

巫术，413
无差异的和谐之谬误，59-60，71
无处不在，197，321，325，332，394
无所不能，26，27，43，44
无为，67，415
无意识的情感，377
物理主义，19
物质极，18，65，80，167，173，174，232，243，244，328，337，343，346，358
物质性摄入，90，175，176，197，212，228，233，299，304，311
误置创造性之谬误，58，59，71
误置具体性之谬误，22，53，54，71，86，109，135，136，138，164-167，273，329，333

希格斯玻色子，22
系统哲学，2，3，9，10，33，37，38，104，106，277
显现，34，52，82，205
现代世界观，19，20
现实存在，5，6，9，10，13，16，18，22，23，26，27，39-44，47，51-55，59，80，82，85-93，96，98，99，109，110，112，116，125，136，141，143-146，149，159，162-164，166-175，177，179-201，203-229，231，233-239，242，244，245，247-254，257-259，261-263，265-276，278-283，285，287-319，321-333，335-338，342-344，346-350，352，353，355，357，358，361，362，368，369，373，374，376，378，383，390，405，424，436，437，439
现实发生，80，95，99，100，133，

索　引

141，168，169，171，172，174-176，178-180，182，188，190-194，201，204，208，209，227，230-232，239，240，242-244，250-253，272，289-291，298，299，308，310，313，322，328，330，361，365，369，373，378，423，425，440

现实世界，4，9，11，17，19，35，36，43，44，49，54，65，81，85，88-92，100，110，111，118，126，129，130，132，133，137，143，167，169，171，172，174，176，179-181，183，184，186，188，189，191-194，196，198，204，208，210，212，215-217，221，224，225，227-229，232，234，237，245，251，254，259，260，262，264-266，271，274，276，279，286，291，293，295，296，303，307，311，313，314，323，325，327，328，330，332，333，335，336，341-343，346，352，356，361，368，369，373，423

现象学，4，11，24，48，61，81-83，87，101，102，104，113，118，343，352

相对论，1-3，5，6，9，12，17，18，21-24，30，31，33，36，38，48，50，51，54，71，73，76，83-85，87，88，91，94，101，102，106，107，112，116，130，141，142，144，145，153，194，225，241，246，250，256，270，273，277，278，307，370，377，430

相对性原理，76，78，103，273

相对主义，19，382

相关性，89，92，225，230，242，255，270，271，273，277，282，330

相关性原理，10，85，88，89，92，112，198，199，209，210，225，229，245，266，270-283，291，294，296，307，316，328，331，333

相互感应，300，303，305，311，326，423

相互依赖，172，254，266，434

享有，72，199，205，216，252，253，255，257，258，269，287，290，291，293，296，305，375，399

想象，11，14，15，55，60，61，75，99，109，112，121-125，129，137，139，151-154，158，159，171，200，207，290，291，341，345，346，367，387，408，413，418，421，440

想象性命题，204，205

消费主义，7，19，51，58，65-67

协同统一体，40，43，148，160，293，296

新颖性，58，88，95，184，187，188，191，201，206，221，224，232，241，244，290，294，301，302，312，313，317，319，320

信息哲学，3，33，106

形态分析法，12，139

形态学的描述，124，139，143

休谟，5，11，12，48，85，107，116，146，246，263，284，285，287，288，290-292，294，296，306，323，331，336，339，340，344，346，359-361，363，364，366，386，429

休谟问题，5

虚假，55，58，63，121

虚空，129，171，190，225，226，239-241，244，343，379，381

虚无，19，255，318，323，328，330，342
悬置，32，81，82

亚里士多德，5，17，38，49，91，99，100，107，116，119，121，140，141，145，161，182，185，186，199，228，230，237，238，256，265，278，279，285-287，308，314，323-325，333，346，351，422，440
演绎，68，109，127，128，135，136，152，153，166
厌恶，213，216，293，304，311，399，426
阳，1，18，41，91，101，146，158，166，169，173，179，191，194，220，249，268，279，337，359
要素分析法，12，145，159
一般唯物主义，6，36
一元论，2，26，41，42，71，163，166，308，328，347，418
伊斯兰教，43，60，230，231，415，422
以太，377，378，430
因果效应，5，11，65，93，175，176，194，205，244，282，290，298，299，329，333，339，340，358-366，371
因果性难题，5
阴，18，41，67，173，191，202，203，247，337
应用数学，74
永恒客体，9，39，41，85，89，90，95，98-100，112，162，167，183，185，191，192，195-204，206，207，209-212，214，216-219，221，227-229，231，233，234，237，244，250，272-276，281，282，285，295，298，299，302-305，309，311，315，329，348，356，360，366，380，423，443
幽居，406，411，413-415，427
由一而长，6，9，163，183，184，190，228，297，316，320
有机哲学，1，2，20，29，35，36，71-73，85，86，88，99，103，106，112，118，124，135，139-142，160，163，168，173，186，187，216，222，225，226，243，246，256，264，275，276，278，282，285，291，298，308，312，315，323，324，347，348，357，361，362，369，430
诱导，27，95，98，231，423
宇宙纪元，9，10
宇宙论，3，5，6，8-10，13，14，17-19，23，30，32，33，35，38-43，48-50，54，71，79，85，94-96，98，104，106，114-119，122，124，137，140，151，170-173，208，223，247，250，256，262，264，266，277，301，306，307，321，322，334，335，378，406，422，428，436-438，440
宇宙时期，9，10，242，244，370
语言学转向，81
欲望，233，237-239，244，339，422，423
原初性质，169，188，230-235，237，238，243，244，423-425
原子，22，31，36，54，55，61，88，167-170，192，202，209，222，230，

240，242，253，262，304，305，
311，319，337，377，378
原子论，2，86，167，168，170，192，
208，209，230，242，307，332
约翰·戈欣，103，380
约翰逊，97，233-237，443

责任感，257，395，396，405，414
哲学方法，109，110，129，136，144
哲学概括法，12，154，159
整体论，403，405
知觉，22，49，96，120，133，186，
205，222，243，244，275，286，
287，289，290，306，308，315，
329，338，347，348，355，358-368，
370，417
知觉方式，11，244，339，340，358-
367，370，371
知觉者，286
直觉，12，19，31，87，121，159，
164，191，291，351，359，386，
389，390，399，405，407，408，
414，417，418，422，423，425，432
直接表象，5，225，244，290，292，
339，341，358-366，368，371
终极性范畴，85，161，162，182-185，
191，207，224，228，229
主观唯心主义，294，296，363
主体间关系，6，39，86，90，119，
295，296，343，354-356，371
主体间性，39，334，338，354-358
主体客体化，4
主体统一性范畴，85，220，222，229
主体性，39，40，63，118，196，213，
214，222，225，226，235，249，
251，252，255，268，275，279，

284，285，287-291，293，294，296，
300，309，310，325-327，331，355，
357，361，369，375-378，383，388，
390
主体性和谐范畴，85，222，229
主体性目的，39，44，69，89，187，
213，214，216，221，222，233，
284，294，296，308，323，327，
328，331，333，423
主体性强度范畴，85，222，229
主体性形式，39，85，89，90，175，
179，191，193-195，199，203，207-
209，212-214，216，217，219，220，
222，227，228，258，281，289，
290，293，297，300，302-306，309，
311，326，348，349，351，352，
355，369，423
主体性原理，39，40，88-90，112，
225，226，229，245，266，283-286，
288，290-296，316，330，331，333，
335，336，355，368，377
主—谓语本体论之谬误，55，71
转化性范畴，85，221，229
自然的人化，4
自然历史过程，4，85，86，436
自然哲学，1，16，23，30，35，125，
153，259，429，430
自然知识，4，103
自然知识原理研究，32，76，78，103
自为，42，252，336，374，375，377，
378，387
自我创造，5，39，41，187，197，199，
216，218，219，228，233，235，
257，269，278，280，302，305，
314，317，331，356
自我生成，4，86，89，98，163，168，

169，195，201，203，219，221，224，247，266，268，278，290，292，294，298，307，309，310，312-314，316，317，319，320，323，326，327，331-333，350，353，354，373，436

自因，187，300，301

宗教洞察力，406，410

宗教观，3，13，23，30，33，34，40，43，263，346，406，407，410，413，427

宗教经验，294，408，412，417，427

宗教真理，411，419，420

后　记

本书是国家社科基金后期资助项目"怀特海过程哲学研究"的结项成果（批准号：14FZX044；结项证书号：20175089）。在这部书稿的定稿之际，我要衷心感谢所有帮助和支持我完成这部书的专家学者、有关单位。

首先，我要特别感谢美国国家人文科学院院士小约翰·柯布教授，他是我2009年9月至2010年1月在加州洛杉矶克莱蒙研究生大学过程研究中心做访问学者时的指导老师，对我学习和理解怀特海过程哲学给予了许多帮助，包括向我赠送他撰写的《〈过程与实在〉术语解释》《为了共同的福祉》等著作，并不厌其烦地向我解释有关过程哲学理解上的一些困难问题。他在年届90岁时还不远万里多次来中国讲学，使我有机会多次聆听他对过程哲学、生态文明等问题的精彩论述和洞见。在我请求他为本书写序言时，他欣然同意，并根据我提供的英文目录和口头介绍，为本书写了"序言"。这为本书起到了画龙点睛的作用。

其次，特别感谢旅美学者王治河博士和樊美筠博士夫妇。他们两位为中美过程思想学习者和研究者相互交流、沟通搭建了桥梁，使众多中国学者和研究生有机会前往加州克莱蒙研究生大学过程研究中心学习、研究怀特海过程哲学思想。若无他们夫妇二人多年无私的帮助和搭桥引线，包括我在内的众多中国学者和研究生可能就没有机会到美国过程研究中心做访问学者和学习生，也没有那么多机会近距离接触柯布教授及其得意门生大卫·格里芬教授、杰伊·麦克丹尼尔教授以及美国过程哲学家罗伯特·梅斯理教授等人。

我还要特别感谢在国内举办的几届"中美过程思想暑期班"的学员和授课老师。正是在与他们的交流和互动中，我对过程哲学有关命题和原理的理解逐渐加深，并不断纠正自己对过程哲学之术语、观点、原理的某些错误理解和解释，从而在学习和研究怀特海过程哲学的道路上不断地有所进步。

这里，我还要特别感谢哈尔滨师范大学教育科学学院院长、博士生导师温恒福教授和该院杨丽教授给我提供的有关过程哲学的演讲平台。这使我有机会数次到他们学院与硕士生、博士生、博士后、有关青年教师深入系统地交流和研讨过程哲学，从而极大地促进了我对过程哲学的系统思考和写作。同时，也要特别感谢河北工业大学马克思主义学院原院长、博士生导师冯石岗教授，他为我提供了在河北工业大学马克思主义学院系统讲授过程哲学的课堂，我在此给硕士生开设了"过程哲学原理"课程，做有关过程哲学的讲座。

此外，我还要特别感谢为我提供怀特海过程哲学演讲平台的其他高校和相关教授。感谢北京大学赵光武教授给我提供了在北大哲学系给有关博士生做过程哲学讲座的机会，感谢旅法学者贺霆教授为我提供了在厦门大学哲学系给硕士、博士研究生做讲座的机会，感谢张再林教授给我提供了在西安交通大学人文学院给硕士、博士研究生做讲座的机会，感谢李素霞教授为我提供了在河北师范大学法政学院为硕士、博士研究生做讲座的机会，感谢李方教授、袁铎教授等为我提供了在湛江师范学院做过程哲学讲座的机会，感谢杨韬教授为我提供了在哈尔滨工业大学马克思主义学院做过程哲学讲座的机会，感谢史彦虎教授为我提供了在太原理工大学马克思主义学院做有关讲座的机会，感谢陈伟功博士为我提供了在天津武装警察学院、大同学院等院校做有关讲座的机会。为讲座做准备以及讲座中听众提出的问题，对我深入思考过程哲学的相关问题、理清思路、清晰地阐述有关观点，提供了很大帮助。

我还要特别感谢中国社会科学院哲学研究所霍桂桓研究员和东北师范大学韩秋红教授。1983年春天我到中国人民大学哲学系进修，有幸结识了当时还是本科生的桂桓同志。1997年我到人大哲学系读博，他向我推荐了怀特海英文版的《过程与实在》，并询问我是否有兴趣把这本重要著作翻译过来。在浏览了目录和前言之后，出于对马克思主义哲学和现代西方哲学做比较研究的兴趣，我就欣然同意翻译。殊不知，由此我对过程哲学情有独钟，始终割舍不下。2003年，在中国城市出版社出版了《过程与实在》的中译本。2013年又在中国人民大学出版社出版了此书的修订版。这里，感谢桂桓同志把我引上过程哲学研究之路。同时，特别感谢东北师范大学马克思主义学院韩秋红教授，是她启发并使我坚定地把这个成果申报了国家社科基金后期资助项目，并在中国人民大学出版社的帮助下，获得国家社科基金后期资助。这是对我多年来从事过程哲学研究莫大的鼓励和充分的肯定。这里，特别感谢国家社科基金的后期资助和中国人民大学出版社的帮助，也特别感谢北京第二外国语学院科研处江新兴处长等人在项目申报和管理等方面给我的帮助与支持。此外，解放军后勤学院的曲跃厚教授、北京师范大学刘孝廷教授等，也为本项目的研究提供了许多帮助。

最后，我还要特别感谢五位匿名评审专家。他们在评审本书初稿时提出的修改意见非常专业和中肯，这对我进一步修改和完善本书书稿、提高书稿的质量，有极大的帮助和启发。我根据各位专家提出的意见，认真地阅读了大量的相关研究性著作，并重读怀特海的有关著作，根据专家的建议尽可能地对有关内容做了力所能及的修改和完善。但是，终因时间、精力和能力有限，对专家们提出的有些建议，未能修改到令我自己满意的程度，想必专家们也会感到遗憾。有些问题，只能留待我将来专门撰写论文予以阐述了。

本书第一章的主要内容是由美国学者杰伊·麦克丹尼尔教授撰写的，由我译成汉语。此外，我们两个在过程哲学暑期班以及其他多种场合的交流，对我学习和研究怀特海过程哲学有很大帮助。因此，本书署我们两人的名字是公平的，也表明中美学者在怀特海过程哲学研究方面的共同合作卓有成效。这是美好的象征，意味着促进人类文明和社会进步的理论研究需要东西方学者携起手来，共同进行观念的探险。无论中国文化走出去，还是借鉴外国先进文化，这种合作显然是非常必要的。当然，本书中对怀特海过程哲学思想的误解和曲解之处，当由我一人负责，因为本书最终是由我定稿的。

本书虽然定稿，但书中很多地方仍然不尽如人意。如果时间允许，我感觉还有很大的修改和完善空间。一方面，怀特海过程哲学博大精深，视野宽阔，怀特海在许多哲学问题上独具慧眼，提出了诸多精辟见解。他善于冥思苦想，对宇宙的实在本性有深刻体悟，对支配宇宙的原理有系统的揭示。尤其是他的《思维方式》一书似乎通篇充满了智慧的格言警句。他晚年撰写的《论不朽》和《数学与善》等文章，虽篇幅短，但言简意赅、意蕴深刻，读后不禁令人拍案叫绝、回味无穷。然而，欲加以通俗阐述时，又感觉自己功力不够，无从下笔。另一方面，国外怀特海过程哲学研究已经开展多年，近年来出版了不少很有深度的研究性著作，如《与怀特海一同思考》《存在与价值：走向建设性后现代形而上学》《存在与认识：走向建设性后现代认识论》等，这些以英文出版的文献，写作风格、阐述思路和材料取舍,均与我们汉语界有很大不同。要把这些著作真正消化和理解,并融入我们以马克思主义哲学为背景的研究,尚需假以时日,非一两天可以完成。这些只能留待以后慢慢进行了。

杨富斌
2017 年 9 月 28 日于望京花园东区寓所

图书在版编目（CIP）数据

怀特海过程哲学研究/杨富斌，（美）杰伊·麦克丹尼尔（Jay McDaniel）著.—北京：中国人民大学出版社，2018.5
ISBN 978-7-300-19799-9

Ⅰ.①怀… Ⅱ.①杨…②杰… Ⅲ.①怀特海（Whitehead, Alfred North 1861—1947)-过程哲学-研究 Ⅳ.①B561.52②B089

中国版本图书馆CIP数据核字（2018）第069900号

国家社科基金后期资助项目
怀特海过程哲学研究
杨富斌　[美] 杰伊·麦克丹尼尔（Jay McDaniel）　著
Huaitehai Guocheng Zhexue Yanjiu

出版发行	中国人民大学出版社		
社　　址	北京中关村大街31号	邮政编码	100080
电　　话	010-62511242（总编室）	010-62511770（质管部）	
	010-82501766（邮购部）	010-62514148（门市部）	
	010-62515195（发行公司）	010-62515275（盗版举报）	
网　　址	http://www.crup.com.cn		
	http://www.ttrnet.com（人大教研网）		
经　　销	新华书店		
印　　刷	北京玺诚印务有限公司		
规　　格	165 mm×238 mm　16开本	版　次	2018年5月第1版
印　　张	30.75 插页3	印　次	2018年5月第1次印刷
字　　数	511 000	定　价	98.00元

版权所有　侵权必究　　印装差错　负责调换